FISCHER
ZIEGENSPECK
ERLEBNISPÄDAGOGIK:
GRUNDLAGEN DES ERFAHRUNGSLERNENS

ERLEBNISPÄDAGOGIK: GRUNDLAGEN DES ERFAHRUNGSLERNENS

Erfahrungslernen in der Kontinuität der historischen Erziehungsbewegung

von
Torsten Fischer
und Jörg W. Ziegenspeck

Zweite, überarbeitete Auflage von
Handbuch Erlebnispädagogik
Von den Anfängen bis zur Gegenwart

VERLAG
JULIUS KLINKHARDT
BAD HEILBRUNN • 2008

Foto auf Umschlagseite 1: Martin Preuß: „Bewegtes Leben", 2008.

Dieser Titel wurde in das Programm des Verlages mittels eines Peer-Review-Verfahrens aufgenommen. Für weitere Informationen siehe www.klinkhardt.de.

Bibliografische Information der Deutschen Nationalbibliothek
Die Deutsche Nationalbibliothek verzeichnet diese Publikation in der Deutschen Nationalbibliografie; detaillierte bibliografische Daten sind im Internet abrufbar über http://dnb.d-nb.de.

Druck und Bindung: AZ Druck und Datentechnik.
Printed in Germany 2008.
Gedruckt auf chlorfrei gebleichtem alterungsbeständigem Papier.

ISBN 978-3-7815-1582-6

Inhaltsverzeichnis

0 Vorwort zur zweiten Auflage

Die erste Auflage von *„Erlebnispädagogik – Handbuch des Erfahrungslernes"* erschien im Jahr 2000 unter dem Titel *„Handbuch Erlebnispädagogik."*[1]. Der didkatische Aufbau des ursprünglichen Handbuchs und die zahlreichen Überarbeitungen im neuen Text machten es erforderlich, mit dem Titel noch dichter an den Text zu rücken und mit einer Ideengeschichte des Erfahrungslernens in der zweiten Auflage fortzusetzen.

Erlebnispädagogik: Sind damit fragile Prozesse oder paradoxe Konstellationen gemeint? Die pädagogische Kommunikation in England, USA, Kanada oder Neuseeland würde eine solche Frage nie aufwerfen. In diesen Ländern existieren beachtliche Netzwerke zur Förderung und Entwicklung von experiential learning oder adventure based learning, denen mehr als 450 Universitäten und Colleges angehören. Allein in den USA existieren im Umfeld der Association for Experiential Education derzeit 84 Lehrstühle, die in ihrer Denomination auf outdoor education, adventure therapy oder adventure based leisure studies festgelegt sind. Natürlich war Erlebnispädagogik immer in der Philosophie des amerikanischen Pragmatismus oder in der progressive education schon in den frühen 60er Jahren semantisch gut verankert, sie gehörte zu den handlungs- und erfahrungsorientierten Prämissen pragmatischer Pädagogik, die sie auch bereitstellte. Im deutschsprachigen Raum wurde Erlebnispädagogik hingegen deutlich später und stärker durch die vielfältigen Praxismodelle von Freien Schulen, Landerziehungsheimen oder Trägern der Kinder- und Jugendhilfe wieder entdeckt und weiterentwickelt. So wurden erst in den 90er Jahren des 20. Jahrhunderts Modernisierungstendenzen erlebnispädagogischer Milieus zu Gegenständen akademischer Kommunikation.

Deshalb könnte hier die Vermutung aufkommen, dass erlebnispädagogische Impulse vielleicht weniger durch Ideen eines neuartigen Erziehungsentwurfs

---

[1] Torsten Fischer, Jörg W. Ziegenspeck (2000): Handbuch Erlebnispädagogik. Von den Ursprüngen bis zur Gegenwart. Verlag Julius Klinkhardt, Bad Heilbrunn 2000.

veranlasst wuren, als durch den soziologisch-einschlägigen Erlebnistrend kulturgeschichtlicher Gegenwart. Da aber der Erlebnistrend, gesellschaftlich gesehen, in den letzten 15 Jahren bedeutsam blieb, konnte sich die erlebnispädagogische Programmatik in nahezu allen Erziehungsbereichen etablieren. Die zentrale Frage dieses Buches ist daher: *Sollte es in bezugstheoretischen Hypothesen zwischen traditionsreichen Erziehungsideen und der modernen Erlebnispädagogik möglich sein, ideengeschichtliche Orientierungen für die Bildungspraxis zu finden?*

Gültige Antworten auf diese Frage wurden bisher in der konkreten Praxisarbeit gesucht, und wie es scheint, auch anspruchsvoll gefunden. Die hier vorgelegte *"Ideengeschichte der Erlebnispädagogik"* wendet sich jedoch nur nachgeordnet, und wenn es ihre eigentliche Intention verstärkt, an die Wirklichkeit der tatsächlich gelebten Praxis. So bleibt dem Erkenntnisinteresse vorgeordnet, ob sich erlebnispädagogische Postulate individueller Lernprozesse und der natürlichen Lernsituation mit dem vielfach in der erlebnispädagogischen Publizistik geäußerten Anspruch an eine *"Neue Erziehung"* verbinden lassen. Ob es sich bei Erlebnispädagogik um ein Konstrukt ideengeschichtlicher Erneuerung handelt, ob die derzeitige Semantik erlebnispädagogischer Ideen konsensuale Identität stiftet oder ob die vorhandene Dekonstruktion pädagogischer Deutungen in einer zu affirmativen Programmatik bisher in Kauf genommen wurde, geht aus diesem Buch hervor.

Diese *"Ideengeschichte Erlebnispädagogik"* reicht von den Ursprüngen menschlicher Enkulturation in den Erfahrungsräumen urgesellschaftlicher Lebensformen bis zum Ideenspektrum moderner Erlebnispädagogik in der Wirklichkeit des ersten Jahrzehnts des 21. Jahrhunderts. Sie rekonstruiert pädagogische Leistungen historischer Persönlichkeiten und geschichtliche Entwicklungen, die uns durch das Erbe der Erziehungsbewegung hinterlassen sind. Dabei wächst der geisteswissenschaftlich-hermeneutischen sowie pragmatischen Denktradition in der Darstellung eine herausragende Bedeutung zu.

Abschließend soll gesagt sein, dass die hier vorgelegten, ideengeschichtlichen Befunde, von den Autoren in den letzten 20 Jahren gemeinsam diskutiert und themenbezogen beurteilt wurden, so dass sie nunmehr erneut der pädagogischen Diskussion vorgestellt werden können. Um eine leserfreundliche Konsistenz in den Darstellungen zu erreichen, nahm Torsten Fischer die Gesamtdiktion des Textes vor.

Berlin / Lüneburg 2008

Torsten Fischer
Jörg W. Ziegenspeck

1 Wegbereiter der Erlebnispädagogik

Historische Entwicklungen in ihrer Einheit und Vielfalt durchdringen zu wollen, zumal wenn es um komplexe Felder der Erziehungsreflexion geht, stellt sich als schwieriges Unterfangen dar. Eindeutigkeit und auch Widerspruchsfreiheit gehen im Kontext zahlreicher und zentraler Antinomien nicht selten verloren. Das liegt daran, dass einerseits die Methoden geschichtswissenschaftlicher Darstellungen und Deutungen sehr unterschiedlich sein können. Andererseits führen die Gegenstände der Sozialgeschichte, Sozialanthropologie, Wissenschaftsgeschichte und der historischen Sozialisationsforschung zu ganz spezifischen Aussagensystemen. In Gesamtdarstellungen einer Geschichte der Pädagogik, einer Schulgeschichte oder einer Geschichte der Erziehung sind diese Erkenntnisgebiete immer zu berücksichtigen und deren Erkenntnisse einzuarbeiten. Das aber hätte die beiden Autoren nicht nur entmutigt, sondern überfordert. Daher kann es in den folgenden Kapiteln nicht um eine Gesamtschau zur Geschichte der Erziehung gehen, sondern nur um die Entwicklung einer eng gehaltenen historischen Perspektive: Der Blick soll auf das Zustandekommen erlebnis- und handlungsorientierter Erziehungs- und Schulansätze gelenkt und die heutigen erlebnispädagogischen Ideen in ihrer zeitgeschichtlichen Entstehung zur Darstellung gebracht werden. Diese Einführung dient der Bestimmung von drei Ausgangsbedingungen:

1. Erarbeitung eines theoretischen Verständnisses für erlebnispädagogische Erziehungs- und Bildungsprozesse.
2. Verdeutlichung der integralen sowie funktionalen Bedeutung erlebnisorientierter Lehr- und Lernsysteme im historischen Prozess der Entstehung unterschiedlicher Erziehungsformen.
3. Fixierung der Begrifflichkeit der modernen Erlebnispädagogik und der damit zusammenhängenden, sachlichen, methodischen und zeitlichen Eingrenzungen.

Die moderne Erlebnispädagogik zu Beginn des 21. Jahrhunderts beschreibt ein internationales Handlungsspektrum, dessen Ziele, Inhalte und Methoden. Komponenten handlungs- und erlebnisorientierten Erfahrungslernens kommen in ihr theoretisch und praktisch zur Darstellung, die in ihrer Vielfalt und Verbreitung ihresgleichen suchen dürften. Erlebnispädagogik wird heute in Maßnahmen der Rehabilitation und Resozialisation von Psychologen und Soziologen genutzt. Erlebnispädagogische Inhalte berühren Themenbereiche der Umwelt- und Friedenserziehung, der Museums-, Medien- und Gedenkstättenpädagogik. OMD - Outdoor Management Development - zur Führungsentwicklung in handelnden Organisationen und viele andere Lern- und Entwicklungsbereiche wenden sich heute wieder stärker den Möglichkeiten des Erfahrungslernens zu. Erlebnispädagogische Methoden und deren instrumentelle Grundlagen werden vorrangig in natürlichen Medien (Wasser, Berge, Wüsten, Höhlen, etc.) erprobt. Sie kommen in der maritimen Segelpädagogik, im alpinen Bergsport, im Abenteuer- und Erlebnissport, bei incentive-Maßnahmen oder in individualpädagogischen Maßnahmen der Heimerziehung zur Anwendung.

Erlebnispädagogische Ideen und Praxisfelder berühren aber auch zentral die schulischen Ausbildungs- und Handlungsebenen. Sie sind zu einem nicht unerheblichen Teil durch sie veranlasst worden und auf sie bezogen. An dieser These wird sich die Untersuchung hinsichtlich der historischen Entwicklung des Erfahrungslernens primär orientieren und sich den Zugang zur ideengeschichtlichen Semantik der Erlebnispädagogik erschließen.

In der Bundesrepublik Deutschland nimmt die Erlebnispädagogik ihren jetzigen Charakter erst zu Beginn der 80er Jahre an. *"Erlebnispädagogik. Rückblick-Bestandsaufnahme-Ausblick"*[1] ist dann in den 90er Jahren der Versuch theoretischer Reflexionen zum Modernitätsverständnis der Erlebnispädagogik. Er bleibt vor dem Hintergrund des erlebnispädagogischen Booms bei freien und privaten Trägern auf kritische Vergewisserung konzentriert. Von einer modernen Erlebnispädagogik kann gesprochen werden, weil sie die Schwelle zur Verselbständigung gerade in ihren Praxisbereichen überschritten und in den letzten 25 Jahren die typischen Merkmale von Modernität und eigener Bewegung angenommen hat: Variante Zugänge theoretischer Systembildung und praxisbezogene Professionalisierung des pädagogischen Handelns sind also Themen des 21. Jahrhunderts.

Diese Entwicklung bahnt sich in Deutschland in mehreren Teilphasen an und ist historisch unabgeschlossen. Auf der Grundlage der kulturkritischen Argumentation des ausgehenden 19. Jahrhunderts und durch den nachhaltigen Einfluss der reformpädagogischen und pragmatischen Schulen erarbeiten zwischen 1925 und 1928 Kurt Hahn die 'Erlebnistherapie'[2] und Waltraut

Neubert in der Rezeption Diltheys den Begriff der Erlebnispädagogik[3]. Beide Zugänge, das findet in zahlreichen wissenschaftlichen Darstellungen oder Projektberichten breiten Konsens, gaben und geben der modernen Erlebnispädagogik Erklärung, Orientierung und historische Identität. Nach dem nationalsozialistischen Missbrauch erlebnisorientierter Arrangements in der Schul- und Berufsbildung, bleibt es lange Zeit still um die Möglichkeiten handlungs- und erlebnisorientierten Erfahrungslernens in der Gemeinschaft aus Kindern und Jugendlichen. Erst ab Mitte der 60er Jahre verweisen die reformpädagogischen Darstellungen von Wolfgang Scheibe[4], Hermann Röhrs[5] oder Wilhelm Flitner[6] auf die theoretischen Grundlagen und praktischen Potentiale erlebnispädagogischer Maßnahmen. Die dritte Phase nimmt zu Beginn der 80er Jahre ihren Ausgang und wird durch die 'Lüneburger Schule' überregional ausgelöst sowie erziehungswissenschaftlich reflektiert. Durch Jörg Ziegenspeck wird der Begriff der modernen Erlebnispädagogik vor 20 Jahren geprägt[7] und in den nationalen Diskussionszusammenhang um erlebnispädagogische Grundsatzfragen eingebracht. Bis in die Gegenwart hinein wird er verschiedenen Versuchen seiner inhaltlichen Differenzierung unterworfen.

Nicht nur **historische Unabgeschlossenheit** der Erlebnispädagogik wird in dieser dritten Entwicklungsphase zum Kennzeichen dieser relativ jungen Richtung, sondern auch ihre **erkenntnistheoretische Universalität** hinsichtlich ihrer praktischen Motive, theoretischen Inhalte und angewendeten Methoden. Damit ergeben sich eine Reihe von Folgeproblemen, soll die erlebnispädagogische Begrifflichkeit erfasst und an ihr entlang die ideengeschichtliche Rekonstruktion ihrer Entwicklung realisiert werden. Allein in der Schriftenreihe *"Wegbereiter der modernen Erlebnispädagogik"*[8] werden in der überregionalen Meinungsbildung mehr als 50 historische Persönlichkeiten, ihr praktisches Wirken und theoretisches Konzept analysiert und deren Bezug zu erlebnispädagogischen Themen und Sachverhalten bewertet. Aus diesen Arbeiten kann man die historische Kontinuität der Erlebnispädagogik, ihre erkenntnistheoretische Universalität und die praktische Umsetzung erlebnispädagogischer Ideen direkt ablesen. Der Bogen wird hier weit gespannt, wenn auch die zentralen Impulse für die Erlebnispädagogik in der reformpädagogischen Bewegung zwischen 1880 und 1932 ausgemacht werden. Die wichtigsten Ergebnisse dieser Untersuchungen werden im folgenden Aufriss kurz dargestellt. Sie zeigen einerseits, wie offen und unbestimmt die erlebnispädagogische Begriffsbildung gesehen wird. Andererseits wird bereits durch diese ideengeschichtlichen Reflexionen deutlich, wie komplex und kompliziert die Frage nach einer ideengeschichtlichen Semantik erlebnispädagogischer Identität zu stellen wäre. Sie setzt nämlich in gewisser Weise voraus, dass das Ideensystem des Erfahrungslernens in der argumentativen Konstruktion der Erlebnispädagogik einen konsensual erreichten Erwartungshorizont bei allen Beteiligten assoziiert, auf dessen Grundlage Ziele, Inhalte und Methoden des pädagogischen Entwurfs deutbar sind. Doch die im Folgenden ausgebreiteten Aufsätze zeigen zunächst das erkenntnistheoretische Dilemma, das auch durch die nicht selten affirmative Programmatik der Erlebnispädagogik nicht so einfach weggeschliffen werden kann.

Peter Menck kommt bei der Rekonstruktion der Pietistischen Pädagogik von August Hermann Francke (1663-1727)[9] zu der Schlussfolgerung, dass Francke kaum eine Wegbereiterfunktion für die moderne Erlebnispädagogik zugemessen werden kann. Jedoch dient Franckes Forderung nach einer Verknüpfung von Studium, Arbeit und Erholung im 'Glauchauer Pädagogium' den Zwecken einer ganzheitlichen und regelhaften Lehrerbildung. Die Nähe zum ganzheitlichen Charakter erlebnis- und handlungsorientierter Erziehungsformen kann nachgewiesen werden: *"Nutzung der zur Erholung des Geistes bestimmten Stunden ... aus Rücksicht auf die Gesundheit zu Leibesübungen, worunter Besuche bei Handwerkern, Studium der Mechanik, botanische Spaziergänge, Musikunterricht u.ä. fallen;... "*[10].

Die pädagogische Hinterlassenschaft von Jean Jacques Rousseau (1712-178) wird von Torsten Fischer analysiert[11], um das reiche Ideengut der natürlichen Erziehung im Kontext der französischen Aufklärung für die Erlebnispädagogik zu thematisieren. Die pädozentrierten und instrumentellen Erziehungsansichten Rousseaus werden hier als Wurzelwerk der Erlebnispädagogik identifiziert: *"Diese Erziehung geht von der Natur oder von den Menschen oder von den Dingen aus. Die innere Entwicklung unserer Fähigkeiten und unserer Organe ist die Erziehung der Natur; die Anwendung, welche man uns von diesen entwickelten Fähigkeiten machen lehrt, ist die Erziehung des Menschen, und in dem Gewinn eigener Erfahrungen in Bezug auf diese Gegenstände, welche auf uns einwirken, besteht die Erziehung der Dinge"*[12]. Die Schlussfolgerung hinsichtlich der Wegbereiterfunktion von Rousseau fällt eindeutig aus: *"Die Erziehung Rousseaus ist in der erlebnispädagogischen Blickrichtung nicht primär Gegenstand eines Diskurses zwischen dem Erzieher und dem zu Erziehenden, sondern sie entsteht vielmehr durch die reale Auseinandersetzung mit der Natur und dem konkreten Lebensumstand, sie bildet den Realisierungsrahmen gemeinschaftlicher Anstrengungen im republikanischen Grundverständnis und wird zugleich End-*

ergebnis der Selbstwirksamkeit des Individuums in der handlungsechten Situation. So gesehen ist die erlebnis- und handlungsorientierte Erziehungsphilosophie Rousseaus reales und gestaltbares Wurzelwerk der Erlebnispädagogik"[13].

Friedrich Fröbel (1782-1852) gelangt in der Untersuchung von Helmut Heiland[14] in den Focus erlebnispädagogischer Spurensuche. Heiland kann zeigen, dass in den Mutter- und Koseliedern erlebnisbezogen argumentiert wird. Derartige Vorstufen des Erlebens in der Kunstausübung sind durchaus in den Bereich der Erlebnispädagogik zu rechnen. Deshalb schlussfolgert Heiland am Ende seiner Studie, *"daß Fröbels Pädagogik, am deutlichsten in den Mutter- und Koseliedern und am abgeschwächtesten in seiner Schulpädagogik erlebnisbezogen argumentiert. Relativiert man das Kriterium der 'Unmittelbarkeit', und des im 'Totalitätscharakter' dominierenden Gefühls zugunsten der anderen, auf Verallgemeinerungen abhebenden Erlebnismomente, dann lässt sich durchaus Fröbels 'Lebenspädagogik' als 'Wegbereiter' und 'Vorstufe' einer so rekonstruierten 'Erlebnispädagogik' verstehen"*[15].

Aus der Pädagogik Giovanni Boscos (1815-1888) und der damaligen Praxis in der 'Jungenstadt Turin' erarbeitet Franz Pöggeler[16], dass schulische Arbeits- und Sozialerziehung, Lernen, Spiel und Erholung zu Erlebnissen in der Schulwirklichkeit werden müssen[17]. Als erlebnis- und handlungsorientierte Lernformen werden herausgehoben: *"Arbeit, jugendliche Bündnisformen in der Gemeinschaft, Erfahrungslernen, Spiel, Frohsinn, Freude und Freundschaft in den kindhaften Sozialisationen, Optimismus in die erziehenden Kräfte kind- und jugendgemäßem Lebens und Lernens"*[18].

Herbert Spencers (1820-1903) positivistische Argumentationen, die vor allem im internationalen Pragmatismus der Jahrhundertwende aufgegriffen sowie überformt wurden, werden von T. Fischer in der erlebnispädagogischen Sicht interpretiert[19]. In den Traditionslinien von Positivismus-Pragmatismus-Reformpädagogik werden H. Spencers Ideen einer Erziehung zur Lebenstüchtigkeit und Lebensbewältigung rekonstruiert. Sie weisen, wenn auch mit Einschränkungen, Bezüge zum Kontext handlungs- und erlebnisorientierten Lernens auf: *"Ein erster Blick auf die Erziehungskonzeption von Herbert Spencer legt es nahe, seine Wegbereiterfunktion für die Erlebnispädagogik eher gering einzuschätzen. ... Sicher ist, daß Herbert Spencer auch den emotional-erlebnishaften Teil des Erziehungsprozeßes mitdachte und in seine Erziehungsvorstellungen integrierte. Die künstlerischen Ausdrucksformen des Gefühls - die äußeren Existenzformen intrapsychischer Kreativität -*

werden auch bei ihm in der Malerei, Dichtkunst oder Musik zu konkreten Gegenständen erzieherischer Vorhaben"[20].

Reinhard Dräbing analysiert Leben und Werk von Ellen Key (1849-1926)[21]. Seine Ergebnisdarstellung ist eindeutig: die Einbindung des Menschen in seine und ihn umgebene Natur, die erzieherisch angebahnte Erfahrung des tatsächlichen Lebens, die Entwicklung des Erziehungsgedankens aus einer ganzheitlichen Vorstellung des Lernens, die Betonung der sinnlichen Wahrnehmung und der daraus resultierenden Erfahrung, eine pädozentrierte Erziehung 'vom Kinde aus', das Prinzip des Wachsenlassens als körper- und sinnesvermittelte Außenweltbeziehung sowie die Utopie einer 'Schule der Zukunft'[22] verleihen dem Konzept von Ellen Key zentrale Bedeutsamkeit für erlebnispädagogische Überlegungen und Initiativen.

Berthold Ottos (1859-1933) Pädagogik und die Praxis seiner 'Hauslehrer-Schule' in Berlin werden von Hermann Altendorf aufgegriffen[23], um den Ertrag für ein Konzept erlebnisorientierter Erziehung zu sichern. Die wichtigsten Züge der Pädagogik Ottos werden im *"freien Wachsen des kindlichen Geistes durch die Begründung der Erziehung im kindlichen Interesse"*[24], im *"Lernen durch das Spiel"*[25] und in Ideen eines *"selbstverwalteten Schullandheims und dem dortigen Tätigkeitsspektrum bei Schulfesten oder Laienspielen"*[26] gesucht und gefunden.

Die pragmatische Erziehungsphilosophie von John Dewey (1859-1952) wird durch Helmut Schreier als Wurzelwerk der Erlebnispädagogik ausgebreitet[27]. Offenes und soziales Erfahrungslernen als Ausgangspunkt, Rahmen und Produkt handlungsorientierter Erziehungsprozesse geben in seiner Rekonstruktion der Erlebnispädagogik zukunftsorientierte Züge. Der projektmäßige Erfahrungsunterricht mit seinen sozial-kognitiven und arbeitsbezogen-lebensweltlichen Anknüpfungspunkten stellt die theoretische sowie praktische Ausgangsbasis für die Gestaltung einer Erlebnispädagogik dar[28].

Hermann Lietz (1868-1919), Gustav Wyneken (1875-1964) und Kurt Hahn (1886-1972) werden als markante Vertreter und Gründerpersönlichkeiten der deutschen Landerziehungsheimbewegung und als Wegbereiter der modernen Erlebnispädagogik von Stephan Degen[29], Heinrich Kupffer[30] und Jörg Ziegenspeck[31] dargestellt. Die Konzepte der pädagogischen Provinz als erziehungswirksames Arrangement für die jugendliche Gemeinschaft, die Bedeutsamkeit handwerklich-manueller Erziehung in den Werkstätten sowie in den Innungen der Internate oder die emotional-erlebnishaften Elemente von Spiel, Sport und künstlerischen Aktivitäten werden dem Methoden- und Inhaltsbereich der modernen Erlebnispädagogik zugemessen. Die Charakterbildung am ganzen Menschen, also das Lernen mit Herz, Hand und Kopf, geraten in diesen Untersuchungen zum kleinsten pädagogischen Hauptnenner zwischen der Pädagogik der Landerziehungsheimbewegung und moderner Erlebnispädagogik[32]. Projekte, Expeditionen, Mannschaftssport und der soziale Dienst als inhaltliche und methodische Bausteine erlebnisorientierter Erziehung finden im Konzept der Erlebnistherapie[33] ihre zeitgeschichtliche Konkretion und werden mit den derzeitigen Formen erlebnisorientierter Kurzzeitpädagogik im Zusammenhang betrachtet[34].

Albert Reble rekonstruiert die Grundpositionen von Hugo Gaudig (1860-1923)[35], um aufzuhellen, was *"für das pädagogische Problem- und Aufgabenfeld 'Erlebnis'"*[36] dem Konzept der *"freien geistigen Tätigkeit"*[37] zu entnehmen ist. Dabei wird der Zusammenhang zwischen Arbeit und Erlebnis zum zentralen Thema, da sich in ihm die Stufung des Unterrichts, die gehobene Bedeutung der selbsttätigen Schülerarbeit oder die erzieherischen Potenzen der schulischen Gemeinschaft als Begleitumstände eines Hineinwachsen in den späteren Lebenszusammenhang darstellen. Gegenwartsbezogenheit, Praxis- und Lebensnähe oder innerliche Vielfalt (Spiele, Feste, Fahrten, etc.) der schulischen Erziehung greifen bei Gaudig weit über den reformpädagogischen Arbeitsschulgedanken hinaus. Sie setzen die Bedeutung der handtätigen oder staatsbürgerlichen Arbeitserziehung im Sinne Kerschensteiners zugunsten auch emotional-erlebnishafter Vorgehensweisen herab.

Werner Michl thematisiert die Tiefenpsychologie als Wurzelwerk der modernen Erlebnispädagogik. Den Arbeiten von Alfred Adler (1870-1852) wird Referenz erwiesen[38]. Michl sucht die Verbindung zwischen Tiefenpsychologie und Erlebnispädagogik in der Annahme, dass sich die Komponenten der Sozialisation in der Gemeinschaft und die inneren Potentiale des einzelnen Menschen in gegenseitiger Abhängigkeit konstituieren. Vergleichbar mit dem gruppentherapeutischen Konzept Adlers, begründet das erlebnispädagogische Gruppengeschehen Rollen und Beziehungen, die sich phasen- und krisenhaft sowie individuell als auch sozial vollziehen. Die Probleme der subjektiven Integration und Identitätsfindung werden dadurch zu Aufgaben einer 'Erlebnis-Therapie' erklärt[39].

Eine weitere Gruppe von Autoren untersucht die Wegbereiterfunktion der russischen Reformpädagogik für die praktische Ausgestaltung und theoretische Reflexion erlebnispädagogischer Maßnahmen. Jürgen Wichmann verdeutlicht in seiner Studie zur Schulkolonie und Pädagogik von Stanislaw Teofilowitsch Schazki (1878-1934)[40], dass die *"Prinzipien der Freiwilligkeit, der Arbeit, der Kooperativität, Solidarität und der Kindorientiertheit"*[41] für offenes und erlebnisorientiertes Erfahrungslernen unerlässlich sind. Wassilij Alexandrowitsch Suchomlinskij (1918-1970) rechnet Jürgen Polzin[42] zu den Wegbereitern einer Erlebnispädagogik in Osteuropa. Er erkennt in den von Suchomlinskij formulierten Komponenten einer moralischen Erziehung pädagogische Elemente, die den vitalen Interessen der Kinder durch die Verbundenheit mit der Natur entsprechen. Auch dem praktischen Überwinden von Schwierigkeiten in demokratischen Beziehungsformen und den kind- und jugendgemäßen Bedürfnissen nach Romantik und Abenteuer räumt Polzin erlebnispädagogische Bedeutung ein[43]. Die Studie von Götz Hillig zu Werk und Schaffen von Anton Semjonowitsch Makarenko (1888-1939)[44] rundet diese Beziehung zwischen Erlebnispädagogik und russischer Reformpädagogik ab. Hillig verweist in erster Linie auf die 'großen Fahrten' der Zöglinge der Dzerzinskij-Kommune und auf die organisierten Zeltlager, die im Rahmen von Projekten und Expeditionen erlebnis- und handlungsorientierte Lernformen darstellten[45].

Aus der internationalen Reformpädagogik werden weitere historische Persönlichkeiten herangezogen, um ihre rekursive Bedeutung für die Erlebnispädagogik zu erschließen. Die italienische Ärztin und Reformpädagogin Maria Montessori (1870-1937) und der amerikanische Heimerzieher und Gründer von 'Boys Town' Edward Josef Flanagan (1886-1948) werden von Willy Hane eindeutig zur erlebnispädagogischen Wegbereitern erklärt[46]. Das Gesamtkonzept der Ecole Moderne von Celestin Freinet (1896-1966) durchdringt Jürgen Wichmann unter der erlebnispädagogischen Fragestellung[47]. Friedhelm Beiner zeichnet die Pädagogik des polnischen Schriftstellers und Erziehers Janusz Korczak (1878-1942) nach[48].

Das anthropologische Verständnis von Maria Montessori für die kindliche Wesensart lässt das Leben und die Natur zu den wichtigsten Erziehungsmedien werden. *"Erziehung als Lebenshilfe"*[49], die den natürlichen Tätigkeits- und Bewegungstrieb des Kindes fördert und die ununterdrückte Entfaltung der Wesenskräfte des Kindes fordert, systematisiert die folgenden Erziehungsprinzipien: *"Prinzip der freien Wahl der Tätigkeit; Prinzip der individuellen, entwicklungsgemäßen Lernangebote; Prinzip globaler Individualisierung; Prinzip der Selbständigkeit; Prinzip des selbstbestimmten Tuns im Rahmen individueller Lernperioden; Prinzip der angstfreien und ermutigenden Erziehung"*[50]. Natürliche sowie altersgemäße Lernformen, welche *"Initiative, Neugier, Entscheidungsverhalten, Beobachtungsmöglich-*

keiten oder Engagement"[51] fördern, werden so für Hane zu Bestandteilen der modernen Erlebnispädagogik.

Flanagan erkennt aus der Anschauung seiner praktischen Heimerziehungsarbeit, dass die Ausprägung von Gemeinsinn als oberste Richtlinie der Charakterbildung nach ernsthaften Tathandlungen und nach Bewährung in derartigen Ernstsituationen verlangt. Die Selbstverwaltung von Boys Town bietet hier vielfältige Aktivitätsmöglichkeiten an, in denen die Jungen soziale Verantwortung, Dienst am Nächsten oder die eigene Handlungswirksamkeit ganz praktisch einüben und erleben können[52]. Hane schätzt dazu insgesamt ein: *"Wie K. Hahn versuchte auch Flanagan die Kinder davor zu bewahren, in der Pausenlosigkeit des Daseins zu verharren. Das Ziel bestand vielmehr darin, die Bereitschaft zur Hingabe zu aktivieren, Selbstachtung und Selbstvertrauen zu wecken und die Tätigkeitsfelder zu erschließen, in denen der junge Mensch als Handelnder seine eigenen Kräfte entdecken konnte"*[53].

Jürgen Wichmann arbeitet den Sozialisationsbezug der modernen Erlebnispädagogik im Hinblick auf die genossenschaftlich-strukturierte Erziehungsform in der Ecole Moderne heraus. Er verweist auf die in dieser Verbindung enthaltenden pädagogischen Potentiale, in dem die Erlebnisse des gemeinschaftlichen Zusammenhalts und die Erfahrung der kooperativen Anstrengung betont werden: *"Mehr als bei anderen 'Wegbereitern der modernen Erlebnispädagogik' muss bei Freinet - so meine ich - der Aspekt des Erlebens einer funktionierenden und durchschaubar strukturierten Gemeinschaft als möglicher Impuls für eine spezifische Sichtweise und daraus resultierende Bewertung maßgeblich sein und in den Mittelpunkt der Aufmerksamkeit gerückt werden"*[54].

Die wesentlichen Aspekte einer *"Pädagogik der Achtung"*[55] von Janusz Korczak (1878-1942) werden von Beiner expliziert: *"Eigenes Erleben, eigene Erfahrungen und Einsichten werden höher bewertet als fremde Lehren und Buchweisheiten. ... Mit der Betonung der Lebensnähe verbinden sich die Sicht vom ganzen Menschen und eine starke Beachtung von Wille und Gefühl statt einer außschließlichen Thematisierung der Rationalität. Für Korczak wie für Kurt Hahn gilt ein Vorrang des gelebten, ganzheitlichen, erlebten Lebens vor der Theorie"*[56]. Selbstbestimmung, Selbstentdeckung, praktische Willensausübung in Freiheit und Autonomie und das Recht auf Fehler und Misserfolge geraten bei Beiner in die erlebnispädagogische Wesensbestimmung[57]. Sie verweisen auf den reformpädagogischen Hintergrund erlebnisorientierten Lernens mit seinen altersadäquaten Inhalten und Methoden.

Erlebnisse ganz anderer Art und doch mit der geistigen Tradition der Lebens- und Kulturphilosophie Diltheys verwandt, macht Heinz-Lothar Worm aus. Er entdeckt in Karl May (1842-1912) einen Wegbereiter der modernen Erlebnispädagogik[58]. Darüber hinaus thematisiert er damit implizit den Bereich von Erlebnissen aus 'zweiter Hand', mit denen Kinder und Jugendliche in einer medialen Welt der Information und Unterhaltung umgehen und zurechtkommen müssen: *"Mit seinem Werk (Karl May - T.F.), das, wie oben dargelegt, den psychischen Bedürfnissen der Heranwachsenden entspricht, vermochte er es, seinen jugendlichen Lesern ein Stück 'Erlebniswelt' zu eröffnen, die ihnen sonst verborgen geblieben wäre. Er konnte mittels sekundärer (durch das Medium Buch vermittelter) Erlebnisse die Phantasiewelt der tertiären Erlebnisse beeinflussen und gestalten. Diese wiederum wirkten zurück auf primäre Erlebnisse, wenn die Jugendlichen versuchten, in der realen Welt die in der Literatur erlesenen Abenteuer in die Tat umzusetzen"*[59]. In dieser Perspektive werden alle äußeren Existenzformen des emotional Erlebten in den künstlerischen Ausdrucksformen (Malerei, Dichtkunst, Musik, etc.) zu Medien und Handlungsfeldern erlebnispädagogischer Intervention.

Am breitesten erfolgt die erlebnispädagogische Spurensuche im deutschsprachigen Raum. Diesen Arbeiten soll abschließend an einigen Beispielen nachgegangen werden. Albert Reble[60] und der T. Fischer[61] versuchen die Beiträge der entschiedenen Schulreform zur Erlebnispädagogik zu bewerten. Die *"Lebensschule"*[62] von Paul Oestreich (1878-1959) und die *"Schule der Gemeinschaft"*[63] von Heinrich Deiters (1887-1966) werden thematisiert. Oestreich sieht das Erziehungsproblem als *"Herausfordern und Fördern sowohl der geistigen wie auch der körperlichen Fähigkeiten (und im Kontext - T.F.) des möglichst weitgehenden Heranholens und pädagogischen Einbeziehens von Lebens-Ernstsituationen ... "*[64], da sich die schulische Erziehung in einer *"Erlebnisschule"*[65] und im Rahmen der bildenden Kräfte des *"Gemeinschaftslebens"*[66] zu vollziehen habe. Lebens- und Praxisnähe schulischer Erziehung werden zum Kompass erlebnispädagogischer Sozialerziehung in den Routinen der öffentlichen Schule. Die öffentliche Schule wird so als kind- und jugendgemäßes Entwicklungsfeld gesellschaftlicher Muster in das reale Leben hineingestellt.

Auch Heinrich Deiters sucht die Verbindung zwischen Leben und Lernen in der schulischen Gemeinschaft und sieht den ganzheitlichen Entwicklungsgang beim Kinde in der Verschränkung von Arbeits- und Sozialerziehung. Er fordert eine Schulreform, *"die ohne Nebenrücksichten zu einem starken Aus-*

druck ihres Willens kommt, die dem natürlichen Entwicklungsgange des kindlichen und jugendlichen Interesses folgt, in dem sie der gemeinsamen Unterstufe die engere und allmählich sich erweiternde Heimat als Arbeits- und Erlebnisgebiet zuweist ..."[67]. Sport, künstlerische Aktivitätsformen, Spiel, natürlicher Umgang mit Materialien und dinglichen Gegenständen sowie die selbsterzieherischen Potentiale der Gemeinschaft werden zu erlebnishaften Erziehungsmomenten einer Schule, die sich als sozialer Organismus gestalten und gemessen an den realen Bedürfnissen ihrer Akteure verändern lässt.

Der Theaterpädagoge und Gründer der 'Schule am Meer', Martin Luserke (1880-1968), wird von Herbert Giffei als Wegbereiter der modernen Erlebnispädagogik eingeordnet[68]. Luserke sieht das Segeln, die Musik und die spezifischen Züge schulischer Theaterpraxis als Gestaltungs- und Existenzformen *"evidenter Erlebnisse"*[69] an. Die erlebnishaft-emotionalen Wesenskräfte von Kindern und Jugendlichen sollen sich durch das künstlerisch-musische Schaffen in ihrer äußeren Gestalt verwirklichen können.

Am Beispiel von Hermann Nohl (1879-1960), der die Dissertation von Waltraut Neubert, *"Das Erlebnis in der Pädagogik"*[70], betreute, zeigt Karl Sauer, dass auch die universitären Ausbildungsstufen ganzheitliche Qualitäten annehmen müssen, um die sozial-kognitive sowie arbeitsbezogen-lebensweltliche Sphäre der Studenten zu berühren[71]. *"Symmetrische Kommunikation"*[72] zwischen Hochschullehrern und Studenten durch geselliges Zusammensein, die Vorbildwirkung des Lehrenden und die *"Gemeinschaftskraft des Seminars"*[73] werden als erlebnispädagogische Impulse im Landheim Lippoldsberg von Nohl erkannt. Akademische Lebensform und die intellektuellen Anforderungen des Studiums sollen erst in ihrer gegenseitigen Ergänzung zu Komponenten von Forschung und Lehre - *"universitärer Erlebnispädagogik"*[74] - werden.

"Die erlebnis- und erfahrungsbezogene Pädagogik von Minna Specht"[75] (1879-1961) untersucht Inge Hansen-Schaberg[76]. Sie kann zeigen, dass das eigene Erleben und die eigene Anschauung den Erziehungsvorgang im Sinne Spechts bestimmen und der angestrebte Erfahrungs- oder Erkenntniszuwachs nicht dem Individuum allein oder dem Zufall überlassen werden darf. Vielmehr erfordert er *"eine systematische Aufarbeitung in der Gemeinschaft"*[77]. Schulische Erlebnisbereiche erstrecken sich bei Specht auf soziale, politische und natürliche Sphären der Gemeinschaftserziehung und auf das Erkunden der Natur sowie der sozialen Nachbarschaft der Schule.

Der Philosoph und Pädagoge Theodor Litt (1880-1962) macht eindringlich auf *"die Pflegebedürftigkeit des Erlebens"*[78] aufmerksam und will dieses Erleben in den Vorgängen des schulischen Lebens und Lernens gründlicher beachtet, klar herausgehoben und bewusst gepflegt sehen. Albert Reble erarbeitet in seiner Litt-Rezeption[79], dass sich die Pflegebedürftigkeit des Erlebens in der Sicht T. Litts auf die Begegnung mit der Natur (Umweltprobleme)[80] und auf die zwischenmenschlichen Bezüge (Humanisierung der Arbeitswelt, soziale Verantwortung und staatsbürgerliche Wachsamkeit)[81] erstreckt. Auf den erlebnispädagogischen Umgang mit der Kunst (im Gegensatz zur Versachlichung aller Lebensformen in den Routinen von Schule und Arbeit)[82] macht T. Litt eindringlich aufmerksam, *"um die Wahrnehmungsfähigkeit, den Wahrnehmungsgenuß und die Wahrnehmungskritik zu wecken und zu fördern. Das alles hat sich sowohl auf das Erleben und Verstehen hoher Kunst zu richten wie gerade auch auf elementare Ausdrucksformen, und das alles schließt das Sicheinfühlen ebenso ein wie die Reflexion, es geht um die tiefere Bereitschaft und um die innere Beweglichkeit, sich dem musisch-ästhetischen Bereich zu öffnen ..."*[83].

Reinhard Stach findet in den anthropologischen Positionen von Peter Petersen (1884-1952) eine *"wissenschaftstheoretisch akzeptable Argumentationsbasis für die moderne Erlebnispädagogik"*[84], da *"das Erleben als Schaukraft und Grundlage für die weitere differenzierende Auseinandersetzung mit Welt und Wirklichkeit auf thematische Ganzheiten der Bildungsangebote zielt"*[85]. Für Petersen wächst das Kind aufgrund seiner altersgemäßen Wesenskräfte erlebnishaft in die menschliche Gemeinschaft und ihrer sozialen Austauschformen hinein. Das Kind vollzieht sie im eigenen Erleben. Schule und Unterricht werden dadurch in einer *"Lebensganzheit"*[86] aufeinander bezogen. Sie stellen sich als *"organische Einheit"*[87], als *"Erfahrungs- und Lebensraum"*[88] oder als schulisches Präkonstruktum angestrebter späterer Lebenswirklichkeit des Schülers dar. Für den Problemkreis erlebnispädagogischer Schulgestaltung entnimmt Stach dem Werk Petersens, dass projektorientierte Organisationsformen und fächerübergreifende Unterrichtsbedingungen dem wechselseitigen Zusammenhang zwischen Erleben-Erkennen-Verstehen[89] am ehesten entgegenkommen.

Erlebnis- und Fähigkeitsentwicklung sind in der anthroposophischen Pädagogik Rudolf Steiners (1861-1925) untrennbar miteinander verbunden. Handlungs- und Urteilsfähigkeit in der Selbstbestimmung des Individuums sind zentrale Ziele anthroposophischer Pädagogik. Sie sind an die Erlebnisfähigkeit der Schüler unmittelbar gebunden. Daher bewirken sie die starke

Konzentration auf praktisch-handwerkliche und künstlerisch-musische Aktivitätsformen in der Waldorfschule. Gerhard Herz sieht den Beitrag Rudolf Steiners für die Ausformung einer modernen Erlebnispädagogik darin, dass aus dem 'Ich-Erleben' ein 'Ich-Bewusstsein' erwachsen kann, das sich auf die 'Ich-Verwirklichung' im lebenslangen Prozess der Auseinandersetzung mit der Außenwelt richtet[90]. Das erlebnishaft-verinnerlichte Leben führt daher in das Freiwerden der individuellen Handlungs- und Urteilsfähigkeit[91], so dass die schulische Grundgesamtheit, im Sinne Steiners, den bewussten Umgang mit äußeren und inneren Erlebnissen gestalten und verändern muss[92]. Steiner verweist auf die Bedeutung des Erlebens für die kindliche Fähigkeitsentwicklung nachdrücklich in seiner *"Theosophie"*[93] und wird auch deshalb für Herz ein Wegbereiter der modernen Erlebnispädagogik: *"Der Menschengeist wächst durch die verarbeiteten Erlebnisse. Kann man also auch die vergangenen Erlebnisse im Geiste nicht wie in einer Sammelkammer aufbewahrt finden, man findet ihre Wirkungen in den Fähigkeiten, die sich der Mensch erworben hat"*[94].

Die Ärztin Gertrud Bondy (1889-1977) und der Philosoph Max Bondy (1892-1951) werden von Barbara Kersten in die Reihe der erlebnispädagogischen Wegbereiter eingeordnet[95]. Von Max Bondy stammt der bekannte Satz: *"Jede Unterrichtsstunde soll zum Erlebnis werden"*[96]. Damit ist gemeint, dass die *"Erlebniskräfte"*[97] und die *"Erlebnisfähigkeit"*[98] des Kindes pädagogisch genutzt werden sollen, um durch die sinnliche Anschauung und durch die *"im Gefühl genossene Erfahrung"*[99] den Lebensbezug allen Lernens herzustellen. Daher wurden für die erste Schulgründung der Bondys, dem Sinntalhof Bad Brückenau (1919), die Naturerlebnisse der Kinder zu wichtigen erzieherischen Medien und die Humanisierung des Gemeinschaftslebens durch kind- und jugendgemäße Aktivitätsformen zur konsequenten Schlussfolgerung.

Erik Adam interpretiert die psychoanalytischen Positionen von August Aichhorn (1878-1949)[100] als Wurzelwerk der Erlebnispädagogik unter der Bedingung, *"daß Psychoanalyse, Kritische Theorie und Kritische Sozialpsychologie als Kontext einer reaktualisierenden Interpretation bestehender erlebnispädagogischer Ansätze aus der Zeit der Reformpädagogik akzeptiert werden"*[101]. Diese Annahme scheint nicht unberechtigt zu sein. Wie auch bei den Bondys, entstehen die pädagogischen Überlegungen Aichhorns im neuen 'Zeitalter der Irrationalität'. Dieses 'Zeitalter' ist dadurch gekennzeichnet, dass von der notwendigen Inhaltlichkeit des Erlebens erkenntnistheoretisch abgesehen, die subjektgebundene Verarbeitung des Erlebten und damit der individuelle Bezug zum äußeren Geschehen besonders in den Vordergrund der Betrachtung geschoben wird. Genau hier findet die Psychoanalyse mit der Betrachtung des Unbewussten ihren erkenntnistheoretischen Anker und versucht die psychodynamischen Gesichtspunkte der pädagogischen Intervention zu durchdringen. Aichhorn stößt dabei in seinem Erziehungskonzept der Jugendheimerziehung dissozialer Jugendlicher[102] zur individual-pädagogischen Tendenz erlebnis- und handlungsorientierter Lern- und Umgangsformen vor.

Mit Hermann Neuton Paulsen (1898-1951) glaubt man schon deshalb einen 'klassischen' Wegbereiter der modernen Erlebnispädagogik aufzuspüren, da die von ihm gegründete Jugendstätte auf der Hallig Süderoog für eine natürliche Erziehung ideal geeignet erscheint. Brar Rieverts begründet die Wegbereiterfunktion Paulsens mit mehreren Aspekten[103], die für die moderne Erlebnispädagogik von einiger Prägnanz sein dürften: *"1. Jungen aus der Großstadt sollten Gelegenheit erhalten, sich in frischer Nordseeluft zu erholen (Gesundheitseffekt); Jungen aus verschiedenen Ländern sollten Möglichkeiten erhalten, sich kennenzulernen und Freundschaften zu schließen (internationaler Aspekt); Jungen verschiedener sozialer Herkunft sollten bei gleichen Rechten und Pflichten einander näher gebracht werden (sozialer Effekt); Jungen sollten das Halligleben kennenlernen, sollten nicht nur alle im Ferienlager sondern auch in der Halligwirtschaft anfallenden Arbeiten zu erledigen helfen (Robinson-Effekt); Jungen sollten Gelegenheit erhalten, die eigentümliche Welt des Wattenmeeres kennenzulernen: den Tidestrom mit seinen kosmischen Beziehungen, Spring- und Sturmfluten, die Inseln und Halligen, Luftspiegelungen und Meeresleuchten, versunkenes Kulturland, Schiffsstrandungen usw. (Abenteuer-Effekt)"*[104]. Damit ist noch einmal die Spezifik des erlebnispädagogischen Handlungsspektrums klar umrissen: Erziehung ist im engeren Sinne des Erfahrungslernens aus der Perspektive der Erlebnispädagogik nicht schlechthin Gegenstand eines Diskurses zwischen Lehrern und Schülern, also ein von außen herangetragenes oder kommunikativ entstandenes Lern- und Lehrprodukt. Sie entsteht gewissermaßen in der gemeinschaftlichen Arbeit und Anstrengung aller Beteiligten, sie bildet den Realisierungsrahmen gemeinschaftlicher Aktivität und wird zugleich im Endergebnis des funktionierenden Gebildes eines sozialen Körpers deutlich. Erfahrungslernen beruht also nicht primär auf moralischer Kommunikation zwischen Schülern und Lehrern, sondern auf der aufgaben- und ergebnisgebundenen Interaktion und Kooperation aller am Erziehungsprozess Beteiligten. Diese erlebnispädagogische Erziehung ist demnach keine Form moralischer Unterweisung und auch kein ideelles Gebilde schöngeistiger Erziehungsreflexion. Sie ist real, konturier- und gestaltbar, in der rationalen Abbildung formbestimmt denkbar, für den einzelnen emotional erlebbar und ein Sozialisationsmoment im Generationsverhältnis.

Klaus Fricke beantwortet die Frage nach der Wegbereiterfunktion von Adolf Reichwein (1898-1944)[105] für die moderne Erlebnispädagogik *"mit einem vorbehaltlosem 'Ja'"*[106]. *"Gelebte Humanität, gelebte Solidarität und gelebte Demokratie"*[107] in *"lebensechten Situationen"*[108] werden für das Konzept Reichweins im Rahmen einer sozialen Ernstsituation bedeutsam. Mehrmonatiger Heimaufenthalt, Maßnahmen im 'Arbeitslager' oder die projektmäßig organisierten Großfahrten für junge Arbeiter sind zentrale Arrangements in dem von Reichwein gegründeten 'Jenenser Volkshochschulheim'[109]. Auch Wolfgang Klafki erarbeitet den *"Ernstcharakter der Handlungssituation"*[110] als Mitte der Pädagogik Reichweins, von dem alle Anlagen und Potentiale der Einzelperson ergriffen werden. Das Erziehungsideal der Erlebnispädagogik, der in allen Persönlichkeitsebenen harmonisch entwickelte junge Mensch, wird im Rahmen der Tat- und Lebensgemeinschaft im Konzept der Erziehungsphilosophie Reichweins vorgeprägt.

Einen letzten Verweis in diesem exemplarisch gehaltenen Aufriss gibt Renate Bienzeisler mit ihrer Studie zum Bremer Volksschullehrer Fritz Gansberg (1871-1950). Für Gansberg wird die Einheit aus *"Leben-Erleben-Handeln"*[111] zur konzeptionellen Vorlage reformpädagogischen Denkens und Handelns: *"Die Erinnerungen und Erfahrungen, die die Kinder als ihren selbsterworbenen Besitz mit in die Schule bringen, im Unterricht lebendig machen, sie zum Aufbau von ... Lebensbildern aktivieren, das ist meine Absicht ... diese selbst erworbenen Lebenseindrücke sind auch die einzigen Lerner im Menschen, sie ziehen Verwandtes an und setzen sich mit Gegensätzlichem auseinander"*[112]. Bienzeisler erkennt in der wechselseitigen Durchdringung von *"praktischem Tun, gemeinsamen Handeln und innerem Erleben ... die Garantie dafür, die Individualität des Einzelnen zu wahren und zu bilden und ihn gleichzeitig zu befähigen, in der Gesellschaft, verstanden als soziale Gemeinschaft, seine Aufgaben verantwortungs- und pflichtbewusst zu übernehmen"*[113]. Damit werden auch erlebnispädagogische Momente angestrebter schulischer Gestaltung sichtbar, die die Schule als pädagogischen Schonraum ablehnen und dagegen einen lebensvollen Unterricht und Lebensnähe, Kindgemäßheit und eine Abkehr von der stofflichen Fülle des traditionellen Unterrichts setzen[114].

Lässt man an dieser Stelle die Gemeinsamkeiten der getroffenen Aussagen und die in ihnen partiell enthaltenden Affinitäten zwischen den als Wegbereitern anzusehenden PädagogInnen revue passieren, werden einige Merkmale deutlich, die der induktiven Begriffsbildung zur Erlebnispädagogik dienen. Sie werden darüber hinaus in der erlebnispädagogischen Systembildung von unterschiedlichen Autoren verwendet. Sie betonen die integrative Bedeutung der Erlebnispädagogik für ein umfassendes Konzept des offenen, natürlichen und sozialen Erfahrungslernens in der Schule und präzisieren Inhalt und Umfang der ideengeschichtlichen Grundlagen der Erlebnispädagogik. Das bedeutet aber nicht, dass mit den folgenden Teilsynthesen im ideengeschichtlichen Kontext etwa die erlebnispädagogische Identität ausreichend beschrieben oder eine für die Praxis verfügbare Deutungsfigur vorhanden wäre. Die hier dargestellten erlebnispädagogischen Rückbezüge sind in ihrer kulturgeschichtlichen Semantik eher breit gestreut, auch widersprüchlich und nur sehr eingegrenzt eine geltungsfähige Diskussionsbasis.

1.

Erlebnispädagogik wird im Zusammenhang mit einem ganzheitlichen Menschenbild gesehen, das die Gefahr der Trennungen verschiedener Ebenen des Persönlichkeitsspektrums kritisch reflektiert. Sie lehnt Trennungen ab, wie sie zwischen der Schule und der realen Lebenswelt tatsächlich gegeben sind: *"So will die Erlebnispädagogik den Menschen bilden zu dem, was er ist, in einem Leben auf allen großen menschlichen Erlebnisfeldern. Darin liegt, daß ihr Bildungsideal, obgleich es des sozialen Einschlags nicht entbehrt, doch im wesentlichen humanistisch ist und auf die vollkommene menschliche Entfaltung des einzelnen abzielt, daß also Erlebnis als Bildungsmittel mit hineinverwoben ist in die historische und weltanschauliche Bedingtheit dieses Bildungsideals"*[115].

2.

Die Entwicklung und Erziehung der ganzen Persönlichkeit wird mit ganzheitlichen pädagogischen Milieus und Arrangements verbunden, die auf der inneren Wechselwirksamkeit von körperlichen, intellektuellen und sozialen Lernfeldern beruhen: *"Erlebnispädagogik wollte schon immer die Entwicklung und Bildung der ganzen Persönlichkeit betreiben, d.h. möglichst ganzheitlich entwickeln, erziehen, lehren, lernen ..."*[116]. Auf diesen ganzheitlichen Charakter der Erlebnispädagogik verweist auch der 'menschliche Erfahrungszirkel' von Jörg Ziegenspeck, in dem *"Herz, Hand und Verstand in der individuellen und soziokulturellen Ebene"*[117] erst in ihrer inneren Bezogenheit zu Komponenten der individuellen Erfahrung und des sozialen Lernens werden.

3.

Die Erlebniskraft des heranwachsenden Menschen wird als herausgehobenes Potential seiner eigenen Persönlichkeitsentfaltung erkannt. Sie soll durch die individuell vollzogenen Erlebnisse in der Gemeinschaft herausgefordert, gestärkt und pädagogisch ausgenutzt werden. Von hier aus wird der reformpädagogische Inhalt der Erlebnispädagogik überformt und nimmt seine spezifischen Züge an: *"Wenn in ihm (im Erlebnis-T.F.) das einzelne Individuum, das ein völlig neues nie vorher so gewesenes Lebendiges ist, sich wieder frisch und unmittelbar den Dingen gegenüberstellt und aus diesen neuen, eigenartigen Beziehungen heraus sein Dasein schöpferisch gestaltet, so bedeutet das gleichsam einen neuen Anfang für eine ganze Kultur und eine neu aufzubrechende Jugendlichkeit"*[118].

4.

Als schulpädagogische Ziele werden Positionen deutlich, die auf das Verstärken erlebnishafter Lernformen in den schulischen Routinen abzielen, um Gemeinschaftsgefühl oder Lebens- und Lernfreude aufzubauen. Gleichzeitig wird einer Erlebnispädagogik zugewiesen, sich nicht nur auf das emotional Erlebte zu verkürzen, sondern auch die rationale Klarheit darüber herbeizuführen, was innerlich vollzogen wurde. *"Die Erlebniskraft heranwachsender Menschen durch bedeutende Erlebnisse in der Gemeinschaft mit Gleichaltrigen herauszufordern"*[119] ist angesichts administrierter Schule und den geringen Chancen für Lehrer und Schüler, sich mit Herz, Hand und Verstand auch außerhalb des Unterrichts zu erfahren, eine erlebnispädagogische Grundforderung: *"Erlebnisse zu suchen, um Gemeinschaftsgefühl und Lebensfreude zu stärken, ohne sich der Bedeutung des Erlebnisinhaltes zu vergewissern, ist für uns heute nicht mehr akzeptabel"*[120].

5.

Pädozentristische Ausrichtung der Lehr- und Lernformen wird als strikte Orientierung des schulischen Schaffens herausgehoben. Damit wird in erster Linie die Bestimmung von Unterricht und Erziehung aufgrund der physischen und psychischen Ausgangsbedingungen der Schüler vorgenommen. Es entstehen ganz zwangsläufig die Forderungen nach der inneren und äußeren Offenheit der Schule, ihrer Autonomie und flexiblen Gestaltung in den Prozessen des Lehrens und Lernens: *"Grundsätzlich muss der Jugendliche*

seinem Alter entsprechend lernen, eigenständig, selbsttätig die Brücke zur
objektiven Welt schlagen. D.h. er braucht prinzipiell Raum für eigenes Ent-
decken, eigene Eroberungen. Er muss selbst herausfinden können, was
richtig und was falsch ist usw.."[121].

6.

Lebendige, aktive, handlungsorientierte, soziale, natürliche und offene
Formen des Erfahrungslernen sind Ziele, Realisierungsrahmen und Produkte
erlebnispädagogischer Praxis sowie deren theoretischer Systembildung.
Dadurch werden weitere Bereiche für die erlebnispädagogische Theoriebildung und für die praktische Einordnung konkreter Handlungsfelder bedeutsam. Zu ihnen gehören: Formen körperlicher Erziehung, handwerklich-
praktische Erziehung, künstlerisch-kreative Ausdrucksbewegungen und deren
Gestaltungsräume, soziale Erziehung im sozialen Körper der schulischen
Gemeinschaft, natürliche Erziehung im natürlichen Medium und aufgrund der
pädozentristischen Tendenz erlebnispädagogischer Arrangements. Erlebnispädagogik muss: *"Erlebnis und Erfahrung der Natur beinhalten; auf der*
Mitverantwortung jedes Teilnehmers für das Gelingen des Unternehmens
beruhen; die Kenntnisse und das Handeln ausdrücklich lehren, die für das
Bestehen des Unternehmens gebraucht werden; soziale Beziehungen aus der
Unternehmung heraus stiften; sich an Jugendliche an der Schwelle des Er-
wachsenenseins wenden; zum Personal nicht nur Pädagogen, sondern vor
allem auch Fachleute der Sache (Seeleute, Bergsteiger, u.ä.) zählen, die sich
sachlich und nicht pädagogisch vermitteln; ein gewisses Risiko beinhalten,
das nach bestem Wissen und Gewissen kontrolliert und begrenzt, aber nicht
völlig ausgeschaltet werden kann; erzieherisch gemeint sein"[122].

Diese induktiven Annäherungen an den Begriff der modernen Erlebnispädagogik, in die auch die definitorischen Ansätze von Hans-Georg Bauer,
Jürgen Funke, Waltraut Neubert, Karl Sauer und Jörg Ziegenspeck eingegangen sind, können zeigen, wie offen und komplex die erlebnispädagogische Begrifflichkeit in ganz unterschiedlichen theoretischen System-
bildungen gesehen und verwendet wird. In dieser induktiven Begriffsbildung
spricht nichts dagegen, **Erlebnispädagogik als spezifische Ausformung des**
Konzeptes eines offenen, natürlichen und sozialen Erfahrungslernens
aufzufassen. Diese genetische Definition über den höheren Gattungsbegriff
des Erfahrungslernens würde es zulassen, die erlebnis- und handlungsorientierten Merkmale schulischer Sozialisation und das dadurch strukturierte
Erziehungsmilieu zu Gesichtspunkten theoretischer Systembildung zu machen. Mit ihrer natursportlichen sowie sozialtherapeutischen Zwecksetzung

greift die Erlebnispädagogik aber auch über traditionelle und etablierte Vorstellungen zum Konzept des Erfahrungslernens hinaus, wie sie in der Reformpädagogik oder im amerikanischen Pragmatismus entwickelt wurden. Dieser Umstand macht eine ideengeschichtliche Spurensuche nach Voraussetzungen moderner Erlebnispädagogik nicht gerade leichter und fordert von sich aus die Begrenzung heraus. So soll im weiteren der definitorische Ansatz von Jörg Ziegenspeck als erste Orientierungshilfe dienen, da gerade in ihm einerseits die induktive Zusammenführung wesentlicher sowie spezifischer Merkmale erlebnis- und erfahrungsbezogener Erziehung vorhanden ist und andererseits die Verbindung zum Erziehungsbegriff gehalten wird.

Begriff der Erlebnispädagogik [123]

Die Erlebnispädagogik versteht sich als Alternative und Ergänzung tradierter und etablierter Erziehungs- und Bildungseinrichtungen. Hört man heute das Wort Erlebnispädagogik, so kann davon ausgegangen werden, dass primär natursportliche Unternehmungen ... gemeint sind. Die einseitige Ausrichtung auf ... Outdoor-Pädagogik muss aber in Zukunft zugunsten von ... Indoor-Pädagogik abgebaut werden, denn gerade auch in den künstlerischen, musischen, kulturellen und auch technischen Bereichen gibt es vielfältige erlebnispädagogische Entwicklungs- und Gestaltungsmöglichkeiten. Erlebnispädagogische Programme ... beziehen die natürliche Umwelt mit ein und verfolgen damit meist zugleich einen ökologischen Bildungsanspruch.

So definiert, wird die integrale und funktionale Bedeutung der Erlebnispädagogik im System erziehungswissenschaftlicher Teildisziplinen betont herausgehoben. Ihre speziellen Anbindungsmöglichkeiten an sehr verschiedene Erziehungsfelder sowie deren Methoden bleiben erhalten. Die Verbindung zwischen Erlebnispädagogik und den etablierten Systemansätzen in der Schultheorie lässt sich darüber hinaus über den pädagogischen Prozessbegriff, seiner induktiven Merkmale und unter Beibehaltung seines genetischen Oberbegriffes - einer erlebnis- und handlungsorientierten Erziehung - theoretisch fundieren. Das liegt vor allem daran, dass erlebnispädagogische Erziehungsformen, wie etablierte Erziehungs- und Bildungsprozesse in den öffentlichen Schulen, hinsichtlich ihrer Vorbereitungs-, Durchführungs- und Auswertungsphasen den dynamischen, situativen und varianten Prozessläufen schulischer Ausgestaltung unterliegen. Von dieser Grundannahme lässt sich die prozesstheoretische Perspektive der Schulforschung und die damit inhaltlich verbundene Explikation des Schulbegriffs leiten. Daher wird die 'Spurensuche' nach der ideengeschichtlichen Semantik erlebnispädagogischer Identität von folgender Begriffsbestimmung zur Erlebnispädagogik ausgehen:

Begriff der Erlebnispädagogik [124]

Erziehung im engeren Sinne der Erlebnispädagogik ist zielgerichtete und auf Ganzheitlichkeit angelegte Planung, Vorbereitung, Durchführung und Auswertung erlebnispädagogischer Prozessgestaltung mit dem Ziel, Selbst- und Umweltveränderungen im emotional-erlebnishaften, sozial-kognitiven und praktisch-aktionalen Kontext zu bewirken.

Desweiteren wird mit dem Begriff der Erlebnispädagogik eine Praxis und Theoriebildung beschrieben, die zur Jahrhundertwende ihren reformpädagogisch und pragmatisch akzentuierten Anfang nahm. Sie fand spätestens 1928 in der 'Erlebnistherapie' Kurt Hahns sowie durch die 'Erlebnispädagogik' in der Interpretation von Waltraut Neubert eine erste terminologische Explikation. Von moderner Erlebnispädagogik wird im Rahmen der Professionalisierung der praktischen Handlungsfelder und aufgrund verstärkter theoretischer Aufarbeitung des Themenbereiches seit Beginn der 80er Jahre gesprochen: *"Die (moderne - T.F.) Erlebnispädagogik stellt sich gegenwärtig aspektreich und differenziert dar; vom zaghaften (Neu-) Anfang vor über zehn Jahren bis heute (1993) ist ein quantitativer und qualitativer Fortschritt der weitgehend praxisorientierten bundesrepublikanischen Diskussion festzustellen. Die Wurzeln der Erlebnispädagogik liegen bei Wilhelm Dilthey (1833-1911) und seiner Begründung einer geisteswissenschaftlichen Psychologie, in der das Erleben der eigenen Zustände und das Verstehen des in der Außenwelt objektivierten Geistes als die beiden Möglichkeiten des Menschen verstanden wurden, die Wirklichkeit zu erfassen"* [125].

Aus diesen Gründen heraus wird die historische Spurensuche in drei zentrale Abschnitte gegliedert, in denen Kontinuität und Spezifik des Erfahrungslernens sowie der Erlebnispädagogik sichtbar werden sollen:

Kapitel 2: Das Erfahrungslernen im Spiegel der Jahrhunderte
Kapitel 3: Die Erlebnispädagogik und ihre kulturgeschichtliche Provokation
      der Reformkritik
Kapitel 4: Die moderne Erlebnispädagogik und ihre ideengeschichtliche
      Wiederentdeckung

Da alle ideengeschichtlichen Betrachtungen bis zum 19. Jahrhundert von der Vorstellung eines erlebnis- und handlungsorientierten Lernens in der Schule ausgehen, werden die Struktur- und Inhaltsmerkmale in ihrer historischen Bedingtheit interpretiert, die mit einer spezifischen Ausprägung des offenen, natürlichen und sozialen Erfahrungslernens in Verbindung stehen. Zum ausgehenden 19. Jahrhundert wird dann der Begriff Erlebnispädagogik selbst Verwendung finden und erst bei Abbildung von Entwicklungen in den letzten 20 Jahren der Terminus der modernen Erlebnispädagogik geprägt. Für ein solches Vorgehen gab es mehrere Gründe, die einerseits mit der internationalen Entwicklung der Erlebnispädagogik und andererseits mit ihrer ideengeschichtlichen Semantik zusammenhängen.

1. Die inhaltlichen Verbindungen zwischen Erfahrungslernen und Erlebnispädagogik, die aufgrund des spezifischen Zusammenhanges zwischen Erleben und Erziehen in den Aktivitätsbereichen des schulischen Lebens, Arbeitens und sozialen Lernens bestehen, sollen in ihrer wechselseitigen Bedingtheit konturiert werden.
2. Erfahrungslernen wird im anglo-amerikanischen Raum mit 'experiential learning' beschrieben und damit gerade jenes Aktivitätsspektrum umrissen, das im deutschsprachigen Kulturraum mit 'adventure education', 'adventure based training', 'outdoor-education' oder 'experimental learning' auf Erlebnispädagogik bezogen wird. Diese wissenschaftlichen Erfahrungen im internationalen Vergleich sollten in der begrifflichen Darstellung Berücksichtigung finden.
3. Zu einer Unterscheidung von Erfahrungslernen, Erlebnispädagogik und moderner Erlebnispädagogik musste man aus der analytischen Gegenstandsbestimmung gelangen. Es sollten die ideengeschichtlichen Quellen und Impulse ermittelt sowie dargestellt werden, die den heute als typisch bezeichneten erlebnispädagogischen Ideen und Ansätzen unterlegt sind. Darüber hinaus heben sich diese Unterscheidungen in der geschichtlichen Kontinuität des Erfahrungslernens wieder gegenseitig auf.

Nach diesen einführenden Erläuterungen müssen noch einige Beschränkungen in der Darstellung benannt werden, die den methodologischen Zugang berühren.

Erlebnis- und handlungsorientierte Lehr- und Lernformen im ideengeschichtlichen Zusammenhang erschließen zu wollen, erfordert den konsequenten Rückbezug auf den Erziehungsbegriff. Nur so sind ideengeschichtliche Rekonstruktionen möglich, die sich auch auf die vormodernen Entwicklungs- und Kulturstufen beziehen können. Der Erziehungsbegriff ist im Gegensatz zum Begriff der Pädagogik bereits in den vormodernen Formationen gewachsen: *"Der Begriff der Pädagogik ist ein historisch später Begriff, in Deutschland erst seit dem 18. Jahrhundert gebräuchlich, und er ist seitdem durch die professionelle Reflexion der Pädagogen und die Tradition bestimmter Erziehungsformen so geprägt, daß ihm die Distanz fehlt, die gesellschaftliche und historische Gestalt der 'Pädagogik', sich selbst also, noch genügend kritisch zu sehen. Der Begriff der Erziehung dagegen führt solche Distanz schon deshalb mit sich, weil sein Thema sowohl älter als auch unausweichlicher ist als 'Pädagogik'"*[126]. Dieser Hinweis lässt sich bei Heinz-Elmar Tenorth in seiner *"Geschichte der Erziehung"*[127] finden. Auch Werner Weimer verweist in der von ihm erarbeiteten *"Geschichte der Pädagogik"*[128] auf die Bedeutsamkeit, 'vorneuzeitliche' sowie neuzeitliche Entwicklungen im Zusammenhang zu betrachten. Das lässt eigentlich nur die Zugrundelegung eines Erziehungsbegriffes zu. Gleichzeitig wird mit einem Erziehungsbegriff auch auf die Seiten im Erziehungs- oder Generationsverhältnis verwiesen, die über eine kognitiv bestimmte Wissensaneignung im Sinne der intellektuellen Reifungsprozesse des Individuums hinausgreifen. So kann in der historischen Perspektive, aus der Tiefe der Problemlage von Kontinuität und Wachsen erziehungstheoretischer Ideen, der ideengeschichtliche und institutionsgeschichtliche Zusammenhang erschlossen werden.

Eine weitere Begrenzung wurde schon mehrmals in dieser Einführung benannt: vorrangig die ideengeschichtlichen und institutionsgeschichtlichen Aspekte sollen auf den Gegenstand gerichtet, geordnet und analysiert werden. Die Durchsicht verschiedener historischer Gesamtdarstellungen[129] legt es aus plausiblen Gründen nahe, sich auf wissenschaftsgeschichtliche Tendenzen im erzieherischen Denken zu konzentrieren. Die gesellschaftlichen Perioden und kulturellen Wandlungen, die sich immanent zur Dynamik gesellschaftlicher und sozialer Routinen einstellten, mündeten in die theoretische Abbildung komplexer Zusammenhänge und ihrer erkenntnistheoretischen Grundlagen. Die hier aber angestrebte und eng zu haltende Perspektive, eine möglichst verständliche, quellennahe und anschauliche Vorstellung von erlebnis- und handlungsorientierten Lehr- und Lernprozessen abzusichern, soll von diesen umfassenden und zu differenzierenden gesellschaftstheoretischen Sichten nicht überdeckt werden. Demzufolge wird nur dort, wo es für ein Verständnis erlebnispädagogischer Entwicklungserscheinungen unbedingt notwendig ist, die Anlehnung an den Erziehungsbegriff von Siegfried Bernfeld[130] in der Interpretation von H.E. Tenorth[131] gesucht, also *"Erziehung als Summe der Reaktionen einer Gesellschaft auf die Erziehungstatsache"*[132] für das historische Thema erörtert. Es soll allein Aufschluss darüber gewonnen werden, was in der deutschen Erziehungsgeschichte seit ihren Anfängen und im Zusammenhang mit der abendländischen Kultur über erlebnis- und handlungsorientierte Erziehung gedacht worden ist. Hierbei scheint die Konzentration auf relevante, theoriegeschichtliche Momente hilfreich zu sein, weil in ihnen nicht in aller gebotenen Ausführlichkeit gezeigt werden muss, dass Ideen eben nicht immer adäquat für die praktische Wirklichkeit stehen oder zwangsläufig in ihre zeitgeschichtlich relevante Verwirklichung streben.

Große Teile der Neuzeit können aus quantitativen Gründen heraus nur eingeschränkte Reflexion erfahren und sind bewusst knapp gehalten. Hinzu kommt, dass für die Zeit zwischen 1920 und der Gegenwart die Konzentration auf die historischen Entwicklungslinien der Schulbewegung Kurt Hahns erfolgt. Der Ertrag der Erlebnispädagogik in ihrem heutigen Modernitätsverständnis und im Wechselverhältnis von Tradiertem und Prospektivem sollen angemessen herausgearbeitet werden, so dass auf Weiterungen im Sinne umfassender Schulgeschichten der Neuzeit verzichtet wird. Außerdem erfordert die zeitliche Nähe zu dieser Phase der Entwicklung einfühlsame Zurückhaltung in ihrer Bewertung. Nicht zuletzt ergeben sich aus den bereits entwickelten Zustandsbeschreibungen der Erlebnispädagogik, die in historischer Unabgeschlossenheit und erkenntnistheoretischer Universalität fixiert sind, nur eingeschränkte Reflexionsmöglichkeiten darüber, was heute über offenes, natürliches und soziales Erfahrungslernen gedacht wird.

Informative, deskriptive und interpretative Methoden bilden den Rahmen von Analyse und Synthese des historischen Gegenstandes. Die chronologischen Betrachtungen sind allein dem Analyseaspekt geschuldet und führen in der Darstellungsstruktur zur Unterscheidung verschiedener Phasen oder Epochen historischer Entwicklungen. Damit wird nicht negiert, dass der pädagogische Gesamtprozess in seiner Entwicklung ein Kontinuum darstellt. Pädagogische Tradition und pädagogische Evolution werden erst in ihrer gegenseitigen Abhängigkeit zu Komponenten des sozialen Lebens und der zeitgeschichtlichen Eigenart. Mit Golo Mann kann das hier zugrundegelegte Geschichtsverständnis expliziert werden: *"Jede Generation muß sich ihren Begriff von der Vergangenheit selber machen. Keine begnügt sich mit dem, was andere vor ihr leisteten, mögen sie auch Meister gewesen sein. Die Vergangenheit lebt; sie schwankt im Lichte neuer Erfahrungen und Fragestellungen. Das Spätere kommt aus dem Früheren; es wirkt aber auch auf das Frühere zurück, durch welches es bedingt ist".*[133]

Prospektive Fragestellungen:

1. Mit welchen Bildungs- und Erziehungsfeldern wird das Erfahrungslernen aus der Sicht der modernen Erlebnispädagogik im Zusammenhang gesehen und welche Maßnahmen setzen einen institutionellen Rahmen voraus, der sie letztlich veranlasst und begründet?

2. Warum stellt sich die ideengeschichtliche Semantik der Erlebnispädagogik als historisch unabgeschlossen dar und welche Schlussfolgerungen lassen sich hinsichtlich der erlebnispädagogischen Identität ziehen?

3. Welche ideengeschichtlichen Wurzeln prägen heute Erlebnispädagogik und lassen den Schluss zu, dass eine universelle Deutung des pädagogischen Bezugs vorliegt?

4. Welche definitorischen Zugänge zur Erlebnispädagogik können ihrer ideengeschichtlichen Rekonstruktion dienen?

5. Welche induktiven Merkmalsbestimmungen liegen zur Erlebnispädagogik vor?

6. Wie ist der 'indoor- sowie outdoor-Zusammenhang' erlebnispädagogischer Lernformen und Lernmedien zu verstehen?

7. Warum lassen sich die Bildungsmaximen der pragmatischen Pädagogik und der Reformpädagogik auf handlungs- und erlebnisorientiertes Lernen zurückführen?

8. Welche Pädagogen prägten in der Weimarer Republik das ideengeschichtliche Wurzelwerk der Erlebnispädagogik?

9. Warum scheint es legitim zu sein, die Entwicklung der modernen Erlebnispädagogik in einer ideengeschichtlichen 'Dreiphasigkeit' zu bestimmen?

10. Welches Geschichtsverständnis scheint notwendig zu sein, um das Erfahrungslernen in seiner vorneuzeitlichen und neuzeitlichen Kontinuität beschreiben zu können?

2 Erfahrungslernen im Spiegel der Jahrhunderte

2.1 Natürliche und praktische Erziehungsformen in urgesellschaftlichen Lebenszusammenhängen

Geht man dem Erfahrungslernen als historischer Erscheinung nach und versucht seine geschichtlichen Wurzeln schon in den früheren Epochen praktischer Erziehung aufzuspüren, wird man in den ersten sozialen Stufen der Menschheitsentwicklung beginnen müssen. Emotionale Ausdrucksbewegungen, rationale Entäußerungsformen in Sprache und sozialem Zusammenhalt, der symbolische Austausch von Informationen oder das praktische Einüben notwendiger Lebens- und 'Überlebenstätigkeiten' bezogen sich in urgeschichtlichen Entwicklungs- und Kulturzeiträumen auch auf erzieherische Vorhaben. Diese frühen Entwicklungsstufen urgesellschaftlicher Lebens- und Arbeitsformen liegen über 600000 Jahre zurück und erstreckten sich nach heutiger Erkenntnis bis vor ca. 100000 Jahren[134]. Schon an dieser Stelle, an der die menschlichen Triebkräfte in ihren bio-psycho-sozialen Grundzügen im wahrsten Sinne des Wortes Gestalt annahmen, gelangt man zu aktuellen Ansprüchen der Erlebnispädagogik: Wiederentdeckung von Lernfeldern in der Wirklichkeit menschlicher Lebensgrundlagen oder salopp formuliert - 'back to the roots'. Sie äußern sich im heutigen Modernitätsverständnis des Erfahrungslernens natürlich anders: Erfahrung von unmittelbarer Selbstwirksamkeit in realen Handlungen, Eigenverantwortung und soziale Verantwortung im Tun und Denken, Anpassung an und Integration in notwendig erachtete soziale Schemata, symbolischer Austausch von menschlichen Handlungs- und Verhaltenspotenzialen in ernsthaften und authentischen Lebenszusammenhängen oder Ausprägung eines ökologischen Bewusstseins durch ein Lernen von und in der Natur.

Solche Zusammenhänge menschlichen Lebens und Lernens mussten in den frühen Stufen des Menschheitsentwicklung nicht pädagogisch simuliert werden. Sie traten ganz unverstellt, ganzheitlich und ohne 'gesellschaftlichen Abzug' im weitesten Sinne zutage. Bleibt zu fragen, inwiefern sich der Beitrag einer damals gewollten und vollzogenen Erziehung in heutigen Ansätzen wiederfinden lassen und welche Relevanz sie für aktuelle Fragen erlebnis- und handlungsorientierter Erziehung besitzen. Darüber hinaus scheint die historisch-zeitgeschichtliche Erschließung auch notwendig zu sein, da sich Entstehungs- und Entwicklungsmomente erlebnis- und handlungsorientierter Erziehung und ein umfassendes Verständnis für das Zustandekommen der heute als typisch erlebnispädagogisch bezeichneten Inhalte kaum trennen lassen. Außerdem scheint in der ideengeschichtlichen Rekonstruktion von Bedeutung zu sein, ob Erziehungsanliegen in dieser Entwicklungszeit menschlicher Enkulturation formbestimmt gedacht wurden und wie sie sich konstituierten.

Erlebnispädagogik strebt unter der Losung *"Lernen für's Leben - Lernen mit Herz und Hand"*[135] nach ganzheitlichen Milieus und Arrangements in Bildung und Erziehung. Derartige Situationen und Gegebenheiten waren in den urgesellschaftlichen Lebensformen aufgrund kaum ausgeprägter Kulturtechniken und einer Arbeitsteilung, die erst am Anfang ihrer Entwicklung stand, ganz selbstverständlich vorhanden. Das heißt, dem niedrigen Entwicklungsstand der arbeitsteiligen und kulturellen Geschehnisse zufolge, mussten alle denkbaren Formen erzieherischen Umgangs mit körperlichen, intellektuellen und sittlichen Aufgaben der sozialen Lebensformen in den Horden oder Stämmen verbunden sein. Die Notwendigkeit differenzierterer Erziehungsformen ergaben sich später zwangsläufig, da arbeitsteilige Tätigkeitsroutinen nicht mehr beiläufig von der heranwachsenden Generation durch Beobachtung oder Nachahmung erlernt werden konnten. Darüber hinaus wurde der jeweilige Kultur- und Entwicklungsstand aufgehoben und an die junge Generation weitergegeben. Das erforderte ein differenzierteres Einüben und Ausüben komplexeren Wissens und Könnens. Bogen schießen, Korn mahlen, Wassergefäße, Werkzeuge und Hütten bauen, Früchte sammeln oder in der Gruppe jagen verlangte nach Formen erzieherischer Anleitung, die primär handlungsorientiert und zumeist im Familienzusammenhang verwirklicht wurden.

H.E.A. Meyer, der in seinen Studien zur urgeschichtlichen Lebensform 'Australische Eingeborenenstämme' untersuchte, kam in diesem Zusammenhang zu einer prägnanten Beobachtung: *"Wenn der Sohn entwöhnt ist, begleitet er seinen Vater auf kurzen Streifzügen, außer wenn er zu schwach ist, die Strapazen zu ertragen. Hierbei nimmt der Vater jede Gelegenheit wahr, seinen Sohn zu unterrichten. Er teilt zum Beispiel, wenn sie an einen Platz kommen, über den es bei ihnen irgendwelche Überlieferungen gibt, diese Traditionen dem Kinde mit, falls es alt genug ist, sie zu verstehen, oder er sagt ihm, wie dieses oder jenes Tier oder andere Nahrungsmittel auf die einfachste Art zu erlangen sind"*[136]. Neben dieser Gelegenheitserziehung, im konkreten und praktischen Zusammenhang zur bewältigenden Aufgabe, machte der Altertumsforscher Erland Nordenskiöld in seinen Untersuchungen bei den Ashluslayindianern das kindhafte Spiel, den Tanz und den Gesang als urgesellschaftliche Zugangsformen zu wichtigen Fähigkeiten und Fertigkeiten aus: *"Die Indianerkinder lernen, ... , spielend den Ernst des Lebens kennen. Sie werden durch das Spiel erzogen. ... Als die Ashluslayindianer mit den Tobas kriegten, spielten auch die Knaben in den Ashluslaydörfern Krieg. Die Knaben teilten sich in zwei Abteilungen. Die eine stellte die Ashluslays, die andere die Tobas vor. Die Waffen bestanden aus Rohr, mit denen man Fruchtkerne aufeinander knackte. Die Kämpfe wurden unter Geschrei und Geheul geführt. Wurde einer gefangengenommen, so wurde er skalpiert. Während einer den Gefangenen hielt, tat ein anderer, als skalpiere er ihn"*[137].

Um den sittlichen Sinnzusammenhang und das kulturelle Ideengut der urgesellschaftlichen Lebensgemeinschaft zu den Heranwachsenden handlungs- und verhaltenswirksam transferieren zu können und es so generationsverbunden fortzuführen, wurde die Gemeinschaft als Ganzes in Anspruch genommen. Neben Familie und der altershomogenen 'Spielgruppe' entstanden auch stammesgebundene 'Institutionen'. Religiöse Riten, moralische Ansprüche und künstlerische Gestaltungsformen bildeten dazu einen historisch bestimmten und unverwechselbaren Rahmen. Hilfsbereitschaft, Gastfreundschaft und Nächstenliebe erkannte E.H. Man bei den Andamanesen als kardinale Tugenden. Diese sollten sinn- und werthaft in der Gemeinschaft erfahren und erlebt werden: *"Die Kinder der Andamanesen werden ausgescholten, wenn sie unverschämt und vorlaut sind, aber nie körperlich gezüchtigt. Früh werden sie angeleitet, großmütig zu sein und sich selbst zu bezwingen ... . Die Pflicht, Fremden und Besuchern Achtung und Gastfreundschaft zu erzeigen, wird ihnen von frühen Jahren an eingeschärft"*[138].

Damit sind in diesen frühen Erziehungsformen nicht nur primitive oder naive Züge zu erkennen, sondern gleichzeitig oder vor allem humanistische: *"Vielfältige Mittel und Methoden wurden angewandt, um der jungen Generation die gesellschaftlich notwendigen Eigenschaften und Verhaltensweisen, wie Fleiß, Wahrhaftigkeit, Achtung voreinander und anderes mehr, anzuerziehen"*[139]. Eine humane Erziehung entstand, die nur zu einer zentralen Berechtigung führen sollte: Leben lernen. Ihre Voraussetzungen konnten sich jedoch nicht nur aus dem Hintergrund des zwischenmenschlichen Beziehungsfeldes definieren, sondern mussten auch davon berührt sein, den Heranwachsenden selbst für sich zu gewinnen. Diese Merkmale konnte der 'Eskimoforscher' Franz Boas genauso ausmachen, wie sein Kollege J. Heckewelder 60 Jahre zuvor, der die indianischen Kulturen untersuchte: *"Die Kinder (bei den beobachteten Eskimos - T.F.) werden sehr gütig behandelt und nicht gescholten, geschlagen oder irgendeiner Strafe unterworfen"*[140]. Und an anderer Stelle: *Die ganze Anlage der Erziehung bei den Indianern ist mehr darauf gerichtet, den Geist zu erheben als ihn niederzudrücken und auf solche Weise entschlossene Jäger und furchtlose Krieger zu bilden"*[141].

Sittlich-moralische Erziehung und praktischer Fähigkeitserwerb konnten sich in jener Zeit, jenseits ausgefeilter institutioneller Strukturen und Zuständlichkeiten, durchaus entfalten, weil sich die gesamten Routinen des Lebens und Arbeitens in der gemeinschaftlichen Öffentlichkeit abspielten und damit jedes Mitglied in die erzieherische Einflussnahme zwangsläufig eingriff. Aufgrund des existentiellen Charakters von Leben und Arbeiten in der ur-geschichtlichen Epoche, waren auch die Methoden der Erziehung auf un-mittelbaren Rücklauf in Form elementarer Erfahrung und auf Befriedigung gewisser Grundbedürfnisse zugeschnitten. Was im 'Emile' von J.J. Rousseau Jahrhunderte später als natürliche Erziehung einer ganzen Generation in Er-innerung kam und nach Renaissance verlangte, trat in den Erziehungsformen urgesellschaftlichen Lebens elementar hervor: *"Eine Mutter schlägt ihr Kind selten. Falls ein Mädchen sich weigert, Korn zu mahlen, ißt die Mutter allein, ohne ihm etwas anzubieten. Oder wenn es sich weigert, Wasser zu holen, muß es durstig herumlaufen. Wenn es beim Wasserholen ein Gefäß zerbricht, schickt die Mutter das Mädchen ruhig noch einmal auf einen längeren Weg, damit es mit einem neuen und möglicherweise größeren Gefäß Wasser hole"*[142]. Träger einer solchen Erziehung waren vornehmlich die einzelnen Familien und deren Angehörige. Der Stamm als Institution trat als 'Er-ziehungsträger' in den Vordergrund, wenn religiöse Riten, stammesspezi-fische Myten oder kulthafte Handlungen gepflegt und weitergeführt werden sollten. Zum Beispiel bei den sogenannten 'Initiationen' - den Reifefeiern - war der Stamm mit seinen ungeschriebenen und 'geschriebenen' Gesetzen Instrument und Feld der erzieherischen Handlung. Die Initiation, gegenwärtig nicht nur in der Erlebnispädagogik[143] sondern auch in der Psychotherapie[144] populär und praktisch in einer Vielzahl von Aktionsformen vollzogen[145], zeigt folgenden Aspekt sehr deutlich: in den urgesellschaftlichen Lebens-formen wurde durchaus auf Bewusstseinsbildung im Sinne der Ausprägung von Verhaltens- und Handlungskompetenzen Wert gelegt. *"Die Initiation dient ... als ein Vermittler der Fortdauer der Tradition, indem sie diese von der älteren Generation, die im Lichte der Tradition gelebt hat und der diese Tradition außerordentlich wertvoll geworden ist, an die jüngere Generation überträgt, welche nun die Last übernehmen muß, diese weiterzutragen. Aber es ist auch wichtig, daß diese Jugend in einer solchen Art und Weise unter-richtet wird, die am besten die Gruppensolidarität und den inneren Frieden hier und jetzt fördert. Der Unterricht, der den Kandidaten erteilt wird, spiegelt die Kulturzüge des Volkes wider. Jeder Stamm hat ein Programm der Bemerkungen, Ermahnungen und Belehrungen, das aufs beste geeignet seinen Bedürfnissen angepaßt ist"*[146]. Außerdem liegen *"über die Initiationen (Pubertätsweihen) von vielen Forschern Berichte vor, die beweisen, daß es sich, trotz aller Unterschiedlichkeit der Durchführung bei den verschiedenen Völkerschaften und Stämmen, um Erziehungsmaßnahmen seitens der Gesellschaft handelt. Sie sollen dazu dienen, den gesellschaftlichen Nachwuchs fähig zu machen, seinen Platz im gesellschaftlichen Ganzen auszufüllen. Sie stellen Anfänge spezifischer pädagogischer Einrichtungen dar"*[147]. Dazu abschließend kann V. Lebzelter diese Tradierung der stammesspezifischen Kultur- und Arbeitstechniken am Beispiel afrikanischer Kulturen zeigen: *"Wie alljährlich, treten die Alten zusammen und beschließen, die Jungen eines Jahrgangs für die Jugendweihe abzusondern ... . Die Jungen müssen während dieser ganzen Zeit selbst Wasser und Holz holen sowie die Nahrung zustande bringen, wobei es gewisse Speiseverbote zu beachten gibt. Das Wesentliche des Unterrichtes besteht in der praktischen Unterweisung des Gebrauchs von Bogen, Keule und Speer und in der Belehrung über Stammessitten und Traditionen."*[148]

Diese Erziehungsvorgänge spielten sich aus der Perspektive der Heranwachsenden zwischen dem 10 und 15 Lebensjahr ab und umfassten die Vorbereitung und die Durchführung der Reifefeiern selbst. Getrenntgeschlechtlich geführt, hatten die 'Jugendlichen' zum Teil über Monate hinweg die Möglichkeit und die ihnen zugewiesene Aufgabe, spezifische Lebens- und Arbeitsrollen praktisch einzuüben und sich in spezielle Mythen und Riten, die ihnen bis dahin verborgen waren, verstehend einzufühlen. Über praktische und kulturelle Aspekte des 'Geschlechtslebens' wurde informiert. Die Initiation bildete den praktischen und feierlichen Abschluss des 'kindlichen' Entwicklungsweges, in dem die Heranwachsenden als vollwertige Mitglieder des inneren Lebenszusammenhanges der Gemeinschaft anerkannt und aufgenommen wurden. In den letzten Stufen urgesellschaftlicher Sozialisation entstanden dann bei einigen Völkern auch andere Institutionen, wie die 'Häuser der Jugend'[149]. In ihnen lebten ausschließlich die Jungen zusammen, die dort erzogen wurden[150]. Dennoch kann in den Initiationsriten die wesentliche Erziehungspotenz gesehen werden, in der vor allem die Gemeinschaft zum Tragen kam.

Zusammenfassend kann gesagt werden, dass in urgesellschaftlichen Lebens- und Arbeitsformen eine durchgehende Trennung zwischen geistiger und körperlicher Arbeit entwicklungsbedingt nicht gegeben war. Die Außenwelt-beziehung von Kindern und Jugendlichen war damit primär ganzheitlich angelegt. Durch die primitiven Formen von Sprache oder durch die nai-ven Formen des Informationsaustausches konnten vorrangig nur intuitive Sinneswahrnehmungen und emotional-erlebnishafte sowie arbeitsbezogen-lebensweltliche Entäußerungen in ihrer symbolischen Bedeutsamkeit dominieren. Gerade diese kulturellen und sozialen Entwicklungsbedingungen verdeutlichen, dass erlebnishafter Vollzug von Innen- und Außenwelt im Zentrum der Weitergabe religiöser Wertvorstellungen und kultureller Techniken stand. Systeme der Abstraktion, Modellbildung sowie Idealisierung in sprachlichen oder wissenschaftlichen Systemen waren noch nicht gegeben. Leben lernen durch Spiel und Tanz, bei Gesang und in den existentiellen Auseinandersetzungen mit und in den natürlichen Medien war hochgradig mit Prozessen der praktischen Selbsterkennung und tätigkeitsgebundenen Erfahrungsbereicherung besetzt. Von Erziehung im weitesten Sinne kann gesprochen werden, da Zielvorstellungen mit der Tradierung der Stammessitten oder der Fortführung der äußeren Lebensvorgänge vorhanden waren. Inhalte (z.B. Jagen) und Mittel (z.B. Gebrauch von Werkzeugen oder Instrumenten) der Erziehung wurden auf diese Ziele direkt bezogen. Auch die kulturspezifische Methode der Initiation wurde bewusst entwickelt. Die Art und Weise des Lernens war sozial in die Lebensformen des Stammes eingebunden und auf deren Bedürfnisse zugeschnitten. Damit wurden Formen des natürlichen, sozialen und praktischen Lernens vollzogen, in denen unmittelbarer Austausch von persönlichen Eigenschaften, Naturerfahrung und Sozialisation stattfinden konnte. Die Erziehungsvorstellungen in den urge-sellschaftlichen Lebens- und Arbeitsformen waren humanistisch, da sie sich am Entwicklungsstand der Zöglinge orientierten und sich ausschließlich auf den sozialen Kontext der Stammesgemeinschaft richteten. Als ein wesentli-ches Merkmal der Erziehung in den urgesellschaftlichen Lebenszusammenhängen kann herausgestellt werden, dass sie allseitig und für fast alle Kinder und Jugendlichen gleich war.

Larry Brendtro entwickelt in seinem Buch, *"Kindheit und Jugend zwischen Entmutigung und Zuversicht"*[151], Perspektiven für eine bessere Zukunft mit Blick auf die Konstitution der indianischen Kulturen. Vier Merkmale damaliger Sozialisation macht er für diese alten Stammeskulturen aus, die in ihrer inneren Interferenz das Leben der indianischen Gemeinschaften prägten: *"Generosity (Großzügigkeit), Belonging (Zugehörigkeit), Independence (Unabhängigkeit) sowie Mastery (Meisterschaft)"*[152]. Sie alle können den humanistischen Grundzug dieser frühen Formen menschlicher Erziehung reflektieren. Sie verdeutlichen die gemeinsame Sorge der Stammesmitglieder,

"Würde in das Leben der Kinder zu bringen"[153], in dem sie *"das heilige Feuer in Kulturen nährten, in denen die Sorge um die Kinder das zentrale verbindende Thema darstellte"*[154].

Prospektive Fragestellungen:

1. Warum war das natürliche Erfahrungslernen für das Individuum im Zusammenhang der urgesellschaftlichen Gemeinschaft selbstevident?
2. Was waren die Ursachen dafür, dass sich im enkulturativen Entwicklungsgang des gemeinschaftlichen Arbeitens und sozialen Lebens erzieherische Optionen ausbilden konnten?
3. Welchen Einfluss übten die frühen Formen der Arbeitsteilung auf die Genese spezifischer Lernformen aus?
4. Welche Modalitäten kulturgeschichtlicher Semantik realisierten sich in diesen frühen Stufen der Erziehungsgenese?
5. Unter welchen Gesichtspunkten wächst dem wechselseitigen Tätigkeitszusammenhang aus Beobachtung und Nachahmung die Qualität eines subjektiv-bedeutsamen Erfahrungslernens zu?
6. Ist das generative Potenzial in den emotional-erlebnishaften Ausdrucksformen des Spiels, Tanzes oder Gesangs pädagogisch deutbar?
7. Welche lebendigen Erziehungsinstanzen lassen sich für diese Periode menschlicher Enkulturation ausmachen?
8. Welche "institutionellen" Erziehungsinstanzen wurden geschaffen, um den sittlichen Sinnzusammenhang des gemeinschaftlichen Lebens zur nachwachsenden Generation zu transferieren?
9. Können die urgesellschaftlichen Initiationsriten als pädagogisches Programm des inneren Lebensweges der Gemeinschaft verstanden werden?
10. Warum waren Trennungen zwischen geistiger und körperlicher Erziehung kaum vorhanden und was ergibt sich daraus für die ganzheitliche Konzeption von Natur- und Sozialerfahrung?

2.2 Atomistik, Sophistik und Naturphilosophie im Altertum und das Prinzip der Kalokagathie

Mit der weiteren Differenzierung und Spezialisierung der Lebens- und Arbeitsvorgänge wurde auch die Trennung zwischen körperlicher und geistiger Arbeit vertieft. Kultur, Religion und Bildung erlangten neue sinnhafte und politische Bedeutung. Der Zerfall urgesellschaftlicher Lebenszusammenhänge setzte einige Jahrtausende v.u.Z. in den Gebieten Asiens und Afrikas ein. Da die Erwirtschaftung von Produkten und Leistungen in zunehmend arbeitsteiligen Vorgängen erreicht wurde, die nicht mehr unmittelbar dem Existenzerhalt der menschlichen Art dienen musste, konnten Medizinmänner, Priester und erste Formen des 'Adels' andere Tätigkeiten frei ausüben. Zahlreiche Berufsbilder entstanden und damit auch die Forderung, spezielles Wissen und Können an die nachfolgenden Generationen gezielt weiterzugeben.

Eines der ältesten Zeugnisse dieser Entwicklungen, das aus der altorientalischen Hochkultur aus dem dritten Jahrtausend v.u.Z. stammt und durch eine Reihe von erhaltenen Keilschrifttafeln vorliegt, beschreibt die 'Schule in Sumer'. Sein Inhalt zeigt die Bedeutung differenzierter Erziehungsangebote vor dem Hintergrund des sich gewandelten Staats- sowie Verwaltungswesens: *"Das ursprüngliche Ziel der sumerischen Schule war, was wir "berufsmäßig" nennen würden, das heißt, es war in erster Linie darauf gerichtet, genügend Schreiber auszubilden, welche notwendig waren, die Anforderungen in Wirtschaft und Verwaltung zu befriedigen, ganz besonders diejenigen der Tempel und Paläste. ... Jedoch im Verlauf ihrer wachsenden Entwicklung, und besonders als Ergebnis des sich immer erweiternden Lehrplans, wurde sie Zentrum der Kultur und des Lernens in Sumer. In ihren Mauern blühte der Gelehrte, der Mann, welcher sowohl Theologie, Botanik, Zoologie, Mineralogie, Geographie, Mathematik, Grammatik und Sprachwissenschaften, das heißt alles Wissen, das zu seiner Zeit gelehrt wurde, studierte und weiterentwickelte. ... Die Erziehung war natürlich weder allgemein noch Zwang. Der größte Teil der Studenten kam aus wohlhabenden Familien; die Armen dagegen konnten weder die Kosten aufbringen noch die Zeit, die ein solch langes Studium erforderte. Bis vor kurzem (bezogen auf das Datum dieser Veröffentlichung von Samuel Noah Kramer im Jahre 1955 - T.F.) wurde a priori angenommen, dass dies der Fall sei; aber vor einem Jahrzehnt hat es der deutsche Keilschriftenforscher Nikolaus Schneider an Hand zeitgenössischer Quellen scharfsinnig bewiesen. In den Tausenden veröffentlichter Wirtschafts- und Verwaltungsurkunden aus der Zeit um 2000 v.u.Z. bezeichnen sich einige 500 Einzelpersonen selbst als Schreiber, und zur weiteren Identifizierung fügen viele von ihnen den Namen ihres Vaters und seine Beschäftigung hinzu. Schneider sammelte eine Liste dieser Gegebenheiten und fand, dass die Väter von Schreibern, das heißt von Akademikern, Regierungsbeamte (Gouverneure), Stadtväter, Gesandte, Tempelverwalter, Offiziere des Militärs, Kapitäne zur See, hohe Steuerbeamte, Priester, Vorsteher, Aufseher, Direktoren, Schreiber, Archivare, Buchhalter waren, kurz gesagt: alle reicheren Bürger einer städtischen Gemeinschaft. Nicht eine einzige Frau wird in diesem Dokument (Zusammenfassung einiger tausend Wirtschafts- und Verwaltungsurkunden aus dem zweiten Jahrtausend v.u.Z., und in Sumer angefertigt[155] - T.F.) als Schreiber erwähnt, und es ist daher wahrscheinlich, dass die Studentenschaft der sumerischen Universität aus Männern allein bestand"[156].*

Je mehr die soziale Schichtung alle Bereiche des gesellschaftlichen Lebens durchdrang, die aus der Teilung zwischen körperlicher und geistiger Arbeit hervorging, um so stärker entwickelte sich folgende Tendenz: der Sozialschichterhalt setzte sich auch in den Formen institutionalisierter Bildung und Erziehung fort und einer kleinen aristokratischen Oberschicht wurden spezielle Techniken und Wissensgebiete vermittelt. Dazu entstanden besondere Erziehungsräume, die in erster Linie den nunmehr gesellschaftlich privilegierten Oberschichten zugänglich waren. Der vergleichende Anthropologe K.A. Schmidt, der die Arbeiten von Xenophon übersetzte, ermittelte dazu folgende Fundstelle: *"Die Kinder der persischen Großen werden am Hofe erzogen, wo sie Gelegenheit haben, ihren Geist zu bilden und nichts Unanständiges zu hören und zu sehen bekommen. Sie sehen und hören es auch, wenn einer vom König ausgezeichnet oder mit Schimpf belegt wird, so dass sie gleich von Kindheit an die Kunst zu befehlen und zu gehorchen lernen"*[157]. Die orientalischen Staatsformen waren straff organisierte Institutionen, die auch die Weitergabe der als notwendig erachteten Bildungs- und Erziehungsinhalte in sich einbanden. Daran angelehnt entstanden die ersten Priesterschulen[158] in den altorientalischen Tempeln. In späterer Zeit wurden in Ägypten die Hofschulen[159] für die 'Schreiber' oder die Schulen der Zentralbehörden[160] gegründet, die die Schreiber aus den Mittelschichten für ein Spezialgebiet ausbildeten. Waren in den urgesellschaftlichen Lebensformen die Zugänge zu Bildung und Erziehung noch allen Mitgliedern weitestgehend offen und gleicher Natur gewesen, zeigte sich in dieser Entwicklungsepoche sehr deutlich, dass die Weitergabe 'höheren' und spezielleren Wissens und Könnens den Ober- und Mittelschichten vorbehalten blieb. Diese Trennung entsprang letztlich aus herrschaftspolitischem

Handeln und diente ihm nicht unwesentlich. Für die Arbeitserziehung der Unterschicht, für die Sklaven, hatten Fragen geistiger Bildung kaum Relevanz: *"Sieh, es gibt keine Arbeit, wo sich nicht ein Aufseher befindet, ausgenommen die Arbeit des Schreibers, denn der Schreiber ist selbst ein Aufseher ... . Es gibt keinen Schreiber, dem es an Nahrung, aus dem Besitz des königlichen Hauses mangelt. Die Göttin der Geburt gibt dem Schreiber Überfluss und stellt ihn an die Spitze des Gerichts"*[161]. Die Genese der Sozialschichten und die herrschaftspolitische Machtverteilung begründeten letztlich den differenzierten Zugang zu Bildung und Erziehung. Aus der Sicht des chinesischen Philosophen Konfuzius ließe sich diese Feststellung vertiefend belegen: *"Der Weise, der seiner Lage Rechnung trägt, wünscht keine äußerliche Größe. Besitzt er Vermögen und eine Stellung in der Gesellschaft, wird er als Reicher und als ein Mensch leben, der Stellung besitzt; ist er arm, wird er wie ein Armer leben. Befindet er sich in einer niederen Stellung, wird er die Behörde nicht beschimpfen; wenn er auch gegen sich selbst streng ist, verlangt er von den anderen nichts. Deswegen wird er sich, wenn ihm ein niederes Los zuteil war, mit seinem Schicksal abfinden"*[162].

Etwa ein Jahrtausend später entstanden die antiken Stadtstaaten in Rom und Athen. Mit ihnen wurden bekannte Schulen der antiken Philosophie, Bildung und Erziehung ins Leben gerufen. Sie erlangten funktionale Weiterentwicklung und integrative Bedeutsamkeit für das Staats- und Gesellschaftswesen insgesamt. Das antike Griechenland bestand aus einer Vielzahl kleinerer und größerer Stadtstaaten, von denen Sparta und Athen die größte Bedeutung besaßen. In Sparta, auf dem Peloponnes, hatte sich seit dem 8 Jh. v.u.Z. ein Agrarstaat herausgebildet, der durch die permanente Unterdrückung der Heloten (den ehemaligen Besitzern der Region) und durch die ständige Kampfbereitschaft der Spartiaten eine außerordentlich militante Prägung hatte[163]. Diese Prägung übertrug sich auch auf die Bildungs- und Erziehungsanliegen der Spartiaten. Der griechische Philosoph Platon kam zur Einschätzung, dass das *"Leben auf dem Peloponnes in Friedenszeiten einer Kriegsschule glich"*[164]. Demnach dominierte der militante Charakter des Staatswesens alle wesentlichen Bereiche gesellschaftlicher Lebensformen. Die Charaktererziehung der heranwachsenden Generation der Spartiaten musste daher von strenger Zucht und Ordnung, von militärischer Tüchtigkeit und Abhärtung gekennzeichnet sein. Diese Ausrichtung lässt sich durch zahlreiche Studien und Funde belegen: *"Im Vordergrund stand, entsprechend dem militärischen Charakter des Gemeinwesens, die körperliche Ertüchtigung, die Kriegsdressur. Um sich gegen die Hitze und Kälte abzuhärten, waren die Knaben ganz leicht bekleidet; warm zu baden wurde ihnen untersagt. Die junge Mannschaft badete täglich kalt, zum Beispiel im Flusse Eurotas. Das Essen war dürftig und spärlich zubereitet, alles, um die Widerstandskraft ständig zu erhöhen. ... Schon früh sollten sich die jungen Krieger an Hunger, Durst, Ausdauer und Entbehrung gewöhnen. ... Lesen, Schreiben und Rechnen wurden dagegen vernachlässigt und der intellektuellen Bildung nur geringer Wert beigemessen. Dennoch sollte der junge Spartiat mit einer scharfen Beobachtungsgabe, mit Urteilsfähigkeit, Entschlusskraft, Sachlichkeit und mit der Fähigkeit, sich kurz und treffend auszudrücken, ausgestattet sein - Eigenschaften, die der Soldat im Krieg brauchte"*[165].

Ganz anders dagegen gestalteten sich die Entwicklungen im athenischen Stadtstaat in Attika. Einerseits wies dieser nicht die alleinige Prägung des Agrarstaates auf. Andererseits musste seine Weiterentwicklung und Prosperität nicht auf der Unterdrückung der vormals eingesessenen Urbevölkerung beruhen: *"Begünstigt durch die geographische Lage nahm neben Ackerbau und Viehzucht die Seefahrt, und damit Handel und Gewerbe, schon früh eine hervorragende Stellung im Wirtschaftsleben Athens ein"*[166]. Der Handelsaustausch mit den athenischen Partnern in Phönizien, Ägypten und Kleinasien schaffte bis zum 6 Jh. v.u.Z. zeitgerechte Formen der Kommunikation, Kooperation und Distribution, die das gesellschaftliche Leben und Arbeiten beeinflussten. Im Gegensatz zu Sparta veränderten nicht allein militärische Geschehnisse und Konflikte das soziale und kulturelle Umfeld. Der erfolgreiche Handel, die differenzierte Entwicklung des Handwerks und die wirksame Einsetzung der Sklavenarbeit gaben der aristokratischen Oberschicht neue Freiheiten, die Organisation von Geschäft und Staat, die Vertiefung wissenschaftlicher Standpunkte und kultureller Techniken erfolgreich voranzutreiben. Der Anteil der Oberschichten an den Vorgängen der Produktherstellung und Leistungsrealisierung ging immer weiter zurück und wurde hauptsächlich von der Unterschicht der Sklaven übernommen. Athen erreichte mit diesen Formen der Arbeitsteilung, insbesondere unter Perikles (443-429 v.u.Z.), *"eine relativ hohe Entwicklungsstufe seiner politischen und wirtschaftlichen Macht; auch die Kultur gelangte zu großer Blüte"*[167].

Diese Unterschiede zwischen den Stadtstaaten Sparta und Athen ließen sich auch an Bildung und Erziehung in jener Zeit direkt ablesen. Spätestens im 5 Jh. v.u.Z. entwickelte sich in Athen ein 'öffentliches' Schul- und Erziehungswesen, das den Söhnen der freien Bürger zur Verfügung stand (Aristokratie, Handwerker, Bauern). In dessen Mittelpunkt befand sich der *"Elementarunterricht"*[168] in der schulischen Gemeinschaft. Hier waren die Mädchen von der Schulgemeinschaft völlig ausgeschlossen, da koedukative Erziehungsformen noch nicht bestanden. Diese Form des Elementarunterrichtes umfasste folgende Ausbildungsbereiche: 1. Grammatik; 2. Kunstausübung; 3. Formen der 'antiken Gymnastik'. Ihre pädagogische Ausrichtung kann mit wenigen Strichen nachgezeichnet werden:

1. *"Da es fast keine Lehrbücher gab, mussten die Lehrer viel diktieren und die Schüler viel auswendig lernen. Die Dichtungen des Homer dienten als Fibel im Elementarunterricht. Daneben las man die Fabeln Äsops und die Teile der Werke Hesiods sowie die Elegien von Solons. Der ethische Gehalt dieser Dichtungen diente vornehmlich der sittlichen Erziehung der Zöglinge, die tragender Bestandteil der griechischen Bildung (Paideia) war"*[169].

2. *"Die Musik spielte bei religiösen und kultischen Festen eine bedeutende Rolle, weil sie stark auf Gemüt und Gefühle einwirkte. Die Athener bevorzugten im Gegensatz zu Sparta die ionische Tonart, die weicher und sanfter als die in der dorischen Tonart gesetzte spartanische Marschmusik war"*[170].

3. *"Durch den Gymnastikunterricht wollte man die Jugend ... zu Kraft und Gesundheit, Stärke und Schnelligkeit, Mut und Tapferkeit sowie Schönheit des Körpers erziehen"*[171].

Durch diese Erscheinungen wird klar, dass Formen der antiken 'Elementarbildung' auf wechselseitigen Verbindungen zwischen geistiger, körperlicher und sittlicher Erziehung beruhten. Das Erziehungsideal der *"harmonischen Bildung aller Kräfte (Kalokagathie)"*[172] entsprach noch weitestgehend dem Charakter ganzheitlichen Lebens in den frühen Hochkulturen und ging aus ihm hervor. Das heißt, Naturerklärung und Weltdeutung, praktische Lebensvorbereitung und handlungs- sowie aufgabenorientiertes Herantasten an neues Wissen und Können sollten von den institutionellen Bildungs- und Erziehungseinrichtungen angebahnt werden. Vor diesem Praxishintergrund in der Blütezeit der attischen Demokratieform entstanden dann in den bekannten Schulen der Philosophie die frühen Ansätze erziehungstheoretischen Denkens und Handelns. Zu diesen geistigen 'Schulen' gehörten die Atomistik[173], ionische Naturphilosophie[174] und Sophistik[175]. Sie forschten nach dem Grundprinzip allgemeiner Entwicklungszusammenhänge im Naturganzen und konnten beachtliche Erkenntnisse, vor allem in den Bereichen der Mathematik, Physik und Astronomie aufspüren. Außerdem waren sie zugleich Ausgangspunkt und Bezugsrahmen erster Staats- und Erziehungstheorien, die im Kontext pädagogischer Bemühungen folgen- und facettenreiche Spuren hinterließen.

Mit den Arbeiten von Demokrit von Abdera (460-370 v.u.Z.) erreichte die Atomistik ihren Höhepunkt. Bewegung und Veränderung in der materiellen Ganzheit und Einheit des Kosmos galten als Anregung und Ausgangspunkt menschlicher Entstehung und Entfaltung. Sinneswahrnehmung und ganzheitliche Anschauung der Dinge und Vorgänge waren hier Wege zur Erkenntnis menschlichen Seins. Diese Betrachtungsweise setzte die enge Anlehnung an die gegebenen natürlichen Realitäten voraus. Damit musste die Erziehungsidee den wechselseitigen Zusammenhang von Mensch und Natur, von Individuum und sozialem Umfeld konsequent in sich aufnehmen. In diesem Sinne finden sich in den Schriften des Thales von Milet (624-547 v.u.Z.), als Ausdruck der ionischen Naturphilosophie, und auch in den Überlieferungen von Demokrit, Ansätze natürlicher und sozialer Erziehung. Sie waren ihrem Wesen nach, durch die Beschreibung dialogischer Beziehungen zwischen Zögling und Erzieher und durch einen gewissen Grad an Kindorientierung, humanistisch: *"Er (Demokrit-T.F.) erkannte die große Bedeutung einer richtigen Erziehung für das Individuum und die Gesellschaft. Den Eltern sei es aufgegeben, sich um die Bildung ihrer Kinder zu sorgen, denn die Erziehung mache Wissen und Charakterfestigkeit zur zweiten Natur. Der Erzieher solle dem Zögling liebevoll entgegentreten und ohne Zwang auf ihn einwirken"*[176]. Jedoch konnten die bereits bestehenden Formen öffentlicher Erziehung diesen Anspruch nur unzureichend umsetzen. In ihren Defiziten etablierten sich die Wanderlehrer der 'Sophistischen Schule' (sophistes-Weisheitslehrer), die gegen ein Entgelt vor allem Kinder der begüterten Oberschicht pädagogisch unterwiesen. Der Knabe sollte *"Wohlbeschlagenheit in seinen eigenen Dingen"*[177] und in denen des Staates und seiner öffentlichen Institutionen erlangen, um *"höchste Fähigkeiten zu erhalten, öffentliche Angelegenheiten zu behandeln"*[178]. Anliegen der praktischen Erziehungstätigkeit war somit der 'aktive Staatsbürger', der sich öffentlich und tatkräftig für Fragen des Stadtstaates einsetzte. Die Unterweisung in der Kunst der 'freien Rede' galt daher einerseits der Charakterbildung und andererseits der Entwicklung grammatikalischer, rhetorischer und dialektischer Fähigkeiten. Sie fanden im Trivium ihren Ausdruck. Im praktischen Bereich diente die Ausbildung mehr der Menschen- und Haushaltsführung. Dieses Vertrauen in die Bildungs- und Erziehungsfähigkeit des Menschen wurde von allen späteren Erziehungstheorien mehr oder weniger weitergeführt. Auch die Bestimmung der Erziehungsinhalte und Methoden praktischer Anleitung aus der individuellen Natur des einzelnen Zöglings, ist in den Schulen der humanistischen Pädagogik und Psychologie bis in die Gegenwart anzutreffen und tradiert worden.

Sokrates (469-399 v.u.Z.) wurde durch zahlreiche philosophische Schriften bekannt. Er hinterließ jedoch keinerlei Aufzeichnungen über seine pädagogischen Ideen und Aktivitäten. Bei der Rekonstruktion seines erzieherischen Wirkens wird man die fragmentarischen Hinweise von Platon, dem bekanntesten 'Schüler' von Sokrates, und die 'Erinnerungen des Xenophon' zur Kenntnis nehmen müssen. Sokrates führte sophistische Grundannahmen weiter, indem er die aktive Rolle des 'Athener Staatsbürgers' durch erzieherische Mittel und Methoden fundieren wollte. Gleichzeitig erkannte er, dass die subjektiv zugeschnittenen Einzelunterweisungen der Sophisten nicht ausreichten, um die vorhandene politische Krise in Attika zu überwinden. Körperschaftsorientierte Erziehung, Erziehung zu *"Gerechtigkeit, Tapferkeit, Mäßigkeit und Frömmigkeit"*[179] verlangten nach inhaltlicher und methodischer Umgestaltung der Gymnasien und der öffentlichen Wandelhallen. Dabei bediente sich Sokrates der Methode der Mäeutik ("Hebammenkunst"), die Platon in ihrer Zweiphasigkeit aufschloss: *"Am Anfang stand meist das Bekenntnis des Sokrates, er wisse, dass er nichts wisse. Diese 'sokratische Ironie' sollte die Ansichten des Partners von vornherein fragwürdig erscheinen lassen und dessen nach Sokrates' Meinung unbegründete Selbstsicherheit erschüttern. Im ersten Teil des Zwiegesprächs brachte Sokrates den Schüler auf induktivem Wege durch geschickt gestellte Fragen zu der Überzeugung, dass seine bisherige Kenntnis von einer Sache unbegründete Meinung, Halbwissen oder Nichtwissen sei. Sobald dies erkannt war, ging Sokrates dazu über, wahres und echtes Wissen über die menschlichen Tugenden darzulegen. Es kam der sokratischen Mäeutik also nicht in erster Linie auf die Übermittlung eines neuen Wissensgutes an, sondern auf die Aktivierung des vom Erzieher gelenkten Selbstfindens von Erkenntnissen. Besaß der Mensch - so nahm Sokrates an - einmal den rechten Begriff vom Wesen der Tugenden, so würde er auch richtig handeln"*[180].

Diese pädagogischen Positionen von Sokrates wurden von einer nicht geringen Anhängerschaft der Athener Aristokratie geteilt. Vor allem deshalb, weil sie auf staatsbürgerliche Wachsamkeit, Durchsetzungsvermögen und Führungseigenschaften abzielten: *"Er selbst unterhielt sich immerfort über die den Menschen betreffenden Fragen. Was ist fromm, was ruchlos? Was gefällt, was stößt ab? Was ist recht, was unrecht? Was ist Verstand, was Wahnsinn? Was Tapferkeit, was Feigheit? Was ist der Staat, wer ein Politiker? Was ist Führung, wer ein Führer? Wer über diese Dinge Bescheid wusste, war nach seiner Meinung wahrhaft gebildet"*[181]. Hinzu kam, dass die sokratische Kritik der demokratischen Verhältnisse in Athen zur Krisenzeit des Peloponnesischen Krieges sehr aktuell war. Der Restaurationsgedanke, in Richtung einer Wiederbelebung autokratischer Staatsformen in den 'Händen der Besten', wurde von der aristokratischen Oberschicht nachhaltig unterstützt. Das verlangte nach adäquaten Maßnahmen in den Bereichen der

Bildung und Erziehung. Im bekannten Dialog zwischen dem Sophisten Protagoras und Sokrates, der von Platon dargestellt wurde, kommt diese Betonung der Charakterbildung gegenüber der bloßen Wissensvermittlung nachhaltig zum Ausdruck: *"Schön gefragt Sokrates; mit Freude antworte ich auf gute Fragen! Ja, wenn Hippokrates zu mir kommt, wird er nicht die Erfahrung machen wie etwa im Verkehr mit einem anderen Sophisten; denn die anderen behandeln die jungen Leute schmählich. Kaum sind diese den Lehrfächern der Schule entronnen, so führen die Sophisten sie wieder gegen ihren Willen dahin zurück und stürzen sie in die gleichen Fächer hinein, lehren sie Arithmetik und Astronomie, Geometrie und Musik ... . Wer zu mir kommt, wird nichts anderen lernen als das, um dessentwillen er kam: lernen soll er Wohlbeschlagenheit in seinen eigenen Dingen, die Kunst, das Hauswesen aufs trefflichste zu verwalten, in denen des Staates, auf dass er höchste Fähigkeit erhalte, öffentliche Angelegenheiten zu behandeln und zu besprechen." "Bin ich nun Deiner Rede recht auf der Fährte?" fragte ich (Sokrates). "Mich dünkt, du sprichst von Staatswissenschaft und versprichst, gute Staatsbürger aus den Leuten zu machen?" "Gewiss Sokrates, das ist ja mein Anerbieten", sprach er, "zu dem ich mich anheischig mache!"*[182]

Dass erfolgreiche Bildung und Erziehung Möglichkeiten eröffnen, Staat und Gesellschaft von innen heraus verändern und erneuern zu können, ist bis in die Gegenwart hinein Ansatz alternativer Ideen und Angebote. Bei Platon (427-347 v.u.Z.) ist dieser Ansatz bereits vorgeprägt und findet im Ziel einer handlungs- und verhaltenskompetenten Aristokratie philosophische Konkretion. Eine 'Regierung der Besten', die aufgrund ihrer persönlichen Ausstrahlung gesellschaftliche und kulturelle Entwicklungen zukunftsorientiert gestaltet, spiegelte sich auch in den Ausgangsüberlegungen Kurt Hahns wider. Dieser Entwicklungsgedanke wurde für den Zusammenhang zwischen Schule und Erziehung von Hahn erarbeitet und für das Internatskonzept bedeutsam: in zeitgemäßer Prägung, mit bildungspolitischen Absichten und auch mit weltweiter Verbreitung. Für Hahn, das wird in den Kapiteln 3 und 4 noch ausführlich dargestellt, waren gerade die Erziehungsideen Platons wesentliche Orientierungshilfen. Platon versuchte in seinem Ideensystem eine philosophische Idealkonstruktion, in der *"wahres Wissen als Wiedererinnerung des Menschen an die von der unsterblichen Seele vor jedem Eingang in den Körper geschauten Ideen"*[183] positioniert und nur diese *"Ideenschau, das heißt die durch die Kenntnis der platonischen Philosophie vermittelte Einsicht in das Wesen der Dinge, verleihe echte Kenntnisse über Menschenleben, Gesellschaft und Staat"*[184] als wesentlich erfasst wurden. Für diese Ideenschau, bezogen auch auf philosophische und pädagogische Fragen und Grundprobleme lieferte Platon in seinem Hauptwerk, *"Der Staat"*[185] (Politeia), zahlreiche idealistische Fragmente. Er leitete sie aus einer Isomorphie zwischen dem sogenannten 'gerechten Staat' und der schönen (gerechten) Seele ab. Verschiedene Fragmente und Aussagen aus diesem Ideenkreis wurden von K. Hahn vor allem für das Konzept der Erlebnistherapie adaptiert. Auch diese Feststellung wird später noch einigen Vergewisserungen unterzogen.

"Platon unterscheidet im Menschen folgende Seelenvermögen und deren Tugenden: Das Vernünftige; Weisheit; Das Mutvolle; Tapferkeit; Das Begehrliche; Besonnenheit oder Mäßigkeit. In der menschlichen Seele herrscht nach Platon dann Ordnung, wenn die Vernunft über den Mut und beide über das triebhaft Begehrliche herrschen"[186].

Die bereits angedeutete Isomorphie ergab sich, da die im Staatswesen des griechischen Stadtstaates verankerten drei Stände im Zusammenhang dieser Seelenzustände gesehen wurden: *"Der herrschenden Vernunft entspricht der Regierungsstand der Philosophen; dem Mutvollen aller Wehrstand der Wächter, dem Begehrlichen der die materiellen Güter ... produzierende Nährstand der Bauern und Handwerker"*[187]. Aus dieser Gliederung des psychischen Seins und staatlichen Gebildes mussten sich Erziehungsvorstellungen ableiten, auch Prämissen für die Routinen der täglichen Lebensweise, die sich im attischen Stadtstaat nur bedingt verwirklichen ließen. Allein schon deshalb, da diese statische Trennung ganz allgemeiner Lebensvorgänge weder wesensmäßig dem menschlichen Lebensvorgang entsprach noch adäquat den tatsächlichen Differenzierungsprozessen gesellschaftlicher Natur nahekam: *"Die Einsicht in die "Ideen" der Dinge verleiht den Philosophen-Regenten wahre Einsicht zur Lenkung aller Staatsgeschäfte; die Wächter sichern den Bestand der Ordnung nach außen und innen. Diese beiden oberen Stände bedürfen zur Wahrnehmung ihrer Aufgaben einer besonderen Bildung und Lebensweise. Regenten und Wächter kennen keinen Privatbesitz, selbst Kinder und Frauen gehören ihnen gemeinsam. Auch Gold und Silber kennen sie nicht. Die gesamte Erziehung ist auf das Staatswohl ausgerichtet. Es bleibt von der Bildung der künftigen Wächter alles ausgeschlossen, was sie verweichlichen und ihre Sitten verderben könnte"*[188].

Damit sind zwei Schwächen der Platonischen Staats- und Erziehungsutopie charakterisiert: zum einen konnte sich ein Staatswesen nicht gut etablieren, welches den 'Mittelstand' (die Wächter) nicht ausreichend mit materiellen Gütern sowie mit zweckmäßiger Erziehung versorgte; andererseits ist Engagement und Einsatz für eine staatliche und gemeinwesenorientierte Ordnung wohl immer an Prämissen gebunden, die Zweck und Dringlichkeit der Veränderung signalisieren. Das kann auch der Reflexion Platons, einem Dialog zwischen Sokrates und Glaukon, direkt entnommen werden: *"Sokrates: Sind es also nur die Dichter, die wir unter Aufsicht stellen und nötigen müssen, das Bild der guten Sinnesart zum Leitstern ihrer Gedichte zu machen, wenn sie überhaupt bei uns dichten wollen, oder müssen wir diese Aufsicht auch auf die übrigen Meister ausdehnen, indem wir sie hindern, dies Unsittliche, Zuchtlose, Niedrige und Mißgestaltete weder in Bildern lebender Wesen noch in Gebäuden noch in sonstigen Erzeugnissen der Kunst hervortreten zu lassen? Oder steht es nicht vielmehr so: Wer dem nicht folgen kann, der darf bei uns seine Kunst nicht ausüben, daß unsere Wächter nicht, unter Bildern verwerflicher Lebensart heranwachsend, wie auf einer Weide mit schädlichem Gras täglich stückweise vieles von vielerlei pflücken und genießen und so schließlich unvermerkt ein großes Übel in ihrer Seele zeitigen? Nein, wir müssen solche Meister suchen, die bei glücklicher Anlage imstande sind, die Natur des Schönen und Wohlgestalteten aufzuspüren, auf daß unsere Jünglinge, gleichsam in gesunder Gegend wohnend, von überall her nur Förderung erhalten, von welcher Seite auch immer ihnen von den schönen Werken, sei es für Auge oder Ohr, ein Eindruck zuteil wird, einem Lufthauch vergleichbar, der von reinen und frischen Gegenden Gesundheit bringt und sie gleich von Kind auf unvermerkt zur Ähnlichkeit, Freundschaft und Zusammenstimmung mit derjenigen Rede führt, die für das Schöne eintritt. Glaukon: Ja, das wäre weitaus die beste Erziehung"*[189]. Darüber hinaus dürfte sich das Problem ergeben haben, dass sich eine 'Welt der Ideen' aufgrund der fehlenden Bildung ganz breiter Schichten der Bevölkerung in den antiken Stadtstaaten nur als Utopie darbieten konnte. Im praktischen 'Nahbereich' stießen diese Ideen daher sehr wenig auf wirksame Unterstützung.

Anders hingegen stellten sich die Auffassungen von Aristoteles dar (Aristoteles von Stageira; 384-322 v.u.Z.), der seine Gedanken weniger aus der 'Welt der Ideen', als aus den objektiven Gegebenheiten der natürlichen Erscheinungen, Evolutionen und Prozesse gewann. Wie auch Platon, ging Aristoteles bei seinen Überlegungen von der vorhandenen 'Ständeteilung' aus, und sah diese als *"naturgegebenen Dauerzustand der Gesellschaft"*[190] an. In seiner eigenen Philosophenschule, dem 'Lykeion', wurde folgende anthropologische Position entwickelt: im Erziehungsprozess müssen das *"Vegetative, Animalische und Vernünftige vereint werden"*[191], um die *"Einheit von körperlicher, moralischer und intellektueller Bildung"*[192] zu gestalten. Demzufolge waren Grundsätze einer ganzheitlichen Erziehung zu formulieren, die sich auf unterschiedliche Ebenen des Persönlichkeitsspektrums richteten: *"Gut und rechtschaffen werden die Menschen aber durch dreierlei: durch Naturanlage, Gewöhnung und Vernunft. Fürs erste also muss man eine bestimmte Naturanlage haben, zum Beispiel die eines Menschen und nicht eines sonstigen Lebewesens, und zwar mit bestimmten körperlichen und seelischen Eigenschaften. Manche dieser natürlichen Eigenschaften sind an sich noch wertlos, da sie der Veränderung durch die Gewöhnung ausgesetzt sind; denn sie sind von Natur neutral und können durch Gewöhnung zum Schlimmen oder Guten ausschlagen. Die übrigen Lebewesens leben in der Hauptsache nach dem Trieb in ihrer Natur: einige sind auch der Gewöhnung ein wenig zugänglich; der Mensch aber lebt nach der Vernunft; denn er allein besitzt diese. Und so muß denn bei ihm dies alles miteinander im Einklang stehen"*[193].

Auch hier erscheint Bildung als allgemeiner und allseitig zu vollziehender Anspruch, dessen Wirklichkeit in familiärer und in schulisch institutionalisierter Erziehung realisiert werden sollte: *"Für eine der Muße gewidmete Lebensführung sind diejenigen Tugenden von Nutzen, die sowohl in der Muße als auch in der Geschäftigkeit sich auswirken. Denn damit man sich der Muße widmen kann, müssen viele notwendige Bedürfnisse schon befriedigt sein. Deshalb bedarf der Staat der Selbstzucht, der Tapferkeit und der Abhärtung. Denn nach dem Sprichwort hat der Sklave keine Muße; wer aber nicht tapfer eine Gefahr abwehren kann, ist der Sklave des Angreifers. Tapferkeit und Abhärtung braucht man also für die Geschäftigkeit, Liebe zur Bildung für die Muße, Selbstzucht sowie Gerechtigkeit in beiden Lagen"*[194].

Dabei prägte den Erziehungsansatz ein unübersehbarer Pädozentrismus, da Erziehung *"natürlich sein sollte, die im Zögling vorhandenen Anlagen entwickeln und sich auf seine seelischen Eigenarten zu stützen"*[195] hatte. Bis zum siebenten Lebensjahr sah Aristoteles die Familie als ein Schon- und Schutzraum, in dem die Heranwachsenden ihr erstes Wissen und Können erwerben. Danach sollten die Knaben in staatlich beaufsichtigten Schulen unterwiesen werden und sich theoretisches Wissen, körperliche Fertigkeiten und zudem künstlerisch-musische Fähigkeiten aneignen: *"Vom siebenten Lebensjahr ab besuchen die Knaben die Schulen, die vom Staat zu beaufsichtigen sind. Hier werden außer dem Lesen und Schreiben Kenntnisse in Grammatik, im Zeichnen und Rechnen, auf höheren Anstalten in Geschichte, Mathematik und Philosophie vermittelt. Die körperliche Erziehung dient zur Erreichung körperlicher Schönheit, Gesundheit, Kraft und Gewandtheit. Die sittliche Erziehung muss all jene Tugenden und Verhaltensweisen entwickeln, die der freie Grieche benötigt"*[196]. Diese pädagogischen Grundüberlegungen von Aristoteles, die nur darauf abzielten, intellektuelle, körperliche und sittliche Aspekte im Erziehungskontext miteinander zu verbinden und sie in gegenseitiger Abhängigkeit zu sehen, bezogen sich auf den physischen und psychischen Entwicklungsstand des Zöglings. Sie alle finden sich in den nachfolgenden Pädagogiken nahezu unverändert wieder. Außerdem wurden sie zum Fundament spätererer Argumentationen der humanistischen Pädagogik. In den Entwicklungen des 'Römischen Kaiserreichs', das Griechenland 146 v.u.Z. unterwarf, wächst dieser Denktradition eine neue Renaissance zu.

Bis zum 5 Jahrhundert v.u.Z. hatte sich Rom von einem unbedeutenden Stadtstaat zu einem riesigen Weltreich entwickelt. Bereits in der Entstehungsphase des römischen Imperiums entwickelte sich proportional zur Konzentration der Bevölkerung in den großen Städten das Bedürfnis, Elementarschulen für die Weitergabe der notwendigen Bildungsinhalte einzurichten. Mit der Einwanderung tausender griechischer Lehrer nach 147 v.u.Z. fanden griechische Kultureinflüsse verstärkt im Bildungs- und Erziehungsbereich ihren Niederschlag. Hinzu kam, dass die Elementarschulen, die Schreiben, Lesen und Rechnen vermittelten sowie Fragen des Rechts lehrten (*"12-Tafel-Gesetze"*[197]), kaum zeitgemäßen Entwicklungen nachkamen. Ein öffentliches Bildungssystem löste nach griechischem Vorbild schon bald die privaten und vereinzelten Elementarschulen ab. Zu diesem öffentlichen Bereich von Bildung und Erziehung hatten ausschließlich die 'Freien Bürger' Roms Zutritt. Zunächst entstanden in diesen notwendig gewordenen Veränderungen des Bildungswesens die sogenannten Grammatikschulen. In ihnen wurde Griechisch und Lateinisch über drei Jahre hinweg für Knaben zwischen dem zehnten und zwölften Lebensjahr angeboten. Auch einige Mädchen nahmen an der Grammatikschule teil[198], wenn es der soziale Stand der Eltern ermöglichte. Von koedukativen Lern- und Lehrformen in dieser Zeit kann jedoch nicht gesprochen werden. Neben Geschichte, Geographie und Rechtslehre wurden Naturwissenschaften und Philosophie gelehrt. Körperliche und sittliche Erziehung gehörten, dem Erziehungsansatz von Aristoteles folgend, zum Ausbildungsgang dazu.

Die Grammatikschulen wurden schrittweise durch die Rhetorenschulen nach griechischem Vorbild abgelöst, da die öffentlich ausgeübte Redekunst der Oberschicht als wichtigstes Darbietungs- und Austragungsmittel diente. In den Rhetorenschulen wurde das Trivium angestrebt (Grammatik, Rhetorik und Dialektik), wie es das griechische Vorbild vorgab. Hinzu kamen Astronomie, Mathematik und Musik im Sinne des Quadriviums[199], um den Charakter allgemeiner Bildung und Erziehung zu verstärken. Die vertiefte Unterweisung in den 'Fachwissenschaften' wurde danach in den römischen

Hochschulen angeboten, die zudem in Athen, Konstantinopel, Alexandrien und Antiochia ihre wohl bekanntesten Standorte besaßen.

Anders als in der attischen Demokratie trat im römischen Bildungswesen ein Charakteristikum hervor, welches eine der ersten institutionalisierten Formen pragmatischer Bildungstheorie darstellte: *"Charakteristisch für das römische Schulwesen ist der Gedanke, Erziehung und Bildung müsse auf Brauchbarkeit und Nützlichkeit des einzelnen sowie des Staates ausgerichtet sein"*[200]. Zudem dürfte sich die Nützlichkeit auch an den Bedürfnissen des einzelnen Heranwachsenden und seiner zukünftigen Rolle in den Milieus des gesellschaftlichen Lebens abgeleitet haben. Damit wurde eine pragmatische sowie utilitaristische Grundausrichtung von Bildung und Erziehung in ihrer subjektiven Bedeutsamkeit durchaus gesehen. Persönliche Ausstrahlung und öffentlich wirksame Beredsamkeit sollten in der Schule praktisch erlernt und geformt werden. Ihnen wurden in den folgenden Zeiten des römischen Bildungswesens alle Bildungselemente untergeordnet. Ihre Ausrichtung erhielten sie nicht zuletzt wegen ihrer Bedeutsamkeit für die Ämterlaufbahnen im römischen Staatswesen. Als bedeutende Theoretiker jener Zeit sind die Philosophen Seneca[201] (3v.u.Z.) und Fabius Quintilianus (etwa 35-95 u.Z.) überliefert worden. Sie versuchten, ausgehend von der Sprache als Kunst- und 'Regierungsmittel', das Erziehungssystem theoretisch zu ordnen: *"Anleitung zur Beredsamkeit - Institutio oratoria"*[202]. Daraus ergaben sich weitere Schlussfolgerungen, die den Erziehungsvorgang ganz allgemein betrafen: *"Da jede gute Ausbildung möglichst früh beginnen muß, behandelt Quintilian in den ersten Büchern die Kindererziehung und die Elementarbildung. Er fordert eine Erziehung, die auf die Eigenart des Zöglings eingeht, seine sprachliche Entwicklung sorgfältig beobachtet und jede unnötige Härte verabscheut. Nur auf der Grundlage einer vorausgegangenen sorgfältigen Erziehung der Kinder vermag die rhetorische Spezialunterweisung über die Kunstmittel des Redners fruchtbar zu sein, denn Charakterbildung und solide Allgemeinbildung sind das Fundament für den guten Redner. Das Handbuch des Quintilian ist eines der ersten Werke der Didaktik; es hatte besonders auf die humanistische Pädagogik Einfluß"*[203].

Hiermit sind einige Punkte herausgestellt, die in der Traditionslinie Sokrates-Platon-Aristoteles die römischen Erziehungsverhältnisse reflektieren:

1. Charaktererziehung und intellektuelle Bildung wurden einheitlich gesehen.
2. Geistige Bildung, körperliche Ertüchtigung und sittliche Erziehung bildeten einen wechselseitigen Zusammenhang und wurden in den unterschiedlichen Schulstufen für die regierende und gesellschaftlich bestimmende Oberschicht institutionalisiert und unter staatliche Kontrolle gestellt.
3. Erziehung hatte sich für das antike Staatswesen und auch für den einzelnen in seinem spezifischen Lebenskontext als sinnvoll und nützlich zu erweisen, was pragmatischen Grundsätzen und pädozentrierten Abläufen entsprach.

Dem dritten Stand, den zumeist leibeigenen Sklaven, kam weder in der Haus- und Tempelordnung des alten Orients noch in der staatlichen Unterdrückung in Sparta 'allgemeine' Bildung und Erziehung zu. Die Privatsklaverei in Athen und Rom brachte gleiche Tendenzen hervor. Über von Sklaven selbst geschaffene Erziehungsinstitutionen im engeren Sinne ist bis heute nichts bekannt. Daher spielte, vergleichbar mit den Lebens- und Arbeitstätigkeiten in den urgesellschaftlichen Kulturen, der Selbsterziehungsmechanismus der Gemeinschaft, die vordringlichste Rolle. Durchaus gab es vereinzelte Ausbildungsbereiche für Sklaven, wie etwa die Gladiatorenschulen (z.B. Capua, von der später 74-71 v.u.Z. der Spartacusaufstand ausging), aber ein öffentliches Interesse an geistiger Bildung und künstlerisch-ästhetischer Erziehung gab es für sie kaum. Um diese soziale Ständeordnung aufrecht zu erhalten, wurde nicht selten militant gegen die Freiheitsbemühungen einzelner Sklaven oder deren Zusammenschlüsse vorgegangen. Dafür sprechen zahlreiche Sklavenaufstände in jener Zeit. Veranlassungen seitens des Staates, die Rechte der freien Oberschichten zu schützen, gab es genug. In einer Verordnung des Kaiser Konstantins aus dem Jahre 326 u.Z. wurde der Rahmen abgesteckt: *"Wenn ein Sklave zufällig an der Prügel des Herrn stirbt, dann ist der Herr frei von Schuld, da er, indem er das Übelste ausbesserte, das Beste für seinen Sklaven wollte"*[204]. Daher kam es erst Jahrhunderte später, als auch spezielle Bereiche der Sklavenarbeit nach höheren Qualifikationen verlangten, zur Errichtung besonderer Sklavenschulen. Solche Schulen (paedagogia) bereiteten junge Sklaven auf spezifische Berufe vor. Diese Institutionen hatten jedoch kaum Einfluss auf die Gesamtstruktur und Erziehungsfunktion des antiken Bildungswesens. Anders stellte sich die Sachlage dar, als die Krisenerscheinungen im gesamten Mittelmeergebiet zunahmen und etwa ab dem 2. Jahrhundert u.Z. breitere Schichten junger Sklaven in allgemeinere

Bildung einbezogen und ihnen auch neuere Rechte eingeräumt wurden. Schon lange wusste man, dass die in den Tempeln und Palästen aufwachsenen Sklaven qualifiziertere Arbeiten ausführen konnten als Kriegssklaven. Darüber hinaus waren diese Tempelsklaven mit den allgemeinen Kulturtechniken besser vertraut.

Da der ständig steigende Bedarf an Sklaven durch die Kriegsführung schon lange nicht mehr zu decken war, wurde unter anderem die Sklavenehe zugelassen, um den Nachwuchs im eigenen Hause mit spezifischen Bedürfnissen und Arbeitsverrichtungen vertraut zu machen. Vereinzelt wurden Leute aus dem dritten Stand auch für besondere Beschäftigungen ausgebildet, als Buchhalter oder Stenographen. Sie mussten dazu speziell eingerichtete 'Pädagogien' durchlaufen. Sogar Schulen mit Internatscharakter konnten entstehen, in denen die jungen Sklaven (auch genannt *"compaedagogitae"*[205]) erzogen wurden. Hier fand ihre unterrichtsgebundene Unterweisung statt und hier wohnten, aßen, spielten und schliefen sie in kleineren Gruppen zusammen. Dennoch bot sich bei all diesen Einzelinitiativen, welche im Regelfall von Privatleuten oder hohen Staatsbeamten ausgingen, kein einheitliches oder verbindliches System öffentlicher Erziehung und Bildung für den dritten Stand.

Einige Gesichtspunkte, die sich auf ein Konzept natürlichen und sozialen Erfahrungslernens beziehen, lassen sich an dieser Stelle herausstellen.

In den Lebens- und Arbeitsformen der antiken Hochkulturen setzte sich die durchgehende Trennung von geistiger und körperlicher Arbeit entwicklungsbedingt durch. Infolgedessen war der Zugang zu intellektueller Bildung und körperlicher Erziehung von der sozialen Stellung des einzelnen Heranwachsenden im antiken Kasten- oder Ständesystem abhängig. Für den ersten und zweiten Stand der freien Oberschichten wurde Bildung und Erziehung öffentlich institutionalisiert. Mit der Entstehung erster öffentlicher Schulen wird gleichzeitig ihre gesellschaftliche Doppelfunktion deutlich: überlieferte Werte, als notwendig und nützlich erachtetes Wissen und Können, Kulturtechniken und Verhaltensformen sollten an die nachfolgenden Generationen weitergegeben werden (tradierende Funktion). Darüber hinaus weckte die Schule auch neue Bedürfnisse in naturwissenschaftlicher und philosophischer Hinsicht und trug hiermit zur Weiterentwicklung der antiken Hochkulturen bei (prospektive Funktion).

Obwohl ein Lernen durch Spiel und Tanz, bei Gesang, rituellen Übungen oder im existentiellen Beschaffungskontext nicht mehr ausschließlich Aufgabe und Anliegen familiärer Erziehung oder Stammeserziehung war, die Erziehungsinhalte und die Formen ihrer Weitergabe wechselten oder Kommunikation und Kooperation nicht mehr primär über den symbolischen Austausch erfolgte, blieben geistige, körperliche und sittliche Aspekte in ihrem pädagogischen Zusammenhang auch in der öffentlichen Schule erhalten. Vor allem die Grammatik- und Rhetorenschulen, als 'mußehafte Vorübungsräume' für das spätere Leben, berücksichtigten im pädozentristischen Sinne die physischen und psychischen Ausgangsbedingungen der Heranwachsenden. Sie gaben ihnen Raum zur Entwicklung und Entfaltung. Wenn auch der pädagogische Wert praktischer Arbeit eher gering eingeschätzt wurde, da handwerklich-manuelle Tätigkeiten dem dritten Stand zugeordnet wurden, blieben durch sportliche Aktivitäten, körperliche Ertüchtigung und Selbstzucht ganz unterschiedliche Ebenen des Persönlichkeitsspektrums im Erziehungsprozess miteinander verbunden.

Im 'Platonischen Bild' vom 'Kranken Weideland' wurde die Grundidee der 'pädagogischen Provinz' impliziert. Erziehung hatte sich mit ihr in natürlicher Umgebung und im ländlich-reizvollen Ambiente zu verwirklichen, also jenseits der spannungsvollen und konfliktreichen Routinen des Lebens und Arbeitens in der Stadt. In diesem natürlichen Charakter beabsichtigter Erziehung und durch den pädozentristischen Anspruch werden Züge einer humanistischen Bildungskonzeption offenbar. Da sich die Erziehung nicht in einem idealistischen Selbstzweck zu verselbständigen hatte, sondern durchaus im praktischen Kontext auf die Bedürfnisse des einzelnen und des Staatswesens bezogen war, wurden erste Züge einer pragmatischen Erziehungstheorie entwickelt.

Die Vorstellung von Aristoteles zum ganzheitlichen Charakter der Erziehung wird in nahezu jeder entwicklungsgeschichtlichen Epoche erzieherischen Denkens und Handelns wieder aktuell werden. Leibeserziehung durch die antiken Formen der Gymnastik und die musische Erziehung durch Musik und Malerei finden einen handlungs- und erlebnisorientierten Zusammenhang: *"Daß man also die Tugend üben muß, um ihrer selbst willen, ist klar. Wir haben auseinandergesetzt, daß es hierzu der Naturanlage, der Gewöhnung und der Vernunft bedarf. Welcher Art nun die Naturanlage der Menschen sein muß, haben wir früher bestimmt; es erübrigt sich noch zu untersuchen, ob sie zuerst durch Vernunft oder durch Gewöhnung zu erziehen sind. Denn dies muß miteinander im vollkommensten Einklang stehen. ... Die Fürsorge für den Körper muß also derjenigen für die Seele vorangehen; dann muß die Regelung des Begehrens folgen. Diese geschieht um des Denkens willen, die Körperpflege aber um der Seele willen"*[206].

Prospektive Fragestellungen:

1. Durch welche Entwicklungsbedingungen setzte sich die durchgängige Trennung zwischen körperlicher und geistiger Erziehung durch?
2. Welche Merkmale des antiken Elementarunterrichts lassen sich auf Inhalte/Methoden praktischer und sozialer Erziehung zurückführen?
3. Wie ist das Erfahrungsprinzip der Kalokagathie zu verstehen und welche Menschenbildkonzeption liegt diesem Prinzip zugrunde?
4. Lässt sich die antike Atomistik als Deutungszusammenhang natürlicher Erziehung interpretieren und welche Grenzen ergeben sich?
5. Wie konstituierte die Methode der Mäeutik die pädagogische Wechselbeziehung zwischen kind- und jugendgemäßem Denken und Handeln und welche wechselseitige Korrespondenz zwischen Wissenserwerb und Charaktererziehung wurde erwartet?
6. Warum konnte sich die Platonische Staats- und Erziehungsutopie in der damaligen gesellschaftlichen Wirklichkeit institutionell nicht ausprägen und welche Bezüge zum Erfahrungslernen können benannt werden?
7. Inwieweit kann der antike Pädozentrismus, wie er etwa bei Aristoteles anzutreffen ist, als generatives Potenzial des natürlichen Erfahrungslernens aufgefasst werden?
8. Welche Affinitäten, aber auch deutlichen Trennungen weisen in der Traditionslinie Sokrates-Platon-Aristoteles einen pädagogischen Bezug zu natürlichen, sozialen und praktischen Erziehungsverhältnissen auf?
9. Besaßen Trivium und Quadrivium eine pädagogische Bedeutung für erlebnis- und handlungsorientierte Lernarrangements und war die ihnen nachgeordnete utilitaristische Bildungsforderung notwendig an zentrale Ideen des Erfahrungslernen gebunden?
10. Was verbirgt sich hinter der antiken Idee einer "pädagogischen Provinz" und welche Verbindungen lassen sich zum sozialen Lernen in der Gemeinschaft und zur natürlichen Lernmethode herstellen?

2.3 Musische und körperliche Charakterbildung im Mittelalter

Zwischen dem zehnten und dreizehnten Jahrhundert gelangte im Hochmittelalter die feudale Gesellschaftsform zu ihrer Entwicklungsblüte. Die gesellschaftlichen und kulturellen Arbeits- und Lebensformen auf den kleinen Ministerialen oder Zwerglehen hatten sich ausgeprägt. Die arbeitsteiligen Vorgänge in der Landwirtschaft und die weitere Entwicklung des Handwerks vergrößerten den Handel und den Austausch von Leistungen und Waren. Hinzu kam, dass Entstehung und Ausbreitung der weltlich feudalen Hierarchien über die Grafschaften, Herzogtümer bis hin zu den Königshäusern relativ abgeschlossen waren. Zwei Richtungen von Bildung und Erziehung können in dieser Zeit ausgemacht werden: die weltliche Erziehung des Ritterstandes und die geistliche Erziehung in den Dom- und Stiftsschulen. An ihnen können die typischen Züge des Erziehungsdenkens in dieser Epoche und auch Bezüge zu einem Konzept des handlungs- und erlebnisorientierten Erfahrungslernens Vergewisserung finden.

Über die Erziehung der weltlichen Ritter gibt es zahlreiche Abhandlungen, die für den deutschsprachigen Raum in der 'mittelhochdeutschen Ritterdichtung' ihren Niederschlag finden. Aufwachsen und 'Erwachsenwerden' in dieser Gesellschaftsschicht werden in ihr fragmentarisch und in der ihr eigenen Poesie verdeutlicht[207]. Das allgemeine 'Ritterideal', das Walther von der Vogelweide (1170-1229) für ein standesgemäßes Dasein beschrieb, kann mit drei Zielvorstellungen umrissen werden: Erhalt und Vergrößerung des eigenen Vermögens, Ausprägung ritterlicher Tugenden und Verinnerlichung eines sittlich-religiösen Weltbildes. Das ritterliche Leben war den Idealen *"varndez guot, ere und gotes hulde"*[208] verpflichtet und musste zwangsläufig eine praktisch orientierte, körperliche und nicht zuletzt auch militärischen Erziehung zur Folge haben.

Unter der Aufsicht des Hof- oder Zuchtmeisters wurden die Knaben ab dem siebenten Lebensjahr in das Waffenhandwerk eingeführt. In der Regel übernahm der Burgkaplan die Ausbildung in den literarischen und religiösen Bereichen. Mit dem vierzehnten Lebensjahr wurden die Knaben in den Stand der Knappen versetzt. In dieser Position kam es darauf an, sich in der Kriegskunst zu bewähren und sich mit den 'Spielregeln' des höfischen Lebens vertraut zu machen. Erst danach erfolgte die feierliche Aufnahme (Initiation) in den Kreis der Ritter. So gesehen verwirklichte sich diese Form der Erziehung in Abhängigkeit vom jeweiligen Entwicklungsstand des Zöglings und in den Erfordernissen des täglichen Lebens dieser Sozialschicht selbst. Dabei kam

der intellektuellen Bildung kaum Bedeutung zu. Die körperliche sowie vormilitärische Ausbildung stand eindeutig im Vordergrund der erzieherischen
Vorhaben: *"Der Wert des irdischen Besitzes, ... ist Grundlage für den Besitz
idealritterlicher Tugenden. Ohne körperliche Gesundheit, Gewandtheit und
Stärke, ohne Reichtum, vor allem Grundbesitz, und ohne 'edele Geburt' war
an ein standesgemäßes Ritterleben nicht zu denken. ... Waren körperliche
Tauglichkeit und Reichtum jene Voraussetzungen, die dem Ritter ... die Ausübung seiner militärischen Aufgaben und des außerökonomischen Zwanges
gegen die Bauern gestatteten, so gab ihm der Vorzug edler Abkunft in den
Augen der mittelalterlichen Menschen einen angeblich natürlichen und gott-
gewollten Vorrang ... . Nur auf diesem Fundament konnten die Tugenden des
zweiten Wertbezirkes, der ritterlichen 'ere', zur Entfaltung kommen"*[209].
Sicher gab es den Ehrencodex, der einen Kreis von Tugenden explizierte und
auch von Solidarität gegenüber Mitgliedern der eigenen Oberschicht oder
gegenüber bedürftigen Menschen anderer Stände gekennzeichnet war.
Dennoch wurde die Erziehung des weltlichen Ritterstandes fast ausschließlich
an die Weitergabe des als nützlich und praktisch wertvoll erachteten Wissens
und Könnens gebunden. Sie ging letztlich auf die Ziele des Besitzstands- und
Kulturerhaltes zurück. Einer öffentlichen Schule, die der königlichen
Kontrolle unterliegen sollte, wurde dabei wenig Bedeutung beigemessen. Es
erfolgte eher die Konzentration auf eine *"Meisterlehre ..., wie Gurnemanz,
der dem jungen Parzival gute Lehre erteilt"*[210]: *"Ein schamloser Kerl, was
taugt er noch? Er steht in der Mauserung, bei der ihm alles edle Ansehen
entfällt, und fährt in die Hölle. Ihr habt alle schönen Gaben des Leibes, um
Herr eines Volkes sein zu können. Ist Eure Wesensart eine hohe, und soll sie
sich noch erhöhen, so vergeßt nie, daß Euch das Heer der Notleidenden
erbarmen soll. Setzt Euch gegen den Kummer zur Wehr mit offener Hand und
mit Güte, und befleißigt Euch stets der Demut. Der arme Edle ringt mit der
Scham - eine bittere Sache -, seid stets bereit, ihm zu helfen"*[211].

Pädagogische Weisheit Walthers von der Vogelweide [212]

Nimmer wird gelingen,
Zucht mit Ruten zwingen:
Wer zu Ehren kommen mag,
Dem gilt Wort soviel wie Schlag.
Dem gilt Wort soviel wie Schlag,
Wer zu Ehren kommen mag:

Zucht mit Ruten zwingen,
Nimmer wird's gelingen. ...

Laßt kein böses Wort herfür,
Schiebt den Riegel vor die Tür;
Das geziemt den Jungen:
Hütet eurer Zungen.

Hütet eurer Augen:
Die zu Mustern taugen,
Solche Sitten laßt sie sehn,
Alle bösen übergehn.
Alle bösen übergehn
Laßt sie, solche Sitten sehn,
Die zu Mustern taugen:
Hütet eurer Augen.

Hütet wohl der Ohren,
Oder ihr seit Toren:
Böse Reden nehmt nicht auf,
Schande käm euch in den Kauf.

Schande käm euch in den Kauf,
Böse Reden nehmt nicht auf,
Oder ihr seit Toren:
Hütet wohl der Ohren.

Hütet wohl der dreien,
Leider allzu freien.
Zungen, Augen, Ohren sind
Zuchtlos oft, für Ehre blind.

Zuchtlos oft, für Ehre blind
Zungen, Augen, Ohren sind:
Leider allzu freien
Hütet wohl der dreien.

Eine wichtige Kulturtechnik zu dieser Zeit bildete der höfische Minnegesang. Mit ihm war nicht nur die ritterliche Werbung um Frauen von Stand und Vermögen gemeint, um diese für sich zu gewinnen. Gleichsam verwirklichte sich in ihm der *"persönliche Erlebnisausdruck"*[213] und die individuelle Stellung zu den sittlichen Werten des Gemeinwesens. Mit *"ganzer vröude hastu niht, so man die werdekeit von wibe an dir niht siht"*[214] verdeutlichte Walther von der Vogelweide einerseits die Konventionen des höfischen Minnegesanges. Andererseits stellte er die zwischenmenschlichen Rituale in den Zusammenhang mit *"neuartigem Naturempfinden, künstlerischer Vergeistigung und volksliedhafter Schlichtheit"*[215]. Hier zeigen seine sittlichen Spruchdichtungen, dass dem individuellen Geschick in gesellschaftlichen Dingen und der zwischenmenschlichen Beziehungsfähigkeit hoher Wert zugemessen wurde. Sittlicher Ernst und moralische Tugenden sollten zu Wegweisern des täglichen Handelns werden. Die zuvor dargestellte 'Pädagogische Weisheit Walthers von der Vogelweide' gibt dazu näheren Aufschluss.

Da die Elemente des Triviums oder Quadriviums vom Ritterstand eher gering geschätzt und die Kulturtechniken als 'Pfaffenkünste' zumeist abgelehnt wurden, bezogen sich diese pädagogischen Weisheiten fast ausschließlich auf die Charaktererziehung der nachwachsenden Generation des ersten und zweiten Standes. Deutlich wurde gesehen, dass mit dieser Charaktererziehung schon früh in der Kindheit begonnen werden musste, um die sieben ritterlichen Künste rechtzeitig zu entwickeln: *"Dazu gehörten: Reiten, Schwimmen, Speerwerfen, Fechten, Jagen, Brettspielen, für die Damen Verse schmieden und sie gefällig vortragen"*[216]. Der Entwicklungszeitraum wurde eindeutig ausgewiesen:*"Wan riterschaft also man seit, diu muoz von der kintheit nemen ir anegenge oder si wirt selten strenge"*[217].

Anders hingegen wurde das Verhältnis zwischen Wissen und Können, zwischen intellektueller Bildung und charakterlicher Erziehung in den Bildungseinrichtungen der Kirche eingeschätzt. Die Anfänge kirchlicher Aufbewahrung überlieferten Wissens und die Pflege des vorhandenen Kulturguts gingen bereits auf die letzten Stadien der Spätantike zurück. Sie erreichten mit der Strukturierung und Ausgestaltung der mittelalterlichen Universitäten ihren zeitgeschichtlichen Höhepunkt. In den frühen Stufen des Christentums wurde erzieherisches Denken vor allem durch die 'Belehrungen' an die Gläubigen konstituiert. Sie sind uns mit den Schriften von Chrysostomus (354-407; Patriach von Konstantinopel), *"Über Hoffahrt und Kindererziehung"*[218], oder in allen Briefen von Hieronymus überliefert. Institutionalisierte Erziehung entstand in diesem Umfeld erst, nachdem sich die christliche Lehre zur Staatsreligion erhoben hatte. Vor allem die Katechetenschulen gaben breiten Bevölkerungsschichten die Möglichkeit, in die Kirche einzutreten und sich mit ihren Werten vertraut zu machen. Die erste wurde im 2. Jahrhundert u.Z. in Alexandria gegründet. Im geistigen und institutionellen Umkreis der Katechetenschulen kam es dann auch zur Begründung der christlichen Theologie. Mit ihr wurden die Auseinandersetzung mit und die Adaption von philosophischen und naturwissenschaftlichen Themen und Ansichten eingeleitet, wie sie zum größten Teil in den antiken Lebensformen bereits entwickelt worden waren. Am Ende dieser Diskussionen und Entwicklungen entstand ein System christlicher Bildung, das einerseits bestimmte Inhalte des antiken Erziehungswesens in sich aufnahm und andererseits neuere Tendenzen zuließ und förderte.

Zu diesen neueren Tendenzen und Gründungen zählten zunächst die Dom- und Stiftsschulen. In ihnen wurde der Nachwuchs aus breiten Kreisen der weltlichen sowie geistlichen Oberschicht erzogen. Aber auch befähigte Knaben des dritten Standes konnten hier eine Elementarausbildung erhalten. Als bedeutende Einrichtung jener Zeit wurde die Klosterschule in Fulda unter Hrabanus Maurus bekannt. Hier wurden Erkenntnisse der antiken Wissenschaften und die Kulturtechniken des Lesens, Schreibens und Rechnens gepflegt und vermittelt. Vor allem aber wurde die lateinische Kirchen- und Gelehrtensprache unterrichtet, um die Botschaft der Bibel und die sakramentalen Gaben der Kirche weiterzugeben. Die Inhalte des Triviums und Quadriviums wurden je nach Funktion der Einrichtung differenziert vermittelt. Die lateinische Grammatik behielt ihren Stellenwert, währenddessen Rhetorik und Dialektik vor dem Hintergrund aufkommender scholastischer Ideen mehr und mehr in den Hintergrund traten. Die Schulzeit dauerte für denjenigen, der Trivium und Quadrivium durchlief, 9 bis 10 Jahre. Die Elementarausbildung konnte hingegen in einer 'Schulzeit' von 3 bis 4 Jahren absolviert werden.

In diesen Einrichtungen fand das Lernen, ganz im Gegensatz zur ritterlichen Charaktererziehung, kaum im Ambiente der freien Natur oder im praktischen Kontext der Handwerks- oder Waffenschmieden statt. Lernen vollzog sich hauptsächlich durch Einzelunterricht in den Katechetenstuben. Vorsagen, Nachsagen und Auswendiglernen galten als die wichtigsten Methoden. Fasslichkeit des zu vermittelnden Stoffes, selbsttätiges und entdeckendes Lernen der Knaben oder natürliche Formen der Fähigkeitsentwicklung durch den Umgang mit Material wurden schnöde vernachlässigt. Lockerungen ergaben sich nur, wenn in der Obst- und Weinlese oder anlässlich kirchlicher Feiertage Muße und Gelegenheit für zwischenmenschlichen Umgang zugelassen wurde. Hinzu trat, dass der Einzelunterricht kaum die Chancen dynamischer Gruppenbeziehungen reflektierte und damit auch keine sozialen Impulse für sich gewinnen konnte. Die verordnete Schulzucht hingegen ahndete schon geringe Vergehen mit strengsten Strafen.

Nach Bologna (1119) entwickelte sich um 1200 in Paris aus der Domschule eine bedeutende Universität des Mittelalters, die *"universitas magistrorum et scholarium"*[219]. In ihr kamen Magister sowie Studenten aus aller Herren Länder zusammen. In ihrer frühen Entstehungszeit wurden vorrangig theologische Themen diskutiert. Die Theologie der Scholastik erreichte einen gewissen Höhepunkt und stellte ohne Zweifel einen zeitgeschichtlichen Fortschritt im wissenschaftstheoretischen Denken dar. Jedoch waren die Methoden der wissenschaftlichen Disputation eher denen der Dom- und Stiftsschulen gleich. Hier spielte vor dem Hintergrund des Vorlesungsbetriebes und der seminaristischen Übungen eine handlungs- und aufgabenorientierte Charaktererziehung kaum eine wesentliche Rolle. Neben der theologischen Fakultät wurden später auch die juristische und medizinische eingerichtet, um die Verbindung von weltlichen, geistlichen und naturwissenschaftlichen Themen wissenschaftlich zu erörtern. Im 'Deutschen Reich' wurden dann erst im 14. Jahrhundert die ersten Universitäten nach diesem Vorbild gegründet. Die deutsche Universitätsgeschichte erhielt 1348 aus Prag die wichtigen Impulse und setzte sich in Heidelberg (1385) fort. Schon nach kurzer Zeit folgten weitere universitäre Gründungen: in Köln (1387), in Erfurt (1392) und in Leipzig (1409). Der Wissenschaftsbetrieb in all diesen Einrichtungen wurde umfassend von der Scholastik beherrscht. Sie stellte den Versuch dar, die religiösen Botschaften der Bibel mit den bis dahin bekannten Regeln logischen Denkens zu verbinden, sie sinnlich zu vermitteln und die kirchlichen Lehrsätze als geschlossenes philosophisches System zu erklären. Die Scholastik wurde durch ihren markantesten Vertreter, Thomas von Aquin (1226-1274)[220], sehr bekannt. Da sie jedoch nur sehr bedingt den zeitgeschichtlichen Erkenntnisfortschritten in Natur, Geschichte und Denken nachkam und in der ihr eigenen Dogmatik der mittelalterlichen Glaubenserklärungen verharrte, ist sie in den heutigen Philosophiesystemen nur noch unter historischen Gesichtspunkten anzutreffen.

Eine Ausnahme bildete sicherlich der etwa 600 Jahre später artikulierte 'Neothomismus'[221] (Neuscholastik). Im 19. Jahrhundert wurde die These von Aquin wiederbelebt, dass Natur und Vernunft auf Gott eingeordnet sind und unter dieser zentralen Prämisse Naturverständigung und Weltdeutung auszugehen haben. Eine Renaissance dieses Denkens konnte sich im Umfeld empiristischer und rationalistischer Strömungen nicht durchsetzen. Dennoch wird man gerade unter dem historischen Aspekt die Leistungen der 'Scholastischen Schule' nicht zu gering einschätzen können. Die Bemühungen um eine zeitgemäße Bibelinterpretation oder die Rezeption von Aristoteles hinsichtlich der Existenz einer natürlichen Vernunft im Menschen in den Schriften Aquins gaben der Theologie einen wissenschaftlichen Charakter. Thomas von Aquin sah das sittliche Ziel der Erziehung in der *"Entwicklung des Menschen, genauer seiner vernünftigen Natur. ... Sein freier Wille muß sich von seiner Vernunft leiten lassen"*[222]. Damit war gleichzeitig der Grundstein für den Intellektualismus gelegt worden, der in seiner Überhöhung des intellektuellen Bewusstseins den ganzheitlichen Menschen auf seine geistigen Leistungen verkürzte. Diese Tendenzen setzten sich in den Bildungseinrichtungen der feudalen Papstkirche fort und stellten deutliche Absagen an die erlebnis- und handlungsorientierte Lern- und Lebensformen dar. In dieser Optik wird aber auch eine interessante Ambivalenz der Scholastik deutlich, die sich jedoch erst aus einem ganzheitlichen Bildungs- und Erziehungsverständnis ergibt: einerseits lag die Reduktion der erzieherischen Geschehnisse auf intellektuelles Lernen faktisch vor; andererseits stellte die religiöse Ausübung der geistlichen Pflichten und Rechte ein reales Feld emotionaler Ausdrucksbewegungen dar. Der Kirchengesang, die bildenden sowie gestaltenden Kunstformen oder die Planung der großartigen Kirchen- und Klosterbauten des Mittelalters waren organisch mit dem individuellen Lernprozess verbunden: *"Ich war völlig unwissend und staunte sehr, als ich die großen Klostergebäude sah, in denen ich von nun an wohnen durfte; ich war erfreut über die Menge der Kameraden und Spielgenossen, die mich freundlich bewillkommneten. ... Allein schon nach wenigen Tagen fand ich mich besser zurecht, und kaum hatte ich mich in die gemeinsame Ordnung fügen gelernt, so überwies mich der Scholastikus Grimald einem der Meister, bei dem ich lesen lernen sollte. ... Im Herbste, zur Zeit der Obstlese, war mehrere Tage keine Schule; wir fuhren mit unseren Lehrern auf dem See herum oder lasen Äpfel unter den reichbeladenen Bäumen auf, die das Kloster umgaben. Als diese Freudentage vorüber waren, mußte ich anfangen, die Buchstaben, die ich nun kennen und verbinden gelernt hatte, auf meiner Wachstafel nachzuzeichnen, ein Geschäft, was mir nicht so recht zusagen wollte. In meiner Langeweile verfiel ich auf manch andere Dinge ..., was mir Verweise und manchmal auch Schläge zuzog"*[223].

Für den dritten Stand, vor allem für die leibeigenen Bauern, gab es kaum Möglichkeiten der öffentlichen Erziehung. Die pädagogischen Kräfte der Familie, der dörflichen Gemeinde oder die kirchlichen Rituale waren Erziehungsfelder, auf denen das als notwendig erachtete Wissen und Können weitergegeben wurde: *"So habt ihr armen Leute für eure Kinder nicht Zuchtmeister wie hohe Herren und Frauen für ihre Kinder. Und darum sollt ihr eure Kinder selber erziehen: Wenn euch und euern Kindern das Himmelreich*

*lieb ist, so sollt ihr eure Kinder selbst ziehen, weil dazu niemand mehr ver-
pflichtet ist wie ihr. Von der Zeit an, da es das erste böse Wort spricht, so
sollt ihr ein kleines Rütlein zu euch nehmen, das alle Zeit bei euch an der
Wand steht, und sobald es ein Unzucht oder böses Wort spricht, so sollt ihr
ihm einen Streich geben. Tut ihr das nicht, so werden sie ungeraten werden
durch eure Schuld, weil ihr es von Kindheit nicht Zucht und Tugend gelehrt
habt"*[224]. Berthold von Regensburg brachte damit die Funktionszuschreibung
der familiären Erziehung deutlich zum Ausdruck und zeigte, wie eng Kirche
und Bildung miteinander verknüpft waren. In dieses Bild passt hinein, dass
sich die Predigt als grundlegendes Mittel der Volksbelehrung etablieren
konnte. Kultus und Sakramente der Kirche erreichten in den gesellschaftlichen Lebens- und Arbeitsformen zentrale Bedeutung. Und an dieser Stelle
dringt wieder die reale Potenz des religiös motivierten Rituals nach außen, die
sich nicht nur auf intellektuelle Wesenskräfte richtet. In den meditativen und
religiösen Formen der persönlichen Entäußerung und Verinnerlichung können
Identität und Lebensentwurf des Individuums auch in künstlerisch-
ästhetischer oder emotional-erlebnishafter Hinsicht zur Darstellung gelangen.
Als individuell bedeutsame Impulse erzieherischer Aneignung und Vermittlung, also als religiöser Erkenntniszugang des lernenden Individuums,
wirken diese Formen auf die Realitätsverarbeitung des einzelnen Menschen
unmittelbar zurück und erreichen sehr unterschiedliche Ebenen des Persönlichkeitsspektrums.

Was der mittelalterliche Bauer an Arbeitstechniken an seine Kinder weiterzugeben hatte, wurde seit Generationen aufgehoben und änderte sich kaum. In
den Sitten und Gebräuchen, vor allem aber in der Volksliedkunst wurden
Weisheiten, Ansprüche und Sehnsüchte artikuliert oder emotional geäußert.
Andere Erlebnisgestalten zeigten sich in den traditionellen Bauerntänzen, bei
denen vokale und körperliche Mimik ihre äußeren Gestalten realisierten. Für
die heranwachsende Generation spiegelten sich in ihnen 'Kulturtechniken'
wider, die sie beiläufig durch Beobachtung und praktische Einübung über
Jahrhunderte hinweg fortführten. In der aufkommenden realistischen Bauern-
dichtung hingegen wurde der Wert einer handlungs- und verhaltenswirksamen
Erziehung gesehen. Sie reflektiert außerdem den Wunsch nach einem gleich-
berechtigten Zugang an die damals existierenden Schulen. Im *"Meier
Helmbrecht"*[225] von Wernher der Gartenaere kommt zum einen der Stolz der
Bauern zum Ausdruck, ihr Handwerk zu beherrschen, wenngleich sie durch
Leibeigenschaft und feudale Abhängigkeit in den letzten gesellschaftlichen
Stand gedrängt waren. Zum anderen wollte die realistische Bauerndichtung
zeigen, dass adlige Herkunft allein nicht ausreichen kann, um die erfolgreiche
Entwicklung des Lehens oder Ministerials zu führen. Moralische Ver-

pflichtung gegenüber dem Nächsten sowie arbeitsmäßige Beständigkeit sollten auch im Feld der Erziehung Berücksichtigung finden: *"Ein braver Mann geringer Abkunft und ein Edelmann ohne Zucht und Ehre, wenn die beiden in ein Land kommen, wo niemand weiß, wer sie sind, da wird des niedrigen Mannes Kind dem Edelgeborenen vorgezogen, der sich statt Ehre Schande gewählt hat. Mein Sohn willst du edel sein, das rat ich dir bei meiner Treue, so handle recht edel. Eine gute Erziehung ist sicher die Krone allen Adels..."*[226]. Zu dieser Bewertung ihrer eigenen Möglichkeiten, die ja aufgrund der gesellschaftlichen Machtverteilung sehr begrenzt waren, und mit dem Blick auf die Gegebenheiten im bäuerlichen Milieu erscheinen solche Erziehungsansichten sehr logisch. In ihrer Klarheit mussten sie sich aus der Einfachheit des Lebens und Arbeitens der Bauern und ihrer 'bodenständigen' Unverstelltheit ergeben haben. Für das im Mittelalter vorhandene Bildungs- und Erziehungswesen blieben sie jedoch ohne jeden Einfluss.

Einige Ansätze, die sich auf Momente eines erlebnis- und erfahrungsorientierten Erfahrungslernens beziehen lassen, können zusammenfasst werden.

In den Lebens- und Arbeitsformen des feudalen Mittelalters wurden die Differenzierungsprozesse zwischen körperlicher und geistiger Arbeit weiter vertieft. Fortschreitende Arbeitsteilung in den bäuerlichen Produktionsstätten, Manufakturisierung des Handwerks und die Ausweitung von Handel und Verkehr riefen neuere Erziehungsbedürfnisse im gesellschaftlichen und kulturellen Kontext hervor. Der uneingeschränkte Zugang zu Bildung und Erziehung war vorrangig dem weltlichen Adel und der geistlichen Oberschicht vorbehalten. Der dritte Stand war von diesen Angeboten und Möglichkeiten weitestgehend ausgeschlossen.

Die Erziehung der weltlichen Ritter wurde hauptsächlich im 'eigenen Hause' durch den Zuchtmeister und Kaplan geleistet. Sie hatte den Charakter einer 'Meisterlehre'. Körperliche, praktische und zum Teil auch handwerkliche Ausbildung waren in dieser 'Meisterlehre' primär auf die Charaktererziehung gerichtet. Das weltliche Ritterideal und die Ausbildung in den 'Sieben Freien Künsten' führten in einen Entwicklungszusammenhang, der sich vorrangig auf den praktischen Erfahrungszuwachs der Heranwachsenden konzentrierte. Da eine geistig intellektuelle Ausbildung als nebensächlich angesehen wurde und die Erziehung sehr praxisorientiert erfolgte, dominierten letztlich Vermittlungs- und Aneignungsformen des Erfahrungslernens. Der Minnesang als musische und künstlerische Ausdrucksform war zentrale Technik, um erlebnishaften Vollzug kultureller und zwischenmenschlicher Beziehungen auszuleben. Darüber hinaus wurden durch das praktische und natürliche Erfahrungslernen im Umgang mit Ausrüstungen und Waffen, im Kontakt zu den natürlichen Medien oder in der Führung der bäuerlichen Gefolgschaft soziale und emotionale Komponenten des Lebens und Arbeitens in besonderer Weise entwickelt. Die pädagogische Lebenspraxis, die sich daraus ergab, richtete sich vorrangig auf die Erziehungstatsachen, die sich in den Ansprüchen an Charakterbildung und Führungsverhalten ergaben.

Anders hingegen stellte sich die Erziehungsarbeit in den Dom- und Stiftsschulen der mittelalterlichen Kirchen dar. In ihnen dominierte die intellektuelle Bildung eindeutig über praktische und sinnliche Formen des Erfahrungslernens. Kulturelle, religiöse und meditative Handlungen realisierten Erlebnisgestalten und Ausdrucksbewegungen, die im Erziehungsprozess durchaus individuelle Bedeutung im Sinne der persönlichen Erkenntnistätigkeit erlangten. Jedoch prägten das schulische Leben und Lernen mehr zeitindifferente und curricular ausgerichtete Ausbildungsformen des Einzelunterrichtes (Trivium, Quadrivium). Die Scholastik und Formen des Intellektualismus bedingten, auf den Lern- und Erziehungsprozess bezogen, eine unübersehbare Spaltung körperlicher, emotionaler und intellektueller Wesenskräfte der Persönlichkeit. In gewisser Weise wurden diese Trennungen dadurch wirksam, da Bildung und Erziehung die Institution voraussetzten, die selbst unterschiedliche Persönlichkeitsebenen im Erziehungsprozess sehr unverbunden anging.

Die Erziehung der Heranwachsenden im bäuerlichen Arbeits- und Lebensmilieu ergab sich weitestgehend aus den dort vorhandenen lebensweltlichen Erfordernissen. Sie war in erster Linie auf die Realisierung der Lebensunterhaltes und damit auf die Ausprägung konkreter Fähigkeiten und Fertigkeiten gerichtet, die mit einem praktischen und sozialen Erfahrungslernen im engen Zusammenhang standen. Jedoch äußerte sie sich auch in verschiedenen künstlerisch-ästhetischen Ausdrucksformen, in den religiösen Willenshandlungen und Wertüberzeugungen, die in der realistischen Bauerndichtung zum Ausdruck kamen. Im Vordergrund der Erziehung blieben aber enkulturative Erfordernisse, die durch den inneren Lebensrhythmus der bäuerlichen Gemeinschaft vorgegeben waren.

Prospektive Fragestellungen:

1. Welche grundsätzlichen Unterschiede zwischen der weltlichen Erziehung des Ritterstandes und der sittlich-religiösen Erziehung in den Dom- und Stiftsschulen lassen sich in der beziehungstheoretischen Semantik intellektueller und praktischer Bildung ergründen?
2. Wie lässt sich die Phasenfolge der weltlichen Erziehung des Ritterstandes mit dem Prinzip der Kind- und Jugendgemäßheit aller Erziehungsmaßnahmen im Umfeld des Erfahrungslernens deuten?
3. Wie kommt der Charakter natürlicher sowie praktischer Lernformen in der 'Meisterlehre' des Ritterstandes sowie in der Ausbildung der 'Sieben Freien Künste' zur Darstellung und welche theoretischen Erziehungsmaximen waren mit ihnen verbunden?
4. Welchen Charakter und Funktion besaß die mittelalterliche Hofdichtung und wie ist ihr Beitrag zur Erziehung der weltlichen Oberschicht zu bewerten?
5. Warum richtete sich die Erziehungsfunktion der Dom- und Stiftsschulen primär auf die Weitergabe intellektuellen Wissens und sittlich-religiöser Willensbildung und warum bewirkte sie eine objektive Vernachlässigung offener und natürlicher Lernarrangements?
6. Im Vordergrund der mittelalterlichen Scholastik stand der Zusammenhang zwischen Theologie und Logik, der sich nicht von selbst auf Themen des Erfahrungslernens richten konnte. Inwiefern stellte aber die Ausübung der geistlichen Pflichten eine reale und gestaltbare Form emotionaler Ausdrucksbewegung dar?
7. Welche Prämisse ist zu beachten, wenn die Erziehungsambivalenz der Scholastik ideengeschichtlich gedeutet werden soll?
8. Welche pädagogischen Kräfte innerhalb der Familienerziehung des dritten Standes können mit sozialen, praktischen und lebensweltlichen Aspekten verbunden werden?
9. Welchen pädagogischen Wert besaß die realistische Bauerndichtung und wie ist ihr Verhältnis zur Charakterbildung der nachwachsenden Generation zu interpretieren?
10. Warum ergaben sich in der Schule und Universität des Mittelalters nur wenige Ansätze, die sich auf emotional-soziale Erziehungsvorhaben richteten und die sich mit der ideengeschichtlichen Semantik eines erlebnis- und handlungsorientierten Erfahrungslernens verbinden lassen?

2.4 Frühbürgerliche Erziehungsideale in der Renaissance, im Humanismus und zur Zeit der Reformation

Der Versuch der Scholastik, die kirchliche Dogmatik mit den Gesetzen des logischen Denkens widerspruchsfrei verknüpfen zu wollen, erzeugte einen zu sich selbst immer stärker werdenden kritischen Impetus. Die konträren Auseinandersetzungen zwischen Kaiser- und Papsttum trugen zur partiellen Unabhängigkeit einzelner Bildungseinrichtungen bei, insbesondere einiger Universitäten. Dazu parallel bildeten sich neuere Merkmale antifeudalen Denkens und Handelns heraus. Die gesellschaftlichen und kulturellen Voraussetzungen dafür waren durch die rasante Entwicklung in den größer werdenden Städten gegeben, wo manufakturielles Arbeiten oder das Leben in neueren Sozialisationsmustern ganz eigene Bedürfnisse hervorbrachten. Vor allem die Stärkung des aufstrebenden Bürgertums und der Schicht der Handwerker ist hervorzuheben, die aufgrund manufakturieller Fertigung, des Fernhandels und der Bankgeschäfte in neue Korporationen mündete. Das Patriziat und die Zünfte entstanden. Die ständig steigende Produktion von Waren und Leistungen bewirkte aber nicht nur das städtische Wachstum schlechthin. Der Aufbau innerer und äußerer Märkte konnte sich erst vollziehen, als mit den großen Nationalstaaten wie England oder Frankreich die konstitutiven Voraussetzungen vorhanden waren. Die Entstehung der kulturellen Bewegungen im 15. Jahrhundert war eine Folge derartiger Prozesse. Diese Kulturbewegungen stellten in ihrem Höhepunkt erstmals ein echtes Kritikpotenzial gegenüber der Scholastik und kirchlicher Dogmatik dar. In ihrem Gedankengut wurden Kompliziertheit, Vielfalt und Tradition geistiger Leistungen nicht nur aufgenommen, sondern konnten sich in den theoretischen Richtungen der Renaissance weiter ausbilden. Aus ihnen entstanden der frühbürgerliche Humanismus, die sozialen Utopien und Sektenbewegungen. Ihre Aussagensysteme wurden in der Reformation und Gegenreformation zeitgeschichtlich verändert und fanden in den Erziehungstheorien des 17. Jahrhunderts umfassende Reflexion.

In Italien kristallisierten sich als erstes diese vom bürgerlichen Mittelstand und dem Patriziat getragenen neuen Kulturbewegungen heraus. Das Umfeld war günstig: mit der Wiederbelebung des Erbes antiker Ideen in Wissenschaft und Philosophie war eine Abgrenzung gegenüber der bildungsfeudalen Scholastik des Mittelalters verbunden. Diese Entwicklung führte direkt in die Renaissance und damit in eine neue Einstellung zur geschichtlichen Welt und zur Natur, die ihren philosophischen Überbau im Humanismus und in den Ideen der sozialen Utopien finden sollte: *"Die neue Weltanschauung (Huma-*

nismus - T.F.) dagegen bejahte die Welt; die vertraute den schöpferischen Fähigkeiten des Menschen und verteidigte das Recht auf kritische Forschung. Sie verfocht die natürlichen Bedürfnisse des Körpers, dessen Schönheit sie bewunderte. Sie pries Würde, stolzes Selbstbewußtsein und die Fähigkeit zu kühner Selbstbehauptung. Sie freute sich individueller Eigenart. Der Sinn für die Geschichte wie für die Natur erwachte und der Drang, ihre Gesetze zu ergründen und der Lebenspraxis nutzbar zu machen. Den ideologischen Gehalt dieser neuen Einstellung zur Welt entfaltete der 'Humanismus' (von lat. humanus - menschlich). Er widmete sich der Wissenschaft, der Philosophie und Pädagogik. Im Mittelpunkt des Nachdenkens standen der Mensch und seine Bildung zur vollen und starken Persönlichkeit"[227].

Vor dem Hintergrund dieser kulturellen Bewegungen und im Einklang mit den veränderten Erziehungsbedürfnissen in den Milieus des städtischen Lebens und Arbeitens mussten sich schulpolitische und pädagogische Veränderungen schrittweise einstellen. So wurden Rats- und Lateinschulen für die Zöglinge des Patriziats eingerichtet, da die kirchlich-feudalen Dom- und Stiftsschulen die aktuellen Bildungsbedürfnisse nur unzureichend berücksichtigten. In den Rats- und Lateinschulen hatten Waren- und Münzkunde, Rechtswesen, Geographie oder Bank- und Kreditwesen ihren festen Platz im Bildungskanon. Realistische Bildungswerte, wie naturwissenschaftliche, neusprachliche oder Aspekte der Nationalkultur erlangten höhere Bedeutsamkeit und waren auf die neueren Veränderungen gerichtet. Eng mit der Durchsetzung dieser Veränderungen musste ein Wechsel hinsichtlich des Patronats der Schulen erfolgen. Der Wechsel von der Diözese zum Magistrat war nur noch eine zeitliche Angelegenheit. Die in den Zünften organisierten Handwerke und Gewerbe hatten spezifische Ausbildungsinteressen und gaben die wesentlichen Anstöße zur Gründung der ersten Lese- und Schreibschulen in den deutschen Städten. So war es für den Nachwuchs der Handwerker zum Beispiel wichtiger als für die Zöglinge des Patriziats, dass die deutsche Sprache in Schrift und Wort angemessen beherrscht wurde. Die einzelnen Anforderungen im Waren- und Handelsverkehr gingen ja nicht auf die lateinische Sprache zurück. Hinzu kam, dass neben den speziellen Ausbildungsstätten der Zünfte auch in den Lese- und Schreibschulen eine handwerkliche Erziehung und berufsbezogene 'Rechtsausbildung' absolviert werden konnte.

Für die untersten Sozialschichten waren beide Schulformen weitestgehend verschlossen, waren die Dienstboten, nichtzünftige Handwerker oder Stadtknechte auf familiäre Erziehung oder Formen der Selbsthilfe angewiesen. Ein Ergebnis dieser Selbsthilfe waren die sogenannten Winkel- und Klippschulen, die wandernde Lehrer oder verarmte Vertreter der Mittelschicht als Laienpädagogen betreuten. Diese Schulen sollten ein notwendiges Mindestmaß an Lesen und Schreiben vermitteln und gestalteten sich vorrangig in privater Initiative. Im Zuge der Gegenreformation wurden sie wieder fast vollständig abgeschafft. Diese vier Richtungen der schulischen Entwicklung (Dom- und Stiftsschulen; Lateinschulen; Lese- und Schreibschulen, Winkel- und Klippschulen) wurden im 15. Jahrhundert durch unterschiedliche 'erziehungswissenschaftliche Schulen' ausgelöst und reflektiert. Die wichtigsten von ihnen wurden bereits benannt:

1. Die pädagogischen Ansätze des Humanismus und die darin verankerte Menschenbildkonzeption.
2. Die pädagogischen Forderungen der 'Sozialen Utopien' und die darin verankerte Konzeption der Arbeitserziehung.
3. Die pädagogischen Schlussfolgerungen der Sektenbewegung und die darin verankerte Konzeption der Nützlichkeit von Bildung und Erziehung.

Humanismus

Das humanistische Bildungsideal von einem 'uomo universale' beschreibt den allseitig entwickelten und im übertragenden Sinne universalen Menschen, der auch den universellen Anforderungen des kulturellen Lebens und gesellschaftlichen Arbeitens gerecht werden konnte. Leon Battista Alberti (1404-1472), Leonardo da Vinci (1452-1519) oder Mapheus Vegius (1406-1458) vertraten dieses humanistische Bildungsideal der Renaissance und versuchten auch, ihm zu entsprechen. Diese neue Deutung der Welt bejahte den Fortschritt und die schöpferischen Kräfte im Menschen. Sie trat für das Recht zur kritischen Forschung ein, um die Gesetze der Geschichte und Natur für die Lebenspraxis nutzbar zu machen. Diese Bejahung der geschichtlichen Welt und des Menschen in seiner individuellen Eigenart setzte sich auch in pädagogischen Überlegungen fort. Dem Religionsunterricht wurde daher nur noch eine geringe Bedeutung zugemessen. Gründlichkeit in der wissenschaftlichen Ausbildung und eine hochgradige Eloquenz kennzeichneten die humanistische Bildungskonzeption: *"es sollten nur gewählte und bei den Klassikern in Geltung stehende Ausdrücke angewendet werden"*[228].
Die Aufwertung der Körpererziehung kann als zweites Prinzip und auch als Methode humanistischer Bildung angesehen werden. Nicht zuletzt war diese Betonung der körperlichen Erziehung dem antiken Vorbild geschuldet, an das man sich in der kritischen Auseinandersetzung mit der Scholastik hielt. Die

natürlichen Bedürfnisse des Körpers, dessen Schönheit und Beweglichkeit sollten im Erziehungskontext gehobene Beachtung finden. Der Humanist Erasmus von Rotterdam (1466-1536) brachte mit dem Leitsatz *"Zurück zu den Quellen"*[229] die Anlehnung des Humanismus an die antiken Vorbilder auf den Punkt. Er verwies darauf, dass körperliche und intellektuelle Ausbildung in einem auf allseitige Persönlichkeitsentwicklung gerichteten Erziehungsgeschehen kaum voneinander getrennt sein können: *"Der Zögling sollte frühzeitig abgehärtet, durch Sport und Spiel geschmeidig und zur Schönheit gebildet werden, war doch für die vornehme Jugend die Vorbereitung zu militärischer Tüchtigkeit und zur anmutigen Haltung in der Gesellschaft von großer Bedeutung"*[230]. Der französische Humanist Michel de Montaigne (1533-1592) erweiterte diese Perspektive, indem er die emotionalen und körperlichen Persönlichkeitspotenziale in gegenseitiger Ergänzung sah und in dieser Wechselbeziehung argumentierte: *"Es genügt nicht, ihm (dem Zögling - T.F.) die Seele zu stählen; man muß ihm auch die Muskeln stählen: Es wird zuviel von der Seele verlangt, wenn sie keine Unterstützung erhält; allein ist sie der doppelten Belastung nicht gewachsen"*[231].

Im dritten Merkmal des Humanismus, in der Ausrichtung von Bildung und Erziehung auf die Welt und den Menschen, sind die humanistischen Philosophen kaum zu unterscheiden. In der Bewertung des antiken Vorbildes oder in der Artikulation des aufkommenden nationalen Bewusstseins können eher Unterschiede aufgespürt werden. Diese Feststellung ließe sich durch einen Vergleich der Arbeiten von Alexander Hegius (1433-1498), Ulrich von Hutten (1488-1523) und Vittorino da Velte (1378-1460) erhärten. So haben die pädagogischen Prinzipien im *"Hause des Frohsinns"*[232] von Velte mit den nationalerzieherisch gemeinten Themen eines U.v. Hutten kaum etwas gemeinsam. Die spezifischen Verbindungen zwischen Sport, Spiel und intellektuellem Lernen, wie sie sich in der Hauslehrerschule von Velte darstellen, lassen sich im Konzept 'nationalistischer' Erziehung kaum wiederfinden. Anders hingegen, wenn es um allgemeinpädagogische Ideen und Ansätze geht,

Die Ausrichtung der Bildung auf die Welt, entgegen den scholastischen Grundbotschaften, kann als ein wesentliches Merkmal humanistischer Erziehungsvorstellungen festgehalten werden. Mit der Ausrichtung der Bildung und Erziehung auf den Menschen waren aber ganz unterschiedliche Motive und Sichtweisen verbunden. Was gemeinsam im humanistischen Selbstverständnis angelegt war, zeigte sich in den Bestrebungen, die schulischen Aufgaben unter Berücksichtigung der Altersstufe und des individuellen Entwicklungsstandes zu lösen. Daher sollte auch nicht vorrangig durch Strafen erzogen werden, sondern durch Lob und Vertrauen. Die Zuwendung und Disziplin der Kinder war zu gewinnen, durch Formen eines freud- und lustvollen Lernens, was dem humanistischen Bildungsideal am ehesten entsprach: *"In der Unterrichts- und Erziehungsmethode gehörte - entsprechend der allgemeinen Tendenz der Renaissance - zu den Grundprinzipien die gewissenhafte Beachtung der Individualität des Kindes. Manche Pädagogen bevorzugten daher die Einzelerziehung; andere hielten die Erziehung in der Gemeinschaft für besser, da hier der Geltungstrieb der Zöglinge angestachelt werden könne. Das Lernen sollte nicht mehr Plage, sondern Spiel, lustvolle Tätigkeit sein. An die Stelle der harten demütigenden Zucht durch die Rute, wie sie in den mittelalterlichen Schulen geübt wurde, trat die milde, 'humane' Behandlung, die der Würde des Menschen entspricht. Anreiz zum Lernen müsse klug erzieltes Lob sein, das den Ehrgeiz der Kinder zu wecken weiß"*[233].

Beide Gedanken, einerseits die Individualität des Heranwachsenden für den pädagogisch gemeinten Vorgang zu gewinnen und Lust sowie Freude durch Sport und Spiel am Lernen zu erhalten, finden sich bei Erasmus von Rotterdam (*"Lob ist die Mutter aller Künste"*[234]) oder auch bei Michel de Montaigne wieder: *"Bei dieser Art der Erziehung bedarf man nichts mit Gewalt oder Zwang zu erreichen versuchen; ein gut angelegter Junge wird dadurch nur verschüchtert und entnervt. Soll er später empfindlich gegen Schande und Züchtigungen werden, gewöhnt ihn nicht daran; gewöhnt ihn an die Abhärtung durch Schwitzen und Frieren, durch Wind und Sonne, durch **das Risiko**, das er verachten lernen muß. Er soll sich alle Verzärtelung, alle Empfindlichkeit gegen Kleidung und Schlafstätte, gegen ungewohntes Essen und Trinken abgewöhnen; er muß alles aushalten können; er soll kein Zierbengel werden, sondern ein kräftiger, munterer Junge"*[235].

Darüber hinaus ist hier der Gedanke einer Erziehung durch 'Wagnis und Bewährung' enthalten. Die Annahme von persönlichem Risiko in der erzieherisch gemeinten Situation und die Bewährung in ernsthaften Handlungsbezügen wurde ja für die moderne Erlebnispädagogik der Gegenwart zum Programm. Interessant ist auch, dass die sinnliche Naturerfahrung, wie sie sich später bei Rousseau zum konkreten Erziehungsmaßstab entwickelt, in den Vorstellungen der Humanisten bereits deutlich hervortritt.

In welchem Maße die Bewegungs- und Körpererfahrung und freudvolles Lernen im natürlichen Ambiente als Prinzipien und Ziele erzieherischer Vorhaben erkannt wurden, lässt sich bei Montaigne theoretisch nachvollziehen: *"Plato nimmt in seinen 'Gesetzen' die Sorge für die Fröhlichkeit und die Spiele seiner Staatsjugend wunderbar wichtig. Wie eingehend beschäftigt er sich doch mit den Wettläufen, ihren Spielen, ihrem Singen, ihrem Springen und Tanzen; er sagt ausdrücklich, daß in der Vorzeit die Götter selbst als Vorbilder und Schirmherren dieser Tätigkeiten angesehen wurden ... . Ich fasse das Hauptergebnis dieses Kapitels nochmals zusammen: Das wichtigste ist, Lust und Liebe zur Sache zu wecken; sonst erzieht man nur gelehrte Esel, und man erreicht nur, daß sie einen Sack voll totes Wissen, das ihnen eingeprügelt ist, mit sich herumtragen; aber man darf das Wissen, wenn es richtig wirken soll, nicht nur in sich anhäufen, es muß ganz unser eigen werden"*[236].

Die praktischen Bezüge hingegen sind durch die Aktivitäten von Vittorino da Velte und auch bei Johannes Murmellius (1480-1517) gegeben. Letzterer wurde vor allem durch die Schule Schlettstadt[237] bekannt, die den 'Schulbrüdern' und den Fraterherren in Deventer praktischen Raum zu ihrer humanistisch geprägten Erziehungsarbeit gab. Dennoch ist in dieser Fundstelle nochmals der grundlegende Hinweis darauf gegeben, dass reformpädagogische Ideen im allgemeinen und erlebnispädagogische im besonderen schon sehr früh und in prägnanter Form Gedankengut humanistischer Pädagogik waren. Natürlich gehörte zu einer pädozentrierten Sicht auf den Erziehungsvorgang dazu, das freud- und lustvolle Lernen und Agieren der Heranwachsenden zu motivieren, zu verstärken und für sich zu gewinnen. Positive innere Stimmungen sind immer gute Wegbegleiter in einer vom Kind gewollten Erziehung. Nicht Bücherwissen in erster Linie, sondern verinnerlichte Erfahrung galt als wirklicher Zuwachs in der psychischen und physischen Entwicklung des jungen Menschen. Dass der erzieherische Kontext auch von diesen Persönlichkeitspotenzialen auszugehen hat, wurde von den Vertretern der weltlich-freien Bildung und Erziehung - der humanitas - deutlich gesehen.

Soziale Utopien

Mit dem schrittweisen Zerfall der spätfeudalen Ordnungen wuchsen auch die Bestrebungen, 'ideale Staatswesen' geistig vorzuprägen. Mit der Suche vieler Zeitgenossen nach politischen Auswegen und kulturellen Orientierungen, entstanden Gesellschaftsutopien, die im wesentlichen zwei Haupttendenzen verfolgten: zum einen wurden Missstände und Hemmnisse der bestehenden Ordnung kritisch reflektiert und zum anderen zum Teil phantastisch anmutende Zukunftsbilder entworfen. Diese Zukunftsbilder spiegelten den Menschen in Wohlstand und Freiheit wider. Sie theoretisierten ideale Gemeinwesen, in denen die innere Ständeordnung durch politische Gleichberechtigung und allgemeine Vermögensteilung überwunden werden sollte.

Thomas Morus (1478-1535) bezog in seiner 'Utopia' die folgende Ausgangsposition: *"Ich bin in der Tat der Ansicht, überall, wo es noch Privateigentum gibt, wo alle an alles das Geld als Maßstab anlegen, wird kaum jemals eine glückliche Politik möglich sein ... . Ich bin daher der festen Überzeugung, das einzige Mittel, auf irgendeine gleichmäßige und gerechte Weise den Besitz zu verteilen und die Sterblichen glücklich zu machen, ist die gänzliche Aufhebung des Privateigentums. Solange es das noch gibt, wird der weitaus größte und beste Teil der Menschheit die beängstigende und unvermeidliche Last der Armut und der Kümmernisse dauernd weiterzutragen haben"*[238]. Diese Vorstellungen waren mit den tatsächlich vorhandenen Möglichkeiten gesellschaftlicher Evolution kaum verbunden. Sie setzten sich über den gesellschaftlichen Entwicklungsstand mit seinen ökonomischen, kulturellen und politischen Voraussetzungen bewusst hinweg. Daher kann kaum von gesellschaftspolitischen Visionen gesprochen werden, sondern nur von utopischen Weltdeutungen. Allein die gleichberechtigte Verteilung des vorhandenen Reichtums hätte ein Ende der Ständeordnung bedeutet. Weitreichende Konsequenzen hätten sich auch für das öffentliche Bildungswesen ergeben müssen, zum Beispiel bei der Überwindung der Bildungsteilung. Im Praxisbereich übten diese Utopien daher keinen Einfluss aus. Dennoch repräsentierten sie eine kulturgeschichtliche Semantik, die für die Bildung der Erziehungswissenschaft von einiger Bedeutung war. Die Verwirklichung dieser sozialen Utopien wurde zum Beispiel immer im Zusammenhang mit dem Entwicklungsstand der Menschen gesehen. Erzieherische Vorhaben wurden postuliert, die den einzelnen Menschen und auch soziale Gruppen von der Richtigkeit und Nützlichkeit des utopischen Gesellschaftsplans zu überzeugen hatten. In dieser Überzeugungsarbeit besaßen also Erziehung und Bildung einen gehobenen Stellenwert. In ihnen sah man wichtige Katalysatoren, um die Verwirklichung eines ideal funktionierenden Gemeinwesens voranzutreiben.

Diese Charakteristik lässt sich mit den bekannten Schriften des englischen Humanisten Thomas Morus und seinem bereits erwähnten Hauptwerk, *"Utopia"*[239], umfassend unterlegen. In der Idealkonstruktion des *"Sonnenstaates"*[240] liefert der italienische Mönch und Politiker Thomas Campanella (1568-1639) weitere Ansätze utopischer Schul- und Erziehungsideen. Der deutsche Theologe Johann Valentin Andreae (1586-1654) konzipierte mit der *"Christenstadt"*[241] einen Erziehungsplan, der humanistische und christliche Wertüberzeugungen in einer Schulutopie 'versöhnen' sollte.

Im Buch von Thomas Morus über die Insel Utopia lassen sich alle wesentlichen Aussagen über Erziehung und Staat, über die Bedeutung von Unter-

74

richt und Arbeitserziehung, über koedukative Erziehungsformen oder Aspekte eines Konzeptes des lebenslangen Lernens wiederfinden. Auch solche Gedanken finden ihren Platz, die Affinitäten zu Campanella und Andreae verdeutlichen und die einen Stellenwert über die Ideen der sozialen Utopien hinaus besitzen. Zweckmäßige Erziehung und Aufbau eines idealen Staatswesens werden in seinem Buch in wechselseitiger Beziehung betrachtet. In der Erziehung der heranwachsenden Generation wurde die Möglichkeit gesehen, der gesellschaftlichen Wohlfahrt und kulturellen Entwicklung entscheidende Impulse geben zu können: *"Die Erzieher verwenden nämlich größten Einfluß darauf, den noch zarten und empfänglichen Kinderherzen von Anfang an gesunde und der Erhaltung des Staates dienliche Anschauungen einzupflanzen. Wenn diese erst einmal im Kinde festsitzen, begleiten sie den Erwachsenen durchs ganze Leben und sind von großem Nutzen für die Erhaltung des Staates ... "*[242]. Gleicher Zugang zur Bildung für Mädchen und Jungen wurde in der Staatsverfassung von 'Utopia' explizit vorgesehen und damit zum Teil weit über die humanistischen Ideen im engeren Sinne hinausgegangen: *"Der Unterschied des Geschlechts tut in bezug auf die Gelehrsamkeit nichts zur Sache, denn zur Zeit der Ernte ist es gleich, ob die Hand, die den Samen ausstreut, einem Manne oder einem Weibe angehört hat. Sie haben beide die gleiche Vernunft, die den Menschen vom Tier unterscheidet. Beide sind daher befähigt zu jenen Studien, durch welche Vernunft vervollkommnet und befruchtet wird wie ein Ackerland"*[243]. Auf der Insel Utopia sollte jeder nach seinen physischen und psychischen Möglichkeiten am gemeinsamen Prozess des Lebens und Arbeitens teilnehmen. Demzufolge standen erste Formen bewusst angebahnter Arbeitserziehung im Blickpunkt der theoretischen Erörterungen. Auch bei Thomas Campanella wird die Arbeit als Prinzip und Methode der Erziehung erkannt und formuliert. Hinzu kommt, dass diese Arbeiten nicht nur in der Selbstbezogenheit einer vorberuflichen Qualifikation gesehen wurden, auch wenn man diese als wichtig erachtete. Die Arbeitserziehung galt als konkreter Dienst an der Gemeinschaft und sollte schon dadurch als erzieherisches Mittel an Legitimität gewinnen: *"schon die Schüler im Dienste des Gemeinwesens tätig sind"*[244]: *"Die mühsamsten Arbeiten stehen bei ihnen in besonders hoher Achtung, wie etwa das Schmiede- und Maurerhandwerk. Keiner verschmäht es, eine solche Tätigkeit auszuüben, weil seine beruflichen Neigungen schon von Kindheit an gefördert sind"*[245].

Bei Andreae werden diese Auffassungen zur Arbeitserziehung mit der konkreten Verwendung von Materialien und Instrumenten verbunden. Er argumentierte in den Thesen einer instrumentellen Erziehung, da er die eigentlichen Gegenstände der Lerntätigkeit auf das praktisch Instrumentale übertragen wollte. Wichtiger allerdings war die Idee, durch die Arbeitserziehung eine möglichst anschauliche und kindgemäße Aneignung und Vermittlung von Wissen und Können anbahnen zu wollen. Hierbei stand im Mittelpunkt die Aktivitätsform eines experimentierenden und probierend-herantastenden Lernens. Außerdem zeigen sich in der *"Reise nach der Insel Caphar Salama und Beschreibung der darauf gelegenen Insel Christiansburg nebst einer Zugabe von moralischen Gedanken in gebundener und ungebundener Rede"*[246], dass die prinzipielle Verbindung zwischen intellektuellen und praktischen Tätigkeiten unter dem Gesichtspunkt einer möglichst umfassenden Ausbildung in der Arbeitserziehung gesucht wurde. Im Kern der Sache ging es um die Überwindung des Gegensatzes zwischen körperlicher und geistiger Tätigkeit im Lernprozess, indem durch praktische und komplexe Situationen auch der Schüler mit all seinen Anlagen gefordert war: *"Der Unterricht in den naturwissenschaftlichen Fächern stützt sich weitgehend auf Anschauungsmittel und Experimente; eine große Anzahl von Apparaten, Modellen und Globen stehen zur Verfügung. Turnübungen und Spiele ... dienen der körperlichen Kräftigung der Kinder. Das Erlernen eines Handwerks ist für jeden Knaben Pflicht. Die sittliche Erziehung zielt darauf, eine religiöse Grundhaltung aller Schüler zu erreichen, wie es überhaupt das letzte Ziel der Erziehungarbeit in der Christenstadt ist, 'tätige Christen' heranzubilden"*[247]. Sicherlich hebt sich das utopische Modell der Christenstadt mit seiner Betonung der christlichen Werte und Anschauungen von 'Utopia' ab. Dennoch steht der tätige Christ, also der handelnde Mensch, der intellektuelles Wissen und Handlungskompetenzen auf sich vereinigt, im Zielbereich der sozialen Utopien.

Neben der Charaktererziehung blieb der Unterricht ab dem siebenten Lebensjahr zentrales Element in den sozialen Utopien. Nicht die soziale Herkunft, sondern solide Kenntnisse und individuelle Charaktereigenschaften sollten die Stellung in der Gemeinschaft begründen. Als herausragend stellte sich die Verbindung zwischen Wissensvermittlung und Kunstausübung dar. Die Verbindung des geistigen Schaffens mit der künstlerisch-ästhetischen Leistung wurde angestrebt. Inneres Wissen hatte sich in äußeren Gestalten zu manifestieren: *"Weisheit als oberste Erziehungsbehörde hat die Mauern der ganzen Stadt nach außen und innen, nach unten und oben mit ausgezeichneten Gemälden schmücken zu lassen, die sämtliche Wissenschaft in herrlicher Anordnung darstellen"*[248]. Wesentliche Erziehungsgrundsätze, bezogen auf den Lernprozess, lassen sich anhand der sozialen Utopien weiter verdeutlichen: *"Fromme Theaterstücke, Chorsingen und Instrumentalmusik, auch die kunstvolle Anlage des botanischen Gartens, führen dazu, den ästhetischen Sinn zu schulen. Leitende methodische Grundsätze sind die der Anschauung (überall in der Stadt finden sich Wandmalereien und Statuen, die belehrend wirken), das maßvolle Fortschreiten in systematischer Folge, bei dem nicht unverstanden bleiben darf, die stete Verbindung von Wort und Sache, die strenge Ablehnung jedes unklaren Wortwissens und die praktische Anwendung des Gelernten"*[249]. Sittliche und ästhetische Erziehungsziele konnten sich im Selbstverständnis der Utopisten nur zu innerlichen Gewohnheiten ausprägen oder sich als Momente der inneren Disposition in entsprechendem Verhalten und Handeln äußern, wenn diese Erziehung auch zu einer praktischen und damit anschaulichen Erfahrung im Kontext des kindlichen oder jugendlichen Lebens wurde. Diese zentrale Einsicht in den sozialen Utopien des 15. und 16. Jahrhunderts wurde, wie noch zu zeigen ist, in den späteren Epochen der Erziehung und Erziehungswissenschaft weitergeführt und im zeitgeschichtlichen Zusammenhang ausgeformt.

Als letzter entscheidender Hinweis ist den Utopien die Bedeutsamkeit eines lebenslangen Lernens zu entnehmen, das sich in individueller Freiheit und mit Bezug zum aktuellen Lebensgeschehen zu realisieren hatte. Bei Thomas Morus gelangte diese Ansicht zur schlüssigen Konkretion, da die Freiheit des lebenslangen Lernens, der tätige Umgang mit Kunst und Kultur oder die Beschäftigung mit weitergehenden wissenschaftlichen Themen Aspekte der individuellen Selbstverwirklichung innerhalb dieses idealistischen Gemeinwesens darstellen sollten. Die gesellschaftlichen und kulturellen Lebensformen wurden damit selbst zu mußehaften Übungs- und Lernfeldern, gleichsam der Schule, die als praktischer Vorübungsraum für das spätere Leben den besinnlichen Vorblick auf das Erwachsensein mit seinen konkreten Aufgaben ermöglichen sollte. Darüber hinaus steckt in diesem Anspruch zum lebenslangen Lernen noch ein weiterer. Der Optimismus nämlich, dass die Monotonie der alltäglichen Routinen durch die Ausübung von Sport, Kunst und Religion periodisch kompensiert werden kann: *"Neben der für alle verbindlichen Schulbildung ist in den Utopien jedem erwachsenen Bürger Gelegenheit zum Lernen, zu geistigem Schaffen und kultureller Betätigung gegeben; denn es ist ein Hauptziel der Gesellschaftsordnung der Utopier, soweit es die dringenden Bedürfnisse des Staates erlauben, den Sklavendienst des Körpers einzuschränken, damit die dadurch gewonnene Zeit auf die freie Ausbildung des Geistes verwendet werden kann. Darin liegt nämlich nach ihrer Ansicht das Glück des Lebens"*[250].

Einige Erziehungsansichten und pädagogische Forderungen lassen sich für erlebnis- und handlungsorientierte Lernformen in der Perspektive des Erfahrungslernens aus den sozialen Utopien herausheben:

1. Forderung nach Koedukation - gleichförmiger Zugang zu Bildung und Erziehung für Mädchen und Jungen.
2. Harmonische Entwicklung geistiger und körperlicher Persönlichkeitspotenziale verlangt die Verbindung von Unterricht, Arbeitserziehung, Formen der Kunstausübung, Spiel und Sport.
3. Instrumentelle Erziehung dient der Zusammenführung anschaulicher, praktischer, tätigkeitsgebundener und damit kindgemäßer Lernformen.
4. Lebenslanges Lernen als Ausdruck der individuellen Lebensperspektive realisiert sich in den Möglichkeiten eines humanen und auf Gleichberechtigung basierenden Gemeinwesens.

Sektenbewegung

Die Sektenbewegung zwischen dem 12. und 16. Jahrhundert berief sich auf Grundsätze der frühchristlichen Gemeinde. Kirche und Religion hatten nach ihnen frei von feudaler Abhängigkeit zu sein und in Einfachheit sowie demokratischer Selbstbestimmung ihre Missionen zu definieren: *"man hielt christliche Gemeinschaft der Güter, wie Christus gelehrt, gehalten mit seinen Jüngern und die erste apostolische Kirche auch getan hat ... . Die vorhin arm oder reich gewesen, hätten jetzt ein Säckel, ein Haus und einen Tisch miteinander ... "*[251]. Mit ihrer Kritik an den Privilegien der geistlichen und weltlichen Oberschicht fanden sie nicht nur Anhänger in breiten Kreisen des dritten Standes. Sie bildeten ein nicht zu verachtendes Protestpotenzial gegenüber der Macht- und Prachtentfaltung des institutionalisierten Christentums. Die Sektenbewegung war hierbei eine internationale Erscheinung: sie reichte von den 'Albigensern' in Südfrankreich, die durch die Kriege mit dem päpstlichen Kreuzheer bekannt wurden, über die 'Hussiten' Böhmens bis hin zu den 'Waldensern', die im Deutschland des 14. Jahrhunderts eine breite Anhängerschaft besaßen. Am stärksten dürften die 'Wiedertäufer' der Reformation und die 'Böhmischen Brüder' in Erinnerung geblieben sein, da ihr erstrebtes Ideal einer reinen Glaubensgemeinschaft und vor allem ihr praktischer Gestaltungswille historische Spuren hinterließen.

Da die Sektenbewegung als Kritikpotenzial an der feudalen Ordnung und Kirche außerhalb der gesellschaftlichen Anerkennung stand, war es ihr kaum möglich, vorhandene Erziehungsideen auch praktisch zu institutionalisieren.

Deshalb beschränkten sich viele Erziehungsgedanken auf die Möglichkeiten des familiären Zusammenhanges. Der 'funktionierenden' Familienerziehung wurde ein besonderer Stellenwert beigemessen: *"Wer seinen Sohn unterrichtet, wird in ihm gelobt und verherrlicht sich in ihm inmitten seines Ingesindes"*[252]. Insofern kompensierten und ergänzten die Sektenbewegungen auch andere geistige Richtungen in jener Zeit. So wurde zum Beispiel in den sozialen Utopien von Morus oder Campanella der Familienerziehung, wenn überhaupt, nur ein geringer Stellenwert beigemessen.

Im Mittelpunkt der sittlich-religiösen Erziehungsabsichten der Sekten dominierten die täglichen Lebenstätigkeiten der Familie. Da es sich vorwiegend um Leute des dritten Standes handelte, kam der Arbeitserziehung auch rein aus pragmatischen Gründen eine gehobene Rolle und Funktion zu. Alter und Anlage der Kinder, die Kulturtechniken, wie Lesen und Schreiben, oder umfassende Bibelkenntnisse sollten ihre Berücksichtigung finden: *"Haltet sie (die Kinder - T.F.) zum Lesen und Schreiben, lehrt ihnen Spinnen und andere Handwerke, die ihrer Person und ihrem Alter ziemlich, nützlich, vorteilhaft und bequem sind"*[253]. Über die Formen der Familienerziehung innerhalb der Sektenbewegung kamen eigentlich nur die 'Böhmischen Brüder' hinaus. Adlige und wohlhabende Vertreter des Patriziats hatten sich ihren Initiativen, die sich in der zweiten Hälfte des 16. Jahrhunderts auch in konkreten Schulinstitutionen manifestierten, angeschlossen.

Ihnen können einige Merkmale humaner und praktischer Erziehung entnommen werden, die sich gleichsam auf die Sektenbewegung als Ganzes zurückführen lassen:

1. Die Sektenbewegung befürwortete mit ihrem frühchristlichen Selbstverständnis den gleichberechtigten Zugang zur öffentlichen Bildung für alle Mitglieder der Gemeinschaft.
2. Mit dem Ziel zwischenmenschlicher Kommunikation und Kooperation wurde das muttersprachliche Prinzip in Schrift und Wort außerordentlich betont.
3. Die Aufwertung praktischer Bildung und Erziehung rührte zwar in erster Linie aus dem Lebensumfeld der Vertreter der Sektenbewegung her, hatte aber für Erörterungen erzieherischer Natur durchaus Bedeutung.
4. Nützliches Können galt im Zusammenhang mit der konkreten Bewältigung des täglichen Lebens als wesentliche Komponente der Bildungspflege.

Diese Auslegungen zur Erziehung der Schuljugend gelangten erst in den Arbeiten von Jan Amos Komensky (Comenius 1592-1670), dem letzten Bischof der Böhmischen Brüder, im 17. Jahrhundert zur vollen theoretischen Entfaltung. Vorher entwickelten sich jedoch unterschiedliche Ansätze in den historischen Prozessen der **Reformation und Gegenreformation**, die die Ausbreitung humanistischer Gedanken in Pädagogik und Psychologie eher hemmten.

Zur Zeit der Reformation wurden in Deutschland die kirchlichen Dogmen des Hochmittelalters und die Verfassung der päpstlichen Kirche kritisch aufgegriffen, da die Renaissance die scholastische Enge von Kirche und Theologie nachhaltig demonstriert hatte. Außerdem zeigten sich zunehmend Unzufriedenheit und Gegenwehr in den unteren sozialen Schichten, die ihre eigene Unmündigkeit überwinden wollten. Die kirchliche Feudalordnung konnte in ihrer Welt- und Volksfremdheit diesen sozialen Spannungen und Ungerechtigkeiten nicht mehr begegnen. Martin Luther (1483-1546) im mitteldeutschen Raum, Jean Calvins (1509-1564) im westlichen Deutschland und Thomas Müntzer (1490-1525), als Führer des Deutschen Bauernkrieges (1524-1525), gaben der Reformation die geistigen und politischen Impulse.

Sicherlich sind Luthertum und erste Grundzüge einer institutionalisierten Volksbildung nicht voneinander zu trennen. Auch der Calvinismus trat deutlich für ein öffentliches Ausbildungssystem ein, das mit 'scholae vernaculae sed vulgaria' (Muttersprach- oder Volksschulen) breite Schichten des dritten Standes erreichen wollte. Dennoch wurden in ihrem Umfeld keine originären pädagogischen Systeme entworfen und auch die bestehenden pädagogischen Ideen kaum verändert. Vielmehr änderte sich im Sinne des Protestantismus die Sicht auf die gesellschaftlichen Funktionen der Schule und der Universitäten: *"Und insonderheit treibe das Gebot und Stücke am meisten - so werden die Pfarrherren und Prediger aufgefordert - das bei deinem Volk am meisten Not leidet; als das siebente Gebot vom Stehlen , mußt du bei den Handwerkern, Händlern, ja auch bei Bauern und Gesinde heftig treiben; denn bei solchen Leuten ist allerlei Untreu und Diebenrei groß. Item, das vierte Gebot mußt du bei den Kindern und gemeinen Mann treiben, daß sie stille, treu, gehorsam, friedsam sein, und immer viel Exempel aus der Schrift, da Gott solche Leute gestraft und gesegnet hat, einführen"*[254]. Dabei bezog sich das Luthersche Hauptlehrbuch, der Katechismus[255], auf wesentliche Bildungsinhalte aller Schulstufen. Die dreiklassige Trivialschule (Lateinschule), die darauf aufbauende 'obere Schule' und auch die Universität[256] wurden institutionsgeschichtlich thematisiert.

Der deutsche Calvinismus, der durch die Zubilligung gewisser Rechte an die kirchlichen Gemeindemitglieder ebenfalls der Volksreformation zugeordnet werden kann, verhielt sich in seinen Bildungs- und Erziehungsplänen ähnlich. Ein breites Volksbildungssystem auf protestantischer Grundlage wurde angestrebt und die ganz wesentlichen Erziehungsinhalte in sittlich-religiöse Themenbereiche eingebunden. Neben diesen Affinitäten bestanden zwischen der obrigkeitsgläubigen Autokratie Luthers und dem stärker demokratisch verfassten Calvinismus durchaus Unterschiede, die sich auch in ihrer Umsetzung in Schule und Erziehung zeigten. So richtete sich der 'Luthersche Katechismus' in erster Linie an die Erziehung des Nachwuchses für das *"geistliche und weltliche Regiment"*[257]. Er wurde deshalb besonders für die Lateinschulen des Patriziats zur Grundlage. In Deutschland fanden Ansätze der Genfer Schulordnung (1559) nach dem Vorbilde Calvins mehr in den Lese- und Schreibschulen der Handwerkszünfte Berücksichtigung. Auch für die schichtenübergreifenden Bildungsbedürfnisse des damaligen Stadtbürgertums gab der Calvinismus die wesentlichen Orientierungslinien: *"Dieweil es sehr notwendig und nützlich ist, daß die täglich dahinwachsende Jugend zum wenigsten im Schreiben und Lesen aufgeführt werde, damit sie so viel besser in den Hauptstücken christlicher Lehre und zugleich in der ganzen heiligen Schrift und Werk der ewigen Seligkeit recht unterrichtet, auch hier zeitlich desto eher zu Ehren und einem Aufkommen geraten und nicht allein ihnen selbst und den Ihrigen, sondern auch dem gemeinen Vaterland und Nächsten hernach desto rühmlicher gedient sein möge, so ist viel daran gelegen, daß neben den lateinischen Schulen sowohl für die Mägdlein und Knaben in den Städten, Flecken und Dörfern deutsche Schulen so viel als möglich eingerichtet werden"*[258]. Jedoch mit den Wirren des 'Dreißigjährigen Krieges' (1618-1648) wurden diese reformatorischen Neuansätze für die Schulentwicklung weitestgehend beendet. Die vereinzelten volksdemokratischen Bildungsgedanken, welche Thomas Müntzer für den dritten Stand entwickelt hatte, zum Beispiel der kostenlose Schulbesuch der Kinder der verarmten Stadtbevölkerung[259], fanden spätestens mit dem Ende der deutschen Reformation im Bauernkrieg keinerlei Beachtung mehr.

Mit dem Konzil von Trient (1545-1563) und der damit verbundenen Zurückdrängung protestantischer Ansätze, setzte die Zeit der Gegenreformation ein. Sie brachte kaum Ideen einer humanen Erziehung hervor. Sicherlich gab es vereinzelte Initiativen, die jedoch mit einem übergreifenden Erziehungssystem kaum etwas gemeinsam hatten. Eine solche Initiative entstand im Umfeld des Jesuitenordens 'Societas Jesu', dem bekannten Orden der Papstkirche um den spanischen Edelmann Ignatius von Loyola. Hier gab es

durchaus soziale und praktische Ausbildungsbedingungen für die Ordens-
brüder. Dafür stehen die durchorganisierten Regeln der Jesuitenkollegien und
auch die Länge der damaligen Ausbildungszeit, die vom Abschluss der
niederen Studien (5 Jahre), über fünfjähriges Rhetorik- und Philosophie-
studium bis hin zum mehrjährigen und daran anschließenden Theologie-
studium mehr als 15 Jahre andauern konnte. Jedoch waren Predigt, Ohrenbeichte und intellektuell ausgerichteter Unterricht die Hauptformen der
Wissensaneignung und Wissensvermittlung. Individualisierte oder natürliche
Lern- und Lehrformen hatten kaum Platz zur Entfaltung. Die im Jahre 1599
erarbeitete und verfügte Studienordnung, *"Ratio atque institutio studi-
orum"*[260], die in einigen Grundzügen auch heute noch die katholische
Priesterausbildung bestimmt, sah kaum Möglichkeiten für handlungs- und
erlebnisorientierte Lernformen in der studierenden Gemeinschaft vor. Vielmehr wurde der gesamte Unterrichtsbetrieb auf religiöse Rituale und auf die
theoretische Unterweisung in den Bereichen Grammatik, Rhetorik, Dialektik,
Moralethik, Recht, Naturwissenschaft und Geschichte ausgerichtet. Gelegent-
liche körperliche Ertüchtigungen wurden vor allem in ihren kompensatorischen Zwecken gesehen und weniger als Methoden der Persönlichkeitsbildung.

Wie auch schon in den vorhergehenden Unterkapiteln festgestellt wurde,
vollzog sich erlebnisorientiertes Lernen und Erkennen hauptsächlich durch
die Vergegenständlichung menschlicher Gefühle in religiösen Handlungen.
Hier waren sicherlich die bekannten 'exercitia spiritualia'[261] für den Bereich
erlebnisorientierten Lebens und Lernens von einiger Bedeutsamkeit. Als
Methoden der seelischen Formung und für die religiöse Äußerung emo-
ionaler Innerlichkeiten waren sie individuell wichtig, da sich in ihnen
religiöse oder spirituelle Selbsterfahrungen realisierten. Selbstbeobachtung,
Selbstreflexion oder Selbstregulierung wurden so in hohem Maße auch hand-
lungswirksam in der Religionsgemeinschaft geschult, wenn sie auch in erster
Linie der Predigt und Ohrenbeichte verpflichtet waren und damit einen ganz
spezifischen Bezug zu den tätigkeits- und aufgabengebundenen Aktivitäten in
der Gemeinschaft aufwiesen. Den nämlich, den jeder einzelne Akteur aufgrund seiner individuell verinnerlichten Berufung zum gemeinsamen
religiösen Schaffen entwickelte und einbrachte. Doch darauf allein konnte in
dieser Zeit keine humane Schulgestaltung beruhen. Individuell bedeutsame
Interessen und die evolutionären Veränderungen im Leben und Arbeiten
ganzer Generationen wurden kaum in den Bereich der Schule und Ausbildung
integriert. Daher konnte es erst im 17. Jahrhundert wieder innovative Impulse
für den Bildungs- und Erziehungsbereich geben. Katholizistische Überhöhungen hinsichtlich des humanistischen Bildungsideals und neuere Er-

ziehungsbedürfnisse kristallisierten sich heraus und wurden zu Ausgangspunkten erster Bildungs- und Erziehungstheorien.

Die humanistischen Bildungs- und Erziehungsideale sind in späteren Erziehungstheorien immer wieder anzutreffen: in der Aufklärung, in der Klassik, im Neuhumanismus oder eben in jenen pädagogischen Strömungen, die mit der reformpädagogischen Bewegung zu Beginn unseres Jahrhunderts einen weiteren Höhepunkt fanden. Humanistische Erziehungsvorstellungen können zum Teil als reales und gestaltbares Wurzelwerk handlungs- und erlebnisorientierten Erfahrungslernens gewertet werden, da sie sich auf die Eigenarten des individuellen Menschen und auch auf seine ganzheitliche Daseinsweise zurückführen lassen. Körperliche und geistige Erziehung galten im humanistischen Grundverständnis immer der individuellen Ermutigung, sich im tatsächlichen Vollzug des subjektiven Lebens die schöpferischen Kräfte zur Selbstverwirklichung zu erschließen. Gleichsam richtete sich der humanistische Drang nach einer geschichtlichen Weltdeutung und einem neuerem Naturverständnis immer an die soziale Lebenspraxis des Menschen. Nur so war es Vertretern des Humanismus auch möglich, in einigen Merkmalen des offenen, sozialen und natürlichen Erfahrungslernens zu argumentieren. Erasmus von Rotterdam kann abschließend darauf verweisen, warum sich die humanistische Pädagogik als wichtige Quelle sehr unterschiedlicher Erziehungsansätze über die Jahrhunderte hinweg fortsetzte und entwickelte: *"Sobald das Kind geboren wird, ist es empfänglich für das, was den Menschen kennzeichnet. Daher wende ihm ... schon in den frühesten Jahren eine besondere Sorgfalt zu. Bilde bald das Wachs, solange es noch weich ist; forme den Ton, wenn er noch feucht ist; fülle mit dem besten Naß den Krug, solange er neu ist; färbe die Wolle, wenn sie schneeweiß vom Walker kommt, noch von keinem Flecken verunstaltet ist ... . Die ganze Berechnung menschlichen Glücks aber gründet sich vornehmlich auf drei Dinge: Naturanlage, Lehre und Übung.*"[262].

Prospektive Fragestellungen:

1. Wodurch wurde die Differenzierung des Schulwesens im 15. Jahrhundert im wesentlichen ausgelöst und welche Konsequenzen ergaben sich insbesondere für curriculare Neuorientierungen, die von Aspekten eines offenen, sozialen und natürlichen Erfahrungslernens berührt wurden?
2. Wie wurde die allseitige Menschenbildung im pädagogischen Humanismus konturiert?
3. Inwieweit war das dem Erfahrungslernen vorgeordnete Motiv der inneren Verwirklichung subjektiver Wesenskräfte in individueller Freiheit und gemeinschaftlicher Gebundenheit durch die humanistische Pädagogik der Renaissance vorgeprägt?
4. Welcher Stellenwert wurde der Körpererziehung sowie der weltlichen Erziehung in der humanistischen Pädagogik eingeräumt?
5. Im pädagogischen Idealismus der Sozialen Utopien sollte die einseitige Trennung von geistiger und praktischer Bildung mit dem Zweck der Konstitution eines 'idealen' Staats- und Gemeinschaftswesens wechselseitig aufgehoben werden. Inwieweit spiegeln sich die Sozialen Utopien in realen und gestaltbaren Erziehungsprogrammen wider, die sich im Kontext des Erfahrungslernens interpretieren lassen?
6. Welche Bezüge zum praktischen und sozialen Erfahrungslernen lassen sich aus folgenden Aspekten Sozialer Utopien ableiten: a) Konzept des lebenslangen Lernens; b) Konzept der Arbeitserziehung; c) Koedukative Erziehung; d) Konzept des experimentierenden Lernens.
7. Welche Hinweise lassen sich in den Sozialen Utopien zum pädagogischen Freiheitsbegriff nachweisen und inwieweit kann ein erlebnis- und erfahrungsbezogener Pädozentrismus gedacht werden?
8. Welche pädagogischen Dogmen der Sektenbewegung stellten sich in ihrer kultur- und gesellschaftskritischen Tendenz als lebensweltorientiert dar?
9. Welche Gründe können in der Reformation und Gegenreformation rekonstruiert werden, die einer kontinuierlichen Ausprägung der ideengeschichtlichen Semantik des Erfahrungslernens eher entgegenstanden?
10. Konnten die 'exercitia spiritualia' als spezifische Formen der Selbst- und Gotterfahrung angesehen werden und welcher Erfahrungsgehalt wurde den religiösen Methoden der seelischen Formung in der Religionsgemeinschaft zugemessen?

2.5 Panosophie, Rationalismus, Sensualismus und Pietismus als Beiträge eines praktischen Erfahrungslernens

Mit den naturwissenschaftlichen Entdeckungen von Johannes Kepler (1571-1630) oder Galileo Galilei (1564-1642), mit der Aufwertung der neueren geographischen Erkenntnisse aus der 'Zeit der großen Entdeckungen' oder mit den Arbeiten von Francis Bacon (1561-1626) entwickelten sich erste Ansätze experimenteller und empiristischer Wissenschaften. Mit ihnen verbunden war nicht nur eine vertiefte Kritik am scholastischen Gedankengut, sondern auch neuere Sichtweisen, die für Erziehung und Schule von einiger Bedeutung waren.

Wolfgang Ratke (1571-1635), der 1618 einem Ruf des Fürsten Ludwig von Sachsen-Anhalt folgte und die bekannten 'Köthener-Schulen' ins Leben rief, gehörte zu jenen pädagogischen 'Neuerern'. Sie alle versuchten, die neueren Erkenntnisse der Naturwissenschaft und Philosophie auch der Erziehungswissenschaft nutzbar zu machen. Versuche solcher Art standen den scholastischen Begabungstheorien völlig entgegen. Dass die inneren Möglichkeiten zur Entwicklung des Menschen unter dem Edikt des Schöpfungsgedankens ausschließlich vorgeburtlich angelegt sind, was ja auch heute noch in einigen präformistischen Entwicklungstheorien oder in biologistischen Ansätzen vertreten wird, wurde von ihnen heftig kritisiert. Für sie hatten Erziehung und die Bildsamkeit des Menschen eine herausragende Bedeutung. Die Ausprägung von Verstand und die Entwicklung des Charakters gelangte bei ihnen in eine erziehungsbezogene Argumentation, da *"er (der Verstand - T.F.) von Natur einer glatten, auspolierten und unbeschriebenen Tafel gleich ist, darauf zwar nichts geschrieben ist, aber allerhand Sachen geschrieben werden können"*[263]. Diese Grundposition erforderte ein Nachdenken über Strategien der Vermittlung und Aneignung von Wissen und Können und selbstverständlich eine pädagogisch-psychologische Problemsicht auf Fragen der Kenntnisvertiefung. Folgerichtig unterschied Ratke zwei Stufen des Lernens und Lehrens, in denen sich der vernünftige Mensch mit einem auf Nützlichkeit ausgerichteten Verstand zu entwickeln hatte: *"Erfassung und Übung oder Festigung der Kenntnisse"*[264]. Diese Kenntnisse sollten sich auf das konkrete Leben beziehen, da *"nichts gelehrt werde, was wieder verlernt werden muß"*[265].

Dieses Vertrauen in die Bildsamkeit des Menschen war nicht neu. Ratke konnte im Humanismus und in den sozialen Utopien diesen Optimismus direkt wiederfinden. Außerdem trat der Anspruch zutage, die Bildung und Erziehung der jungen Generation lebens- und praxisnäher zu gestalten.

Wissen und Können sollte im späteren Leben verwertbar bleiben. Entsprechend der experimentellen und empiristischen Tendenz in der Wissenschaftsentwicklung richtete sich der didaktische Grundstandpunkt Ratkes auf die praktisch-sinnliche Erfahrung neuer Sachverhalte und Vorgänge. Demzufolge hatte Lernen und Lehren vom Konkreten zum Abstrakten zu erfolgen. Verallgemeinerungen, Abstraktionen, Verbalisierungen oder Modellierungen sollten sich aus der konkreten Ansicht der Dinge kindgemäß und unmittelbar ergeben: *"erst ein Ding an ihm selbst, hernach die Weise von dem Ding"*[266] sehen, 'begreifen' und verstehend verinnerlichen. Die sich daraus ableitenden Forderungen waren eindeutig: *"Keine Regeln soll man geben, ehe man die Materie, den Autorn und Sprach gegeben hat. Alles durch Erfahrung und stückliche Untersuchung. Kein Regel, auch kein Lehrbegriff wird zugelassen, die nicht gründlich aufs neue erkundigt und in der Prob richtig befunden sei, unangesehen viel oder alle, so davon geschrieben, so oder so halten. Denn es muß Gewißheit und Sicherheit da sein und ist keineswegs auf eine Autorität zu bauen. So weiß man denn, daß man nicht fehlen kann"*[267]. Dieses konkrete Erfassen der äußeren Gegebenheiten im Sinne des kognitiven Lernens war auf den Erhalt der Lernfreude bei den Schülern gerichtet. Zusätzliche Stimulanzen instrumenteller Natur wurden in interessanten Lehrmitteln, angenehm eingerichteten Klassenzimmern oder in der Unterbrechung der Unterrichtsabfolge durch die sogenannten 'Quickstunden' gesehen. In den 'Quickstunden' wurde Raum und Zeit gewährt, in denen die Schüler spielen und sich praktisch betätigen konnten. Didaktische Sanktionierungen im Sinne von körperlicher Züchtigung schlossen sich weitestgehend von selbst aus, da *"durch Zwang und Schläge man der Jugend die Studia verleidet"*[268]. Man setzte hier mehr auf die Motivation von Lernaufgaben und auf die Einbindung der Schüler in alle Phasen der Lerntätigkeit. Mit Ratkes Forderungen, das Leben und Lernen der jungen Generation in einen Klassenverband zu stellen, werden auch Ansprüche an eine Gemeinschaftserziehung offenbar, die jedoch erst mit den Arbeiten von Jan Amos Komensky (Comenius) an didaktischer Systematik gewannen.

Comenius legte in seiner *"Großen Didaktik"*[269] erstmals ein System pädagogischer Prinzipien und Regeln vor. Es ließ sich von der inneren Verflechtung und wechselseitigen Bezogenheit erzieherischer Ziele, Inhalte und Methoden konsequent leiten, indem *"nach den Ursachen, den Grundlagen, den Wegen und Zielen der Lehrkunst"*[270] gesucht wurde. Diese komplexe Perspektive auf die menschliche Erziehung entwickelte Comenius aus einer universellen Weltdeutung, in der die Welt als Teil des Kosmos, der Mensch als Teil der Welt und Erziehung als Teil der kulturellen Menschwerdung zur

Darstellung kamen. Der Mensch galt bei ihm als lebendige Ganzheit, die *"an Körper und Geist nichts als Harmonie"*[271] repräsentiert. In *"Bildung, Sittlichkeit und Religiosität"*[272] wurden die Triebkräfte menschlicher Entwicklung gesehen. Auf sie hatte sich das pädagogische Engagement zu richten: *"In diesen, wenn auch noch so verschiedenen Schulen soll jedoch nicht Verschiedenes zur Behandlung kommen, sondern dasselbe nur auf verschiedene Weise, nämlich alles, was die Menschen wahrhaft zu Menschen ... machen kann, aber entsprechend den Lebensstufen und der vorausgehenden Vorbereitung, die immer höher strebt; denn die Fachgebiete (disciplinae) dürfen nach den Gesetzen dieser natürlichen Methode nicht zerstückelt, sondern müssen alle immer zugleich gelehrt werden; ebenso wie ein Baum immer als Ganzes, in seinen Teilen wächst, in diesem wie im kommenden Jahr, und, solange er stehen wird, auch nach hundert Jahren noch"*[273].

Der Mensch mit seinen Anlagen, Bedürfnissen und Motiven wurde zu einem kleinen Mikrokosmos erklärt, in dem die unterschiedlichen Ebenen des Persönlichkeitsspektrums ständig nach Harmonie und Ausgleich streben. Als *"kleine, in sich zusammengefaßte Welt"*[274] sah Comenius den Schüler, der das in der Natur vorhandene Harmoniebedürfnis nicht nur in sich trägt, sondern auch ständig von ihm erfasst wird. In seiner **Panosophie**, in der sich die Welt als universelle und verändernde Ganzheit darstellt, wird der Mensch als Teileelement dieser Realität zur Größe universellen Wissens und Handelns. Das panosophische Bildungsideal musste daher von einer *"Kenntnis aller Wissenschaften und Künste"*[275] ausgehen, auf *"Grundlagen, Gesetzmäßigkeiten sowie Ziele der wichtigen Dinge und Vorgänge"*[276] gerichtet sein und diese Vermittlung von grundlegendem Wissen und nützlichem Können in ganzheitlichen pädagogischen Arrangements reflektieren: *"... die Kräfte der Menschennatur können nicht in Harmonie bleiben, wenn sie sich nur auf etwas Vereinzeltes richten und sich nicht dem ganzen Schauplatz der Dinge zuwenden"*[277].

Die Panosophie von Comenius setzte die Erkenntnisquellen der Natur, des Menschengeistes und der Bibel in ein einheitliches Verhältnis. Auf dieser Grundlage wurde es für Comenius möglich, menschliches Lernen in und von der Natur sowie die religiösen Ausdrucksbewegungen im Bildungs- und Erziehungsumfeld aufeinander zu beziehen und der geistigen, moralischen wie auch körperlichen Vervollkommnung unterzuordnen. So *"wird alles, was dem Menschen zu wissen nottut, von einem angenommenen religiösen Urgrund über die Stufen der materiellen Naturgegenstände und der Lebewesen, den Bereich der menschlichen Arbeit und der sittlichen Beziehungen bis hin zu den religiösen Fragen nach einer einheitlichen Methode der Darstellung abgehandelt"278.*

Die von Comenius entwickelten Methodengrundsätze berühren vor allem synkritische Vorgehensweisen, die sich auf die Verbindung der einzelnen Erziehungsbereiche richteten. Jedoch blieb die natürliche Methode, die sich auf die Arbeitserziehung, auf tätigkeits- und aufgabengebundenes Lernen und auf die natürlichen Lernfelder konzentrierte, im Zentrum erzieherischer Überlegungen. Mit der natürlichen Methode des Lernens und Lehrens sind zunächst auch bei Comenius pädagogische Vorstellungen gemeint, wie sie Aristoteles oder Platon in ihrer pädozentrierten Argumentation aufgegriffen hatten: Berücksichtigung der psychischen und physischen Ausgangsgegebenheiten beim Zögling; erfahrungsbezogenes Lernen durch körperliche Bewegung und durch die Beobachtung der natürlichen Umwelt; Integration altersgemäßer Lern- und Spielformen in die Prozesse des intellektuellen und sozial-kognitiven Lernens; die Stetigkeit des Lernvorganges im Sinne vom Einfachen zum Komplizierten. Diese Methodengrundsätze entsprachen voll dem Zugangsweg im Konzept des natürlichen und sozialen Erfahrungslernens, auch in der speziellen Perspektive handlungs- und erlebnisorientierter Lehr- und Lernformen: *"Zuerst müssen die Sinne (sensus) der Knaben geübt werden (denn das ist das leichteste), dann das Gedächtnis (memoria), später das Erkenntnisvermögen (intellectus), endlich die Urteilskraft (judicium). Denn das ist die richtige Stufenleiter, weil das Wissen von den Sinnen seinen Anfang nimmt und sich durch die Vorstellungskraft (imaginato) dem Gedächtnis mitteilt, dann sich durch die Ableitung vom Einzelnen (inductio) die Erkenntnis des Allgemeinen (universalia) bildet, endlich über genügend erkannte Dinge ein Urteil zur Sicherung des Wissens zustande kommt"279.*

Da sich die Methoden des natürlichen Lernens vornehmlich auf die menschliche Natur und auf einen praktischen Umgang mit ihr zu gründen hatte, gehörte die *"Ausbildung der Hand, die Erziehung zu wertvollen Arbeitsfertigkeiten und Arbeitsgewohnheiten zur geforderten allseitigen Erziehung von Denken, Sprechen und Handeln"280.* Daher sollte schon das Kleinkind in einen praktischen Schaffensprozess eingebunden werden und es lernen, mit Materialien und Instrumenten sinnvoll umzugehen: *"Die Kinder tun gern allzeit etwas; denn das junge Blut kann nicht lange still stehen, und solches ist sehr gut. Darum soll man es ihnen auch nicht wehren, sondern vielmehr Anlaß geben, daß sie immer etwas zu tun haben. Laß sie Ameislein werden, welche immer herumkriechen, tragen, schleppen, einlegen, umlegen; nur damit sie einigermaßen mit Verstand tun, was sie tun sollen, muss man ihnen dazu helfen und von allem Tun, wenn es gleich kindische Dinge wären ...,*

ihnen Muster zeigen und sich also mit ihnen zu spielen nicht schämen"[281].
Grundtugenden wie *"Klugheit, Mäßigkeit, Tapferkeit und Gerechtigkeit"*[282]
sollten im praktischen und lebensweltlichen Umgang zu einer konkreten Erfahrung werden. Die Schlussfolgerungen von Comenius sind dazu eindeutig und logisch: *"Wenn du also einen Menschen etwas lehrst, so sorge dafür, daß er einsieht, eine Sache sei nicht nur wahr, sondern auch gut (das heißt ehrenwert, nützlich und angenehm), und bald wirst du sehen, daß sich sein Wille ihr zuwendet"*[283].

Da sich Einsichten in moralisches Handeln oder die Erfahrung sittlicher Werte nur durch sittlich-moralisches Handeln innerlich vollziehen, *"muß zur Kenntnis des Guten die Praxis im guten Handeln treten, denn: Die Tugenden lernt man, indem man beständig das Rechte tut"*[284]. Damit sind die tätigkeitsregulierenden Momente erzieherisch beabsichtigter Bewusstseins- und Verhaltensbildung nochmals deutlich umrissen. Sie zeigen, dass neben der traditionellen Unterrichtsform auch handlungsorientierte Muster natürlichen und sozialen Lernens vorgesehen waren. Nicht zuletzt wurde damit dem Spiel-, Bewegungs- und Tätigkeitstrieb der Kinder altersgerecht entsprochen. Der Lehrer hatte bei diesen handlungs- und aufgabenorientierten Lernformen gelegentlich 'vorzumachen', damit auf dieser Grundlage die Kinder durch Beobachtung und 'Nachmachen' bestimmte Tätigkeitsmuster verhaltenswirksam realisieren konnten: *"Die nächste Sorge wird also darin bestehen, die Schüler durch gutes Beispiel mächtig zu erziehen; denn nichts ist natürlicher, als daß die Nachfolgenden in die Fußtapfen der Vorangehenden treten und sich die Schüler nach des Lehrers Muster bilden. Die Anleitung, welche bloß in Worten und Vorschriften gegeben wird, hat nur die Kraft, den Dingen einen dürftigen Fortschritt zu verleihen. Unsere Leute mögen sich also wohl hüten, den Wegweisern ähnlich zu sein, welche dahin, wohin man gehen soll bloß mit ausgestrecktem Arme zeigen, selbst aber nicht gehen ...*"[285].

Comenius ging mit seinen philosophischen und schulpolitischen Forderungen und Ideen über die enge Perspektive erfahrungs- und erlebnisorientierten Lernens und Lehrens hinaus. Er schuf mit seinen analytischen Betrachtungen zum Unterricht[286] oder mit den Vorstellungen zum Stufensystem institutionalisierter Erziehung, von der Mutterschule, über die Muttersprachschule bis hin zu Lateinschule und Akademie[287], Vorgaben, die sich in pädagogischer und psychologischer Hinsicht auf die Vielfalt und Kompliziertheit kind- und jugendgemäßer Erziehung bezogen. Sie können aus Platzgründen hier nicht dargestellt werden. Außerdem liegen derartige Darstellungen in hinreichender Zahl vor. Dennoch bleibt festzustellen, dass Breite und Differenziertheit seiner Erörterungen ihrer Zeit weit vorauseilten und auch das Konzept eines lebenslangen Lernens mit aller Notwendigkeit gesehen wurde. Für Comenius war das Leben selbst ein realer und ernsthafter Lernort und das Leben in seiner Fülle und altersbedingten Veränderung an stetiges und permanentes Lernen gebunden. Nicht zuletzt wurde damit eine Verbindung zwischen Schule und Leben theoretisch durchdacht, die in der gegenwärtigen Diskussion um die Welt- und Lebensfremdheit der Schule vor dem Hintergrund ihrer kustodialen Funktion an Brisanz gewinnt: *"Wie dem ganzen Menschengeschlechte die ganze Welt vom Anfang der Zeiten bis zu ihrem Ende eine Schule ist, so ist auch jedem Menschen sein ganzes Leben, von der Wiege bis zum Grabe, eine Schule. So genügt es jetzt nicht mehr mit Seneca zu sagen: In keinem Lebensalter ist es zum Lernen zu spät; sondern wir müssen sagen: Jedes Lebensalter ist zum Lernen bestimmt, und nur die Grenzen des Lebens sind die Grenzen des Lernens"*[288].

Neben Ratke und Comenius finden sich auch beim englischen Puritaner John Locke (1632-1704) pädagogische Aussagen und zeitgeschichtlich relevante Bildungsvorstellungen. Diese verdeutlichen einerseits konzeptionelle Aspekte der schulischen Arbeit und des natürlichen Lernens, als Inhalte und Methoden lebens- und praxisnaher Erziehung unter den konkreten Bedingungen in England während des 17. Jahrhunderts. Andererseits wurden sie für nachfolgende Strömungen, für den Philantropismus, Neuhumanismus oder für die Nationalerziehungsbewegung zum Kompass erziehungswissenschaftlichen Handelns und Denkens. Deutlicher als Ratke und Comenius entwickelte Locke seine Erziehungsvorstellungen vor allem für die bürgerliche Oberschicht der Großkaufleute und Bankiers. Diese Schicht bestimmte seit dem Verfall der feudal-absolutistischen Ordnungen das gesellschaftliche Leben und Arbeiten in den Städten. Nur seine Überlegungen zum Arbeitsschulsystem berührten einige Fragen der 'Massenbildung'. Sein Vertrauen in die Bildsamkeit des Menschen und seine Aufwertung tätigkeitsgebundener Aneignungs- und Vermittlungsformen gaben prinzipielle Anregungen, die einem Erfahrungslernen in der damaligen Zeit zur Geltung verhalfen: *"Sind einmal die Personen von Stand durch ihre Erziehung auf den rechten Weg gebracht, dann werden sie schnell den ganzen Rest in Ordnung bringen"*[289].

Seine pädagogischen Gedanken legte John Locke vor allem in der Schrift *"Gedanken über Erziehung"*[290] nieder. Seiner puritanischen Grundrichtung verpflichtet, bildeten gesunde Lebensführung, körperliche Ertüchtigung, Sport sowie Spiel im Freien erlebnishafte Lernfelder. Daher forderte Locke *"frische Luft in Fülle, Leibesübung und Schlaf, einfache Nahrung, keinen Wein oder starkes Getränk und sehr wenige oder keine Arzneimittel, nicht zu warme oder zu enge Kleidung"*[291]. Gesunde Lebensführung und körperliche

Gesundheit waren für Locke Grundvoraussetzungen, das Wissen und Können durch eine adäquate und sinnliche Wahrnehmung verarbeiten und umsetzen zu können. Darüber hinaus galten körperliche Betätigungen und praktische Aktivitäten nicht nur als Sorgenbrecher und geistige 'Erfrischer', sondern gewannen unter dem Erkenntnisaspekt bei John Locke an prinzipieller Bedeutung. Erkenntnisse als notwendige Voraussetzungen für die Lebenstätigkeit insgesamt waren für Locke primär Sinneserkenntnisse, die sich aus körperlicher Betätigung und praktisch-nützlicher Aktivität zu ergeben hatten. Der Zusammenhang zwischen Denken und Empfinden wurde durch die sinnliche Wahrnehmung konstituiert. Sie galt als Quelle subjektiv-bedeutsamer Erfahrungen. Da die sinnliche Wahrnehmung zwischen Denken und Empfinden ausgemacht wurde, konnte das Denken als ein zumeist empfindungsgebundener und damit erfahrungsgebundener Erkenntnisvorgang verstanden und eingeordnet werden. In dieser Perspektive wurde John Locke zu einem markanten Vertreter des **Sensualismus**. In der empiristischen Variante des Sensualismus kam es nicht primär darauf an, dass die praktische Realität als Ergebnis der Sinneserkenntnis im Bewusstsein erscheint. Vielmehr wurden die Gegenstände der äußeren Realität als Ergebnis der Sinneserkenntnis aufgefasst. Für Lockes 'objektivierenden' Sensualismus hingegen war Sinneserkenntnis der Weg, eine Widerspiegelung der praktischen Realität im Bewusstsein auszulösen und zu stärken. Es ging also darum, in einem erzieherischen Zusammenhang die Einwirkung der Gegenstände praktischer Realität auf die Sinnesorgane zu nutzen, so dass sie für individuelle Erkenntnistätigkeiten verfügbar waren. Mit dieser Ausgangsposition sollte es möglich werden, sensualistische Positionen auf eine ziel- und inhaltsgebundene Pädagogik zu beziehen.

Die puritanische Tendenz im Sensualismus von Locke war gleichzeitig eine Kritik an den Verhältnissen in den höfischen Kreisen. Sie griff die luxuriösen und auf Verschwendung gerichteten Lebensweisen an, da sie kein Beispiel und Vorbild für die junge Generation sein konnten. Im Vordergrund der Erziehungsgrundsätze Lockes standen deshalb Ideen einer gesunden und natürlichen Lebensführung, zu der in einer adäquaten Charaktererziehung angeleitet werden sollte. Darüber hinaus beschrieb er mit seinem 'Gentleman-Ideal' eine Reihe sittlich-moralischer Eigenschaften, die im öffentlichen Leben nützlich und für die Erziehungsarbeit relevant sein sollten. Standesgemäße Verhaltensgewohnheiten, Handlungs- sowie Durchsetzungsfähigkeit in praktischen Angelegenheiten, Fleiß, Mäßigkeit, Achtsamkeit und Umsichtigkeit kommen in ihnen zum Ausdruck[292]: *"Kenntnisse müssen erworben werden, aber nur in zweiter Linie, nur als Mittel zu wichtigeren Befähigungen. Suche jemanden, der es versteht seine Sitten mit Bedacht zu*

bilden, übergib ihn einem Manne, bei dem du, soviel möglich, seine Un-
schuld sichern, die guten Neigungen in ihm hegen und pflegen, die
schlechten aber auf sanfte Weise bessern und ausrotten und gute Gewohn-
heiten ihm einpflanzen kannst. Dies ist die Hauptsache, wenn dafür gesorgt
ist, kann man Kenntnisse obendrein haben, und zwar, wie ich denke, auf sehr
billige Weise, durch Grundmethoden, über die noch zu sprechen sein
wird"[293].

Diese lebensvorbereitende Erziehung musste durch den Lehrer organisiert
werden, der *"den Nutzen dessen, was er dem Kind lehrt, diesem begreiflich*
machen und ihm zeigen möge, daß ihm diese Kenntnisse wirklichem Vorteil
gegenüber andere gewährt, denen jene Kenntnisse fremd sind"[294]. Damit
hatte das erzieherische Geschehen für den einzelnen Schüler nützlich und im
pragmatischen Sinne lebensnah zu sein. Gesellschaftliche Umgangsformen
und soziale Handlungsmuster waren praktisch einzuüben und wurden von
Locke höher bewertet, als theoretisches sowie lebensfremdes Wissen. Die
Reformierung des Sprachunterrichtes spielte vor diesem Hintergrund eine
große Rolle. Sprache sollte von den Schülern durch fortwährendes Sprechen
"im täglichen Verkehr"[295] erlernt werden und weniger in einem Unterricht,
der durch die Überhöhung der Grammatik von den kind- und jugendgemäßen
Fähigkeiten beim Zugang zu neuem Wissen und Können abstrahierte. Über
den lebendigen und praktischen Sprachunterricht wurde angestrebt, die
passive Rolle der Kinder und Jugendlichen als *"etwas Fremdes, Unnatür-*
liches"[296] zu überwinden. Neben diesem Ansatz wurde der kindgemäße
Betätigungs- und Bewegungsdrang in unterschiedlichen Spielformen und
danach in der aufgabenorientierten Arbeitserziehung berücksichtigt, genutzt
und gefördert.

Hier bestehen dann im Sinne des natürlichen und kindgerechten Lernens
auch wieder Isomorphien zu Ratke und Comenius. Jeder für sich ging davon
aus, dass die Interessen und Motive der Schüler für das gemeinsame Lernen
gewonnen werden müssen. Ihre gemeinsamen Erfahrungen wurden im Kontext handlungs- und erlebnisbezogener Erziehung artikuliert. Hierbei
argumentierte Comenius überzeugend und deutlich aus der Sicht arbeits-
bezogen-lebensweltlicher Lernsituationen und Locke mehr aus der Sicht eines
emotional-erlebnisbezogenen Erkenntnisvorganges. Da John Locke die umfassenden Möglichkeiten einer praxis- und lebensnahen Charaktererziehung
nicht in den traditionellen Schulen angelegt sah, entwickelte er das Konzept
der 'Hofmeister-Erziehung'. Die private und häusliche Unterweisung durch
den Hauslehrer wurde von ihm favorisiert. Sicherlich blieb Locke hiermit
weit hinter den koedukativen und auf der Gemeinschaft beruhenden Er-

ziehungsvorstellungen von Comenius zurück. Dennoch projezierte sich diese 'Hofmeister-Erziehung' in erster Linie auf die Bildung des Charakters und auf die Zuwendung zu den individuellen Anlagen und Bedürfnissen des Heranwachsenden. Pädozentrierte Positionen, die auf natürliches und praktisches Lernen zurückgingen und ihre Ausgestaltung in privaten Erziehungsinitiativen forderten, setzten sich in den nachfolgenden Strömungen erziehungswissenschaftlichen Handelns und Denkens weiter durch.

Das Erziehungswesen in Deutschland in der Zeit zwischen dem 17. und 18. Jahrhundert war im Vergleich zu den führenden europäischen Industrienationen extrem zurückgeblieben. Das konnte auch nicht anders sein, da ein Erziehungswesen nie eine größere Dynamik entwickeln kann, als die anderen gesellschafts- und kulturtragenden Subsysteme. Diese Bereiche, wie Agrarwirtschaft, Handel und Gewerbe, Wissenschaft oder Politik, waren infolge des Dreißigjährigen Krieges geschwächt und reformbedürftig. Sie entwickelten sich nur langsam auf ein Niveau, das mit französischen oder englischen Verhältnissen vergleichbar gewesen wäre.

In den antiken Hochkulturen hervorgetreten und in der Renaissance wieder ins Bewusstsein gekommen, erfuhren die Realien (Mathematik, Naturwissenschaften, Geschichte, neue Sprachen, etc.) mit allen tiefgreifenden Weiterentwicklungen des ökonomischen, kulturellen, geistigen und sozialen Lebens erhöhte Bedeutsamkeit. Diese Entwicklung implizierte von sich aus, dass die Aufwertung der Realien auch eine erhöhte Wertschätzung von Wissen und Können bewirkte. Erzieherisch relevante Bestrebungen waren nur eine Frage der Zeit. Dass sich der Erwerb von derartigen Kenntnissen kaum zufällig ergeben konnte, sondern nach einer stetigen und soliden Ausbildung verlangte, wurde deutlich erkannt. Der Mensch als 'vernunftbegabtes Wesen' wurde 'neueren' Vergewisserungen unterzogen, was mit einer zeitgeschichtlich veränderten Interpretation der Grundsätze von Aristoteles verbunden war. *"Naturanlage, Gewohnheit und Vernunft"*[297] waren nach Aristoteles die individuellen Wesenskräfte, die den menschlichen Erfahrungszirkel ausmachen und auf die sich Erziehung richtet. Die aufkommenden Interpretationen zu den Vorstellungen von Aristoteles verwiesen verstärkt auf die menschliche Rationalität. Vernunft und Verstand wurden zu den grundlegenden Kriterien der subjektiven Erkenntnis und der sozialen Lebensgestaltung erhoben. Der **Rationalismus** als philosophische Schule entstand. Er basierte auf der Annahme, dass sich sittlich-moralisches Handeln und geschichtliche Weltdeutung auf den Grundlagen der menschlichen Vernunft vollziehen müssten. Menschliche Vernunft sollte aus dem in den Realien aufgeklärten 'Ich' resultieren und von diesem aufgeklärten 'Ich' bei der Weltveränderung ausgehen. Die Antithese zum Sensualismus war damit formuliert. Jedes menschliche Wissen und jede kulturelle Veränderung sollten im theoretischen Denken ihre absolute Form vollenden. Sinneserkenntnisse oder praktische Erfahrungen im menschlichen Wechselverhältnis zum theoretischen Denken wurden als erkenntnistheoretische Formbestimmung abgelehnt. Damit dürfte klar sein, dass die semantischen Schnittmengen zwischen dem Rationalismus und dem Konzept eines erlebnis- und handlungsorientierten Erfahrungslernens weitestgehend inhaltsleer waren. Dennoch können der rationalistischen Bildungsorientierung einige Denkanstöße entnommen werden, die einem positiven Menschenbild und praktischer Erziehung entsprachen.

Rationalismus, gesellschaftliche Veränderung und geistige Aufklärung waren untrennbar miteinander verbunden. Das 18. Jahrhundert konnte so unter dem Einfluss des Rationalismus als Epoche der **Aufklärung** historisch eingeordnet werden. Der Aufklärungsbegriff weist hier allerdings kaum Beziehungen zur Romantik und zu den nationalerzieherischen Themen der französischen Aufklärung auf. Bedeutendster Vertreter des Rationalismus in Deutschland war der Theologe und Mathematiker Wilhelm Leibniz (1646-1716). Er steuerte allerdings zur Theorie und Praxis der Erziehung wenig bei. Eine Ausnahme bildeten die Gründungspläne für die im Jahre 1700 gegründete Berliner Akademie, die von ihm entworfen wurden.

Tiefgreifende wirtschaftliche und politische Veränderungen auf der einen Seite und rationalistische Tendenzen auf der anderen Seite verdeutlichten, dass man an einem breiten Analphabetentum im dritten Stand nicht mehr interessiert sein konnte. Außerdem erforderten spezialisierte Tätigkeiten im Handwerk und Gewerbe spezielle Kulturtechniken, die durch die Schule zugänglich gemacht werden mussten. Vor dem Hintergrund dieser Erfordernisse entwickelte sich das deutsche Volksschulwesen in den unterschiedlichen Fürstentümern mit unterschiedlicher Geschwindigkeit und Ausbreitung. Allgemeine Schulpflicht, verbindliche und relativ einheitliche Schulordnungen sowie gewisse Unterrichtsinhalte wurden dekretiert. Eine damit verbundene Lehrerausbildung gab es im wesentlichen noch nicht. Die wenigen Lehrer und Erzieher, die sich ab der Mitte des 18. Jahrhunderts in den universitären Lehrerseminaren ausbilden ließen, waren fast ausschließlich an den 'höheren Schulen' tätig. Dem höheren Schulwesen im 18. Jahrhundert lassen sich die Ritterakademien und Gelehrtenschulen zuordnen, in denen auf Aufgaben im Staatswesen und auf Tätigkeiten im öffentlichen Leben vorbereitet wurde. Zu den Gelehrtenschulen zählten die traditionellen Lateinschulen und die Gymnasien, in denen der sogenannte 'Verbalismus' -*"reines Wortwissen"*[298] - weiterhin herrschte und auf die Enge der reinen Unterrichtsschule hinwies. Nur wenige Initiativen wichen von diesem Charakter ab. Mit den Bemühungen von Johann Julius Hecker (1707-1786) oder von August Hermann Francke (1663-1727) kann auf solche Initiativen exemplarisch verwiesen werden. Sie unterlegen auch die oben getroffene Feststellung, dass praktische Lernformen im Umfeld von Rationalismus und Pietismus organisiert wurden. J.J. Hecker war von der rationalistischen Philosophie nachhaltig beeinflusst. In Halle war er Schüler am Pädagogium von A. Francke. Er gründete selbst die *"Ökonomisch-mathematische Realschule"*[299], die erste Realschule in Deutschland. Diese Einrichtung war eindeutig den pragmatischen und utilitaristischen Bildungszielen einer berufsorientierten Lebensvorbereitung verpflichtet: *"Unser Hauptvorhaben zielt auf solche jungen Leute, welche ... dem Studieren nicht eigentlich gewidmet sind und die wir dennoch zur Feder, zur Handlung, zum Pachten, zum Wirtschaften auf dem Lande, zu schönen Künsten, zu den Manufakturen usw. fähig und tüchtig finden"*[300]. Dieser Ausrichtung folgend, fanden gerade Fächer wie Mechanik, Geometrie oder Architektur verstärkte Berücksichtigung. In den Fächerkanon gingen sie umfassend ein und wurden neben den üblichen Disziplinen, wie Deutsch, Rechnen, Latein oder Religion, angeboten. Dadurch erlangte diese Realschule auch den Charakter einer fachlich spezialisierten 'Berufsschule' und befriedigte zeitgemäße Bedürfnisse des städtischen Bürgertums.

Vor allem aber die Universitäten konnten sich den neueren Tendenzen der rationalistischen Philosophie kaum entziehen. Der Streit der Meinungen entfachte sich an weltlichen und geistlichen Deutungen des geschichtlichen Lebens und der kulturellen Zukunft. In diesem Umfeld kam es auch zu bedeutenden Neugründungen. 1694 öffnete zum Beispiel die Universität Halle ihre Pforten. Der Hallenser Professor und Pfarrer August Hermann Francke wurde als einer der ersten Pädagogen dieser Universität sehr bekannt, da er sich aktiv am philosophischen Meinungsstreit beteiligte. Seine Antwort auf die rationalistischen Tendenzen war deutlich. Er lehnte zwar auch die erstarrte Orthodoxie der Kirche ab, doch die Verabsolutierung des Denkens in der rationalistischen Interpretation mindestens genauso. Für ihn waren lebendige Glaubenserfahrungen und eine praktische Frömmigkeit Wege, die neueren Entwicklungen zu bewältigen. Er strebte aus der Sicht des **praktischen Pietismus** zwar keine theoretische Konvergenz von rationalistischen und kirchlich-religiösen Themen an, doch schien die pietistische Perspektive durch ihren Anspruch an tätige und praktisch zu vollziehende Christen- und Nächstenliebe tatsächlich geeignet zu sein, in den Realien der Praxis und im wirklichen Leben Ansatzpunkte zu finden. Sehr typisch für diese ambivalente Verbindung war die Einbeziehung von Laien in die unterschiedlichen Aktivitäten von Kirche und Erziehung: auf der einen Seite war die Laienpädagogik eine klare Abwendung von den rationalistischen Ansprüchen einer wissenschaftlichen Erziehung auf den Gebieten der Realien; auf der anderen Seite wurden Züge systematischer Lehrerbildung im Umfeld des praktischen Pietismus institutionalisiert.

Zwischen 1692 und 1698 gründete Francke eine institutionell sehr heterogene Schulstadt im Dorf Glauchau. Sie enthielt eine Armenschule, eine Bürgerschule, eine Lateinschule und das bekannte 'Glauchauer Pädagogium: *"Die Scholaren haben sonst mancherlei Gelegenheit zu einer anständigen Recreation, wie aus dem gedruckten Bericht hin und wieder in mehreren zu ersehen. Aber eine von ihren Freistunden ist insonderheit dazu bestimmt, daß sie darin nach einer gewissen vorgeschriebenen Ordnung allerhand nützliche Sachen und Übungen vornehmen und dabei Leibe und Gemüte eine gute Veränderung haben mögen"*[301]. Besonderheiten gegenüber anderen Schulen waren neben den *"Rekreationsübungen"*[302] die starke Betonung naturkundlicher und handwerklich-manueller Ausbildung. Hier hatten die Schüler botanische Beobachtungen oder ernsthaftes Handwerk zu realisieren, die in direkter Verbindung zu erlebnis- und handlungsorientierten Lernsystemen standen: *"Neu im Verhältnis zu anderen Schulen waren die Belehrungen über mechanische Künste und naturkundliche Gegenstände. Dabei handelte es sich nicht um systematischen Unterricht; zur Erholung wurden in der Freizeit (als sogenannte Rekreationsübungen) auf Spaziergängen biologische Beobachtungen angestellt, die Schüler wurden in den Werkstätten der Handwerker geführt und selbst zu handwerklichen Tätigkeiten wie Glasschleifen, Drechseln, Holzsägen, Kupferstechen, angeleitet. Außerdem legte Francke ein Naturalienkabinett an, eine unter pädagogischen Gesichtspunkten zusammengetragene Sammlung von Anschauungsmaterial aus allen Gebieten der Naturwissenschaft"*[303].

Dieser innere Differenzierungsprozess der schulischen Aktivitätsfelder erforderte qualifiziertes pädagogisches Personal. Francke hatte schon früh erkannt, dass proportional zu den steigenden Anforderungen im Binnenverhältnis der Schulen auch die Qualifikation der Lehrer und Erzieher verbessert werden müßte. Im *"seminarium praeceptorum"*[304] institutionalisierte er für seine Theologiestudenten erste systematische Unterweisungen zur Unterrichtsführung und zum sozialen Umgang mit den Schülern. Insofern kann Francke mit der Darstellung seiner **Pietistischen Pädagogik** als Pionier der Lehrerbildung angesehen werden. Er erkannte nicht nur deren Notwendigkeit, sondern verwirklichte praktische Schritte in dieser Richtung. Die andere Perspektive wurde schon genannt. Francke unternahm den interessanten Versuch, eine in gewisser Weise zirkuläre Laienpädagogik in das erzieherische Geschehen zu integrieren. Als Handwerker oder Künstler sollten Laienpädagogen ihr fachliches Können sowie ihre menschliche Ausstrahlung in eine sachorientierte und praxisbezogene Erziehung permanent einbringen[305]. Zur Mitte des 18. Jahrhunderts verschärften sich die Widersprüche zwischen den feudalabsolutistischen Lebens- und Herrschaftsformen und den tiefgreifenden Veränderungen wirtschaftlicher, kultureller und politischer Natur. Die Zeit der Aufklärung erreichte ihren Höhepunkt. Ihre Denker und Gestalter richteten verstärkt die kritischen Angriffe gegen die 'Spätscholastik' der privilegierten Geistlichkeit. Die städtischen Oberschichten forderten, gemessen an ihrem Anteil zum gesellschaftlichen Fortschritt, weitergehende Rechte ein. Der dritte Stand, konsequent von politischer Meinungsbildung und kultureller Identitätsfindung ausgeschlossen, organisierte sich zunehmend in öffentlichen Ritualen. In solchen Zeiten gesellschaftspolitischer Sensibilisierung werden bestehende Verhältnisse immer kritisch hinterfragt, unterliegen der Destabilisierung und streben nach Veränderung. Der nächste Schritt ist die Reform, der von sich aus die Reaktion provoziert. In dieser dynamischen Spirale wird dann um die politischen, auch pädagogischen Weichenstellungen gerungen. Nach oben hin öffnet sich diese Spirale und lässt zwei Richtungen zu: Restauration oder Evolution. Folgt dem reformerischen Streben die Evolution, gibt das Anlass zu Hoffnung und Engagement. Folgt dem reformerischen Streben die Restauration, gibt das Anlass zu Resignation und Rückzug. Dieses Wechselspiel von Interessenkonkurrenzen und Bedürfniskonflikten äußerte sich vor nahezu jeder gesellschaftlichen und kulturellen Erneuerung. Dieses Wechselspiel wird spätestens nach 1879 die pädagogische Entwicklungsgeschichte einbetten und ihr die wesentlichen Impulse geben.

Dass sich Pädagogen mit ihren geistigen Leistungen und menschlichen Engagement in diesem Spiel der geschichtlichen Kräfte behaupteten und dort Alternativen für eine zukunftsorientierte Bildung und Erziehung erarbeiteten, ist unbestritten. Nicht selten wurden sie als Pädagogen selbst Politiker oder kamen aus der Politik, um erzieherisch tätig zu werden. Bei nicht wenigen von ihnen können politische und pädagogische Anliegen kaum noch unterschieden werden. Pädagogische Ziele wurden zu politischen und umgekehrt. Einerseits hat die Politik als geschichtliche Erscheinung oft den Versuch unternommen, in pädagogischen Institutionen und Aktivitäten einen gegenständlichen Charakter zu erlangen. Die pädagogischen Folgen des gesellschaftlichen Implikationszwanges der Schule mit seinen politischen Prämissen können dafür Beispiele sein. Andererseits wurde Pädagogik oft als Fortsetzung der Politik funktionalisiert, vor allem dann, wenn es um innere Erneuerungsprozesse eines gesellschaftlichen Gemeinwesens ging. Dann wurde ein politischer Optimismus deutlich, der die Alternativen politischer Entwicklung in der Ausgestaltung eines alternativen Erziehungswesens reflektierte. Pädagogiken wurden daher nicht selten zu politischen Alternativen erklärt, die sie nicht sein konnten. Aber in diesen pädagogischen Alternativen kehrten die Ideen eines handlungs- und erlebnisorientierten Lernens immer wieder zurück.

Ist ein offenes, soziales und natürliches Erfahrungslernen die pädagogische Alternative zu einer zweckrational verfügten 'Massenerziehung'? Ist das Erfahrungslernen damit die politische Transposition, die es nicht sein kann? Mit Jean Jacques Rousseau und der französischen Aufklärung werden diese Fragen zum umfassenden Thema.

Darüber hinaus kennzeichnet die Reform- und Modernisierungsdiskussion der Aufklärung einen weiteren und anregungsreichen Zusammenhang, dem nachzugehen, sich lohnen wird: Es ist dem Thema einer humanistischen Menschenbildkonzeption nachzuspüren, die den aufkommenden Fortschritt in der sozialen sowie kulturellen Lebenspraxis produktiv reflektieren konnte. Dazu gehört, die varianten und sich selbst immer stärker dynamisierenden Erziehungspläne in ihren zeitgeschichtlichen Besonderheiten zu sehen und die Kontur ideengeschichtlicher Maximen aus den erziehungstheoretischen Deutungen jener Zeit herauszuarbeiten. Wird heute von Ideensystemen zum Erfahrungslernen und zur Erlebnispädagogik gesprochen, so kann davon ausgegangen werden, dass Wesentliches zu ihnen schon in der Aufklärung kristallisiert wurde.

An dieser Hypothetisierung ideengeschichtlicher Kontinuität, die der Semantik erlebnispädagogischer Identität untergeordnet bleibt, sind die theoriegeschichtlichen Vergewisserungen im folgenden Teilkapitel orientiert.

Prospektive Fragestellungen:

1. Wolfgang Ratke und die empiristische Pädagogik: Welche pädagogischen Maximen des Erfahrungslernens wurden beschrieben und wie sind diese in die ideengeschichtliche Kontinuität humanistischer Pädagogik einzuordnen?
2. Comenius und die 'Große Didaktik': Wie ist die didaktische Semantik harmonischer Menschenbildung bei Comenius zu interpretieren?
3. Comenius und die Panosophie: Wie ist die panosophische Semantik harmonischer Menschenbildung bei Comenius zu interpretieren?
4. John Locke und die puritanische Pädagogik: Welcher pädagogische Stellenwert wuchs der körperlichen Erziehung im puritanischen Entwurf zu und von welchen Inhalten natürlichen Lernens und gesunder Lebensführung kann gesprochen werden?
5. John Locke und der objektivierende Sensualismus: Wie wurde die Sinneserkenntnis als praktische Realität des Bewusstseins erklärt, auf das ziel- sowie inhaltsbezogene Sammeln von Erfahrungen zurückgeführt sowie der Nützlichkeitsaspekt institutioneller Erziehung mit dem damaligen 'Gentleman-Ideal' ideengeschichtlich verknüpft?
6. Johann Julius Hecker und der Rationalismus als Erziehung zur Vernunft: Warum schließen sich die Dogmen des Rationalismus und die pädagogischen Denkfiguren des Erfahrungslernens weitestgehend gegenseitig aus?
7. Johann Julius Hecker und die Genese des Realschulwesens: Lassen sich aus den Lebensweltorientierungen einer 'Ökonomisch-mathematischen Realschule' relevante Wirklichkeitsaspekte herleiten, die dem damaligen Ideensystem des Erfahrungslernens inhärent waren?
8. August Hermann Francke und der praktische Pietismus: Kann die pädagogische Aufwertung des Tätigkeitsbezugs in erzieherischen Zusammenhängen als spezifische Zugangsweise zum Problem eines praktisch-aktionalen Erfahrungslernens gewertet werden?
9. August Hermann Francke und die Pietistische Pädagogik: Welche institutionellen Bausteine im 'Glauchauer Schuldorf' betonten den anschaulich-fasslichen Zuschnitt der Lehr- und Lerntätigkeiten?
10. Welche Formen curricular bestimmter Lerntätigkeit lassen sich am Beispiel des 'Glauchauer Schuldorfs' als eher erfahrungsbezogen identifizieren und der Semantik des Erfahrungslernens zuordnen?

2.6 Das Zeitalter der Aufklärung -
die Idee natürlicher Erziehung bei Rousseau

Die Aufklärung strebte eine Welt- und Gesellschaftsdeutung aus der Tiefe
und Vielfalt sozialer Phänomene und geschichtlicher Themen an. Kultur-
geschichtlich lässt sie sich jenen Strömungen zuordnen, die die menschliche
Vernunft als Quelle jeder Erkenntnis, als Leitfaden menschlichen Handelns
und als Wertmaßstab sittlich-moralischer Orientierungen ansahen. Im 18.
Jahrhundert stellte sie die vorherrschende geistige Richtung dar. Die Aufklärung als geisteswissenschaftliches Phänomen und politische Argumentation breitete sich international aus. Sie entfaltete ihre größte politische
Wirkung in der französischen Revolution und reichte auch bis in die
amerikanische Unabhängigkeitsbewegung hinein. In Deutschland wird ihr
Einfluss zur Mitte des 18. Jahrhunderts in der Philosophie und Literatur spürbar. Ihre erkenntnistheoretischen Höhepunkte errang sie in den philosophischen Systemen des deutschen Idealismus von Immanuel Kant und
Friedrich Hegel. Aufklärung war nach Kant der Ausgang des Menschen aus
seiner selbstverschuldeten Unmündigkeit. Sie wurde mit dem Anspruch gesehen, die reale Außenwelt in der menschlichen Vernunft zu reflektieren.
Diesen philosophischen Hintergründen wird mit Blick auf den hier
interessierenden Gegenstand im Unterkapitel 2.8. noch ausführlich nachgegangen.

Zur Aufklärung gehörte die rationalistische Tendenz, aus den geistigen
Abbildern vorhandener Realitäten neues Wissen und Können schrittweise zu
entwickeln. Dabei kennzeichnete die Aufklärung ein kaum übersehbarer
Optimismus, der sich auf die sozialen und kulturellen Leistungen des
Menschen richtete: ein Positivismus, der der in allen Menschen herrschenden
Vernunft und ihrer Kraft bei der Veränderung der bestehenden Lebensum-
stände Vertrauen entgegen brachte. Politisch argumentierten viele Vertreter
der Aufklärung in den nationalen Utopien. In ihnen stellte sich das mensch-
liche Zusammenwirken zum Wohle des Individuums in gemeinschaftlicher
Gebundenheit dar. Das Individuum in Freiheit und Selbstbestimmung sollte
ein Recht auf das Leben und seine schöpferischen Veränderungen haben.
Religiöse Freiheit, Freiheit der eigenen Person, Gewährung des individuellen
Glücksstrebens waren Forderungen der Aufklärung, die ihr humanistisches
Wesen ausmachten. Diese aufklärerischen Forderungen ragten bis in die
französische Revolution (1789-1799) hinein, in der Freiheit, Gerechtigkeit,
Gleichheit und mitmenschliche Humanität zu Wegweisern eines sich
wandelnden zeitgeschichtlichen Zusammenhanges werden sollten. Wichtige

Strömungen der französischen Aufklärung wurden von den **Enzyklopädisten** und **Materialisten** geprägt. In ihnen wurde der Zeitgeist formuliert, da sie die wesentliche Opposition gegen die feudalen Zustände im Sinne der Kritik des ständischen Systems von Adel und kirchlicher Geistlichkeit darstellten. In diesem Umfeld der **französischen Aufklärung** entstand auch das pädagogische und philosophische Werk von Jean Jacques Rousseau (1712-1778). Seine Gedanken zur natürlichen und nationalen Erziehung waren für das spätere Erziehungswesen folgenreich. Außerdem bieten sie der heutigen Diskussion um handlungs- und erlebnisorientierte Formen des Erfahrungslernens einen reichhaltigen Nährboden.

Rousseau kam als Sohn eines Uhrmachers aus einfachen Verhältnissen und absolvierte eine Lehre als Kupferstecher. Später fand er bei einer mütterlichen Freundin, Frau von Warens[306], Zeit und Möglichkeit zu akademischen Studien in Mathematik, Philosophie, Physiologie und Biologie. Die einfache Herkunft und der 'vorberufliche Weg' waren wenig geprägt von einer akademischen Laufbahn. Von den Möglichkeiten eines bürgerlichen Wohlstandes in jener Zeit war er weitestgehend ausgeschlossen und musste den eigenen Weg selbständig erarbeiten. Diese Umstände dürften dazu beigetragen haben, dass sich Rousseau mit seinen pädagogischen Gedanken und seiner politischen Staatstheorie vorrangig für die Mittel- und Unterschichten der Stadtbevölkerung einsetzte. Die Volkssouveränität im Sinne der Gleichheit aller Bürger war sein politisches Grundthema, das die Forderung nach der französischen Republik implizierte.

Kurzzeitig integrierte er sich mit einigen Artikeln und Schriften in den Diskussionszusammenhang der Enzyklopädisten. Später ging er mit seinen philosophischen und pädagogischen Hauptwerken[307] weit über diese Schule hinaus, indem er die Sicherung des Allgemeinwohls über die Rechte des Individuums stellte. Individuelle Verwirklichung hatte der nationalen 'Gesundung' und Veränderung zu dienen. Der Individualismus, der sich ausschließlich in narzisstischen Innenorientierungen realisierte, sollte im wechselseitigen Zusammenhang zu den Bedürfnissen der Gemeinschaft aufgehoben werden.

'Zurück zur Natur' war die zentrale pädagogische Forderung Rousseaus, die auch eine Abkehr von den Zwängen der feudalen Gesellschaft meinte. Darüber hinaus war sie in ihrer ganz eigenen romantischen Interpretation Distanz und Widerspruch zur Vergeistigung aller Lebensvorgänge im Sinnverständnis des Rationalismus. Sie betonte den verstehend-einfühlenden Zugang zu neuem Wissen und Können. Dieses Wissen sollte keine Anhäufung von 'Bücherweisheiten' darstellen, sondern sich aus dem Umgang mit den natürlichen und sozialen Lebensgrundlagen ergeben können. In seiner Schrift

"Die neue Heloise"[308] fanden diese Erziehungsvorstellungen ihren ersten leidenschaftlichen Ausdruck. Im *"Emil"*[309] legte Rousseau ein umfassendes Konzept der Einzelerziehung vor, in dem seine Ideen zur natürlichen und nationalen Erziehung ihren Höhepunkt fanden. Darüber hinaus dürfte dieses Konzept für handlungs- und erlebnisorientierte Lernformen einen besonderen Stellenwert besitzen, da in ihm die Ideen der pädagogischen Provinz, Organisationsformen kind- und jugendgemäßer Selbsttätigkeit, Aspekte instrumenteller Pädagogik und die Bedeutung von Studienreisen im Sinne kurzzeitpädagogischer Initiativen ihren unverwechselbaren Ausdruck finden. In den *"Betrachtungen über die Regierung in Polen"*[310] und im 'Contract social' finden seine Ideen zur 'Nationalerziehung' ihre zeitgeschichtliche Explikation.

Die Einzelerziehung von Emil stellte Rousseau in fünf Büchern dar. Im ersten Buch wurde der Versuch unternommen, die Erziehung des Säuglings im ersten Lebensjahr zu beschreiben. In der zweiten Abhandlung kommen die Erziehungsauffassungen zur Darstellung, die Rousseau für Kinder zwischen dem zweiten und zwölften Lebensjahr erarbeitete. Im dritten Buch folgt die Darstellung von Erziehungsgeschichten, die in der Zeit des zweiten Gestaltwandels (12. bis 15. Lebensjahr) vorgesehen wurden. Die vorberufliche und berufliche Ausbildung von Emil ist das Thema des vierten Buches. Der letzte Band enthält Ansichten Rousseaus, die seine Stellung zu Fragen der Mädchenerziehung bis hin zu ihrer Eheschließung betreffen.

Sicherlich war selbst unter den Bedingungen der Zeit Rousseaus die Darstellung der 'totalen' Einzelerziehung des Emil durch seinen Hofmeister eine idealistische Konstruktion. Die völlige Abschirmung von Emil gegenüber den gesellschaftlichen, sozialen und kulturellen Gegebenheiten konnte kaum von praktischer Bedeutsamkeit sein. Dennoch kann man dem Konzept der pädagogischen Provinz entnehmen, dass die Ausprägung der schöpferischen Vernunft und die Anbahnung der lebensvollen Selbsterkenntnis von Rousseau angestrebt wurde. Weitab von den Einflüssen und Widersprüchen des tatsächlichen Lebens wollte er den Nachweis führen, dass der *"Mensch von Natur aus gut"*[311] sei und deshalb gute Erziehung von dieser Natur auszugehen hatte. Für das Erziehungsverständnis von Rousseau war diese Grundannahme fundamental, da sie in sich selbst den folgenden Schluss hervorbrachte: die individuellen Wesenskräfte des einzelnen Menschen müssen im Erziehungsgeschehen voll ausgeprägt werden, bevor berufliche Spezialisation oder die Anpassungzwänge an soziale Schemata den biographischen Aufbau der kindlichen Persönlichkeit auf unnatürliche Weise überformen: *"In der natürlichen Ordnung, wo die Menschen alle gleich sind, ist ihr gemeinsamer Beruf, der des Menschen ... . Ob man einen Zögling für das Militär, zum geistlichen Stand, zum Advokaten bestimmt, kümmert mich wenig. Vor der Bestimmung durch die Eltern hat ihn die Natur zum menschlichen Leben berufen. Leben ist das Handwerk, das ich ihn lehren will. Verlässt er meine Hände, so wird er, ich gestehe es zu, weder Beamter noch Soldat noch Priester sein, er wird in erster Linie Mensch sein ...* "[312]. Diese Erziehung richtete sich auf das menschlichen Sein und Bewusstsein im Sinne eines positiven Fortschrittsglaubens und damit gegen sittliche Bedenkenlosigkeit und wertloses Wortwissen: *"Emil wird beim Abschluß seiner Erziehung vernünftig sein, aber nicht leidenschaftslos, selbstbewußt, aber nicht unbescheiden, selbständig, aber doch fügsam, von Selbstliebe erfüllt, ohne mitleidlos zu sein, und vor allem versessen auf den Nutzen aller seiner Handlungen; er wird ein Mensch, der einem bürgerlichen Staat, wie ihn Rousseau wünscht (aufgrund seiner Herkunft und der eigenen Biographie - T.F.), ein guter, nützlicher Bürger sein kann"*[313].

Die methodischen Wege, um diesen erzieherischen Absichten nachgehen zu können, stellten sich für Rousseau in vier Ebenen dar: die Natur, als Ausgangspunkt und Rahmen einer Erziehung, die die physischen und psychischen Anlagen der Zöglinge für sich gewinnt und auf diese gerichtet ist; die eigenständige Wirkung der äußeren Dinge in Natur und sozialem Umfeld, an denen direkter Rücklauf zu Tätigkeit und Verhalten möglich wird; die zentrale Rolle des Erziehers, der das angestrebte Bildungsideal auch selbst verkörpern musste; die praktische Übung des Lebens und sozialen Zusammenseins, die vor der rein geistigen Unterweisung den Vorrang erhielt: *"Unser wahres Studium ist das der menschlichen Natur. Wer unter uns die Freuden und Leiden dieses Lebens am besten zu ertragen versteht, der ist meines Erachtens am besten erzogen, woraus folgt, daß die wahre Erziehung weniger mit Lehren als in Übungen besteht ... "*[314].

Natürliche Erziehung bedeutete für Rousseau, alle Lerngegenstände mit natürlichen Vorgängen und materiellen Dingen zu verbinden. Die Auswirkungen natürlicher und sozialer Medien sollten vom Zögling völlig unverstellt und ohne persönliche Willkür des Erziehers erlebt und erfahren werden. Dabei spielte die körperliche Erziehung eine große Rolle. Abhärtungsmaßnahmen hatten den Sinn, wie leichte Kleidung auch bei kaltem Wetter oder Fasten oder Verzicht auf bequeme Gewohnheiten, auf eine gesunde und bewusste Lebensführung hinzuwirken. Hierbei sollten die natürlichen Geschehnisse, die persönliche Anlage des Zöglings und deren wechselseitige Bezogenheit die pädagogische Grundgesamtheit bestimmen.

Abseits von moralischer Kommunikation oder eines von außen dirigierten Gewohnheitstrainings sollten die Wahrnehmungssensibilität für natürliche Vorgänge und die inneren Geschehnisse gesteigert werden. Nicht die Dauer der erzieherischen Maßnahme und damit die Ausprägung von Verhaltensgewohnheiten war von Bedeutung, sondern die aktive Auseinandersetzung mit den Geschehnissen der Außenwelt: *"Die einzige Gewohnheit, die man das Kind annehmen lassen soll, ist die, gar keine anzunehmen"*[315]. Im Kern der Sache ging es um sinnliche und aktive Wahrnehmung von Aspekten der individuellen Lebensgestaltung und des Arbeitens. Die aktive Auseinandersetzung mit konkreten Gegenständen räumte die Möglichkeit ein, dass Emil die Folgen seines Handelns unmittelbar erfahren konnte. Die passive Rezeption eines geistigen Gegenstandes unter didaktischer Anleitung wurde von Rousseau weitestgehend abgelehnt: *"Er (der Zögling - T.F.) soll keine Strafen kennenlernen, sondern die Folgen seiner Handlungen fühlen; diese werden dann zum richtigen Verhalten erziehen. Als Emil zum Beispiel eine Fensterscheibe zerschlägt, muß er bei einem offenen Fenster schlafen; der Schnupfen, den er möglicherweise - als 'natürliche Folge' seines Verhaltens - bekommt, wird ihn veranlassen, künftig behutsamer mit den Dingen umzugehen"*[316].

Mit der Perspektive einer natürlichen Erziehung allein, lässt sich die pädagogische Konzeption von Rousseau nicht verstehen. Die Aspekte der individuellen Freiheit des Zöglings und einer offenen sowie kindgerechten Erziehung ziehen sich wie rote Fäden durch die Erziehungsvorstellungen von Rousseau. Sicherlich wurde spätestens in Buch 4 des 'Emil' verstärkt der Zusammenhang zur sittlichen Erziehung gesucht. Tugendhaftes Verhalten und Liebe zum Vaterland bildeten im Erziehungsanspruch eine untrennbare Verbindung. Damit wurde das Maß an individueller Freiheit durch die gesellschaftliche und gemeinschaftliche Gebundenheit beschränkt. Aber vor dem Hintergrund der Methode des natürlichen Lernens, wo die Zöglinge die Folgen ihres Handelns unmittelbar erleben sollten, stellt sich der Rückzug auf die erzieherische Einwirkung des Erziehers im Rahmen einer individualistischen Konzeption dar. Der kind- und jugendgemäße Zugang zu Wissen und Können hatte oberste Priorität: *"Die Kindheit hat nur ihre eigene Art und Weise zu sehen, zu denken, zu empfinden; nichts kann ungereimter sein als das Bemühen, ihr dafür die unsrige zu unterschieben; ich könnte von einem zehnjährigen Kind ebensogut verlangen, daß es fünf Fuß groß wäre, als daß ich ein richtiges Urteil von ihm begehrte. Wozu sollte ihm denn auch die Vernunft in diesem Alter dienen? Sie ist der Zügel der Kraft, und das Kind bedarf dieses Zügels nicht"*[317]. Demzufolge sollte nicht die Phasenfolge didaktischer Funktionen den Lernzusammenhang bestimmen, sondern die Wirkungen, die sich aus dem Umgang mit gegenständlichen Dingen in der Natur ergeben konnten.

Rousseau bezeichnete diese Strategie, die einem 'Versuch-Irrtum-Lernen' im probierend-herantastenden Sinne sehr nahe kam, auch als 'Negative Erziehung'. Sie sollte in erster Linie aus dem subjektiven Erkennen und Erleben eigener Fehlhandlungen und Fehlhaltungen zu einem Zuwachs an menschlicher Kompetenz führen. Parallel dazu blieb die Rolle des Erziehers auf ein Mindestmaß an Anleitung und Einwirkung begrenzt. Der Rahmen individueller Freiheit wurde dadurch erweitert und konnte direkt in den Erziehungsvorgang eingehen. So hatte der Erzieher seine Tätigkeit zunächst auf die Beobachtung der subjektiven Eigenarten des Zöglings zu beschränken. Das 'negative Erlebnis' musste dann in der erzieherischen Handlung angebahnt werden. Die gemeinsame Auswertung des innerlich Vollzogenen zielte auf die Selbstreflexion des Zöglings und sollte den Erfahrungszuwachs sichern: *"Ich nenne diejenige Erziehung negativ, die danach strebt, die Organe, die Werkzeuge unserer Erkenntnisse, zu vervollkommnen, bevor sie uns diese Erkenntnisse gibt, und die Vernunft durch die Übung der Sinne zubereitet. Die negative Erziehung ist nicht müßig, weit gefehlt: sie gibt nicht die Tugenden, aber sie beugt den Lastern vor; sie lehrt nicht die Wahrheit, aber sie schützt vor dem Irrtum, sie bereitet das Kind vor auf alles, was es zur Wahrheit führen kann, wenn es imstande ist, sie zu verstehen, und zum Guten, wenn es imstande ist, zu lieben"*[318].

Natürlich blieb der Freiheitsbegriff auch vor dem Hintergrund der 'negativen Erziehung' begrenzt, da es sich um Erziehung mit ihren moralischen Implikationen handeln sollte. Der Erzieher hatte das pädagogische Umfeld nicht unwesentlich zu arrangieren. Der Hofmeister im 'Emil' antizipierte die meisten Reaktionen seines Zöglings und ging sie in gewisser Weise auch 'planerisch' an. Dennoch handelte es sich hierbei kaum um ein willkürliches Verfahren, in dem übermäßig moralische Ansprüche oder sittliche Werte dem Heranwachsenden aufgezwungen wurden. Insofern war die subjektive Position des zu Erziehenden gestärkt und wurde seinen Neigungen und Anlagen bis zu einem akzeptierten Punkt freier Lauf gelassen. In diesem Zusammenhang fand bei Rousseau der physische und psychische Ausgangszustand des Zöglings außerordentliche Bedeutung. Erziehung erlangte als altersgemäß gestufter Prozess Kontur und wurde durch die tragende Idee der kind- und jugendhaften Selbsttätigkeit konkretisiert: *"Behandelt euren Zögling, wie es sein Alter verlangt. Befehlt ihm nie etwas, was in aller Welt es auch sein möge, durchaus gar nichts. Laßt nicht einmal die Vorstellung in ihm aufkommen, daß ihr beansprucht, irgendeine Autorität über ihn zu be-*

sitzen"[319]. So eignete sich Emil nach einer langen Reihe körperlicher Übungen und gegenständlicher Erfahrungen die Grundkenntnisse in Geographie, Mathematik oder Geschichte an. Lesen sollte Emil über die Lektüre des *"Robinson Crusoe"*[320] von Daniel Defoe lernen, da der *"natürliche Forschungsweg und der natürliche Kenntniserwerb eines allein lebenden und auf seine Selbsterhaltung bedachten Menschen dargestellt werden"*[321]. Rousseaus Bewertung der arbeitsbezogenen Erziehung kommt in der Tischlerlehre von Emil literarisch zum Ausdruck. Schönheitssinn sollte in den Studien zur Literatur und in der Kunstausübung vertieft werden. Sittliche Erfahrungen konnte Emil während seiner Studienreise durch verschiedene Länder sammeln: *"All diese Kenntnisse muß Emil in der genannten richtigen Reihenfolge erwerben; die Sorge um die Einhaltung dieser Stufenfolge, die sich genau dem Fassungsvermögen des Kindes auf den verschiedenen Altersstufen anpaßt, ist die Hauptaufgabe des Erziehers; sein methodisches Grundprinzip besteht darin, Emil auf allen Entwicklungsstufen zur Selbsttätigkeit anzuregen und es ihm zu ermöglichen, die notwendigen Kenntnisse durch echte Einsichten zu gewinnen. Rousseau ist einmal davon überzeugt, daß dasjenige, was ein Kind sich selbständig und mit Interesse erarbeitet hat, tief in seiner Seele und seinem Geiste haften wird, zum anderen will er so früh wie möglich das Kind daran gewöhnen, selbständig mit schwierigen Situationen fertig zu werden - eine Aufgabe, vor der Emil später als tätiger Bürger immer wieder stehen wird"*[322]. Dazu erschienen Rousseau im pragmatischen Sinne tätigkeits- und aufgabengebundene Arrangements geeignet zu sein. Die subjektiven Interessen, Motive und Wertüberzeugungen, die vom Kind gewollte Selbsttätigkeit und die Anlagen des Zöglings konnten hier gleichermaßen eingehen.

Der tatkräftige und mündige Bürger im Dienste republikanischer Verhältnisse war das Menschenbild Rousseaus. Er beschrieb es eindringlich im 'Contract social', dem *"Gesellschaftsvertrag"*[323]. Für seine Ideen zur französischen Nationalerziehung wurde es zur politischen und pädagogischen Leitlinie. Das Recht auf Freiheit des eigenen Gefühls und das Recht auf freie Lebensgestaltung und damit der ganz eigenen Stellung zur Welt gingen aus dem Konzept der natürlichen Erziehung unmittelbar hervor. Sie fanden in seinem Roman 'Julie oder die Neue Heloise' ihren leidenschaftlichen Ausdruck. Mit dem 'Emil' gewann diese Leidenschaft an pädagogischer und persönlicher Gestalt, in einer undogmatischen, natürlichen und zum Teil unkonventionellen Erziehung. Alle daraus resultierenden republikanischen Verhältnisse konnten nur aus einer idealen Staatstheorie hervorgehen, in der die formale Teilhabe aller Bürger an den verbrieften Rechten und Pflichten gleich verteilt war. Für Rousseau sollte der öffentliche Wille zu einem wesentlichen Instrument der staatlichen Entscheidungsfindung und die Vaterlandsliebe des einzelnen Menschen durch eine nationale Erziehung gestärkt werden. Im 'volonté générale', im nationalen Gemeinschafts- oder Gesamtwillen, hatten sich subjektive Freiheiten und die Souveränität der gemeinschaftlichen Idee zu verbinden: *"Wenn ein Kind die Augen aufmacht, soll es sein Vaterland sehen, und bis zum Tod soll es nur sein Vaterland sehen. Jeder wahre Republikaner sog mit der Muttermilch die Liebe zu seinem Vaterland ein, das heißt zu den Gesetzen und zur Freiheit. Diese Liebe macht sein ganzes Dasein aus; er sieht nur das Vaterland, er lebt nur für das Vaterland; sobald er allein dasteht, ist er niemand; sobald er kein Vaterland mehr hat, lebt er nicht mehr, und wenn er nicht tot ist, ist das noch schlimmer"*[324].

Diese Grundauffassung von republikanischer Erziehung konnte im Gesamtwerk von Rousseau nicht unreflektiert bleiben. Sie stand der natürlichen Methode einer Einzelerziehung mit all ihren kustodialen Nebeneffekten scheinbar konträr gegenüber. Der 'Emil' sowie der 'Contract social' stellten, gemessen an den Vorstellungen zu einer subjektiv freien, selbstbestimmten und natürlichen Erziehung kaum voneinander abhängige Interpretationen nationaler Erziehung dar. Derartige Annahmen verstärken sich nur dadurch, da in einigen Rousseau-Rezeptionen für die moderne Erlebnispädagogik die Komponenten der nationalen Erziehung im Sinne Rousseaus nur ungenügende Berücksichtigung erlangten. Fortwährend wurde die natürliche Methode Rousseaus focusiert. Da die Ideen einer nationalen Erziehung von Rousseau zahlreiche Bezüge zum 'Emil' aufweisen und damit das Gesamtwerk an pädagogischer und politischer Relevanz gewinnt, erscheint die alleinige Rekonstruktion der natürlichen Erziehung zu kurz gegriffen. Außerdem könnte die Rekonstruktion des Schaffens Rousseaus auch auf jene Ambivalenzen bezogen werden, die sich für das Erfahrungslernen in der Perspektive der Erlebnispädagogik ohnehin ergeben: weder bei Kurt Hahn noch in der modernen Erlebnispädagogik der 80er und 90er Jahre unseres Jahrhunderts liegen pädagogische Ziele und Inhalte außerhalb kultur- und gesellschaftskritischer Akzente. Erziehung stellte sich auch in der Interpretation Rousseaus weder unpolitisch noch außerhalb der soziokulturellen Erziehungsbedingungen dar. Das Spannungsfeld zwischen republikanischen Ansichten und pädagogischen Anregungen blieb auch hier der folgenreiche Zusammenhang, in dem Rousseau seine Erziehungsideen ausprägte.

Dennoch können einige Punkte zu diesen einseitigen Einschätzungen der Pädagogik Rousseaus beigetragen haben, die mit dem Charakter der natürlichen Erziehung eng verbunden sind:

1. Die kustodiale Einzelerziehung Emils in der pädagogischen Provinz wies auf den ersten Blick kaum lebensweltliche Bezüge zur den angestrebten republikanischen Verhältnissen auf. Zudem ergaben sich wechselseitige Widersprüche zwischen dem individualistischen Konzept der Einzelerziehung und den sozio-kulturellen Orientierungen eines gesellschaftlichen Gemeinwesens. Diese konnten mit den Zielen und Inhalten einer natürlichen Erziehung nicht erklärt und aufgehoben werden.
2. Das von individueller Freiheit geprägte Aufwachsen Emils, gerichtet und geleitet von der subjektiven Innerlichkeit des Kindes, seines Spiel-, Forschungs- und Betätigungsdranges, hätte in republikanischer Freiheit und Gebundenheit eine extreme Begrenzung gefunden. Diesen individualistischen Zug der Erziehungsutopie von Rousseau hätte man kaum noch interpretieren können.
3. Die erzieherische Funktion der Natur und der natürlichen Dinge in der Außenwelt des Zöglings wäre, gemessen an der Rolle der nationalen Gemeinschaft, als Erziehungspotenz durchaus herabgesetzt worden. Die Verstärkung der nationalerzieherischen Interpretation hätte die Argumentation der instrumentellen Erziehung von Rousseau relativiert. In der Endkonsequenz wäre die vorwiegend freie Entwicklung Emils, lediglich angewiesen auf die orientierenden Hinweise seines Erziehers, auf die gegenständliche Wirkung der Natur und auf die Wesenskraft seines inneren Angelegtseins, in den Implikationen des Gesellschaftsvertrages aufgehoben worden.

Eine Interpretation des Schaffens Rousseaus, die die Verbindung zwischen Erziehungs- und Staatsutopie thematisiert, wird aber notwendig, wenn der von Rousseau gemeinte Erziehungsprozess als etwas Dynamisches und in einer bestimmten Stufenfolge verlaufendes Geschehen erkannt und eingeordnet werden soll. So gesehen handelt es sich dann bei diesen Überlegungen zur natürlichen Erziehung und Nationalerziehung weniger um ein inhaltsdisjunktes Nebeneinander, sondern um ein Hintereinander des Lernens und Lebens in den verschiedenen Phasen und Abschnitten des Erwachsenwerdens:

1. Die natürliche Erziehung, die in den pädagogischen Ideen Rousseaus unter den Aspekten der Freiheit, Selbstbestimmtheit und Erfahrungs-bezogenheit an Kontur gewann, stellte keine endgültige Zustandsform dar. Sie war in gewisser Weise eine kind- und jugendgemäße Existenz-form des sozialen Reifens sowie intellektuellen Voranschreitens. Sie mündete in die sozio-kulturelle Lebens- und Arbeitspraxis der nationalen Gemeinschaft.

2. Natürliche Einzelerziehung sollte den jungen Menschen veranlassen, den positiven und vernünftigen Tugenden in sich selbst zu folgen. Nationale Erziehung hingegen richtete sich auf den republikanischen Gemein-schaftswillen. Ihm sollten sich die Mitglieder freiwillig unterordnen und in der Volkssouveränität den eigenen Zuwachs an Freiheit realisieren. In diesem Sinne wurden natürlicher Individualismus und republikanische Gemeinschaft gemeinsam zum Sinnbild des ursprünglich Tugendhaften und Vernünftigen im Menschen.

Diese Feststellungen könnten nicht nur mit dem 'Emil' oder dem 'Gesell-schaftsvertrag' belegt werden. Sie wurden von Rousseau deutlich formuliert: *"Könnten die Gesetze der Völker so wie die der Natur eine von keiner menschlichen Kraft je besiegbare Unbeugsamkeit enthalten, so würde die Abhängigkeit von dem Menschen wieder zur Abhängigkeit von den Dingen werden; man würde im Staat alle Vorteile des Naturzustandes mit denen des gesellschaftlichen Zustandes verbinden und mit der Freiheit, die den Menschen von Lastern rein hält, die Sittlichkeit, die ihn zur Tugend er-hebt"*[325]. Die Brücke zwischen natürlicher und nationaler Erziehung, die wechselseitige Aufhebung des Gegensatzes zwischen individueller Freiheit und gemeinschaftlicher Gebundenheit im Dualismus von Individuum und Gemeinschaft, ergab sich bei Rousseau durch den Rückbezug auf den instrumentellen Charakter der gegenständlichen Dinge und Realitäten an sich. In gleicher Weise, wie der junge Mensch in individueller Freiheit die 'kausale' Verbindung von Ursachen und deren Folgen innerlich vollziehen sollte, ge-wann auch der Staatsbürger, als freiwilliger Teilhaber an den republi-kanischen Verhältnissen, in den Ursachen und Folgen der selbstauferlegten Rechte und Pflichten an Autonomie und Mündigkeit. So übernahm die Rolle der Natur in der Nationalerziehung der Gesellschaftsvertrag, der menschliche Vernunft, tugendhaftes Handeln und die Erfahrung von Gemeinwohl durch den individuellen Einsatz aufeinander bezog. Der Rückbezug auf die Natur galt dem subjektiven Schaffen und dem individuellen Wohl. Der Rückbezug auf den Gesellschaftsvertrag sollte in der gemeinschaftlichen Lebens- und

Arbeitsweise unter den republikanischen Verhältnissen dem Allgemeinwohl dienen. Für Rousseau stellten die Natur im individuell-freiheitlichen Sinne und die Vernunft im gemeinschaftlich-nationalen Sinne pädagogische Entwicklungsebenen dar, deren Funktionen für den Einzelmenschen und die Gemeinschaft nahezu identisch sind. Hinzu kommt, dass nach der Auffassung Rousseaus auch die nationale Erziehung eine Form der 'negativen Erziehung' sein musste. Auch in ihr hatte sich das Gefühl, als wesentliche der drei Grundkräfte zur Formung der menschlichen Seele (Vernunft, Gefühl und Einsicht in gegebene Notwendigkeiten), darzustellen. Rousseau ging bei seinen pädagogischen Betrachtungen davon aus, dass *"die Menschen stets mehr von ihren Leidenschaften geleitet werden als von ihren Einsichten"*[326]. Damit nahm er an, dass nicht der Habitus des Intellektuellen das Leben durchdringt und bestimmt, sondern das praktische Handeln und die daraus erwachsenden Einsichten und sozialen Erfahrungen[327]. Demzufolge hatte der Erzieher die gleichwohl schwierige Aufgabe, dem Zögling die als wichtig erachteten Bildungs- und Erziehungsinhalte in der Natur und in der sozialen Umwelt verstehend einfühlbar zugänglich zu machen. Praktische Auseinandersetzung mit Problemstellungen und Konflikten und die Einbeziehung der Wesenskräfte des jungen Menschen sollten zu tragfähigen Erfahrungen und lebensnahen Einsichten verhelfen.

Zusammenfassend kann davon ausgegangen werden, dass im Individualisierungskonzept Rousseaus der Natur die eigentliche Rolle der 'Erzieherin' zukam. In ihm wurden die instrumentellen Merkmale der natürlichen Gegebenheiten und Geschehnisse außerordentlich betont. Die Funktion des Erziehers war eindeutig begründet: er hatte den unmittelbaren Erziehungseinflüssen der Natur einen größtmöglichen Wirkungsbereich zuzuweisen und sie im Rahmen des kind- und jugendhaften Selbstaufbaus zu berücksichtigen. Mit den poetischen Reflexionen in 'Julie' wurde Rousseau zu einem Wegbereiter der 'vorklassischen Romantik'. Mit seiner Staatsutopie war er ein Vordenker republikanischer Verhältnisse, wie sie durch die Französische Revolution angestrebt wurden. Mit seinen Ansichten zur natürlichen Erziehung hat er bis heute seinen Reiz für alternative und kreative Problemlösungsansätze nicht verloren. Jedoch traten in seinen Auffassungen zur nationalen Erziehung, insbesondere in den theoretischen Positionen des Gesellschaftsvertrages, Ideen einer natürlichen Erziehung gegen die Erfordernisse des gesellschaftlichen Wandels zurück. Die Tatsache allein, dass Rousseau seine Gedanken über die Nationalerziehung in sein fünftes Buch zum 'Emil' integrierte, zeigt, dass er nationale und natürliche Erziehung in einem organisch-altersgemäßen und fortschreitenden Bildungs- und Erziehungsgeschehen gesehen haben musste. Der zuerst in der Einzelerziehung kustodial isolierte Emil bekam zunehmend Aufgaben und Bestimmungen in der politisch engagierten und sozial gebundenen Gemeinschaft zugewiesen. Darin wurden Individualisierungstendenz der erzieherisch gemeinten Absicht und die Sozialisationspotenz der republikanischen Gemeinschaft als Wege und Werte sozialen und natürlichen Lernens deutlich.

Heute muten viele der optimistischen und zum Teil utopischen Ideen Rousseaus phantastisch an. In einer Zeit, in der ganz andere Medien und Einflüsse ihren Anspruch auf die Erziehung und die junge Generation geltend machen, steht man dem praktischen Wirkungsbereich so optimistischer Erziehungskonzepte eher mit Ernüchterung gegenüber. Zu diesem Optimismus gehört, dass sich ein erzieherischer Anspruch in der lebendigen und sich ständig verändernden Gestalt des Heranwachsenden ganz automatisch in gemeinschaftlichen und gesellschaftlichen Lebensformen fortsetzen kann. Jedoch strebt die pädagogische Provinz von Rousseau von sich aus gegen diesen Optimismus: isomorphe Lernsituationen, die sich an den alltäglichen Routinen des Lebens und Arbeitens ausrichten, bleiben beschränkt. Solche kustodial verfügten Lernsituationen setzen die Wirklichkeit nicht voraus, auf die sie sich eigentlich beziehen sollen. Sie richten sich vielmehr auf die natürlichen und persönlichen Handlungsebenen, die sie selbst hervorrufen. Den zweiten Punkt dürfte Rousseau deutlich erkannt haben: wenn sich die Entwicklung des republikanischen Staatswesens nicht nur von menschlicher Vernunft und dem schöpferischen Gestaltungswillen einer ganzen Generation leiten lässt, bleibt von den Bildungsidealen einer natürlichen Erziehung wenig übrig. Einsichten und Erfahrungen, die sich aus einem erzieherischen Zusammenhang ergeben, setzen nicht nur die pädagogische Institution voraus, sondern bleiben auch auf sie zugeschnitten. Rousseau entwickelte daher seine Gedanken über Erziehung nicht losgelöst von politischer Bestimmung. In der Individualisierung des erzieherischen Geschehens sah er die Möglichkeit, durch den höheren Beitrag des einzelnen das Gemeinwohl zu stärken und den sozialen Zusammenhalt zu humanisieren. Insofern hängen natürliche Erziehung und nationale Erziehung unmittelbar miteinander zusammen und geben der Individualerziehung in der gemeinschaftlichen Gebundenheit auch übergeordneten Sinn und Legitimität.

Seine Gedanken und Ideen zur 'Negativen Erziehung' und die damit verbundene Fundierung des natürlichen, sozialen und teilweise offenen 'Versuch-Irrtum-Lernens', ging nicht unwesentlich auf seine Kritik an den bestehenden Kultur- und Gesellschaftsverhältnissen zurück. In seiner Schrift, *"Discours sur les sciences et les arts"*[328], klagte er Kultur und Gesellschaft dahingehend an, dass sie der Entfremdung der menschlichen Zusammenhänge von ihren natur- und lebensnahen Urzuständen zu sehr den Weg bereitet und damit vor allem auch der jungen Generation den Zugang zur Freiheit, Vernunft und Tugend versperrt hätten. Seine Distanz zur rationalistischen Bildungsphilosophie dürfte auf einer vergleichbaren Argumentation basiert haben. Damit legte Jean Jacques Rousseau auch den Grundstein für eine zeitgeschichtliche Kulturkritik. Sie sollte sich spätestens zum Ende des 19. Jahrhunderts in den lebens- und kulturphilosophischen Schriften von Wilhelm Dilthey und Friedrich Nietzsche innerhalb der kulturkritischen Bewegung fortsetzen. Von ihr empfing später die Erlebnispädagogik im Entwicklungszusammenhang mit Reformpädagogik und Pragmatismus die wesentlichen, erkenntnistheoretischen Impulse.

Neben den romantischen und kulturkritischen Ideen Rousseaus, prägten die Auffassungen der **französischen Materialisten** die Vielfalt und Differenziertheit der französischen Aufklärung mit aus. Sie dürften als ideengeschichtliche Quellen des Erfahrungslernens schon deshalb einige Bedeutung besitzen, da in ihr die 'Konditionierung' von Tätigkeit und Verhalten durch den konsequenten Außenweltbezug in besonders betonter Weise verfolgt wurde. Zu ihren bedeutendsten Vertretern gehören Paul Henri Holbach (1723-1788), Claude Adrien Helvetius (1715-1771) und Denis Diderot (1713-1784). Mit der Aufklärung verband sie zunächst ein optimistischer Fortschrittsglaube, der die Entwicklung von Natur, Kunst und Wissenschaft in die Schöpferkraft und in den Erfindergeist des Menschen legte. Der Mensch mit seinen partikulären Eigenschaften und eigentümlichen Potenzialen wurde als Triebkraft gesellschaftlicher Evolution anerkannt.

Helvetius sah in der Erziehung sowie Ausbildung der nachwachsenden Generation entscheidende Katalysatoren, um diesen Fortschrittsglauben auf die praktische Wirklichkeit beziehen zu können. Latent trat bei ihm eine Art pädagogischer Technokratie hervor. Die nämlich, dass Erziehung in jede mögliche Richtung auf der Grundlage eines geeignet arrangierten Milieus die junge Generation beliebig formen könnte. Holbach hingegen sah den Einfluss der Erziehung aus einer endogenen Perspektive und weniger unter milieu- oder sozialisationstheoretischen Gesichtspunkten. Erziehung hatte für ihn mehr die theoretische Funktion, das natürlich Angelegte in seiner individuellen Eigenart dem Heranwachsenden ins Bewusstsein zu bringen. Bei Denis Diderot gelangten beide Seiten in die Reflexion des praktisch Machbaren und in den Plan einer konkreten Schulentwicklungsrichtung.

In ihrem bedeutenden Hauptwerk, der *"Enzyklopädie der Wissenschaften, Künste und Gewerbe"*[329], dominierte zudem die Betrachtung der äußeren Entwicklungsmomente, die das erzieherische Geschehen voraussetzte. Die Abhängigkeit der Bildung und Erziehung von den realen Außenweltbedingungen wurde zum Schwerpunkt ihrer Untersuchungen. Die geistige Vorwegnahme, Abbildung und Interpretation gesellschaftlicher, kultureller oder sozialer Vorgänge, Leitlinie anderer Strömungen der Aufklärung, stand nicht im Mittelpunkt ihrer Orientierungen. Interessanterweise galt für Helvetius die sinnliche Wahrnehmung der Außenwelt als ursächliche Quelle menschlichen Verstehens und menschlicher Vernunft. Der für die natürliche Methode typische und im Sensualismus differenzierte Erkenntnisweg über die Sinnesempfindungen, gab dem französischen Materialismus eine typische Prägung: die *"fünf Sinne sind die Tore zur Seele"*[330] und die materiellen Gegenstände wurden als *"die eigentlichen Lehrer"*[331] angesehen. Solche Ausgangsüberlegungen dürften zu kindorientierten Erziehungsgrundsätzen immer dazugehören, wenn auch die im französischen Materialismus formulierte Adäquatheit in der theoretischen Abbildung der Außenwelt zunächst Bewusstseinsbildungen und weniger Empfindungs- oder Wahrnehmungsleistungen ansprach. Aber auch sensuelle und intuitive Wahrnehmungsleistungen wurden in der Konzeption des französischen Materialismus auf die abbildungstheoretische Adäquatheit menschlichen Denkens und Erkennens bezogen. Damit trat, auf das Individuum bezogen, die einseitige Betonung der Rationalität im Erkenntnisprozess gegen den emotional-erlebnishaften Aufbau innerer Konstruktionen zurück. Erst damit wird die Position der französischen Materialisten verständlich, dass subjektiven Handlungsmotiven und individuellen Einstellungen im Erziehungsprozess angemessener Spiel- und Entfaltungsraum gewährt werden sollte.

Helvetius sah in inneren Spannungen, Begierden und Leidenschaften die wesentlichen Angriffspunkte erzieherischer Typisierungen. Erziehungsziele und individuelle Erwartungen sollten so im Prozess des schulischen Lernens und Lebens miteinander verbunden werden: *"Unsere Begierden sind unsere Anführer"*[332] ist die Grundaussage und wird zum Programm einer lebens- und praxisnahen Erziehung, die sich von folgender Einsicht leiten ließ: *"Vernichtet man die Begierden, so vernichtet man die Seele; und jedweder Mensch, der ohne Leidenschaft ist, hat in sich weder Tugenden zur Tätigkeit, noch Beweggrund, sich zu regen."*[333] Hier wurde die Tätigkeit und subjektive Beteiligung am pädagogischen Geschehen in der emotionalen Regung und motivationalen Einstellung konkretisiert. Das Kind oder der Jugendliche mit seinen vielseitigen Anlagen und inneren Dispositionen wurde zum Ausgangspunkt, Rahmen und Resultat pädagogischer Aktivität. Der Mensch, der sich aufgrund seiner Kräfte das Leben erschließt, wurde nicht als 'Naturergebnis' sondern als 'Erziehungsergebnis' gesehen. Diesem 'erzogenen' Menschen trauten die Vertreter des französischen Materialismus die Neu- und Umgestaltung der gesellschaftlichen und kulturellen Verhältnisse zu. Daher wurde der Wert von praxis- und lebensnaher Erziehung und Bildung sehr hoch von ihnen eingeschätzt. Diese lebensphilosophische Tendenz wurde bei Helvetius in der von ihm geforderten Zweiphasigkeit der schulischen Gestaltung deutlich. Erziehung der heranwachsenden Kinder hatte danach in der Schule stattzufinden. Die Erziehung der Jugend sollte durch das praktische Leben und Arbeiten in der Gemeinschaft[334] erfolgen. In den Erziehungskontext als Ganzes wurden damit intellektuelle, körperliche, sittliche und künstlerisch-ästhetische Entwicklungsmomente gleichermaßen integriert.

In den bekannten Schulplänen von Diderot[335] wurden diese unterschiedlichen Handlungsebenen und deren Institutionalisierung neuen Differenzierungen unterworfen. Von der Volksschule über die Fakultät der Künste bis hin zu den Fakultäten der Hochschule (medizinische, theologische sowie juristische) wurden mehrstufige Schulansätze vorgesehen. Schon allein die Ziele dieser Einrichtungen richteten sich auf handlungs- und erlebnisorientierte Lernformen, die in Verbindung mit Sport, Handwerk, Technik und Kunst auf praktische Erziehungsformen verwiesen: *"Durch den Unterricht wird die Erziehung am wirksamsten unterstützt. Jede Anreicherung des Wissens klärt auf und leitet zum vernünftigen Handeln an. In sittlicher Hinsicht soll zur Gerechtigkeit und Festigkeit des Charakters erzogen werden. Der ästhetischen Bildung obliegt daher die Geschmacksbildung, sie hat dem Schüler ein Grundgefühl für das Wahre, Schöne, Große, Erhabene, Anständige und Ehrenhafte zu geben"*[336]. Diese Verbindung von Wissens- und Charakterbildung war eine kritische Absage an die bestehenden Verhältnisse in der Schule. Sie folgten dem Ziel, dass zukünftige Erziehung zunehmend einen allgemeinbildenden Charakter zu tragen hatte: *"In der Fakultät der Künste (Gymnasium-T.F.) studiert man heute noch unter dem Namen der schönen Künste zwei tote Sprachen, die bloß einer sehr kleinen Zahl von Bürgern nützlich sind, ... hier füllt man sich den Kopf mit Spitzfindigkeiten des Aristoteles ... . kein Wort Naturgeschichte; kein Wort gute Chemie; sehr wenig über den Fall der Körper; sehr wenig Experimente, noch weniger Anatomie, gar keine Astronomie"*[337]. Gleichzeitig kommen in diesen Forderungen Diderots nicht nur neue Inhalte für das schulische Erziehungswesen zum Vorschein, sondern auch alternative Methoden der Unterrichtsgestaltung. Der experimentelle Zugang zu neuem Wissen und Können wurde favorisiert. Außerdem forderte Diderot eine didaktische Grundausrichtung, die das Lernen 'vom Leichten zum Komplizierten' und vom 'Anschaulichen zum Abstrakten' ermöglichen sollte. Damit wurde ein größerer Anteil an selbsttätiger Schülerarbeit eingeräumt und die kind- und jugendgemäße Fasslichkeit der Lerngegenstände. Daher kann angenommen werden, dass die Ideen der französischen Materialisten ihrer Zeit fortschrittliche Impulse gaben und handlungs- und erlebnisorientierten Lern- und Lebensformen als Variation des Erfahrungslernens in spezifischer Weise entsprachen. Vor allem auch deshalb, da alle kind- und jugendhaften Wahrnehmungsvorgänge die Schüler in die Position versetzen sollten, Eindrücke und Vorstellungen aus der Außenwelt zu empfangen, sie innerlich in eine möglichst adäquate Abbildung zu transformieren, um sie dann als Gedächtnisinhalt in der Gestalt eines abrufbaren und praktisch relevanten Wissens einsetzen zu können. In diesem Sinne ging Holbach davon aus, dass nicht nur religiöse Einstellungen und sinnliche Selbsterkenntnis den Zuwachs an intellektuellem Wissen und sozialer Handlungsfähigkeit verstärken. Er sah in der gegenständlichen Außenwelt Erziehungspotenziale, die die Lebensvorbereitung der jungen Generation praxisnah und am wirklichen Leben mit seinen eigenen Erfordernissen fördern.

Diese Grundannahmen erlaubten es den Materialisten, dass sie mit einem zeitgemäßen Menschenbild argumentieren konnten. Dieses Menschenbild reflektierte den tätigen 'Veränderer' und findigen Erneuerer im Sinne zeitgeschichtlicher Veränderungen sehr positiv. Das galt sowohl für den Bereich der öffentlichen Erziehung wie auch für die konstitutionellen Bereiche staatlicher Organisationsformen. Ihre pädagogischen Anliegen waren fast ausschließlich einer zeitgeschichtlich bedingten Bedürfnishaltung der bürgerlichen Sozialschichten vorbehalten. Für Diderot ordneten sie sich in die Staatsform einer konstitutionellen Monarchie und für Rousseau in republikanische Verhältnisse ein. Diderot stellte seine Überlegungen im Auftrage der russischen Regierung an und wurde durch sie unterstützt. Daraus ergaben sich, was die gesellschaftspolitischen Einbindungen ihrer Schul- und Erziehungspläne anging, mit Sicherheit Rücksichten, die mit einer politischen Opportunität und Integrität erklärbar sind. Nicht wenige Auffassungen der französischen Materialisten verblieben deshalb in einem Konzept der 'Elitenerziehung', das aber letztlich dem öffentlichen und damit nationalen Interesse zu dienen hatte: *"Die öffentliche Erziehung ist die einzige, von der man sich Patrioten versprechen darf. Sie allein ist vermögend, in dem Gedächtnisse der Bürger den Begriff vom persönlichen Glücke mit dem Begriff des National-Glücke fest zu vereinigen"*[338].

Prospektive Fragestellungen:

1. Wie stellte sich J.J. Rousseau die Erziehung in der pädagogischen Provinz vor, welche Semantik steckt hinter dem Kustodialitätsprinzip und welche ideengeschichtliche Motive sind in der Konzeption 'Zurück zur Natur' für ein natürliches und individuelles Erfahrungslernen konturiert?

2. Welche methodischen Wege wurden für Rousseau in seinen Überlegungen zur natürlichen Erziehung bedeutsam und welche Rolle wurde dem Lehrer zugewiesen?

3. Wie ist die Maxime der 'Negativen Erziehung' im Erziehungskonzept Rousseaus aufzufassen und welcher Sinngehalt wächst dem pädagogischen Freiheitsbegriff zu?

4. Wie beantwortet Rousseau die pädagogische Fragestellung nach dem Verhältnis zwischen Wahrnehmung, Tätigkeit und Erfahrung und wie ist dieses Verhältnis im 'Emil' reflektiert?

5. Wird mit den Forderungen Rousseaus nach natürlicher Individualerziehung und republikanischer Gemeinschaft das Programm lebensweltorientierten Erfahrungslernens dekonstruiert und welche Wirklichkeitsverfremdung fand in den kustodial-verfügten Lernsituationen statt?

6. Welche gesellschafts- und kulturkritischen Impulse können der Erziehungsutopie Rousseaus entnommen werden?

7. Unter welchen Gesichtspunkten richtet sich die pädagogische Technokratie des französischen Materialismus gegen den antitechnokratischen Charakter offenen und natürlichen Erfahrungslernens und warum kann die sensualistische Argumentation des französischen Materialismus als inhaltliches Paradoxon beurteilt werden?

8. Welche Beziehungen zwischen Materialismus und Sensualismus wurden von C.A. Helvetius ideengeschichtlich formuliert?

9. Welche Schlussfolgerungen lassen sich aus den Plänen von Denis Diderot für den experimentellen Charakter erfahrungsbezogener Schulunterrichtsarbeit ziehen?

10. Auf welcher Menschenbildkonzeption basiert der vehemente materialistische Bildungsoptimismus und welche semantischen Differenzen ergaben sich in Auseinandersetzung mit sensualistischen Erziehungsmaximen?

2.7 Zum handlungsorientierten Erfahrungslernen im Philantropismus, Neuhumanismus und in der Nationalerziehungsbewegung

Im 'Schlepptau' der Aufklärung bildeten sich im letzten Drittel des 18. Jahrhunderts der Philantropismus, der Neuhumanismus und die Nationalerziehungsbewegung heraus. Ihre Bedeutung für das handlungs- und erlebnisorientierte Erfahrungslernen in den speziellen Denkfiguren der Erlebnispädagogik dürfte darin bestehen, dass das kindliche Spiel, die körperliche Ertüchtigung und die schulische Arbeitsgestaltung in die Erziehungsreflexionen eingingen. Auf Ganzheitlichkeit gerichtete Theorieentwürfe, die sich der Bildung des Charakters verschrieben, können ihnen entnommen werden.

Philantropismus

Zum engeren Kreise der Philantropen werden die Erzieher und Pädagogen gezählt, die zumindestens zeitweise an dem von Johann Bernard Basedow (1723-1790) im Jahre 1774 in Dessau gegründeten Philantropin wirkten. Zu diesen Anhängern Basedows gehörte Joachim Heinrich Campe (1746-1818), der als Nachfolger von Basedow das Philantropin in Dessau leitete. Seine Bearbeitung des 'Robinson' erschien in über neunzig Auflagen und machte ihn überregional bekannt. Bekannt wurde auch Christian Gotthilf Salzmann (1744-1811). Nach seiner Lehrtätigkeit am Dessauer Philantropin gründete er das bekannte Philantropin in Schnepfenthal. Seine Werke, wie das *"Krebsbüchlein"*[339] oder *"Ameisenbüchlein"*[340], waren Sammlungen praktischer Prinzipien und pädagogischer Handlungsregeln, die das aufklärerische Gedankengut des Philantropismus produktiv reflektierten.

Grundanliegen der Philantropen war die Vorbereitung der nachwachsenden Generation auf ein glückliches Leben und Arbeiten in der Gemeinschaft. Nach ihrer Auffassung waren diese Ansprüche von einer gerechten und freiheitlichen Gesellschaft nicht zu trennen: *"... ihr seid mit mir einig, daß die öffentliche Glückseligkeit ... daß die Glückseligkeit des Staates von der gemeinen Glückseligkeit der Bewohner ... nicht unterschieden sei, daß diese Glückseligkeit mit der öffentlichen Tugend in Proportion stehe ..."*[341]. Dieser gesellschaftliche Entwurf, auf dessen Grundlage sich individuelles Glück nur aus der Gleichberechtigung aller Menschen ergeben konnte, stand einem idealistischen Wunschdenken wohl näher als der Wirklichkeit. Doch von ihm wurden die erzieherischen Ansichten und ihr humanistischer Charakter geprägt.

Die erzieherische Gestaltung im Philantropin sollte möglichst breit und umfassend den altersgemäßen Zugang zu neuem Wissen und Können gewähren. Deshalb wurde nach Formen des erzieherischen Engagements gesucht, die auch außerhalb der unterrichtlichen Unterweisung standen. Intuitive Sinneswahrnehmungen, praktische Erfahrungen und auch intellektuelle Denktätigkeiten galten als gleichrangige Zugänge zur menschlichen Erkenntnis: *"Soviel als möglich muß aller Verdruß und Ekel bei dem Lernen vermieden werden. Die Wahl, die Ordnung, die Abwechslung der Sachen, auch die mögliche Vermeidung aller Schwierigkeit durch gehörige Vorbereitung, wird dazu schon sehr viel beitragen. Übrigens muß man die moralische Erziehung, wenn sie mit Verdruß verbunden ist, mehr außer als in den Lehrstunden ausüben. Man muß andere Verrichtungen, zum Exempel die Übung körperlicher Fertigkeiten oder andre Geschäfte, welche eine genaue Achtsamkeit und Vorschrift erfordern, in Bereitschaft haben, um die Kinder, welche sich nicht nach der Vorschrift beschäftigen mögen, diesen Gehorsam des Fleißes und der Achtsamkeit zu lehren"*[342]. Um diesen Wechsel und die gegenseitige Bezogenheit von intellektueller und körperlicher Tätigkeit im Lernvorgang verwirklichen zu können, wurde der gesamte Alltag im Philantropin mit den schulischen Interessen und erzieherischen Zielen verbunden: *"Zum Fleiße in Studien wird also kein Pensionist gezwungen. Aber die Zeit eines jeden, die man täglich, die Schlafenszeit ausgenommen, auf 17 Stunden rechnet, ist der anwachsenden Jugend folgendermaßen eingeteilt: Sechs Stunden zum Essen, Trinken, Anzügekleiden und eigentlichen Vergnügungen; eine Stunde zur strengsten Ordnung in Wohnung, Kleidung, Gerät, Büchern, Rechnung und Briefen; fünf Stunden zur Studienarbeit; drei Stunden zu regelmäßigen Vergnügungen in Bewegung, wie Tanzen, Reiten, Fechten, Musik usw.; zwei Stunden eigentliche, doch solche Handarbeit, die etwas beschwerlich, aber nicht schmutzig ist"*[343]. Ergänzt wurden diese Aktivitäten durch Arbeiten in den Werkstätten oder durch Wanderungen und Reisen, die pädagogischen Zielsetzungen unterlagen. Die Einrichtung von Naturalienkabinetten sollte den erfahrungsbezogenen und experimentellen Charakter der Lerntätigkeiten verstärken. Schon hier wird deutlich, dass die philantropischen Initiativen weniger auf ein angelerntes 'Bücherwissen' zielten. Die umfassende Berücksichtigung des physischen und psychischen Entwicklungsstandes der Kinder, ihrer Motive, Einstellungen und Interessen, sollte durch spiel- und lustbetonte Aktions- und Lernformen realisiert werden.

Ernst Christian Trapp (1745-1818), enger Mitarbeiter von Joachim Campe, erkannte, *"je mehr Lust die Kinder haben, desto mehr Kraft haben und äußern sie"[344].* Er schlussfolgerte: *"dadurch werden sie sich auch erst ihrer Kraft bewußt; und dies Gefühl ihrer Kraft vermehrt wieder ihre Lust am Lernen, so daß, wenn die Lust einmal geweckt ist und immer rege gehalten wird, Kraft und Lust einander gegenseitig zum Maßstab diene ..."[345].* Bei Basedow findet sich der zusätzliche Hinweis auf den altersabhängig gestuften Lernprozess. Die kindhaften Spiele wurden als vorbereitende Lernform bewusst organisiert. Motivationale Grundlagen für spätere Studien sollten unter aktiver Beteiligung der Kinder ausgeprägt werden: *"Man verspricht überhaupt, daß alles nötige Gedächtniswerk der Historie, Geographie, Grammatik, der Rechenkunst usw. in Spiele verwandelt werden soll - wobei Vergnügen und Bewegung vorkommt, bis die so erworbene Festigkeit die Lernenden in den Stand setzt, sich auf eine männlichere Art bei anwachsendem Alter sitzend zu vervollkommnen"[346].* Diese Betonung des spielerischen Zugangs zu neuem Wissen und praktischen Fertigkeiten ging im Selbstverständnis der Philantropen nicht allein auf die altersgemäßen Triebkräfte in den Kindern zurück. Das Spiel bot Möglichkeiten, ganz unterschiedliche Ebenen des Persönlichkeitsspektrums zu erreichen und für das erzieherische Anliegen zu gewinnen: *"Beim Spiel strengen die Kinder ihren Geist an. Sie erfinden, ändern, bessern, prüfen, ventilieren ihre eigenen und ihrer Spielkameraden Ideen"[347].* Wetteifer, Selbstkontrolle oder Formen der symbolischen Interaktion konnten in der Spielform kindgemäß erlebt und in der pädagogischen Zwecksetzung verstärkt werden. Entscheidend für die Philantropen war nicht, dass man dem kindhaften Spiel einen gewissen Rahmen zubilligte. In der philantropischen Perspektive wurde das Lustprinzip, das Leben und Lernen in der Gemeinschaft bestimmen sollte, zum Leitthema erzieherischen Wirkens. Die Philantropen behaupteten nicht, dass Kinder und Jugendliche, die mit Lust, Freude und Eifer am eigenen oder gemeinschaftlichen Schaffen beteiligt sind, auch automatisch bessere akademische Leistungen zustande bringen. Dennoch bildete für sie Lustprinzip und Leistungsprinzip in der Gesamtheit des schulischen Voranschreitens eine pädagogisch zu gestaltende Wechselbeziehung.

Dass diese wertvollen pädagogischen Ideen kaum in den Entwicklungen der öffentlichen Schule spürbar wurden, muss damit erklärt werden, dass die Schulen in Dessau und Schnepfenthal fast ausschließlich die Erziehungsbedürfnisse der vermögenden Oberschichten befriedigten. Diese Erziehungsbedürfnisse des aufstrebenden Bürgertums wurden durch die Weltlichkeit der Lerninhalte und in der Kindgemäßheit der Lernmethoden adäquat reflektiert. Daher wurde Schnepfenthal nach einer ersten Phase der Gründung und Profilierung fast ausschließlich an den Interessen zukünftiger Unternehmer[348] orientiert. Der menschenfreundliche Charakter der Erziehungsarbeit blieb von diesen Entwicklungen unberührt. Nur die Handlungsorientierungen hinsichtlich eines praktischen Erfahrungslernens wurden spezifischer.

Bei Salzmann galt der Erwerb gesellschaftlichen Ansehens und privaten Vermögens als Grundtugenden des fleißigen und patriotischen Staatsbürgers. Diese Grundtugenden sollten schon in der Schule erworben werden. Tragen von Verantwortung, Erwerb von Eigentum oder Grundregeln der Geldwirtschaft wurden Bestandteile des Curriculums. Gute Leistungen im Unterricht wurden *"mit barem Gelde"*[349] entlohnt, vakante Ämter mussten durch *"Probearbeiten"*[350] und in faktischer Konkurrenz zu den Mitschülern errungen werden. Diese Ämter waren mit *"Besoldung verknüpft"*[351]. Jeder Schüler hatte seine eigene Kasse und dafür zu sorgen, dass durch *"angelegte Kassengelder"*[352] das eigene Vermögen stetig größer wurde. Die selbständige *"Kassenrevision"*[353] diente zur Kontrolle, ob sich das persönliche Geschick auch finanziell einlösen ließ. Die Zentrierung des Lernens auf die Bedürfnisse eines zukünftigen Unternehmers hatte praktische und lebensweltliche Dimensionen. Sie kamen im zweckmäßigen Planen, in der sachlichen Durchführung und im wertorientierten Kontrollieren zum Ausdruck. Dass aus den daraus resultierenden Erfahrungen weitergehende Impulse für das intellektuelle Lernen im Unterricht gewonnen werden können, deutete Salzmann an: *"Es wird bald und oft Gelegenheit verschafft, die Kassengelder so anzulegen, daß damit etwas gewonnen werden kann. Wir legen Taubenschläge an, besetzen einen Teich mit Forellen, einen anderen mit Karpfen, schaffen uns ein Bienenhaus an, kaufen uns eine Herde Schafe, legen eine Baumschule an, lassen wüste Strecken Landes urbar machen, erkundigen uns nach Preisen der Landesprodukte und kaufen von denen, die vorzüglich niedrig stehen, einen Vorrat ein, um sie zu seiner Zeit mit Gewinn wieder verkaufen zu können. Bei dieser Gelegenheit schüttet dann jedes seine Kasse aus, trägt dazu bei und bedauert es, daß sein Beitrag nicht größer ist. ... Und wie viele andere Kenntnisse kann der Zögling bei dieser Gelegenheit erwerben! Er lernt die Notwendigkeit, die Pfennige zu schätzen, wenn man Goldstücke haben will, bekommt eine Menge ökonomische Einsichten, die kein Mensch entbehren kann, der entweder sein ererbtes Gut erhalten oder sich neues erwerben will, lernt die Münzen und ihren Wert kennen, bekommt Einsichten in das Handlungsgeschäft, lernt rechnen und bekommt richtige Vorstellung von den Brüchen und Proportionalrechnungen"*[354].

Neuhumanismus

Im Neuhumanismus wurde das Motiv allgemeiner Bildung und Erziehung für die unteren Sozialschichten ausgeprägt. Praktische Aktivitäten, die diesem Anliegen folgten, wurden in vielfältiger Weise unternommen, Jedoch kamen die 'Preußischen Schulreformversuche'[355] nach den Befreiungskriegen (1813-1815) und die praktischen Initiativen der Nationalerziehungsbewegung[356] bereits im ersten Drittel des 19. Jahrhunderts wieder zum Erliegen. Durch den Neuhumanismus wurden die Gedanken und Ideen weitergeführt und erweitert, die im Humanismus bereits den Charakter der Renaissance mitbestimmt hatten: Einheit von körperlicher und geistiger Erziehung, humaner Umgang in der zwischenmenschlichen Beziehungsebene und die Betonung weltlicher Themen bei Inhalten und Methoden der schulischen Lebens- und Lernformen. Ihre Relevanz für das Konzept natürlichen und sozialen Erfahrungslernens wurde bereits reflektiert.

In den höheren Bildungsanstalten, vor allem in den Universitäten, fanden die Lehrveranstaltungen noch weitestgehend als altsprachliche Vorlesungen und Seminare statt, galt es in den akademischen Kreisen weiterhin als unverzichtbares Bildungsgut, *"in Sprache, Form und Sinn der Alten zu reden, zu dichten, zu philosophieren"*[357]. Diese Eloquenz und die Belebung der antiken Bildungsideale wurde unter dem zeitgeschichtlichen Zusammenhang der Renaissance bereits für den Humanismus themenrelevant entwickelt. Sie bestanden auch im Neuhumanismus fort, da sich Theologen, Beamte oder Gelehrte in lateinischer oder altgriechischer Sprache verständigten. Dennoch gab es auch andere Ansätze. Zentrales Anliegen des Neuhumanisten Johann August Ernesti (1707-1781) oder des klassischen Philologen Christian Gottlob Heyne (1729-1812) war die Durchsetzung des muttersprachlichen Prinzips auch an höheren Bildungs- und Erziehungsanstalten. Hinzu kam, dass der Logik, der Mathematik und auch den naturwissenschaftlichen Disziplinen hinsichtlich der angestrebten 'Allgemeinbildung' wieder größere Bedeutung zugemessen wurde. Für diese akademische Bildung benötigte man jedoch nicht nur 'Laienpädagogen' oder unzureichend vorgebildete Lehrkräfte. Ausbildungsgänge an den Universitäten, die auf Lehrerbildung zugeschnitten waren, mussten thematisiert werden. Diese Leistung zeichnet den Neuhumanismus aus. Grundsätze einer universitären und systematischen Lehrerbildung wurden in seinem Umfeld erarbeitet.

Friedrich August Wolf (1759-1824) und Wilhelm vonHumboldt (1767-1835) führten diese Ansprüche und Bildungsvorstellungen des Neuhumanismus weiter. Die Leistungen des Altertums und vor allem die griechische Kunst waren für sie Vorbilder, an denen sie ihre Erziehungsideale ausrichteten. Sie rezipierten die Idee der harmonischen Einheit von Körper, Geist und Seele und verbanden den schönen, vernünftigen und guten Menschen mit dem von Platon und Aristoteles entworfenen Menschenbild. Dennoch war Humanität als oberstes Prinzip des Neuhumanismus nicht nur allein mit der harmonischen Entwicklung der menschlichen Wesenskräfte zu verstehen. Auch die politischen, kulturellen und pädagogischen Verhältnisse zum Ausgang des 18. Jahrhunderts mussten Beachtung finden. Wilhelm von Humboldt forderte daher ein öffentliches Schulsystem, das nahezu jeden sozialen Stand der Bevölkerung erreichen und in das gleichsam körperliche sowie intellektuelle Erziehung eingehen sollten: *"Die öffentlichen allgemeinen Schulen sollen mit dem Staate und seinem Endzwecke in dem Verhältnis stehen, daß sie Stamm und Mittelpunkt für die Jugenderziehung des Volkes, die Grundlage der gesamten Nationalerziehung bilden. Die Erziehung der Jugend für ihre bürgerliche Bestimmung auf ihre möglichste allgemein-menschliche Ausbildung zu gründen, sie dadurch zum Eintritt in die Staatsgemeinschaft zweckmäßig vorzubereiten und ihr treue Liebe für den König und den Staat einflößen, muß ihr durchgängiges eifriges Bestreben sein"*[358]. Die Inhalte und Ziele der Schule mussten auf dieser Grundlage neu bestimmt werden. Es wurde erwartet, dass ein junger Mensch, der in die Universität trat, bereits über eine geeignete und allgemeine Bildung und Erziehung verfügte. Das wiederum setzte voraus, dass die unterschiedlichen Schulstufen in gewisser Weise aufeinander aufbauten und auseinander hervorgingen. Bisher hatte sich pädagogisches Denken immer auf die Institution gerichtet, von der es ausging. Jetzt waren Ideen und Taten gefragt, die sich mehr auf ein institutionelles System erzieherischer Arbeit bezogen: *"Alle diese Schulen müssen auf ihren Endzweck so fest gerichtet sein, daß sie zusammen wie eine große Anstalt für die Nationaljugendbildung betrachtet werden können. Es muß daher ihre ganze Anlage auf einem in sich übereinstimmenden System der letzteren beruhen, welches sie in ihrem Zusammenhange untereinander erhält und keiner Stufe eine Abweichung von dem allgemeinen wesentlichen Charakter des Ganzen gestattet. Vermöge desselben muß jede Stufe ihren eigenen Zweck verfolgen, weil aber dieser in dem allgemeinen Endzwecke enthalten ist, zugleich auf die nächste höhere Stufe vorbereiten"*[359]. Daraus ergaben sich die ursprünglichen Transpositionen des Neuhumanismus für eine systematische und universitäre Lehrerbildung. Diese Lehrerbildung wurde nach 1810, mit der Gründung der Berliner Universität, institutionalisiert. Diese innere Gebundenheit des schulischen Systems und die daraus resultierende Funktionsbestimmung der Universität förderte nicht nur den Beginn einer systematischen Lehrerbildung. Es zeichnete sich eine Entwicklung ab, dass Forschung und Lehre an den höheren Bildungs- und Erziehungsanstalten einheitlicher gesehen wurden. Für den Lehrbetrieb an den Universitäten erlangten Fragen nach der Gestaltung der zwischenmenschlichen Beziehungen zwischen Studenten und Professoren oder nach Chancen der Universität als lebendige Körperschaft höhere Bedeutung.

Nationalerziehungsbewegung

Reformwille an den Universitäten und der Ansatz einer humanistischen Allgemeinbildung wurden in der Nationalerziehungsbewegung weiter belebt. Die Zeit erwies sich als günstig, da sich Deutschland von den letzten feudalen Hemmnissen löste und die Wege für alternative Lösungen auch im Erziehungssektor wieder offener waren. Die deutsche Nationalerziehungsbewegung, getragen und ausgelöst von den sogenannten 'Neuen Erziehern', wollte *"die Hindernisse wegräumen, welche der deutlichen Einsicht im Wege stehen, wenn dunkle und verworrene Begriffe mit deutlichen vertauscht und die Urteilskraft eben durch Zerstreuung dieses Nebels, in welchem die Ideen chaotisch durcheinanderlagen, richtig geleitet und geführt wird"*[360]. Die Nationalerziehungsbewegung machte die deutsche Pädagogik weit über die Grenzen Deutschlands hinaus bekannt und erlangte in den Befreiungskriegen zwischen 1813 und 1815 eine herausragende Bedeutung. Sie wurde durch zahlreiche Philantropen und Neuhumanisten repräsentiert. Auf ihre Anhänger und Vordenker kann mit J.B. Basedow, J.H. Campe, W.v. Humboldt oder J.C.F. GutsMuths exemplarisch verwiesen werden. Johann Gottlieb Fichte (1762-1814) und Johann Gottfried Herder (1744-1803) gaben der Nationalerziehungsbewegung ihre kulturphilosophischen und literarischen Impulse. Sie fanden in den unterschiedlichen Nationalerziehungsplänen ihren Niederschlag und halfen, den 'Brückenschlag' zwischen Pädagogik und der klassischen deutschen Dichtung sowie zur klassischen deutschen Philosophie vorzubereiten.

Zentrale Absichten und Ansprüche der Nationalerziehung entstanden aus den konkreten Erfahrungen zur Herrschaft der Territorialfürstentümer. Die konstitutive Entwicklung einer deutschen Nation wurde durch diese Herrschaftsform eingegrenzt. Obwohl sich bereits wesentliche nationale Merkmale herausgebildet hatten, wie z.B. ein gemeinsam bewohntes Territorium, gemeinsame Schriftsprache oder Verbindungen im Waren- und Geldverkehr, gab es in der gesellschaftspolitischen und staatlichen Dimension erhebliche Entwicklungsrückstände gegenüber den anderen großen europäischen Nationen. Aus diesem Grunde hatte neben dem aufklärerischen Anliegen die Erziehung zum Patriotismus eine Schlüsselfunktion in der Nationalerziehung.

Friedrich Gabriel Resewitz (1729-1806) gelangte in diesem Zusammenhang zur Auffassung, dass *"wer ohne patriotischen Geist aufgewachsen ist, wird als Mann sein Vaterland schwerlich liebgewinnen lernen"*[361]. Die Stunde der Not und Bewährung lag mit der späteren Vorherrschaft Napoleons gar nicht in so weiter Ferne. Die Bereitschaft ganzer Generationen war gefordert, wehrhaft die Reihen zu schließen. Auf diesen Patriotismus ging die National-erziehungsbewegung zurück und auf diesen richtete sie sich: *"Man hat uns zu allen dem machen wollen, was alle anderen sind, daß wir selbst nicht mehr wissen, was wir sind und was wir sein wollen. Wenige Provinzen Deutsch-lands und den gemeinen Mann ausgenommen, erkennt man kaum mehr in der neueren gesitteten Welt das Nationalgepräge eines Deutschen"*[362].

Die Erziehung zur Humanität war eine weitere Forderung der National-erzieher. Neuere Entwicklungen in Handwerk, Kultur und Politik forderten von sich aus, dass alle sozialen Gruppierungen im Bildungs- und Er-ziehungswesen Berücksichtigung fanden. Es reichte schon lange nicht mehr aus, nur einer standesmäßigen Oberschicht allgemeinere Bildung und soziale Erziehung zukommen zu lassen. Der 'neue Staatsbürger' benötigte auch neu-ere Kenntnisse, praktische Fähigkeiten und Sozialisationserfahrungen, die zum einen seine Brauchbarkeit in unterschiedlichen Bereichen erhöhte und zum anderen das individuelle Zufriedenheitsgefühl stärkte: *"Alle Volksklassen ohne Ausnahme brauchen jetzt geschicktere und ausgebildetere Mitglieder, als sie im vorigen Jahrhundert bedurften. Der Bürger und der Bauer muß in seinem Fortkommen die Erfindungen seines Zeitalters nutzen, welches bei seinen Voreltern sicher nicht der Fall war; dies aber kann er ohne Begriffe von den Dingen, die um ihn sind, ohne einige Kenntnis der Verfassung seines Vaterlandes und ohne einige Ausbildung seines Verstandes in der Regel nicht"*[363]. Deshalb ging es nicht nur um den Erwerb neuerer und anwendbarer Kenntnisse, die aktuell benötigt wurden. Soziale Verhaltensweisen und individuelle Lebensentwürfe sollten in der national gesinnten Körperschaft neu überdacht und verändert werden. Die Nationalerzieher sahen in der heranwachsenden Generation die Chance, junge Menschen zu erziehen, die sich später den nationalen Aufgaben offen und engagiert stellen würden: *"Gebet den Menschen Gemeingeist, gebet ihnen Patriotismus; lasset diese Gefühle nur möglich sein, und ihr werdet Helden an ihnen finden. Nicht solche Helden, die eines unsinnigen Ruhmes wegen, sich selbst erschöpfen, den Staat und die Nation ins Verderben stürzen ...; aber solche Helden, die, um das Vaterland zu verteidigen, um die Ruhe desselben zu erhalten, keine Gefahr achten"*[364].

Die Nationalerziehung war humanistisch orientiert, da der standes-unabhängige und damit gleichberechtigte Zugang zu öffentlicher Bildung und Erziehung ein zentrales Anliegen war: *"Das hilflose, schmutzig geborene Kind des Vornehmsten im Staate gleicht dem des Niedrigsten in allen Verhältnissen"*[365]. Daher wurde für die Kinder generell geschlussfolgert: *"Sein Stand ist der Stand eines Kindes. Wehe dem moralischen Giftmischer, der solchem Kinde früh wissen läßt, es bedeute mehr als ein Mensch ... Kinder, ich sage noch einmal, sind nichts weiter als junge kleine Menschen. Nicht höher, nicht niedriger an Stand und Würden"*[366]. Hinzutreten dürfte die Tatsache, dass humanistische Bildung und Erziehung auch die Kinder und Jugendlichen mit ihren spezifischen Bedürfnissen, Einstellungen und Motiven angemessen berücksichtigte und den kindhaften Wesenskräften im Erziehungsplan nachkam. So wurde Menschen- und Friedensliebe zum humanistischen Ideal der Nationalerziehung: *"Jeder Mensch soll in dem andern seinen Menschenbruder erkennen, sich über dessen Wohlsein freuen ... . Diese Gesinnung nennt man im gemeinen Sinne Menschenliebe, welcher jeder Menschenfeindschaft entgegengesetzt ist. Allen Völkern und einzelnen Menschen liegt daran, daß jene als Grundlage der Humanität in der Welt immer herrschender, letztere als Ausbruch tierischer Rohheit, immer mehr ausgerottet werde. Deshalb ist bei der öffentlichen Erziehung auch darauf mit allem Fleiße zu sehen, daß dieser liebevolle Sinn geweckt und gefördert werde"*[367]. Diese Perspektive legte es den Nationalerziehern nahe, die kind- und jugendhafte Daseinsweise in ihrer altersgerechten Natur umfassend im erzieherischen Gesamtzusammenhang zu berücksichtigen. Daher forderten sie für die Ausgestaltung der zwischenmenschliche Beziehungsebene zwischen Lehrern und Schülern, dass die *"(kindlichen-T.F.) Menschheitsrechte nicht verletzt"*[368] werden dürften. Dazu gehörte die Einsicht, *"daß durch Strafen niemand gebessert werden könne"*[369]: *"Bessern heißt, jemand dahin bringen, daß er nach sittlichen Vorschriften handle. Furcht vor der Strafe ist nur ein sinnliches Motiv, das zwar zu einem legalen aber nie zu einem sittlichen Betragen führen kann"*[370].

Die lebensweltliche Ausrichtung der Nationalerziehung führte direkt in die außerordentliche Betonung des muttersprachlichen Prinzips. Die nationalen Werte in Kultur, Philosophie und Geschichte sollten im Erziehungsgeschehen tradierend aufgehoben werden. Die sittlich-moralische Erziehung war auf Ziele der Gemeinschaft orientiert. Aber auch die körperliche Erziehung der jungen Generation nahm einen breiten Raum ein. Vormilitärische Ausbildung und auch Erziehungsbedürfnisse des Handwerks machten körperliche sowie arbeitsbezogene Fähigkeiten und Fertigkeiten in zunehmenden Maße notwendig. Für derartige Überlegungen steht zum Beispiel die Arbeit von Johann Christoph Friedrich GutsMuths (1759-1839): *"Gymnastik für die Jugend"*[371]. Die theoretischen Überlegungen sowie praktischen Aktivitäten von Friedrich Ludwig Jahn (1778-1852) stellten die ersten Bausteine einer im zeitgeschichtlichen Zusammenhang neuartigen Körpererziehung dar. Jahn fasste sie in seinem theoretischen Hauptwerk zusammen: *"Die deutsche Turnkunst"*[372]. Außerdem erprobte er diese Bausteine auch praktisch. Er gründete das 'Sportforum' in der südlich von Berlin gelegenen Hasenheide. Über Spiele, gymnastische Übungen und unter Verwendung zahlreicher Turngeräte wurde versucht, erhöhte Geschicklichkeit, Kondition und Durchsetzungskraft zu trainieren.

Körperliche und geistige Aktivitäten konnten nur in ihrer wechselseitigen Abhängigkeit zur Darstellung kommen, wenn eine Vorstellung von ganzheitlicher Bildung und Erziehung vorhanden war. Gerade dieser fortschrittliche Zug zeichnete die meisten Nationalerziehungspläne aus. In ihnen wurde die akademische Bildung und die Charaktererziehung auf der Grundlage des vorhandenen Menschenbildes einheitlich betrachtet. Das Menschenbild beschrieb den wachsamen und national gesinnten Staatsbürger, der sich in seiner Körperschaft und auf der Grundlage verbindender Ziele für das Gemeinwohl uneingeschränkt einsetzt. R.B. Jachmann brachte diese Verbindungen auf den Punkt: *"Wir haben dagegen eine andere Vorstellung von dem, was zur Schulbildung eines Menschen und Staatsbürgers gehört. Wir rechnen dahin eine vollkommene und harmonische Ausbildung seiner Körper- und Geisteskraft bis zu einem idealischen Vernunftsleben, und benutzen dazu alles, was die Philosophie, Mathematik, Altertumswissenschaft und Religion, alles was die Natur-, Erd-, Völker- und Menschenkunde zu diesem Zweck als Kulturmittel und Geistesnahrung darbietet"*[373].

Bereits an dieser Stelle lassen sich einige Merkmale der Nationalerziehungsbewegung herausstellen, die neben ihrer patriotischen Ausrichtung und der Betonung des muttersprachlichen Prinzips auf erlebnis- und handlungsorientierte Lernformen hinweisen:

126

1. Ihr aufklärerischer Charakter, der sich auf die natürlichen Wesenskräfte des jungen Menschen richtete.
2. Ihre humanistische Grundorientierung, die das Recht auf das individuelle Leben und Lernen artikulierte.
3. Ihr ganzheitlicher Erziehungsanspruch, der die wechselseitige Verbindung zwischen geistiger, körperlicher und sittlicher Erziehung reflektierte.
4. Die Betonung der charakterlichen Erziehung, die sich auf die Ausprägung eines nationalen Gemeinsinns bezog.

Die Bedeutung der Nationalerziehungspläne wurde erst in der Phase der Befreiungskriege umfassend erkannt. Deren theoretischer Gehalt findet in den Arbeiten von Johann Gottlieb Fichte (1762-1814) einen beachtenswerten Ausdruck. Fichte dürfte schon deshalb für die Fundierung erlebnis- und handlungsorientierter Lernformen von außerordentlicher Bedeutung sein, da er die Probleme der pädagogischen Provinz, natürliche Methoden der Erziehung und die Aufgaben staatsbürgerlicher Charakterbildung umfassend bearbeitete. Seine Überlegungen enthalten nicht nur Affinitäten zu Kurt Hahn, sondern auch zur gegenwärtigen Diskussion über erlebnispädagogische Aktivitäten. Im Nationalerziehungsplan Fichtes gingen die Vorarbeiten von Platon zur pädagogischen Provinz ein. Sie wurden dort im zeitgeschichtlichen Zusammenhang modifiziert und traten darüber hinaus auch bei anderen Klassikern der deutschen Dichtung zutage. Nicht zuletzt wurde der Begriff der pädagogischen Provinz durch Goethe[374] geprägt. Diesen Feststellungen zur deutschen Klassik wird später noch nachgegangen. Zunächst dürfte von Interesse sein, dass die Arbeiten und Leistungen von Johann Heinrich Pestalozzi (1746-1827) zeitlich fast parallel entstanden. Sie waren jedoch nicht mit dieser starken nationalen Orientierung versetzt und konzentrierten sich auf allgemeinpädagogische Fragestellungen. Ohne Zweifel übten sie ihren Einfluss auf Fichte und die deutsche Klassik[375] aus und gaben der Nationalerziehungsbewegung wesentliche Impulse.

Johann Heinrich Pestalozzi war ursprünglich Landwirt und scheiterte mit der Bewirtschaftung seines 'Neuhof' bei Birr. Schon in seiner Jugendzeit war er an philosophischen Fragen interessiert und gehörte der 'Helvetischen Gesellschaft' an. Dort lernte er Platons 'Politeia' und Rousseaus 'Emil' kennen. Außerdem setzte er sich eingehend mit den Auffassungen des französischen Materialismus auseinander. Die Positionen von Helvetius waren ihm bekannt. Ihnen konnte er entnehmen, dass die natürlichen Begebenheiten in der vergegenständlichten Außenwelt die eigentlichen Erzieher sind und das Kind in der aktiven Auseinandersetzung mit ihnen an sozialer Reife und praktischer Erfahrung gewinnt. Dieser Standpunkt entsprach auch seinen eigenen Lebenserfahrungen, die er als Landwirt im Umgang mit der natürlichen Umwelt bereits gesammelt hatte. Sicherlich wirkten auf ihn auch die sensualistischen Aussagen von Locke nachhaltig zurück, denn auf vergleichbarer erkenntnistheoretischer Grundlage verwandelte er 1774 seinen Bauernhof in eine Erziehungsstätte für etwa 50 Kinder. Nach seiner umfangreichen schriftstellerischen Tätigkeit wurde ihm 1799 das Waisenhaus in Stans übertragen, das er allerdings im gleichen Jahr wieder aufgeben musste. Während seiner Tätigkeit im helvetischen Lehrerseminar auf Schloss Burgdorf entstand sein wohl bekanntestes Werk: *"Wie Gertrud ihre Kinder lehrt"*[376]. Mit dieser Schrift hinterließ Pestalozzi die methodischen sowie ethischen Grundsätze seiner Erziehungsideen.

Sein Engagement für verarmte und verwahrloste Kinder kam nicht zufällig zustande. Seine Hinwendung zum bäuerlichen Stande war zwar aus wirtschaftlicher Sicht gescheitert, aber die natürliche Lebensart auf dem Bauernhof und die unmittelbare Sozialisation in der bäuerlichen Gemeinschaft waren Lebens- und Arbeitsformen, die ihm für erzieherische Überlegungen geeignet erschienen. Die enge persönliche Bindung des Erziehers an seinen Zögling wurde für Pestalozzi zu einem Ausgangspunkt dialogisch angelegter Gemeinsamkeit, die in hohem Maße von emotionaler Vertraulichkeit geprägt sein sollte. Diese persönliche Bindungen sah er in der Familie und auch in der bäuerlichen Großfamilie als ganz natürlich gegeben an. Das verstehende Einfühlen von Motiven, Wünschen und Neigungen seiner Zöglinge und eine damit verbundene tiefgehende pädagogische Kindorientierung verlangten nach einem Lehrer, die sich ganz seinen Aufgaben als Mensch und Erzieher hingab: *"Ich war von Morgen bis Abend, so viel als allein in ihrer (der Kinder-T.F.) Mitte. Alles was ihnen an Leib und Seele Gutes geschah ging aus meiner Hand ... . Meine Hand lag in ihrer Hand, mein Aug' ruhte auf ihrem Aug'. Meine Tränen flossen mit den ihrigen, und mein Lächeln begleitete das ihrige. Sie waren außer der Welt, sie waren außer Stans, sie waren bey mir, und ich war bey ihnen. Ihre Suppe war die meinige, ihr Trank war der meinige ... . Ich schlief in ihrer Mitte ... . Alle Augenblicke mit Gefahren einer gedoppelten Ansteckung umgeben, besorgte ich die beinahe unbesiegbare Unreinlichkeit ihrer Kleider, und ihrer Personen"*[377].

Den guten Menschen und berufenen Erzieher sah Pestalozzi zuallererst in den Eltern. Deshalb reflektierten seine 'frühen' pädagogischen Ideen zur 'Wohnstubenerziehung' die Bedeutung des familiären Milieus und der kleinbäuerlichen Haushaltung. Soziale Erfahrungen, standesgemäße Fähigkeiten und sittlich-moralische Wertüberzeugungen wurden auf den familiären Zusammenhalt und Zusammenhang zurückgeführt und fanden dort eine natürliche und soziale Konkretion. Hinzu kam, dass Pestalozzi die Überlieferung des berufsvorbereitenden Wissens und Könnens am besten bei den Eltern aufgehoben sah, da diese am engsten mit den Routinen der bäuerlichen Arbeit und familiären Haushaltung verbunden waren: *"O! es ist ein heiliger Ort, um die Wohnung des Menschen; da kennt, da versteht man einander, das geht einem so alles ans Herz; da soll man einander lieb seyn, wie man sonst nirgend in der Welt einander lieb ist; da ist nichts Fremdes und kein Schulgewühl: da schneidet der Sohn Rüben und rechnet mit dem Vater; da spinnt die Tochter, und lernt im Spinnen die Lieder alle, die ihre Mutter neben ihr singt; da hält man keine Hand still um des Lernens willen ... "*[378].

Die bäuerliche Familie und der Bauernhof wurden von Pestalozzi als Voraussetzungen der pädagogischen Provinz interpretiert. Die Nützlichkeit des erzieherischen Anliegens wurde von ihm bewusst in den Vordergrund seiner Aktivitäten gerückt. Die Verbundenheit von praktischen und geistigen Betätigungen erlangten, auf das generationsübergreifende Schaffen bezogen, eine lebensweltliche Bedeutung. Außerdem siedelte Pestalozzi den sozialen und sittlichen Austausch zwischen Eltern und Kindern im bäuerlichen Milieu an, da ihm die natürlichen und damit anschaulichen Zugänge zu neuen Erfahrungen in diesem Lebenskontext in besonderer Weise gegeben waren: durch die Fasslichkeit der sozialen und praktischen Lerngegenstände konnte ein Erziehungsvorgang gestaltet werden, der sich vom Einfachen zum Komplizierten bewegte. In aller Ausführlichkeit demonstrierte Pestalozzi die 'Wohnstubenerziehung' und deren charakterbildende Kräfte in seinem Manuskript *"Lienhard und Gertrud"*[379]. Hier zeichnete er ein Idealbild elterlicher Erziehung vor: *"Mensch, du selbst, das innere Gefühl deines Wesens und deiner Kräfte ist der erste Vorwurf der Natur. Aber du lebst nicht nur für dich allein auf Erden. Darum bildet dich die Natur auch für äußere Verhältnisse und durch sie. So wie diese Verhältnisse dir nahe sind, Mensch, sind sie zur Bildung deines Wesens für deine Bestimmung dir wichtig. Immer ist die ausgebildete Kraft einer nähern Beziehung Quelle der Weisheit und Kraft des Menschen für entferntere Beziehungen"*[380]. Der Glaube Pestalozzis, an das in jedem Menschen angelegte Streben nach innerer Vervollkommnung, wird in all seinen Schriften deutlich. In der Familie sah Pestalozzi wesentliche Faktoren und Kräfte ganzheitlicher Menschenbildung vereinigt. Sicherlich erzeugten seine streng patriachalisch ausgerichteten Strukturüberlegungen zur Familienerziehung auch ihre eigenen Grenzen. Jedoch die Liebe zwischen den Eltern und ihren Kindern, jede Art von emotionaler Zuwendung und Gemeinsamkeit, schien ihm geeignet zu sein, mitmenschliche Anteilnahme in einem lebendigen und repressionsarmen Handlungs- und Lebenszusammenhang auszuprägen. Im Kern der Sache ging es darum, dass die Kinder in der Familie die innere Sicherheit gewinnen sollten, dass ihr Handeln akzeptiert und ihre Wünsche respektiert werden. Zum anderen richtete sich das pädagogische Interesse auf die innere Zufriedenheit des Kindes, das den eigenen Entwicklungsfortschritt bewusst zu reflektieren hatte. In diesem Sinne stellte sich für Pestalozzi pädagogisches Engagement in folgender Fragestellung dar: *"Was würdest du tun, wenn du einem einzelnen Kinde den ganzen Umfang derjenigen Kenntnisse und Fertigkeiten beibringen wolltest, deren es bedarf, um durch eine gute Besorgung seiner wesentlichen Angelegenheiten zu innerer Zufriedenheit mit sich selbst zu gelangen"*[381]?

Damit wurde die Individualität des Kindes zur wesentlichen Implikation des erzieherischen Anliegens. Wichtig war für Pestalozzi, dass sich die natürlichen Gegenstände und sozialen Geschehnisse in der Außenwelt mit den Wahrnehmungs- und Sinnesleistungen der Kinder zu einem kindgemäßen Erkenntnisprozess verbinden ließen: *"Die Anschauung der Natur selber ist das eigentliche wahre Fundament des menschlichen Unterrichts, weil sie das einzige Fundament der menschlichen Erkenntnis ist. Alles, was weiter geht, ist bloß Resultat und Abstraktion dieser Anschauung, folglich in jedem Fall, in welchem diese unvollendet, einseitig und unreif ist, auch ungewiß, unsicher und unzuverlässig, und in jedem Fall, in welchem diese Anschauung unrichtig ist, Täuschung und Irrtum"*[382]. Interessanterweise gingen die Gedanken von Pestalozzi über diesen instrumentellen Standpunkt einer natürlichen Lern- und Lehrmethode weit hinaus, da er die Verbindung zwischen den individuellen Kräften des Kindes und den normativen sowie situativen Momenten der Außenwelt wechselseitig sah: *"Was tut die Natur selber, um mir die Welt, soweit sie mich berührt, wahrhaft vorzustellen - das ist: Durch was für Mittel bringt sie die Anschauung der wesentlichsten Dinge, die mich umschweben, in mir selbst zu einer mich befriedigenden Reife? ... Sie tut es durch meine Lage, meine Bedürfnisse und meine Verhältnisse"*[383]. Pestalozzi erkannte deutlich, dass sich jede Form der Erziehung als persönlich bedeutungsvoll erweisen muss, wenn sie persönlichkeitsbildenden Charakter tragen soll. Pädozentrierte Erziehung kann nicht nur verbal gefordert werden, sondern sie muss auch ihre praktische Gestalt durch den Rückbezug auf die individuellen Potenziale des Kindes verwirklichen. Außerdem konnte Pestalozzi beschreiben, dass nicht nur die Natur in ihren instrumentellen Zügen Grundlage kindgemäßer Erziehung sein kann. Soziale, emotionale und motivationale Impulse müssen gleichermaßen in den pädagogischen Kontext eingehen: *"Durch meine Lage bestimmt sie (die Natur - T.F.) die An-*

schauungsweise der Welt, durch meine Bedürfnisse erzeugt sie meine An-
strengung, und durch meine Verhältnisse (Standesverhältnisse-T.F.) dehnt sie
meine Aufmerksamkeit aus und erhebt sie zur Vorsicht und Sorgfalt. Also
gründet sie durch die erste die sinnlichen Fundamente meiner Kenntnisse,
durch die zweite diejenigen meines Berufes und durch die dritte diejenigen
meiner Tugend"[384].

In den 'späten' Arbeiten von Pestalozzi reiften diese Grundvorstellungen zum Konzept der 'Elementarmethode' des Lehrens und Lernens. Ein Weg wurde aufgezeigt, auf dem von der sinnlichen Anschauung im kind- und jugendgemäßen Erfassungsvermögen bis zur nützlichen Erfahrung oder theoretischen Einsicht fortgeschritten werden konnte. Alle kind- und jugendgemäßen Aneignungsformen wurden in dieser Elementarmethode verarbeitet und der altersgemäßen Wahrnehmung ein gehobener Stellenwert zugemessen. Anschauung und Wahrnehmung sollten die intellektuellen, physischen und sittlichen Wesenskräfte des jungen Menschen stärken und von dort in einem altersbedingt abgestuften Lernprozess zur vollen Entfaltung kommen. Dabei erhob Pestalozzi die Forderung nach der wechselseitig abgestimmten Entwicklung des *"Kennens, Könnens und Wollens"*[385]. Sie ging auf eine ganzheitliche Erziehungsvorstellung zurück, in der praktische und geistige Tätigkeiten korrelieren, die äußeren Anschauungen der Dinge und Vorgänge in gewisser Weise adäquate innere Vorgänge bedingen und so einen ständigen Prozess des individuellen Suchens und Findens auslösen. Pestalozzi unterschied dabei zwischen passiver und aktiver Anschauung. Beide Seiten sollten dem biographischen Aufbau innerer Dispositionen dienen. Er betonte natürlich die aktive Anschauung der natürlichen und sozialen Umwelt, die für ihn im Sinne des Erkenntnisprozesses als geistige Veränderung der Außenwelt in das Denken und Fühlen des Individuums einging.

Durch die in der Elementarmethode vorausgesetzte Harmonie zwischen Natur und menschlicher Erkenntnis, bestand für Pestalozzi auch keine Diskrepanz zwischen der realen Beschaffenheit der Natur und ihrer subjektiven Verinnerlichung. Die kind- und jugendgemäßen Erkenntnistätigkeiten der Anschauung und Wahrnehmung lagen in seinem Selbstverständnis nicht außerhalb aller natürlichen Vorgänge. Das Erlernen der menschlichen Kulturtechniken oder das Sammeln sozialer Erfahrungen sah Pestalozzi im wechselseitigen Zusammenhang zu natürlichen Vorgängen und deren sich ständig verändernden Existenzformen. Der sinnliche Eindruck, der sich individuell durch die Auseinandersetzung mit der natürlichen und sozialen Umwelt einstellte, wurde als nichts anderes aufgefasst, als das innere Produkt der eigenen und äußeren Natürlichkeit. So gesehen wurde bei Pestalozzi jede intrapsychische Kreativität zum Ausgangspunkt, Verlauf und Resultat der Wahrnehmung natürlicher Prozesse, die durch ihren Bezug zum erzieherisch gemeinten Anliegen *"die Kunst, das äußere der Anschauung zu leiten"*[386] darstellte: *"Und wenn ich dann dem allgemeinen Ursprung aller dieser Elemente der menschlichen Kunst nachspüre (mit diesen Kunstelementen sind Kulturtechniken, wie Sprache, Zeichnen, Schreiben, etc. gemeint - T.F.), so finde ich ihn in der allgemeinen Grundlage unseres Geistes, vermöge welcher unser Verstand die Eindrücke, welche die Sinnlichkeit von der Natur empfangen hat, in seiner Vorstellung zur Einheit, das ist zu einem Begriff, auffaßt. Aus dieser Darstellung erhellt, daß in jedem Falle, wo die Kunstbildung mit der wirklichen Natur nicht gleichen Schritt hält, die Kunst durch ihre voreilende Wirkung auf den menschlichen Geist zur Quelle einer sinnlichen Verhärtung wird ... . Auch ist es einzig durch diesen mit dem Mechanismus der Sinnlichkeit harmonisierenden Gang, daß die Kultur das ineinanderfließende Meer verwirrter Anschauungen mir zuerst in bestimmten Anschauungen vergegenwärtigt, dann aus bestimmten Anschauungen klare Begriffe und aus diesem deutliche schafft"*[387].

Zahl, Form und Wort waren für Pestalozzi[388] die Bausteine menschlicher Erkenntnisdarstellung. Sie hatten sich aus der praktischen Anschauung zu ergeben und das intellektuelle Lernens auszurichten. Die Könnensentwicklung siedelte er in der Arbeitserziehung an. Sie fand vorrangig in den Tätigkeitsbereichen des bäuerlichen 'Wirtschaftens' statt. Die sittliche Erziehung, von Pestalozzi in den emotionalen Bereich der Familienbeziehungen verlegt, sollte sich durch das Erlebnis der selbstlosen und aufrichtigen Liebe zwischen Eltern und Kindern vollziehen. Den basalen 'Mechanismus' dieser Elementarbildung beschrieb er mit seiner Elementarmethode für kindgemäßes Lernen: *"Denken und Handeln soll, wie ein Bach und eine Quelle, in ein solches Verhältnis kommen, daß durch das Aufhören des einen das andere auch aufhören muß, und umgekehrt"*[389].

Für spezifische Lernformen sind in der Elementarmethode Pestalozzis zahlreiche Hinweise gegeben. In ihr findet der konsequente Außenweltbezug der Erziehungsideen des französischen Materialismus seine schlüssige Weiterführung.

Elementarmethode von Johann Heinrich Pestalozzi[390] und die Konzeption eines lernwirksamen Unterrichts

1. Bringe alle wesentlich zusammengehörenden Dinge in deinem Geist in eben den Zusammenhang, in dem sie sich in der Natur wirklich befinden.
2. Unterordne alle unwesentlichen Dinge den wesentlichen und vorzüglich den Eindruck der Kunstansicht.
   auf dich selber demjenigen der Natur und ihrer wirklichen Wahrheit.
3. Gib keiner Sache in deiner Vorstellung mehr Gewicht, als sie verhältnismäßig für dein Geschlecht in der Natur besitzt.
4. Ordne alle Gegenstände in der Welt auch nach ihrer Ähnlichkeit.
5. Verstärke den Eindruck wichtiger Gegenstände auf dich selbst dadurch, dass du sie durch verschiedene Sinne auf dich wirken lässt.
6. Suche in jeder Kunst eine Stufenfolge der Erkenntnis zu reihen, in welcher jeder neue Begriff nur ein kleiner, fast unmerklicher Zusatz zu tief eingeprägten und dir selbst unvergesslich gemachten früheren Erkenntnissen ist.
7. Lerne das Einfache zur Vollkommenheit vollenden, eh' du zu etwas Verwickeltem fortschreitest.
8. Erkenne in jeder physischen Reifung das Resultat der gänzlichen Vollendung der Frucht in all ihren Teilen, und nimm an, jedes richtige Urteil muss ebenso ein Resultat einer in allen Teilen vollendeten Anschauung des zu beurteilenden Gegenstandes sein ... .
9. Alle physischen Wirkungen sind unbedingt notwendig, und diese Notwendigkeit ist ein Resultat der Kunst der Natur, das Ebenmaß, mit welchem sie die heterogen scheinenden Elemente ihres Stoffs alle unter sich selbst zur Vollendung eines Zweckes vereint.
10. Reichtum und Vielseitigkeit im Reiz und Spielraum verursachen, dass die Resultate der physischen Notwendigkeit das Gepräge der Freiheit und Selbständigkeit allgemein tragen.
11. Bestimme alles Positive in deiner Anschauung, deiner Berufsentwicklung und selber deiner Tugend.

Diese Elementarmethode bezog sich bei Pestalozzi vorrangig auf die Ausgestaltung eines lernwirksamen Unterrichtes. In diesem kam es darauf an, den Wissens- und Könnenszuwachs der Kinder und Jugendlichen auf ihre sinnliche Wahrnehmungsleistung auszurichten, um danach *"von sinnlichen An-*

schauungen zu deutlichen Begriffen"[391] zu gelangen. Lernen und Lehren war damit bei Pestalozzi unmittelbar an die Anschaulichkeit, Fasslichkeit und Kindgemäßheit der Methoden und Inhalte gebunden: *"Der Mechanismus der Natur ist in seinem ganzen Umfang hoher, einfacher Gang. Mensch! ahme ihm nach. Ahme es nach, dieses Tun der hohen Natur, die aus dem Kern des größten Baumes zuerst nur einen unmerklichen Keim treibt; aber dann durch ebenso unmerkliche als täglich und stündlich fließende Zusätze zuerst die Grundlage des Stammes, dann diejenige der Hauptäste und endlich diejenigen der Nebenäste, bis an das äußerste Reis, an dem das vergängliche Laub hängt, entfaltet"*[392]. Diese Gedanken vom stufenweisen Lernen am Vorbild natürlicher Gegebenheiten ließ sich gut mit dem pädozentrierten Grundanliegen Pestalozzis verbinden. Die dabei ständig mitgedachte Wechselbeziehung zwischen sinnlicher Wahrnehmung und Bewusstseinsbildung konnte Pestalozzi mehrfach beschreiben. Er verband die individuelle Natur des einzelnen Menschen linear mit den Vorgängen und Geschehnissen der natürlichen Außenwelt. Das war für ihn möglich, da er den Menschen als evolutionäres Produkt und Ergebnis des natürlichen Gesamtzusammenhanges verstand und davon ausging, dass die Veränderungen in diesem Gesamtzusammenhang durch das einzelne Individuum letztlich bestimmt werden: *"Vergiß es nicht, Mensch! Alles, was du bist, alles, was du willst, alles, was du sollst, geht von dir selber aus. Alles muß in deiner physischen Anschauung den Mittelpunkt haben und dieser bist hinwieder du selbst. In allem diesen Tun setzt die Kunst (Kunst ist hier der Sammelbegriff aller idealen Fähigkeiten, die sich in den menschlichen Kulturtechniken gebildet haben - T.F.) zum einfachen Gang der Natur wesentlich nur noch dieses hinzu: Sie stellt das, was die Natur zerstreut, in großen Entfernungen herlegt, in einen engern Kreis zusammen und bringt es den fünf Sinnen nach Verhältnissen näher, welche das Erinnerungsvermögen erleichtern; vorzüglich erhöht sie die Empfänglichkeit der Sinne selber und macht immer durch Übung täglich leichter, was die Gegenstände, die sie umschweben, zahlreicher, richtiger und dauerhafter vorzustellen"*[393].

Damit thematisierte Pestalozzi Problemlagen, die selbst heute noch bei Vertretern natürlicher Lernmodelle heftig umstritten sind: Sind die Wirkungen der natürlichen Außenwelt an sich schon ein Zuwachs an neuer Handlungserfahrung? Wie kommt sie in einer veränderten Persönlichkeitsstruktur zur Darstellung und lässt sie sich für die pädagogische Praxis interpretieren? Heute werden derartige Fragestellungen in den Qualitäten der Reflexions-, Transfer- und Operationalisierungsproblematik interpretiert. Pestalozzi ging davon aus, dass sich sinnliche Eindrücke und Wahrnehmungen mit rationalen Bewertungsystemen verbinden müssen, um im Sinne des Lernerfolges zu einem Bewusstseinsinhalt werden zu können: *"Der Erfolg dieses Tuns aber setzt ... offenbar folgende gebildete Kräfte voraus: 1. die Kraft, ungleiche Gegenstände der Form nach ins Auge zu fassen und sich ihren Inhalt zu vergegenwärtigen; 2. diejenige, die diese Gegenstände der Zahl nach zu sondern und sich als Einheit oder als Vielfalt bestimmt zu vergegenwärtigen; 3. diejenige, um sich die Vergegenwärtigung eines Gegenstandes nach Zahl und Form durch die Sprache zu verdoppeln und unvergeßlich zu machen"*[394]. Die drei wesentlichen Elemente rationaler Erkenntnis (Zahl, Form und Sprache) ordnete Pestalozzi sicherlich in einer streitbaren Statik nebeneinander an. Wichtig jedoch für das Erfahrungslernen war sein Hinweis, dass sinnliche Empfindungen und Wahrnehmungen nur dann für den erzieherisch gemeinten Zusammenhang eine Bedeutung erlangen, wenn sie in strukturierter Bewusstseinstätigkeit zu einem inneren Informationsbestand (Wissen und Können) werden können. Daher forderte Pestalozzi dazu abschließend: *"1. die Kinder zu lehren, jeden Gegenstand, der ihnen zum Bewußtsein gebracht ist, als Einheit, das ist von denen gesondert, mit denen er verbunden scheint, ins Auge zu fassen; 2. sie die Form eines jeden Gegenstandes , das ist sein Maß und sein Verhältnis, kennen und lehren; 3. sie so früh als möglich mit dem ganzen Umfange der Worte und Namen aller von ihnen erkannten Gegenstände bekannt zu machen"*[395].

Johann Gottlieb Fichte erarbeitete den wohl bekanntesten Nationalerziehungsplan. In seinen *"Reden an die deutsche Nation"*[396] wurde dieser Plan 1808 theoretisch expliziert. Seine Gedanken über Erziehung gingen von der Grundannahme aus, dass sich Gesellschaft und Staat durch Erziehung reformieren lassen. Dabei erarbeitete Fichte ein Reihe von Erziehungsgrundsätzen, die sich auf sehr unterschiedliche Bereiche bezogen. Hier sollen nur die erörtert werden, die sich auf das Konzept des Erfahrungslernens zurückführen lassen. Zu ihnen gehören: Ideen zur Ausgestaltung einer pädagogischen Provinz, zur koedukativen Erziehung, zum Verhältnis zwischen Lernen und Arbeiten sowie zum kind- und jugendhaften Erkenntnisprozess.

Fichtes Erziehungsvorstellungen waren konsequent an den nationalerzieherischen Grundanliegen ausgerichtet. Im Gegensatz zu Pestalozzi resultierten seine Gedanken und Ansätze nicht aus einer Perspektive, die sich auf einen sozialen Stand reduzierte. Sein Nationalerziehungsplan gab dem Nationalismus in der Zeit der Befreiungskriege die maßgeblichen Impulse. Hierbei ging Fichte weit über das Konzept einer 'standesgemäßen Schule' hinaus und durchdachte Varianten der Integration gesellschafts- und schulpolitischer Grundsätze: *"Wir wollen durch die neue Erziehung die Deutschen*

zu einer Gesamtheit bilden, die in allen ihren einzelnen Gliedern getrieben
und belebt sei durch dieselbe eine Angelegenheit ... . Es bleibt sonach nichts
übrig, als schlechthin an alles ohne Ausnahme, was deutsch ist, die neue
Bildung zu bringen, so daß dieselbe nicht Bildung eines besonderen Standes,
sondern daß sie die Bildung der Nation schlechthin als solcher und ohne alle
Ausnahme einzelner Glieder desselben werde, in welcher in der Bildung zum
innigen Wohlgefallen am Rechten nämlich, aller Unterschied der Stände, der
in andern Zweigen der Entwicklung auch fernerhin stattfinden mag, völlig
aufgehoben sei und verschwinde, und daß auf diese Weise unter uns keines-
wegs Volkserziehung, ... sondern Nationalerziehung bestehe ... "[397].

Schulische Variationen sollten zur Keimzelle neuer sozialer Lebensformen
werden. Sie wurden als Element der Genese gesellschaftlichen Bewusstseins
aufgefasst. Die Ausprägung eines nationalen Gemeinsinns wurde ihnen als
zentrales Ziel vorgeordnet. War eine Nationalerziehung durch ihren erhöhten
Anspruch an staatsbürgerliches Verhalten und an die damit verbundenen
Werte, Normen und Einstellungen ohnehin verstärkt im Bereich der
Charakterbildung angesiedelt, kristallierte sich diese Position bei Fichte in
politischer und pädagogischer Hinsicht weiter heraus. Das gesellschaftliche
Idealbild, die im positiven und nationalen Sinne funktionierende republikanische Ordnung, wollte Fichte mit einer Mikroprojektion gesellschaftlicher
Routinen in der Schule nachgestalten. Staatliche Rituale, politische Pflichten
und Rechte und das Funktionieren der gesellschaftlichen Körperschaft sollte
in einem 'kleinen Staat', in der Schule, praktisch eingeübt werden.

Fichtes erste Grundannahme war, dass den Kindern und Jugendlichen für
dieses praktische Einüben ein eigenes Feld zugestanden werden müsste. Eine
pädagogische Provinz sollte geschaffen werden, die in ihrer Insularisierung
letztlich der Konzentration auf den gemeinschaftlichen Erziehungsvorgang
dienen sollte. Die Einflüsse des realen Lebens und Arbeitens auf den Erziehungskontext der jungen Generation wurden von Fichte zwar nicht abgelehnt, aber eher gering eingeschätzt. was ihre Bedeutung für die Nationalerziehung anging. Die Familienerziehung, bei Pestalozzi außerordentlich
betont, rudimentierte im Nationalerziehungsplan Fichtes auf eine Funktionsbestimmung in den ersten Lebensjahren des jungen Menschen. Damit baute
sich zunächst jener Widerspruch zum realen Leben auf, der in der kustodialen
Insularisierung pädagogischer Provinzen immer begründet ist. Ungeachtet
dessen forderte Fichte, *"daß die Kinder in gänzlicher Absonderung von den*
Erwachsenen mit ihren Lehrern und Vorstehern allein zusammen leben
sollen"[398]. Fichte ging es darum, die nationalen Tugenden von Gemeinsinn
und Körperschaftshandeln im Interesse des Staatswesens und seines Erhaltes
ungestört trainieren zu können.

Fichtes zweite Grundannahme reflektierte den Wert der geschlechtshetero-
genen Gemeinschaftserziehung. Er sah keine Probleme in der gemeinsamen
Erziehung von Jungen und Mädchen und plädierte eindeutig für koedukative
Erziehungsformen. Da auch das wirkliche Leben den Umgang und die Kooperation beider Geschlechter hervorbrachte und auf sie gerichtet war, konnte
im nationalerzieherisch gemeinten Vorübungsraum der pädagogischen
Provinz dieser Zug nicht ausgeblendet werden: *"Es versteht sich ohne unser
besonderes Bemerken, daß beiden Geschlechtern diese Erziehung auf dieselbe Weise zuteil werden müsse. Eine Absonderung dieser Geschlechter ... in
besondere Anstalten für Knaben und Mädchen würde zweckwidrig sein und
mehrere Hauptstücke der Erziehung zum vollkommenen Menschen aufheben.
... Die kleinere Gesellschaft, in der sie zu Menschen gebildet werden, muß,
ebenso wie die größere, in die sie einst als vollendete Menschen eintreten
sollen, aus einer Vereinigung der beiden Geschlechter bestehen; beide
müssen erst gegenseitig ineinander die gemeinsame Menschheit anerkennen
und lieben lernen und Freunde haben"*[399]. Diese Vorstellungen zur Koedukation gehörten mit Sicherheit zu den progresssiven Ideen in der Nationalerziehungsbewegung hinsichtlich des Erfahrungslernens. Außerdem bestand der Impuls, dieses integrative Leben und Lernen zwischen Jungen und
Mädchen praktisch zu gestalten und in der internatsgemäßen Erziehungsanstalt zu verwirklichen. Die Forderungen Fichtes hinsichtlich der koedukativen Bedeutung der Erziehungsanstalt waren eindeutig: *"Auch muß das
Verhältnis der beiden Geschlechter zueinander im ganzen, starkmütigen
Schutz von der einen, liebevoller Beistand von der anderen Seite, in der Erziehungsanstalt dargestellt und in den Zöglingen gebildet werden"*[400].

Fichte forderte, wenn auch nicht in der Deutlichkeit von Pestalozzi, die
Verbindung zwischen Arbeit und Lernen. Diese Verbindung wurde ja später
dann vor allem für die Schulen der Reformpädagogik, für die pragmatische
Pädagogik und die Erlebnispädagogik bestimmend. Die Forderung Fichtes
war eine logische Konsequenz, denn eine verhaltens- und handlungsorientierte Charakterbildung verlangte nach praktischen Formen der Kooperation
und Kommunikation in den zwischenmenschlichen Beziehungsebenen der
schulischen Erziehungsanstalt. Außerdem hatten im 'Schulstaat' Fichtes eine
Reihe von praktischen Arbeitsformen notwendige Bedeutung für den Schulalltag, da die materielle Basis der Schule nicht unwesentlich von ihnen ab-
hing: *"Das Grundgesetz dieses kleinen Wirtschaftsstaates sei dieses, daß in
ihm kein Artikel zu Speise, Kleidung usw. noch, soweit es möglich ist, irgend-
ein Werkzeug gebraucht werden dürfe, das nicht in ihm selbst erzeugt oder
verfertigt sei"*[401]. Damit ergaben sich die unterschiedlichen Arbeitsfelder

ganz notwendig und organisch aus den Erfordernissen der Schulgemeinschaft. Außerdem entsprach das hohe Maß an Anschaulichkeit dieser arbeitsbezogenen Passung dem physischen und psychischen Entwicklungsstand der Zöglinge: *"Alle Arbeiten dieser niederen Art müssen überhaupt nur als Nebensache, keinesfalls als die Hauptarbeit, vorgestellt werden. Die Hauptarbeit ist die Ausübung des Acker- und Gartenbaus, der Viehzucht und derjenigen Handwerke, deren sie in ihrem kleinen Staate bedürfen. Es versteht sich, daß der Anteil hieran, der einem zugemutet wird mit der körperlichen Kraft seines Alters in Gleichgewicht zu bringen und die abgehende Kraft durch neu zu erfindende Maschinen und Werkzeuge zu ersetzen ist. Die Hauptrücksicht hierbei ist die, daß sie, soweit wie möglich, in seinen Gründen verstehen müssen, was sie treiben ... "*[402]. In diesem Verständnis wurde die schulische Arbeit unter utilitaristischen Gesichtspunkten zum Erziehungsprinzip erhoben. Unter dem Aspekt der harmonischen Ausprägung der kindhaften Wesenskräfte kam sie als Methode sozialen und praktischen Erfahrungslernens zum Ausdruck. Hinsichtlich der Ausprägung von Problem- und Methodenbewusstsein beim Schüler, war sie auch Element einer formalen Lernkonzeption: *"Ein Haupterfordernis dieser neuen Nationalerziehung ist es, daß in ihr Lernen und Arbeiten vereinigt sei, daß die Anstalt durch sich selbst zu erhalten den Zöglingen wenigstens scheine und daß jeder in seinem Bewußtsein erhalten werde, zu diesem Zwecke nach all seiner Kraft beizutragen. Dies wird, durchaus noch ohne alle Beziehungen auf den Zweck der äußeren Ausführbarkeit und der Sparsamkeit hierbei, die man unserm Vorschlag ohne Zweifel anmuten wird, schon unmittelbar durch die Aufgabe der Erziehung selbst gefordert; teils darum, weil alle, die bloß durch die allgemeine Nationalerziehung hindurchgehen, zu den arbeitenden Ständen bestimmt sind und zu deren Erziehung die Bildung zum tüchtigen Arbeiter ohne Zweifel gehört, besonders aber darum, weil das gegründete Vertrauen daß man sich stets durch eigene Kraft werde durch die Welt bringen können und für seinen Unterhalt keiner fremden Wohltätigkeit bedürfe, zur persönlichen Selbständigkeit des Menschen gehört, und die sittliche, weit mehr als man bis zu glauben scheint, bedingt"*[403].

Das Prinzip der schulischen Arbeitserziehung hätte eigentlich in alle Bildungsstufen integriert werden können. Arbeitserziehung für künftige Arbeiter diente der Berufsorientierung und Berufsvorbereitung. Arbeitserziehung für den künftigen Unternehmer oder Politiker bot praktischen Zugang zu Fragen der Führung, Koordination und Organisation arbeitsteiliger und sozialer Abläufe. Außerdem ließen sich sittliche Tugenden durch Tathandlungen und praktische Erfahrungen im Zusammenwirken mit anderen Kindern und Jugendlichen sinn- und werthaft vermitteln, so dass die schulische Arbeitserziehung einen übergreifenden Sinn erhielt. Erziehungsziele, die auf selbständiges Handeln und praktische Problembewältigung in unterschiedlichen Lebenssituationen orientierten, waren ohnehin an die Selbsttätigkeit der Zöglinge gebunden. In der Arbeitserziehung kam zusätzlich der nützliche Charakter dieser Lerntätigkeiten für die Schulgemeinschaft zum Ausdruck.

Fichtes pädagogische Ideen verdeutlichen außerdem exemplarisch, dass die deutsche Klassik in Philosophie und Dichtung bis in die Nationalerziehungsbewegung hineinragte. Sie hinterließ ihre ganz eigenen Interpretationen zum erzieherischen Verhältnis oder zur Schulgestaltung in verschiedenen pädagogischen Strömungen. Waren die Dichter der deutschen Klassik, mit Ausnahme von J.G. Herder, keine Pädagogen im eigentlichen Sinne, so gingen von ihnen dennoch Ideen und Impulse aus, die den praktizierenden Lehrer und Lehrerbildner erreichten: der Schriftsteller als Pädagoge und umgekehrt. Diese Verbindungen zwischen literarischer Poesie und pädagogischer Reflexion, zwischen der Dichtkunst und der pädagogischen Kunst, lassen sich durch zahlreiche Beispiele und bei wechselnden zeitgeschichtlichen Bezügen personifizieren. Das schriftstellerische Werk von Rousseau zeichnete mit dem *"Emil"*[404] die pädagogische Kontur. *"Wie Gertrud ihre Kinder lehrt?"*[405] war Pestalozzis pädagogische Antwort auf seine Zeit und in einer leidenschaftlichen Poesie verfasst. Die reformpädagogischen Wegbereiter der Erlebnispädagogik in Deutschland, Hermann Lietz und Kurt Hahn, verfassten erst ihre romantischen 'Jugendromane', bevor die Konzentration auf das pädagogische Anliegen erfolgte. Was Lietz in seiner Schrift *"Emlohstobba"*[406] phantasievoll zum Ausdruck brachte, wurde für Hahn in *"Frau Elses Verheißung"*[407] zur poetischen Synthese aus Literatur und pädagogischem Aufbruch.

Ausplünderung und Unterdrückung der Bauern in den Territorialfürstentümern Deutschlands, die Missachtung von Menschenrechten und der Menschenwürde waren wichtige Impulse, in deren Umfeld die deutsche Klassik ihr humanistisches Menschenbild und ihr uneingeschränktes Vertrauen in die menschliche Wesenskräfte artikulierte. Johann Gottfried Herder (1744-1803) zeichnete diese Einstellung 1784 nach. Sie fand in Lessings *"Nathan der Weise"*[408] [Gotthold Ephraim Lessing (1729-1781)], in Schillers *"Lied an die Freude"*[409] [Friedrich (Johann Cristoph) von Schiller (1759-1805)] oder in Goethes *"Iphigenie und Tauris"*[410] [Johann Wolfgang von Goethe (1749-1832)] ihre weiteren Konkretionen: *"Ich wünschte, daß ich in das Wort Humanität alles fassen könnte, was ich bisher über des Menschen edle Bildung zur Vernunft und Freiheit, zu feinern Sinnen und Trieben, zur zartesten und stärksten Gesundheit, zur Erfüllung und Beherrschung der*

Erde gesagt habe: denn der Mensch hat kein edleres Wort für seine Be-
stimmung, als er selbst ist ... "[411].

Neben diesem humanistischen Grundzug kann der klassischen deutschen Dichtung das Bemühen entnommen werden, für das starke Nationalgefühl der Deutschen und ihr staatliches Einigungsbestreben einzutreten. Gerade in dieser Hinsicht bestanden enge Beziehungen zur Nationalerziehungsbewegung. Lessing und Schiller sahen zum Beispiel in der Schaffung der *"Deutschen Nationalbühne"*[412] ein wichtiges Instrument, um nationalerzieherisch wirken zu können. In Schillers Werken der *"Jungfrau von Orlean"*[413] oder im *"Wilhelm Tell"*[414] wurde gegen die französische Fremdherrschaft aufgerufen und die gesellschaftliche Bewegung zu einem deutschen Nationalstaat antizipiert. Nationalwille und die Bereitschaft des Volkes, aus der Stunde der Not eine Stunde der Bewährung zu machen, wurden in den Dramen Schillers zu unübersehbaren Denkfiguren nationalerzieherischer Intention. Diesen Einflüssen und Auswirkungen der klassischen deutschen Dichtung und Philosophie auf das Erziehungsdenken wird weiter nachzugehen sein, um ihren ideengeschichtlichen Beitrag zum Konzept des Erfahrungslernens präzisieren zu können.

Darüber hinaus scheint es einfach reizvoll zu sein, der literarischen Semantik pädagogischer Klassik nachzuspüren, um ihr Konturen hinsichtlich der Themenstellung des Erfahrungslernens abzugewinnen. Dabei kann es nicht darum gehen, in den positivierenden Botschaften und Programmen des Erfahrungslernens die inhaltliche Differenzierung idealistischer Philosophie und Pädagogik 'wegzuschleifen'. Vielmehr kann der ideengeschichtlichen Schatzkammer des deutschen Idealismus entnommen werden, dass unter philosophischen und pädagogischen Aspekten und über diese Zeit hinaus die erkenntnistheoretische Programmatik des Erfahrungslernens kritischer Vergewisserung bedarf.

Prospektive Fragestellungen:

1. Wie wurden die Fragen nach der Lernmotivation von Kindern im Philantropismus beantwortet (Basedow) und welches pädagogische Selbstverständnis vom altersabhängig gestuften Lernprozess (Campe) kam im ideengeschichtlichen Spektrum der Philantropen vor?
2. Warum wurde der Spielpädagogik (Trapp) als methodischer Variation philantropischer Persönlichkeitsbildung eine herausragende Rolle zugeschrieben und welche arbeitsbezogen-lebensweltlichen Themen (Salzmann) wurden mit dem Erfahrungslernen verbunden?
3. Existieren Argumente (Ernesti, Heyne), dass der ideengeschichtliche Beitrag des Neuhumanismus für das Konzept eines handlungs- und erlebnisorientierten Lernens in der Schule eher gering einzuschätzen ist?
4. Lässt sich eine gewisse Dekonstruktion innerhalb der zeitgeschichtlichen Aufhebung humanistischer Pädagogik im Konzept öffentlicher Allgemeinbildung (Wolf, v. Humboldt) feststellen?
5. Welches generative Potenzial kann der didaktisch-methodischen Entwicklung der Sportpädagogik (GutsMuths, Jahn) im Umfeld der Nationalerziehungsbewegung hinsichtlich eines tätigkeits- sowie körperbetonten Erfahrungslernen zugeordnet werden?
6. Welche aufklärerischen Merkmale handlungs- und erlebnisorientierten Lernens lassen sich aus den deutschen Nationalerziehungsplänen ablesen und welche arbeitsschulpädagogische Spezifik besitzen in diesem Zusammenhang die Ideen von Johann Gottlieb Fichte?
7. Welchen Beitrag hat Johann Heinrich Pestalozzi mit seinen Auffassungen zur sinnlichen Wahrnehmung, pädagogischen Provinz und zur Elementarmethode für das schulische Erfahrungslernen geleistet?
8. Inwieweit konnte Pestalozzi den pädagogischen Instrumentalismus der natürlichen Lernmethode Rousseaus überwinden?
9. Wie kann die pädagogische Provinz auf der Grundlage des Ideensystems Fichtes präzisiert werden und welche institutionellen Gesichtspunkte des sozialen Erfahrungslernens kommen in ihr vor?
10. Lässt sich die pädagogische Forderung nach der Selbsttätigkeit von Kindern und Jugendlichen in den ideengeschichtlichen Hinterlassenschaften von Philantropismus, Neuhumanismus und Nationalerziehung erkennen?

2.8 Die deutsche Klassik und das harmonische Menschenbild in der pädagogischen Klassik

Die erkenntnistheoretischen Grundlagen der klassischen deutschen Philosophie wurden von Kant, Fichte, Schleiermacher und Hegel geprägt. Ihre Ideensysteme und deren ethische Implikationen ragten in verschiedene Strömungen der Erziehungswissenschaft hinein. Auf der anderen Seite waren es namhafte Vertreter der klassischen deutschen Dichtung, die mit Lessing, Schiller, Goethe oder Herder auch pädagogische Auffassungen vertraten. Die Dichtkunst interpretierte Auffassungen zur ethischen Charakterbildung, die für soziales und natürliches Erfahrungslernen in den Dimensionen erlebnis- und handlungsorientierter Aktivitäten zumindestens theoretischen Gehalt aufweisen dürften. Hinzu kommt, dass sie in ihren poetischen und intellektuellen Zügen selbst äußere Existenzformen innerer Konstruktionen repräsentieren: Poesie ist äußere Existenz intrapsychischer Kreativität. Daher ist sie nicht nur mit erlebnisbezogenen Geschehnissen verbunden, sondern stellt sich auch in ihnen dar.

Die klassische deutsche Dichtung und Philosophie entstanden nicht zufällig. Sie erreichten ihren Höhepunkt, als die bürgerlichen Mittel- und Oberschichten in Literatur und Philosophie ihre Hoffnung artikulierten, spätfeudale Hemmnisse im gesellschaftlichen und kulturellen Lebenszusammenhang abzubauen. Ein Ergebnis dieser Bemühungen war die von Immanuel Kant (1724-1804) formulierte Kritik bestehender Theorieansätze, die auch in seinen Schriften *"Kritik der praktischen Vernunft"*[415], *"Kritik der reinen Vernunft"*[416] und in der *"Kritik der Urteilskraft"*[417] ihren überzeugenden Niederschlag fand. Kant erlangte für erzieherische Überlegungen einige Bedeutung, da seine ethischen Forderungen metaphysische Dogmen wissenschaftlich negierten. Seine Erklärungen zum menschlichen Handeln und Denken reflektierten die Dynamik und wechselseitige Abhängigkeit praktischer und geistiger Vorgänge. Diese Reflexionen der sozialen Lebensvorgänge ließen sich nicht primär von einer übersinnlichen Phänomenologie leiten. Sie richteten sich auf die subjektiven Bestimmungsgründe des individuellen und sozialen Lebens, von denen sie ausgingen. Die Ethik von Kant hatte demnach eine völlig geänderte Funktion, da sie nicht darauf ausgerichtet war, dogmatische und starre Lebensschemata zu entwerfen. Außerdem setzte die Ethik von Kant diese Schemata auch nicht voraus, weil sie die subjektiv gearteten Handlungsmotive und moralischen Grundwerte im Zusammenhang mit dem individuellen Lebensziel bestimmen sollte. Kant wollte den ästhetischen Lebenszweck als Bestimmungsgrund menschlicher Existenz wissenschaftstheoretisch formulieren. Solche Zielstellungen erforderten Verknüpfungen zwischen dem subjektiven Lebenszweck und den Erfordernissen einer allgemeinen 'Gesetzgebung' für das menschliche Leben. Bei Kant mündeten diese theoretischen Verknüpfungen in die Formulierung eines 'ethischen Sittengesetzes', das dem 'Grundgesetz der reinen praktischen Vernunft' seinen inhaltlichen Zuschnitt geben konnte: *"Handle so, daß die Maximen deines Willens jederzeit zugleich Prinzip einer allgemeinen Gesetzgebung sein können"*[418].

In den pädagogischen Überlegungen Immanuel Kants ging es daher vorrangig um charakterliche Willensbildung, um die Fähigkeit, sich für einen sittlichen Zweck einzusetzen und pflichtgetreu zu leben. Letztlich wurde tugendhaftes Handeln angestrebt, das als Ausgangspunkt sowie Resultat der 'praktischen Vernunft' aufgefasst wurde. In praktischer Vernunft zu leben, also *"im Bewußtsein ihrer Überlegenheit (aus Freiheit) über die sinnlichen Neigungen"*[419], war nicht nur ein wichtiger Hinweis auf aufklärerisches Gedankengut. Kant ging davon aus, dass tugendhaftes Verhalten und Denken nicht primär präformistisch angelegt sind, sondern eher praktisch vermittelt und erlernt werden müssen. Dieses Vermitteln und Aneignen nützlicher Erfahrungen und Einsichten hatte praktisch zu erfolgen, an 'guten' und 'schlechten' Beispielen. Der moralisch-ethische Überbau dieser Aktivitäten war im 'Sittengesetz' fixiert: *"Zwei Dinge erfüllen das Gemüt mit immer neuer, zunehmender Bewunderung und Ehrfurcht, je öfter und anhaltender sich das Nachdenken damit beschäftigt: der bestirnte Himmel und das moralische Gesetz in mir"*[420]. Die Annahme Kants, dass sich das menschliche Handeln und Verhalten nicht vorrangig am Handeln und Verhalten anderer ausrichten würde, steht heute den Theorien der symbolischen Interaktion konträr gegenüber. Letztlich konnte der ethische Idealismus von Kant nur in einem übergeordneten und auch übersinnlichen Sittengesetz aufgehen, das die ethische Idealisierung der menschlichen Entwicklung nicht notwendig an eine Realität knüpfte, die es selbst nicht voraussetzte. Daher traten hinter den Grundforderungen dieses Sittengesetzes die soziale und kulturelle Bedingtheit des Lebens und Arbeitens zurück. Dem sozialen Ursprung sittlichen Denkens und Handelns wurde in der Konzeption Kants nur eine untergeordnete Rolle beigemessen, da der menschliche Intellekt und die tugendhafte Vernunft als die Triebkräfte menschlicher Selbstbestimmung gesehen wurden. Daher leitete Kant aus dem kategorischen Imperativ zur pflichtbewussten Selbstprüfung und Selbstkontrolle folgende Frage ab, die der sittlichen Willensbildung vorangestellt wurde: *"Was wäre, wenn alle so handeln wollten, wie ich vorhabe, es zu tun?"*[421] Dieser 'gute Wille', dem sich alle zu unterwerfen hatten, aus tieferer Einsicht in die durch das Sittengesetz erhobenen Forderungen, setzte eine strikte Harmonie zwischen den Vorgängen und Abläufen in der Außenwelt und den Einstellungen, Motiven und Bedürfnissen des Individuums voraus. Da sich diese Harmonie nur in der Opferung persönlicher Interessen in freier Willensbestimmung erreichen ließ, und sich die Korrelation zwischen den individuellen Voraussetzungen sowie soziokulturellen Bedingungen stark idealisiert darstellte, konnte der ethische Formalismus Kants nur partielle Bezüge zur Schule und zur Erziehung gewinnen. Außerdem war der ethische Formalismus nicht unbedingt auf praktische Konsequenzen ausgelegt.

Mit den pädagogischen Gegebenheiten im Dessauer Philantropin von J.B. Basedow war Kant bestens vertraut. Er bewertete die dortige Erziehungsarbeit sehr positiv, wenn auch die Überhöhung des kindhaften Spiels als Lern- und Sozialisationsform in die Kritik geriet: *"Es ist äußerst schädlich, wenn man das Kind dazu gewöhnt, alles als Spiel zu betrachten. Es muß Zeit haben sich zu erholen, aber es muß auch eine Zeit für dasselbe sein, in der es arbeitet"*[422]. Auf der einen Seite analysierte Kant das menschliche Denken und Formen seiner Entwicklung. Kognition, als Voraussetzung für die Bildung von Gedächtnis und Verstand, setzte die Bedeutung des spielerischen Lernens in der Gemeinschaft herab. Auf der anderen Seite konnte Kant verdeutlichen, dass praktisches und handlungsorientiertes Lernen gerade auch Verstandes- und Denkleistungen fördern und deshalb in den erzieherischen Gesamtzusammenhang gehören. Kant argumentierte arbeitsbezogen, indem er wiederholt forderte: *"Es ist von größter Wichtigkeit, daß die Kinder arbeiten lernen"*[423].

Aufgrund solcher Forderungen war der in der dualistischen Theorie Kants enthaltende Zusammenhang zwischen der sensualistischen Tendenz und ethischem Idealismus vorgeprägt: praktische und soziale Vernunft sollten im ursächlichen Wirkungszusammenhang der gegenständlichen Außenwelt erworben werden. Das individuelle Leben wurde zur Basis der Verwirklichung des Sittengesetzes. Die Ausprägung von Wertüberzeugungen und Pflichtbewusstsein wurde an die sinnlich-anschauliche Verinnerlichung von sittlichen Werten gebunden. Die reine Vernunft war selbst ein Ausdruck und Ergebnis des Sittengesetzes. Die Einhaltung und Anwendung dieses Sittengesetzes, führte in den Bereich einer ideal beschaffenen Ethik, die für Kant in ihrer Transzendenz an sich ein Faktum darstellte. Alle Fragen, ob sich die Ziele und Inhalte dieses sittlichen Handelns und Denkens auch für den einzelnen Menschen als persönlich bedeutungsvoll erwiesen, und sich auch so in seinem individuellen Leben mitteilten, wurden zur Nebensache: *"Das Gedächtnis muß man frühe, aber auch nebenher sogleich den Verstand kultivieren. ... Dann tut ein zweckmäßig eingerichteter Orbis pictus seine guten Dienste, und man kann mit dem Botanisieren, mit der Mineralogie und der Naturbeschreibung überhaupt den Anfang machen. Von diesen Gegenständen einen Abriß zu machen, das gibt dann Veranlassung zum Zeichnen und Modellieren ..."*[424].

Den Zusammenhang zwischen schulischer Arbeitserziehung und intellektuellen Lernformen stellte Kant wiederholt dar. Praktische Tätigkeiten im natürlichen Umfeld der Schule, die weniger einen für die Schule selbst nützlichen Charakter tragen sollten, wie etwa im Dessauer Philantropin oder bei Rousseau und Pestalozzi, wurden thematisiert. Die Arbeitserziehung war ausschließlich auf die Entwicklung von Verstand und Vernunft ausgerichtet. Es ging Kant daher nicht vorrangig um ein Erlernen bestimmter Handlungs- und Verhaltensregeln, sondern um die praktische Anwendung der Regeln geistiger Tätigkeit. Er stellte unter den Aspekten der Praxisnähe und der Selbsttätigkeit der Zöglinge folgende Maximen des Denkens auf, die unter dem Begriff der *"vorurteilsfreien, erweiterten und konsequenten Denkungsart"*[425] zu den Grundsätzen der Verstandesbildung wurden: *"1. Selbst denken; 2. Sich (in der Mitteilung mit Menschen) in die Stelle jedes anderen zu denken; 3. Jederzeit mit sich selbst einstimmig denken"*[426].

Da Vernunft und Verstand sowie deren innere Verflochtenheit zentrale Gegenstände waren, die Kant unter philosophischen und anthropologischen Gesichtspunkten theoretisch erörterte, bezog sich diese Differenzierung des 'Denkens' auch auf weiterführende Bereiche. Zum Beispiel auf solche, die mit einer ästhetischen Bildung und Erziehung verbunden waren. Im Umfeld der Ethik Kants gewann die schulische Erziehung propädeutischen Charakter. Dieser Charakter äußerte sich, wenn es um die Verbindung von Wissen und Können auf der einen Seite und von Charakter- sowie Willensbildung auf der anderen Seite ging. Kant verwies eindringlich darauf, dass *"die wahre Propädeutik zur Gründung des Geschmacks die Entwicklung sittlicher Ideen und die Kultur des moralischen Gefühls sei"*[427] und damit die Funktion der Schule und Erziehung nicht auf Wissensvermittlung und Wissensaneignung reduziert werden könne. Damit traten neben den Aspekten der praktischen Arbeitserziehung auch Elemente des formalen Lernens in den Vordergrund. In ihnen stellten sich Methoden- und Problembewusstheit als grundlegende Eigenschaften der praktischen Vernunft sowie der individuellen Urteilskraft dar: *"Regeln müssen in alle dem vorkommen, was den Verstand kultivieren soll. Es ist sehr nützlich, die Regeln auch zu abstrahieren, damit der Verstand nicht nur mechanisch, sondern mit dem Bewußtsein einer Regel verfahre"*[428].

Bei dieser spezifischen Sicht auf das Erziehungsproblem war einerseits ein ganzheitliches Welt- und Kulturverständnis vorausgesetzt, das sich von den Möglichkeiten des pädagogischen Milieus und von den Wesenskräften des einzelnen Individuums leiten ließ. Andererseits implizierte sie latent die Kritik am bestehenden Erziehungssystem, da Erziehung zur Arbeit, formales Lernen oder praxis- sowie naturverbundenes Lernen auch Engpässe des tradierten Systems reflektierten. Dieser kritische Impetus entsprach genau der theoretischen Einstellung Kants, die er in der Einführung seiner *"Logik"*[429] explizierte: *"Unser Zeitalter ist die Kritik, und man muß sehen, was aus den kritischen Versuchen unserer Zeit, in Absicht auf Philosophie und Metaphysik insbesondere werden wird"*[430]. Dieser Aufforderung sollten zahlreiche Philosophen und Dichter der deutschen Klassik folgen. Spätere Vertreter 'kritischer' Philosophie und Pädagogik fanden in Kants Ideen die nötigen Orientierungen. Einer von ihnen war Johann Gottlieb Fichte. Da seine pädagogischen Auffassungen mit dem Schul- und Erziehungsstaat bereits deskriptiert wurden, ergeben sich nur noch einige Anmerkungen.

Die dualistische Erkenntnistheorie Kants basierte auf der Annahme, dass die sensuelle Erfassung der Welt in der subjektiven Empfindung und das Wertesystem eines ethischen Formalismus den biographischen Aufbau des individuellen Lebens bestimmen. In Fichtes philosophischer Konzeption wurde diese idealistische Konstruktion nicht adäquat weitergeführt. Kant verknüpfte die gesellschaftliche und kulturelle Zukunft des Gemeinwesens mit dem moralischen Fortschritt einer ganzen Generation. Was bei Kant auf der ethischen Ebene auf die Ausprägung von sittlichen Wertüberzeugungen zielte, wurde bei Fichte zum Prinzip des nationalen Gemeinsinns. Die Forderungen Fichtes nach nationaler Einheit und Geschlossenheit waren durch die idealistischen Ideen Kants nicht verfügt, da sie diese Ideen nicht voraussetzten. Sie waren politisch motiviert und kaum ethisch bestimmt. Ein zweiter Gesichtspunkt kann darin gesehen werden, dass Fichte den dualistischen Charakter des Aussagensystems von Kant negierte. Die sensualistischen Grundtendenzen bei Kant und damit reale Verbindungen zwischen Mensch und Außenwelt, wurden in der Perspektive von Fichte anders reflektiert. Bei Fichte erschien die Außenwelt nur noch als Leistung des menschlichen Bewusstseins. Ihre faktische Selbstbewegung in Raum und Zeit interpretierte er fast ausschließlich empfindungsbezogen: *"Die Welt ist meine Empfindung; das 'Nicht-Ich' wird durch unser Ich gesetzt (geschaffen, hervorgebracht); das Ding ist unauflöslich mit unserem Bewußtsein verbunden"*[431]. Kant sah im individuellen Bewusstwerden der Welt, die Abbildung derselben durch die sensuellen und geistigen Fähigkeiten des Menschen. Denken und Vernunft richteten sich bei ihm auf die äußeren Erscheinungen und Gegebenheiten, die sie hervorgerufen hatten. Bei Fichte dagegen realisierte die Welt im menschlichen Bewusstsein ihre eigentlichen Existenzformen. Diese erkenntnistheoretischen Unterschiede zogen Konsequenzen nach sich, die sich auch in pädagogischen Überlegungen zeigten. Da sich für Fichte die Erkennbarkeit und Veränderbarkeit realer Verhältnisse im intersubjektiven Kontext darstellten, kam es ihm darauf an, der Körperschaftsidee im Zusammenhang mit seinen patriotischen Motiven besondere Bedeutung zuzumessen.

Die Betonung der Arbeitserziehung, als sinn- und werthafte Form handlungsorientierter Bildung, findet sich bei Fichte und Kant gleichermaßen wieder: *"Außer der geistigen Entwicklung im Lernen finden in diesem Gemeinwesen (Erziehungsstaat - T.F.) der Zöglinge auch noch körperliche Übungen und die mechanischen, aber hier zum Ideale veredelten Arbeiten des Ackerbaus und die von mancherlei Handwerken statt"*[432]. Interessanterweise forderte aber Fichte, dass sich zunächst die Welt, die *"durch das Denken erfaßt wird"*[433], in der geistigen Leistung verdeutlichte. Erst danach sollten, auf der Grundlage der Sinnesleistungen der Zöglinge, sittliche Einsichten und soziale Erfahrungen praktisch und tätigkeitsorientiert verstärkt werden. Das lief aber dem altersgemäßen Entwicklungsstand der Kinder und dem Drang nach Selbstbetätigung der Jugendlichen entgegen. Im subjektivistischen Idealismus von Fichte spiegelten sich die Vorgänge und Ereignisse im Außenverhältnis des Menschen ja nicht schlechthin wider, sondern waren Ausgangspunkt, Rahmen und Ergebnis einer *"wahre(n) und wirklich bestehende(n) Welt"*[434]. Hier werden echte Grenzen sichtbar, um J.G. Fichte in der Nähe erlebnis- und handlungsorientierter Lernformen interpretieren zu wollen. Die Betonung der intellektuellen Kognition der Außenwelt auf der einen Seite und die Befürwortung handlungsorientierter Arbeitserziehung auf der anderen Seite erzeugten einen inneren Widerspruch, der sich selbst nicht aufheben konnte. Hinzu kam, dass auch die theoretische Projektion der intersubjektiven Welterkenntnis in den Kontext der interpersonellen Handlungsgemeinschaft paradox war. Natürlich strebte Fichte nach dem interpersonellen Zusammenhang in der nationalen Gemeinschaft, um die nationalen Aufgaben angehen zu können. Erkentnnistheoretisch wurde jedoch die Paradoxie der Verfügung intersubjektiven Erkennens durch einen sozialen Kontext nicht überwunden.

Friedrich Daniel Schleiermacher (1768-1834) hinterließ anspruchsvolle Beiträge zur Erkenntnistheorie und Nationalerziehung. Sicherlich erreichte er in seiner Zeit nicht den Bekanntheitsgrad von Fichte. Möglicherweise aber war sein Beitrag zur Weiterentwicklung der pädagogischen Theorie für spätere 'Schulen' der Erziehungswissenschaft bedeutsamer. In ethischen Grundfragen knüpfte er an Kant an. Schleiermacher sah im 'sittlich Negativen' nur das 'unvollkommene sittlich Gute'. Erziehung hatte daher das 'Gute' hervorzubringen und zu entfalten. Er erkannte durch intensive historische Studien die soziale und gesellschaftliche Bedingtheit der Erziehung. Hierbei thematisierte er folgendes Spannungsfeld: einerseits schien Erziehung und Schule mit dem Ziel der Enkulturation nachwachsender Generationen nicht unerheblich an staatliche Vorgaben gebunden zu sein; andererseits fasste er den Staat als geschichtliche Leistung kultureller und sozialer Bewegungen auf. Seine historischen Untersuchungen ließen aber den Schluss zu, dass primitive und auch entwickelte Erziehungsformen nicht unbedingt an ein staatliches Gebilde gebunden sein mussten. Vor den etablierten Staatsformen hatte es auch Erziehungsgeschehnisse gegeben, die als konstitutive Momente gesellschaftlicher Sozialisation die Sicherung des Kulturbestandes verwirklichten. Hieraus ließen sich grundlegende Schlussfolgerungen für die heutige Zeit ziehen, die den eigengesetzlichen Charakter erzieherischer Vorhaben in schulischer Autonomie thematisieren. Folgerichtig bestimmte Schleiermacher den Erziehungsbegriff nicht aus dem Verhältnis zwischen Staat und Schule, sondern über die eigengesetzlichen Funktionen der schulischen Erziehung und auf der Grundlage der Generationsverhältnisse: "... *Erziehung ist ein Verhältnis zwischen den Generationen unter sich, in dem die eine erzieht und die andere erzogen wird, und die Erziehung kann sehr gut gedacht werden ohne den Staat und vor ihm* "[435].

Neben seinem ethisch akzentuierten Optimismus, der die Erziehungsbestimmung außerhalb staatlicher Kontrollen reflektierte, lässt sich ein drittes Merkmal der Erziehungsphilosophie Schleiermachers ausmachen: Pädagogik wurde als zeitgeschichtliches Phänomen in ihrer eigenen Dynamik und als kulturelles Foranschreiten interpretiert: "*Wird es möglich sein, eine allgemeingültige Pädagogik aufzustellen, das heißt für alle Zeiten und Räume?* "[436] Die Frage verneinte er schon, da sich Erziehung und Schule nicht nur als Ergebnisse gesellschaftlich fortschrittlicher Tendenzen und Entwicklungen einordnen ließen. In den sozialen und kulturellen Innovationen musste das zwischen Schule und Staat ständig neu zu gestaltende Verhältnis in den zeitgeschichtlichen Erfordernissen interpretiert werden. Der latente Widerspruch zu seiner These, dass Erziehung auch jenseits staatlicher Vorgaben existieren könnte und dadurch auch alternative Ansätze in das Bewusstsein einer ganzen Generation gelangen müssten, war jedoch scheinbar. Die soziokulturelle Bezogenheit der erzieherischen Grundgesamtheit sollte nur vom Ballast politischer Interessen und bürokratischer Rationalitäten befreit werden. Dieser theoretische Widerspruch stellte sich in der Antinomie politischer und pädagogischer Implikationen von Erziehung und Schule dar.

Stärker als bei Fichte wird in den erkenntnistheoretischen Auffassungen Schleiermachers der sensualistische Anspruch Kants deutlich. Vor allem die lebens- und praxisnahe Erfahrung über die Anschauung der äußeren Gegenstände sollte verwirklicht werden: *"Mit dem Auffassen der Dinge für das empirische Dasein muß der Mensch anfangen"*[437], so dass die geistige Entwicklung der Heranwachsenden *"an denjenigen Gegenständen, die schon durch die Sinnestätigkeit wahrgenommen und festgestellt sind"*[438] schrittweisen Zuwachs erlangt. Dem Prinzip des freudvollen und aktiven Lernens der Kinder zufolge, lehnte D. Schleiermacher jede Form der körperlichen Züchtigung als Mittel und Methode didaktischer Sanktionierungen ab. Er setzte mehr auf die regulierenden Impulse der jugendlichen Selbsterziehungsgemeinschaft, in der verpflichtender Gemeinsinn und körperschaftsorientiertes Handeln zu sozialen Erfahrungen werden sollten. Das *"gemeinsame Leben der Jugend"*[439] selbst, in dem Kritik- und Urteilsfähigkeit hinsichtlich gemeinsamer Verantwortung und der sozialen Konfliktbewältigung eingeübt werden konnten, wurde als Lern- und Lebensfeld der jungen Generation angesehen.

Mit den Arbeiten von Georg Wilhelm Friedrich Hegel (1770-1831) gelangte die klassische deutsche Philosophie zu ihrem Höhepunkt. In ihnen gelang die umfassende Beschreibung der allgemeinen Entwicklungsgesetze von Natur und Denken in ihren zeitlichen und räumlichen Dimensionen. Mit der Verwendung der dialektischen Methode wurde der Idealismus von Kant vertieft und erweitert. Die dialektische Methode von Hegel basierte erstmals darauf, das philosophische Ideensystem in seinem äußeren und inneren Widerspruchszusammenhang zu entwickeln. Hegel verfasste 1807 in Jena seinen bekannten Aufsatz zur *"Phänomenologie des Geistes"*[440]. Damit begründete er den Aufstieg des philosophischen Gedankens vom vorstellenden Bewusstsein zur Vernunft. Vernunft reflektierte Hegel als lebendige Erfahrung, die das Bewusstsein über sich selbst verwirklicht. Auf der Grundlage dieser Vorstellung konnte dem Bewusstsein eine eigene objektive Wesensart zugeordnet werden, die sich in der geistigen Tätigkeit des einzelnen Menschen realisierte. Interessant für Überlegungen zum Konzept des Erfahrungslernens ist dieser Ansatz von Hegel schon dadurch, da er die Perspektive menschlicher Erfahrungen aus einer ganz anderen Richtung thematisiert: Erfahrungen, die das Bewusstsein über sich selbst verwirklicht, unterliegen nicht nur geistigen Prinzipien, sondern dem gesamten biographischen Aufbau innerer Konstruktion. Sie sind an den ganzheitlichen

Charakter der psychischen Kohärenz des Heranwachsenden gebunden und daher auf alle Ebenen des Persönlichkeitsspektrums bezogen. Damit konnte Hegel auf der Grundlage der eigenen Wesensart geistiger Prozesse verdeutlichen, dass die spezifischen Lebensäußerungen des Individuums letztlich den Zusammenhang aller menschlichen Wesenskräfte voraussetzen, auf den sie sich richten. Außerdem dürfte das Ideensystem Hegels für den erkenntnistheoretischen Zusammenhang einer handlungsorientierten Erziehung Bedeutung besitzen, da die menschliche Erfahrung in der Widerspruchsdialektik innerer und äußerer Vorgänge dargestellt wurde. Während seiner Zeit als Gymnasialdirektor in Nürnberg verfasste er in seiner *"Logik"*[441] grundsätzliche Aussagen darüber, wie das philosophisch begründete Wahrheitsproblem zu einem objektiven Sinngehalt gelangt. In seiner *"Rechtsphilosophie"*[442] deskriptierte er Leitlinien einer 'praktischen Philosophie', in denen Recht, Moral und Sittlichkeit als Willensformen des menschlichen Denkens und Handelns zum Ausdruck kommen. Seine dialektische Methode gründete sich hierbei auf die Grundthese, dass Wirklichkeit und Denken im Vollzug des menschlichen Lebensprozesses identisch sind. Die später von Hegel destillierte *"Enzyklopädie der Philosophischen Wissenschaften"*[443] vereinigte sein eigenes Lebenswerk unter theoretischen und praktischen Gesichtspunkten. Seine ganzheitliche 'Wesensschau' der äußeren und inneren Erscheinungen beruhte auf der theoretischen Annahme, dass sich alle Veränderungen, Widersprüche und Erkenntnisse auf die Selbstbewegung der Welt richten und von ihr ausgehen. Die Selbstbewegung der Welt in Raum und Zeit wurde auch als Erkenntnismethode und Denkweise bedeutsam, weil sie im idealistischen Sinne mit dem objektiven Inhalt der 'absoluten Idee' verbunden war. Für Hegel stellte sich in der 'absoluten Idee' das Wahrheitsproblem im objektivierenden Sinne dar. Danach war das Wahrheitskriterium philosophischen Denkens (absolute Idee) nicht nur als wechselseitig wirksame Abfolge von Entwicklungsschritten in Zeit und Raum aufzufassen, sondern auch in dieser Abfolge zu bestimmen. Die absolute Idee sollte sich adäquat in einer aufeinanderfolgenden Entwicklung objektivierender Begrifflichkeiten darstellen. Insofern war Hegels Philosophie zunächst eine reine Form der Begriffsdialektik. Erst mit der Ausarbeitung und Systematisierung der basalen Entwicklungsgesetze des menschlichen Denkens konnte er Aspekte der wissenschaftlichen Erkenntnistätigkeit anspruchsvoll vermitteln. Die innere Einheit und die Widersprüche zwischen Sein und Bewusstsein wurden zu Implikationen dieser Begriffsdialektik.

Die daraus resultierenden und im Gesamtwerk verstreuten Anmerkungen Hegels zur Erziehung standen nie im Mittelpunkt seiner philosophischen

Studien. Außerdem waren sie, von der Wirklichkeit des Erziehungsprozesses her gesehen, kaum praxisbezogen. Hegel legte keine zusammenhängende Darstellung pädagogischer Auffassungen vor. Auch aus seiner Tätigkeit in Nürnberg, als Leiter des dortigen Gymnasiums, ergaben sich nur wenige schulpädagogische Fragmente. Daher bleiben daher nur einige Grundaussagen zusammenzufassen, die für handlungs- und erlebnisorientierte Erziehung im Sinne des Erfahrungslernens relevant sind.

Zu ihnen gehören:

1. Selbständiges Denken und aktives Handeln, als Grundvoraussetzungen der kindorientierten Erziehungsgestaltung, wurden bei Hegel mit dem Begriff des eigenständigen Subjekts des menschlichen Lebens und Lernens reflektiert.

2. Sittlichkeit, als Willensform des Geistes, hatte aus sittlichem Handeln zu resultieren: *"Sittlichkeit des wirklichen Volksgeistes (basiere-T.F.) teils auf dem unmittelbaren Anteil, den alle ... an den Beschlüssen der Regierung nehmen"*[444].

3. Sittliche Charaktererziehung war im Selbstverständnis von Hegel sozial gebunden und auf den konkreten Lebenskontext in den gesellschaftlichen Routinen gerichtet. Die soziale Bezogenheit der Erziehung ergab sich aus der individuellen Gebundenheit an das öffentliche Leben und das gemeinschaftliche Arbeiten. Deren lebendige Grundlagen hatte die Pädagogik, als *"die Kunst, den Menschen sittlich zu machen"*[445], vorzuprägen: *"Was durch die Schule zustande kommt, ... ist die Fähigkeit, dem öffentlichen Leben anzugehören."*[446]. Damit war die Fähigkeit gemeint, den *"Sitten seines Landes gemäß zu leben"*[447].

4. Sittliche Erziehung sollte nicht wie bei Rousseau in eine pädagogische Provinz ausgegliedert werden, sondern in den sozialen Milieus des 'wirklichen' Lebens stattfinden. Hegel bejahte das Prinzip der lebensnahen Bildung, *"insofern sie sich auf die Fähigkeit, Mitglied der Gesellschaft zu werden, bezieht"*[448].

5. Obwohl von Hegel keine konkreten Erziehungsziele für Schule und Unterricht im engeren Sinne gefordert wurden, interpretierte er den positiven Charakter schulischer Abschirmung gegenüber dem politischen und ideologischen Missbrauch der Jugend. So hatte schulische Erziehung *"den Grund eines andern, des wesentlichen Werks"*[449] zu legen, und *"das Studium der Wissenschaften im stillen Kreise der Schule"*[450] die

> junge Generation vor dem *"verführenden Einfluß der Zeitumstände ab-zuschließen"*[451].

Kant, Fichte, Schleiermacher und auch Hegel verwiesen auf die soziale und gesellschaftliche Bezogenheit von Erziehung. Die noch bei Kant und Schleiermacher deutliche Tendenz zum Sensualismus, mit ihren Bezügen zum erlebnisorientierten Erfahrungslernen, ist bei Hegel deutlich abgeschwächt. Da für Hegel menschliche Erfahrungen die Leistungen des Bewusstseins darstellten, die es über sich selbst realisiert, konnte der Begriff des Erfahrungslernens eine wesentliche Erweiterung finden: Erfahrungslernen richtete sich unter dem Aspekt der geistigen Leistungen des Menschen auch an seine intellektuellen Wesenskräfte. Entscheidend blieb für Hegel, den Menschen im Erkenntnisprozess als aktives und schöpferisches Wesen zu verstehen, das sich aufgrund seiner geistigen Kräfte die Welt aneignet und gleichsam Teil dieser Wirklichkeit ist.

Diese pädagogischen Ansichten des deutschen Idealismus führten direkt in den Ideengehalt der klassischen Dichtung. Darüber hinaus war die klassische deutsche Dichtung durch Motive der Aufklärung und durch Forderungen nach einer 'nationalen Entwicklung' bestimmt, die sich im pädagogischen Kontext durchaus produktiv reflektieren ließen.

Gotthold Ephraim Lessings Humanismus ging von einer erfüllten Sinnhaftigkeit des individuellen Lebens aus. Seine positive Stellung zum Menschen und seiner Entwicklung war von einem pädagogischen Optimismus gekennzeichnet, der die umfassende Bildsamkeit des Menschen bejahte. In seinen hundert Paragraphen zur *"Erziehung des Menschengeschlechts"*[452], mit denen der nachfolgenden Generation die *"höchsten Stufen der Aufklärung und Reinigkeit"*[453] vorgezeichnet werden sollten, wurden humanistische Ordnungsprinzipien und der Glaube an die stetige Höherentwicklung des Menschen hervorgehoben. Für den Dichter Lessing, der emotionale und intellektuelle Ausdrucksbewegungen auf dem Niveau einer Kulturtechnik betrieb, musste die reine Verstandesbildung in die Kritik geraten. Körperliche Bedürfnisse, die Verstandesbildung und *"die Reinigkeit des Herzens, die uns die Tugend um ihrer selbst willen zu lieben fähig macht"*[454], hatten gleichermaßen aus Erziehung hervorzugehen und durch sie reflektiert zu werden.

Mit Friedrich von Schiller setzte sich in der deutschen Klassik, viel stärker als noch bei Lessing, der nationalerzieherische Gedanke durch. Stark beeinflusst von 'Sturm und Drang', verfasste Schiller *"Die Räuber"*[455]. In diesem Werk äußerte er sieben Jahre vor der Französischen Revolution die Humanismus- und Freiheitsproblematik in literarischer Form. Die Jugend sollte dazu begeistert werden, sich aktiv und in persönlicher Freiheit am Aufbau der deutschen Nation zu beteiligen: *"Ein edles Verlangen muß in uns erblühen, zu dem reichen Vermächtnis von Wahrheit, Sittlichkeit und Freiheit, das wir der Vorwelt überkamen und reich vermehrt an die Folgewelt wieder abgeben müssen, auch aus unsern Mitteln einen Beitrag zu legen und an dieser fliehenden Kette, die durch Menschengeschlechter sich windet, unser fliehendes Dasein befestigen"*[456].

Die Forderung nach einer deutschen Republik wurde erstmals von einer deutschen Bühne herab erhoben[457]. Dieses Vorgehen war für Schiller nicht außergewöhnlich, da für ihn das Theater und die Dichtkunst Medien darstellten, aufklärerisch und eben auch erzieherisch zu wirken. In den Erfahrungen und in der öffentlichen Resonanz, die ihm die Arbeiten an der Schaubühne vermittelten, stellten sich Theater und Dichtkunst als wesentliche Bereiche der Erziehung und Volksaufklärung dar. Seine *"Briefe über die ästhetische Erziehung des Menschen"*[458] belegen diese Feststellung: *"Die Schaubühne ist der gemeinschaftliche Kanal, in welchen von dem denkenden bessern Teile des Volks das Licht der Weisheit herunterströmt und von da aus in milderen Strahlen durch den ganzen Staat sich verbreitet. Richtigere Begriffe, geläuterte Grundsätze, reinere Gefühle fließen von hier durch alle Adern des Volks; der Nebel der Barbarei, des finstern Aberglaubens verschwindet, die Nacht weicht dem siegenden Licht"*[459]. Sehr eindringlich stellte Schiller daher die Verbindung zwischen politischer Kultur, künstlerischem Engagement und charakterlicher Bildung her: *"Aber ist hier nicht vielleicht ein Zirkel? Die theoretische Kultur soll die praktische herbeiführen, und die praktische doch die Bedingung der theoretischen sein? Alle Verbesserung im Politischen soll von Veredelung des Charakters ausgehen - aber wie kann sich unter den Einflüssen der barbarischen Staatsverfassung der Charakter veredeln?"*[460] Da sich diese Verbindungen im gesellschaftlichen Kontext aller Territorialfürstentümer für Schiller nicht befriedigend herstellen ließen, setzte er seine pädagogischen Hoffnungen auf die Vermittlung von 'Schönheit' und Wahrhaftigkeit durch die Ausübung der Kunst. Dem Künstler kam hierbei eine hohe Verantwortung zu, da er durch die Verkörperung nationaler Ideale, durch die Auffassung von Freiheit und Humanismus, gleichzeitig zum Erzieher der Nation wurde: *"Lebe (der Künstler - T.F.) mit seinem Jahrhundert, aber sei nicht sein Geschöpf; leiste deinen Zeitgenossen aber, was sie bedürfen, nicht was sie loben"*[461].

Unabhängigkeit im Denken und Wahrhaftigkeit im Handeln waren für Schiller Grundvoraussetzungen dieser Art ästhetischer Erziehung im Umfeld des öffentlichen Schauspiels. Damit implizierte er pädagogische Voraussetzungen, die für eine vergleichbare Akzeptanz ästhetischer Erziehung an den Schulen ebenfalls hätten vorhanden sein müssen. Diese umgestaltende Wirkung der Kunst und Dichtung kam aber in jener Zeit an den Schulen nicht zum Tragen. Um so bemerkenswerter war die Tatsache, dass Schiller weitergehende Schlussfolgerungen ziehen konnte, die sich auf schulische Ausbildung und Erziehung bezogen. Sein ganzheitliches Menschenbild und die damit verbundene Forderung nach ästhetischer Grundbildung traten deutlich zutage. Schiller erkannte, dass die Vereinseitigung der Erziehung auf ihre intellektuelle oder handwerkliche Seite mit einer Entfremdung von den Vorgängen und Bedürfnissen des praktischen Lebens direkt verbunden ist: *"Wenn das gemeine Wesen das Amt zum Maßstab des Mannes macht, wenn es an dem einen seiner Bürger nur die Memorie, an einem anderen den tabellarischen Verstand, an einem dritten nur die mechanische Fertigkeit ehrt, wenn es hier, gleichgültig gegen den Charakter, nur auf Kenntnisse dringt, dort hingegen einem Geiste der Ordnung und einem gesetzlichen Verhalten die größte Verfinsterung des Verstandes zugut hält, wenn es zugleich diese einzelnen Fertigkeiten zu einer ebenso großen Intensität will getrieben wissen, als es dem Subjekt an Extensität erläßt - darf es uns da wundern, daß die übrigen Anlagen des Gemüts vernachlässigt werden, um der einzigen, welche ehrt und lohnt, alle Pflege anzuwenden?"*[462] Außerdem reflektierte Schiller vor dem Hintergrund seines Idealbildes von der antiken Lebensform in Griechenland, dass die Verarmung der erzieherischen Tiefenstruktur mit Blick auf die intellektuellen oder handwerklichen Bereiche auch eine Reduktion der individuellen Gefühlswelt nach sich ziehen müsste: *"Das Nachteilige dieser Geistesrichtung schränkte sich nicht bloß auf das Wissen und Hervorbringen ein; es erstreckte sich nicht weniger auf das Empfinden und Handeln"*[463].

Zum einen wurde Schiller in der Hinwendung zu den sinnlichen und emotionalen Kräften des Menschen seiner Position als Künstler gerecht. Das gilt auch für seine Erziehungsvorstellungen. Das bedeutungsvolle pädagogische Potenzial, das in der realen Kunstausübung vorhanden war, wurde von Schiller erkannt. Im Umfeld des Humanismus von Schiller waren Kunst und Pädagogik nahezu identisch. Schiller vermutete im Spannungsfeld und in der wechselseitigen Bezogenheit von Romantik und Gefühl nicht nur reale Lösungsansätze pädagogischer Natur, sondern hatte sie im ästhetischen Schaffen selbst erfahren. Sehr deutlich arbeitete Schiller nach 1791 diesen Standpunkt in seiner letzten Schaffensphase heraus, als er sich mit der Ethik und Ästhetik Kants auseinandersetzte[464]. Im Gegensatz zu Kant waren für Schiller Pflicht und Moral, als Willensformen des Geistes, nicht unbedingt

Ausgangspunkte sittlicher Handlungen. Im sittlich-ästhetischen Idealismus Schillers erlangten das Anmutige, Naive, Sentimentale oder Tragische größere Bedeutsamkeit. Sie wurden als Ausgangspunkt, Rahmen und Ergebnis moralisch-ethischer Willenshandlungen den moralischen Normativen von Kant übergeordnet.

Zwei weitere Aspekte können den Interpretationen Schillers abschließend entnommen werden, die für handlungs- und erlebnisorientiertes Erfahrungslernen relevant sind: der aktivitätsfördernde Charakter praktischer Lernformen und Aspekte des formalen Lernens. Schillers forderte, dass *"der Geist schon durch die Form der Behandlung (des anzueignenden und zu vermittelnden Gegenstandes - T.F.) in Spannung gesetzt und mit einer gewissen Gewalt (inneren Motiven, Interessen, Neigungen, Begabungen, etc. - T.F.) von der Passivität zur Tätigkeit fortgestoßen werde"*[465]. Tätigkeitsgebundene, verlockende und altersgemäße Lernformen konnten hier mit dem Ziel harmonischer Persönlichkeitsbildung verbunden werden. Doch solche Tätigkeiten verlangten nach strukturierten Handlungsabläufen und sozialen Beziehungsfeldern. Außerdem musste das Verhältnis zwischen Inhalt und Methode des Lernens geklärt werden, um den Erziehungsbegriff zu fundieren. Zu diesen Aspekten hinterließ Schiller keine Argumentationen, da sie sich weder aus seinem künstlerischem noch aus seinem philosophischen Schaffen ergeben hatten. Zum methoden- und aufgabengebundenen Lernen im Jugendalter, lässt sich bei Schiller nur der folgende Hinweis finden: *"Der Lehrer soll seinem Schüler die strenge Gesetzmäßigkeit der Methode keineswegs verbergen, sondern ihn vielmehr darauf aufmerksam und womöglich danach begierig machen. Der Studierende soll lernen, einen Zweck zu verfolgen und um des Zwecks willen auch ein beschwerliches Mittel sich gefallen zu lassen"*[466].

Das Werk von Johann Wolfgang von Goethe kann aus historischer, literarischer, naturwissenschaftlicher und pädagogischer Hinsicht für den einzelnen Betrachter unter sehr verschiedenen Fragestellungen relevant werden. Gleichsam ist dieser komplexe Nachlass kaum überschaubar. Wird die Perspektive auf den pädagogischen Teilbereich begrenzt, eröffnet sich dennoch eine enorme Vielfalt an Ideen und Aussagen. Allein durch die Arbeit von Wilhelm Flitner, *"Goethes pädagogische Ideen. Die pädagogische Provinz nebst verwandten Texten"*[467], wird ein umfassender Eindruck zur pädagogischen Aussagefähigkeit Goethes vermittelt. Außerdem kannte Goethe die 'großen' Pädagogen seiner Zeit zumeist persönlich, woraus sich weitere Schlussfolgerungen und Forderungen pädagogischer Natur ergaben. Die enge Freundschaft zu Herder entstand aus gemeinsamen kulturhistorischen

Themen. Das Philantropin in Dessau kannte er aus eigener Anschauung und war mit den Ideen der Philantropen bestens vertraut. 1774 unternahm Goethe zusammen mit J.B. Basedow seine Rheinreise, die er in *"Geschichte und Wahrheit"*[468] schilderte. Goethe überzeugte im Dessauer Philantropin besonders die praktische Arbeit von Basedow, da *"er (Basedow - T.F.) allen Unterricht lebendig und naturgemäß verlangte ... (und - T.F.) was in seinem Vorhaben, zur Beförderung der Tätigkeit und einer frischen Weltanschauung, lag"*[469]. Den Philantropismus lernte Goethe auch über Campe kennen, den er als einfühlsamen und pädagogisch denkenden Kinderschriftsteller sehr schätzte, der den Kindern *"Entzücken und sozusagen ihr Evangelium ist"*[470]. Mit den Reflexionen von Pestalozzi setzte er sich umfassend auseinander[471]. Obwohl J.W.v. Goethe den Formalismus der Elementarmethode eher ablehnte, waren beide Zeit ihres Lebens als 'Kinderfreunde' einer pädozentrierten Sicht verpflichtet. Außerdem siedelte Goethe seine Überlegungen zur Erziehung auch im bäuerlichen Lebensumfeld an, so dass sich zahlreiche Affinitäten in den Erziehungsthemen von selbst ergaben.

Goethe als 'Kinderfreund' setzte sich dort, wo es ihm in seinem beruflichen Wirkungsfeld möglich war, für die heranwachsende Generation ein. Sein Einfühlungsvermögen in die kindliche Wesensart richtete sich auf die individuellen Bedürfnisse der Heranwachsenden: *"Die Erkenntnis wächst in jedem Menschen nach Gnaden, die ein jeder Lehrer weder übertreiben soll noch kann, und den hielt ich für den geschicktesten Gärtner, der für jede Epoche jeder Pflanze die erforderliche Wartung verstände"*[472].

Der bekannte Satz von Goethe im 'Faust' könnte auch als pädagogisches Programm gedeutet werden: 'Am Anfang war die Tat'. Die eigentlichen Quellen der kulturellen Erneuerungen und gesellschaftlichen Umgestaltung sah Goethe in der kreativen Selbstbestimmung und Selbstverwirklichung des Menschen. Daher forderte er in 'Wilhelm Meisters Wanderjahre' durch den Abbé, der des Meisters Bildungsgang aus der Ferne lenkte: *"Ein Kind, ein junger Mensch, die auf ihrem eigenen Wege irregehen, sind mir lieber als manche, die auf fremden Wege recht wandern"*[473]. Damit war Goethes *"soziale Utopie einer auf Arbeit beruhenden Gemeinschaft, in der jedes ihrer Mitglieder in schaffender Tätigkeit zum Wohle des gesellschaftlichen Ganzen ihre vollwertige Entwicklung erfährt"*[474] vorgezeichnet und erlangte im Konzept der pädagogischen Provinz klärende Reflexion. Mit der pädagogischen Provinz wurde ein Ort beschrieben, in der die jugendliche Generation in ländlicher Abgeschiedenheit zu den unmittelbaren Potenzen einer natürlichen und sozialen Selbsterziehung finden sollte. Wichtig erschien Goethe ein Lernen am Leben und die damit verbundene Integration der Erziehung in die lebensweltlichen Bezüge des bäuerlichen Milieus. Handwerkliche, bäuerliche und künstlerische Aktivitätsformen standen im Vordergrund, die zielgerichtet und auf die Gemeinschaft bezogen, verwirklicht werden sollten. Das bäuerliche Milieu mit seinen Aufgaben und Herausforderungen rückte in den Mittelpunkt der Betrachtungen Goethes, da es pädagogische Möglichkeiten und soziale Orientierungen anbot, *"mehr Tatkraft, weniger Theorie und mehr Praxis bei(zu)bringen"*[475]. Lebendiges Wissen und Können, das die Heranwachsenden in den täglichen Anforderungen des Lebens und der Arbeit auch anwenden mussten, entwickelte sich nach den Auffassungen Goethes vorrangig im praktischen Lebenskontext der bäuerlichen Handlungsgemeinschaft: *"Wir behalten von unseren Studien am Ende doch nur das, was wir praktisch anwenden"*[476].

Für den Lehrer und Erzieher hatte das weitreichende Konsequenzen, da diese Erziehungsvorstellung einen Anspruch implizierte, der sich mit beiläufiger Unterweisung durch einen Laienpädagogen nicht halten ließ. Goethe forderte daher praktische und theoretische Kompetenzen für den Stand der Lehrmeister. Er ging davon aus, dass dieser Stand auch ein selbständiges Berufsprofil für sich entwickeln müsste. Dazu gehörte, dass Lehrer und Erzieher auch Zeit benötigen, um ihre Arbeit mit den Kindern und Jugendlichen vorzubereiten und um in der aktuellen Lernsituation auf ihr eigenes Wissen und Können in aller Breite zurückgreifen zu können: *"Ein solcher Mann (Lehrmeister - T.F.), soll in dem Fache, worin er Meister ist, lehren, sich auf das täglich und stündlich zu lehrende vorbereiten, um sich, wenn er es auch in- und auswendig kennt, für den Moment fertig zu machen"*[477]. Die Verbindung des 'Lehrberufes' mit der Meisterqualifikation in einem praktischen Handwerk sah Goethe als selbstverständliche Voraussetzung an. Diese Verbindung zwischen berufspraktischer und theoretisch-intellektueller Vorbildung entsprach einem ganzheitlichen Menschenbild, was in der Person des Erziehers repräsentiert werden sollte: der *"Lehrer darf nicht halbwissend sein"*[478].

Wie die meisten anderen Dichter der deutschen Klassik wandte sich Goethe den Fragen des deutschen Nationalbewusstseins zu. Er vertrat in unterschiedlichen Schriften die Ansicht, ihm sei *"nicht bange, daß Deutschland nicht eins werde"*[479]. Demzufolge billigte er dem schulischen Erziehungsbereich in der pädagogischen Provinz reale Potenzen zu, über die gemeinschaftsbildende Kraft der jugendlichen Körperschaft auch weiterführende, die Nation als Körperschaft betreffende Impulse auslösen zu können. Viel stärker als bei Goethe ist dieser Erziehungsanspruch von Johann Gottfried Herder formuliert worden. In der Darstellung des Zusammenhanges zwischen Natur und Menschengeschlecht wollte Herder die 'wahre Kultur' als Humanität freilegen und dabei eine nationalerzieherische Perspektive entwickeln: *"... Was hindert uns Deutsche, uns allesamt als Mitarbeiter an einem Bau der Humanität anzuerkennen, zu ehren und einander zu helfen? Haben wir nicht alle eine Sprache, ein gemeinschaftliches Interesse, eine Vernunft, ein und dasselbe menschliche Herz?"*[480]

Herder war selbst Sohn eines Lehrers und zeitlebens mit dem Lehrerberuf in unterschiedlichen Anstellungen verbunden. Er ging von den Klassikern der deutschen Dichtung am meisten und im engeren Sinne des Wortes pädagogischen Fragestellungen nach. Seine pädagogischen Ideen fanden in den *"Schulreden"*[481] ihren umfassenden Ausdruck. Zunächst stand der Name Herders für eine Reform des Lese- und Schreibunterrichtes in jener Zeit. Er verfasste zahlreiche Schulbücher, um diesem Ziel im schulischen Praxisbereich entsprechen zu können. Für Bereiche erlebnis- und handlungsorientierten Erfahrungslernens ergab sich für Herder die Nützlichkeit schulischer Erziehung, um *"den Wort- und Begriffsschatz der Kinder zu erweitern und ihnen einen Grundbestand an nützlichen Kenntnissen zu vermitteln"*[482]. Die Gegenstände des Lernens/Lehrens sollten aus dem Erfahrungsbereich und dem praktischen Umfeld der Kinder kommen oder zumindestens mit ihnen verbunden sein. Der Bildungsbegriff Herders war daher nicht auf das muttersprachliche Prinzip reduziert. Nützlichkeit der Ausbildung, Lebens- und Praxisnähe sowie die ernsthafte Tätigkeit bei der Bewältigung konkreter Aufgaben wurden zu Leitgedanken seiner humanistischen Erziehungsauffassung: *"Nicht Wortgelehrte, sondern gebildete, nützliche geschickte Menschen will unsre Zeit; die Bedürfnisse desselben, ein steigender Mangel, eine größere Konkurrenz, ... vielleicht auch bald die drückende Not selbst wollen diese Bildung zu vielseitigem, praktischen gemeinen Nutzen"*[483].

Diese Anschauung von 'vielseitigem' Lernen und Lehren, hinter der die klassische Forderung einer harmonischen Einheit der Sprache, des Denkens und der kind- und jugendgemäßen Tätigkeit stand, wurde für Herder zum übergeordneten Kriterium zeitgemäßer und nützlicher Lebensvorbereitung. In ihr hatten intellektuelle Ausbildung und sittliche Charakterbildung auseinander hervorzugehen. Anders als Goethe sah Herder nicht die pädagogische Provinz mit ihren kustodialen Nebeneffekten als praktische Lösung der Gestaltung dieser harmonischen Einheit an. Er hielt eine Erziehung im und am Leben, in seinen praktischen und sozialen Dimensionen, für den richtigen Weg: *"Wir leben in der Zeit; folglich müssen wir auch mit ihr und für sie leben und leben lernen"*[484]. Herders Schlussfolgerung für die Schule war konsequent: *"Wenn dies in allen Geschäften des Lebens, bei allen Ein-*

richtungen für Menschen gilt, sofern sie Kinder der Zeit sind und unter ihren Einflüssen stehen, so gilt's auch von den Einrichtungen zur Bildung der Menschen, von öffentlichen und Privatschulen. Keine muß sich außerhalb der Grenzen des Raumes und der Zeit befinden, sonst steht sie an unrechtem oder gar keinem Ort. ... Sollen diese Einrichtungen Menschen für die Zeit, die jetzige und künftige, bilden, sollen sie diese jungen Menschen den Gebrauch und die Anwendung jetziger und künftiger Zeit lehren und sie dazu gewöhnen, so müssen sie in ihrer Zeit, für die zukünftige sein und mit der Zeit fortleben"[485].

Herders Forderungen und Goethes Überlegungen lassen sich auf das harmonische Menschenbild auch anderer Vertreter der 'pädagogischen Klassik' zurückführen. Mit diesem harmonischen Menschenbild war eine Sichtweisen verbunden, in der Handeln und Denken einheitlich betrachtet wurde. Verstandesschulung und die Ausprägung von praktischen Fähigkeiten wurden nicht als etwas von außen Angetragendes oder als ein Ergebnis abstrakter Denkschulung gesehen, sondern in erster Linie als menschliches Produkt wiederholter Übungen und Gewohnheitsprägung: *"In diesem Verstande sind Schulen für jede Wissenschaft, Kunst und Übung die unentbehrlichsten, nützlichsten Anstalten; denn es fällt kein Meister vom Himmel, und alles, was man recht wissen und tun will, muß man (und kann man - T.F.) lernen"*[486]. Die innere Verbindung von Körper, Geist und Seele war einerseits die logische Konsequenz einer solchen Auffassung, die sich klar von der einseitigen 'Verkopfung' erzieherischer Anstrengungen abwenden musste: *"Was soll nämlich der Kram der Wissenschaften und des Gedächtnislernens, wenn unsre Seele dadurch nicht zu guten Gesinnungen gebildet, wenn unser Herz und Leben nicht durch gute Übungen genährt wird?"*[487] Andererseits wurde das praktische Engagement jedes einzelnen Mitgliedes der nationalen Gemeinschaft zum wichtigen Element eines neuen 'deutschen Volkstums'. Demnach sollte sich im Verständnis von Herder aus patriotischer Anteilnahme sowie humanistischer Grundeinstellung ein Nationalgefühl entwickeln lassen: denn *"alles was in Deutschland lebt, kann und soll für Deutschland wirken und denken ... . Denn Deutschland hat nur ein einiges Interesse daran, das Leben und die Glückseligkeit des Ganzen"*[488]. Durch Patriotismus und sittlich-moralische Redlichkeit im Rahmen des klassischen Menschenbildes hatte sich dieses deutsches Nationalgefühl zu entwickeln, das als *"gemeinschaftliche Flamme"*[489] emporschlagen sollte. Die Ergebnisse dieses auf Patriotismus und Humanismus angelegten Gefühls in der Gemeinschaft der deutschen Nation wurden spätestens 1848 für große Teile der Bevölkerung zu einer lebendigen Erfahrung in der gesellschaftlichen Wirklichkeit.

Die Positionen Herders zu einer systematischen Lehrerbildung geben dazu abschließend den Hinweis, dass die klassische deutsche Dichtung deren Notwendigkeit reflektierte. War es bei Goethe noch mehr die Verbindung zu einem praktischen Beruf, den der Lehrer in den Erziehungskontext der pädagogischen Provinz einzubringen hatte, wurde bei Herder die fachliche und methodische Kompetenz des Erziehers aus dem Charakter von Kunst und Wissenschaft abgeleitet. Die dementsprechende Lehrerbildung, als eine notwendige Voraussetzung für die schulische Erziehung, wurde gefordert: *"Eine Wissenschaft ohne Gründe, ohne Deutlichkeit, Klarheit und gute Ordnung ist keine Wissenschaft; eine Übung, die man aufs Gratewohl tut, ist keine Vernunfthandlung, viel weniger ein Kunstwerk. Nun verstehet sich aber von selbst, daß ein Lehrer die Sache wissen muß, die er lehret ... . Er siehet, wenn er seines Namens wert sein will, von seinen Kenntnissen die Gründe ein, folglich besitzt er ein Richtmaß, daß er an meine Übungen legt und diese dadurch verbessert: Besitzt er Methode, so kommt dadurch Ordnung in meinen Kopf, und die halbe Wissenschaft ist in Ordnung ..."*[490].

Zusammenfassend können der klassischen deutschen Philosophie und vor allem der Dichtkunst, neben ihren eigenen ideengeschichtlichen Resultaten, die zeitgemäße Zusammenführung und Weiterentwicklung philantropischer, neuhumanistischer und nationalerzieherischer Anregungspunkte zugewiesen werden. Der tätige und dadurch schöpferische Mensch stand im Mittelpunkt aller Veränderungsgedanken, die von der deutschen Klassik ausgingen. Das Harmonieverständnis von den allseitigen Anlagen und Potenzialen des Menschen forderte Erziehungsauffassungen heraus, die in ihrem ganzheitlichen Ansatz auf diese spezifisch menschlichen Wesenskräfte gerichtet waren. Die Idee der Arbeitserziehung in der bäuerlichen Gemeinschaft wurde im Konzept der pädagogischen Provinz weiter konkretisiert und auf die zeitgeschichtlichen Bedürfnisse bezogen. Die künstlerische Ausdrucksbewegung in der Dichtkunst und die institutionalisierte Kunstausübung auf den Schaubühnen wurden als Felder pädagogischen Wirkens verstanden und vollzogen. In all diesen Punkten lassen sich Schnittstellen finden, die mit einem erlebnis- und handlungsorientierten Erfahrungslernen im Zusammenhang stehen. Die ideengeschichtlichen Systeme des deutschen Idealismus weisen nur in geringem Maße pädagogische Bezüge auf, die sich auf offene, soziale und natürliche Erziehung zurückführen lassen. Eine Ausnahme stellt der Erfahrungsbegriff von Hegel dar, der die Perspektive des Erfahrungslernens entscheidend erweitert: Erfahrungen, die das Bewusstsein über sich selbst verwirklicht, sind unmittelbar an die Prozesse des ganzheitlichen Lebens gebunden. In ihnen kommt zum Ausdruck, wie der biographische Aufbau innerer Dispositionen, mit all seinen emotionalen, motivationalen und intellektuellen Impulsen, in das Bewusstsein des Individuums tritt. Was emotional oder intellektuell vollzogen wurde, muss reflexiv verarbeitet werden, um in die aktuellen Voraussetzungen für Tätigkeit und Verhalten eingehen zu können. Diese Voraussetzungen stellen die Erfahrungen dar, auf deren Grundlage der einzelne Mensch sein Verhalten und seine Tätigkeit reguliert. Sie gehen aber nicht automatisch aus dem erlebnis- und handlungsorientierten Lernumfeld hervor, sondern sind an höhere Formen der Bewusstseinstätigkeit gebunden. So gesehen wurde im Erfahrungsbegriff von Hegel teilweise eine Perspektive vorweggenommen, die die innere und äußere Realitätsverarbeitung des Individuums beschreibt und die wechselseitige Abhängigkeit der verschiedenen Ebenen im Persönlichkeitsspektrum hinsichtlich des subjektiven Kompetenzaufbaus zum Ausdruck bringt. Diese Perspektive ist für das handlungs- und erlebnisorientierte Erfahrungslernen fundamental, da die ganzheitliche Kohärenz des Psychischen und ihr biographischer Aufbau in der inneren Disposition die wesentlichen Komponenten des individuellen Lebens und Lernens sind. Außerdem ist nicht zu unterschätzen, dass der deutsche Idealismus in der Philosophie und Pädagogik die geistigen Leistungen historischer Persönlichkeiten und wegweisender Entwicklungen aus dem intellektuellen Kontext der menschlichen Lebenspraxis erklärte. Damit steht auch die Revision von Dogmen und Deutungen des Erfahrungslernens hinsichtlich ihres wissenschaftlichen Anspruchs und ihrer praktischen Wirklichkeit nicht außerhalb einer begründenden Bildungstheorie, da sie ihren Ausgang in der Grundbedeutung des pädagogischen Erfahrungsbegriffes nehmen. Auf jeden Fall aber kann deutlich rekonstruiert werden, dass klassische Bildungsvorstellungen auch Erfahrungsbedeutungen umgriffen und von daher Wurzelwerk für erlebnis- und handlungsorientierte Erziehungsüberlegungen lieferten.

Prospektive Fragestellungen:

1. Wie bewertete I. Kant den wechselseitigen Zusammenhang zwischen geistiger und praktischer Erziehung und in welcher Weise erfuhr die handlungsorientierte Arbeitserziehung im Kontext seines Ideensystems eine pädagogische Aufwertung?
2. Wie ist der Kontext sittlich-religiöser Erziehung an den ethischen Formalismus von Kant gebunden und sind semantische Verbindungen zum Erfahrungslernen weitestgehend auszuschließen?
3. Wie begründet Daniel Schleiermacher den eigengesetzlichen Charakter pädagogischer Vorhaben und damit die Vorstellung von pädagogischer Autonomie als eine Voraussetzung für zahlreiche Inhalte und Methoden des Erfahrungslernens im kultur- und staatstheoretischen Implikationszwang von Bildung und Erziehung?
4. Warum können einige Ideen Schleiermachers auf Systeme des sozialen und praktischen Erfahrungslernen zurückgeführt werden?
5. G.W.F. Hegel hat für die philosophische Bestimmung des Erfahrungsbegriffs anspruchsvolle Deutungen hinterlassen, die für ideengeschichtliche Systeme des Erfahrungslernens selbstevident sind. Wie ist der Erfahrungsbegriff bei Hegel definiert?
6. Welche Grundaussagen zum Erfahrungslernen im Sinne einer handlungs- und erlebnisorientierten Erziehung lassen sich dem Gesamtwerk Hegels entnehmen?
7. Warum stellte sich gerade das Theater und die Dichtkunst als generatives Potenzial hinsichtlich einer emotional-erlebnishaften, künstlerisch-ästhetischen Erziehung dar und welche ideengeschichtlichen Beiträge lassen sich aus dem Nachlass der Deutschen Klassik entnehmen?
8. Inwieweit reflektiert die Deutsche Klassik die Aspekte tätigkeitsbezogener und altersgemäßer Erziehungsformen und welche ideengeschichtlichen Fragmente von F.v. Schiller reflektieren den aktivitätsfördernden Charakter handlungs- und erlebnisorientierten Lernens?
9. Wie ist J.W.v. Goethe als 'Kinderfreund' zu verstehen, wie beschrieb er die Rolle von Schülern und Lehrern, welchen Stellenwert besaß die pädagogische Provinz hinsichtlich der Gemeinschaftserziehung und wie interpretierte er den Zusammenhang zwischen Tätigkeit und Lernen?
10. Wie stellt sich in der Menschenbildkonzeption von J.G. Herder die Utilitarismusproblematik für Schule und Erziehung dar?

2.9 Das 19. Jahrhundert im Spiegel der Schulreformen, ihrer sozialen Utopien und positivistischen Ansätze

Die Jahrzehnte vor und nach der Jahrhundertwende zum 19. Jahrhundert waren von den Folgen der Französischen Revolution gekennzeichnet. In Deutschland brach unter der napoleonischen Fremdherrschaft das spätfeudale Staats- und Verwaltungssystem zusammen. Die völlige Neuorganisation staatlicher und kommunaler Einrichtungen stand auf der Tagesordnung politischer Ziele. Das Bildungswesen wurde natürlich von diesen allgemeinen Veränderungstendenzen grundsätzlich berührt. Die Gründung und Ausgestaltung der Berliner Universität (1810) war Spiegel dieser Reformprozesse auf dem Bildungs- und Erziehungssektor. Diese Prozesse reflektierten ein erhöhtes Zugeständnis an freier wissenschaftlicher Forschung und Lehre. Diese Liberalisierung der Bildungspolitik kam dem Freiheits- und Fortschrittsglauben des bürgerlichen Zeitalters adäquat nach. Sie gelangte spätestens mit der Zurückdrängung der napoleonischen Besatzung in die Polarisierungen konservativer Ansätze in der Philosophie und Pädagogik. Diese strebten nach Restauration der ständestaatlichen Strukturen in Deutschland. Nicht zuletzt war die Entstehung des Konservatismus (Konservativismus), als philosophische Strömung und als bildungstheoretischer Ansatz, durch die republikanischen Entwicklungen im internationalen Zusammenhang motiviert worden. Seit 1790 prägte sich die konservative Richtung durch die Arbeiten von Edmund Burke (1729-1797) aus. Insbesondere durch seine Schrift, *"Reflection on the Revolution in France"*[491], wurde der Konservatismus als politische Reaktion auf die republikanischen Entwicklungen theoretisch fundiert. Auf der einen Seite wurde damit die philosophische Reaktion auf die bürgerliche Neuorientierung in der Französischen Revolution formuliert, die in der Restauration überkommener Wert- und Sinnvorstellungen argumentierte. Auf der anderen Seite wurde durch Edmund Burke in seiner historisch-organischen Staatsauffassung eine Perspektive verdeutlicht, die sich mit der gesellschaftlichen Doppelfunktion der Schule (Tradition-Prospektion-Allokation) durchaus verbinden ließ: Nach seiner Auffassung war der Staat eine Institution, die auf der Verbindung von Tradition und Wirksamkeit der gegenwärtig Lebenden in Verantwortung gegenüber den zukünftigen Generationen beruhte; da auch die Schule die kulturellen und geschichtlichen Leistungen vorangegangener Generationen aufbewahrte und gleichzeitig an den neuen sozialen Lebensformen mitarbeiten sollte, lag sie nicht außerhalb der konservativen Geschichtsauffassung. Nur konnte nicht übersehen werden, dass sich das politische Wesen des Konservatismus darin äußerte, auf eine geschichtliche Stände- und Wertekonstanz zu orientieren. Der Ausbau des öffentlichen Schulwesens verlief vor diesem spannungsvollen Hintergrund. Er fand in der konservativen Reaktion auf das unter Humboldt begonnene Reformwerk seinen prägnanten Ausdruck. Eine liberale Forderung für den Ausbau des öffentlichen Schulwesens war der uneingeschränkte Zugang zu den sich weiter differenzierenden Ausbildungszweigen. Die Einführung allgemeiner Schulpflicht wurde politisch reklamiert. Kirchliche Einflussnahme und die damit verbundenen Aufsichtsbefugnisse der Geistlichkeit über die Lehrerschaft verhinderten solche Entwicklungen. Sie waren für konservative Bildungsideologen ein Ansatzpunkt, die tradierte Bildungs- und Erziehungsteilung fortzuführen: *"Den demokratischen Gefahren, die in einer Ausweitung der allgemeinen Schulpflicht lagen, suchte er (Beckendorf - Leiter des Volksschulwesens - T.F.) durch Stärkung des kirchlichen Einflusses auf die Schule zu begegnen. Gegen die Auflösung der geburtständischen Ordnung richteten sich auch seine religiös begründeten Gesinnungsbildungsvorstellungen, die dafür sorgen sollten, daß jedermann auf dem für ihn durch Geburt vorgesehenen Platz in der Gesellschaft verblieb"*[492].

Nach der Thronbesteigung durch König Friedrich Wilhelm IV. wurden diese Spannungen zwischen liberalen und konservativen Bildungsvorstellungen noch vertieft. Die Orientierung des Königshauses auf kirchlich-religiöse Wertüberzeugungen förderte die Konservatismustendenz auf nahezu allen politischen und pädagogischen Bereichen. Diese Spannungen und Tendenzen fanden spätestens im Revolutionsjahr nach 1848 in der politischen Auseinandersetzung ihre Kristallation. Dennoch konnten in der ersten Hälfte des 19. Jahrhunderts in Deutschland eine zunehmende Strukturierung und inhaltliche Profilierung einzelner Ausbildungszweige realisiert werden. Haupt-, Volks-, Industrie- und Realschulen bildeten sich auf der Grundlage unterschiedlicher Lehr- und Rahmenpläne heraus. Die Lehrerseminare, die in der zweiten Hälfte des 18. Jahrhunderts an den Universitäten entstanden waren, wurden ausgebaut. Der wachsende Bedarf an qualifizierten Lehrern sollte angemessen befriedigt werden. Das Gymnasium, die Saat des Neuhumanismus, entwickelte sich schrittweise weiter. Die Abiturientenprüfung wurde bereits 1788 in Preußen eingeführt. Sie war sowohl in den Plänen Humboldts zum einheitlichen preußischen Bildungswesen[493] als auch in den Entwürfen Süverns zum preußischen Unterrichtsgesetz[494] vorgesehen. Die traditionellen Lateinschulen wurden in Bürger- und Realschulen weitergeführt und forderten ihrerseits einen erweiterten Bestand an Lehrern und Erziehern.

Diese wenigen Aspekte können verdeutlichen, dass an den Universitäten der Ausbau einer akademischen Lehrerbildung notwendig wurde.

An den Universitäten blieben Pädagogik, Didaktik sowie Methodologie noch lange Zeit im Schatten anderer Disziplinen. Diese Tendenz entsprach zur Jahrhundertwende der generellen Abwertung von Theologie und Philosophie im akademischen Leben. Erst durch die notwendigen Forderungen nach einer fundierten Vorbildung der Lehrerschaft konnten derartige Tendenzen abgeschwächt werden. In diesem Spannungsfeld entwickelten sich systematische und historische Ansätze der pädagogischen Theorie, die in den Reflexionen namhafter Vertreter sowohl der liberalen als auch der konservativen Richtung ihren beispielhaften Ausdruck fanden. Zu ihnen dürften die Arbeiten von Johann Friedrich Herbart (1776-1841), Friedrich Wilhelm August Fröbel (1782-1852) und von Friedrich Adolph Wilhelm Diesterweg (1790-1866) gehören. Ihnen wird in den nachfolgenden Erörterungen mit dem Ziel nachgegangen, ihren Beitrag für das Konzept eines handlungs- und erlebnisorientierten Erfahrungslernens zu erschließen.

Johann Friedrich Herbart war in Jena ein akademischer Schüler von Fichte. Daher wurde er schon früh mit den philosophischen und pädagogischen Problemsichten des deutschen Idealismus vertraut. Bereits mit 21 Jahren übernahm er eine Hauslehrerstelle in Bern. Wenig später kam er in der Schweiz mit Pestalozzi zusammen und studierte dessen Erziehungs- und Unterrichtsideen. Die Philosophie Herbarts war stark von der 'Praktischen Philosophie' (Ethik) seiner Zeit in geprägt. Seine psychologischen und pädagogischen Gedanken zu Fragen der praktischen Gestaltung von Unterricht und Schule leitete er aus diesen philosophischen Prämissen ab. Die Vorstellungskraft des Individuums sollte in allen Phasen der Erziehung angeregt und verstärkt werden. In ihr sah Herbart die Grundfunktion und die Ursache menschlichen Denkens und der menschlichen Bedürfnisse. Das Individuum *"treibt kein anderer Mechanismus als der, welcher sich aus den Vorstellungen erzeugt, die er empfing und vernahm"*[495] und deshalb *"sein Wissen nur ein vollendetes und sein Wollen ein gehemmtes, sich wieder aufarbeitendes Vorstellen ist"*[496]. Diese Ausgangsposition reflektierte die wesentlichen Ursachen für den biographischen Aufbau der Persönlichkeit im Bereich einer subjektiv idealisierten Umwelt. Sie betonte das innerliche Streben des einzelnen Menschen nach Erkenntnissen und ihrer Gesetzmäßigkeiten im individuell begrenzten System dieser subjektiv idealisierten Wirklichkeit. Außerhalb dieses Zugänglichkeitsbereiches wurde für Herbart die gesamte äußere Wirklichkeit nur noch scheinbare Realität: *"Es ist wirklich nichts Reales gegeben, ... der wirkliche Schein ist das, was gegeben ist, und alles Gegebene ist Schein"*[497]. Diese 'Herbartsche Metaphysik' lehnte sich eng an die Vorstellung Fichtes an, dass sich die reale Welt letztlich in der geistigen Leistung des individuellen Bewusstseins darstellt. Diese Perspektive hatte Konsequenzen für die erkenntnistheoretische Interpretationen 'realer Elemente' der Erziehung. Herbart stellte folgende Grundthese auf: Wenn alles real Gegebene nur Schein ist, folgt logisch, dass alle Bewegungen und Veränderungen in der Außenwelt des Individuums nur scheinbar sind. Geschehnisse, die sich nur an der 'Oberfläche' äußerlicher Realitäten vollzogen, hatten in diesem Grundverständnis von Herbart auf die inneren Geschehnisse des Individuums, als die bestimmenden Grundlagen aller Dinge und Erscheinungen, keinen Einfluss. Für Herbart konnte so die seelische Grundgegebenheit im Individuum zur unantastbaren Tatsache werden. Alle psychischen Reaktionen und Funktionen waren danach als innerliche Ergebnisse des Inbeziehungtretens zur Umwelt aufzufassen. Hinzukommende Begleitumstände, die den Erziehungsvorgang beeinflussten, wurden als Elemente gedeutet, in denen andere scheinbare Gegebenheiten miteinander verbunden sind: *"Herbart meint, auch die Seele sei ein unveränderliches und einfaches 'Reale', und alle psychischen Funktionen seien Akte der Selbsterhaltung gegenüber den Störungen anderer 'realer Elemente'. Diese der 'Selbsterhaltung dienenden Reaktionen der Seele auf die von außen einwirkenden Reize bezeichnet Herbart als 'Vorstellungen"*[498].

Auf dieser erkenntnistheoretischen Grundlage, die den Wahrnehmungsbegriff gehoben in den Kontext der subjektiven Idealisierung der Wirklichkeit stellte, fundierte Herbart den Begriff der **Apperzeption**. Apperzeption definierte er als das Vermögen des Individuums, bereits vorhandene Vorstellungen von der Umwelt und von sich selbst im Bewusstsein zu aktivieren, um auf deren Grundlage Verhalten und Tätigkeit zu organisieren. Interpretierte Fichte die geistige Erscheinungsform der Welt noch empfindungsbezogen, so erschien diese Interpretation bei Herbart 'vorstellungsbezogen'. Beide gingen jedoch davon aus, dass sich die Welt im menschlichen Bewusstsein realisiert und in ihm ihre eigentliche Existenzform verwirklicht. Auf der Apperzeption, dem Fähigkeitspotenzial des einzelnen Menschen, Vorstellungszuwächse im lernenden Umgang oder in speziellen Erziehungsverhältnissen zu erreichen, beruhten alle weiteren pädagogischen Denkanstöße Herbarts.

Das Vorstellungsgefüge im menschlichen Bewusstsein ergab sich bei Herbart als Kohärenz intellektueller, emotionaler und motivationaler Persönlichkeitspotenziale. Erst in ihrer gegenseitigen Durchdringung und wechselseitigen Abhängigkeit sollten sie zu konkreten Elementen des individuellen Lebens und Lernens werden. Dadurch gewannen körperliche Aktivitäten, emotionale Ausdrucksformen und auch handwerkliche Lernmuster für den erzieherischen Kontext an Bedeutung, wenn Herbart auch den Wert praktischer Betätigung unterschätzte. Einen ganzheitlichen Charakter erlangte der Erziehungsansatz Herbarts nur insofern, da geistiges und seelisches Leben den Zusammenhang zwischen psychischer Entwicklung und pädagogischer Einwirkung bestimmten. Damit wird verständlich, dass der von Herbart geprägte und bekannte Begriff des 'erziehenden Unterrichts' an mehr gebunden war, als an einseitige intellektuelle Unterweisung. Der 'erziehende Unterricht' hatte auch der sittlichen Handlung und ästhetischen Entfaltung zu dienen, die letztlich in der geistigen Tätigkeit des Schülers ihren Ausdruck finden sollten: *"Dem erziehenden Unterricht liegt alles an der geistigen Tätigkeit, die er veranlaßt"*[499]. Diese geistige Tätigkeit im persönlichkeitsbildenden Sinne sollte durch Interesse an der Sache und durch Lust auf intellektuelle Aktivitäten verstärkt werden. Die individuellen Gemütszustände und der kindhafte Erwartungshorizont lagen daher nicht außerhalb der pädagogischen Vorstellungen von Herbart.

Diese Betonung der motivationalen Komponente im Erziehungsverhältnis zwischen Lehrern und Schülern, das Wecken von Bedürfnissen und Bewusstwerden eigener Motive, ging auf eine Differenzierung von Interessenlagen zurück. Sie explizierte sich auf unterschiedlichen 'Interessen-Ebenen':

1. Das 'Erkenntnis-Interesse' richtete sich auf die Anschauung der Natur und auf die Verinnerlichung des gesellschaftlich-geschichtlichen Lebens. Hier sollten die Produkte des kulturhistorischen Schaffens und die Ästhetik der bürgerlichen Lebensformen innerlich vollzogen werden.
2. Die 'Teilnahme-Interessen' an den schulischen Aktivitätsformen mussten soziale Motive voraussetzen, die die individuelle Stellung innerhalb der schulischen Gemeinschaft betrafen.
3. 'Religiöse-Interessen' hatten danach zu streben, die Glaubensverhältnisse zwischen Mensch und Gott auf der Ebene des kind- und jugendgemäßen Erfassungsvermögens zu reflektieren.

Zwei Grundthemen bestimmen dabei die 'Herbartschen Unterrichtstheorie':

1. Selbsttätigkeit der Schüler im Rahmen der Schulunterrichtsarbeit [500].
2. Pädozentriertheit des institutionellen Erziehungsgeschehens [501].

Herbart forderte, das Interesse an den erzieherischen Vorhaben aus den Gemütszuständen der Zöglinge zu entwickeln. Das erzieherische Geschehen sollte einen direkten Bezug zum innerlichen Leben des Individuums aufweisen, um die genannten Interessenebenen für sich auch verfügen zu können. In der vom Kind gewollten Selbsttätigkeit hatte sich danach die motivationale 'Empfänglichkeit' des Schülers für intellektuelle oder soziale Lernthemen darzustellen. Wie bereits erwähnt, reflektierte die 'Herbartschen Unterrichtstheorie' den Wert praktischer Betätigungsfelder eher in herabgesetzter Bedeutung und nicht als zwingende Folge einer schulischen Gesamtkonzeption. Sie basierte stärker auf der Annahme, dass sich die Außenweltfaktoren in der geistigen Tätigkeit widerspiegeln und durch innerliche Erlebnisse überformt werden. Deshalb blieb der Begriff der Selbsttätigkeit weitestgehend auf die eigenständigen Leistungen des Individuums verkürzt, die mit dem selbständigen Erreichen und Strukturieren geistiger Produkte verbunden waren. Zwar hatte die Metaphysik von Herbart mit dem Idealismus von Hegel wenig gemeinsam, aber in der Theoretisierung intellektueller Erfahrungen, die sich in menschlicher Vernunft äußern, gab es durchaus affine Positionen. Außerdem blieb die interessante These, dass intellektuelle Erlebnisse, als besondere Qualitäten seelischer Ereignisse des Individuums, nicht zwangsläufig auf ein arbeitsbezogen-lebensweltliches oder emotional-gefühlsmäßiges Geschehen gerichtet sein müssen, weil sie es nicht voraussetzen. Intellektuelle Erlebnisse, als Produkte der geistigen Tätigkeit und Erfahrung, sollten in der Ganzheitlichkeit des menschlichen Lebens und Lernens auch emotional vollzogen werden können. Das stellte einen völlig anderen Standpunkt dar, als ihn lebensweltliche und natürliche Modelle des Lernens verfolgten. Der 'erziehende Unterricht' in der Sicht Herbarts musste grundsätzlich von den Erfahrungen und Bedürfnissen des Schülers ausgehen, die letztlich in seiner Individualität vorgegeben und verankert waren. Er richtete sich primär an der kind- und jugendgemäßen Deutung der realen Außenweltbedingungen aus, nicht primär an diesen Bedingungen selbst: *"Der Unterricht knüpfe gern an das Nächste an ... es ist die Individualität und der durch die Gelegenheit bestimmte Horizont des Individuums, der die ersten Vertiefungen schafft; und dadurch, wo nicht Mittelpunkte, doch Anfangspunkte der fortschreitenden Bildung festsetzt"*[502].

Natürlich bezogen sich die Ausarbeitungen Herbarts, vor allem im Hinblick auf die formalen Stufen des 'erziehenden Unterrichts', auf die intellektuelle Bildung der Schüler. Diese formalen Stufen der geistigen Lern- und Lehrtätigkeit wurden von Herbart folgendermaßen differenziert: Klarheit (1.Stufe)[503], Assoziation (2. Stufe)[504], System (3. Stufe)[505] und Methode (4. Stufe)[506] zur *"Gestaltung des analytischen und synthetischen Unterrichtens"*[507]. In besonderer Weise zeigt sich in seinen Interpretationen zum *"bloß darstellenden Unterricht"*[508], dass die altersspezifischen Besonderheiten der Schüler und ihr individuelles Angelegtsein zu Komponenten der unterrichtlichen Vorgehensweisen werden sollten. Praktisch-aktionale Lehr- und Lernformen erlangten dadurch an gehobener Bedeutung[509]. Im Wechselverhältnis zwischen der Vertiefung und Besinnung[510] wurden diese praktischen Komponenten des Lernens gesucht. Sie gingen über die Betrachtung rein geistiger Tätigkeiten hinaus: *"Wer jemals sich irgendeinem Gegenstande menschlicher Kunst und Liebe hingab, der weiß auch, was Vertiefung heißt. ... - Wie jedem Gemälde seine Beleuchtung gehört, wie die Richter des Geschmacks für jedes Kunstwerk eine eigene Stimmung des Betrachtenden fordern - so gehört allem, was würdig ist, bemerkt, gedacht, empfunden zu werden, eine eigene Sorgfalt, um es richtig und ganz zu fassen, um sich hineinzuversetze. Wie viele zahllose Übergänge dieser Art wird das Gemüt machen müssen, ehe die Person im Besitz einer reichen Besinnung und der höchsten Leichtigkeit der Rückkehr in jede Vertiefung sich vielseitig nennen darf?"*[511]

Für Herbart resultierten menschliche Erkenntnisse in erster Linie aus klar umrissenen und persönlich bedeutsamen Vorstellungen. Sie hatten sich aus den apperzeptiven Grundlagen einer selbständigen Denkungsart des Individuums zu ergeben. Nur so lassen sich die formalen Stufen des 'erziehenden Unterrichts' auch richtig verstehen. Die Problemlage der Persönlichkeitsentfaltung wurde durch Herbart aus dem Zusammenhang zwischen der bildenden und erzieherischen Funktion der pädagogischen Prozesse im Unterricht entwickelt. Insofern sind seine Arbeiten und Schriften sicherlich mehr ein Fundus an Hinweisen und Anregungen didaktischer und methodischer Natur. Sie lassen sich nur partiell auf das Verhältnis zwischen Erleben und Erziehen in der Schule als Ganzes und im Hinblick auf ihre Erziehungspotenzen zurückführen. Das gilt insbesondere für seine didaktischen Ideen mit Blick auf den analytischen und synthetischen Unterricht. Andere Ambivalenzen und Widersprüche zum Charakter eines handlungs- und erlebnisorientierten Erfahrungslernens ergeben sich, wenn man die von ihm gezeichneten Verhältnisse zwischen Erzieher und zu Erziehendem rekonstruiert. In ihnen spielte der 'Zuchtbegriff' und die damit verbundenen Bestrafungen eine große Rolle[512]. Zur Disziplinierung des Schullebens hatten Maßnahmen und Regeln einer *"Regierung"*[513] einzusetzen, die ihrem Wesen nach von einem inhumanen Charakter gekennzeichnet waren. Dennoch konnten seine Arbeiten für die erzieherische Bedeutsamkeit des Unterrichtsprozesses sensibilisieren, da weder das 'reine' intellektuelle Wissen noch die 'reine' Nützlichkeit theoretisch erworbener Fähigkeiten den Dreh- und Angelpunkt pädagogischer Überlegungen darstellten. Darüber hinaus kann dem Schaffen

Herbarts entnommen werden, dass der Ideenkreis handlungs- und erlebnisorientierten Erfahrungslernens den Unterrichtsprozess oder den Bereich
intellektueller Erfahrungen nicht ausschließen muss. Vielmehr müssen diese
Seiten der Persönlichkeitsbildung mit den anderen Ebenen des Persönlichkeitsspektrums und mit arbeitsbezogen-lebensweltlichen Lernbereichen in
wechselseitiger Abhängigkeit entwickelt werden.

Friedrich Wilhelm August Fröbel war, wie Herbart auch, mit den Lehren
von Pestalozzi bestens vertraut. Er studierte und arbeitete in Iferten zwischen
1809 und 1810. Sehr früh erwachte seine nationale Gesinnung, die ihn bewog,
1813 als Berliner Student dem Lützower Freikorps beizutreten. Damit befand
er sich inmitten der Widerstandsbewegung gegen Napoleon und formulierte
die eigene Position: *"Es war mir gar nicht zu denken möglich, wie ein
waffenfähiger junger Mann Erzieher von Kindern und Knaben werden könne,
deren Vaterland er nicht mit seinem eigenen Blut und Leben verteidigt
habe"*[514]. Und diese nationale Gesinnung hielt an, ein Leben lang. Sie war
eng verbunden mit dem Streben nach tätiger Ausgestaltung republikanischer
Verhältnisse, in die auch seine Bemühungen um eine nationale 'Kindergartenbewegung' eingingen: *"Prüfen Sie all mein erzieherisches Tun in seinem
innersten Kern. Ich erziehe und bilde seit einem Menschenalter für die
Republik und zu ihr hin, ich bilde und erziehe für die Ausübung der
republikanischen Tugenden"*[515].

Der pädagogische Beitrag Fröbels dürfte für die Thematisierung handlungs-
und erlebnishafter Erziehungsformen von großer Bedeutung sein. Zunächst
galten seine praktischen und theoretischen Bemühungen nicht primär der
Vorschulerziehung. Noch stark von den Befreiungskriegen beeindruckt, gründete er 1816 in Grießheim die 'Allgemeine Deutsche Erziehungsanstalt'.
Dieses Heim sollten zur patriotischen Gesinnung erziehen und wurde ein Jahr
später zum Grundstein für Keilhau. Erst viel später wurden die 'Fröbelschen
Spielgaben' hergestellt und in alle Welt verschickt. In Thüringen, mit Kindern
aus der Umgebung Blankenburgs, bildete er den bekannten 'Spielkreis', um
seine Spielgaben und die unterschiedlichen Bewegungsspiele praktisch zu
erproben. Aus diesen Erfahrungen und den zu dieser Zeit in Deutschland
schon weit verbreiteten Spielkreisen institutionalisierte Fröbel um 1840 die
ersten Formen des Kindergartens. Schrittweise und über einen Zeitraum von
11 Jahren wurden in allen Teilen Deutschlands Kindergärten aufgebaut. Mit
dem Kindergartenverbot von 1851, einem Beschluss der preußischen
Regierung, fanden diese Bemühungen Fröbels ihr jähes Ende.

Das gesamte Schaffen Fröbels thematisierte folgende These: Kinder im
Vorschulalter eignen sich ihre gesamte Innen- und Außenwelt, aufgrund ihrer
physischen und psychischen Voraussetzungen, primär im Spiel an. Sie be-

nötigten den affektiv-sozialen, emotional-erlebnishaften, den körperlich-bewegungsbezogenen und praktisch-aktionalen Bezug zu den Lerngegenständen. Den Zugang über höhere theoretische Begriffe und geistige Operationen konnten sie nur sehr eingeschränkt vollziehen, da ihr psychisches Ausgangsniveau keinen adäquaten Entwicklungsstand besaß. Vor dem Hintergrund, dass es sich um Überlegungen für die Erziehung von 'Vorschulkindern' handelte, schien dieser grundsätzliche Ansatz von Fröbel sehr plausibel zu sein. Darüber hinaus war diese Erziehung im Vorschulalter ein wichtiger Verweis darauf, dass die innere Wechselwirkung von Erleben und Erziehen in der Zwecksetzung des Lehrens und Lernens grundlegende Bedeutung erlangen konnte. Daraus leitet sich eine einfache Frage ab: Muss erfolgreiches Lernen im Kindesalter nicht notwendig an erlebnis- und handlungsorientierte Vermittlungs- und Aneignungsformen gebunden sein, da erst in ihnen ein kindgemäßer Zugang zu äußeren Geschehnissen und inneren Vorgängen gewährleistet ist? Das soll nicht heißen, dass kindhafte Erlebnisse in der spontanen und intuitiven Aneignung der Umwelt nicht auch ganz zufällig und ohne absehbare Folgen auftreten. Solche Erlebnisse waren von Fröbel nicht gemeint, da sie einerseits den pädagogischen Beitrag nicht voraussetzten und dadurch andererseits von erzieherischen Absichten nicht verfügt werden konnten. Dennoch verwiesen sie auf die spezifischen Seiten des kind- und jugendgemäßen Lebens und Lernens, die nachhaltig von emotionalen Ausdrucksbewegungen im individuellen Identitätsaufbau bestimmt wurden. Die inhaltliche Bestätigung dieser These kann mit allen wesentlichen Aktivitäten Fröbels in Zusammenhang gebracht werden:

1. Mit der Betonung des kindhaften Spiels waren Komponenten erlebnishafter und sozialer Erziehung gegeben.
2. Mit der Herstellung der *"Spielgaben"*[516] lagen instrumentelle Komponenten einer praktisch-aktionalen Erziehung vor.
3. Mit dem Rückbezug Fröbels auf das Prinzip der konkreten Anschaulichkeit Pestalozzis war ein Beitrag zu einer kindgemäßen Erziehung vorhanden.

Durch die enge Bindung an die pädagogischen Ideen Pestalozzis muss der originäre Charakter der Ideen Fröbels sicherlich relativiert werden. Fröbel entlehnte alle wesentlichen Positionen zur Erziehung von Kleinkindern direkt aus dem Werk Pestalozzis. Sein Beitrag lässt sich an den praktischen Verdiensten ermessen, die mit der 'Kindergartenbewegung' im Zusammenhang standen. Sie bestehen darin, die humanistischen und aufklärerischen Positionen Pestalozzis auf den Bereich der Vorschul- oder Kleinkindererziehung angewendet und vertieft zu haben. Vier Erziehungsprinzipien von Fröbel können dargestellt und interpretiert werden, die für das offene, natürliche und soziale Erfahrungslernen von grundsätzlicher Bedeutung sein dürften:

1. Prinzip der harmonischen und ganzheitlichen Menschenbildung

"Der Mensch aber, so wie er sich uns darstellt, ist ein Verein von drei Hauptkräften: Körper, Seele, Geist; diese harmonisch und zu einem Ganzen gleichmäßig auszubilden, ist seine Bestimmung als Erscheinung ... . Er (Pestalozzi) nimmt daher den Menschen nach dieser Gesamtheit seiner Anlagen als körperlich-gemütliches-geistiges Wesen in Anspruch und wirkt auf denselben in dieser Gesamtheit seiner Anlagen und zu harmonischer Entwicklung und Ausbildung derselben, wodurch erst das Ganze, welches Mensch heißt, entsteht. ... - Pestalozzi entwickelte den Menschen, wirkte auf den Menschen in der Totalität seiner Anlagen ... ."[517] Die lebensnahe, anschauliche und für den kindlichen Entwicklungshintergrund auch fassliche Erziehung hatte in der Konzeption Fröbels zur Kleinkindererziehung zentrale Bedeutung, da erst auf ihrer Grundlage Entwicklungsfortschritte erwartet wurden.

2. Prinzip der Anschaulichkeit in der Erziehung

"Der Mensch ist aber nicht allein auf der Welt, die ganze Außenwelt ist Gegenstand seines Erkennens und Mittel zu seiner Entwicklung und Ausbildung. Pestalozzi wollte also sagen und sagte uns: So wie ich Euch gezeigt habe, daß ihr den Menschen nach und nach durch stufenweise Entwicklung des Kindes zum bewußten Anschauen und Erkennen bringen könnt, so bringet jeden anderen Gegenstand der Außenwelt zur Erkenntnis und zum Anschauen des Kindes, jeden Gegenstand, welcher dem Kinde nahe in seinem Kreise, seiner Welt liegt, wie er in dieser Welt liegt!"[518] Eine solche Anschaulichkeit der Erziehungsmaßnahmen implizierte natürliche Lernmethoden, die auch mit natürlichen Medien und praktischer Betätigung einhergehen mussten. Nicht die theoretische Begriffsvermittlung konnte dabei im Vordergrund der erzieherischen Anstrengung stehen, sondern ein individuelles Inbeziehungtreten mit den erzieherisch gemeinten Anliegen. Dieses Inbeziehungtreten basierte einerseits auf den individuellen Sach- und Lebenserfahrungen des Kindes. Andererseits wurde mit ihm vorausgesetzt, dass sich die erzieherischen Intentionen auch im biographischen Aufbau der Kinder als bedeutsam erweisen würden. *"Anschauungswissen"*[519] und *"Erfahrungswissen"*[520] sollte an die Stelle von *"trockenem Begriffs- und Bücherwissen"*[521] treten.

3. Prinzip der natürlichen Erziehung unter dem Methodenaspekt

"Sie (die natürliche Methode - T.F.) führt den Schüler zur aufmerksamen Betrachtung der Natur, macht ihn ruhig und still in sich, und führt ihn denkend auf sich und sein Wesen zurück, führt ihn zur Erkenntnis seiner Würde und so zur Selbstachtung und zur Achtung anderer, und, da sie ihn ebensowohl seine Unvollkommenheit erkennen lehrt, zur Menschenliebe und Verträglichkeit."[522] Am Bildungsgut der 'Keilhauer Anstalt' kann direkt abgelesen werden, dass sich Fröbel um die Durchsetzung dieses Prinzips im praktischen Erziehungsbereich besonders bemühte. Er sah die menschlichen Wesenskräfte nicht nur auf den Verstand verkürzt, sondern betonte die Tatkraft und jede Form des emotionalen Empfindens der Kinder. Neben den Bereichen des muttersprachlichen und naturwissenschaftlichen Unterrichtes, finden sich deshalb zahlreiche Anleitungen und Praxisbeispiele, die einer arbeitsbezogen-lebensweltlichen und emotional-gefühlsmäßigen Aktivierung galten. Zur wirtschaftlichen Erhaltung der Anstalt mussten die Schüler zahlreiche Arbeiten verrichten (Holzlesen, die Bewirtschaftung des Landgutes, Reinigung der Räume etc.). Vom Verkauf der handwerklichen Erzeugnisse, zum Beispiel der Spielgaben, hing die Wohlfahrt der Institution wesentlich ab. Die Organisation der Anstalt in einem 'familienähnlichen System', in dem sich der Erzieher und der zu Erziehende 'duzten' und in vielfältigen Lebenslagen aufeinander angewiesen waren, verdeutlicht den humanen Zug der anstaltsinternen Sozialisation. Die gewährten Freiräume dienten letztlich dazu, die Identitätsdarstellung der Kinder zu stärken und den Kompetenzaufbau in den unterschiedlichen Ebenen des Persönlichkeitsspektrums zu fördern.

4. Prinzip der Spielmethode

Zentrale Bedeutung kam jedoch den zahllosen Spielformen zu, deren Vorbereitung, Durchführung und Auswertung; die funktionale Differenzierung und altersgemäße Dosierung stand im Mittelpunkt der pädagogischen Erörterungen Fröbels. Das Spiel galt zwar in erster Linie der freudvollen Betätigung der Kinder und dem völlig zwanglosen Austausch von Handlungs- und Verhaltensmustern. Dennoch wurde der Versuch unternommen, im Spiel den Lernzuwachs der Heranwachsenden zu sichern. Friedrich Diesterweg fasste 1849 die 'Spielmethode' Fröbels folgendermaßen zusammen: *"Zuerst leitet er an zum Spiele mit dem Ball. Er reicht ihn den Kindern in den Farben des Regenbogens. Dann folgen die Spiele, das heißt die bildende und zugleich freudige ... Beschäftigung mit der Kugel. Ihr folgen Beschäftigungen mit dem Würfel und mit der Walze. Was alles davon und daraus die frohen Kinder lernen, das kann ich hier nicht auseinandersetzen, man muß es sehen. Hierauf kommen die Tätigkeiten mit Stäbchen, Hölzchen und ähnlichen Spielstoffen. Wenn ich sage, daß die Kinder alle aus eigener Tätigkeit daraus und damit Hunderte von schönen Formen (Schönheitsformen) legen, an und in ihnen die wichtigen Grundanschauungen und Grundbegriffe auffassen, und durch Zusammenstellung der einfachsten Spielstoffe Gegenstände aller Art, welche im Leben vorkommen (Lebensformen) darstellen (Stühle, Tische, Häuser, Brücken, Schlitten, Treppen, usw. usw.) alles nach der Empfindungskraft eines jeden: so kann man sich ungefähr ein schwaches Bild davon machen, was außer den gemeinschaftlichen Spielen im Freien in dem 'Kindergarten' geschieht und was ihr Erfinder durch ihn bezweckt: die Erziehung und Bildung der Kinder durch naturgemäße Selbstbeschäftigung, Entfaltung aller von Gott in das Kind gelegten Anlagen nach Körper, Gemüt und Tatkraft"*[523]. Hierdurch wird deutlich, dass Fröbel den bildenden Wert des kindhaften Spiels, aber auch die Bedeutung des Spiels als 'Erfrischer' und 'Sorgenbrecher', herausarbeiten konnte. Der spielerische Zugang zu neuem Wissen und Können fordert vom Kind den Einsatz ganz unterschiedlicher Persönlichkeitspotenziale und spricht die körperlichen, geistigen und emotionalen Kräfte an. Die pädagogische Aufgabe bestand für Fröbel darin, diese Lernpotenziale auch auf das sittliche und kognitive Anliegen auszurichten. Deshalb entwickelte Fröbel selbst zahlreiche neue Spiele und 'Spiel-Zeuge', die in Keilhau eingesetzt wurden. Nicht zuletzt dürfte mit der Spielpädagogik Fröbels auch erklärt werden können, warum sich unterschiedliche Richtungen der Lern- und Persönlichkeitspsychologie den pädagogischen und psychologischen Möglichkeiten kind- und jugendgemäßer Spielformen bis in die Gegenwart hinein mit so deutlichem Interesse befasst haben.

Abschließend dazu gibt die Hinterlassenschaft F. Fröbels Anlass darüber nachzudenken, dass im Begriff des 'Kinder-Gartens' facettenreiche Gesichtspunkte an Konturen gewinnen, die mit diesem Erziehungskonzept über die Idee der Kleinkindererziehung hinausgehen können: nämlich solche Spiel- und Betätigungsräume für die heranwachsende Generation einzurichten, in denen freudvoller Umgang und kindgemäße Vorbereitung auf das Leben und Lernen in der Schule angebahnt werden. Ein Garten, der ja gewöhnlich zur Vitalisierung der eigenen Lebenskräfte anregt, wurde für die Kinder vorgedacht und praktisch eingerichtet, um sie die bildenden Kräfte der Natur und Gemeinschaft erleben zu lassen. Außerdem wachsen in einem Garten Pflanzen, die möglicherweise in der Interpretation Fröbels und seinem Menschenbild im Gleichnis seiner Zöglinge mitgedacht wurden. Soziale und natürliche Erziehung, in einem Raum der mußehaften Betätigung für Kinder und junge Erwachsene, gab diesem Bild des 'Kinder-Gartens' zusätzliche Bedeutung. Dieses Bild verwies darauf, dem kindlichen Entwicklungsweg Chancen einzuräumen, die mit einem natürlichen Wachstum verbunden waren. Einfühlsame Pflege der kindlichen Bedürfnisse und Förderung des

174

individuell angelegten Potenzials setzten die sorgsame Entfaltung der kindlichen Wesenskräfte voraus. In diesem 'Kinder-Garten' sollten sich, wie in einer großen Familie, die unterschiedlichen Generationen zwanglos und ohne Repressionen begegnen können, die Vorhaben besprechen, Aufgaben verhandeln und aus den Früchten der gemeinsamen Arbeit profitieren. In einem solchen 'Kinder-Garten' musste tatkräftig angepackt werden. Im Umgang mit Pflanzen und Tieren konnten die Kinder starke und unmittelbare Empfindungen vollziehen. Außerdem musste man Verantwortungen klären und Zuständigkeiten verteilen. Hier konnte man beim Spielen und 'Toben' den eigenen Gefühlen freien Lauf lassen. Die Qualität des unmittelbaren Schaffens wurde nicht durch didaktische Bewertungen reflektiert, sondern kam im 'gärtnerischen Ertrag' zum Ausdruck. Die kindhafte Reflexion von Tätigkeit und Verhalten konnte anschaulich angebahnt werden. Diese und andere Gesichtspunkte auf das Problem der Kleinkindererziehung übertragen zu haben, war ein Verdienst Fröbels. Nicht zuletzt kann sich eine Frage anschließen, die einen engen Bezug zu einem erlebnis- und handlungsorientierten Lernen in der öffentlichen Schule unserer Zeit darstellt: Wäre es eine verlockende Perspektive, wenn auch die öffentlichen Schulen etwas von einem 'Schüler-Garten' hätten, von einem mußehaften Vorübungsraum, in dem über ein repressionsarmes Generationsverhältnis die zukünftigen Anforderungen gesellschaftlicher und kultureller Milieus ausgetauscht werden könnten?

Friedrich Adolph Wilhelm Diesterweg hätte diese Frage wohl mit einem 'Ja' beantwortet. Die nächsten Betrachtungen dienen der Interpretation seiner Thesen zur Natur- und Kulturgemäßheit der Erziehung. In ihnen kommen unmittelbare Bezüge zu einem handlungs- und erlebnisorientierten Erfahrungslernen zum Ausdruck. Diesterweg besuchte Fröbel in seinem letzten Wirkungsort, in Bad Liebenstein, und hinterließ zum Kindergarten folgendes Fragment: *"Ich fand den Mann in einer kleinen Talvertiefung in der Nähe seiner Wohnung mitten unter dreißig bis vierzig Bauernkindern, welche sich, geführt und geleitet von acht bis zehn erwachsenen Frauenzimmern, spielend und singend in Kreisen umherbewegten. Ich war im 'Kindergarten'. Friedrich Fröbel, ein Greis von fast siebzig Jahren, aber in noch jugendlicher Frische, gab die Spiele an und spielte mit. ... Knaben und Mädchen von zwei bis acht und zehn Jahren, spielten Spiele, die ich nachher unter den üblichen Namen des 'Taubenhäuschens', der 'Fischlein' und der 'Stampfmühle' näher kennenlernte. Entsprechende Liedchen begleiteten die muntre Tätigkeit der Kinder, deren Haltung den besten Eindruck machte und auf deren Gesichtern kindliche Freude zu lesen war. ... Ich spreche von dem, was ich gesehen habe. Nie habe ich so still und innerlich frohe, folgsame, gesittete und durch ihre*

Tätigkeit beglückte Kinder beisammen gesehen wie im Bad Liebenstein ...
"524.

Diese Bewertung der Spielpädagogik Fröbels durch Diesterweg fiel äußerst positiv aus. Er war, wie auch Fröbel, begeisterter Anhänger der Lehren Pestalozzis. Bereits 1813, als er als Mathematiklehrer an der Frankfurter 'Musterschule' tätig war, kam er mit den Auffassungen Pestalozzis in Berührung. Nach seiner Promotion, 1817 in Tübingen, wurde er Rektor der Lateinschule in Elberfeld. Ab 1820 galt sein Interesse ausschließlich der Lehrerbildung. In einem Zeitraum von 27 Jahren praktizierte er im Lehrerseminar Moers am Rhein und dann ab 1832 als Direktor des 'Berliner Lehrerseminars'. Einige pädagogische Leitlinien, die sich im Werk Diesterwegs an verschiedenen Stellen wiederfinden lassen, können schon hier benannt werden. Ihnen wird in den weiteren Darstellungen nachgegangen:

1. Bildung zur Humanität, zur Selbstbestimmung und Selbstkontrolle der jungen Generation.
2. Aufbau des lebenslangen Selbst, Identität und Mündigkeit, durch *"Selbsttätigkeit im Dienste des Wahren, Schönen und Guten"525*.
3. Anleitung zur Anstrengung, zur inneren und äußeren Aktivität und zur ergebnisorientierten Tätigkeit.

Eine allseitige und harmonische Menschenbildung war bei Diesterweg notwendig an die selbsttätige Auseinandersetzung des Heranwachsenden mit praktischen Aufgaben und sozialen Problemen gebunden. Nach seiner Auffassung konnte der junge Mensch *"im eigentlichen Sinne des Wortes nicht von anderen erzogen (werden), er kann nur von anderen veranlaßt werden, daß er sich selbst erziehe"526*. Diese Selbsterziehung war unmittelbar an die psychischen und physischen Grundvoraussetzungen des Individuums gebunden. Dessen selbsttätige Aneignung neuer und notwendiger Erfahrungen gründete sich *"auf die seiner Natur angeborenen Triebe, die erkennende Selbsttätigkeit auf den Erkenntnistrieb, welcher die Dinge kennen will, wie sie sind, um sie zu kennen..."527: "Des Lehrers Virtuosität besteht darin, diese Triebe zu wecken und die geweckten zu befriedigen ... . Jede Äußerung und Befriedigung desselben erhöht ihre Kraft und Lebendigkeit, steigert sie zur Stärke, macht ihre Tätigkeit zur Übung und Gewohnheit. So entsteht allmählich die Fertigkeit zur Selbsttätigkeit, durch die allein der Mensch sich über die Natur erhebt, durch die er zum Menschen wird. Mensch sein heißt selbsttätig sein nach vernünftigen Zwecken"528*. Solchen Erziehungszielen nachzugehen, bedeutete den Rückbezug auf Grundsätze der Erziehung, die von den altersspezifischen sowie individuellen Anlagen des Schülers ausgingen. Außerdem mussten die pädagogischen Erfordernisse im zeitgeschichtlichen Zusammenhang reflektiert werden, um den lebens- und praxisnahen Charakter zukunftsorientierter Erziehung ausprägen zu können. Für diese beiden Seiten der pädagogischen Prozessgestaltung formulierte Diesterweg die Prinzipien der Kultur- und Naturgemäßheit der Erziehung.

Das Prinzip der Naturgemäßheit ging zunächst davon aus, dass sich jeder erzieherische Vorgang nach den Gesetzen der Natur ereignen müsste und vor allem der menschlichen Natur nicht widersprechen konnte. Nur so wurde es im Selbstverständnis von Diesterweg möglich, den altersgemäßen Zugang zu neuem Wissen und Können aufrechtzuerhalten. Erziehung hatte sich grundsätzlich auf die natürliche Entwicklung des Kindes zu richten und diese in Abhängigkeit vom aktuellen Entwicklungsstand stufenweise zu fördern. So wurden zwangsläufig die Blicke auf eine am Kind orientierte Erziehung geöffnet, in der "*nichts geschehe, was der Natur des Menschen im Allgemeinen und seiner Individualität einzelner entgegen, vielmehr alles geschehe, was dieser Natur gemäß sei*"[529].

Dass die kulturhistorischen Leistungen im gesellschaftlich-sozialen Umfeld in ihrer zeitgeschichtlichen Ausprägung den Erziehungsprozess formen und derselbe von ihnen ausgeht, hatte Diesterweg herausarbeiten können. Er entwickelte aus dem Zusammenhang zwischen den Prinzipien der Natur- und Kulturgemäßheit der Erziehung seine Ansichten zur Schulgestaltung und Lehrerbildung. Was bei Fröbel unter den Bedingungen der Kleinkinderziehung auf die natürliche Lernmethode konzentriert war, wurde bei Diesterweg durch den Lebensweltbezug erweitert. Naturgemäßheit konnte für die Fundierung einer lebens- und praxisnahen Erziehung nicht der alleinige Gradmesser und Orientierungspunkt sein. Daher suchte Diesterweg das ergänzende Prinzip der Kulturgemäßheit, "*durch welches das Prinzip der Naturgemäßheit beschränkt wird, obgleich es demselben untergeordnet ist*"[530]. Natur- und Kulturgemäßheit füllen so in der Konzeption Diesterwegs den Begriff des Erfahrungslernens: "*Ein jeder Mensch, welcher geboren wird, trifft seine Umgebung, sein Volk, unter dem er zu leben bestimmt ist oder unter welchem er wenigstens erzogen wird, auf einer gewissen Stufe der Kultur an, die er nicht zu machen und zu bestimmen hat, sondern die eben ist ... . Zu jeder Zeit steht das Menschengeschlecht, ein jedes Volk, eine jede lebende Generation auf einer bestimmten Stufe der Kultur, welche das Erbteil der Vorfahren, als das Produkt ihrer ganzen erlebten Geschichte und all ihrer Momente, die auf sie gewirkt haben, angesehen werden muß ... . Darum ist jeder Mensch ein Produkt seiner Zeit ... . Das Prinzip der Zeit- oder*

Kulturgemäßheit ist der Grundsatz aller praktischen Menschen, aller Köpfe, welche die Welt kennen ... und mit dem realen Leben vertraut sind ... "[531].

Durch die wechselseitige Verknüpfung dieser beiden Prinzipien gelangte Diesterweg zu einer Anzahl von Forderungen und Grundsätzen, die er in seinen Vorstellungen zu einer ganzheitlichen Erziehung entwickelte. Mit dem Prinzip der Naturgemäßheit war die Bedeutung der naturwissenschaftlichen Ausbildung fundiert und auch der Methodenaspekt berührt, der mit Formen des natürlichen Unterrichts teilweise im Zusammenhang stand. Mit dem Prinzip der Kulturgemäßheit war in erster Linie die praktische Lebensvorbereitung gemeint, denn *"das einzelne Kind soll daneben gemäß den Sitten und der Lebensart, den Bedürfnissen und Ansichten des Standes, dem es angehören wird, erzogen werden"*[532]. Das kindgemäße Heranführen an die kulturhistorischen Leistungen vorangegangener Generationen kam dem Verlangen nach, *"daß der Geist des Zöglings vorzugsweise mit den Gegenständen gebildet werde, welche die geschichtliche Entwicklung seiner Nation vorzüglich kultiviert hat"*[533]. In einer solchen Sichtweise mussten Unterrichtsdisziplinen wie Sprachen, Geschichte oder Erdkunde an besonderer Bedeutung gewinnen.

In didaktisch-methodischer Hinsicht flossen Diesterwegs Gedanken zur Gestaltung der Schule, basierend auf den Prinzipien der Natur- und Kulturgemäßheit, in seinen Plänen für die 'Nationalschule' zusammen. Diese Pläne und Ansätze können hier aus Platzgründen nicht rekonstruiert werden. Aus einer von ihm skizzierten Gegenüberstellung der 'alten und neuen Schule' lassen sich dennoch einige Aspekte exemplarisch verdeutlichen, die sich als Erziehungsgrundsätze aus der Zusammenführung der beiden Prinzipien ergeben und die für handlungs- und erlebnisorientierte Lehr- und Lernformen von Bedeutung sind.

Aufgaben der 'neuen Schule' nach F.A.W. Diesterweg [534]

'alte Schule'	'neue Schule'
Die alte Schule lehrte den Glauben und Kultus.	Die neue Schule lehrt selbst sehen, selbst denken, beten und arbeiten.
Die alte Schule lehrt Worte und Begriffe.	Die neue Schule lehrt anschauliches Erkennen.
Die alte Schule übte das Wortgedächtnis.	Die neue Schule denkt auf Entwicklung des ganzen Menschen.
Die alte Schule wirkt von außen nach innen.	Die neue Schule wirkt von innen heraus.
Die alte Schule dachte nur an die ewige Seligkeit.	Die neue Schule bildet allseitig die Menschenkraft.
Die alte Schule verachtete und verschmähte Wissen von der Natur und die Bildung für das praktische, reale Leben.	Die neue Schule ist von der Wichtigkeit des in der Natur und der Auffassung und Beobachtung ihrer Wahrheit überzeugt und bezieht in allem die Ausbildung fürs Leben.
Die alte Schule bildete junge Christen	Die neue Schule bildet Menschen.
Die alte Schule war eine Lernschule.	Die neue Schule ist eine Schule der Tat.
Die alte Schule stellte die Lerngegenstände unverbunden nebeneinander.	Die neue Schule verknüpft sie organisch-genetisch.
Die alte Schule wurde gehandhabt von Schulhaltern, Glaubenslehrern und Kirchendienern.	Die neue Schule verlangt Lehrer und Erzieher.
Die alte Schule knechtete die Schüler durch den herrschenden Lern- und den disziplinarischen Despotismus.	Die neue Schule beabsichtigt die Entwicklung der Menschennatur nach Naturgesetzen und in Gehorsam die Ausbildung des Charakters.

Der nationale und weltliche Charakter dieser 'neuen Schule' war unverkennbar. Der ganzheitliche Erziehungsansatz bezog sich gleichsam auf die schulischen Aktivitätsbereiche des Lebens, Lernens und Arbeitens. Der Charakter der pädagogischen Institution Schule gewann bei Diesterweg an erstaunlicher Kontur. Vielfältige Beziehungen zwischen Denken und Handeln oder zwischen intellektueller Bildung und Charaktererziehung wurden thematisiert. Ihre Bedeutung für ein handlungs- und erlebnisorientiertes Erfahrungslernen in der Schule kann nicht hoch genug eingeschätzt werden:

1. Als **'Tatschule'** sollte sie Terrain für praktische und anschauliche Schülertätigkeiten sein.
2. Als **'Lebensschule'** sollte sie von den lebensweltlichen Erziehungstatsachen verfügt werden, auf die sie sich richtete.
3. Als **'Schule der Charakterbildung'** hatte sie menschliche Wertüberzeugungen zu reklamieren, die im Prinzip der Kulturgemäßheit der Erziehung interpretiert wurden.
4. Als **'Erlebnis- und Erfahrungsschule'** basierte sie auf den Prinzipien der Anschaulichkeit und Fasslichkeit, die im Grundprinzip der Naturgemäßheit der Erziehung in wechselseitiger Abhängigkeit gesehen wurden. Kind- und jugendgemäßes Lernen wurde in Handlungsorientierung und Praxisnähe interpretiert, um den individuellen Bezug zur schulischen Lerntätigkeit zu verstärken.
5. **'Schule als pädagogische Institution'** sollte von innen heraus wirken und sich auf der Grundlage ihrer Eigengesetzlichkeiten der kind- und jugendhaften Kräfte versichern. Sie hatte durch ihre lebendigen Resultate nach außen zu wirken und an der Schaffung neuer gesellschaftlicher Lebensformen teilzuhaben.

Der Methodenbegriff Diesterwegs musste diesen Erziehungsvorstellungen logisch folgen und von der Natur des lernenden und in ständiger Entwicklung befindlichen Kindes geprägt sein. Deshalb lehnte er die dogmatische Lehrmethode durch den Lehrervortrag ab und konzipierte die *"heuristische Methode"*[535]. Deren Inhalt war das gemeinsame Reflektieren von Befindlichkeiten und Leistung. Lehrer und Schüler sollten gemeinsame Aufgaben und deren Bewältigung offen und kritisch verhandeln und bewerten können. Das setzte voraus, dass die angestrebte selbsttätige Schülerarbeit aus den Lerngegenständen selbst resultieren konnte und deren Auswertung dem kindlichen Erfassungsvermögen entsprach. Die Prinzipien der Anschaulichkeit und Fasslichkeit wurden daher auch unter dem Methodenaspekt in den Prozessen des Lehrens und Lernens bedeutsam. Sie entlehnte Diesterweg von Comenius und Pestalozzi. Die Strukturierung der Methode des 'anschaulichen Unterrichts' wurde jedoch von Diesterweg vorgenommen.

Methode des 'anschaulichen Unterrichts' nach F. A. W. Diesterweg [536]

1. Gehe vom Nächsten aus und schreite zu dem Entfernten fort!
2. Beginne bei dem Unterrichte mit dem Bekannten und reihe an dasselbe das Unbekannte an!
3. Laß das Kind die Gegenstände mit allen Sinnen auffassen; unterrichte anschaulich!
4. Laß es kleine Ganze auffassen; gib ihm kleine Ganze!
5. Führe dem Kind erst die Sache vor, dann das Wort!
6. Führe es von der Kenntnis des Spezielleren zur Kenntnis des Allgemeinen (vom Konkreten zum Abstrakten)!
7. Dein ganzer Unterricht bestehe in bestimmten Stufengängen!

Der praktische und sinnhafte Zugang zu neuem Wissen und Können stand bei der Anwendung dieser natürlichen Methode im Vordergrund. Der methodische Zugriff auf den Lerngegenstand war typisch für Vorgehensweisen, die in allen erlebnis- und handlungsorientierten Zugangsformen des Erfahrungslernens angemessen vorkommen dürften: ein 'Schritt-für-Schritt-Erfahrungslernen', das der induktiven und analytischen Problemerschließung adäquat entsprach. Die konkrete Erfahrung einzelner Eigenschaften und Merkmale des Lerngegenstandes wurde von Diesterweg gefordert. Die Abstraktion in der Synthese oder das deduktive Schließen in einer geistigen Abfolge logischer Operationen lagen außerhalb der Methoden des 'anschaulichen Unterrichts'.

Die Gestaltung einer 'neuen Schule' und die Anwendung natürlicher Unterrichtsmethoden verlangten nach fundierter Lehrerbildung und engagierten Lehrern. In den Positionen von Diesterweg zur Lehrerbildung wird deutlich, wie sehr die Prinzipien der Natur- und Kulturgemäßheit sein Gesamtschaffen bestimmten. Natürlich forderte er hochgradiges Wissen im zu unterrichtenden Fach: *"Die Gründlichkeit des Wissens und die Strenge der Methode und die Genauigkeit und meinetwegen Tiefe der Untersuchung, durch welche Eigenschaften das Vielerlei schon von selbst verschwindet, erzeugen das feste Wissen, den rechten Ernst und den guten Charakter"*[537]. Darüber hinaus sollte die eigenständige Reflexion der aktuellen Anforderungen ständig dazu führen, dass der Lehrer oder Erzieher seine Stellung zu den Kindern und die Gestaltung seiner Angebote kritisch überprüfte und veränderte: *"... kein Mensch (hat) soviel Gelegenheit, die menschliche Seele in ihren Anfängen und ersten Entwicklungsstufen zu belauschen, als die Erzieher und Lehrer der Kinder. Mit Recht erwartet man daher von ihnen eine ganz spezielle Kenntnis des Menschen und den belebtesten Eifer, die Ergebnisse wissen-*

schaftlicher Forschung mit den tausendfältigen Erfahrungen zusammen zu halten, dadurch zu prüfen und ihnen eine ganz spezielle Anwendung zu geben"[538]. Die Hoffnungen und Forderungen Diesterwegs waren damit auch für den Bereich der Lehrerbildung relevant. Sie entsprachen dem humanistischen Zug seiner Erziehungsideen. Außerdem verwiesen sie darauf, dass allgemeine Menschenbildung keineswegs nur in der Vermittlung und Aneignung neuen Wissens bestehen kann, sondern gleichsam auf die Bildung des Charakters gerichtet sein muss.

Die Industrialisierung Deutschlands beschleunigte sich in der zweiten Hälfte des 19. Jahrhunderts. Sie bedingte die zunehmenden Entwicklungen in den Naturwissenschaften und in der Technik. Die in der ersten Hälfte noch stark zu verzeichnende und romantisch-spekulative Tendenz in nahezu allen Wissenschaftsrichtungen wurde in den Staaten des westlichen Europas schrittweise durch empirisch-exaktere Erkenntnismodelle abgelöst[539]. Die Forderungen nach 'reiner Tatsachenforschung' auf empirischer Grundlage wurden nachhaltiger gestellt. Sie führten in die Belebung der positivistischen Schule, deren erkenntnistheoretische Basis und deren Erklärungsmodelle Handel und Industrie, Technik und Naturwissenschaft in ihrem Aufschwung begleiteten[540]. Humanistische, utopische und die auf die konkreten Bedürfnisse der einzelnen Praxisbereiche gerichteten sowie realistischen Strömungen der Bildung und Erziehung konkurrierten untereinander. Sie fanden in Deutschland erst im kultur- und lebensphilosophischen Fundament der Kulturkritik zum ausgehenden 19. Jahrhundert diskursive Konvergenzpunkte. Jedoch in England und Frankreich setzten diese 'realistischen Strömungen' schon früher ein. Die entwickelte Industrieproduktion und die bereits tiefere Differenzierung der neuen Berufsbilder hatten zu einem echten Zuwachs an zirkulierendem Wissen und Können geführt. Vor diesem Hintergrund etablierten sich utopische und positivistische Ideen: einerseits, um den in den Routinen des Arbeitens und Lebens zikulierenden Wissensinhalten zeitgemäß zu entsprechen; andererseits wurde die Notwendigkeit gesehen, auf sittliches Handeln und soziale Verantwortung im Sinne der moralischen Optionen bürgerlichen Lebens zu orientieren.

Robert Owen (1771-1858) machte deutlich, dass mit der Entstehung der sozialen Muster in der englischen Fabrikproduktion und des Lebens in den städtischen Siedlungsgemeinschaften neuere Erziehungsbedürfnisse entstanden waren. Selbständige Lebensführung und Orientierungsfähigkeit in den sozialen Milieus waren zentrale Stichwörter seiner *"Umweltlehre"*[541]. Sie wurde in seinem 1816 eingerichteten *"Institut für Charakterbildung"*[542] erarbeitet und verwies auf die gehobene Bedeutung lebens- und praxisnaher

Erziehung. Außerdem entwarf Owen den *"Erziehungsplan für die Siedlungs-gemeinschaft New Harmony"*[543]. In ihm wurden wesentliche Forderungen konkretisiert, die sich auf natürliches, offenes und soziales Erfahrungslernen und an sittliche Charakterbildung richteten:

1. Anschauliche Unterrichtsgestaltung durch praktische Vorgehensweisen.
2. Natürliches Lernen in natürlichen Lernorten.
3. Berücksichtigung des kindgemäßen Entwicklungsstandes.

Entscheidend war für Owen darüber hinaus, dass nicht allein die in der gesellschaftlichen Arbeit akkumulierten Wissens- und Könnensbestände weitergegeben wurden. Er forderte eine wirksame Charaktererziehung, die sich für den einzelnen Schüler in ihrer persönlichen Bedeutsamkeit auch darstellen sollte: *"Die Vervollkommnung der eigentlichen Erziehung ist für das Anwachsen des gesellschaftlichen Wohlstandes viel wichtiger als die Vervollkommnung des Unterrichts. Diese Erziehung ist es, welche die Gewohnheiten formt, die Gefühle entwickelt und die Fähigkeiten vorausschauend zur Entfaltung bringt. Die Erziehung ist es, die jeden lehrt, Grundsätze zu fassen, anzuwenden und sich ihrer als sichere Führer in der Lebensführung zu bedienen"*[544]. Diese Pläne einer genossenschaftlich-strukturierten Charaktererziehung in 'New Harmony', also in einer Gemeinschaft, in der die Kinder und Jugendlichen offen und gleichberechtigt an den Prozessen ihrer Erziehung und ihres schulischen Lernens mitwirkten, erlangten in ihrer Zeit kaum praktische Bedeutung. Auch deshalb verblieben die Ansätze Owens in einer pädagogischen Utopie.

Für die Aktivitäten von Charles Fourier (1772-1837) dürfte diese Feststellung auch zutreffen. Die von ihm angestrebte Gründung einer genossenschaftlichen Selbsterziehungsgemeinschaft, *"Phalange"*[545], erlangte keine praktische Bedeutung. Dennoch konnten seine Auffassungen zeigen, dass die zeitgeschichtlichen Bedürfnisse zu vergleichbaren Positionen herausforderten und Forderungen nach erlebnis- und handlungsorientierten Lern- und Lehrformen nicht außerhalb des gesellschaftlichen Implikationszwanges der Erziehung standen.

Fouriers Pädagogik basierte auf der Grundannahme J. Rousseaus, dass jede Erziehungsform auf die natürlichen Triebe der Kinder und Jugendlichen zurückgehen müsse. Diese Triebe stellten sich für Fourier in ihrer ursprünglichen Angelegtheit als unverdorben dar. Sie gehörten für ihn als subjektive Repräsentanz zu jedem Erziehungsgeschehen notwendig dazu. In seiner 'Trieblehre' formulierte Fourier folgende Aspekte, auf die sich die erzieherische Grundgesamtheit zu beziehen hatten: *"die fünf sinnlichen Triebe, entsprechend den Sinnesorganen; vier affektive Triebe (den Freundschafts-, den Ehrgeiz-, den Geschlechts- und den Familientrieb); drei distributive Triebe (den Trieb zum Wettbewerb, den Trieb zur Abwechslung und den Begeisterungstrieb); den Trieb, das Gute zu tun"*[546]. Sicherlich war die mechanistische Unterteilung dieser Triebqualitäten nicht trennscharf und gab Anlass, deren wechselseitige Verbindungen nachzufragen. Dennoch war der Verweis auf die emotionalen und sozialen Komponenten des Erziehungsvorganges nachdrücklich. Der soziale Wirkungsraum dieser Erziehung sollte wieder die Genossenschaft sein, da in ihr jeder Akteur freiwillig, gleichberechtigt und in gegenseitiger Abstimmung seine Aufgaben und Verantwortungen vorfinden konnte. Ebenfalls betont stellte sich der Tätigkeitsaspekt hinsichtlich der angestrebten Charakterbildung dar. Für die 'Phalange' waren Betätigungen im Ackerbau oder handwerklicher und manufakturieller Natur vorgesehen, um *"die volle Entwicklung der körperlichen und geistigen Fähigkeiten zu ermöglichen und sie alle ... mit produktiver Arbeit zu verbinden"*[547]. Die Betonung des Tätigkeitsaspektes war konsequent dem Bestimmungsgrund handlungsorientierter Erziehung geschuldet. Der Betätigungsdrang der jungen Leute sollte in die richtige, nützliche Richtung gelenkt werden. Das Erleben und Arbeiten waren pädagogische Schlüsselvariablen bei Fourier. Sie resultierten aus einem ganzheitlichen Menschenbild und fanden in der genossenschaftlichen Sozialisationsebene ihren natürlichen und humanen Rahmen. Erziehung galt im Selbstverständnis von Fourier *"allseitig, indem sie zugleich den Körper und den Geist bildet"*[548] und *"vollkommen, (wenn) die Erziehung alle Teile des Körpers und alle Gebiete des Geistes (umfasst) und gibt allen Gliedern und auf allen Gebieten eine vollendete Ausbildung"*[549].

Die Relevanz positivistischer Neuansätze in der zweiten Hälfte des 19. Jahrhunderts kann durch die Arbeiten von Herbert Spencer (1820-1903) belegt werden. In ihnen vorhandene Zusammenhänge zwischen Formen des handlungs- und erlebnisorientiertem Erfahrungslernens und positivistischer Erkenntnistheorie wurden bereits im Unterkapitel 1 thematisiert. Wesentliche Anmerkungen, die diese bezugstheoretischen Zusammenhänge explizieren, sollen dieses Unterkapitel abrunden.

Herbert Spencer wurde in der zweiten Hälfte des 19. Jahrhunderts weit über die Grenzen Englands bekannt. Vor allem seine philosophischen Studien zum **Evolutionismus** stießen auf internationale Resonanz. In ihnen wurde, ähnlich dem Evolutionismus in Charles Darwins (1809-1882) Naturphilosophie, die quantitative und qualitative Entwicklung und das Wachstum aller Erscheinungen in ihrer Selbstbewegung und in ihrer Zweckbestimmtheit gesehen. Wie der Gründer dieser philosophischen Schule, Auguste Comte (1798-1857), ging auch Spencer von der 'positiven Erfahrung' oder von den 'positiven Tatsachen' in der Existenz des Menschen und der Wirklichkeit aus. Diese Erfahrungen und Tatsachen existierten nach ihrer Auffassung im Existenzrahmen der Wahrnehmungen und Empfindungen des menschlichen Bewusstseins. Die menschliche Erkenntnis wurde als geistige Leistung verstanden, die notwendig an die Erfahrung oder an das Erleben der gegenständlichen Außenwelt gebunden war. Außerdem wurde der Komplex der Erziehung auf das 'positiv Gegebene' in Form von Erfahrungen und Begabungen ausgerichtet. Die Konzentration auf den Nutzen und das Verändern von individuellen Erfahrungen und auch die positivistische Forderung nach der Nützlichkeit der Erziehung finden sich nicht nur bei Spencer wieder. Sie belegen die empiristischen und utilitaristischen Ausformungen des **pädagogischen Positivismus**.

Spencers Vorschläge und Forderungen pädagogischer Natur richteten sich zunächst gegen die Lebens- und Weltfremdheit der zu seiner Zeit herkömmlichen Erziehung. Erziehung hatte also primär dem Zweck zu dienen, *"unsere Fähigkeiten zum größten Vorteil unserer selbst und anderer"*[550] zu entfalten. Sie sollte Fähigkeiten verstärken, die sich *"auf die Verrichtung des Lebens"*[551] konzentrieren und den Heranwachsenden befähigen, *"seinen Weg in der Welt zu gehen"*[552]. Für die konkrete Erziehungsgestaltung, die von der Brauchbarkeit aller Kenntnisse und Fertigkeiten für das spätere Erwachsenenleben geleitet sein sollte, wurden fünf Bereiche unterschieden: *"Die Erziehung, welche auf unmittelbare Selbsterhaltung vorbereitet, die, welche auf mittelbare Selbsterhaltung, die, welche auf die elterlichen Pflichten, die, welche auf das bürgerliche Leben, die, welche auf die Annehmlichkeiten des Lebens vorbereitet"*[553]. In diese Bereiche gingen alle Maßnahmen ein, die Spencer für eine lebensnahe und nützliche Erziehung in Erwägung gezogen hatte und die für Bedeutungen des Erfahrungslernens evident wurden:

1. Gesundheitspflege und gesunde Lebensführung.
2. Praktische Tätigkeiten zur Herstellung gegenständlicher Produkte.
3. Soziale Aktivitäten zur Entfaltung der Handlungsfähigkeit in der Gemeinschaft.
4. Ästhetische Bildung als *"Mußeteil des Lebens"*[554].

Spencer vermutete in der künstlerischen Ausbildung nur eine geringe lebenspraktische Bedeutung, was in den meisten Interpretationen zum handlungs-

und erlebnisorientierten Erfahrungslernen anders zum Ausdruck kommt. Dennoch blieben in seinen Erziehungsvorstellungen die Elemente der Arbeit, der Kunstausübung und auch der soziale Dienst als wesentliche Erziehungsgrundlagen erhalten. Die didaktischen Grundsätze von Spencer, waren durch Rousseaus 'Strafen durch natürliche Folgen' oder durch Pestalozzis 'Prinzip der Anschaulichkeit' bereits Bestandteil in der bis dahin tradierten Pädagogik. Sie wurden nur durch das Prinzip 'vom Erfahrungsmäßigen zum Theoretischen' in den typisch empiristischen Variationen des Positivismus erweitert.

In Deutschland versuchte man den Tendenzen der Industrialisierung und der wachsenden Bedeutung des naturwissenschaftlichen Bereichs auch im Bildungs- und Erziehungswesen zu entsprechen. Die bürgerliche Revolution hatte nach 1848 wesentliche Aufgaben hinterlassen. Zu ihnen gehörten die deutliche Gestaltung nationaler Strukturen, Verstärkung demokratischer Umgangsformen und die Entwicklung bürgerlicher Lebensformen. Diese Aufgaben können in den Entwicklungen auf dem Bildungs- und Erziehungssektor und an den Plänen für eine Nationalerziehung[555] direkt rekonstruiert werden. Lehrervereine[556] entstanden, die die duale Polarität von konservativen und liberalen Bildungsauffassungen widergaben. Sie favorisierten in der bildungspolitischen Auseinandersetzung den eigenen Zugang zu den Reformmöglichkeiten des Schulwesens. In diesen Diskussionen setzte sich letztlich der Herbartianismus durch. Die Richtung des Herbartianismus, die Belebung und praktische Umsetzung der Pädagogik und Philosophie Herbarts, wurde zur bestimmenden Orientierung. Wissenschaftliche Zentren, die sich dieser Entwicklung verpflichtet fühlten, entstanden an den Universitäten in Leipzig und Jena. Lernplantheorie, Erforschung des Unterrichtsprozesses oder die Einrichtung von Experimentierschulen orientierten sich an der Theorie des 'erziehenden Unterrichtes'. Die von Herbart geprägten 'Formalstufen' der pädagogischen Prozessgestaltung (Klarheit, Assoziation, System, Methode) gaben der preußischen Schulentwicklung folgen- und anregungsreiche Impulse[557].

Weitere Impulse gingen von Karl Volkmar Stoy (1815-1885) aus, dessen Seminar und Übungsschule in Jena ganze Lehrergenerationen mit der Pädagogik Herbarts vertraut machten. Die 'Vorlesungen über allgemeine Pädagogik' oder die *"Materialien zur speziellen Pädagogik"*[558] des Leipziger Hochschullehrers Tuiskon Ziller (1817-1882) waren um die Verbreitung der Ideen Herbarts ebenfalls bemüht. In den wissenschaftlichen Abhandlungen Zillers fand die zeitgerechte Ausformung und Weiterführung der Pädagogik Herbarts statt. Ziller entwickelte ein neues System von Formalstufen: Analyse, Synthese, Assoziation, System, Methode. Die formale Stufe der Klarheit im Konzept des 'erziehenden Unterrichts' wurde durch ihn in der Betrachtung der Wechselwirksamkeit von 'Analyse und Synthese' differenziert. Auf ihrer Grundlage konnte Ziller das Problem der Unterrichtsgestaltung weitergehenden Differenzierungen und seinen sorgfältigen Planungen unterziehen.

In die pädagogische Historiographie dürfte Wilhelm Rein (1847-1929) als bekanntester Vertreter des Herbartianismus zum ausgehenden 19. Jahrhundert eingegangen sein. Er war akademischer Schüler von Ziller und Stoy. Rein trug nicht nur die Ideen von Herbart bis in die ersten zwei Jahrzehnte unseres Jahrhunderts hinein, sondern unterzog sie weitergehenden Betrachtungen. Er konstruierte aus den 'traditionellen' Formalstufen des 'erziehenden Unterrichtes' ein System, das mit unserer heutigen Vorstellung von didaktischen Funktionen des Unterrichts eng verbunden ist. Zu den von ihm entwickelten Formalstufen gehörten: Vorbereitung, Darbietung, Verknüpfung, Zusammenfassung, Anwendung. In später noch zu führenden Erörterungen, im Hinblick auf die reformpädagogische Bewegung, wird sich Rein als ein wichtiger Wegbereiter der Landerziehungsheimbewegung und der deutschen Prägung besonderer Public Schools erweisen. In seinem Jenenser Lehrerseminar saßen Ceciel Reddie und Hermann Lietz, die Konzepte offener, sozialer und natürlicher Schulgestaltung umfassend entwickelten.

Sicherlich blieben gerade unter dem Aspekt eines 'erziehenden Unterrichts' die Ziele erhalten, die die Bildung eines *"sittlich-religiösen Charakter(s)"*[559] betrafen und als zentrale Forderung einer Vermittlung von *"Gesinnungsstoffen"*[560] in der Philosophie des Herbartianismus verankert waren. Die sorgfältige und gegliederte Gestaltung des Unterrichts konnte dabei auch praktisch helfen, indem der Unterricht als *"formelle Einheit (auf der Basis der genannten Formalstufen - T.F.)"*[561] zur *"unmittelbaren Schule des Charakters"*[562] wurde. Jedoch zeichneten sich für diesen Bereich der schulischen Erziehung eine Reihe von Erstarrungen und Verkürzungen ab, die in der umstrittenen *"Preußischen Regulative"*[563] und im didaktischen Formalismus der Lehrerbildung[564] zum Ausdruck kamen. Es war dann das Verdienst der reformpädagogischen Bewegung zum ausgehenden 19. und zu Beginn des 20. Jahrhunderts, dass sie sich diesen Tendenzen kritisch entgegenstellte, sich ihnen entzog, sie verdrängte und nach alternativen Wegen offener und sozialer Schulgestaltung suchte.

Prospektive Fragestellungen:

1. Welche Möglichkeiten erlebnisbezogener Schularbeit lassen sich aus dem vorstellungsbezogenen Apperzeptionsbegriff von J.F. Herbart sowie aus seinem Entwurf eines 'erziehenden Unterrichts' schlussfolgern?
2. Ist die von Friedrich Fröbel gedachte und praktizierte Kindergarten-erziehung reales und gestaltbares Wurzelwerk des Erfahrungslernens?
3. Welche Prinzipien formulierte Fröbel und welche ideengeschichtliche Semantik zur Deutung des Erfahrungslernens lässt sich konstruieren?
4. Welche bezugstheoretischen Aspekte formulierte F.A.W. Diesterweg für die Semantik der Selbsttätigkeit der Schuljugend?
5. Warum lässt sich bei F. Diesterweg innerhalb seines Ideensystems von einer 'neuen Schule' auf den Charakter erfahrungsbezogener Schul-gestaltung rekurrieren?
6. Welche Bezüge zwischen der Methode Diesterwegs zum anschaulichen Unterricht und einem handlungs- und erlebnisorientierten Erfahrungs-lernens lassen sich formulieren?
7. Inwieweit richteten sich die Ideen der reformkritischen Utopisten in England und Frankreich auf eine anthropozentrierte Bestimmung des kindgemäßen Entwicklungsganges?
8. Welchen inhaltlichen Beitrag leistete der pädagogische Positivismus zum Konzept eines lebensweltorientierten Erfahrungslernens?
9. Warum ist die Reformkritik der 'Herbart-Zillerschen-Pädagogik' kaum als Aspekt erfahrungsbezogener Schulpädagogik zu beurteilen?
10. Warum konnte sich offenes und soziales Erfahrungslernen in der 'Preußisch-Herbartschen-Schule' nur unzureichend etablieren?

3 Reformkritik der Erlebnispädagogik

3.1 Die pädagogischen Reformbestrebungen am Ende des 19. und Anfang des 20. Jahrhunderts und die kulturkritische Bewegung

Bis zur Jahrhundertwende entwickelte sich Deutschland zu einem bedeutenden Industriestaat im Zentrum Europas. Nach der Reichseinigung im Jahre 1871 monopolisierten sich schrittweise aus den Wirtschaftsformen der 'freien Konkurrenz' die großen industriellen Kerne. Damit verbunden waren die Veränderungen der sozialen Muster in den städtischen Zivilisationsgemeinschaften. Sie erforderten kulturelle Neuorientierungen, die natürlich auch das Bildungs- und Erziehungswesen betrafen. Eine Reihe von institutionsgeschichtlichen Innovationen wurden organisiert, auf die nur exemplarisch verwiesen werden kann:

1. Das öffentliche Bildungswesen passte sich durch weitere Differenzierung einzelner Bildungsstufen den gesellschaftlichen Erziehungs- und Bildungsbedürfnissen an[565]. Durch die zunehmende Einrichtung von Realgymnasien und Oberrealschulen kam es zu einer ständig wachsenden Zahl von Studenten[566]. Diese Absolventen forderten von sich aus den erweiterten Ausbau der universitären Bildungsgänge heraus.
2. Vor dem Hintergrund der realen Bildungs- und Erziehungsbedürfnisse wurde die 'Kopf-Lastigkeit' des Gymnasiums in zahlreichen Veranstaltungen und Diskussionen kritisiert. Diese Kritik fand 1890 ihren Ausdruck in der 'Berliner Schulkonferenz'[567]. Der Mangel an Sportstunden, die Welt- und Praxisferne des Unterrichts, die Überhöhung der alten Sprachen und die mangelnde Durchsetzung des muttersprachlichen Prinzips wurden kritisch artikuliert. Dieser Veränderungswille spiegelte sich in den preußischen Lehrplänen von 1892 wider[568].
3. Wohnungsnot, soziale Widersprüche, Arbeitslosigkeit und die Änderung sozialer Lebensformen führten zur gesundheitlichen, sittlichen und moralischen Gefährdung ganzer Schichten der nachwachsenden Generation. Der preußische Staat richtete Kindergärten, Kinderhorte,

Schulspeisungen, Ferienkolonien, Waldschulen und Landheime ein[569], um diese sozialen Gegentendenzen des wirtschaftlichen und wissenschaftlichen Wachstums abzuschwächen.

4. Die zunehmende Einrichtung von Fortbildungsschulen[570] zeichnete sich ab, die auf die stärkere Verbindung zwischen beruflicher Praxis, Unterricht und Erziehung ausgerichtet waren. Sinn und Zweck des täglichen Lernens sollte zu einer Erfahrung in der vorberuflichen Routine und im sozialen Milieu des Unternehmens werden.

5. Ab 1911 wurde die öffentliche Jugendpflege für den preußischen Staat zur offiziellen Aufgabe. Der schulentlassenen Jugend sollten Möglichkeiten eröffnet werden, im Freizeitbereich sittliches Handeln und körperliche Betätigung zu realisieren[571].

6. Die 'Frauen- und Mädchenbildung' kam unter den emanzipatorischen Orientierungen stärker in das öffentliche Bewusstsein. Es wurden liberale Gleichstellungsrechte für die Bereiche der Bildung und Erziehung gefordert und 'Höhere Mädchenschulen' sowie die 'Realkurse für Frauen' eingerichtet. 1894 wurden die Aufnahmeregelungen für Studentinnen an deutsche Universitäten dekretiert und damit der Weg für eine gleichberechtigte sowie geschlechterunabhängige Studienlaufbahn geebnet[572].

Mit diesen institutionsgeschichtlichen Entwicklungen innerhalb des deutschen Schul- und Erziehungswesens deutete sich an, dass sich die Aufgaben der öffentlichen Erziehung grundsätzlich erweitert hatten. Einzelne Praxisbereiche wurden völlig neu institutionalisiert. Lehrplanvorgaben unterlagen gründlichen Überarbeitungen und wurden, gemessen an den realistischen (wirtschaftlichen, naturwissenschaftlich-technischen) Anforderungen dieser Zeit, verändert. Eine noch viel größere Dynamik hatte die Theorieentwicklung entfaltet. Pädagogische, philosophische und psychologische Ideensysteme entstanden, in denen das überlieferte Gedankengut unter den zeitgeschichtlichen Bedingungen überarbeitet wurde: *"Während das öffentliche Bildungswesen sich über die Jahrhundertwende hinaus im großen und ganzen als Weiterentwicklung der bisherigen Formen erwies, wuchs die pädagogische Gedankenwelt weit darüber hinaus"*[573].

Der gesamteuropäische Kulturwandel war tiefgreifend und nur begrenzt mit pädagogischen Thematisierungen verbunden. Die Kunst, Kultur, Philosophie und die Naturwissenschaften erreichten einen neuen Entwicklungsstand. Sie bildeten den Mittelpunkt zeitgeschichtlicher Erneuerungen. Dieser Kulturwandel brachte einen Zuwachs an philosophischen und pädagogischen Ideen, der nicht unmittelbar auf das öffentliche Bildungs- und Erziehungswesen zugeschnitten war. Es entwickelten sich Grundsichten auf das Erziehungsproblem, die die öffentliche Schule nicht voraussetzten und daher auch nicht durch sie verfügt werden konnten. Spätestens zur Jahrhundertwende fanden diese alternativen Ideen und Initiativen in den reformpädagogischen Bewegungen und in den ihr untergelegten kulturkritischen Argumentationen ihren Ausdruck.

Die Herausbildung der industriellen Gesellschaft stellte Philosophie und Pädagogik vor die Aufgabe, die sittlichen, ästhetischen und auch pädagogischen Veränderungen im zeitgeschichtlichen Kontext umfassend zu reflektieren. Wichtige Veränderungstendenzen zum Ausgang des 19. Jahrhunderts waren stark von funktionalistischen und rationalistischen Entwicklungen geprägt. Emotionale Individualität und soziale Vielfalt, die viele Handlungs- und Lebensbereiche spezifisch prägten, mussten funktionalistischen Zweckrationalitäten weichen. Die expressionistischen Schulen der Architektur (z.B. Gropius) und Malerei (z.B. Kandinsky) entstanden als Reaktion auf diese gesellschaftlichen Implikationszwänge. Sie waren Ausdruck ästhetischer und neuromantischer Bedürfnisse. Die sozialen Widersprüche in den Milieus der Fabrikarbeiter, ihre 'Vermassung' und fehlende Lebenswelten für die aufwachsende Generationsschicht führten zur Dynamisierung neuer kultureller Bewegungen. Diese Bewegungen entfernten die 'unteren' Sozialschichten von den anderen sozialen Gruppen immer weiter. Industrialisierung und Technisierung gingen aus einer schnelleren Erforschung der Natur und ihrer Gesetzmäßigkeiten hervor und wirkten auf sie zurück. Die Erforschung der Stellung des Menschen in diesen Prozessen unterlag einer viel schwächeren Dynamik. Der Mensch wurde diesen Prozessen der Produktion, des Handels und des Verkehrs unterworfen, ohne dass seine Stellung in der Natur und Kultur angemessen typisiert wurde. Da diese Verbindungen in den Vorgängen und Entwicklungen städtischer Zivilisation immer mehr in einen virtuellen sowie akzidentiellen Hintergrund abglitten, also der Mensch von seinen ursprünglichen Lebensgrundlagen immer mehr entfremdet und entwöhnt wurde, ergaben sich idealistische Bestrebungen nach einer Lebens- und Kulturreform. Sie sollten das organische Verhältnis zwischen Mensch und Natur in der kulturhistorischen Bewegungsform gesellschaftlichen Lebens und Arbeitens einheitlicher sehen und verstärken. Von hier aus lassen sich die kulturkritische Bewegung und ihr lebens- sowie kulturphilosophisches Fundament zum ausgehenden 19. Jahrhundert, vielfältige reformpädagogische Strömungen, deren Theorie und Praxis, im internationalen Zusammenhang und in ihrem pädozentrierten Wesen verstehen und verdeutlichen.

Schon zur Mitte des 19. Jahrhunderts hatte der amerikanische Schriftsteller Henry David Thoreau (1817-1862) leidenschaftlich für ein der Natur nahes

Leben und Lernen plädiert. Er forderte den einzelnen Menschen auf, seine soziale Rolle und individuellen Lebensbedingungen in den unmittelbaren Vorgängen und Prozessen der Natur zu reflektieren. Seine beiden bekannten Schriften, *"Über die Pflicht zum Ungehorsam gegen den Staat"*[574] und *"Walden oder das Leben in den Wäldern"*[575], sollten zeigen, wie der einzelne Mensch zur Natur und zu sich selbst ein positives Verhältnis findet. Sie stehen noch heute als 'pädagogische Bibeln' in jeder amerikanischen 'High School'. Selbsterziehung an den unmittelbaren Tatsachen der natürlichen Lebens- und Lerngrundlagen wurde für ihn während seines 'Walden-Experimentes', zwischen 1845 und 1848, zu einer lebendigen Erfahrung. Dadurch hatten seine späteren pädagogischen Argumentationen einen hohen authentischen Wert und vermittelten sich einer ganzen Generation. Den 'Ungehorsam gegen den Staat', durch ein Leben im unmittelbaren Kontakt sowie in Harmonie mit der Natur, konnte Thoreau den Vorarbeiten von Ralf Waldo Emerson (1803-1882) entnehmen. Kennzeichen dieser Konzeption war die individuelle Lebens- und Selbstverwirklichung in persönlicher Freiheit. Von Emerson entlehnte Thoreau den Transzendentalismus der 'oversoul', wonach nur die Natur jedem Menschen die Offenbarung eigener Wesens- und Wirkungskräfte einräumt. Außerdem wurde der Aufsatz von Emerson, *"The American Scholar"*[576], für Thoreau zum Leitfaden seiner Forderung nach geistiger Unabhängigkeit des einzelnen Individuums. Fast drei Jahre lebte Thoreau allein und zurückgezogen in einer Holzhütte am Waldensee. Er versuchte in praktischer Art und Weise die sinn- und werthaften Möglichkeiten des Probierens, Experimentierens und Meditierens für das alltägliche Leben auszuloten. Sein 'Solo' galt ganz einer naturverbundenen Selbstverständigung und dem unmittelbaren Erleben natürlicher Lebenszusammenhänge. Die stark individualistische Komponente seiner Aktivitäten wurde durch den Rückbezug auf die Transzendentaltheorie von Emerson noch vertieft. Die Bedeutung seiner Überlegungen und seine Schlussfolgerungen aus dem 'Walden-Experiment' waren daher für soziale Komponenten der Erziehung kaum relevant. Auf jeden Fall aber konnten seine Bemühungen, die durch die englische und amerikanische Romantik stark beeinflusst waren, die klare Absage an die zu jener Zeit aufkommenden rationalistischen und funktionalistischen Grundtendenzen verdeutlichen. Die 'radikale Alternative' sollte aufgezeigt werden, in der Intuition und natürliche Erfahrung aufeinander gerichtet blieben. Inmitten der neuen, lebensweltlichen Erfordernisse war sie die Alternative, die sie pädagogisch nicht sein konnte.

Die Ablehnung der 'reinen Vernunft', die Kritik an rationalistischen und positivistischen Verengungen, fundierte der französische Kulturphilosoph

Henry Bergson (1859-1941). Bergson und der amerikanische Psychologe Wiliam James (1842-1910) entwarfen philosophische Systeme, die über die intellektuelle 'Verstandesbildung' hinausgriffen. Erfahrung, Intuition und im Gefühl erlebte Bewusstseinstatsachen wurden als spezifisch menschliche Wesenszüge und als Erziehungstatsachen klassifiziert. Unmittelbares Erleben in der praktischen Tätigkeit des handelnden Menschen wurde als zentrales Entwicklungsmoment des Individuums erarbeitet. Bergsons Idee von der *"schöpferischen Bewegung"* (élan vital)[577] ging davon aus, dass sich das erlebende Subjekt durch die intuitive Wahrnehmung das wirkliche Leben und sich selbst erschließt. Vergegenständlichtes Denken entstellte nach der Auffassung Bergsons das Wesen der Außenwelt. Der subjektive Bezug zu allen Erscheinungen und Sachverhalten und die in der tätigen sowie selbstbestimmten Auseinandersetzung vermittelten Erfahrungen wurden von ihm als Wesensmomente individualistisch geprägter Selbstkonzepte herausgearbeitet. Seine Ideen wurden 1913 von der deutschen Jugendbewegung mit Begeisterung aufgenommen.

Die empirisch-experimentelle Psychologie[578] von James betonte ebenfalls den Wert lebenspraktischer Erfahrungen. James ging davon aus, dass die junge Generation in ihren Lebenswelten ständig Möglichkeiten vorfinden müsste, um innere Spannungen abbauen und die Bedürfnisse nach Bewegung und Arbeit befriedigen zu können. Die intellektuelle Vereinseitigung der Schulbildung und das Fehlen elementarer Erfahrungen im Kindes- und Jugendalter wurden von ihm in seinem bekannten Aufsatz, *"The Moral Equivalent of War"*[579], analysiert. Daraus leitete er Möglichkeiten für ein System ernsthafter Tathandlungen ab und interpretierte sie innerhalb und außerhalb der Alltagsroutinen junger Menschen. Die Ergebnisse der Studien führten direkt in die Philosophie des **Pragmatismus**, welche die Bedeutung aller Lebenstätigkeiten und die daraus praktisch erwachsenen Erfahrungen in ihrem Systemzusammenhang darlegte. Lebensbezug und Tätigkeitsorientierung in allen Prozessen der Bewusstseinsbildung prägten diese Richtung.

In Deutschland wurde durch Friedrich Nietzsche (1844-1900) bereits in den siebziger Jahren des 19. Jahrhunderts diese kulturkritische Bewegung vorgeprägt. In seiner Darstellung *"Über die Zukunft unserer Bildungsanstalten"*[580] und in den *"Unzeitgemäßen Betrachtungen"*[581] griff er rationalistische Tendenzen der positivistischen Schule kritisch an. Seine Darstellungen des Alltags an den Schulen und an Universitäten waren vernichtende Einschätzungen der Praxisarbeit. Nietzsches 'bissige' Ironie gegenüber dem Charakter der damaligen Bildungsanstalten kam unmissverständlich in seinem komischen und zugleich tragischen 'Zwischengespräch'[582] mit dem fiktiven ausländischen Besucher der Universität Basel zum Ausdruck. Er stellte es ausführlich in seinen Überlegungen über 'Die Zukunft unserer Bildungsanstalten' dar. Für viele seiner akademischen Zeitgenossen wurde es zum peinlichen Selbstbild. Seine Absage an eine öffentliche Schule, die sich einseitig auf intellektuelle und nützliche Bildung konzentrierte, war eindeutig: *"... Strömungen beherrschen die Gegenwart unserer Bildungsanstalten: einmal der Trieb nach möglicher Erweiterung und Verbreitung der Bildung"*[583]. Er schlussfolgerte daraus: *"Diese Erweiterung gehört unter die beliebten national-ökonomischen Dogmen der Gegenwart. Möglichst viel Erkenntnis und Bildung - daher möglichst viel Produktion und Bedürfnis - daher möglichst viel Glück - so lautet etwa die Formel. Hier haben wir den Nutzen als Ziel und Zweck der Bildung, noch genauer den Erwerb, den Geldgewinn"*[584].

Ebenso gelangte der **Historismus** mit seiner Annahme, dass jede weiterführende Erkenntnis aus der Betrachtung historischer Leistungen erwächst, in Nietzsches kritische Erörterungen. Gerade diese Argumentation wurde für das kulturkritische Selbstverständnis überraschend wichtig. Nietzsche stellte das individuelle Leben, als unerschöpfliche Quelle sozialer und kultureller Veränderungen, gegen die historistischen Überhöhungen von Überlieferung und Tradition: *"Ich vertraue der Jugend, daß sie mich recht geführt hat, wenn sie mich jetzt zu einem Proteste gegen die historische Jugenderziehung des modernen Menschen nötigt und wenn der Protestierende fordert, daß der Mensch vor allem leben lerne, und nur im Dienste des erlernten Lebens die Historie gebrauche"*[585]. Außerdem machte die Kritik Nietzsches am Historismus seine antiintellektualistische Position deutlich. Erkenntnistheoretische Divergenzen, die historiographische Erkenntniswerte und deren methodische Erarbeitung reflektierten, bestanden hingegen kaum. Nietzsche ging es in seiner kulturkritischen Argumentation um die Aufwertung lebendiger und im Leben gewonnener Einsichten. Einsichten und Erfahrungen sollten im individuellen und sozialen Kontext der menschlichen Lebenstätigkeit erworben werden. Ein solcher lebensphilosophischer Standpunkt musste Konsequenzen in der Aufgaben- und Handlungsorientierung erzieherisch gemeinter Vorhaben einfordern: *"So aber dürfte jener eintönige Kanon ungefähr lauten: der junge Mensch hat mit einem Wissen um die Bildung, nicht einmal mit einem Wissen um das Leben, noch weniger mit einem Wissen mit dem Leben und Erleben selbst zu beginnen. Und zwar wird dieses Wissen um die Bildung als historisches Wissen dem Jüngling eingeflößt oder eingerührt; das heißt sein Kopf wird mit einer ungeheuren Anzahl von Begriffen an* *gefüllt, die aus der höchst mittelbaren Kenntnis vergangener Zeiten und Völker, nicht aus der unmittelbaren Anschauung des Lebens abgezogen wird. Seine Begierde, selbst etwas zu erfahren und ein zusammenhängend lebendiges System von eigenen Erfahrungen in sich wachsen zu fühlen - eine solche Begierde wird betäubt und zugleich trunken gemacht"*[586].

Der Kulturphilosoph und Orientalist Paul de Lagarde (1827-1891) ging in seiner kulturkritischen Reflexion des damaligen Schulwesens von einer interessanten These aus, die heutige Systeme didaktischen Vorgehens immer noch berühren dürften: Eine Schule, die im gesamtgesellschaftlichen System ihre funktionale und integrative Bedeutung als ein 'Berechtigungswesen' erlangt, unterdrückt das eigengesetzliche Wesen des Erziehungsverhältnisses zwischen Schülern und Lehrern. Mit dem 'Berechtigungswesen' wurde die Schule als Institution beschrieben, in der alle Aktivitäten auf das Erlangen von Abschlüssen und Zertifikaten gerichtet waren. Dadurch wurde den Schülern, im Sinne der allokativen Funktion der Schule, in den gesellschaftlichen Routinen der Arbeit ein bestimmter Platz zugewiesen. In seiner Schrift, *"Über die gegenwärtige Lage des deutschen Reichs"*[587], schlussfolgerte er aus der allokativen Funktion der damaligen Schule folgendes: *"Die Speisekarte (so beschrieb Lagarde alle möglichen Berechtigungen, die sich aus dem erfolgreichen Abschluß einer Schulstufe ergeben - T.F.) der Bildung ist lang: jede Börse kann befriedigt werden, und das Quantum der Sättigung, das Quale des zu genießenden Vorteils wird wie auf dem Jahrmarkte vorgewiesen. Das Verhältnis zwischen Lehrer und Schüler ist sofort getrübt, so wie die Berechnung auf den Nutzen des zu Lernenden in die junge Seele tritt"*[588]. Seiner realistischen Argumentation entging nicht, dass der Jugend in einer Zeit der zweckbestimmten Funktionalisierung des Lebens und Lernens ein zukunftsorientierter Idealismus fehlte. Alle Formen des säkularen Denkens und Handelns unterdrückten eine freud- und phantasievolle Lebensatmosphäre. Er sah das *"Wesen des Menschen (darin), ideal zu empfinden"*[589]. Dort, *"wo der Mensch aus innerem Bedürfnis wider seinem eigenen Vorteil, wider seiner Bequemlichkeit, wider die ihn umgebende Welt handelt"*[590], zeigt sich Lagarde, *"daß Idealismus nicht ein Zustand, sondern eine Fähigkeit ist, welche dem Menschen niemals und nirgends verloren geht: diese Fähigkeit wird aber zur Wirklichkeit nur durch das Ideal selbst"*[591].

Diese Fähigkeit sollte auch in der Schule geweckt und geprägt werden. Grundvoraussetzung für einen solchen Vorgang musste nach seiner Auffassung die Individualisierung der schulischen Prozesse sein. Die Selbstbesinnung auf die individuellen Kräfte und der Vorblick auf die Ideale einer erfüllten Lebensführung sollten in der Schule zeitlich und räumlich organisiert werden. Diese pädozentrierte Grundsicht, die zum Wesensmerkmal der reformpädagogischen Bewegung wurde, war für Lagarde in den Routinen der 'Vermassung' des Schulalltags nicht vorhanden. Daher beklagte er, *"daß es unserer Jugend an Idealität (nicht an Idealismus) fehle, daß es unserer Zeit an Idealen mangle"*[592]. Die individualistischen Positionen von Lagarde lassen sich in den Reformströmungen der Individual- und Persönlichkeitspädagogik nahezu unverändert wiederfinden: *"Da nun die Unterrichtsanstalten trotz ihrer großen Zahl sehr überfüllt sind, können selbst geborene Lehrer die Massen nicht, oder nur solange ihre Kräfte noch völlig frisch sind, durchdringen. Alles Individualisieren beim Unterrichte hört auf, und damit das eigentliche Unterrichten selbst: man individualisiert in jedem Aquarium und jedem zoologischen Garten, aber nicht in einer preußischen Schule, welche in Berechtigungen macht"*[593].

Von den unterschiedlichen Bereichen der Dichtkunst und Malerei erhielt die Kulturkritik wesentliche Impulse. In ihnen prägten sich später pädagogische Modelle und Forderungen der Reformpädagogik aus. Insbesondere die Kunsterziehungs- und Jugendbewegung fanden in ihnen Orientierungen. Julius Langbehn (1851-1907) rief mit seinem 1890 erschienenen Buch, *"Rembrandt als Erzieher"*[594], zur Wachsamkeit gegen die Gefahr einseitig ausgelegter und realistischer Bildungsströmungen auf. Einseitige Verstandespflege stellte für ihn die Gefahr dar, die tiefgreifende Entfremdung von künstlerischen oder musischen Ausdrucksformen weiter zu fördern. Die Künstlerpersönlichkeit in ihrer kreativen Schaffensleistung und der pflichtbewusste Staatsbürger prägten das Menschenbild seines Erziehungsideals. Diese Gedanken wurden von Alfred Lichtwark (1852-1914), dem Direktor der Hamburger Kunsthalle, schon früh aufgegriffen. Die Betrachtung und Analyse von Kunstwerken[595] sollte die *"künstlerische Empfänglichkeit und Genußfähigkeit des Schülers wecken und ihn von der Vorliebe für 'Schund und Kitsch' befreien"*[596]. Aus den vielfältigen Bemühungen und Institutionalisierungen dieses Kreises ging zu Beginn des 20. Jahrhunderts die Kunsterziehungsbewegung hervor.

Die lebens- und kulturphilosophischen Argumentationen der Kulturkritik für sich genommen, waren keine Polemisierungen gegen die zeitgeschichtlichen Entwicklungen. Die technischen und naturwissenschaftlichen Leistungen wurden in ihrer zeitgemäßen Notwendigkeit durchaus anerkannt. Die Instrumentalisierung übergeordneter Wertüberzeugungen sowie sittlicher Bestimmungen, in einer funktionalistischen 'Zweck-Freiheit', wurde jedoch abgelehnt. Die damit einhergehenden 'Mode-Erscheinungen', die den bürger-

196

lichen Wertekanon verdrängten, konnte Georg Simmel (1858-1918) eindringlich beschreiben. Er zeigte in seiner *"Einleitung in die Moralwissenschaft"*[597], dass der Aufbau individueller Biographien durch die Veränderungsprozesse sozialer Wirklichkeiten überformt wird. In seiner Ablehnung des Historismus interpretierte er die kulturelle und soziale Entwicklung in der Kontinuität zwischenmenschlicher Beziehungen. Er ging davon aus, dass in der Verlebendigung sozialer Gebilde durch das Individuum die Genese sozialer und kultureller Veränderungen organisiert wird. Seine Gedanken basierten auf der Annahme, dass diese Veränderungen das lebendige Potenzial zwischenmenschlicher Beziehungen voraussetzen. Auch Ernst Mach (1838-1916) setzte sich in seiner positivistischen Erkenntnistheorie gegen die funktionalistischen Verfügungen des sozialen Lebens ein. Er beschrieb in seinen Hauptwerken, *"Die Analyse der Empfindungen und des Verhältnisses zwischen Physischen und Psychischen"*[598] und mit *"Erkenntnis und Irrtum"*[599], dass die Wirklichkeiten der menschlichen Empfindungen letztlich die Realität repräsentieren. Danach bestand die einzige Wirklichkeit in den menschlichen Empfindungen. Diese Wirklichkeit wurde durch die physischen und psychischen Komponenten des individuellen Lebens repräsentiert und in der Kontinuität des individuellen Empfindens erkennbar. Dieser Argumentation standen die zweckrationalistischen Verfügungen des menschlichen Lebens konträr gegenüber, da diese sich nicht auf den Kontext der individuellen Wirklichkeit richteten.

Andere neuromantische Ansätze wandten sich gegen die 'Vermassungsfolgen' in den Routinen des Alltagslebens. Sie waren auch eindringliche Appelle für ein lebenspraktisches und naturhaftes Verinnerlichen menschlicher Wesenskräfte, ihrer künstlerisch darbietenden Ausdrucksformen und zeitgeschichtlichen Leistungen. In den Darstellungen von Wilhelm Dilthey (1833-1911) erlangten diese kulturkritischen Züge eine geisteswissenschaftliche Ausrichtung. Die Lebensleistungen historischer Persönlichkeiten sowie die Ergebnisse der kulturhistorischen Entwicklung sollten bei ihm durch ein 'Nacherleben' zu Bestandteilen individuell bedeutsamer Erfahrungen und Erkenntnisse werden. Auch in der 'beschreibenden Psychologie' Diltheys[600] (Hermeneutik) wurde daher der Erlebnisbegriff zur erkenntnistheoretischen Implikation. In der Darstellung, *"Das Erlebnis und die Dichtung"*[601], wurde der innere Zusammenhang zwischen den spezifisch menschlichen Erlebnisinhalten und ihren äußeren Existenzformen, der künstlerischen Ausdrucksform des emotional Erlebten, zum Leitthema erkenntnistheoretischer Interpretationen. Dabei prägte Dilthey die Unterscheidung von den 'erklärenden Naturwissenschaften' und des 'verstehenden Geistes'. In kritischer Ablehnung zur konkurrierenden Richtung einer positivistisch-experimentellen Philosophie und Pädagogik, negierte Dilthey die unterschiedlichen Versuche naturwissenschaftlicher Erkenntnismodelle. Vor allem lehnte er Versuche ab, die alle Erscheinungen in kausalen 'Ursache-Wirkung-Beziehungen' rationalisieren wollten. Erkenntnis war bei ihm notwendig an die persönliche Bedeutsamkeit dieses neuen Wissens gebunden und an die Art seiner unmittelbaren und subjektiv eigentümlichen Aneignung: *"Erleben ist eine unterschieden charakterisierende Art, in welcher Realität für mich da ist. Das Erlebnis tritt mir nämlich nicht gegenüber als ein Wahrgenommenes oder Vorgestelltes; es ist uns nicht gegeben, sondern die Realität Erlebnis ist für uns dadurch da, da wir ihrer innewerden, daß ich sie als zu mir in irgendeinem Sinn zugehörig unmittelbar habe"*[602]. Damit wird das emotionale Erleben *"eine Realität, unmittelbar als solche auftretend, ohne Abzug innegeworden, ... nicht gegeben und nicht gedacht"*[603]. Die emotionale Repräsentation inneren Verhaltens im Kontext des persönlichen Lebens wird für Dilthey zum Modus für persönliche Entwicklung, Veränderung und Bildung.

Die Phänomenologie des Erlebens von W. Dilthey folgt im Unterkapitel 3.2., in dem auch Waltraut Neuberts Schrift, *"Das Erlebnis in der Pädagogik"*[604], Gegenstand der Darstellungen sein wird. Hier sollen nur einige Erläuterungen folgen, die die Stellung der geisteswissenschaftlichen Pädagogik und Psychologie in der kulturkritischen Bewegung betreffen. Diltheys Vorstellung von der Wirklichkeit basierte auf der Annahme, dass sie allein das Ergebnis historischer Vorgänge und Leistungen darstellt und sie sich in zweierlei Hinsicht dem einzelnen Menschen mitteilen kann:

1. In der kontemplativen Verarbeitung und Aneignung kultureller Entwicklungen.
2. Im einfühlenden Verstehen kultureller Leistungen, das durch die 'Teleologie des Seelenlebens' (Zielgerichtetheit und Zweckmäßigkeit des emotionalen Erlebens) die Qualität subjektiver Erkenntnis erreicht.

Für die sich daraus entwickelnde geisteswissenschaftliche Pädagogik ergaben sich eine Reihe von neuartigen Sichten und Zugängen, die in der positivistisch-experimentellen Schule nicht im Vordergrund standen. Die psychischen Voraussetzungen für Tätigkeit und Verhalten wurden in einem teleologisch zu sehenden Seelenleben interpretiert. Der Erkenntnisprozess war damit außerhalb abstrakter und normativer Denksysteme angesiedelt. Er war an den biographischen Aufbau individueller Dispositionen umfassend gebunden. Die pädagogische Praxis war demzufolge darauf angewiesen, als die von ihren lebendigen Trägern anerkannte Form des erzieherischen Umgangs zu erscheinen. In normativer Offenheit sowie individueller Verschiedenheit sollten sich historische Erscheinungen und kulturelle Leistungen im Kontext des individuellen Verstehens realisieren. Der Erkenntnisprozess wurde dadurch zu einer praktischen 'Verstehenslehre'. Diese pragmatische Hermeneutik legitimierte sich im Selbstverständnis von Dilthey in dem Maße, wie die tatsächliche pädagogische Praxis von innen her und vom einzelnen Schüler einfühlend verstanden werden konnte. Pädagogik wurde in dieser Optik selbst zu einem Ergebnis der kulturellen Evolution. Dennoch richtete sich ihr Wesen nicht nur auf die Tradierung des überlieferten Ideenguts durch das Nacherleben historischer Tatbestände. Sie musste im Sinne des Erkenntnisprozesses und in der zeitgeschichtlichen Aufhebung der abendländischen Tradition auch geistige Perspektiven eröffnen, die der Gestaltung realer und aktueller Kulturzustände dienten. In diesen beiden Seiten sah Dilthey die geisteswissenschaftlichen Eigenarten, die die historische Selbstbewegung von Philosophie und Pädagogik in ihren idealistischen Grundzügen begründen.

Die **Pragmatische Hemeneutik** war durch ihre individualistische Ausrichtung und durch ihre normative Offenheit ein spezifisches theoretisches Gebilde. Sie gab nahezu allen Reformbestrebungen zur Jahrhundertwende nachhaltige Impulse. Dafür können einige Gründe wichtig gewesen sein:

1. Normative Offenheit war gleichzeitig eine Ablehnung von Formalismus und von außen gesetzter Reglementierung. Pädagogische Autonomie und Alternative ließen sich in normativer Offenheit eher artikulieren.

2. Die individuelle Erkenntnistätigkeit in der Teleologie des Seelenlebens entsprach der Individualisierungstendenz reformpädagogischer Forderungen.

3. Die pragmatische Hermeneutik reflektierte die Annahme, dass pädagogische Praxis selbst an ihren konkreten Gegenständen einfühlend verstanden werden muss. Damit stand die pädagogische Initiative, mit all ihren praktischen Schlussfolgerungen, nicht außerhalb ihrer eigenen Erkenntnismethode.

4. Eine Pädagogik, die vom emotionalen Innewerden ihrer relevanten Zusammenhänge auszugehen hatte, musste auch einen erlebnisbezogenen Gegenstandsbereich explizieren. Kunsterziehungs-, Arbeitsschul- und Jugendbewegung sahen gerade in künstlerischen Ausdrucksbewegungen, im Natursport oder in der Arbeitserziehung erlebnisbezogene und lebensweltliche Lernbereiche.

5. Die pragmatische Hermeneutik Diltheys wurde zur Methode einer Pädagogik, die sich selbst als historische Größe definierte. In ihrer Selbstbewegung, im Sinne der Weiterentwicklung und Differenzierung, hatte sie von den historischen Leistungen in Gesellschaft und Kultur auszugehen und auf sie gerichtet zu sein. Mit dieser kulturhistorischen Implikation wurde es möglich, pädagogische Elemente der Aufklärung, Klassik und Romantik tradierend aufzuheben. Dadurch blieb in den reformpädagogischen Bewegungen die geschichtliche Kontinuität pädagogischer Entwicklungen nicht nur erhalten, sondern sie wurde verstärkt.

Die kulturkritische Bewegung sowie die Entwicklung von Pädagogik und Philosophie in der zweiten Hälfte des 19. Jahrhunderts wurden durch die aufkommenden Schulen der Psychologie geprägt und mitgestaltet. Auch in ihnen erlangte der Erlebnisbegriff eine gewisse Renaissance. Damit ist die enge Perspektive der folgenden Darstellungen vorgegeben. An dieser Stelle kann allein aus Platzgründen ein umfassender oder auf Vollständigkeit bedachter Abriss der vielen, zum Teil völlig entgegengesetzten Strömungen und Bewegungen, nicht gegeben werden. Der konzentrierte Hinweis darauf, dass sich bestimmte Schulen der Psychologie direkt auf den Zusammenhang von Erleben und Persönlichkeitsentwicklung beziehen, scheint aber wichtig zu sein.

Bereits im 17. Jahrhundert waren im Ergebnis der wiederaufkommenden rationalistischen Strömungen unterschiedliche Richtungen der Psychologie entstanden: **Atomismus, Sensualismus und Empirismus.** Diese Bewegungen setzten sich im 19. Jahrhundert fort und artikulierten in ihren eigenen Ideensystemen. Die mechanistische Atomistik von Rene Descartes (1596-1650) spekulierte darüber, dass sich alle komplexen und psychologischen Erscheinungen in ihre Einzelbestandteile zerlegen lassen. Er ging davon aus, dass sich soziale, kulturelle und geschichtliche Tatsachen in einem mechanistischen Weltsystem (mikro- und makrophysikalisch) sinnvoll zusammenführen und dadurch erkennen lassen: *"cogito, ergo sum (Ich denke, also bin ich)"*[605]. Der Empirismus von Francis Bacon (1561-1626) verlegte die Erkenntnistätigkeit in die konkrete Auseinandersetzung mit der Außenwelt und dem dortigen Gewinnen praktischer Lebensweisheiten[606]. Außerdem erfuhr die sensualistische Psychologie von John Locke eine breite Wiederbelebung. Dieser Sensualismus basierte auf der Annahme, dass sinnliche Erfahrungen die einzig wirkliche Quelle von Erkenntnissen sein können. Nach Locke war die innere Erfahrung der Hauptgegenstand der Psychologie. Sie sollte sich durch Reflexion der inneren Welt in sich selbst vollziehen. Diese Reflexion hatte die *"innere untrügliche Wahrnehmung davon, daß wir sind"*[607], zu organisieren.

Die zunehmenden Trennungen und Abgrenzungen zwischen den idealistischen und materialistischen Strömungen des 19. Jahrhunderts wirkten auch auf die Differenzierungsprozesse psychologischer Richtungen zurück. In ihren Spannungsfeldern konnte sich die Psychologie schrittweise als Wissenschaft entwickeln. Deutliche Zeichen dafür waren:

1. Über empirische Experimente wurde theoretisches Wissen realisiert. Die experimentelle Psychologie konnte in ihren ersten Zügen fundiert werden.

2. Die Bindung zwischen psychischen und physischen Vorgängen wurde verstärkt thematisiert. Sie führte zu der von Wilhelm Wundt (1832-1920) im Rahmen der 'Leipziger Schule' begründeten Psychophysiologie[608]. Auch diese Richtung zeichnete sich durch einen experimentellen Charakter aus.

3. Das Eindringen des Evolutionsprinzips in die Psychologie, ausgehend von den Erkenntnissen von Charles Robert Darwin (1809-1882), löste mehrere zukunftsorientierte Entwicklungsmomente aus: Einerseits wurde die Psyche nicht mehr allein aus physiologischen Prozessen erklärt, sondern auch aus den Anpassungsmechanismen des Individuums an seine soziale Milieus (exogenistische Entwicklungstheorien, z.B. Soziologismus). Andererseits wurde das Prinzip der biologischen Anpassung psychischer Funktionen in differenzierter Weise entfaltet und die altersspezifischen Besonderheiten psychischer Vorgänge interpretiert (endogenistische Entwicklungstheorien, z.B. Biologismus). Im Ergebnis dieser Entwicklungen wurden die Bereiche der Entwicklungs- und Persönlichkeitspsychologie theoretisch erschlossen und auch als empirisch-experimentelle Systemvorstellungen geordnet.

Die weitere Differenzierung der psychologischen Richtungen wurde vom Problem der methodologischen Strukturierung psychischer Erkenntnisprozesse bestimmt. Unterschiedliche struktur- und methodentheoretische Positionen zur Erfassung innerer und äußerer Realitätsverarbeitung wurden erarbeitet. Sie kam in den Theorien der Verhaltenspsychologie (Behavioristische Schule, z.B. Edward Lee Thorndike [1874-1949])[609], innerhalb der pragmatischen Psychologie von Wiliam James[610] und in der beschreibenden Psychologie Wilhelm Diltheys[611] zum Ausdruck.

Der rationale Intellektualismus betonte die Psychologie des 'reinen Denkens' und die Bedeutung der experimentellen Selbstbeobachtung. Die biologistisch geartete Kinderpsychologie Darwins basierte auf der biotischen Bestimmtheit des Seelenlebens. Beide Richtungen standen der geisteswissenschaftlichen Psychologie konträr gegenüber. Der Erkenntnisprozess im gefühlsmäßigen Erleben favorisierte den irrationalen Zugang zu psychologischen Grundfragen. Zur irrationalen Richtung dürften auch die Gedanken Henry Bergsons zum Erkenntniswert der Intuition[612], die Trieblehren in der von Sigmund Freud (1856-1939) vorgelegten Psychoanalyse und andere mehr zählen. Der erkenntnistheoretische Unterbau der kulturkritischen Bewegung war weitgehend der beschreibenden Psychologie Diltheys verpflichtet. Daraus ergaben sich philosophische Chancen, aber auch dekonstruktive Tendenzen.

Die Ablehnung des experimentellen Charakters der Assoziationspsychologie in der beschreibenden Psychologie führte zum Verzicht auf empirische Erklärungsmodelle. Die beschreibende Psychologie Diltheys ging in ihrer Phänomenologie des Erlebens davon aus, dass die geistigen Erscheinungen an sich gegeben sind. Erst im emotionalen Erleben des historischen Kulturbestandes sollten diese Seiten des Psychischen nach Ganzheit und Einheit streben. In dieser Ganzheit und Einheit wurde eine intersubjektive Komplexität gesehen, die durch experimentelle Untersuchungsmethoden nicht auflösbar erschien. Ein Schüler Diltheys, Eduard Spranger (1882-1963), verwies in seiner vergleichenden Psychologie[613] darauf, dass die Inhalte des menschlichen Bewusstseins als eine selbständige Gegebenheit aufgefasst wurde. In der introspektiven Konzeption des Bewusstseins ergaben sich geistige Tätigkeiten aus der individuellen Verarbeitung kulturhistorischer Sachverhalte. Der historischen Bewusstseinspsychologie standen die damals neuartigen Schulen der Verhaltenspsychologie (John Watson [1878-1958], u.a.)[614] und vor allem der amerikanische Behaviorismus völlig entgegen. In ihnen wurde das Verhalten, nicht das Bewusstsein, zum Gegenstand der Psychologie. Mit ihren experimentellen Methoden sollte äußerlich zu beobachtendes Verhalten zu seinen Ursachen in Relation gestellt und interpretiert werden. Diese experimentellen Grundlagen wurden in den erkenntnistheoretischen Prämissen der geisteswissenschaftlichen Psychologie als zu rationalistisch verengt abgelehnt. Es ging darum, dass die historisch entstandenen Formen des Bewusstseins durch ein Nacherleben im einzelnen Individuum als Erkenntnis weitergetragen und verändert werden sollten. Derartige Bewutssseinsprozesse entzogen sich nach den Auffassungen von Dilthey und Spranger analytischen und experimentellen Erfassungsschritten.

Neben Verhalten und Bewusstsein kristallisierte sich ein dritter Grundbegriff der Psychologie heraus: die Tätigkeit. Die introspektive Konzeption des Bewusstseins in der geisteswissenschaftlichen Psychologie und die 'Reiz-Reaktions-Psychologie' des Verhaltens mussten folgende Fragen beantworten:

1. Wie verbinden sich die psychischen Instanzen des Individuums mit den realen Erscheinungen in der Außenwelt?
2. Wie wirkt die reale Außenwelt auf die inneren Voraussetzungen für Tätigkeit und Verhalten zurück?
3. Wie wird die innere Disposition des Individuums durch den Außenweltbezug verändert?

Zwei erkenntnistheoretische Reduktionen mussten gesehen werden:

1. Zum einen lief die Introspektionspsychologie Gefahr, sich mit dem Einschluss des Psychischen in die innere Welt des Bewusstseins der lebenspraktischen Tätigkeit zu entfremden.
2. Zum anderen stand die Verhaltenspsychologie vor der zentralen Aufgabe, das äußerlich beobachtete Verhalten auf die psychischen Qualitäten zurückzuführen, die es hervorgerufen hatten.

In beiden Richtungen war davon auszugehen, dass die Trennungen zwischen äußerem und innerem Verhalten überwunden werden mussten. Sie liefen letztlich auf die Trennungen zwischen Mensch und sozialer Umwelt, zwischen Mensch und Natur sowie zwischen Mensch und Kultur hinaus, was mit einem pädagogischen Anspruch kaum zu verbinden gewesen wäre. Kurz: Das Bewusstsein musste als psychische Existenz erkannt werden, in der sich der subjektive Aneignungsprozess von Natur und Kultur widerspiegeln konnte. Außerdem war das Bewusstsein seinem Wesen nach ein Teil dieser Natur und Kultur, der sich in der praktischen Tätigkeit des handelnden, denkenden und fühlenden Individuums zu entfalten hatte. Von etwa dieser Problemstellung ausgehend, entwickelten Karl Bühler (1879-1963) in seiner 'Erlebnspsychologie'[615], Jean Piaget (1896-1980) unter lern- und sozialpsychologischen Aspekten[616], Wolfgang Köhler (1887-1967) in der Gestaltpsychologie der 'Berliner Schule'[617], Alfred Adler (1870-1937) für die Tiefenpsychologie[618] oder Carl Gustav Jung (1875-1961) für die analytische Psychologie[619] Ansätze, um den Zusammenhang zwischen 'Erleben-Tätigkeit-Bewusstsein' einheitlicher zu sehen.

Bühler ging von einer Konvergenz verhaltenspsychologischer Positionen und Elemente der geisteswissenschaftlichen Psychologie aus. Diese Theorieposition in der Synthese einer Erlebenspsychologie konnte sich aber praktisch nie etablieren. Zunächst schien seine wissenschaftliche Konstruktion sehr plausibel zu sein. Die vom Verhalten ausgehende Konzeption der Tätigkeit sah die Veränderung von Natur und Kultur in der Aktivität des handelnden Menschen. Die vom Bewusstsein ausgehende Konzeption des einfühlenden Verstehens hatte auch einen Außenweltbezug. Die ideellen Inhalte des Bewusstseins gingen in ihrem geistigen Charakter nicht unwesentlich auf Elemente in Kultur und Natur zurück. Obwohl durch die Diffusität des Erlebnisbegriffes bei Bühler die Verbindung zwischen Tätigkeit und daraus resultierender Bewusstseinsbildung nicht gezeigt werden konnte, war erkennbar, dass die inneren geistigen Formen des Individuums nach äußeren Existenzformen, nach ihrem eigenen Ausdruck in Natur und Kultur strebten. Diese geistigen Formen sollten in ihrem entäußerten Ausdruck dann selbst zu Elementen der kulturellen Geschichte werden, in ihrer in der dynamischen Entwicklung fortschreitenden Genesis und im geistigen Charakter der Kultur.

Piaget folgerte aus der sozialen Gebundenheit des Individuums, dass die biologische Bedingtheit psychischer Prozesse durch den sozialen Charakter des menschlichen Lebens beeinflusst werde[620]. Einer der wichtigsten Begriffe seiner 'genetischen Erkenntnistheorie'[621] war daher die Adaption oder Anpassung, die *"den Gleichgewichtszustand einer biologischen Organisation innerhalb ihrer Umwelt"*[622] beschreibt sowie den Erkenntnisprozess als *"die Strukturierung des Verhaltens als eines Austausches zwischen Organismus und Umwelt"*[623] organisch begleitet und einbindet. Diese Betonung der Sozialität des Individuums konnte erst aus den interaktiven Prozessen und Beziehungen zwischen Individuum und Gemeinschaft oder zwischen Individuum und sozialer Umwelt erklärt werden. Der Tätigkeitsaspekt erlangte so in der sozialen Konzeption des Bewusstseins von Piaget erhöhte Bedeutsamkeit.

Die Gestaltpsychologie als Gegenpol zur Elementenhypothese basierte auf den Grundprinzipien der strukturellen Ganzheit des Individuums und seiner Psyche sowie der Dynamik psychischer Erscheinungen und Phänomene. Köhler konnte herausarbeiten, dass in der ganzheitlichen Kohärenz des Psychischen Wechselbeziehungen bestehen, die sich im psychischen Prozess selbst dynamisieren. Diese psychischen Dynamisierungen wurden auf die menschliche Wahrnehmung der Außenwelt zurückgeführt und mit den Vorgängen der inneren und äußeren Realitätsverarbeitung verbunden. Die Arbeiten der Leipziger Schule lieferten für diesen Ansatz weitere Argumente. Die strukturelle Ganzheit des Individuums, die die Gestalttheorie umfassend thematisierte, wurde der Teleologie des emotionalen Erlebens gegenübergestellt. Damit konnte man den gesamten psychischen Vorgang auf ein gefühlsmäßiges Erleben zurückführen, das in der künstlerischen Ausdrucksbewegung oder sonstigen körperlichen Äußerungen seine äußere Existenzform verwirklichen sollte.

Alfred Adler relativierte mit seinen Untersuchungen zur Entstehung von Neurosen die stark individualistische Konzeption der geisteswissenschaftlichen Psychologie. Er identifizierte soziale Fehlanpassungen durch die sogenannte 'Ich-Zentrierung' (Ichhaftigkeit), die das Verhalten und Erleben vor dem Wirkungshintergrund der individuellen Sozialität negativ beeinflusste. Als 'Normalzustand' des Individuums fasste er die subjektive Anpassung an soziale Bewegungen und deren individuelle Reflexion auf. In diesem inneren Wechselspiel der Bewusstseinstätigkeit sollten Gemeinschaftsgefühl, soziale Interessen und die Selbstwirksamkeit des Individuums organisiert werden. Daher wurden sozialer Austausch von Mustern und die erlebte Erfahrung von Gruppenprozessen zu Mittelpunkten seiner individualpsychologischen Psychotherapie. Letztlich wurde der Zusammenhang zwischen 'Tätigkeit-Erleben-Bewusstsein' aus der Sozialität des Menschen erklärt[624].

Carl G. Jungs differenzierte Erklärungen zur Persönlichkeitsdynamik führten in die Grundlegung der analytischen Psychologie. Seine Auffassungen unterschieden sich von der Psychoanalyse Freuds zunächst dadurch, dass sie den teleologischen Charakter der inneren Komponenten für Tätigkeit und Verhalten stärker betonten und nicht ihre Kausalzusammenhänge in den Vordergrund stellten. Die Libido wurde, wie bei Freud, zum Ausgangspunkt für die verschiedensten psychischen Prozesse. Denken, Fühlen, Empfindungen oder Triebverhalten wurden aus ihr erklärt. Jung führte jedoch das von Freud geprägte 'Lust-Unlust-Prinzip', als motivationalen Untergrund von Tätigkeit und Verhalten, nicht weiter. Die Libido an sich wurde zum inneren Energiepotenzial für alle Lebensäußerungen entwickelt. Die drei Ebenen der Psyche, das Bewusste, das persönlich Unbewusste und das kollektiv Unbewusste[625], konstituierten in der Vorstellung Jungs die interagierenden Seiten der Psyche. Zum Bewussten gehörten natürlich die bewussten Wahrnehmungen, Gedanken und Gefühle. Zum persönlich Unbewussten wurden persönliche Erfahrungen und Wünsche gerechnet, die einmal bewusst waren, aber verdrängt wurden. Das kollektiv Unbewusste wurde von Jung als der bedeutendste Teil der Psyche klassifiziert. Es stellte die ererbte rassische Persönlichkeitsstruktur dar und enthielt den Einfluss aller kumulierenden, sich steigernden und angehäuften Erfahrungen vorangegangener Generationen. An dieser Stelle wurde die Verbindung zum menschlichen Erleben eng gezogen. Auf der universellen und ererbten Disposition menschlicher Vorstellungskraft sollten die historischen Leistungen einer bestimmten Rasse so erlebt werden, dass sie sich im aktuellen Leben des Individuums fortpflanzen konnten.

Mit diesem deskriptiven Aufriss psychologischer Richtungen des ausgehenden 19. Jahrhunderts, die bis heute das Ideen- und Erkenntnisgut von Entwicklungs-, Persönlichkeits- und Lernpsychologie bestimmen, sollte nur soviel verdeutlicht werden: Die Belebung des Erlebnisbegriffes und seine theoretische Durchdringung wurde aus psychologischer Sicht in differenzierter Weise angestrebt. Wird von der Psychoanalyse einmal abgesehen, entwickelten sich aus ihnen die heutigen Formen der Körper-, Bewegungs- und Gruppentherapie, die den Zusammenhang zwischen 'Erleben-Tätigkeit-Bewusstsein' thematisieren. Hier bleibt festzustellen, dass in diesen Vorgängen der psychologischen Theoriebildung durchaus Möglichkeiten vorhanden waren, den Erlebnis- und Tätigkeitsbegriff theoretisch zu fundieren. Die Persönlichkeitsdynamik, die mit erzieherisch gemeinten Entwicklungsvorgängen in einem bestimmten Persönlichkeitsalter isomorph zusammenhängt, konnte aus der Sicht des erlebenden Individuums bestimmt werden. Daher ist mit einiger Sicherheit anzunehmen, dass ideengeschichtliche Voraussetzungen geschaffen wurden, die der Thematisierung eines Erfahrungslernens in der Sicht der Erlebnispädagogik dienten.

Aus der Sicht der bereits skizzierten pädagogischen Ideen, lassen sich folgende Aspekte der kulturkritischen Argumentation zusammenfassen, die für die pädagogischen Reformbestrebungen zu Beginn des 20. Jahrhunderts erkenntnistheoretische Bedeutung erlangten:

1. Die Semantik der Kulturkritik problematisierte den Generationskonflikt in den zwischenmenschlichen Beziehungsebenen der bürgerlichen Familie und öffentlichen Schule. Sie forderte Emanzipation und Selbstbestimmung im Rahmen administrativer Vorgaben und im Generationsverhältnis.

2. Die Kulturkritik forderte pädagogisches Handeln und Denken, das sich zunehmend auf den psychischen und physischen Entwicklungsstand der Kinder zu richten hatte. Der Charakter der Preußischen Schule als Berechtigungswesen im Sinne ihrer allokativen Funktion sollte auf ein notwendiges Mindestmaß eingegrenzt bleiben.

3. Kritisch interpretierte die Kulturkritik die pädagogisch-psychologischen Reduktionen der katechetischen Lehrmethoden und den inneren Formalismus der 'Herbartschen Schule'.

4. Die Kulturkritik richtete sich gegen das Prinzip der Allgemeinbildung, das Wissen und Können zu den kulturellen Leistungen und Produkten menschlicher Entwicklung von allen gleichförmig abverlangt.

206

5. Die Kulturkritik lehnte die autoritären Disziplinierungen des Schulalltags ab und plädierte für einen behut- und einfühlsamen Aufbau des kindlichen Selbstbildes. Dieses Selbstbild wurde mit bürgerlichen Wertvorstellungen verbunden, in denen staatsbürgerliche Wachsamkeit, Zivilcourage und soziales Engagement zum Ausdruck kamen.

Die 'pädagogische Wendung' der kulturkritischen Argumente übernahmen dann jene Personen, die uns als die 'Pioniere' und 'Wegbereiter' der reformpädagogischen Bewegung überliefert sind. Eine herausragende Stellung unter ihnen nahm die schwedische Lehrerin und Pazifistin Ellen Key (1849-1926) ein. Sie förderte mit ihrer wegweisenden Schrift, *"Das Jahrhundert des Kindes"*[626], diese vielseitige und lebendige Erziehungsbewegung. Ludwig Gurlitt (1855-1931) war es dann, der den Zusammenhang zwischen 'Arbeit-Spiel-Erziehung' für die reformpädagogischen Initiativen erschloss. In seinem Aufsatz, *"Der Deutsche und seine Schule"*[627], wurden die praktischen Aktivitäten der deutschen Jugendbewegung vorgeprägt.

Ellen Keys Schulutopie beschrieb einen Handlungsbereich, auf dem zwischenmenschliche Zuwendung und die koedukativen Umgangsformen generationsübergreifend eingeübt werden sollten. Pädagogische Offenheit, gemessen an den Bedürfnissen der Kinder und Jugendlichen, hatte oberste Bedeutung. Diese pädagogische Offenheit gipfelte in einer pädozentrierten Erziehungsvorstellung, die davon ausging, dass sich die Kinder in ihrer individuellen und natürlichen Selbstentwicklung alle Kräfte ihrer eigenen Erziehung erschließen können. Daher forderte Key, *"(r)uhig und langsam die Natur sich selbst helfen (zu) lassen und nur (zu) sehen, daß die umgebenen Verhältnisse die Arbeit der Natur unterstützen, das ist Erziehung"*[628].

Der geistige und emotionale Selbstaufbau der Kinder sollte, genauso wie das körperliche Wachstum und das Wachstum anderer natürlicher Lebewesen, als Entwicklungsvorgang begriffen werden. Dieser Entwicklungsvorgang hatte, auf die Eigenschaften des Individuums gerichtet, durch die erzieherische Maßnahme begleitet zu werden. Dabei stand im Vordergrund, dass das von innen her wachsende Individuum seine inneren schöpferischen Kräfte aktiviert, einsetzt und so in der Reflexion innerer Konstitution und äußerer Aktion harmonisch aufwächst: *"Das eigene Wesen des Kindes zu unterdrücken und es mit dem anderer zu überfüllen, ist noch immer das pädagogische Verbrechen, das auch die auszeichnet, die laut verkünden: daß die Erziehung nur die eigene individuelle Natur des Kindes ausbilden solle!"*[629]

Dieser extrem ausgeprägte Pädozentrismus Keys ließ sehr unterschiedliche Konsequenzen zu: Die Abschaffung institutionalisierter Bildung und Erziehung oder die Abschaffung der Schule, wie sie in Richtungen der Antipädagogik bis heute anzutreffen sind. Ellen Key beschrieb jedoch eine *"Schule der Zukunft"*[630], die mit den Fundamenten der herkömmlichen Bildung und Erziehung nichts mehr gemeinsam haben sollte. Diese Schule war dazu bestimmt, eine radikale Alternative im pädagogischen Denken und Handeln aufzuzeigen: *"Einzelreformen in der modernen Schule bedeuten nichts, solange man durch dieselben nicht bewußt die große Revolution vorbereitet, die, welche das ganze jetzige System zertrümmert, und von diesem nicht einen Stein auf dem anderen läßt. Ja, es müßte eine Sintflut der Pädagogik kommen, bei der die Arche nur Montaigne, Rousseau, Spencer und die neue kinderpsychologische Literatur zu enthalten brauchte! Wenn dann die Arche aufs Trockene käme, würden die Menschen nicht Schulen bauen, sondern nur Weingärten pflanzen, wo die Lehrer die Aufgabe hätten, die Trauben zur Höhe der Lippen der Kinder zu heben, anstatt daß diese jetzt den Most der Kultur in hundertfacher Verdünnung zu kosten bekommen"*[631].

Ellen Key beschrieb ihre Ideen selbst als Utopien, als die Gesamtheit *"meiner geträumten Schule"*[632]. Das Korrelat zwischen kulturkritischer Vision und lebenspraktischer Wirklichkeit ging nicht wenigen reformpädagogischen Initiativen verloren. Die Leistungen der Wissenschaft und die ökonomischen Neuentwicklungen erforderten die Aufwertung naturwissenschaftlichen, technischen und neusprachlichen Wissens. Dieses Wissen und Können wurde in den realen Bereichen von Leben und Arbeit zunehmend abgefordert. Auf der anderen Seite belebte die Reformbewegung die Betonung irrationaler Komponenten des Entwicklungs- und Erziehungsprozesses. Die emotionalen Kräfte des jugendlichen Menschen sollten zur Darstellung gelangen und über die Rationalität der menschlichen Innerlichkeit hinausgreifen. Der kind- und jugendgemäße Lebensvorgang wurde in seinem ganzheitlichen Kontext thematisiert. Als paradox stellte sich die Tatsache dar, dass die reformpädagogische Forderung nach Lebens- und Praxisnähe in ihrer eigenen idealistischen Konzeption kaum vorhanden war. Die realen Erziehungsbedürfnisse wurden durch die Herabsetzung der intellektuellen Ausbildung nur noch bedingt in den Erziehungsvorstellungen reflektiert. Daran kann gut abgelesen werden, dass reformpädagogische Ideen nicht immer auf praktische Konsequenzen angelegt waren.

Neben dem pädozentristischen Grundzug der Reformpädagogik musste sich eine Perspektive herauskristallisieren, die das Verhältnis von Individuum und Gemeinschaft wechselseitig sah. Ansonsten wäre es kaum vorstellbar gewesen, Aspekte sozialer Erziehung mit natürlichen und offenen Lernangeboten verbinden zu können. Herausragende Bedeutung gewann hier die Deutsche Landerziehungsheimbewegung. Sie wurde von Hermann Lietz (1868-1919)[633] gegründet und stand in enger Verbindung zu den Aktivitäten der Jugendbewegung. Formen der Gemeinschaftserziehung nach dem Vorbild der englischen Public Schools, handwerkliche Ausbildung und einige Prinzipien der Herbartschen Unterrichtstheorie wurden für ein spezifisches Konzept der Internatserziehung strukturiert. Lietz institutionalisierte eine ländlich abgelegene Internatsform, die eine Erziehung am ganzen Menschen in der Organisation eines patriarchalisch geleiteten Gutshofes anstrengte. Die pädagogische Provinz, Idee der Antike und Argument der Klassik, erlangte wieder zeitgemäße Konturen. Dem Landerziehungsheim Ilsenburg (1898) folgten Haubinda und Bieberstein. Die im Familiensystem organisierten Heime von Gustav Wyneken (1875-1964) [Freie Schulgemeinde Wickersdorf, 1906][634] und Paul Geheeb (1870-1961) [Odenwaldschule, 1910][635] gaben der pädagogischen Provinz weitere Anstöße zur inneren Differenzierung. Der sittlich-religiöse Schulstaat Kurt Hahns (1886-1974) [Schule Schloss Salem, 1920][636] knüpfte in seiner konservativen Grundtendenz am engsten an die Vorstellungen Platons und Fichtes zur pädagogischen Provinz an. Die Bewegung der Deutschen Landerziehungsheime hatte in erstaunlicher Breite und Vielfalt ihren ersten Höhepunkt erreicht.

Individual- und Gemeinschaftserziehung wurden in allen Landerziehungsheimen wechselseitig angelegt. Erziehung des einzelnen Kindes und das Leben in der jugendlichen Gemeinschaft fielen zusammen. Der enge Kontakt zur Natur und zum Handwerk, wozu die ländliche Umgebung in besonderem Maße anregte, eröffneten Wege natürlicher und sozialer Erziehung. Auf der einen Seite sollte das Individuum in der Vielfalt seiner inneren Potenziale erfasst und in der Eigentümlichkeit seiner Anlagen gefördert werden. Auf der anderen Seite wurde das Kind als Potenz der selbsterziehenden Gemeinschaft verstanden, in der alle durch die gemeinschaftlichen Ziele aktiviert und gefordert werden sollten. Dadurch wurde Erziehung zum sozialen Verhältnis zwischen Erzieher und zu Erziehendem und zwischen den zu Erziehenden untereinander: *"Von dem einen Motiv her wurde das Kind als eine aus sich selbst von innen her wachsende und Gestalt annehmende Individualität angesehen, die in sich schöpferische Kräfte hat; von dem anderen her als Glied einer erziehenden Gemeinschaft ... . Beide Motive verschränken sich. Das Kind, welches organisch und entwicklungsgetreu beeinflußt wird, paßt sich nicht nur seinen Gemeinschaften an, sondern wird im Gemeingeist selb-*

ständig und frei mittätig; und der Gemeingeist umgekehrt setzt in den einzelnen die ihnen eigentümlichen Kräfte frei und bindet sie an den Gemeingeist"[637]. Eine praxisnahe Schule im natürlichen Ambiente auf dem Lande, eine 'Lebensgemeinschaftsschule' sollte entstehen, in der auch die Position des Erwachsenen, des Lehrers und Erziehers, eine andere als die herkömmliche sein musste. Dialogische Beziehungen sollte der Lehrer eingehen, die im Grad seiner persönlichen Ausstrahlung, sozialen Reife und fachlichen Kompetenz begründet waren. Die Autorität eines preußischen Staatsbeamten, die mit didaktischen Sanktionierungen zur Disziplinierung des Schullebens auffordert, war nicht gefragt. Die Landerziehungsheime sind bis heute als praktische Beispiele sozialer und natürlicher Erziehung erhalten geblieben. Sie verweisen darauf, dass dialogische und lebenspraktische Beziehungen zwischen Erziehern und zu Erziehenden keine nur gewünschten Idealkonstruktionen darstellen müssen.

Die Idee von einer 'Schule der Gemeinschaft' oder von einer 'Lebensgemeinschaftsschule' war in den ersten Jahrzehnten unseres Jahrhunderts außerordentlich populär. Sie wurde von breiten Kreisen der deutschen Lehrerschaft mitgetragen. Heinrich Deiters (1887-1966) verdeutlichte in seiner Schrift, *"Die Schule der Gemeinschaft"*[638], die wesentlichen reformpädagogischen Motive und didaktischen Prinzipien einer solchen Schulgestaltung. Das Konzept der 'Lebensgemeinschaftsschule' belegte, dass auch im öffentlichen Schulwesen ernsthaft darüber nachgedacht wurde, natürliche, erlebnisorientierte und soziale Erziehungsformen zu verstärken: *"Dort, wo die Preußische Schulreform, die von der Kulturphilosophie Diltheys stark beeinflußt ist, ohne Nebenrücksichten zu einem starken Ausdruck des Willens kommt, schafft sie ein Schulsystem, das dem natürlichen Entwicklungsgange des kindlichen und jugendlichen Interesses folgt, indem sie der Unterstufe die engere und sich erweiternde Heimat als **Arbeits- und Erlebnisgebiet** zuweist, eine Mittelstufe anfängt, die in den verschiedenen Schulformen ebenfalls noch wesentlich gleiches Gepräge trägt, und erst für das Jugendalter zu einer deutlichen Unterscheidung der Schulformen nach ihren Bildungsinhalten gelangt"*[639]. In der 1928 von Hermann Nohl (1879-1960) und Ludwig Pallat (1867-1946) herausgegebenen *"Theorie der Schule und der Schulaufbau"*[640] waren führende und in der Reformbewegung aktive Pädagogen (z.B. Peter Petersen, Aloys Fischer, Hermann Nohl, Wilhelm Flitner u.a.) vertreten. Öffentliche Erziehungsanliegen sollten mit den reformpädagogischen Kräften in der Weimarer Republik verbunden werden. Weitere Hinweise lieferten die Arbeiten von Fritz Karsen (1885-1951)[641] oder auch von Paul Oestreich (1878-1959)[642]. Ihre Bemühungen verdeutlichten, warum die reformpädagogische Bewegung auch eine Art von 'Schulreformbewegung' darstellte. Schulische Arbeitserziehung wurde als zentrale Forderung erhoben. Die Arbeit wurde als Prinzip und Methode pädagogischen Vorgehens aufgefasst. Mit ihr sollten die sozialen Kräfte der Gemeinschaft, praktisches Lernen und staatsbürgerliche Tugenden entwickelt werden: *"Schaffung einer neuen Gemeinschaft aus den emporsteigenden Kräften eines sich erneuernden Lebens bedeutet für die Schule, daß sie sich in enger Verbindung mit dem weiten und freien Leben hält, in dem sie nur ein Bezirk ist. Die Arbeitsgebiete der sie umgebenen Gemeinschaft sind auch die ihren: Arbeit im Feld, Garten, Werkstatt und Haus, natürlicher Gebrauch der Sprache als Organ des Ausdrucks innerer Geschehnisse oder Werkzeug der Mitteilung, Kunst als selbstverständliche Begleiterin jeden Gewerbes, als Schmuck der Arbeitsräume, als Ausdruck des Gemeingefühls in festlicher oder sonstwie bedeutungsvoller Stunde. Damit wird sie zugleich Stätte des Handelns und Tuns, nicht des bloßen Redens über die Dinge oder der einseitig intellektuellen Schulung"*[643].

Danach entwickelte die Schulreformbewegung den Grundsatz, *"die Aufgaben der Schule vom Kinde aus zu sehen"*[644]. In der Vielgestaltigkeit des schulischen Lebens und in der veränderten Rolle des Erziehers wurde argumentiert. Die Abschwächung der Führungstätigkeit des Lehrers und die veränderte Vorstellung von dialogischen Beziehungen in freier Selbstbestimmung führten direkt in die Verbreiterung von 'Selbsterziehungstendenzen' innerhalb der Schuljugend. Forderungen nach einer eigenständigen Jugendkultur, die sich von innen heraus bilden sollte, aus dem sozialen Körper dieser Generationsschicht, wurden nachhaltig gestellt. Die eigenständige Kultur der deutschen Jugendbewegung war dafür deutliches Kennzeichen. Seit 1896 unternahmen ältere Schüler des Steglitzer Gymnasiums mit ihren Lehrern zusammen längere Wanderungen. Diese Aktivitäten wurden von anderen Schulen aufgegriffen und in den Traditionen der englischen 'Pfadpfinder-Bewegung' ausgestaltet. 1901 wurden diese Aktivitätsformen im 'Wandervogel'[645] institutionalisiert. Das zunächst absichts- und zwanglose Zusammensein junger Menschen, in freier Selbstbestimmung und im Einklang mit der Natur, fand breite Anhängerschaft. Sie verpflichtete sich 1913 auf dem 'Hohen Meißner' auf gemeinsame Ziele[646]. Diese Ziele gingen erstmals direkt auf die Bedürfnisse einer ganzen Generation zurück und reflektierten die natürlichen sowie lebensweltlichen Entwicklungsbedingungen junger Menschen. Körperliche Vitalisierung, Gesundheitspflege in natürlichen Lebensformen sowie praktische Aktivitäten in der unreglementierten Gemeinschaft wurden realisiert. Die 'Meissner Formel', die die verpflichtende Selbstbestimmung der Jugend und ihrer aufbrechenden Ideale bezeichnen sollte, brachte die Verbindung von Freiheit und gemeinschaftlicher Gebundenheit in ihren bündischen Absichten deutlich zum Ausdruck. Die Jugendbewegung ging davon aus, dass sie sich innerhalb der eigenen Generationsschicht die Bausteine einer neuen Jugendkultur erarbeiten müsste. Dieser Erneuerungsprozess konnte nach ihrer Auffassung nicht von den Älteren geleistet werden, da er sich nicht auf ihre Interessen richtete.

Meissner Formel [647]

Die Freideutsche Jugend will aus eigener Bestimmung, vor eigener Verantwortung, mit innerer Wahrhaftigkeit ihr Leben gestalten. Für diese innere Freiheit tritt sie unter allen Umständen geschlossen ein. Zur gegenseitigen Verständigung werden Freideutsche Jugendtage abgehalten. Als Grundsatz für gemeinschaftliche Veranstaltungen gilt: Alle gemeinsamen Veranstaltungen der Freideutschen Jugend sind alkohol- und nikotinfrei.

In nahezu allen Teilströmungen der Reformpädagogik wurden natürliche und soziale Lebens- und Lernformen gefordert. Schematisierte und formalistische Denk- und Handlungsabläufe, die sich einseitig auf die intellektuellen Seiten des Kindes oder Jugendlichen konzentrierten, wurden weitgehend abgelehnt. In ihnen wurde die selbsttätige und freie Auseinandersetzung mit den Gegenständen des Lernens in seiner kind- und jugendgemäßen Natur nicht ausreichend zugelassen. Schon deshalb wurde *"eine neue Methode des selbsttätigen Lernens, der freien Schularbeit und der 'Autoeducazione' gefordert, zum Teil auch ein methodenfreies Produzieren und Wirken als beste Art des Lernens hingestellt"*[648]. Eng damit verbunden war die breite Ablehnung des Prinzips der Allgemeinbildung, *"welche alle Seiten des Menschentums und alle Epochen der Geschichte in eine Kenntnismasse umsetzt und diese jedem gleichförmig abverlangt"*[649]. Das klassische Ideal harmonischer Menschenbildung hatte die Charakterbildung zur Aufgabe erklärt, die in den 'allgemeinbildenden' Ansprüchen des 'deutschen Berechtigungswesens' keine umfassende Berücksichtigung fand. Friedrich Wilhelm Foerster (1869-1966) verwies in mehreren Schriften auf diese Verkürzungen der preußischen Schule. Seine Positionen dürften sich auf unterschiedliche reformpädagogische Richtungen beziehen lassen: *"Zusammenfassend ist also zu sagen, daß eine vertiefte Charakterpflege in der Schule aus folgenden Gründen unentbehrlich ist: 1. um das Menschentum des Schülers vor den Gefahren einseitiger Verstandesbildung zu bewahren; 2. um die durch die Schule ge-*

weckten und entwickelten Fähigkeiten und Fertigkeiten von vornherein einem höheren Zwecke und Gesetz zu unterwerfen; 3. um der Schularbeit und der Schulordnung die tieferen Kräfte der Seele zuzuführen; um die vielen Gelegenheiten, die das Schulleben selber für die Übung der Charakterkräfte und für die Klärung des sittlichen Urteils bietet, planvoll auszunutzen, und um den sittlichen Gefahren des Schullebens ein Gegengewicht zu schaffen"[650].

Damit wurde der formalen und einseitigen Bildung des Verstandes klar widersprochen und folgende Ansicht artikuliert: Charakterbildung und intellektuelle Bildung können voneinander nicht statisch getrennt sein. Es entstand die Überzeugung, dass die Übung der charakterlichen Kräfte in den intellektuellen Lernprozessen zu größeren Erfolgen führt, da die Wesenskräfte des kind- und jugendhaften Daseins im Lernprozess aufeinander bezogen und wechselseitig wirksam werden. Diesem Gedanken untergeordnet, und auf der Suche nach konkreten Möglichkeiten einer lebens- und praxisnahen Charaktererziehung, wurden die Ideen der Arbeitserziehung immer stärker thematisiert. Einerseits wurde durch diese Tendenz das überlieferte Bildungsgut von Locke, Rousseau, Pestalozzi oder von Diesterweg weitergeführt. Andererseits kristallisierte sich schrittweise eine eigene pädagogische Richtung heraus, die in die reformpädagogische Arbeitsschulbewegung mündete. Der Reformpädagoge Ludwig Gurlitt brachte die Bedeutung der Arbeit für den erzieherischen Gesamtvorgang in mehreren Schriften deutlich zum Ausdruck. Er wirkte durch sein praktisches Schaffen auch auf die deutsche Jugendbewegung zurück. Die Verbindung von Erleben und Erziehen stellte sich in seiner Konzeption als Zusammenhang zwischen Spiel, Kunstausübung und praktischer Arbeit dar: *"Ich halte es auch für einen der bedauerlichsten Mißgriffe, daß unserer öffentliche Pädagogik Spiel und Arbeit durch einen gewaltsamen Strich trennt, anstatt das Spiel anmutig zur Arbeit hinüberzuleiten, so daß die Kinder spielend die Arbeiten überwinden lernen. Daher kommt es denn, daß Kinder, die selbst im ernsteren Spiele ausdauernde Freudigkeit hatten, in unseren Schulen so schnell stumpf und träge werden. Wir fragen viel zu wenig, was dem Schüler Freude macht, kommen ihren Neigungen und Bedürfnissen viel zu wenig entgegen"*[651].

Der Arbeitsbegriff von Gurlitt war noch weit gefasst und zur Beschreibung ganz unterschiedlicher Lehrtätigkeiten geeignet. Körperliche Erziehung und künstlerische Bildung des Charakters waren in ihm noch angelegt. Bei Georg Kerschensteiner (1854-1932), dem ehemaligen Münchener Stadtschulrat, präzisierten sich die Vorstellungen zur Arbeitserziehung und Arbeitsschule im engeren pädagogischen Sinne. Handwerkliche Tätigkeiten oder arbeitsbezogen-lebensweltliche Bezüge zur Lerntätigkeit gewannen im Zentrum der

Arbeitsschulbewegung unter inhaltlichen und methodischen Gesichtspunkten an praktischer und theoretischer Gestalt. *"Soziale Tüchtigkeit"*[652], *"soziales Pflichtgefühl ... (und das) ... Gefühl der Verantwortlichkeit"*[653] waren Ideale staatsbürgerlicher Erziehung und wurden bei Kerschensteiner zu Ergebnissen systematischer Arbeitserziehung: *"Der erste Schritt also, den unsere Schulorganisationen zu unternehmen haben, ist, unsere Buchschulen in Schulen praktischer Arbeit umzuwandeln, indem wir überall da, wo es der Lehrgegenstand zuläßt, den heutigen Buchbetrieb durch Arbeitsbetrieb ersetzen. ... Aber dem ersten Schritt muß ein zweiter folgen: die Umwandlung der persönlichen Arbeitslust in gemeinsame Schaffensfreude, oder mit Rücksicht auf die Schulorganisation ausgedrückt: die Umwandlung unserer Schulen in Arbeitsgemeinschaften. ... Ist dann in den Schulen einmal die gemeinsame Arbeitslust erwacht, ist durch sie der zunächst egoistisch gerichtete Wille zur Arbeit für den Dienst in der Gemeinschaft umgebogen, ist der Geist der Unterordnung, der Verantwortlichkeit, der Hilfsbereitschaft aufgegangen, dann ist der dritte Schritt zu machen, die Tugenden der Gewohnheit in Tugenden der Einsicht umzuwandeln durch den staatsbürgerlichen Unterricht. ... Der vierte und letzte Schritt ist endlich die Einführung der Bürger in die Selbstverwaltung ihrer Angelegenheiten ... "*[654]. Damit wurden die wesentlichen Punkte schulisch institutionalisierter Arbeitserziehung im reformpädagogischen Sinne durch Kerschensteiner interpretiert. Ihnen konnte man entnehmen, dass folgende pädagogische Forderungen gestellt wurden:

1. Den Wert der praktischen Arbeit als Inhalt und Methode der Charakterbildung hinsichtlich einer staatsbürgerlichen Erziehung aufzuwerten.
2. Die Entfaltung individueller Wesenskräfte und Veranlagungen in gemeinschaftlicher Abstimmung und Gebundenheit zu verstärken.
3. Praktische Formen des Lernens mit intellektuell ausgelegten zu verbinden, also Arbeitserziehung und Unterricht einheitlicher zu sehen.
4. Die Schulorganisation, wie auch andere Bereiche des schulischen Lebens und Arbeitens, schrittweise in die Selbstverwaltung der Schulakteure zu legen.

Die Ideen Kerschensteiners zur Arbeitserziehung hatten eine stärkere Ausrichtung auf arbeitsbezogen-lebensweltliche Themen. Lebens- und Praxisnähe waren tiefer ausgeprägt, als bei anderen reformpädagogischen Initiativen. Kerschensteiner richtete die Arbeitserziehung an den tatsächlichen Bedürfnissen der gesellschaftlichen Routinen aus und forderte eine Schule, die zwar den sozialen Rhythmus dieser Routinen im Kleinen nachgestalten sollte, ohne allerdings die Erwachsenenwelt in der Arbeitsschule kopieren zu wollen. Diese Ideen von einem 'Staat im Staat', von einem Erziehungsstaat als Mikroprojektion tatsächlicher gesellschaftlicher Gegebenheiten, war nicht neu. Aus Platons 'Politeia' sowie den Erziehungsplänen Fichtes konnte diese Organisationsform zur 'staatsbürgerlichen Erziehung' direkt entnommen werden. Dennoch war die umfassende Interpretation der schulischen Arbeit, als Inhalt und Methode kind- und jugendgemäßer Erziehung, für diese Zeit originär. Alle wesentlichen Tätigkeits- und Organisationsebenen der Schulgestaltung sollten durch das Prinzip der Arbeit bestimmt und gestaltet werden. Die praktischen Lern- und Lehrfelder wurden ganz im pragmatischen Sinne für die pädagogische Gesamtgestaltung der Schule relevant. Kerschensteiner ging davon aus, dass sich das Leben und Arbeiten im kleinen jugendlichen 'Arbeitskreis' auch auf gesellschaftliche Arbeitsvorgänge übertragen ließ. Demzufolge sollten deren Mechanismen und Anforderungen praktisch eingeübt werden. Sicher dürften Kerschensteiner die Ideen des amerikanischen Pragmatismus näher gestanden haben, als die von Fichte und Platon, wenngleich er sich gelegentlich in seinen Betrachtungen zur staatsbürgerlichen Erziehung auf diese bezogen hatte. John Deweys Schrift, *"School and Society"*[655], war ihm bekannt. Die dort entwickelten Ideen schulstaatlicher Organisation des Lernens und Lehrens und die praktischen Anstrengungen zur Kinder- und Jugenderziehung, dürften die deutsche Arbeitsschulbewegung stark beeinflusst haben: *"Jede von unsern Schulen ist zu einem Staatsleben im kleinen (embryonic community life) zu machen, das durch seine Beschäftigungsarten das Leben der größeren Gesellschaft widerspiegelt und das durchtränkt ist vom Geiste der Kunst, Geschichte und Naturwissenschaften. Wenn die Schule jedes Kind der Gesellschaft als Mitglied eines solchen kleinen Staatswesens erzieht, indem sie es mit dem Geiste der Dienstbereitschaft sättigt und es mit den Mitteln ausrüstet, sich wirksam selbst zu helfen, dann werden wir die höchste und beste Gewähr haben für die größere Gesellschaft, die wertvoll, schön und harmonisch ist"*[656].

Eine so gefasste Schule musste sich direkt in der tatsächlichen Stellung von Schülern und Lehrern hinsichtlich der schulischen Grundgesamtheit definieren. Schulisches Leben, Arbeiten und Lernen wurden in der Spezifik des Erziehungsverhältnisses konstituiert. Leben lernen mit einem direkten Bezug zu diesem Leben, und Leben lernen in der Fülle und in den nach ständiger Steigerung strebenden Impulse dieses Lebens, setzte die praktische Betätigung des erlebenden Individuums voraus: *"Von hier aus werden Kraft und Grenzen des Erlebnisses noch einmal ganz deutlich: dadurch, daß es sich innerhalb des seelischen Zusammenhangs vornehmlich an das wertende Gefühl wendet, bekommt es eine eigentümliche Mittelstellung zwischen der*

Erkenntnis, die den Intellekt bildet, und der Arbeit, deren Aufgabe die Erziehung des Willens zu objektiver Leistung ist. Daher verlangt das Erlebnis auch innerhalb desjenigen Systems der Pädagogik, dem es wesensmäßig zugehört und in dem es das vorwiegende Bildungsmittel darstellt, doch stets eine Ergänzung nach Seiten der Arbeit. Umgekehrt aber bleibt es auch neben ihr wie neben dem pädagogisch weniger bedeutungsvollen Erkennen ein ewig gültiges methodisches Mittel"[657].

All diese reformpädagogischen Ansätze eines neuartigen Erziehungs- und Lebenswillens, Sozialpädagogik, Kunsterziehungs- sowie Jugendbewegung, Individual- und Persönlichkeitspädagogik, Landerziehungsheim- oder auch die Arbeitsschulbewegung, verbreiteten sich im ersten Jahrzehnt des neuen Jahrhunderts. Sie gelangten zwischen 1918 bis 1925 in Deutschland zu einer erstaunlichen Blütezeit. Die inhaltlichen und funktionalen Verbindungen in der Relation 'Erleben-Arbeit-Erziehung' wurden weiter gesucht und praktisch gefördert. Die Grundgedanken, die Hermann Lietz 1887 in seinem Jugendroman *"Emlohstobba"*[658] ausgebreitet hatte, die Ideen von Berthold Otto (1859-1933) zur Hauslehrerschule und zur *"Schulreform des 20. Jahrhunderts"*[659] oder die *"Sozialpädagogik"*[660] von Paul Natorp (1854-1924) sicherten den Ertrag der reformpädagogischen Bewegung zur Jahrhundertwende.

Die Zeitkritik der kulturkritischen Reformbewegung kam in Paul Natorps Schrift deutlich zur Darstellung. Alle Forderungen, die mit sozialer Gemeinschaftserziehung im Zusammenhang standen, förderten die Genese einer sich langsam entwickelnden Sozialpädagogik. Eindringlich wurde von Natorp die selbsterzieherische Potenz der jugendlichen Gemeinschaft beschrieben und eine Erziehung durch, in und für die Gemeinschaft thematisiert. Sie reichte weit über den Ideengehalt der zahlreichen Individualisierungskonzepte der Reformpädagogik hinaus. Leben in der Gemeinschaft und die Tätigkeit des im Leben stehenden aktiven Subjekts, bildeten bei Natorp das zentrale Wechselverhältnis. Aus ihm sollten moralische Willensbildung und künstlerische Geschmacksbildung als äußere Formen des Charakters hervorgehen. Auf dieser Grundlage und auf der Basis aller bereits entwickelten Initiativen bahnten sich zahlreiche Alternativen zur öffentlichen Schule ihren Weg. Sie können hier nicht in aller Breite und Ausführlichkeit dargestellt werden. Die Gründung der 'Hauslehrerschule', 1906 in Berlin-Lichterfelde durch B. Otto, die Gründung der 'Freien Schulgemeinde Wickersdorf' durch Wyneken und Geheeb im gleichen Jahr oder die Gründung der Odenwaldschule im Jahre 1910 durch Paul Geheeb, sind dafür exemplarische Beispiele und fallen in diese Zeit.

Die nächste Phase reformpädagogischer Theoriebildung vollzog sich in den ersten zwei Jahrzehnten unseres Jahrhunderts. Die Schriften von F.W. Foerster[661] vertieften den Zusammenhang zwischen Charakterbildung und staatsbürgerlicher Erziehung. Georg Kerschensteiners bekannte 'Züricher Rede' thematisierte 1908 die Zukunft der Schule als Arbeitsschule. Diese Perspektive wurde in seinen Schriften, *"Der Begriff der staatsbürgerlichen Erziehung"*[662] und *"Begriff der Arbeitsschule"*[663], erweitert. Das Konzept der handwerklichen Charakterbildung wurde nun für die unterschiedlichen Schulstufen differenziert und auf die Ausprägung staatsbürgerlicher Fähigkeiten bezogen. Rudolf Steiner (1861-1925) verfasste 1907 die vielbeachtete Studie, *"Die Erziehung des Kindes vom Gesichtspunkte der Geisteswissenschaft"*[664], mit der er wichtige Seiten seiner Anthroposophie begründete. Praktische Elemente, die in den ersten Waldorfschulen wirksam wurden, waren bereits in dieser Schaffensperiode Steiners voll entwickelt und fanden später ihre theosophische Interpretation. Die Arbeitsschulpädagogik Kerschensteiners wurde in den Schriften von Hugo Gaudig (1860-1923) ihrer ersten tiefgreifenden Revision unterzogen. Hugo Gaudig betonte anstelle der handwerklichen 'Schul-Arbeit' die *"freie geistige Schularbeit"*[665]. Sie diente der weiterführenden Wesensbestimmung der Arbeitsschule: *"Freie geistige Tätigkeit ist Eigentätigkeit, ist Selbsttätigkeit. Es handelt sich beim freien geistigen Tun um ein Handeln aus eigenem Antrieb, mit eigenen Kräften, auf selbstgewählten Bahnen, zu frei gewählten Zielen. Solche freie Tätigkeit kann sich aber nur entwickeln aus einer geistigen Gesamtverfassung"*[666].

Mit der Vorstellung von einer freien geistigen Schülerarbeit wurden auch alle anderen Tätigkeiten, die die handwerkliche Arbeit auslösten, vorbereiteten, begleiteten und bewerteten (z.B. Arbeitsvorgänge selbst ausprobieren; Wahl der Arbeitsmittel; Planung des Vorhabens; Ausführung, Durchführung und Wertung der praktischen Aufgabe) in die Hand des Schülers gelegt. Offenheit und Freiwilligkeit in den erzieherischen Vorgängen wurden zu tragenden Prinzipien. Die handwerkliche Arbeit wurde verstärkt in ihrem methodischen Charakter auch für weiterführende Erziehungsabsichten interpretiert. Das arbeitsbezogen-lebensweltliche Wesen der Arbeitsschule wurde dadurch nicht aufgehoben, sondern mit künstlerisch-ästhetischen und praktisch-aktionalen Betätigungsformen verbunden. Ein Wechsel der Sichten und Standpunkte innerhalb der Reformpädagogik zeichnete sich ab, den zahlreiche praktische Initiativen der Reformpädagogik vollzogen. Darüber hinaus explizierte Gaudig deutliche Positionen, die die Bedeutung des individuellen Erlebens in den pädagogischen Vorgängen reflektierten. Neben der Arbeitserziehung stellte das menschliche Erleben für Gaudig die zweite Säule der freien geistigen Schularbeit dar: *"Erleben ist eine Kunst. Vielleicht habe ich in der Schule ein wenig von dieser Kunst gelernt. Zum Erleben bereit war ich, als ich in den Dienst der Schule eintrat; ich fühlte bald die Schule als Schicksalsgewalt über mir, die in mein persönlichstes Leben gestaltgebend, stimmunggebend, entscheidend eingriff. Ich hätte viel mehr erleben können, wenn die deutsche Schule nicht so sehr - Anstalt wäre, wenn sie sich zu einem Lebenskreise gestaltet hätte, reich an mannigfaltigem Leben, an einem Leben, das auch den unlebendigsten Lehrer zum Erleben ... zwänge "*[667].

1919 begannen in ganz Deutschland rege und zum Teil behördlich ausgelöste Schulversuche [z.B. Umwandlung der Lichtenfelder Kadettenanstalt, Aufbauschule in Neuköln oder die vier Lebensgemeinschaftsschulen von Wilhelm Paulsen, alle Initiativen in Berlin]. Sie wurden in den späteren Arbeiten von Fritz Karsen (1885-1951)[668] und Franz Hilker (1881-1969)[669] ausführlich dokumentiert. Weitere Entwicklungen setzten ein, die mit der institutionsgeschichtlichen Vielfalt der internationalen Reformpädagogik im Zusammenhang standen. Auf sie kann nur exemplarisch verwiesen werden. 1919 gründeten Rudolf Steiner und Emil Molt die erste Waldorfschule in Stuttgart. Hermann Nohl (1879-1960) und Wilhelm Rein gründeten die Volkshochschule in Jena und unternahmen den Versuch, reformpädagogische Grundsätze für das Hochschulwesen und die Lehrerbildung aufzuarbeiten. Peter Petersen (1884-1952) gründete 1924 die 'Jena-Plan-Schule', die er in seinen vielbeachteten Schriften, *"Die Neueuropäische Erziehungsbewegung"*[670] und *"Der kleine Jena-Plan"*[671], umfassend beschrieb. 1925 gründete Martin Luserke (1880-1968) seine 'Schule am Meer'[672] und fundierte die Theaterpädagogik. Die Liste ließe sich weiterführen. Die Entwicklungsergebnisse der reformpädagogischen Bewegung und ihrer praktischen Initiativen wurden zwischen 1928 und 1933 durch die ersten Teile des von Hermann Nohl und Ludwig Pallat herausgegebenen *"Handbuch der Pädagogik"*[673] objektiviert und vor dem Zusammenbruch der Reformpädagogik im Nationalsozialismus gesichert. Hermann Nohls Darstellung, *"Die pädagogische Bewegung in Deutschland"*[674], zeichnete dann 1933 die wichtigsten Etappen und Erkenntnisse nach und systematisierte die bis dahin ausgebreitete Theorie der Bildung und Erziehung.

Inmitten dieser Entwicklungstriebe und Aufbruchstimmung entstand die Erlebnispädagogik aus der Sicht der Internatserziehung Kurt Hahns. Die Erziehungsreflexion Waltraut Neuberts thematisierte zusätzlich den Erlebnisbegriff Diltheys. Hahn und Neubert erarbeiteten völlig unabhängig voneinander eine Erziehungsperspektive, in der die Vorgänge der schulischen Arbeit und das kind- und jugendgemäße Erleben zu Schlüsselvariablen einer zukunftsorientierten Erziehung wurden. Ob sie dabei in einem Erziehungsansatz argumentierten, der ein eigenständiges Wesen repräsentierte, muss noch erörtert werden. Die Erlebnispädagogik wurde durch die Vielfalt reformpädagogischer Aktivitäten und mit dem Ideengehalt der Kultur- und Lebensphilosophie des 19. Jahrhunderts motiviert, begleitet und überformt. Da keine der reformpädagogischen Richtungen isoliert interpretiert werden kann, wird das Wesen der Erlebnispädagogik in ihrem reformpädagogischen Zusammenhang erfasst werden müssen. Ihre Stellung im System der reformpädagogischen Teilströmungen wird von Interesse sein und ihr rekursiver Charakter hinsichtlich einer erlebnisbezogenen Schul- und Erziehungsgestaltung. Dazu bedarf es der weiteren Klärung der ideengeschichtlichen Semantik erlebnispädagogischer Identität, ohne die vorhandene Kontinuität der historischen Erziehungsbewegung mit ihren Ideensystemen zu einem handlungs- und erlebnisorientierten Erfahrungslernen übersehen zu können. Erlebnis, Erfahrung und Tätigkeit bleiben wechselseitige Schlüsselbegriffe reformpädagogischer Überzeugungen, die erstaunlich konstant innerhalb der Bildungs- und Erziehungskritik formuliert wurden und nicht allein in erlebnispädagogischen Modellen ihren Ausdruck fanden.

Prospektive Fragestellungen:

1. Welche kultur- und lebensphilosophischen Argumente brachte der pädagogische Expressionismus infolge der zweckrationalistischen Entfremdungserscheinungen zum ausgehenden 19. Jahrhundert hervor?

2. Wie sah Henry D. Thoureau im Kontext des Transzendentalismus das Problem handlungs- und verhaltenswirksamer Elementarerfahrungen?

3. Welchen kulturphilosophischen Ansatz hinsichtlich der Relation 'Tätigkeit-Erlebnis-Erziehung' hinterließ Henry Bergson und wie ist die Konzeption der Lerntätigkeit in der 'élan vital' angelegt?

4. Welche folgenreiche Bedeutung besitzt die pragmatische Philosophie und Pädagogik für die ideengeschichtliche Deutung der Erlebnispädagogik und welche Erziehungsmaximen formulierte Wiliam James?

5. Wie äußerte sich die lebens- sowie kulturphilosophische Kritik (Nietzsche, Langbehn, de Lagarde) zum rationalistischen Intellektualismus an den deutschen Bildungsanstalten und welche Bildungsideen können in der kulturkritischen Semantik als erlebnis- und tätigkeitsbezogen reklamiert werden?

6. Warum kommt der Pragmatischen Hermeneutik von Wilhelm Dilthey die zentrale Bedeutung bei der Rekonstruktion eines erlebnisbezogenen Erfahrungslernens zu und welche Phänomenologie zwischen Verstehen und Erleben bildet die basale Idee geisteswissenschaftlicher Pädagogik?

7. Wie ist der ideengeschichtliche Beitrag der unterschiedlichen Schulen der Psychologie in der zweiten Hälfte des 19. Jahrhunderts zur Fundierung kulturkritischer Alternativen zu beurteilen?

8. Inwieweit ergibt sich aus dem kulturkritischen Ideenspektrum der reformpädagogischen Bewegung das ideengeschichtliche Selbstverständnis von Erfahrungslernen/Erlebnispädagogik, und wie ging diese Identitätsbildung aus der Lebens- und Kulturphilosophie organisch hervor?

9. Pädozentrismus, Tätigkeits- und Praxisorientierung, die internationale Ausbreitung oder die Konzentration auf die Binnenreform institutionalisierter Bildung (Schule) sind allgemeine Merkmale reformpädagogischer Alternativen. Sind diese Merkmale auf das Erfahrungslernen und die Erlebnispädagogik übertragbar?

10. Welche ideengeschichtlichen Ansätze handlungs- und erlebnisbezogener Schulpädagogik wurden erarbeitet und wie kamen sie in der Praxis zur Darstellung?

3.2 Erlebnisorientierte Schulideen im 20. Jahrhundert - dargestellt an den Entwicklungs- und Innovationslinien der internationalen Schulbewegung Kurt Hahns

Die Entstehung der Schulbewegung Kurt Hahns resultierte aus einer bewegten Etappe deutscher Geschichte. Bis zum Ende des ersten Jahrzehnts des 20. Jahrhunderts rückte Deutschland zur führenden Industrienation Europas auf. Die Bestrebungen der deutschen Monarchie, dieses Potenzial zur Verbreiterung politischer und territorialer Einflußzonen zu aktivieren, führte in den Ersten Weltkrieg. Die darauf folgende militärische Niederlage, die damit direkt verbundene Verarmung breiter Bevölkerungsschichten und die 1918 in der Novemberrevolution eskalierenden Widersprüche riefen eine tiefe Krisensituation hervor. Sie erfasste nahezu alle Bereiche im Nachkriegsdeutschland. Die bürgerliche Werteordnung und das kulturhistorische Selbstverständnis abendländischen Denkens brachen in jener Zeit zusammen. Die deutsche Monarchie musste die staatliche Macht an die sozialdemokratischen Führer abtreten. Die Tür zu politischen sowie pädagogischen Reformen war geöffnet.

Diese Reformbestrebungen[675] erfassten natürlich das deutsche Schulwesen und spiegelten sich auf der politischen Ebene in den Auseinandersetzungen sozialdemokratischer sowie sozialistischer Lehrervereine[676], liberaler und konservativer Schulpolitiker[677] wider. In diesen Trennungen, aber auch in den 'Gelenkstellen' sozialdemokratischer und konservativer Schulpolitik, welche durch die Machtübergabe Max v. Badens an die sozialdemokratische Regierung entstanden waren, wurden Pluralität und Polarität damaliger Erziehungsauffassungen deutlich. Der sozialistische Kern der Lehrervereine[678] forderte die Trennung von Schule und Kirche, Beseitigung klassenmäßiger Trennung der unterschiedlichen Bildungswege, Einführung der Einheitsschule und die Befreiung des tradierten Bildungswesens von militärischen und monarchistischen Beeinflussungen[679]. Doch bereits 1920 wurde im 'Weimarer Schulkompromiss'[680] und mit der 'Reichsschulkonferenz'[681] deutlich, dass sich die sozialdemokratischen Reformideen zu einem differenzierten Arbeitsschulsystems durchsetzen würden. Dass der Aufbau der Wirtschaft und die politische Rollenbildung in einem veränderten Europa für Deutschland ein relativ langer Weg sein würde, davon musste man nach 1918 ausgehen. Dennoch sollte der Widerspruch zwischen den personellen Möglichkeiten und den politischen Zielstellungen in angestrengter Erziehungsarbeit überwunden werden. Steigerung der Erziehungsleistungen für Kreise der aristokratischen und bürgerlichen Oberschicht waren Zielvorstellungen, die die konservativ ausgerichteten Bildungsströmungen vertraten. In der staatsbürgerlichen Erziehung einer leistungsbereiten deutschen Führungselite wurde der Katalysator gesehen, um wieder aktiv in das internationale Geschehen eingreifen zu können[682]. Der Nachwuchs der Aristokratie und anderer Führungsschichten in Deutschland sollten schon in der Schule befähigt werden, sich kommunikativ zu begegnen und kooperativ miteinander umzugehen. Die stärkere Verbindung der intellektuellen Wissensvermittlung mit Formen sittlicher Charakter- und Willensbildung wurde für das höhere Bildungswesens gefordert[683].

Als ein echtes Erprobungs- und Entwicklungsfeld, hinsichtlich der Erhöhung der Bildungs- und Erziehungsleistungen der Schule, etablierte sich in dieser Zeit die Fülle reformpädagogischer Ideen und Auffassungen. Sie waren zunächst unter der sozialreformerischen Staatspolitik der SPD eher zugänglich als unter dem bildungspolitischen System der preußischen Monarchie. Außerdem waren, wie im Unterkapitel 3.1. reklamiert wurde, reformpädagogische Ansichten in Deutschland selbst entwickelt worden. Die internationale Reformpädagogik, getragen durch die pädagogische Kontinuität historischer Phasen der Erziehungswissenschaft, kristallisierte sich immer stärker heraus. In kritischer Distanz reflektierte sie die Schwächen des tradierten Schulwesens und suchte auf humanistischer Grundlage nach alternativen Lösungen.

Diesen Wesenszug hat die internationale Reformpädagogik bis heute nicht verloren. Neuere Versuche der Einordnung und Darstellung reformpädagogischen Denkens und Handelns, stellten jedoch die Eigenständigkeit der Reformpädagogik als konsistente Strömung oder pädagogische Epoche in Frage[684]. Dabei wurde nachgewiesen, dass Reformmotive als Triebkräfte zur Innovation pädagogischen Denkens und pädagogischer Praxis auch in früheren Etappen der Erziehungswissenschaften wirkten. Jürgen Oelkers zeigte in seiner *"Reformpädagogik"*[685], dass die Erziehungsgeschichte von Reformansätzen durchdrungen und damit etwas notwendig Dynamisches ist. Seiner These, dass jene als typisch reformpädagogisch bezeichneten Auffassungen aus Ideen früherer Etappen der Erziehungsgeschichte hervorgingen, muss zugestimmt werden. Reformpädagogisches Gedankengut war demnach eine zeitgeschichtliche Modifikation aufklärerischer, klassischer und anderer Bildungsideale. Diese These wurde in der Analyse reformpädagogischer Erscheinungen zur Jahrhundertwende belegt (Unterkapitel 3.1.). Sie verdeutlicht, dass die Suche nach zeitgemässen Lösungen für die Erziehungswissenschaft, Kritik und daraus erzeugter Handlungsbedarf, aus der historisch-konkreten Situation gewonnene Einsichten und Notwendigkeiten als lebendige Triebkräfte pädagogischer Evolution wirksam werden. Sie wurden durch Menschen getragen und ausgelöst, die sich in der Vergangenheit zu neuen Horizonten aufmachten.

Die Deskription reformpädagogischer Konzepte konnte bereits andeuten, dass im Deutschland der Nachkriegszeit durchaus realistische Lösungsvorschläge für die Gestaltung pädagogischer Alternativen existierten. Verschiedene Schulmodelle und deren Praxis stellten sich als konservativ-orientierte oder liberal-ausgerichtete Varianten der Schule dar. Sie übten ohne Zweifel einen bedeutungsvollen Impuls - als korrektives und temporäres Element - auf das gesamte deutsche Bildungswesen aus. Vor diesem bildungspolitischen Hintergrund und durch die reformpädagogischen Bildungsinitiativen ihrer Zeit inspiriert, konnten Max v. Baden und Kurt Hahn ihre pädagogischen Ziele formulieren. Sie waren zunächst auf die Erarbeitung des Schulkonzepts für das Landerziehungsheim Schloß Salem gerichtet. Gleichzeitig begann hiermit die erlebnispädagogische Diskussion, die weit über Fragen der traditionellen Schulgestaltung hinausging.

Die Entstehung und die frühe Entwicklungsphase der Schulbewegung Kurt Hahns war auf das engste mit dem persönlichen Schaffen und Schicksal der Gründer verknüpft. Wie andere Reformpädagogen auch, hinterließ Kurt Hahn weder einen schultheoretischen Leitfaden noch eine Didaktik des Erfahrungslernens. Sein Beitrag konzentrierte sich mehr auf die praktische Verwirklichung einer Schulidee. Er wurde daher zu einer der bedeutendsten Gründerpersönlichkeiten der Reformpädagogik[686].

Als Sohn einer wohlhabenden jüdischen Familie wurde Kurt Hahn am 06.06.1886 in Berlin geboren und verstarb am 14.12.1974 in Salem. Seine Englandstudien in Oxford (1904-1906; 1910-1914) ebneten ihm 1914 den Weg zum Englandexperten der 'Zentralstelle für Außendienst des Auswärtigen Amtes'[687]. Er begann sein reformpädagogisches Schaffen also nicht als ausgebildeter Lehrer mit einem 'Staatsexamen in der Tasche', sondern aus Einsichten heraus, die ihm seine politische Tätigkeit im preußischen Staatsdienst vermittelt hatte. Während des Ersten Weltkrieges trat er als Mitglied politischer Gesellschaften[688] zunächst für die deutschen Kriegsinteressen ein[689]. Er versuchte, politische Vorstellungen mit seinen ethischen, religiösen und humanistischen Grundsätzen zu verbinden: *"Er hielt die deutsche Sache für eine Gute, genauer für eine, die gut sein, die gut gemacht werden konnte. Ritterliche Kriegsführung ..."*[690]. Als andere seiner Zeitgenossen noch ohne Weitblick an den Sieg Deutschlands im Ersten Weltkrieg glaubten, erkannte er erste Symptome der drohenden Niederlage. Hahn änderte seine politische Tätigkeit dahingehend, dass er verstärkt an den Bemühungen einer innen- und außenpolitischen Stabilisierungspolitik des Kreises um Max v. Baden teil-nahm. Damit rückte er von der militanten Demagogie eines deutschen End-sieges schrittweise ab. Hauptgedanke dieser Stabilisierungspolitik war eine Rechtfertigungsstrategie für das Zustandekommen der Kriegshandlungen. Sie zielte darauf, den Kräften der 'Entente' den Kriegsausbruch anzuhaften. Außerdem mussten Möglichkeiten ausgelotet werden, um den zunehmenden innenpolitischen Druck zu ventilieren[691]. Die Lageeinschätzungen Hahns zu dieser Zeit trugen dazu bei, dass er innerhalb von drei Jahren zum Privat-sekretär und zum politischen Berater des letzten Reichskanzlers in der Monarchie, des Prinzen Max von Baden, aufstieg[692]. Kritisch setzte sich Hahn vor allem mit Verfallserscheinungen des preußischen Staatswesens auseinander. Den Mittelpunkt seiner Kritik bildete die Unfähigkeit von Bürgertum und Aristokratie, sich im Streben nach gemeinsamen Interessen vereint und kooperativ einzusetzen. Darüber hinaus vermisste er die Vorbild-wirkung deutscher Führungspersönlichkeiten in den Stunden der nationalen Not. Ihm fehlte das couragierte, risikobereite und sozial-integrative Voran-schreiten einer 'Führungsmannschaft', die aufgrund ihrer persönlichen Aus-strahlung das deutsche Volk in der 'Stunde der Bewährung' hätte mitreißen können[693]: *"Der Deutsche von heute aber ist unsachlich, unfair, überschätzt das, was ihm die Gemeinschaft schuldet, und unterschätzt das, was er der Gemeinschaft schuldet"*[694].

Weitere kritische Aspekte erarbeitete Hahn in seinen zwischen 1916 und 1918 verfassten Denkschriften. Sein Redeentwurf für den deutschen Außen-minister zu den Friedensverhandlungen 1919 in Versailles[695] stellte den Höhepunkt dieser Schaffensphase dar. Veraltete Strukturen und bürokratische Mechanismen des preußischen Staatswesens reflektierte er ablehnend. Hahn plädierte für einen bürgerlichen Parlamentarismus im 'Schosse' des 'Wilhelminischen Reiches', der im kooperativen Zusammenwirken seiner Vertreter zu höherer politischer Wirksamkeit finden sollte.

Ein *"demokratisches Kaisertum"*[696] hatte zu entstehen, als Geburtsstätte einer *"Regierung der Besten, die sich unter der Kontrolle der Bürgerschaft befinden und die Fähigkeit zu bundesgenössischer Aktion besitzen sollte"*[697]. Dieser Aspekt konservativen Denkens, dieses gezielte Streben nach Erhalt und partieller Erneuerung aristokratischer Daseinsweise, wurde später nahtlos in das Schulkonzept für Salem integriert. Diese Ausrichtung veranlasst bis heute unterschiedliche Autoren, die Schulen Hahns als Stätten 'moderner Prinzenerziehung' zu klassifizieren. Die Positionen des damaligen Hausherrn im Schloß Salem, Max von Baden, verstärkten das konservativ-aristokratische Weltbild weiter: *"Für mich sind Aristokratie und Demokratie keine Gegen-*

sätze. Ich sehe in dem Mehrheitsprinzip den heilsamen Zwang für den Aristo-
kraten, der sich durch Herkunft oder Bildung oder eigenes Verdienstes zur
Führerschaft befähigt glaubt, den Weg zu den Volksgenossen zu finden, von
deren profaner Menge sich abzusondern immer eine große Versuchung für
die 'Erlesenen' gewesen ist. Die Aristokratie ist das Salz, auf das die Demo-
kratie nicht verzichten kann"[698].

Derartige Gedanken zu einer demokratischen Elitenherrschaft waren nicht
neu. Sie wiesen Ähnlichkeiten zur Praxis des englischen Parlamentarismus in
jener Zeit auf, die dem ehemaligen Oxfordstudenten Hahn bekannt gewesen
sein dürfte[699]. Letztlich diente die Idee einer Parlamentsreform dazu, den sich
anbahnenden Volkserhebungen im Jahre 1918 durch eine 'Revolution von
oben' zu begegnen. Die zugespitzten innenpolitischen Auseinandersetzungen
wurden durch die Prinzipien des Gehorsams und der 'Untertänigkeit' nicht
mehr beherrscht. Daraus lassen sich die Bemühungen erklären, der deutschen
Bevölkerung neue Leitfiguren voranstellen zu wollen und zur Annäherung der
unterschiedlichen sozialen Schichten beizutragen.

Diesen politischen Zielaspekten lag die von Hahn und Baden gleichermaßen
explizierte **'These eines Ethischen Imperialismus'**[700] zugrunde. Sie sollte
die politische und weltanschauliche Grundtendenz des Schulkonzeptes der
Kurt-Hahn-Schulen im wesentlichen bestimmen. Sie enthielt hinsichtlich der
ideengeschichtlichen Semantik der Beziehung zwischen Schule und Erlebnispädagogik zwei signifikante Deutungen, die pädagogische und politische
Bedeutungen gleichermaßen umgriff:

---

1. Zunächst nahmen Kurt Hahn Hahn und Max von Baden an, dass
   politische Verfallserscheinungen des preußischen Staatswesens von innen
   heraus überwunden werden könnten. Politik und Pädagogik stellten für
   sie Möglichkeiten dar, diesen Reformprozess auch praktisch zu gestalten.
   Die bestehenden sozial-ökonomischen Bedingungen blieben im konservativen Werte- und Weltverständnis davon unberührt. In zweckmäßiger
   Politik und im Umfeld bürgerlicher Demokratie sah man Rahmenbedingungen, die 'Krankheiten' des sich in akuter Not befindlichen
   Deutschlands zu heilen[701]. Erlebnispädagogik wurde in dieser frühen
   Phase von Kurt Hahn als Kompensationspädagogik gedacht. Sie sollte
   von innen heraus, also auf der Grundlage ihrer kultur- und lebensphilosophischen Ausrichtung, zur Entfaltung eines humanistischen, sozialen
   und kindgerechten Erziehungsgeschehens beitragen.

---

2. Dass gesellschaftliche Widersprüche durch eine ethische und moralische Einbettung politischen Geschehens aufgelöst werden könnten, um so die Bereitschaft breiter Bevölkerungsschichten für die Weiterentwicklung und Stabilisierung der bürgerlichen Lebensroutinen zu erhöhen, war die zweite Grundannahme Hahns. Der ethische und moralische Überbau dieses politischen Therapieverfahrens wurde aus sinn- und werthaften Vorstellungen bürgerlichen Daseins konstruiert. Die Forderung nach staatsbürgerlichem Verantwortungsgefühl und sozialer Leistungsbereitschaft wurde aus *"Seelen- und Gewissenspflichten"*[702] abgeleitet. Hier zeigte sich der existentialistische Grundzug erlebnispädagogischer Zielsetzung bereits sehr deutlich: individuelle Kräfte und die Dynamik zwischenmenschlicher Sozialisation sollten verstärkt werden, um den kulturhistorischen Entwicklungsvorgang human und sozial zu gestalten.

Nachdem die 'politischen Therapiebemühungen' am deutschen Staatswesen in der Gestalt von Parlamentsreform und demokratischer Eliteherrschaft durch die Novemberrevolution beendet wurden, verfolgten Kurt Hahn und Max v. Baden ihre politischen Ziele in einem System alternativer Elitenbildung. Dabei wurden ihre politischen Intentionen isomorph auf die Erziehungsfunktion der ersten Landerziehungsheime übertragen. Der ehemalige 'Hahn-Schüler', Golo Mann, reflektierte die Erziehungsfunktion Salems folgendermaßen: *"dass wir Deutschland eine Generation von Führern stellen sollten, besser als jene des Kaiserreiches gewesen wären; ferner auch, daß wir den moralischen Zerfall, wie er ihn sah (Hahn -T.F.) aufhalten, oder den üblen Gang der Dinge umzukehren bestimmt waren"*[703]. Bürgerliche Moral und Politik schienen sich im Ergebnis des ersten Weltkrieges dynamisch zu polarisieren. Schrecken und Not in den Kriegshandlungen mussten selbst in den nationalistisch gesinnten Teilen des deutschen Volkes den Eindruck vertieft haben, dass sie sich gegenseitig missbraucht hatten. Im Landerziehungsheim Schloß Salem und der dort beabsichtigten Elitebildung wurde ein Weg gesehen, Politik und Moral zu 'versöhnen'.

"Politiker mit charismatischen Eigenschaften eines Führers"[704] und eine *"Aristokratie der Hingabe, deren Eigenschaften Humanität und Tatkraft sind"*[705], wurden zu Menschenbildern der Erziehungskonzeption. Ein statisches Menschenbild entstand, das sich im wesentlichen an den Verhaltens- und Handlungsqualitäten eines zeitgemäßen 'Gentlemanideals' orientierte. An dieses Menschenbild hatte sich Hahn schon bei der Betrachtung des englischen Parlamentarismus angelehnt. Er übertrug es nach 1918 auf die

schulpädagogische Ausrichtung Salems. Als moderne Eigenschaften des Aristokraten, die dem englischen Vorbild entlehnt und dann umfassend als Zielkriterien in das Schulkonzept integriert wurden, galten:

1. Bereitschaft und Fähigkeit zur körperschaftsorientierten Kooperation
2. Sach- und gefolgschaftsorientierte Verhaltensmuster
3. Soziales Verantwortungsbewusstsein, subjektives Entscheidungsvermögen und persönliche Durchsetzungskraft

"Übt die euch anvertrauten Kinder in der Verantwortung, entwickelt ihre Fähigkeit zum bundesgenössischen Handeln, lehrt sie das große Geheimnis, wie sich Kräfte zur Kraft zusammenfinden"[706] - so die Bildungsmaxime.

Als Kurt Hahn 1918 auf die Ergebnisse des ersten Weltkrieges Rückschau hielt, reflektierte er mit Blick auf das Schulkonzept deren Ursache so: *"Es hat uns an hellsichtigen Wegweisern nicht gefehlt, aber es fehlte ihnen der Wille,..., um den Weg zu führen, den sie gewiesen hatten"*[707]. Das daraus entstandene pädagogische Kontrastbild, den aktiven und tatkräftigen Staatsbürger erziehen zu wollen, nicht nur den Denker und Zuschauer, zog sich wie ein roter Faden durch das breite Spektrum theoretischer Auffassungen zur Schulgestaltung. Eine Schule, die die Fähigkeit des tätigkeitsbedingten Zusammenwirkens ganz unterschiedlichen Akteuren gesellschaftlichen Lebens vermitteln sollte, begründete den sozialisationstheoretischen Zug erlebnispädagogischer Erziehung. Eine Schule wurde gefordert, in der **committee sense** (Fähigkeit zum bundesgenössischen Handeln) zu einer lebendigen Erfahrung werden konnte. Eine verpflichtende Gemeinschaftsidee, **community spirit** (Gemeinsinn), sollte pädagogisch konkret und politisch motiviert in das Bewusstsein der Heranwachsenden gebracht werden. Committee sense auf der Grundlage von community spirit war einerseits durch das gemeinsame Leben und Arbeiten im Internat zu entwickeln. Andererseits wurde dieses Konzept an den Inhalten des von Hahn und Baden gleichermaßen geforderten **'Ethischen Imperialismus'** ausgerichtet. Dieser Weg schien den Initiatoren der Schule Schloß Salem sogar geeignet zu sein, um die Reversibilität der Ergebnisse des ersten Weltkrieges offen zu halten: *"Salem wurde gegründet, in Auflehnung gegen den Versailler Vertrag, ... Wir sind die erste Schule, die öffentlich verkündet hat, ein Geschlecht heranzuziehen, das bereit ist, die Fesseln zu zerbrechen, wenn sie sich nicht lösen"*[708]. Damit sei die Erziehungsfunktion der ersten 'Kurt-Hahn-Schule' deutlich unterstrichen: Sie sollte als **Bundesgenossenschaftsschule** eine neuartige deutsche Führungselite auf mehr Handlungsbereitschaft und Kooperationsfähigkeit orientieren.

Für die Erlebnispädagogik war damit auch ein wesentlicher Grundzug vorgeprägt worden, der weit über eine natursportliche und handlungsorientierte Erziehungsform hinausging. Das Konzept der Erlebnispädagogik war zutiefst politisch motiviert und basierte auf zwei weltanschaulichen Ausgangspositionen: Konservatismus und Revisionismus.

Auf der pädagogischen Seite führte der internatsgebundene Sozialisationskontext zwischen den Schülern in der altershomogenen oder auch altersheterogenen Gemeinschaft in die Ideen eines offenen und sozialen Erfahrungslernens. Jedoch setzte sich die politische Bestimmung der Internatserziehung auch in pädagogischen Gestaltungselementen fort. Nicht zufällig entstand das Landerziehungsheim Schloß Salem als **Schulstaat**. Hahn und v. Baden zielten auf eine mikroskopische Nachbildung des Staatswesens, das sie bereits während der Zeit der angestrebten Parlamentsreform vorgedacht hatten. Politische Verantwortung und kooperatives Handeln sollten in einem System aus Ämtern, Diensten und sonstigen Zuständigkeiten praktisch geübt werden. Hahn war klar, dass mit Moralpredigten und formalen Belehrungen, die an die jungen Leute zusammenhangslos herangetragen werden, eine Erziehung zur sozialen Verantwortung nicht verwirklicht werden konnte. Soziales und staatsbürgerliches Verantwortungsbewusstsein sollte sich aus den Lerngegenständen selbst ergeben. Darin war man sich weitestgehend einig. Nicht ohne Grund war die Schloßschule Salem das erste Landerziehungsheim, das nach dem Weltkrieg seine Pforten öffnete. Der Gründungsimpuls war politisch verstärkt und forcierte den Beginn der Erziehungsarbeit.

3.2.1 Reform- und Erlebnispädagogik: 1920-1933

Bereits während der **ersten Entwicklungsetappe** der Schulbewegung Kurt Hahns, von der Gründung Salems (1920) bis zum Beginn der nationalsozialistischen Gewaltherrschaft, bildeten die Internate die konservative Peripherie der Deutschen Landerziehungsheimbewegung. Im Vergleich zu den eher liberal und sozialdemokratisch ausgerichteten Heimen von Paul Geheeb und Gustav Wyneken, verstanden die Schulen Hahns ihre Arbeit nicht im Umkreis einer freien Schulgemeinde. Auch das Modell des patriachalisch geleiteten Gutshofs in den nationalistisch orientierten Heimen von Hermann Lietz wurde nicht in Erwägung gezogen. Von beiden Modellen hob sich die sittlich-religiöse Erziehung in den aristokratischen Schulstaaten Hahns deutlich ab. Das praktische Training staatsbürgerlichen Verhaltens dominierte das gelebte pädagogische Gesamtgeschehen. In diesem Zusammenhang gelangte Hartmut von Hentig zu der Einsicht, dass für die 'Hahnschen Schulstaaten'

"Politik und Pädagogik zwei Verfahren sind, die die Welt heil erhalten - oder wo das versäumt wurde - sie heil zu machen"[709]. *"Zuletzt sind im Umkreis des Hahnschen Humanismus Pädagogik und Politik ein und dasselbe"*[710]. Die erste Aussage bestätigt die Einsicht, dass Politik und Pädagogik für Kurt Hahn Möglichkeiten darstellten, einen 'Ethischen Imperialismus' praxisnah zu gestalten. Die zweite Aussage reflektiert die Zielstellung Hahns, politische Intentionen im Sinne einer 'Gesellschaftstherapie' mittels pädagogischer Initiativen durchzusetzen. Gemeinsam mit den anderen Deutschen Land-erziehungsheimen unterschieden sich die Internate Kurt Hahns von der herkömmlichen Internatserziehung vor allem in vier prinzipiellen Ausgangs-positionen:

1. Die Schulen befanden sich nicht zufällig, sondern ganz bewusst in **ländlicher** und natürlich-reizvoller Umgebung. Weitab vom Leben der groß-städtischen Zivilisationsgemeinschaften sollte in der jugendlichen Selbst-erziehungsgemeinschaft auf eine gesunde und soziale Lebensführung orientiert werden.
2. Die **Erziehung** der Heranwachsenden war so angelegt, dass Charakter-bildung und Wissensvermittlung wechselseitig gesehen wurden. Doch der Schwerpunkt pädagogischer Angebote sollte sich in der persönlichen Er-ziehung manifestieren.
3. Die Landerziehungsheime verstanden sich nie als 'Aufbewahrungs-anstalten', in denen Kinder, aufgrund der Lebenskonstellation vermö-gender Eltern, ein 'Asyl' erhalten sollten. Der Begriff des **Heims** wurde mit Qualitäten des gemeinsamen Lebens besetzt: Wohlfühlen, Geborgen-sein und Gebrauchtwerden[711].
4. Diese drei zentralen Gesichtspunkte - **'Land-Erziehung-Heim'** - sollten dem Namen **Landerziehungsheim** und dem Konzept einer spezifischen Internatserziehung pädagogischen Sinn und historische Identität geben.

Nachdem das Ziel des bundesgenössischen Kooperierens auf den Raum der Schule und in die Ebene des Schulstaates transportiert worden war, musste dafür eine geeignete erziehungstheoretische Basis geschaffen werden. Bei der Suche nach praktikablen und nützlichen Teilelementen der Internatsführung erfolgte zunächst eine klare Abgrenzung und Kritik gegenüber dem tradierten Bildungswesen. Schon allein die politische Funktion der Schule Schloß Salem erforderte lebensweltliche Bezüge zum künftigen Wirkungsfeld der Schul-jugend. Die staatsbürgerlichen Tugenden einer Führungspersönlichkeit ließen sich nicht im Klassenzimmer trainieren. Die konkrete Gestaltung des Schul-

lebens im Schulstaat und individuelle sowie gemeinschaftliche Arbeitserziehung sollten Impulsgeber für eine sittliche Charakterbildung werden.
Aber auch der jugendgemäße Drang nach Bewährung in ernsthaften Lernsituationen sollte im Erziehungsfeld des Internates umfassende Berücksichtigung finden. Dieser spezielle Erziehungsanspruch führte in die erlebnispädagogische Konzeption sehr unterschiedlicher Handlungsräume, die unter
dem Begriff der Erlebnistherapie zusammengefasst wurden. Ihnen wird später
ausführlich nachgegangen.

Für das zentrale Anliegen der 'Hahnschen Schulstaaten' - **Erziehung zur
Verantwortung durch Verantwortung** - schien das großstädtische Ge-
triebe, die damalige Familienerziehung und das tradierte Bildungswesen völlig ungeeignet zu sein. Derartige kritische Bewertungen lassen sich in nahezu
allen Schriften Kurt Hahns nachweisen. Bei diesem Herangehen griff Hahn
auf Erfahrungen aus seiner eigenen Gymnasialzeit am Wilhelmsgymnasium
Berlin zurück, nutzte Einsichten aus einer langjährigen Lehrertradition in der
eigenen Familie[712] und orientierte sich an theoretischen Vorbildern, die er
nach einem vergleichbaren historischen Bezug (Nachkriegszeit) auswählte[713].
In der industriellen Großstadt sah er für eine Erziehung junger Leute nicht das
geeignete Umfeld. Eine Schule mit erhöhter Erziehungsfunktion konnte es
nach seiner Auffassung nur dort geben, wo man sich weitab von der *"zer-
rissenen und unruhigen Beeinflußung"*[714] städtischen Lebens befand. Der
offensichtliche Verfall bürgerlicher Sinn- und Wertvorstellungen in den verarmten Großstädten des Nachkriegsdeutschlands vertiefte ohne Zweifel den
Wunsch, in einer **pädagogischen Provinz** auf dem Lande zu wirken: *"Wir
brauchen ummauerte Kulturzentren in allen Ecken und Enden unseres
Landes,... . Die gegenwärtige Wirklichkeit kann nicht die modernen Ritter, ...
die tatenfrohen Denker erziehen, die sie am allermeisten braucht"*[715]. Die
Insularisierung der pädagogischen Arbeit war auch Resultat einer kritischen
Haltung gegenüber den damaligen Familienverhältnissen. In der Engherzig-
keit, im Egoismus und in der Konsumüberfrachtung der bürgerlichen Familie
konnte sich im Selbstverständnis Hahns eine Charaktererziehung zur sozialen
Verantwortung nur unzureichend verwirklichen: *"Wie wir gezeigt haben, die
heutigen Eltern Krüppel der Schönheit der Seele, keine möglichen Subjekte
eines jeden möglichen sittlichen Zweckes sind"*[716].

Die kulturkritischen Argumentationen, die das Schulkonzept der Internate
zu Verfallserscheinungen bürgerlicher Moral und Sittlichkeit reflektiert,
können mit Positionen Nietzsches verglichen werden, die in der Kulturkritik
zur Jahrhundertwende außerordentlich populär waren. Nietzsche entwickelte
aus der *"Auseinandersetzung mit der kulturellen Lebenssituation"*[717] zum

Ende des neunzehnten Jahrhunderts seine Gesellschaftskritik. Diese Gesellschaftskritik siedelte die Probleme und Widersprüche der sozialen Wirklichkeit in Deutschland im kulturellen Wertezerfall an. Kern der Kritik am deutschen Bildungswesen war die fehlende Wirksamkeit bei der Herausbildung eines bürgerlich-ethischen Moralbewusstseins. Nietzsches These vom *"Erhalt der Kultur durch den Erhalt der Bildung"*[718] ließ im Gesamtkontext erkennen, dass er die Überwindung sittlich-moralischer Widersprüche in den Bereich eines reformierten Bildungswesens verlegte. 'Heilung' der Gesellschaft, in einem alternativen System der Persönlichkeitsbildung, wies unverkennbare Affinitäten zur These eines 'Ethischen Imperialismus' auf. Die spezifische Argumentation innerhalb des Schulkonzepts der Kurt-Hahn-Schulen war ihrem zeitgeschichtlichen Bezug geschuldet. Dieser Bezug führte zur Ausprägung der Idee aristokratischer Elitebildung und ihrer politischen Prämissen. Im Anspruch jedoch, durch Erziehung die ethisch-moralische Erneuerung in der Binnenstruktur gesellschaftlicher und kultureller Bewegungen verstärken zu können, sind Nähen zwischen Hahn und Nietzsche erkennbar.

Da Schule selbst ein Teil gesellschaftlicher und kultureller Lebensformen war und sie von Kurt Hahn auch so bewertet wurde, musste seine Kritik bis zu konkreten Daseinsformen der bürgerlichen Schule reichen. Von seinem Jugendroman 'Frau Elses Verheißung' (1910) bis hin zum 'Grundriß eines pädagogischen Testaments' (1966) blieb Hahns Kritik an den deutschen Gymnasien vehement. Er beurteilte sie als *"reine Unterrichtsschulen"*[719]. Nach seinem Grundverständnis zerstörten die *"moralisierenden Extremporalien"*[720] und der *"Drill auf Examina"*[721] jeden Anspruch auf soziale und humane Schulgestaltung. Massiv wandte er sich gegen die fehlende Verbindung zwischen geistiger, körperlicher und handwerklicher Ausbildung. Die Lieb- und Interessenlosigkeit der Lehrer gegenüber ihren Zöglingen und das Ausschließen der Schüler von der Mitverwaltung und Mitverantwortung schulischer Belange[722] lagen außerhalb seiner pädagogischen Vorstellungen. Diese kritischen Ausgangspositionen lassen schon andeutungsweise erkennen, warum im schulpädagogischen Konzept der Kurt-Hahn-Schulen die Forderung erhoben wurde, die *"Schüttung bruchstückhaften Vielwissens"*[723] im Unterricht durch ***"soziales Lernen in der Lebensgemeinschaft aus Lehrern und Schülern"***[724] zu ersetzen. Diese Form des sozialen Lernens in der Schulgemeinschaft war der Schlüssel in der pädagogischen Dimension, um die Heranreifenden *"täglich im bundesgenössischen Handeln zu üben"*[725]. Eine **tätigkeitsgebundene Charaktererziehung** wurde vorgesehen, die von einer Verbindung der sportlichen Betätigungen, geistiger Entwicklung beim Lernen und handwerklicher Arbeit auszugehen hatte. Daher forderte das Schulkonzept auch ein vertrauensvolles Verhältnis zwischen Schülern und Lehrern, eine aktive Beteiligung der Schüler an der Verantwortung und Verwaltung schulischer Belange und solche schulischen Kooperationsbeziehungen, die eine Erziehung zur sozialen Verantwortung gegenüber den verpflichtenden Zielen der Bundesgenossenschaftsschule ermöglichten. Das pädagogische Grundthema dieser Form des sozialen Lernens war die **Einheit von Denken und Handeln** - die tätigkeitsgebundene Aneignung von allgemeinem Wissen und sozialer Erfahrung: *"Mit Recht fordern Sie die Vereinigung von Denk- und Tatkraft, als Vorbedingung für die erfolgreiche Wirksamkeit irgendeines Bundes"*[726].

Mit der Beendigung der Nachkriegskrise setzte bis Mitte der zwanziger Jahre eine Phase relativer Stabilisierung in der Entwicklung der führenden Industriestaaten ein. Sie wurde durch ein beschleunigtes wirtschaftliches Wachstum begleitet und führte in die Gründung zahlreicher neuer Unternehmungen in Wissenschaft, Wirtschaft und Kultur[727]. Da ohne Zweifel in Deutschland zu dieser Zeit ein gestiegenes Bedürfnis nach Führungspersönlichkeiten in allen gesellschaftlichen Sphären bestand, war ein günstiges Umfeld für die Verbreitung der in Salem praktizierten Erziehungsgrundsätze vorhanden. Vor diesem Hintergrund konnten bis 1932 die folgenden Landerziehungsheime von Hahn gegründet werden: Schule Hermannsberg (1925), Schule Schloß Spetzgart (1929), Schule Schloß Hohenfels (1931) und Schule Birklehof (1932). Trotz personeller, räumlicher, materieller und situativer Unterschiede, waren diese Schulen 'Duplikate' der 'Salemer Erziehung'. Ihre schultheoretischen Grundlagen wurden dem Schulkonzept der Schloßschule Salem entlehnt. Außerdem erhielten sie ab 1927 durch den von Kurt Hahn initiierten Dachverband, 'Salemer Bund e.V.', ihre maßgeblichen Entwicklungsimpulse[728].

Nicht nur institutionsgeschichtlich wurden tatsächliche Erziehungsfelder geschaffen, auf denen erlebnispädagogische Initiativen verwirklicht werden konnten. Auch unter dem Aspekt der ideengeschichtlichen Grundlagen der Erlebnispädagogik wurden zwischen 1925 und 1928 ihre wesentlichen Ziele, Inhalte und Methoden durch die Arbeiten von Waltraut Neubert und Kurt Hahn konkretisiert. Die zeitliche Parallelität, in der die Konzepte der Erlebnispädagogik und Erlebnistherapie erarbeitet wurden, musste schon überraschen. Einerseits kann mit großer Sicherheit davon ausgegangen werden, dass weder Hahn die Arbeiten von Neubert noch Neubert die Arbeiten von Hahn kannte. Andererseits zeigt diese Parallelität, dass die 'Erlebnisarmut' im öffentlichen Erziehungswesen dafür sensibilisierte, sich alternativen Konzepten verstärkt zuzuwenden. Auf jeden Fall waren beide von reformpädagogischen Ideen beeinflusst, denn die Verbindung zwischen Erlebnis und Erziehung durch Methoden der Arbeitsschulbewegung wurde von Hahn und Neubert gleichermaßen thematisiert.

Waltraut Neubert entwickelte den Begriff Erlebnispädagogik in der Rekonstruktion der Lebens- und Kulturphilosophie Wilhelm Diltheys. Erlebnispädagogik verwirklichte sich in ihrem Verständnis von Erziehung aus der inneren Bezogenheit von schulischer Arbeit und individuellem Erleben. Sie erkannte, dass ästhetische Gefühle der konkreten Wahrnehmung gegenständlicher Umwelt entspringen und so dem einzelnen Menschen bewusst zur Geltung kommen: *"Von hier aus werden Kraft und Grenzen des Erlebnisses noch einmal ganz deutlich: dadurch, dass es sich innerhalb des seelischen Zusammenhangs vornehmlich an das wertende Gefühl wendet, bekommt es eine eigentümliche Mittelstellung zwischen der Erkenntnis, die den Intellekt bildet, und der Arbeit, deren Aufgabe die Erziehung des Willens zu objektiver Leistung ist"*[29]. In der Arbeitserziehung sah Neubert, dass das Gefühl bereits Ausdruck eines bewusst gewordenen Erlebens der Beziehung von Kindern und Jugendlichen zur schulischen Anforderung darstellte. Durch diese Vergegenständlichung der Gefühle wurde ein höherer Wert des emotionalen Erlebens vorgedacht. Neubert ging einerseits davon aus, dass sich Gefühle entsprechend der gegenständlichen Außenwelt differenzieren. Andererseits nahm sie an, dass Gefühle sich auf den Kontext richteten, der sie hervorgerufen hatte. Daraus schlussfolgerte sie, dass erlebnis- und handlungsorientierte Lernformen auch eine Institution voraussetzten, die das kind- und jugendhafte Erleben begünstigt, auslöst und verstärkt.

Von Wilhelm Dilthey entnahm Neubert die Idee, dass die Verbindung des Gefühls mit dem Gegenstand, der es hervorruft, dann besonders deutlich zutage tritt, wenn es sich um ästhetische Gefühle handelt. Bei Dilthey war das ästhetische Gefühl Ausgangspunkt, Rahmen und Ergebnis des 'Einfühlens' in den Gegenstand. Dieses Einfühlen des Gegenstandes bedeutete aber nicht allein, dass das Gefühl durch den Gegenstand hervorgerufen wird, also sich einfach auf ihn richtet. Dieses Einfühlen bedeutet auch, dass die emotionale Eindringlichkeit des Individuums gleichsam in den Gegenstand eingeht und ihn verändert. Damit hatte Neubert für den schulischen Erziehungsprozess eine sehr spezifische Perspektive eröffnet, die das Sammeln von Erfahrungen im Hinblick auf den kind- und jugendgemäßen Erkenntnisprozess thematisierte. Kinder und Jugendliche sollten in ihrer altersspezifischen und subjektiven Eigenart das eigengesetzliche Wesen der Dinge und Erscheinungen in ihrer Außenwelt erkennen. Hierdurch wurden Kunstobjekte, Naturgegenstände oder die sozialen Gegebenheiten in ihrem Umfeld nicht nur zu Auslösern ästhetischer Gefühle, sondern zu Erkenntnisgegenständen. Diese

Erkenntnisgegenstände sollten aufgrund ihrer ästhetischen Eigenschaften verinnerlicht und emotional vollzogen werden. Das emotionale Erleben im ästhetischen Gefühl erfüllte somit eine spezifische Erkenntnisfunktion, die auf der kognitiven Ebene der Bewusstseinstätigkeit ihre Objektivation in der wechselseitigen Beziehung von Emotionalem und Intellektuellem fand.

Waltraut Neubert konnte aus dieser Perspektive Standpunkte der Psychologie Diltheys für die erzieherisch gemeinte Grundgesamtheit reklamieren. Die Fundierung des Erfahrungslernens in der speziellen Anlage der Erlebnispädagogik wurde damit nicht gegeben. Neubert ging es darum, den spezifischen Erkenntnisprozess zu beschreiben, der mit dem menschlichen Erleben in unmittelbarer Beziehung steht. Schultheoretische Vergewisserungen oder schulpädagogische Erörterungen lagen außerhalb ihres Erkenntnisinteresses. Im Erleben des individuellen Zustandes und im Verstehen des in der Außenweltbeziehung objektivierten Geistes rekonstruierte Neubert jene Wechselbeziehung, die in der praktischen Hermeneutik als Erkenntniszugang ausgewiesen war. Erleben realisierte sich danach als das Innewerden und Inbeziehungtreten von Gegenständen, Situationen und Personen, die sich für das einzelne Individuum als bedeutungsvoll erwiesen hatten. Das Sammeln von Erfahrungen wurde in dieser geisteswissenschaftlichen Konzeption des Bewusstseins durch das in den einzelnen Erlebnissen Vollzogene möglich. Das bedeutete, dass Erfahrungen zu geistigen Abbildern der eigenen Anschauung und im eigenen Erleben gewonnen wurden. Die Auslegung und Interpretation der Lebenswirklichkeit in der Zeit und damit die Erfahrung eigener Lebensfunktionen im konkreten Erleben, Ausdruck und Verstehen, vermittelt der Erfahrungsbegriff hermeneutischer Pädagogik. Die Erfahrung wurde also in der Konzeption Diltheys schon formbestimmt gedacht, als bereits reflexives Erlebnis und sollte über die Sprache als Ausdruck des Lebens und des objektiven Geistes individuell zugänglich und bildend wirksam sein.

Erlebnisbegriff von Wilhelm Dilthey (1) [730-734]

Kategoriale Gliederung	Inhaltlicher Kontext
1. Unmittelbarkeit des Erlebnisses	Erlebnisse sind unmittelbar, da mit ihnen, im Gegensatz zum denkenden Verstehen, das Leben vom Individuum selbst erfasst wird.
2. Erlebnis als gegliederte Einheit	Das Erlebnis ermöglicht eine solch denkende Aufhellung dadurch, dass es eine gegliederte Einheit darstellt, die als solche sich im gesamten Erlebnisstrom als bedeutsam von anderen Erlebnissen abgrenzt.
3. Erlebnis als mehrseitiges Spannungsgefüge	*3.1. Totalität:* In jedem Erlebnis sind alle geistigen Grund-richtungen wirksam. Es kann in ihm auch wie in jedem anderen seelischen Akt die Totalität des Seelenlebens, das Wirken des ganzen, wollend-fühlend-vorstellenden Menschen nachgewiesen werden. Dabei liegt der Nach-druck auf der entscheidenden mächtigen Mitte: "im Gefühl genossene Lebendigkeit". *3.2. Subjekt-Objekt-Bezug* Zwar ist für das Subjekt das Erlebnis heraus-gehoben aus dem Gesamtverlauf des seelischen Geschehens durch seine Intensität im Bewusstsein. Zugleich mit dem seelischen Zustand aber ist im persönlichen Erlebnis in Beziehung auf ihn die Gegenständlichkeit der Welt gegeben. *3.3. Allgemeingültigkeit und Individualität* Jeder Mensch erlebt etwa Schmerz und Freude in der gleichen Grundart. Darüber hinaus aber sind jedem Erlebnis Züge eigen, die durch Rasse und Geschlecht, Gesell-schaftsschicht und Beruf, schließlich durch die individuelle Anlage bedingt sind.

Erlebnisbegriff von Wilhelm Dilthey (2) ⁷³⁵⁻⁷⁴¹

Kategoriale Gliederung	Inhaltlicher Kontext
4. Historischer Charakter des Erlebnisses	Individualität ist nicht etwas Gegebenes, sondern das Seelenleben bildet eine Entwicklung. Umgekehrt schwingt auch alles je Erlebte im Erlebnis mit, so dass jeder einzelne Bewusstseinsakt in seinem Auftreten und seinem Charakter von diesem ganzen erworbenen seelischen Zusammenhang bedingt ist.
5. Entwicklungsfähigkeit des Erlebnisses	Das Erlebnis lässt sich einmal nach seinen Wurzeln hin verfolgen: denn hat es auch den Charakter des Plötzlichen, so ist es doch das Ergebnis einer inneren Folge von Seelenzuständen, welche nach ihrem Zusammenhang auf das Erlebnis hindrängen und in ihm Höhepunkt und Abschluss haben.
6. Objektivationsdrang und Erlebnis	Wie alle seelischen Grundfunktionen im Erlebnis ins Spiel treten, so wird auch der ganze seelische Zusammenhang, in den sich unser geistiges Leben gliedert, in ihm durchlaufen. Von der empfindungs- und vorstellungsgemässen Antwort auf die Reize, über die Wertung im Gefühl als dem wichtigsten Teil, stößt das Erlebnis durch bis zum Willensimpuls, der sich dann in der doppelten Form des Ausdrucks oder der Handlung entladen kann.
7. Zusammenhang von Leben-Ausdruck-Verstehen	Die schöpferische Kraft des Erlebnisses begründet schließlich den Zusammenhang von Leben-Ausdruck-Verstehen, infolgedessen nun auch auf dem umgekehrten Wege von außen nach innen in jedem Gebilde, in welchem Erlebnis Gestalt geworden ist, das Schaffende, Wertvolle, Handelnde, Sichausdrükkende, Sichobjektivierende im Nacherleben wieder flüssig gemacht werden kann.

In den beiden Abbildungen wurde der Erlebnisbegriff von Wilhelm Dilthey durch Waltraut Neubert interpretiert. Einige Gesichtspunkte können angemerkt werden, die sich auf das Verhältnis zwischen Erlebnis und Erziehung beziehen:

1. Zum historischen Charakter des Erlebens, zu seiner Entwicklungsfähigkeit und zum Zusammenhang zwischen 'Leben-Ausdruck-Verstehen' wurden von Neubert die notwendigen Erläuterungen erarbeitet.
2. Interessanterweise prägte sich in der Argumentation von W. Neubert der teleologische Charakter des emotionalen Erlebens als wesentliches Merkmal gerichteter Emotionen aus. Ein zentraler Gesichtspunkt für die Betrachtung der Wechselbeziehung zwischen Erleben und Erziehen konnte damit gezeigt werden. Dadurch wurde der Bereich 'pädagogisch domestizierter Erlebnisse' extrem auf die unterschiedlichen Qualitäten des Gefühls reduziert. Affektive Emotionen oder der gesamte Bereich innerer Stimmungen fielen so aus der Betrachtung erzieherischer Probleme heraus. Eine plausible Eingrenzung wurde so vorgenommen, die ohnehin den Charakter einer zielorientierten pädagogischen Prozessgestaltung erfasste.
3. Die Betrachtungen Neuberts konzentrierten sich einerseits auf die Stellung des Individuums im Erkenntnisprozess. Andererseits rekonstruierte sie den Erlebnisbegriff von Dilthey, um wesentliche Eigenschaften des Aufbaus biographischer Konstruktionen mit der menschlichen Erlebnisfähigkeit zu verbinden. Die Unmittelbarkeit sowie die Merkmalsstruktur im Außenweltverhältnis intrapsychischer Aktivität wurde damit produktiv reflektiert. Dabei blieb die Konzentration auf den emotionalen Vollzug von Erkenntnis und Erfahrung erhalten.

Das Schlussglied dieser komplexen und komplizierten Wechselbeziehungen zwischen emotionalen und intellektuellen Potenzialen der Persönlichkeitsentwicklung, die kognitive Seite des erlebenden Subjekts, wurde durch die Darstellungen von Neubert nicht hinreichend geklärt. Dennoch konnte sie darauf verweisen, dass die Aspekte der handwerklichen und musischen Erziehung der jungen Generation im Konzept allgemeiner Bildung einen herausragenden Platz einnehmen. Nicht zuletzt hat Waltraut Neubert ihre Gedanken zur Erlebnispädagogik nur unzureichend an einem schulischen Erziehungsbereich orientiert. Da sie aber die Dominanz des Emotionalen gegenüber dem Intellektuellen im Kindes- und Jugendalter als gegebene Größe der Pädagogik und Psychologie ansah, konnten sich aus ihren Erörterungen weitergehende

Schlussfolgerungen zum handlungs- und erlebnisorientierten Erfahrungslernen ergeben.

Die Konzeption Neuberts entwickelte kaum biographische Relationsver-
änderungen zwischen Gefühl und Intellekt, die sich aber aufgrund der
sozialen Reifungsprozesse des Heranwachsenden und aufgrund der Biographie des emotionalen Selbstaufbaus zwangsläufig ergeben. Sicher bestimmen die emotionalen Erlebnisse im Kindesalter das subjektive Erkennen,
vor allem dann, wenn sich das emotional Vollzogene als persönlich bedeutsam erwiesen hat. Kinder erkennen in den Handlungen ihrer Partner, was sie
selbst im Gefühl vollzogen haben. In diesem Zusammenhang lässt sich die
Teleologie des Seelenlebens für das Kindesalter interpretieren. Doch mit
zunehmender sozialer Reife und auf der Basis des erworbenen Wissens
trennen sich Gefühl und Erkennen bei den Heranwachsenden schrittweise.
Unterschiedliche Ebenen des Persönlichkeitsspektrum differenzieren sich und
bilden die interagierenden Kräfte des physischen sowie psychischen Selbstaufbaus. Das bedeutet, dass der Jugendliche Gegenstände und Erscheinungen
begreift, die seinem Gefühl fremd sind. Später dann, im Erwachsenenalter,
beginnt das Gefühl, erst dem Erkennen untergeordnet und dann von ihm getrennt, den subjektiven Erkenntnissen zu folgen und die Möglichkeiten des
ganzheitlichen Verstehens einzuräumen. Dieser entwicklungsbedingte Ver-
änderungsprozess biographischer Konstruktionen wurde von Neubert auch
mitgedacht, aber für die pädagogische Theoriebildung nicht expliziert:
*"Innerhalb der Anlage selbst ergibt sich eine Beschränkung der Bildsamkeit
durch Erlebnis ferner dadurch, daß sich das Erlebnis an ganz bestimmte
Seiten des Menschen vornehmlich wendet. Aus den Momenten der Unmittelbarkeit des Erlebnisses, d.h. dem Selbersehen und Erfahren in ihm, aus der
Betonung des wertenden Gefühls, der Steigerung des subjektiven Daseins-
gefühls, aus der Ich-Bezogenheit und dem Nachdruck, der auf dem
Individuellen liegt, schließlich aus dem persönlichen Ausdrucksdrang geht
hervor, daß im Erlebnis einmal all das angesprochen wird, was die persönliche Tiefe und Eigenart des Individuums ausmacht. Andererseits aber bedeuten das Aufblitzen eines neuen Lebensgefühls im Erlebnis, seine Entwicklungsfähigkeit, die zu immer tieferm Hineinbohren in diesen Gehalt
drängt, wie das aus dem Erleben erwachsende Verstehen eine Erweiterung
des Individuums über sich selbst hinaus und ein Einbeziehen der großen
objektiven Gehalte in die eigene Persönlichkeit, wodurch diese in den
Gesamtzusammenhang des Lebens eingebunden wird. So will die **Erlebnispädagogik** den Menschen bilden zu dem, was er ist, in einem Leben auf allen
großen menschlichen Erlebnisfeldern. Darin liegt, daß ihr Bildungsideal,
obgleich es des großen sozialen Einschlags nicht entbehrt, doch im wesent-*

lichen humanistisch ist und auf die vollkommene menschliche Entfaltung des einzelnen abzielt, daß also Erlebnis als Bildungsmittel mit hineinverwoben ist in die historische und weltanschauliche Bedingtheit dieses Bildungsideals"[742].

Kurt Hahn bezog sich bei der Ausarbeitung und Fundierung seiner erlebnispädagogischen Schulgestaltung kaum auf kultur- und lebensphilosophische Interpretationen erzieherischer Vorhaben. Für die Schloßschule Salem wurde ein Erziehungsplan bedeutsam, der sich hauptsächlich auf die politisch-moralische und sittlich-religiöse Charakterbildung der Heranwachsenden richtete. Insofern standen zunächst schulpädagogische Forderungen im Vordergrund:

---

1. Dieser Erziehungsplan ließ sich von der praktischen Gestaltbarkeit der angestrebten pädagogischen Vorhaben leiten. In diesem Zusammenhang wurden für die erlebnispädagogische Systembildung ein pragmatisches Schulmodell und seine methodisch-didaktischen Bausteine entwickelt. Dazu gehörten der internatsmäßige Schulstaat, die pädagogische Werkstatt und die Erlebnistherapie. Diese Teilkonzeptionen werden später noch ausführlich dargestellt.
2. Die erlebnispädagogischen Überlegungen Hahns bezogen sich weniger auf den Bereich der ästhetischen Gefühle, sondern mehr auf den der moralischen. Im Mittelpunkt der moralischen Gefühle stand für Hahn, dass der moralische Standpunkt in konkreten Handlungen deutlich wurde. Die moralischen Gefühle wurden als Ausdrucksformen des einzelnen Menschen aufgefasst, die über die Beziehungen zu anderen Menschen und zu den sozialen Außenverhältnissen als Ganzes Aufschluss geben.

Hahn ging davon aus, dass praktisches Handeln und zwischenmenschliche Beziehungen Voraussetzung und Rahmen moralischer Gefühle und ästhetischer Vorstellungen sind. Weniger trifft man in seinen Überlegungen den Gedanken an, dass kulturelle und zwischenmenschliche Beziehungen letztlich auch den Inhalt menschlicher Gefühle im allgemeinen und moralischer im besonderen bestimmen. Außerdem wurde von Hahn kaum reflektiert, dass sich diese Beziehungen im Außenverhältnis des Individuums auch als persönlich bedeutungsvoll erweisen müssen, um dispositionell im biographischen Aufbau des Individuums verankert werden zu können. Doch war in der Erlebnistherapie und in ihrer politischen Motivation eine Annahme vorgeprägt, die die Erlebnispädagogik im Gegenwartsverständnis zutiefst ausmacht: Jedes Gefühl ist die Widerspiegelung von individuell bedeutsamen Tatsachen. Daraus folgt, dass auch in moralischen Gefühlen etwas politisch oder sozial Bedeutsames gleichzeitig als etwas persönlich Relevantes erlebt wird. Diese Gesichtspunkte, wenn auch von Kurt Hahn nicht umfassend expliziert, lassen sich am formbestimmt gedachten Muster 'Diagnose-Therapie', an der Betonung des Tätigkeitsaspektes und in der Ausrichtung der Erziehungsarbeit an der These eines 'Ethischen Imperialismus' direkt ablesen. Sie verweisen implizit auf die Grundlagen der Erlebnispädagogik hinsichtlich der Erlebniskomponenten im Erziehungsvorgang. Außerdem können den konkreten Bausteinen der erlebnisbezogenen Argumentation Kurt Hahns direkt abgelesen werden, wie über die erlebnispädagogische Schulgestaltung im Zusammenhang zu einer elitären Persönlichkeitsbildung gedacht wurde und wie sie in der schulischen Lebens- und Lernpraxis zur Wirkung gebracht werden sollte. Die ideengeschichtliche Abfolge, die zur strukturellen und inhaltlichen Ausformung der Erlebnistherapie führte, lässt sich mit folgenden Punkten verdeutlichen:

1. Bei seinen Gründungen ließ sich Kurt Hahn von einer pädagogischen Werteordnung leiten, die im zeitgeschichtlichen Zusammenhang und vor dem Hintergrund versachlichter Bildung in den öffentlichen Bereichen durchaus Beachtung fand. Sie gab Anlass, über alternative Schulgestaltung nachzudenken: *"Charakter first, intelligence second, knowledge third"*[743].

2. Zu dieser pädagogischen Rangordnung stieß Kurt Hahn aus einer kulturkritischen Sicht und in seiner pragmatischen Herangehensweise an das Problem handlungs- und erlebnisorientierter Erziehung vor. Er glaubte in den gesellschaftlichen und schulischen Gegebenheiten den *"Verfall der körperlichen Tauglichkeit, Verfall der Initiative, Verfall der Sorgsamkeit, Verfall der Selbstzucht, Verfall des Erbarmens und Verfall der menschlichen Anteilnahme"*[744] bei Jugendlichen feststellen zu können. Diese 'Verfallserscheinungen' sollten in der schulischen Charakter- und Willensbildung abgeschwächt und überwunden werden. Damit richtete sich die Internatserziehung Kurt Hahns zunächst nicht auf Lernziele im engeren Sinne einer Unterrichtsdiaktik. Sie verfolgte sittliche und moralische Erziehungsziele, die auf soziales und staatsbürgerliches Verantwortungsbewusstsein gerichtet waren.

Anlagen und Neigungen	Psychische und physische Erscheinungen im zweiten Gestaltwandel	Kultur-kritische Argumentation	Erlebnistherapie
Körperlicher Betätigungsdrang und Spieltrieb	Geschlechtstrieb	Verfall der körperlichen Tauglichkeit	Sportliche Betätigung
Forschungsdrang	Denkunlust	Verfall der Sorgsamkeit	Projekt
Spontaneität und Wissbegierde	Interessen-losigkeit	Verfall der persönlichen Initiative	Expedition
Abenteuerlust und menschliche Anteilnahme	Unausgelebte Emotionen und schwache soziale Bindungen	Krise der Demokratie und Verfall der Selbstbe-herrschung	Rettungsdienst

3. Dieser kritischen Diagnose folgten Zielaspekte einer handlungs- und aufgabenorientierten Erziehungsgestaltung, an denen sich das praktisch-institutionalisierte Geschehen in Internat- und Kurzschule auszurichten hatte. Die schulische Gemeinschaft sollte so beschaffen sein, dass der Schüler folgende Persönlichkeitsmerkmale ausprägen konnte: *"Gemeinsinn; Fähigkeit zur präzisen Tatbestandsaufnahme; Fähigkeit, das als Recht erkannte durchzusetzen: gegen Unbequemlichkeiten und gegen Strapazen, gegen Gefahren, gegen Hohn der Umwelt, gegen Langeweile, gegen Skepsis und gegen Eingebungen des Augenblickes; Fähigkeiten des Planens; Fähigkeiten des Organisierens: Einteilung der Arbeiten, Leitung der Jüngeren; Fähigkeit, sich in ungewohnten Situationen zu bewähren; ... Sorgfalt: im täglichen Leben, bei der Erfüllung besonderer Pflichten, äußere Lebensgewohnheiten und Handgeschicklichkeit; ... Praktische Arbeiten; Künstlerische Übungen; Leibesübungen: Kampfkraft, Zähigkeit, Reaktionsgeschwindigkeit"*[746].

Die Frage nach dem methodischen Weg wurde von Kurt Hahn mit der 'Erlebnistherapie' beantwortet. Er interpretierte in der kombinatorischen Wirkung von sportlicher Betätigung, Projekt, Expedition und Rettungsdienst die didaktisch-methodischen Grundlagen erlebnispädagogischer Projektarbeit. Der Ernstcharakter konkreter Tathandlungen im sozialen Zusammenhang der Gruppe oder der Schule wurde zum obersten Prinzip erhoben. Hierbei ließ sich Kurt Hahn von der reformpädagogischen und zugleich pragmatischen Erkenntnis leiten, dass moralisches Verhalten oder soziales Handeln praktisch eingeübt werden müssen. Dieses praktisch-aktionale und emotional-erlebnishafte Erfahrungslernen sollte lebenspraktische Einsichten ermöglichen und den subjektiven Bezug zu den schulischen Lerngegenständen verstärken.

3.2.2 Erlebnispädagogik im Nationalsozialismus: 1933-1945

Die **zweite Entwicklungsetappe** der Schulbewegung Kurt Hahns fiel zeitlich mit der nationalsozialistischen Gewaltherrschaft zusammen. Die sich verschärfenden sozialen Probleme in Deutschland und vor allem die hohe Arbeitslosigkeit riefen in den dreißiger Jahren gesellschaftliche Polarisierungen hervor. Mit einer vergleichbaren Dynamik wurde der umfassende Abbau demokratischer Entwicklungen der Weimarer Republik eingeleitet. Diese Tendenzen bewirkten im deutschen Schulwesen eine Zurückdrängung humanistischer Ideen. Dass sich dennoch die Kurt-Hahn-Schulen bis 1933 zu einem festen Verband deutscher Eliteschulen etablieren konnten und ihre

Arbeit mit einer kurzen Unterbrechung bis zum Ende des Zweiten Weltkrieges fortsetzten, muss in den folgenden Zusammenhang gebracht werden: Die konservativ-revisionistische Grundorientierung der Internatsschulen und das schulstaatlich strukturierte Führerprinzip widersprachen nicht ausreichend den restaurativen und pädagogischen Positionen der nationalsozialistischen Politik. Verfehlt wäre es jedoch, die Kurt-Hahn-Schulen von vornherein als dienstbares Feld nationalsozialistischer Führererziehung zu identifizieren, obwohl, wie noch zu zeigen ist, zumindestens ambivalente Positionen vorhanden waren.

Kurt Hahn, als deutscher Jude verfolgt und angefeindet, erfuhr die antisemitische Verfolgung durch den Nationalsozialismus am eigenen Leibe. Diese Erfahrungen und seine ethisch-humanistischen Ideen waren Gründe dafür, dass er die nationalsozialistische Diktatur emotional und moralisch ablehnte: *"Es geht um Deutschland: seine christliche Gesittung, sein Ansehen und um seine Soldatenehre. Salem heute kann nicht neutral bleiben. Ich fordere die Mitglieder des Salemer Bundes auf, die in einer SA oder SS tätig sind, entweder ihr Treueverhältnis zu A. Hitler oder zu Salem zu lösen"*[747]. Dieser Aufruf und Kurt Hahns öffentliches Auftreten vor Lehrern, Eltern und Schülern entwickelte in den Internaten ein moralisches Potenzial, das mit der nationalsozialistischen Ideologie nicht konform ging. Die Früchte dieser Saat wurden 1933 deutlich. Als es Kurt Hahn im gleichen Jahr gelang, nach England zu emigrieren, und ihm zahlreiche Schüler und Lehrer folgten, kam es zum Erliegen der pädagogischen Arbeit in nahezu allen Internaten. Doch bereits 1934 wurde die Erziehungsarbeit in Spetzgart fortgesetzt. Mit der Wiedereröffnung der Schulen Hohenfels (1937) und Hermannsberg (1939) wurde der Verband der Kurt-Hahn-Schulen wiederhergestellt. Erlebnisberichten von Lehrern und Schülern aus jener Zeit kann entnommen werden, dass die christlich-humanistischen sowie reformpädagogischen Inhalte im pädagogischen Konzept partiell weiterentwickelt wurden[748]. Tatsache war aber auch, dass sich die Internate durch die Entlassung halbjüdischer Kinder, durch die Organisierung der Schuljugend in den nationalsozialistischen Jugendverbänden, durch die Einführung nationalsozialistischer Heimatstunden, durch die 'Deutschgrußpflicht' oder durch die Lehrerarbeit in den 'NS-Lehrervereinigungen' sukzessive der nationalsozialistischen Schulpolitik anpassten. Spätestens 1941, mit der Unterstellung der Schule Schloß Salem unter die 'Inspektion Deutscher Heimschulen', wurden Prinzipien 'nationalsozialistischer Bildungsanstalten' auch in der täglichen Erziehungsarbeit realisiert. Die äußere, politisch-strukturelle Instrumentalisierung der Landerziehungsheime Kurt Hahns durch die nationalsozialistische Schulpolitik wurde damit abgeschlossen[749].

Die ambivalenten Positionen im pädagogischen Konzept der Kurt-Hahn-Schulen während der Zeit des Nationalsozialismus müssen im widersprüchlichen Verhältnis seiner ethischen Grundlagen und dem Zwang nach politischer Anpassung gesucht werden. Die Kurt-Hahn-Schulen entstanden in der Hoffnung, dass die Ergebnisse des Ersten Weltkrieges reversibel waren. Die Stärkung der deutschen Nation durch eine charakterfeste und bündische Führungselite versprach im Selbstverständnis von Hahn und Max v. Baden eine politische Revision der politischen Forderungen von Versailles. Auch die politischen und ideologischen Dimensionen der nationalsozialistischen Diktatur waren revanchistisch orientiert. Der Unterschied bestand darin, dass Kurt Hahn den humanistischen Weg zur Veränderung der Verhältnisse in Deutschland wollte. Er sah in einem Erziehungssystem den Weg, gesellschaftliche und soziale Veränderungen zu bewirken. Adolf Hitlers Mittel und Methoden waren Krieg und Gewalt. Golo Mann umschrieb diesen Zusammenhang in folgender Weise: *"Als alles zu Ende war (der Erste Weltkrieg-T.F.), beschloß der eine (Hitler-T.F.) Politiker zu werden, der andere (Hahn-T.F.) Pädagoge - damit das nächste Mal alles ganz anders sein würde"*[750]. Durch diese Affinität im politischen Zielbereich ließ sich die Erziehungsarbeit in Hohenfels, Hermannsberg und Spetzgart bis 1944 und in Salem bis 1945 für die nationalsozialistische Bildungsarbeit nutzbar machen. Ethisch jedoch hatte der christliche Humanismus Kurt Hahns mit dem Nationalsozialismus nichts gemeinsam. Diese inneren politischen Affinitäten und moralischen Gegensätzlichkeiten, die die Ambivalenz der Kurt-Hahn-Schulen während der Zeit des Zweiten Weltkrieges kennzeichneten, werden auch dadurch belegt, dass Kurt Hahn seinen Aufruf an Schüler und Lehrer (als 'Beuthener Telegramm' bekannt) kurze Zeit später widerrief: *"Ich gebe den Rat ohne Zögern: Steht nicht abseits sondern geht in die nationalen Verbände. Der Salemer von heute kann in die nationalen Verbände eintreten"*[751]. Wohl in der guten Hoffnung, dass ein von 'Altsalemern' umgebener Adolf Hitler den Versailler Vertrag mit politischen Mitteln lösen könnte, empfahl Kurt Hahn auch Kooperativität und Loyalität gegenüber der nationalsozialistischen Diktatur. Ein Irrweg, den sehr viele Deutsche gingen, und der sich im Verlaufe des Zweiten Weltkriegs als pathologische Illusion herausstellen sollte.

Abschließend zu dieser Problematik muss angemerkt werden, dass in der pädagogischen Gestaltungsebene durchaus Möglichkeiten bestanden, die Schulen Kurt Hahns in das nationalsozialistische Bildungswesen zu integrieren. Zentrale Bildungsanliegen der 'Nationalsozialistischen Erziehungs-anstalten', wie Erziehung zu Verantwortungsbewusstsein[752], zur Selbständig-keit, zu Pflichtgefühl gegenüber der Gemeinschaft, zu einer einfachen und gesunden Lebensweise oder zu handwerklicher Geschicklichkeit[753], waren pädagogische Aspekte, die in jener Zeit in den Landerziehungsheimen oder in der Jugendbewegung bereits praktiziert wurden. Besondere Ähnlichkeiten zu den Kurt-Hahn-Schulen lagen vor, da der Gemeinschaftsgeist durch den Mannschaftssport und durch gemeinsame Unternehmungen gefördert werden sollte[754]. Zudem wurden die 'Jungmannen' in den 'Nationalsozialistischen Erziehungsanstalten' in die Verantwortung und Verwaltung der Heime ein-bezogen und hier regelte das 'Führerprinzip' die wichtigsten Zuständigkeiten und innerschulischen Abhängigkeiten[755]. Das bündische Prinzip, von der Jugendbewegung inspiriert, die Unbedingtheit, mit der sich junge Menschen einer Gemeinschaftsidee verpflichtet fühlen, wo Jugendliche in ihrem ge-meinsamen Tun von gemeinschaftlich ausgehandelten Zielen geleitet werden, wo bündische Führung und Gefolgschaft das gruppenspezifische Verhalten und Handeln definieren, war teilweise Ziel und Rahmen der Elitebildung im 'Dritten Reich'[756]. Dieses Prinzip hatte einen direkten Bezug zur Gemein-schaftsidee der Bundesgenossenschaftsschule[757].

Die deutliche Abgrenzung der Kurt-Hahn-Schulen von den national-sozialistischen 'Ordensburgen' muss in den ethischen und moralischen Frei-heitsgraden der Erziehungsarbeit gesucht werden. Diese Prämissen hatten in der pädagogischen Gestaltungsebene ihre einschneidenden Konsequenzen. Zum Beispiel kann auf die Unterschiedlichkeit des 'Führerprinzips' hin-gewiesen werden. In den 'Nationalsozialistischen Erziehungsanstalten' oder in den 'Adolf-Hitler-Schulen' baute sich die Schülermitverantwortung auf ein Treueverhältnis zwischen Führer und Gefolgschaft auf. In den Kurt-Hahn-Schulen konnte ein Heranwachsender nur dann für sich und andere Ver-antwortung übernehmen, wenn er über gewisse soziale Fähigkeiten und über Anerkennung in der Gemeinschaft verfügte. In den Internaten von Hahn be-stand eine inhaltliche Beziehung zwischen dem 'Führen' und 'Geführtwerden'. Es wirkte ein soziales Leistungsprinzip, das durch ethische und religiöse Prämissen humanisiert wurde. In den 'Adolf-Hitler-Schulen' hingegen domi-nierte die Unterordnung unter rassisch-völkische Werte. Zu ihnen gehörten Führerehre, Treue zum Führer, Zucht in Verbindung mit Wehrhaftigkeit oder militärischer Tapferkeit[758]. Der humanistisch gesinnte Schüler in den Kurt-Hahn-Schulen wurde ursprünglich nicht mit dem 'völkisch-rassischen Werte-system' des Nationalsozialismus konfrontiert. Er galt als lebendiger Unter-pfand für die Entwicklung aristokratisch-konservativer Staatsformen und sittlich-religiöser Ideale, die nur phasenweise und partiell einen Bezug zum Nationalsozialismus aufwiesen.

Für die Erlebnispädagogik in jener Zeit lässt sich diese Unterscheidung nicht aufrechterhalten. Die An- und Einbindungen in das System national-sozialistischer Erziehung waren zu direkt und für das bildungspolitische An-liegen tragend. Die natursportlichen und praktischen Aktivitäten der national-sozialistischen Jugendverbände instrumentalisierten, gemäß ihrer ideo-logischen und militärischen Zwecksetzung, gerade solche pädagogischen Zusammenhänge, die einen direkten Bezug zu erlebnisorientierten Lehr- und Lernformen aufwiesen. Vertreter des kultur- und lebensphilosophischen Hintergrundes der Erlebnispädagogik waren ebenfalls dem national-sozialistischen Zugriff freigegeben. Nietzsche, de Lagarde oder Langbehn wurden unter dem Aspekt einer nationalen Erziehung von der national-sozialistischen Ideologie vereinnahmt. Ähnliches war für andere ideen-geschichtliche Ergebnisse zu verzeichnen, die im erlebnis- und reformpäda-gogischen Umfeld erarbeitet worden waren. Da die Erlebnispädagogik in den Interpretationen von Neubert und Hahn aber notwendig an ein humanistisches Selbstverständnis gebunden war, lässt sich folgende Relativierung akzen-tuieren: Erlebnis- und handlungsorientiertes Erfahrungslernen wurde auch im Nationalsozialismus organisiert; Erlebnispädagogik hingegen, mit ihren christlich-humanistischen und bürgerlich-freiheitlichen Voraussetzungen, konnte es im Nationalsozialismus nicht gegeben haben. Dieser Gedanke lässt sich ausweiten: Kann es Erlebnispädagogik unter den Bedingungen der politischen Diktatur überhaupt geben? Was bleibt von ihren Zielen und Inhalten übrig, wenn diese ideologisch verfremdet und durch politische In-doktrination überlagert werden? Mit der staatlichen Teilung Deutschlands nach 1949 kommen vergleichbare Fragen auf. Konnte es in der DDR Erleb-nispädagogik gegeben haben? Erlebnis- und handlungsorientiertes Er-fahrungslernen wurde in den Ferienlagern oder in den politischen Kinder- und Jugendorganisationen durchaus verwirklicht. Erlebnispädagogik konnte es jedoch nur dort geben, wo individuelle Freiheit nicht staatlich verfügt und humanistische Grundwerte nicht zwangsläufig durch 'real-sozialistische' Implikationszwänge verhindert wurden. Wenn es im Nationalsozialismus die Erlebnispädagogik in ihrem ursprünglichen Sinnverständnis nicht gegeben haben konnte, dann lag sie auch außerhalb der pädagogischen Verfügbarkeit einer 'real-sozialistischen' Diktatur, die die DDR bis 1989 in ihren inhumanen Zügen repräsentiert hatte. Hierdurch verkürzt sich natürlich die Argumen-tation, wenngleich die zentrale Ambivalenz bleibt: erlebnisorientiertes Er-fahrungslernen kann überall stattfinden, doch die Erlebnispädagogik setzt persönliche Freiheit und humanistische Grundwerte voraus.

In gewisser Weise parallel zur Entwicklung der Internate in Deutschland, setzte Kurt Hahn seine pädagogische Tätigkeit in England fort. Der dortige politische Hintergrund und die Tatsache, dass die Landerziehungsheime eine institutionelle Modifikation der traditionsreichen Public Schools darstellten, begünstigten die rasche und internationale Verbreitung der Schulbewegung Hahns. Mit dem Rücktritt der 'Labour-Regierung' im Jahre 1931, ausgelöst durch innenpolitische Spannungen und die Weltwirtschaftskrise, setzte die Regierungszeit der politisch-konservativen 'Tories' ein. Ihre Politik spiegelte im wesentlichen die Interessen der englischen Aristokratie und Bürgerschaft wider[759]. Innenpolitisch führten höhere Rüstungsaufwendungen und Bemühungen, das wirtschaftliche Entwicklungsdefizit zu den USA zu kompensieren, in soziale Konfliktbereiche. Einer dieser Konflikte erwuchs aus der materiellen Herabsetzung des englischen Volksbildungswesens. Er äußerte sich in Bildungsnotstand und Bildungsmisere. Im direkten Gegensatz dazu riefen die Bemühungen um wirtschaftliche Gleichstellung mit den anderen Industrienationen Förderungen für das höhere Bildungswesen hervor. Davon berührt waren auch die herkömmlichen Public Schools. Ihre Erziehungsfunktion bestand darin, handlungsfähige und verantwortungsbewusste Eliten hervorzubringen. Die Erziehungskonzeption der privaten Public Schools zielte auf den 'Gentleman', der im kooperativen Zusammenwirken mit unterschiedlichen Gruppen in der gesellschaftlichen Lebenspraxis eine verantwortungsvolle Tätigkeit ausüben und durch seine Verhaltensgewohnheiten überzeugen konnte. Der enge Bezug zum Menschenbild des pädagogischen Konzeptes der Kurt-Hahn-Schulen lag, durch die Traditionslinie Reddie-Lietz-Hahn, ohnehin auf der Hand[760].

Ein Nutznießer dieser zusätzlichen Protektionen für das höhere Bildungswesen wurde auch Kurt Hahn. In Kreisen der englischen Elitebildung durch seine deutschen Schulen kein Unbekannter mehr und von ihnen wirksame Unterstützung erhaltend[761], gelang es schon 1933, die Vereinigung 'British-Salem-Schools'[762] zu gründen. In dieser Vereinigung waren führende englische Public Schools durch Mitgliedschaft ausgewiesen. Sie unterstrichen die enge Bindung der Pädagogik Kurt Hahns an die Traditionen britischer Elitebildung. Außerdem wurden damit die verwaltungsrechtlichen Voraussetzungen für ein Internat in England gesichert[763]. Diese Vereinigung war 1934 die Keimzelle der ersten 'British-Salem-School'. Sie wurde später in Gordonstoun umbenannt. Gleichsam wurden dadurch die Voraussetzungen geschaffen, damit das, was in Deutschland unter der Chiffre Erlebnispädagogik seit Mitte der 20er Jahre Karriere machte, auch international an Gestalt gewinnen konnte.

Schule Gordonstoun war ebenfalls ein Schulstaat und in einer pädagogischen Provinz an der nördlichen schottischen Grenze gelegen. Das Schulkonzept setzte die Traditionen einer Charaktererziehung zur sozialen und staatsbürgerlichen Verantwortung unter den Bedingungen der Internatsschule nahtlos fort. Jedoch zeigte sich bei aller Homogenität in der Fortführung pädagogischer Auffassungen, dass auch Modifikationen auftraten. Sie entsprachen der territorialen Verschiebung, der Zusammenarbeit mit den anderen Public Schools und einem anderen Zeitgeist. Zu ihnen gehörten:

1. Die Erziehungsfunktion Gordonstouns musste sich inhaltlich und in ihrem politischen Freiheitsgrad deutlich von der Erziehungsfunktion der deutschen Internate unterscheiden. Vorbereitung einer deutschen Führungselite auf Aufgaben in Staat und Gesellschaft, noch dazu in einer Zeit, da englische und deutsche Interessenkonflikte auf allen Ebenen bestanden, hätte mit Sicherheit die Skepsis und den Protest breiter Kreise englischer Schulpolitiker ausgelöst und nicht die Unterstützung der Schule. Die Konvergenz konservativer Positionen mit liberalen Auffassungen der englischen Demokratie musste verwirklicht werden[764]. Die Schule sollte zu einem Modell deutsch-englischer Kooperation werden, um die allgemeinpolitischen Polarisierungen zwischen England und Deutschland abzuschwächen. Das bedeutete, dass die politische Orientierung des Konzeptes der Kurt-Hahn-Schulen herabgesetzt wurde und allgemeinere Werte bürgerlichen Daseins, ethischer, moralischer und kultureller Natur, in die Erziehungsfunktion des Internates aufgenommen wurden[765].

2. Die Population der Schüler bestand annähernd zu gleichen Anteilen aus Engländern und Deutschen. Damit lagen die ersten Ansätze einer internationalisierten Erziehungsleistung vor, die das heutige Bild der Schulbewegung Kurt Hahns weitestgehend bestimmen. Der hohe Anteil an deutschen Schülern und Lehrern ergab sich aus denen, die Kurt Hahn in die Emigration gefolgt waren[766].

3. Der Einfluss der englischen Public Schools schlug sich in der konkreten Gestaltung des Internatslebens nieder. Zum Beispiel wurde in Gordonstoun der aristokratische Salemer Schulstaat durch demokratische Formen der Schülermitverantwortung ergänzt. Das System der Schülermitverantwortung wurde von Eton übernommen. Die Schüler besaßen erstmals ein verbrieftes Mitsprache- und Wahlrecht hinsichtlich ihrer Vertreter. In Salem wurden währenddessen die Schülerfunktionäre noch ausschließlich durch den Schulleiter eingesetzt. Außerdem wurde der erzieherische

Wert der Mannschaftssportarten höher eingeschätzt, was der Tendenz aller Public Schools entsprach. Die Gestaltung von Klassenräumen, der Laboratorien oder die Anlage der Sportplätze erfolgte weitestgehend nach dem Muster der Public Schools[767].

Verfehlt wäre es, das Internat Gordonstoun als bloße Kopie einiger Public Schools zu klassifizieren, dem Internat eine pädagogische Anglomanie unterschieben zu wollen, die einst die frühen 'Lietzschen Schulen' nachhaltig geprägt hatte. Die Charaktererziehung nach dem Muster der schulischen Bundesgenossenschaft trug ihre spezifischen Züge. Die Lebensgestaltung und Arbeitserziehung im Internat baute auf einem bestimmten Verhältnis zwischen praktischen und geistigen Tätigkeiten auf, das sich von den Bildungsauffassungen der Public Schools durchaus unterschied. War in den Public Schools der charakterbildende Wert der Mannschaftssportarten allgemein anerkannt und galten die in ihm auftretenden sozialen Bezüge und Rollenverteilungen als pädagogischer Zugang zum Problem der Persönlichkeitsbildung, so war der Ansatz in Gordonstoun komplexer angelegt. Das pädagogisch organisierte Leistungserlebnis, als wichtigste Quelle individueller sowie gemeinsamer Leistungserfahrung, konnte nicht allein dem Mannschaftssport entspringen. Es hatte sich aus der Breite und Kombinatorik aller schulischen Aktivitätsbereiche zu ergeben. Zum Beispiel hatten die handwerklichen Tätigkeiten oder Beschäftigungen in der Landwirtschaft in Gordonstoun ihre unumstrittene Bedeutung für die Erziehungsarbeit. Handwerkliche Tätigkeiten waren ansonsten in den Public Schools verpönt und standen in keinem Zusammenhang zum 'Gentlemanideal'. Eine tatsächliche Ausnahme bildete nur die New School von Cecil Reddie. Oder die Projektarbeiten im künstlerisch-handwerklichen Bereich, die natursportlichen Expeditionen und die herausfordernden Rettungsdienste kamen in Gordonstoun zur Anwendung. Im Programm der deutschen Internate waren sie im Konzept der Erlebnistherapie bereits strukturiert worden. In ihrer spezifischen Verbindung kamen sie in keiner anderen Public School zur Darstellung.

Die Gründung und der Ausbau der Schloßschule Gordonstoun war nur eine Richtung der Ausbreitung der Schulbewegung Kurt Hahns in der Zeit des Zweiten Weltkrieges. Die Kurzschulen, heute in aller Welt als Outward Bound Schools bekannt, wurden ins Leben gerufen. Sie haben bis heute die eigentliche Popularität der Erziehungsauffassungen Kurt Hahns maßgeblich gefördert. Die Internate sicherten die bundesgenössische Erziehung zur sozialen Verantwortung einer nur sehr begrenzten Zahl junger Leute ab. Ob der Eindruck der nahenden Auseinandersetzungen zwischen England und Deutschland dazu beigetragen hatte, die Reihen der englischen Bevölkerung enger zu schließen, und das durch die kurzzeitige Erfahrung gemeinsamen Schaffens in einer Kurzschule, muss offen bleiben. Sicher scheint zu sein, dass nach einer Institutionalisierung gesucht wurde, mit der die erlebnis- und handlungsorientierte Charakterbildung der Kurt-Hahn-Schulen einer breiteren Bevölkerungsschicht zugänglich gemacht werden konnte. Offen muss auch bleiben, ob der Wunsch nach Erweiterung des institutionellen Ansatzes der Internate von folgender Einsicht geleitet wurde: Committee sense als Eigenschaft einer Führungselite reichte allein zur Entwicklung der englischen Industriegesellschaft nicht aus, sondern verlangte nach der aktiven Teilnahme breiter Bevölkerungsgruppen. Mit der Absicht, einen geeigneten Multiplikator für die Charaktererziehung der Internate finden zu wollen, der vorbildungsunabhängig und unabhängig vom sozialen Status der Jugendlichen zu einer verantwortungsbewussten und kooperativen Lebensführung beizutragen hatte, gewann die Idee bundesgenössischer Erziehung an inhaltlicher und funktionaler Breite. Sie ging über das Ziel einer ausschließlichen Elitebildung weit hinaus. Ob nun historische Zufälligkeit vorlag oder England ein besonders günstiges Umfeld für die Erprobung erlebnispädagogischer Charakterbildung in einer Kurzschule bot, kann mit Bestimmtheit nicht gesagt werden. Die Initiatoren dieser neuartigen Bildungsinitiative sahen jedoch in England ein günstiges Umfeld: *"... daß England sein Heil weniger dem Genie seiner Staatsmänner verdankt als dem committee sense des Volkes, das heißt der Fähigkeit zum bundesgenössischen Handeln. In der Tat, ist die Bereitschaft, in der Not des Vaterlandes die Reihen zu schließen, zu einem verläßlichen Besitz des englischen Volkscharakters geworden"*[768].

Die Institutionalisierung dieses Anliegens erfolgte 1936. Ein Leistungsabzeichen, das 'Moray Badge'[769], wurde ins Leben gerufen. Der Name 'Moray Badge' leitete sich aus der Grafschaft Morayshire ab, in der Gordonstoun gegründet und wo der erste Kurs zum Erreichen dieses Abzeichens durchgeführt wurde. Das 'Moray Leistungsabzeichen' wurde dem Jugendlichen verliehen, der bestimmte sportliche Normen erfüllte, sich an einer Expedition beteiligte und sich dort bewährt hatte. Zudem mussten gewisse Trainingsbedingungen erfüllt und eingehalten werden. Zu ihnen gehörte Nikotin- und Alkoholverzicht während des Kurses. Bis zum Anfang der vierziger Jahre wurden die Anforderungen für dieses Grafschaftsabzeichen umfassender. Sportliche Ertüchtigung, Expedition, selbständige Projektarbeit, soziale Dienste und der Rettungsdienst wurden als Forderungen erhoben. Diese vier Aspekte, Sport, Projekt, Expedition und Rettungsdienst, die das pädagogische Konzept für das 'Moray Badge' auch als 'vierfache Leistung' (fourfold achievements) auswies, waren letztlich eine Modifikation der erlebnispädagogischen Gestaltungsvarianten, die im Schulkonzept der Internate die

Erlebnistherapie ausmachten[770]. Zur deutlichen Kennzeichnung dieses Abzeichens trägt bei, dass es von den inhaltlichen Anforderungen her gesehen dem 'Deutschen Sportabzeichen' in jener Zeit durchaus ähnlich war. Doch mit der Staffelung der Anforderungen nach bestimmten Leistungsniveaus eröffnete das 'Moray Badge' differenziertere Möglichkeiten der Teilnahme und des Herangehens[771]. Die Kurse zum 'Moray Badge' brachten die erwarteten Erziehungserfolge. Auch ein zweites Erprobungsfeld, die zwischen 1938 und 1939 durchgeführten 'summer schools', die dem Trainingsprogramm des 'Moray Badge' entsprachen, ermutigten Kurt Hahn und seine Mitstreiter zu weiteren Initiativen. Die lokale Selbstbezogenheit des Leistungsabzeichens sollte beendet werden und eine nationale Initiative folgen. 1940 kam es zur Gründung des 'County Badge Experimental Committee', das das 'Moray Badge' zu einem 'County Badge' auszuweiten hatte. Aus der Praxis dieser Kurse heraus gründete Kurt Hahn 1941 an der schottischen Küste in Aberdovey die erste Kurzschule: 'Short Term School'. Sie wurde kurz danach in 'Outward Bound Sea School Aberdovey' umbenannt[772].

Die Bezeichnung 'Outward Bound' für die Kurzschulen, die anfangs 16- bis 19-jährige Teilnehmer in 26-tägigen Kursen zu natursportlicher Aktivität und wagnisreichen Rettungsdiensten anhielten, hat ihre historische Begrifflichkeit. Außerdem brachte sie die Erziehungsfunktion der Outward Bound Schools deutlich zum Ausdruck. Outward Bound war ein Begriff aus der englischen Schiffahrt: *"Ein Schiff kann - zu großer Fahrt ausgerüstet - auslaufen"*[773]. Die Übertragung dieses seemännischen Begriffes in die pädagogische Terminologie wurde in unterschiedlichen Schriften Kurt Hahn und seinem Freund, dem englischen Reeder Lawrence Holt, zugeschrieben[774]. Der Begriff hat die symbolische Bedeutung, dass die nach ihm benannten Kurzschulen *"die jungen Leute, wie ein zu großer Fahrt ausgerüstetes Schiff, auf ihre Fahrt ins Leben vorbereiten"*[775]: *"Der junge Mensch, der die Kindheit hinter sich gebracht hat und auf der Schwelle zum Erwachsenendasein steht, soll auf eine aktive, verantwortungsbewußte und selbständige Lebensführung vorbereitet werden - auf seine Fahrt ins Leben"*[776]. Outward Bound beschrieb demnach nicht nur eine spezielle Kurzschulpraxis, sondern gleichzeitig ein Bildungsprogramm. Dieses Bildungsprogramm wird bis heute, durch seine wagnisreichen Rettungsdienste und Expeditionen, durch die Ernsthaftigkeit der natursportlichen Aktivitäten, auch als Konzept für ein *"Charaktertraining durch (das) Abenteuer"*[777] angesehen. Die Erziehungspraxis der Outward Bound Sea School Aberdovey erfreute sich bis zum Ende des Zweiten Weltkrieges an zunehmender Popularität. Die räumliche Ausbreitung war nur eine Frage der Zeit. Die Idee und auch die Präzisierung der

Outward Bound-Konzeption gewannen erst durch die Bewegung der Outward Bound-Schulen überregional und international an Bedeutung. Diese Bewegung profilierte sich in den 50er Jahren.

3.2.3 Erlebnispädagogik und die internationale Kurzschulbewegung: 1945-1960

Die **dritte Entwicklungsetappe** der Schulbewegung Kurt Hahns begann nach dem Zweiten Weltkrieg. Sie erstreckte sich bis zum Anfang der sechziger Jahre. In Deutschland wurde es still um handlungs- und erlebnisorientierte Erziehungsformen. Ihre Instrumentalisierung unter dem nationalsozialistischen Zugriff und ihre politische Anfälligkeit waren Pädagogen und Politikern noch deutlich vor Augen.

Anders hingegen im anglo-amerikanischen Sprachraum. England gehörte nach 1945 zu den alliierten Siegermächten. Dennoch zeigten sich im Lande selbst tiefe soziale Widersprüche. Sie wurden durch den unterschiedlichen Entwicklungsstand der Industrienationen und durch den Zerfall des Kolonialreiches noch vertieft. Für das englische Volksbildungswesen bedeutete das eine weitere Reduzierung seiner materiellen Basis[778]. Der noch 1944 im 'Education Act'[779] vereinbarte Kompromiss, zwischen den Forderungen der werktätigen Schichten nach Demokratisierung des Schulwesens und den Erfordernissen der wirtschaftlichen Entwicklung, wurde schrittweise 'aufgeweicht'. Dazu dienten verschiedene soziale Auswahlverfahren und auch die Mehrgliedrigkeit im 'secondary part'[780]. Nur für jeden zehnten Schüler, sofern er einer privaten Bildungseinrichtung angehörte, wurden Verbesserungen spürbar[781]. Von diesen Unterstützungen waren auch die englischen Public Schools betroffen. Damit war das bildungspolitische Umfeld für die privaten Bildungsinitiativen der Internate Kurt Hahns durchaus günstig. Exponierte Entscheidungsträger der englischen Marine, denen ein Charaktertraining durch Küstenrettung für die Ausbildung künftiger Offiziere geeignet erschien[782], unterstützen die Outward Bound-Idee. Weitere finanzkräftige Sponsoren[783] halfen, 1946 den 'Outward Bound Trust' zu gründen. Er hatte die weitere Verbreitung der Kurzschulidee zu koordinieren und die Gründung weiterer Outward Bound-Schulen organisatorisch einzuleiten. Zumindestens zwei Gründe lassen sich benennen, die die besondere Förderung der Outward Bound Schools erklären:

1. Der Expeditionsgedanke, die Expedition als pädagogisches Instrument der Gemeinschaftserziehung zu begreifen, die einem sehr komplexen Erziehungsanliegen dienen kann, war in England bereits in der Pfadfinderbewegung sehr aktuell geworden. Die Outward Bound-Idee ging aber über das Konzept von Spiel und Spaß in der natürlichen und sozialen Umgebung junger Leute hinaus, da die ernsthafte Bewährung in pädagogischen Grenzsituationen gefordert wurde. Die individuelle Herausforderung bei See- und Bergrettung war bedeutend größer.

2. Zudem stellte die Charaktererziehung auf der Basis der 'fourfold achievements' eine echte Bereicherung und semantische Erneuerung für das Erziehungsgeschehen in den englischen Public Schools dar. Der mannschaftssportliche Wettkampf beeinflusste, wenn überhaupt, nur phasenweise die bundesgenössische Erziehung in der Kurzschule[784].

1952 wurde in Eksdale die zweite englische Kurzschule gegründet. Außerdem entstand 1949 die griechische Internatsschule Anavryta. Jocelin Winthrop-Young, ein ehemaliger 'Hahn-Schüler' und langjähriger Direktor der Round Square Conference, leitete die Schule. Hier sollte ein Internat entstehen, das die Traditionslinie Salem-Gordonstoun fortsetzte: *"Es sollte ein Jungeninternat nach den Grundsätzen Gordonstouns sein und das System war in der Tat fast identisch mit dem, welches in Gordonstoun unter Dr. Hahn in der Vorkriegszeit durchgeführt wurde"*[785]. Außerdem bleibt im Blickfeld der fünfziger Jahre zu fragen, ob und wie die Arbeit in den deutschen Internaten fortgesetzt wurde.

Bis 1947 nahmen nahezu alle Kurt-Hahn-Schulen in Deutschland ihre Arbeit wieder auf. Ab 1946 verstärkte die Neugründung der Schloßschule Kirchberg[786] den Verband der Internate. In dieser Zeit gewann die Kooperation der englischen Internate mit den Landerziehungsheimen Kurt Hahns an organisatorischer und inhaltlicher Breite. Die Wiedereröffnung der Schloßschule in Salem und ihrer 'Tochterschulen' wurde durch zahlreiche Industrieclubs und durch politische Vereinigungen flankiert. In diesen Zusammenhängen und aufgrund einer in Amerika gestarteten Werbekampagne gelang es Kurt Hahn, 1949 die 'American-British-Foundation for European Education'[787] zu gründen. Eigens für die Unterstützung der deutschen Kurt-Hahn-Schulen und für die Verbreitung der Outward-Bound-Idee entstand 1951 in Deutschland die 'Deutsche Gesellschaft für Europäische Erziehung'. Sie flankierte mit Stiftungen und Stipendien den Schulbetrieb in den 'Salemer Schulen'[788]. Die Gründung der ersten deutschen Outward Bound School wurde von ihr vorbereitet[789].

In den fünfziger Jahren wurden die Kooperationsprozesse der führenden westlichen Industrienationen in der NATO (1949), im 'Anzus-Pakt' (1951) oder in der SEATO[790] (1954) institutionalisiert. Die fünfziger Jahre waren darüber hinaus eine wichtige Entwicklungszeit internationaler Dimensionen politischer und wirtschaftlicher Zusammenarbeit. Die transnationalen Wirtschaftsprozesse auf der Grundlage internationaler Verkehrs-, Informations- und Finanzsysteme bildeten sich aus, die stringent in die heutigen Formen gesellschaftlicher Dynamik und Veränderung führten. Um dieser Progression wissenschaftlich-technischer und wirtschaftlicher Entwicklung bildungsmäßig folgen zu können, zogen nach 1949 verstärkte Wissenschaftsorientiertheit und Praxisbezug in das differenzierte Volksbildungswesen der damaligen Bundesrepublik Deutschland ein[791]. Diese Wissenschaftsorientiertheit kam erst Mitte der siebziger Jahre voll zum Tragen. Sie bewirkte aber schon in dieser Zeit eine tiefgreifende Konsequenz, die erlebnispädagogische Angebote indirekt betraf: Etablierung einer lehrzielgebundenen Didaktik. Die Aufwertung der unterrichtlichen Arbeitsweisen zur Erreichung bestmöglicher Zuwächse in der theoretischen Wissensvermittlung war ein zentrales Hemmnis für die Integration erlebnispädagogischer Gestaltungsformen in die Räume öffentlicher Schularbeit. Parallel zu diesen Veränderungen förderte die konservative 'Adenauerpolitik' den gezielten Ausbau höherer und privater Bildungsanstalten. Der 'Westdeutsche Ausschuss für das Bildungs- und Erziehungswesen'[792], der sich mit der Anpassung der Erziehungsfunktion einzelner Bildungsstufen an relevante Erziehungsbedürfnisse befasste, förderte und belebte die Arbeit an den höheren Bildungseinrichtungen. In diesem Klima des Aufbaus und der Veränderungen konnten sich die Deutschen Landerziehungsheime im allgemeinen und die Kurt-Hahn-Schulen im besonderen erweitern.

1951 begann die Begleitung der 'Salemer Schulen', ähnlich wie in Gordonstoun durch Aberdovey und Eksdale, durch die erste deutsche Kurzschule. Sie wurde in Weißenhaus gegründet. Auch die 1956 gegründete und zweite Kurzschule in Baad war ein Erprobungsfeld erlebnis- und handlungsorientierter Charakterbildung. Die Schüler aus den Internaten konnten dort ein Charaktertraining absolvieren[793].

Als nächste folgenreiche Entwicklungserscheinung der Schulbewegung Kurt Hahns kann die generelle internationale Verbreitung der Kurzschulbewegung angesehen werden. Der Zerfall des englischen Kolonialreiches verstärkte Bemühungen, die Entwicklungsländer ökonomisch und kulturell an das 'Königreich' zu binden. Durch 'Wirtschafts- und Kulturexport' wurden Interessen und Werte europäischer Zivilisation in diesen Kulturraum transportiert.

Eine Schattierung des Kulturexportes in die Länder des British Commonwealth war ein Bildungsexport, in dessen Verwirklichung die Ausbreitung der Outward Bound Schools in jener Zeit einzuordnen ist. Von 1953 bis 1965 entstanden 12 Outward Bound-Schulen, die in Nigeria, Kenia, Malaysia, Rhodesien und Sambia ihre Standorte hatten. Sie waren über den Zentralverband, den Outward Bound Trust mit Sitz in London, miteinander verbunden[794].

1. Die Kurssysteme sollten der Arbeitsvorbereitung englischer und deutscher Führungskräfte im jeweiligen Land dienen. Dass diese Informationsleistung mit den 'fourfold achievements' verbunden wurde, war durchaus eine besondere Erziehungsleistung. Dies unterschied die Outward Bound-Kurse von sonstigen Studienreisen.

2. Außerdem ging es auch darum, afrikanische Führungseliten mit den Wertvorstellungen der englischen Demokratie und Gesellschaft vertraut zu machen: *"... und schließlich zu einer positiven Einstellung gegenüber dem Unbekannten führen. Nigeria sollte seine alten Stammeskulturen nur soweit pflegen, wie diese mit der größeren Gesellschaft (innerhalb des 'British Commonwealth-T.F.), die angestrebt wird"*[795].

3. Darüber hinaus zielte die beabsichtigte Ausbildung von committee sense auf die afrikanischen Führungseliten und deren soziale Gefolgschaft, um im formulierten Interesse Englands *"die sich veränderten Wertmaßstäbe, die Ansprüche der Führer und die Wünsche des Volkes"*[796] anzugleichen.

Wie sich diese Entwicklungen in de Gegenwart des ersten Jahrzehnts des 21. Jahrhunderts darstellen, wird im folgenden Kapitel erörtert. Hierbei greift die moderne Erlebnispädagogik weit über die Schulbewegung Kurt Hans hinaus, exponiert neue Arbeits- und Forschungsfelder und verschafft sich durch internationale Netzwerke unspezifische Öffentlichkeiten.

1. Unter welchen Gesichtspunkten kann die deutsche Elitebildung in der Weimarer Republik als generatives Potenzial für die Erlebnispädagogik gewertet werden?

2. Welches lebens- und kulturphilosophisches Erbe des 19. Jahrhunderts wurde in der erlebnisbezogenen Diskussion der Reformpädagogik angetreten und weiterentwickelt?

3. Welche ideengeschichtliche Substanz und gesellschaftspolitische Funktion ist der These eines 'Ethischen Imperialismus' zu entnehmen und in welcher Weise kam in dieser These die konservativ-liberale Argumentation Kurt Hahns für die Erlebnispädagogik zum Tragen?

4. Wie stellte sich die Gesellschafts- und Kulturkritik der Erlebnispädagogik in der Weimarer Republik dar und welche Affinitäten gab es zu anderen reformpädagogischen Strömungen?

5. Wie wurde zur Bundesgenossenschaftsschule bei der Gestaltung des schulstaatlichen Landerziehungsheims argumentiert und welche Bedeutung wurde erlebnispädagogischen Gesichtspunkten beigemessen?

6. Wie fundierte Waltraut Neubert in der Rekonstruktion Diltheys den Zusammenhang zwischen Leben-Ausdruck-Verstehen?

7. Warum wurde von W. Neubert die reformpädagogische Idee der Arbeitserziehung für die zukunftsorientierte Entfaltung der deutschen Jugendkultur so betont herausgehoben?

8. Welche Grenzen für die ideengeschichtliche Grundlegung der Erlebnispädagogik ergeben sich aus den Interpretationen Neuberts und warum stellte sich das Problem der intellektuellen Bildung vor dem Hintergrund eines ganzheitlichen Bildungsverständnisses als gravierend für den schulischen Kontext dar?

9. Welche Elemente gehören zur Erlebnistherapie Kurt Hahns und wie ist ihre kombinatorische Wirkung im Alltag der Internatserziehung gesehen worden?

10. Wie stellt sich das Verhältnis zwischen Erlebnispädagogik und politischer Diktatur dar und konnte es eine Form institutionalisierter Erlebnispädagogik unter der nationalistischen Politik gegeben haben, wie war das Verhältnis der Internate Kurt Hahns zur offiziellen Bildungspolitik in jener Zeit und welche funktionalen Ambivalenzen prägten sich aus?

4 Wiederentdeckung der Erlebnispädagogik

4.1 Schulbezogene Erlebnispädagogik in den Kurz- und Internatsschulen

Die **vierte Entwicklungsetappe** der Schulbewegung Kurt Hahns, die von den 60er Jahren bis in die Gegenwart hineinreicht, präsentiert ebenfalls ihre ideengeschichtlichen Besonderheiten, zeitgeschichtlichen Variationen und internationalen Prägungen.

Drei Entwicklungsrichtungen können unterschieden werden:

1. Institutionalisierung der Kurzschulidee in den USA
2. Institutionalisierung der United World Colleges als internationale Bewegung
3. Entstehung der Round Square Conference als Dachverband eines internationalen Internatsnetzwerkes

Für die Realisierung dieser drei Entwicklungsrichtungen entstand 1959 der 'Atlantic-Trust for the Education of Free'[797]. Als Nachfolgeinstitution der 'American-British Foundation for European Education', verstand sich dieser Trust schon von der Namensgebung her als Motor für Erziehungsleistungen in der 'freien westlichen Welt'. Es ging um die Förderung institutionalisierter Erziehungsformen für den freien, mündigen Bürger. Für ein Übergreifen der Schulbewegung Kurt Hahns nach Amerika zu Beginn der 60er Jahre lagen objektive Möglichkeiten und gewisse Erziehungsbedürfnisse vor. Im 'State Department' wurde zum Ende der 'Eisenhower-Doktrin', während der 'Kennedy-Ära' und in der Regierungszeit Johnsons mehr auf internationale Verständigung und außenpolitische Zusammenarbeit gesetzt. Der 'Kalte Krieg' wurde in seinen politischen Absichten als gescheitert angesehen[798]. Die Herausbildung internationaler Wirtschaftsverbände beeinflusste die innere Entwicklung der USA nachhaltig. Veränderungen, die sich auf das amerikanische Bildungswesen auswirken mussten, waren: *"Demographische Umstrukturierungen, Riesenwachstum der Städte, neue Informationssysteme, größere Wohndichte, veränderte Arbeitsmarktverhältnisse, Beschleunigung aller Entwicklungsprozesse, Änderungen der Wertvorstellungen, etc.*"[799]. Im gestaffelten Volksbildungswesen, vom 'primary part' bis zum College, sah man Möglichkeiten, diesen neuen Erziehungsbedürfnissen Rechnung zu tragen. Das allgemein verbreitete Menschenbild war der zufriedene Staatsbürger, der im 'American way of life' zu sich selbst und zu den gesellschaftlichen Forderungen ein positives Verhältnis findet. Pragmatische Standpunkte setzten sich in allen Bildungsstufen durch. Die direkte Lebenshilfe der Schule wurde zum Mittelpunkt ihrer Erziehungsfunktion und damit die Fortsetzung pragmatischer Leitmotive: *"Lernen ja, aber vor allem leben lernen mit Bezug auf dieses Leben"*[800]. Das Erlernen sozialer Muster zur Lebensbewältigung und die tätigkeitsgebundene Erziehung der jungen Leute durch ein 'learning by doing' waren zentrale Elemente pädagogischer Diskussion und praktischer Tätigkeit. Kritisch reflektiert wurde der nachlässige Umgang mit systematisch zu vermittelnder und wissenschaftlicher Bildung. Diese Tendenz zeichnete sich auch in den materiell besser gestellten Colleges und Privatschulen ab. Die Schule als jugendgemäßer Lebensraum stand im Mittelpunkt pädagogischer Aktivitäten. Planmäßige Formen und systematische Methoden zur Gestaltung kognitiver Aneignungs- und Vermittlungsprozesse[801] standen im Hintergrund. Da sich die Bildungsbedürfnisse in den USA dahingehend verändert hatten, dass solide Grundkenntnisse von breiten Bevölkerungsschichten erwartet wurden, setzten umfangreiche Reformbemühungen ein. Änderungsvorschläge und eine gewisse Offenheit für internationale Reformkonzepte waren auch in den Privatschulen zu verzeichnen. Zum Beispiel bestanden vielfältige Ähnlichkeiten zu den Problemlagen der englischen Public Schools auch in den 'American Public Schools'. Benennbar wäre die Rolle des Mannschaftssportes im Prozess der Persönlichkeitsbildung. Gefördert wurden die bekannten 'hard social achieves', die den Dienstformen in den Kurt-Hahn-Schulen durchaus ähnlich waren. Auch die 'social activities' (Sozial- und Gesundheitsdienste) ließen sich mit den konkreten Gestaltungsformen des sozialen Handlungstrainings in Internats- und Kurzschule vergleichen[802]. In den 60er Jahren bestanden daher in den USA Reformbestrebungen für unterschiedliche Bildungsstufen. Eine gewisse Offenheit pädagogischer Konzepte erleichterte die Aufnahme von Ideen der internationalen Reformpädagogik. Es existierten pragmatische Erziehungsauffassungen, die eine Verbreitung der Schulbewegung Kurt Hahns in Amerika fördern konnten.

Ab 1961 kam es rasch zur Ausbreitung der Outward Bound-Idee in den USA. Der im gleichen Jahr gegründeten 'Colorado-Outward-Bound-School' folgten in kurzer Zeit weitere Schulen[803]. Bedeutungsvoller im Hinblick auf die Entwicklung und Modifikation der 'Hahnschen Schulidee' war jedoch die Tatsache, dass Ziele internationaler Kooperation und Verständigung auf den Raum der Schule übertragen und institutionalisiert wurden. Vor dem Hintergrund der 'Kuba-Krise' wurde das bildungspolitische Ansinnen internationaler Elitebildung noch verstärkt. Interkulturelle sowie pragmatische Bildungsinitiativen waren gefragt, um *"das Selbstbewusstsein in den NATO-Staaten wieder zu beleben"*[804]. Die Gründungsintention der ersten United World Colleges richtete sich daher an zwei Überlegungen aus:

1.	Eine Internatsform für junge Leute aus aller Welt oder doch zumindestens für Jugendliche aus allen NATO-Staaten hatte zu entstehen. Auch das Lehrer-Team sollte international zusammengestellt werden. Diese international zusammengesetzte Schulgemeinschaft setzte ein erhöhtes Maß an Toleranz und Weltoffenheit voraus, auf das sie sich letztlich auch richtete.
2.	Dieses zweijährige Oberstufencollege hatte mit einer international-anerkannten Hochschulreife zu enden. Dieser Anspruch an ein international verfügbares Abitur erforderte ein hohes Maß an wissenschaftlicher Allgemeinbildung.

In der pädagogischen Gestaltungsebene lag der erste Gesichtspunkt im Selbstverständnis bundesgenössischer Gemeinschaftserziehung. Der zweite Punkt bedeutete eine folgenreiche Modifikation pädagogischer Ansichten. Die vor allem von Kurt Hahn entwickelte pädagogische Werteordnung (1.Charakter; 2. Intelligenz; 3. Wissen), aus der sich das Primat der Charaktererziehung gegenüber der intellektuellen Bildung zwangsläufig ergeben musste, stand zur Disposition. Die Neubewertung des Verhältnisses zwischen Unterricht und Erziehung war signalisiert. Im wesentlichen ging es um die Aufwertung systematischer Bildung gegenüber dem erlebnispädagogischen Programm sozialer Charakterbildung. Mit diesen Vorüberlegungen wurde 1962 die erste 'Atlantik-Schule', das 'Atlantic College St. Donats Castle', in Wales eröffnet. Der später für alle 'Atlantischen Schulen' eingeführte Name, United World College[805], unterstrich nachdrücklich die Erziehungsfunktion dieser Internate: Sie sollten der internationalen Bewegungs- und Entwicklungsform sozialer und staatlicher Systeme durch inter- und multikulturelle Erziehung entsprechen: *"Wir wollen erreichen, dass sich die Jungen, die dieses College besuchen, sich mit der freien Welt als eins verstehen"*[806].

In den siebziger, achtziger Jahren und bis in die Gegenwart hinein entwickelte die internationale Gemeinschaft der Industriestaaten starke Triebkräfte, die zu ihrer inneren Innovation beitrugen. Diese Tendenzen wurden durch die europäischen Integrationsbemühungen, durch die Mechanismen der internationalen Märkte oder durch das informationstechnische Zeitalter verstärkt. Diese Entwicklung wurde von theoretischen Modellen begleitet, die in ihrer futurologischen Argumentation die internationalen Kooperations- und Integrationsprozesse auf allen gesellschaftlichen Bereichen als die hauptsächlichen Triebkräfte auswiesen[807]. Günstige Bedingungen für einen Schulansatz, der sich aus der Perspektive transnationaler Elitenbildung auf diese Innovationen richtete. Für das öffentliche Schul- und Erziehungswesen hatten diese Entwicklungen ebenfalls tendenzielle Folgen. Bildung und Erziehung als soziale und kulturelle Tätigkeiten mussten einer solchen Innovationsdynamik unterliegen, die zumindestens synchron zur gesellschaftlichen verlief. Rasches und differenziertes Reagieren des Schulwesens auf die Erfordernisse des Arbeitsmarktes, die Anpassung der materiellen Basis der Schule an aktuelle Marktanforderungen, die Erprobung leistungsorientierter Lernsysteme oder die Vermittlung notwendiger Handlungs- und Verhaltensmuster durch die Schule sind nur einige Aspekte, die das Verhältnis von Schule und Gesellschaft in der Gegenwart ausmachen[808]. In diesem Klima der Veränderung und Erneuerung konnten sich die Internate und Kurzschulen Kurt Hahns weiter verbreiten.

1. Die Internationalisierung gesellschaftlicher Muster und Vorgänge implizierte Erziehungsfelder, auf denen internationale Begegnungs- und Umgangsformen praktisch geübt sowie vertieft werden konnten. Die Round Square Conference Schools und die United World Colleges stellten solche Erziehungsfelder dar. Heute bestehen allein in Europa zahlreiche Initiativen[809], die interkulturelle Erziehungsarbeit leisten. Sie zeigen auch die innere Ambivalenz interkultureller Erziehung: die Idee von einer 'kosmopolitischen Erziehung' gerät nicht selten in Widerspruch zu nationalen Eigenheiten und Interessen[810].

2. Die komplex-verwalteten Industriegesellschaften erforderten eine breite Plattform elitärer Führungskräfte. Hierin bestand und besteht die traditionelle Erziehungsfunktion der Internate Hahns. Diese Tendenz ließ sich auch daran ermessen, dass schrittweise aus unterschiedlichen sozialen Schichten das lebendige Potenzial zur Führungskräfteentwicklung entlehnt wurde. Mit der wachsenden Herausbildung von Praktikereliten, Verwaltungseliten, Intelligenzeliten und politischen Eliten

wurden begabte und leistungsbereite Schüler aus dem differenzierten Volksbildungswesen an diesen Erziehungsleistungen beteiligt.

3. Dieses offene und direkte Zurückwirken von Erfordernissen der gesellschaftlichen Entwicklung auf den Bereich des Schulwesens war kennzeichnendes Merkmal konservativer Bildungsstrategie. Diese Tendenz verstärkte sich aufgrund der politischen Konstellationen in den USA, in der BR Deutschland und in England. Damit bestanden politische Rahmenbedingungen für die konservative Bildungsorientierung der Kurt-Hahn-Schulen.

4. Ein weiteres Merkmal des pädagogischen Konservatismus war der Rückbezug auf unterschiedliche Begabungstheorien, aus denen Bildungsziele und Bildungsinhalte für die einzelnen Bildungsstufen abgeleitet wurden[811]. Die Individualisierungskonzepte der Internate Kurt Hahns lagen gar nicht außerhalb solcher Differenzierungspraktiken.

5. Die staatsbürgerliche Erziehung, als Stabilisierungsfaktor ethischer und moralischer Werte der bürgerlichen Leistungsgesellschaft, wurde von den Schulen der Round Square Conference mit dem Erziehungskonzept zur sozialen und staatsbürgerlichen Verantwortung aktiv mitgetragen und institutionell vertreten[812].

6. Die detaillierte Beschreibung von Vielfalt und Kompliziertheit der Schulentwicklungen in der BR Deutschland[813], Großbritannien[814] und in den USA[815] würde erbringen, dass in den 80er und 90er Jahren konser-ative Bildungsvorstellungen fortwirkten. Sie verdeutlichen, dass im Konzept des pädagogischen Konservatismus eine enge Zweckbindung zwischen Politik und Pädagogik bestand. Da die Kurt-Hahn-Schulen diesen Entwicklungstendenzen entsprachen, fanden ihre Bemühungen um Modernisierung und Aktualisierung die entsprechende Anerkennung.

Bis in die Gegenwart hinein entstanden 24 Internatsschulen in der Traditionslinie Abbotshome-Salem-Gordonstoun. Sie sind seit 1966 in ihrem Dachverband, der 'Round Square Conference'[816], kooperativ miteinander verbunden. Benannt wurde diese Institution nach einem Gebäudeteil der Schloßschule Gordonstoun, dem 'Round Square', in dem die Gründungsversammlung abgehalten wurde. Dem 'Atlantic College' folgten acht weitere United World Colleges. Sie formatierten mit einem dichten Netzwerk aus den 'UWC National Committees', Stiftungen, Preisen, Förderstipendien, Schulzeitungen, der Zentralstelle - dem 'UWC International Office' und der 'Association of Former Students' eine Bewegung, die seit 1968 als *"UWC Bewegung"*[817] bezeichnet wird. Die Innovationslinie der Internate Kurt Hahns wird durch die Eckpunkte Salem, Gordonstoun und dem Atlantic College sehr deutlich. Aus einem aristokratisch-autokratischen Schulstaat, in dem eine deutsche Führungselite auf eine Tätigkeit in der Weimarer Republik vorbereitet werden sollte, über die Modifikation zu einer besonderen Public School, hatte sich im United World College eine Form der Gemeinschaftserziehung herausbilden können, die drei Neuerungen aufwies:

1. Die Funktion der Schulen im Prozess internationaler Integration war unter den Aspekten trans- und multikultureller Erziehung außerordentlich betont.
2. Die gehobene Bedeutung der kognitiven Funktion der Schule erfolgte aus der Einsicht, dass committee sense für die Gestaltung und Entwicklung zeitgemäßer Gesellschaften nicht ausreicht.
3. Die Ablösung eines aristokratisch-konservativen Dienst- und Pflichtideals durch bürgerlich-pluralistische Wertvorstellungen wurde in einem interkulturellen Kontext vollzogen.

In Salem und Gordonstoun waren die Selbsterziehungsmechanismen und Strukturelemente der Internate so angelegt, dass Jüngere von Älteren lernten und sich Mitverantwortung und Mitverwaltung in einem hierarchischem System der Internatsgestaltung vollzogen. Asketische Übungen der Selbstüberwindung, Formen der Selbsterziehung und Selbstkontrolle dominierten den Schulalltag. Die Charaktererziehung mündete in 'präfektalische' Sozialbeziehungen. Im United World College dagegen bestimmen die spannungsvollen Sozialbeziehungen zwischen Gleichaltrigen die Schulatmosphäre. Die schulische Mitverantwortung und Mitverwaltung ist Ausdruck gleichberechtigter und demokratischer Sozialisation. Die internationale Schulszene, als eigentliches Medium der Erziehung, basiert auf Toleranz und Weltoffenheit gegenüber verschiedenartigen kulturellen, sittlich-religiösen und moralischen Einflüssen. Schulstaatliche Strukturen sind im United World College nicht mehr anzutreffen. Die Betonung systematischer Bildung ist den Forderungen zum 'International Baccalaureate' deutlich zu entnehmen. Dennoch behielten die charakter- und gemeinschaftsbildenden Elemente der 'Hahnschen Erziehung' ihren Stellenwert. Sie sind integraler Bestandteil der pädagogischen Gesamtplanung im United World College geblieben. Soziale Leistungen oder projektgebundene Aufgaben im Rahmen der Erlebnistherapie sind als Bildungsforderungen zum 'International Baccalaureate' verbindlich formuliert.

262

Bewegung der United World Colleges bis 2007

1. UWC of the Atlantic - UK - 1962
2. UWC of South East Asia - Singapore - 1973
3. UWC of the Pacific - Canada - 1974
4. UWC of Southern Africa - Swaziland - 1979
5. UWC of the American West - USA - 1982
6. UWC of the Adriatic - Italien - 1982
7. UWC of the Venezuela - Venezuela - 1986
8. UWC of the Hong Kong - China - 1992
9. UWC of the Nordic - Norwegen - 1996
10. UWC Salem College – BR Deutschland 1999

Bei aller Heterogenität der institutionellen Formen der Kurt-Hahn-Schulen hat sich die Schulidee sehr homogen entwickelt. Die 'Verklammerungen' zwischen den Formen von Internats- und Kurzschule, die sich historisch und inhaltlich ergaben, verstärkten diese Homogenität. Außerdem sind die drei Schulformen aus einer spezifischen Beziehungsvielfalt entstanden, in denen englische und deutsche Ideen eine wechselseitige Ergänzung fanden. Diese deutsch-englische Beziehungsvielfalt wurde durch folgende Verbindungen gefördert:

1. Das englische Vorbild war in Abbotsholme durch die New School von Cecil Reddie gegeben. Die dortigen Verbindungen zwischen der deutschen Unterrichtsmethodik mit den Prinzipien der Public Schools war eine spezifische Mischung. C. Reddie lernte die 'Herbartsche Unterrichtstheorie' kennen, als er in Jena bei W. Rein im Lehrerseminar studierte.
2. Die Entstehung und Entwicklung der ersten Landerziehungsheime wurde durch Hermann Lietz unter dem Eindruck der Schule Reddies realisiert. Er kannte die Schule aus eigener Anschauung. Außerdem war H. Lietz ebenfalls ein akademischer Schüler von Rein. Die Betonung der handwerklich-manuellen Ausbildung, die in den Lietz-Schulen forciert wurde, wirkte dann wieder auf die New School zurück.
3. Hahns politische und pädagogische Englanderfahrungen waren bestimmend für die Interpretation des Menschenbildes in den 'Salemer Schulen'. Sein 'Ethischer Imperialismus' ging auf die Formen des englischen Parlamentarismus zurück, die sich in der Struktur schulstaatlicher Erziehung teilweise widerspiegelten. Hahn war mit den Zuständen in Abbotsholme bestens vertraut. Von dort erhielt er Anregungen, den

Mannschaftssport und die Expeditionen in das pädagogische Konzept zu integrieren.

4. Die besondere Public School in Gordonstoun stellte durch die Breite der handwerklichen Ausbildung und durch das Programm der Erlebnistherapie eine echte Neuerung für das englische Bildungswesen dar. Die Ergänzung der Internatserziehung durch das Outward Bound-Konzept war nicht nur eine institutionelle Veränderung. Erziehungsbedürfnisse der englischen Marine wirkten in die pädagogischen Voraussetzungen hinein.

5. Die Rückgaben der Ideen und Erfahrungen nach Deutschland fanden in den 50er Jahren durch die Kurzschulen statt. Zudem setzte die Liberalisierung der schulstaatlichen Umgangsformen ein, die in Gordonstoun bereits eine langjährige Erfahrung war.

6. Das erste United World College in Großbritannien sollte nicht nur ein international anerkanntes Abitur gewährleisten. Mit den Teileelementen der Erlebnistherapie wurde das pädagogische Profil dieser Internate überformt. Gleichzeitig wirkte diese interkulturelle Erziehung auf die Round Square Conference Schools zurück. Der Anteil an ausländischen Schüern nahm schrittweise zu.

7. Schließlich wurde in der internationalen Verbreitung durch die in England angesiedelten Dachverbände deutlich, dass die Schloßschule Salem, Gordonstoun und das 'Altantic College' Ausdruck und Ergebnis dieser deutsch-englischen Beziehungen waren. Zahlreiche Initiativen sowie Neugründungen in aller Welt wurden durch diese Institutionen vorangetrieben und waren Ausdruck des Ziels einer transnationalen Elitebildung. Diese deutsch-englischen Transpositionen zeigen sich auch in den Diskussionen der Gegenwart und haben einen erheblichen Einfluss auf das erlebnispädagogische Begriffsinventar ausgeübt.

Ein Blick auf die institutionsgeschichtliche Entwicklung der Schulen Kurt Hahns bringt weiteren Aufschluss über diese internationalen Entwicklungsstränge, die letztlich den Charakter transnationaler Elitebildung bestimmen. Diese institutionalisierte Elitebildung weist ein besonderes Merkmal auf: Die auf Führung angelegte Charakterbildung soll schichtenübergreifende und vorbildungsunabhängige Umgebungen aufeinander beziehen.

Schulen Kurt Hahns im institutionsgeschichtlichen Bezug

Internationale Kurzschul- Bewegung	1953 ->	Herzog von Edinburgh Award Scheme	Round Square Confe- Rence	United World Colleges Bewegung	
		1956	1966	1968	
Deutsche Kurzschulen	1951				
Englische Kurzschulen	1941				
Moray Badge	1935				
Britisch-Salem School (G.-toun)	1934				
Salem	1920				

Die Outward Bound Schools existieren gegenwärtig auf allen Kontinenten. Die mehr als 40 Outward Bound Schools werden heute durch die jeweiligen nationalen Dachverbände und Trusts geführt. Mit ihnen und vielfältigen Imitaten[818] ist in den neunziger Jahren ein Bildungsraum entstanden, den jährlich mehr als 100000 Jugendliche und Erwachsene durchlaufen. Allein in England sind die Zielgruppen für Teilnehmer hinsichtlich des eigentlichen Mediums der Outward-Bound-Aktivitäten (See, Berg, City-Challenge, social service to community etc.) extrem vielfältig geworden. Die Dauer des Kurses

265

variiert von einem Wochenende bis zu drei Monaten. Die Altersgrenze ist derzeit bei 60 Jahren festgelegt. Das Konzept hingegen, die 'vierfache Leistung' erbringen zu müssen, ist nahezu unverändert geblieben. In den letzten Jahren ist eine zunehmende Eigenentwicklung der Outward Bound Schools zu verzeichnen. Zielgruppen und Kursangebote korrelieren nur noch bedingt mit den Gegebenheiten in den Internaten. Dennoch haben sie durch ihre inhaltlichen und funktionalen Bezüge zum Schulkonzept der Round Square Conference Schools und United World Colleges und durch die sie verbindenden Grundsätze einer erlebnis- und handlungsorientierten Charakterbildung ihren festen Platz in der Schulbewegung Kurt Hahns.

Rückblickend auf die Entstehung und Entwicklung der Kurt-Hahn-Schulen zu einer Erscheinung der internationalen Reformpädagogik, scheint es gerechtfertigt zu sein, die Gesamtheit der pädagogischen Aktivitäten, die Schulen selbst und die mit ihnen verbundenen Institutionen als **Schulbewegung** zu klassifizieren.

Wird einmal von den Zeiträumen zwischen 1933-1934 und 1945-1947 abgesehen, kennzeichnet die Entwicklung der Kurt-Hahn-Schulen ständiges Wachstum und territoriale Ausbreitung. Gleichlaufend zur gesellschaftlichen und kulturellen Innovationsdynamik wurden Übergänge von Altem zu Neuem vollzogen. Die Wechselbeziehungen der Schulen untereinander, ihr Austausch von praktischen Erfahrungen und theoretischen Erkenntnissen, die rege Konferenztätigkeit, die Herausgabe von Schulzeitungen und übergreifenden Publikationen, das Zusammenwirken von Vertretern der Industrie, militärischer Einrichtungen und Regierungsbeauftragten mit Schulleitern und Lehrern, Kooperationsbeziehungen zwischen den unterschiedlichen Schultypen durch Projekte, Stipendien und Studienreisen oder Impulse und Veränderungen, die sich aus der konkreten und besonderen Lage einer Schule ergaben, sorgten dafür, dass der eigentliche Zustand der Ruhe oder Stagnation nicht eintrat. Sicher hat es auch Phasen innerer Krisen in der Schulentwicklung der Round Square Conference Schools gegeben, vor allem bevor die Reformbemühungen auf dem Unterrichtssektor in den siebziger Jahren einsetzten. Jedoch konnte ein genereller Entwicklungsstillstand nicht verzeichnet werden. Vielmehr zeigen die einzelnen Entwicklungsetappen, dass sich die Schulen Kurt Hahns im kooperativen Zusammenwirken und in ernsthafter Auseinandersetzung mit dem Erreichten ihre Potenziale zur eigenen Erneuerung erschließen konnten[819]. Private Bildungsinitiativen scheinen daher sehr wohl in der Lage zu sein, ihren Reformwillen in der Praxis gelebter Schularbeit kontinuierlich zur Darstellung zu bringen.

Prospektive Fragestellungen:

1. Was wird unter bundesgenössischer Gemeinschaftserziehung verstanden, wie kam in ihr der Aspekt des sozialen Erfahrungslernens zur Darstellung und welche Formen der Schülermitverantwortung bzw. der Schülermitverwaltung wurden im Internatsleben favorisiert?

2. Welche ideengeschichtliche Substanz und gesellschaftspolitische Funktion ist der Transposition interkultureller Elitenbildung zuzuordnen?

3. Wie wurde zur Bundesgenossenschaftsschule bei der Gestaltung des schulstaatlichen Landerziehungsheims argumentiert und welche Bedeutung wurde erlebnispädagogischen Gesichtspunkten beigemessen?

4. Was lässt sich zur Semantik der erlebnispädagogischen Menschenbildkonzeption als Erwartungshorizont der Charakter- und Willensbildung im Landerziehungsheim feststellen?

5. Wie ist das Anliegen einer 'Erziehung zur Verantwortung durch Verantwortung' mit Blick auf die pädagogische Werteordnung Kurt Hahns zu verstehen?

6. Wie, wo und wann entwickelte sich die Erlebnispädagogik in der internationalen Kurzschulpädagogik?

7. Welche Modifikationen der Erlebnistherapie realisierten sich in der Kurzschulbewegung und warum wurden Formen des Erfahrungslernens im anglo-amerikanischen Raum besonders gefördert?

8. Welche spezifischen Züge schulbezogener Erlebnispädagogik entwickelten sich aus der deutsch-englischen Beziehungsvielfalt der Internate Kurt Hahns, welche ideengeschichtlichen Quellen wurden bedeutsam und welche institutionellen Verflechtungen ergaben sich aus Internat und Kurzschule?

9. Welche pädagogischen Neuerungen für die moderne Erlebnispädagogik brachten die United World Colleges ein und wie änderten sich die ursprünglichen Ideen von einer deutschen Elitebildung zu einer transnationalen?

10. Wie lässt sich der Umfang, die institutionelle Differenzierung und internationale Bedeutung der Schulbewegung Kurt Hahns kennzeichnen und warum scheint es legitim zu sein, aufgrund ihrer Wirklichkeit von einem schulbezogenen Erfahrungslernen zu sprechen?

4.2 Entwicklungsfelder der modernen Erlebnispädagogik

Lässt sich diese Eigen- und Innovationsdynamik, die heute eher das außerschulische Terrain erfasst hat, am gesamten Erscheinungsbild zahlreicher erlebnispädagogischer Initiativen direkt oder indirekt ablesen? Kann damit auch eine Erziehungsbewegung gekennzeichnet werden, die den Modernitätsanspruch im Sinne von moderner Erlebnispädagogik mit eigentümlichen und partikulären Merkmalen rechtfertigt? Durch die folgenden Überlegungen soll primär der Kreis zu dem geschlossen werden, was in der Einführung zum affirmativen Modernitätsverständnis der Erlebnispädagogik bereits entwickelt wurde. Was nicht geleistet werden kann, ist eine umfassende oder gar vollständige Deskription der vielfältigen praktischen Handlungsfelder. Das ist auch nicht nötig, da bereits umfangreiche Darstellungen zur erlebnispädagogischen Praxisarbeit vorliegen[820].

Auf der einen Seite existieren in großer Zahl Einzelinitiativen in Freier Trägerschaft, die erlebnis- und handlungsbezogene Projektarbeit für unterschiedliche Zielgruppen realisieren. Allein im 'Bundesverband für Erlebnispädagogik', sind über 150 Träger solcher Projekte zusammengeschlossen[821]. Auf der anderen Seite sind überregionale Verbände und Netzwerke aus diesen Projekten hervorgegangen, die nicht zuletzt zwischen 1991 und 1995 die bundesweiten Tagungen zur Erlebnispädagogik in Zürich, Baad, Marburg oder Neubrandenburg ausrichteten.

Zu Beginn der 70er Jahre wurde die moderne Erlebnispädagogik nahezu ausschließlich in der Verbindung mit segelpädagogischen Aktivitäten gesehen und vorangetrieben. Bereits 1974 wurde im Evangelischen Jugenddorf Rendsburg mit handlungs- und erlebnisorientierten Segelaktivitäten begonnen. Diese Aktivitäten weiteten sich später zu Auslandsexpeditionen über Land und zu sozialtherapeutischen Reiseprojekten für benachteiligte Kinder und Jugendliche bis nach Indien und Südamerika[822] aus. Die pädagogische Intention basierte hierbei auf der Einsicht, *"daß Menschen sich langfristig nicht durch Zwang sondern nur durch eigene Motivation, die es anzuregen und zu erhalten gilt, verändern. Somit machen wir den uns anvertrauten Kindern und Jugendlichen Veränderungsangebote, die ihr Umfeld und ihre bisherigen Erfahrungen - insbesondere im zwischenmenschlichen Bereich - betreffen"*[823].

Weitere segelpädagogische Initiativen löste das Projekt 'Outlaw' in den 80er Jahren aus[824]. Die Verbindungen zwischen nützlicher Arbeit an Bord und den Therapieangeboten für junge Menschen in psycho-sozialen Notlagen wurden konzipiert. Zum Beispiel auf dem Frachtsegler 'Undine' konnte dieses handlungsorientierte Konzept verwirklicht werden. Weitere Handlungsfelder, die überregional wirksam wurden und in diese Richtung einzuordnen sind, können exemplarisch benannt werden: Verein 'Anna Catharina', der drei Segelschiffe mit pädagogischer Zwecksetzung betreibt[825], Segelschiff 'Fridtjof Nansen' in Wolgast[826] und Dreimast-Toppsegelschoner 'Thor Heyerdahl'[827].

Seit 1983 werden auf der 'Thor Heyerdahl' in enger Anlehnung an die Outward Bound-Konzeption für Jugendliche und junge Erwachsene Kursprogramme angeboten. Diese Programme orientieren sich konsequent an den Elementen der Erlebnistherapie von K. Hahn. Die ein- bis zweiwöchigen Segeltörns wenden sich an *"Mädchen und Jungen zwischen 15 und 25 Jahren"*[828], die aus allen Bevölkerungsschichten kommen und *"soziale Mischung wird angestrebt"*[829]. Von diesen Teilnehmern wird erwartet, *"daß sie auf schwächere Rücksicht nehmen, ..., daß sie gerne und freiwillig kommen, daß sie bereit sind, Neues auf sich einwirken zu lassen und auf alte Gewohnheiten zu verzichten, daß sie keine Urlaubsstimmung mitbringen: an Bord wird gearbeitet, gelernt, mit neuen Erfahrungen sozial umgegangen, und die neuen Erkenntnisse können zu Hause angewandt werden"*[830]. Die spezifischen Zielgruppen, die in der ganzen Bandbreite zwischen sozialbenachteiligten Jugendlichen, Schulklassen und auch Auszubildenden variieren, werden in einer Zieloptik erfasst, die die ganzheitliche Anlage dieser segelpädagogischen Aktivitäten unterstreicht: *"Im Gegensatz zu theoriebildenden Lernsituationen werden auf dem Segelschiff Fertigkeiten und Kenntnisse praktisch vermittelt. Nicht das Lernen über den Kopf ist Trumpf (...), sondern das Lernen über die Hand und die Beobachtung wird angebahnt"*[831]. Die inhaltliche Ausrichtung dieser Segelpädagogik, der 'Bühnenwechsel' mit seinen neuen Erfahrungsmomenten und die gruppendynamischen Beziehungen, reicht weit über den Anspruch einer praktisch-aktionalen Sozialisationspädagogik hinaus. Und die Gründe, die eine solche Feststellung rechtfertigen, sind vielfältig:

1. Abstand von den täglichen Routinen des Lebens und Lernens kann gewonnen werden.
2. Routinetätigkeiten im Denken und Handeln werden auf den Prüfstand der Bewährung in ungewohnten Handlungszusammenhängen gestellt.
3. Aufgaben- und Rollenverteilungen müssen neu verhandelt werden, da sie sich in den konkreten Verantwortungen an Bord spezifisch vollziehen.

4. Teamerfahrungen können praxisbezogen und auf erweitertem Niveau wirksam werden.
5. Ein vertrauensvolles Gruppenklima kann dafür sorgen, dass reflexiver Rücklauf zu individuellem Verhalten und Tätigkeit offen erfolgt.
6. Reflexion und Selbstbestimmung in den konkreten Aufgabenfeldern bleiben auf hohem Niveau miteinander verbunden.
7. Bewältigungsszenarien von Herausforderungen natursportlicher und sozialer Natur können zu echten Risiko- und Eigenpotenzial-erfahrungen beitragen.
8. Die Kompensation von Bewegungsarmut findet in handwerklichen und sportlichen Betätigungen statt.
9. Körperbewusstsein, sinnliche Wahrnehmung und geistige Tätigkeiten können im natursportlichen Zusammenhang aufeinander bezogen werden.
10. Selbstwirksamkeit kann in der handlungsechten Situation überprüft und verändert werden. Zu dieser Selbstwirksamkeit gehören Handlungs- und Verhaltenswirksamkeit, die sich im Kontext der aufgaben- und zielorientierten Situation erreichen sowie entwickeln lassen.

Diese segelpädagogische Variante des handlungs- und erlebnisorientierten Erfahrungslernens richtet sich auch an übergeordnete Lernziele: *"Die angeführten Lernziele sind in einem übergreifenden Sinn komplex aufeinander bezogen. Sie sind weder isoliert zu betrachten, noch einzeln, getrennt voneinander erlernbar. Von daher sollten sie nicht dogmatisch verfolgt, sondern von den Teilnehmern relativiert, offengelegt und diskutiert werden"*[832]. Bei all diesen erlebnispädagogischen Initiativen unter dem Slogan - Erziehung durch die See - bleibt eine Grundposition oberstes Gebot: Die angestrebten Lernerfolge sollen sich nicht nur aus einem Diskurs zwischen Erziehern und zu Erziehenden ergeben, also durch den kommunikativen Austausch schlechthin. Sie sollen sich durch die praktisch vollzogene Tätigkeit in einem natursportlichen sowie sozialtherapeutischen Prozess einstellen. Im sozial-kognitiven Kontext gruppendynamischer Veränderungen sollen gemeinsame Erfahrungen und in der emotional-affektiven Ebene individuelle Erlebnisse gefördert werden. Wie diese Veränderungen in erlebnispädagogischer Praxis zur umfassenden Darstellung gelangen, welche 'Ziel-Inhalt-Methode-Relation' gesehen wird und welche natürlichen Lernmedien bedeutsam sind, kann exemplarisch mit der theoretischen Konzeption für die 'Thor Heyerdahl' gezeigt werden.

Ziele der Outward Bound-Konzeption für die 'Thor Heyerdahl' [833-836]

Kognitive Lernziele	Seemännische Fertigkeiten (Segelmanöver); handwerkliche Kenntnisse; hauswirtschaftliche Kenntnisse (Küchenarbeiten); allgemeine Umweltkunde; Freizeitvorbereitung; Knotenkunde; Navigation; Schiffspflege und Wetterkunde.
Affektiv-emotionale Lernziele	Förderung der eigenen Identität, Steigerung des Selbstwertgefühls; intrinsische Motivation entwickeln; Versagenserlebnisse ohne Resignation ertragen lernen, Frustrationstoleranz entwickeln; mit eigenen inneren Impulsen (z.B. Angst) umzugehen lernen; Konfliktbewältigung lernen, Kooperations- und Kompromissbewusstsein bilden; Achtung vor der Intimität und Autonomie des andern haben; sensibel werden, Einfühlung lernen.
Soziale Lernziele	Verantwortung für sich und andere übernehmen und tragen lernen; Zuverlässigkeit, Hilfsbereitschaft und Freundlichkeit als Bedingungen des gemeinsamen Lebens erfahren und schätzen lernen; Regeln als vereinfachend für das Zusammenspiel vieler erkennen; gemeinsame Arbeit erkennen und Aufgaben deligieren können; Kooperation und Verantwortungsbewusstsein.
Motorische Lernziele	Durch Schiffsbewegungen im Seegang, das Steigen in die Masten, durch Segelsetzen ... werden Grob- und Feinmotorik gleichermaßen geschult.

Mit der Neufassung des Kinder- und Jugendhilfegesetzes (KJHG) im Jahre 1990 wurde vielen Initiativen und Anstrengungen legitimer Raum geboten,

271

um erlebnispädagogische Arrangements in das alltägliche Angebotsspektrum einfließen zu lassen. Vor allem durch folgende Richtlinien im KJHG:

1. § 34: Heimerziehung, sonstige betreute Wohnformen.
2. § 35: Intensive sozial (erlebnis)-pädagogische Einzelbetreuung.
3. § 41: Hilfen für junge Volljährige, Nachbetreuung.[837]

Gerade die freien Träger der Heimerziehung, wie etwa das 'Christophorus-Jugendwerk Oberrimsingen'[838] oder das bereits erwähnte Jugenddorf in Rendsburg, sahen seit Beginn der 80er Jahre vielfältige Chancen in erlebnispädagogischen Hilfen der Erziehung. Chancen vor allen für solche Jugendliche, die mit den konventionellen Methoden und Milieus von Jugendhilfemaßnahmen nicht mehr erreicht wurden. Intensive sozialpädagogische Einzelbetreuung durch erlebnispädagogische Projektarbeit im Ausland wurde seit dieser Zeit systematisch auf- und ausgebaut. Delinquente und deprivierte Heranwachsende in psycho-sozialen Notlagen, wie Schulverweigerer oder hyperaktive Kinder, bekamen zunehmend Angebote. Resozialisation und Rehabilitation auf der Grundlage handlungs- und erlebnisorientierter Lernprojekte konnten im Ausland verwirklicht werden. Diese projektorientierten Lernformen im Ausland, die auch im 'Kinder- und Jugendhilfeverbund e.V. Kiel'[839] zum festen Bestandteil des erzieherischen Gesamtprogramms und -profils wurden, sollten dazu dienen, zwischenmenschliche Beziehungsprobleme schrittweise abzubauen und damit erfolgreiches Erfahrungslernen in anderen Zusammenhängen anzubahnen: *"Mit diesen Projekten bieten wir ihnen (den Jugendlichen - T.F.) unter einem Betreuungsschlüssel von 1:1 bis 1:2 ein neues Lernfeld, in dem sie ihre Fähigkeiten - ohne massive Sanktionen befürchten zu müssen - ausprobieren können. Insbesondere die damit verbundenen neuen Erfahrungen im emotional-sozialen Bereich mit ihren Bezugspersonen führen zu anderen Einstellungen, Haltungen und Werten, die dann nach ihrer Rückkehr im engeren und weiteren Lebensumfeld bzw. in der Herkunftsfamilie zu neuen Integrationsmöglichkeiten führen"*[840].

Mit der bereits 1977 verfassten Arbeit von Wolfgang Schleske, *"Abenteuer-Wagnis-Risiko im Sport"*[841], wurde die Verbindung zwischen Sportpädagogik und Erlebnispädagogik, zwischen bewegungs-, sport- und erlebnisorientierter Erziehung gesucht und konzeptionell gefunden. Durch die Aktivitäten des 'Vereins zur Förderung bewegungs- und sportorientierter Sozialarbeit', 'bsj' in Marburg, oder durch Veranstaltungen des 'Sportbundes NRW', kam es zur differenzierten Ausformung und Entwicklung dieser spezifischen Variante erlebnispädagogischer Sozialarbeit. Neben anderen Initiativen kann die

Arbeitsrichtung des 'Abenteuer- und Erlebnissports' von Armin Bringmann[842] erwähnt werden, in die wesentliche Aspekte erlebnispädagogischer Programm- und Sicherheitsqualität aus der Sicht der 90er Jahre eingingen und aktualisiert wurden[843].

Die Verbindungen zwischen Umwelterziehung, ökologischer Bildungsforschung und erlebnispädagogischen Inhalten erfuhren bis heute eine breite Thematisierung. Was in den theoretischen Ausgangsüberlegungen von Werner Michl[844] an innerlicher Beziehung zwischen natursportlicher Aktivität und umweltpolitischen Engagement verdeutlicht wurde, konnte durch Institutionen, wie 'alp ergo'[845] oder 'B.U.N.D.-Jugend'[846], in erlebnispädagogischen Handlungsfeldern auch praktisch umgesetzt werden.

Die Verknüpfung systemtheoretischer Vorstellungen der Freizeitpädagogik mit Aspekten der Erlebnispädagogik schien schon zu Beginn der 80er Jahre auf der Hand zu liegen. Unter dem Titel *"Schule-Freizeit-Segeln"*[847], fasste Erich Birkelbach 1985 in seiner Dissertation wesentliche Gesichtspunkte zusammen, die für dieses Feld relevant waren. Waren es in dieser frühen Perspektive der modernen Erlebnispädagogik noch die segelpädagogischen Aktivitäten, die für den Freizeitbereich betont reflektiert wurden, kamen gerade aus den Praxisfeldern der Freizeitpädagogik weitere Anstöße. Auf deren Grundlage konnten sich Reiseprojekte, Floßfahrten, Camps oder Höhlenwanderungen mit ihrem natursportlichen Akzent pragmatisch weiterentwickeln. Projekte des Jugenddorfs Hephata[848] in Schwalmstadt oder des Erziehungsheims 'Herzogsägmühle'[849] sind dafür exemplarische Belege.

Die Rehabilitationspädagogik erfuhr durch die Arbeiten von Hans Georg Bauer und Werner Nickolai[850] unter resozialisierenden Aspekten einer 'Delinquenzpädagogik' erlebnispädagogische Konkretionen. In sozialtherapeutischen Trainingskursen und natursportlichen Handlungsfeldern wurden Varianten gesehen, Alternativen für den Jugendarrest oder für die resozialisierenden Begleitvorgänge geschlossener Unterbringung umfassend zu thematisieren. 'ibex', 'Verein für Erlebnispädagogik'[851] in Mainz, zeigte praktisch, dass soziale Trainingskurse auf erlebnispädagogischer Grundlage nach dem Jugendgerichtsgesetz als sinnvoller und erziehungswirksamer Ersatz des Strafvollzuges eingesetzt werden können. Dennoch kann angenommen werdem, dass die kontroverse Diskussion um erlebnispädagogische Maßnahmen als Alternativen zur geschlossenen Unterbringung anhalten wird.

Für die Bereiche der Berufsschul- und Betriebspädagogik sowie für einige Felder der Erwachsenenqualifikation wurden zur Mitte der 80er Jahre Berührungspunkte erkannt. Verbindungen zwischen beruflicher Bildung sowie

Fortbildung und natursportlicher Aktivität wurden interpretiert. Einerseits sollte es darum gehen, die betriebliche Ausbildung durch die Implementation sozialer Aktivitäten mehr auf die eigentlichen Persönlichkeitspotenziale der Auszubildenden auszurichten. Andererseits wurde erkannt, dass zwischen dem Ausbildungskontext der Jugendlichen und ihrem Freizeitverhalten direkte Zusammenhänge bestehen. Sie sollten in natursportlichen Aktivitäten aufeinander bezogen werden. Praxisorientiert weiterentwickelt wurden diese Zusammenführungen durch die Aktivitäten von Outward Bound Deutschland[852]. Angeregt durch die Vorarbeiten von Michael Jagenlauf[853], wurde eine Reihe von 'Standardkursen' theoretisch aufbereitet und praktisch durchgeführt.

Für besondere Felder firmeninterner Personalentwicklung stellte sich die Verknüpfung zwischen erlebnispädagogischen Arrangements und betrieblichen Routinen als plausibel dar. 'Outdoor Management Development' wurde nicht nur diskutiert, sondern auch im praktischen Handlungsspektrum erprobt und profiliert. Den Erfahrungen von Mario Kölblinger[854] konnte man bis in die Gegenwart hinein ablesen, in welcher Weise firmeninterne Bedürfnisse und 'outdoor-Aktivitäten' miteinander verknüpft werden können. Was in der rationalen Ebene als Forderung der Firma den leitenden Angestellten zu professioneller Führungstätigkeit veranlassen sollte, hatte von ihm in der Ebene seiner individuellen Befindlichkeit auch emotional akzeptiert zu werden. Handlungs- und Führungskompetenzen für die Prozesse der innerbetrieblichen Entscheidungsfindung sollten durch Maßnahmen des Erfahrungslernens verstärkt werden. Verhaltenssouveränität konnte, nach den Einsichten unterschiedlicher Personalentwicklungsfirmen, im 'outdoor-setting' durch die Schaffung veränderter Rollenzuschreibungen praktisch erlernt und in der Bewältigung von Interessenkonkurrenzen überformt werden. Außerdem kann festgestellt werden, dass durch das spezifische Kunden-Anbieter-Verhältnis die potenzielle Wirksamkeit und Qualität der Programme gerade von der Kundenseite her kontinuierlich hinterfragt wurden. Dieser Umstand dürfte dazu beigetragen haben, dass Trainingsprogramme zur Führungskräfteentwicklung von ihrer Programmqualität her ein echtes Lernfeld für erlebnispädagogische Anbieter in anderen Aktivitätsbereichen werden konnten. Zur Begründung von erlebnispädagogischen Programmen als spezifischer Variante eines Outdoor-Trainings werden aus der Sicht der 90er Jahre folgende Kriterien gesehen:

1. Ergebnisse des Experiential Learning und der modernen Lernforschung haben ergeben, dass Menschen dann am besten lernen und das Gelernte auch umsetzen, wenn der Erkenntnis- bzw. Verhaltensgewinn aus eigener Erfahrung resultiert und nicht bloß auf Übernahme fremden Wissens und Verhaltens beruht (entdeckendes, offenes Lernen),
2. sie aktiv in den Lernprozess involviert sind,
3. die Lernsituationen authentisch sind und die Notwendigkeit zu handeln aus der Sache selbst kommt - mit realen Problemen und realen Problemlösungsmöglichkeiten (Motivations-Vorteil),
4. das Lernen in dem Sinne ganzheitlich erfolgt, als dass kognitive, affektive, soziale und motorische Bereiche angesprochen werden und notwendig ineinandergreifen müssen. Das führt zur Verankerung der Lernerfahrungen auf verschiedenen Persönlichkeitsebenen,
5. die Lernprozesse in einer stimulierenden Lernumgebung stattfinden, die nach den Prinzipien der Problemorientierung, der Sinn-Orientierung, der Reflexions-Orientierung und des Arbeitsbezuges organisiert ist,
6. zur Bewältigung von Innovation und Wandel das gesamte Team in einen gemeinsamen Lernprozess eingebunden ist und die neuen Erfahrungen und Einsichten nicht nur auf die Vorgesetzten und Experten beschränkt sind. Gegenseitige Lernverpflichtung und Lernunterstützung sowie ein übergreifender Lerntransfer sind dann am größten, und die Qualität der Sozialbeziehungen im Team verbessert sich nachhaltig.

Die Funktionszuschreibung erlebnispädagogischer Kurse wurde dabei eindeutig vorgenommen: *"Diese Bedingungen kann das Outdoor Management Development in vielfältiger Weise erfüllen und macht es im Bereich des Verhaltenstrainings gegenüber traditionellen Lernformen überlegen"*[856].

Gemessen an der Vielfalt von Positionspapieren, Publikationen, Zeitschriften, Tagungsaktivitäten, Rundbriefen oder praktischen Veranstaltungen ließen sich eine Reihe von Dachverbänden und 'Vernetzungen' ausmachen, die in der BR Deutschland auf erlebnispädagogische Zielsetzungen, Inhalte und Methoden bewusst zurückgreifen. Große caritative Fachverbände kooperieren bei der Ausrichtung erlebnispädagogischer Freizeiten oder für die Eigenqualifikation der Mitarbeiter mit ausgewiesenen Fachveranstaltern der unterschiedlichen Natursportarten. Der 'Deutsche Paritätische Wohlfahrtsverband (DPW)'[857] oder die 'Arbeitsgemeinschaft für Erziehungshilfe (AFET)'[858] haben erlebnispädagogische Maßnahmen für die Heimerziehung programmatisch erfasst und für das eigene Handlungsprofil weiterentwickelt[859]. Zahlreiche Kreisjugendringe organisieren Berg- und Fahrradtouren, Trekkings, Höhlenwanderungen, Kajak- und Floßfahrten bis hin zu Aktivitäten auf den klassischen Entwicklungsfeldern der erlebnispädagogischen Freizeitarbeit: Bergsteigen und Segeltörns.

Outward Bound Deutschland stellt nach nunmehr 58 Jahren ein virulentes Netzwerk handlungs- und erlebnisorientierter Unternehmungen dar, das natursportliche Aktivitäten, Beratungsleistungen für unterschiedliche Institutionen sowie spezifische Weiterbildungen im Bereich universitärer und fachschulspezifischer Perspektive anbietet. Eine der jüngeren Aktivitäten ist die 'Berufsbegleitende erlebnispädagogische Zusatzausbildung' (ZAB)[860]. Sie wendet sich an *"AbsolventInnen einer pädagogischen und/oder psychologischen Berufsausbildung"*[861]. ZAB wurde durch die Einsicht motiviert, dass eine inhaltlich sowie methodisch professionalisierte Entwicklung der Erlebnispädagogik die fundierte Ausbildung potenzieller Multiplikatoren auf dem Bildungs- und Erziehungssektor notwendig erfordert.

Der 1992 aus dem 'Bundesverband Segeln-Pädagogik-Therapie' hervorgegangene 'Bundesverband für Erlebnispädagogik', repräsentiert alle wesentlichen Facetten des erlebnispädagogischen Handlungsspektrums: *"Ziel all dieser Projekte ist es, den jungen Menschen auf den unterschiedlichsten Gebieten und Lebensbereichen die menschlichen Grunderfahrungen machen bzw. nachholen zu lassen, die für ihre individuelle Entwicklung und Erweiterung ihrer persönlichen Kompetenz wichtig und oft unerläßlich sind. Im Zusammenschluß des Bundesverbandes Erlebnispädagogik suchen Initiatoren und Träger erlebnispädagogischer Maßnahmen gegenseitig Unterstützung, politische Vertretung und die fachliche Auseinandersetzung und Weiterentwicklung ihrer Ideen und Konzepte, u.a. auch durch verstärkte Forschung, wissenschaftliche Begleitung und Beratung"*[862]. Mit dieser Zielstellung konnte eine beachtliche Anzahl von Trägern der Erziehungshilfe, der Freizeitpädagogik und Umwelterziehung, der Schul- und Sozialpädagogik, der Sport- und Betriebspädagogik und vor allem Praktiker der Jugend- und Erziehungshilfe in den letzten Jahren gewonnen und für die gemeinsame Arbeit motiviert werden. Ging es doch um *"das Wiederentdecken des ganzheitlichen, erlebnisbezogenen Lernens in der Jugendhilfe, in der Schule und Berufsausbildung und in den festgefügten Institutionen überkommener Pädagogik; um interkulturelles Lernen und die Begegnung mit fremden oder fremd gewordenen Volksgruppen, besonders Osteuropas und der dritten Welt"*[863]. - *"Erlebnispädagogik als Weg der Entdeckung fremder und eigener menschlicher Kompetenz und Eigenart"*[864]. Natürlich war es schwierig, derartige überregionale Vernetzungen institutionell sowie inhaltlich auf- und auszubauen. In den sehr unterschiedlichen Erziehungsfeldern wurden völlig verschiedene Programme und Konzepte entwickelt, die sich auf kaum vergleichbare Zielgruppen und Erziehungsbedürfnisse richteten. Widersprüche und gegensätzliche Tendenzen im erlebnispädagogischen. Diskussionszusammenhang konnten daher nicht ausbleiben und kennzeichnen den jetzigen Bestand dieses Bundesverbandes[865] (BE). Bleibt abzuwarten, ob sich kleinere Arbeitsgemeinschaften ohne feste und satzungsmäßig fixierte Strukturen als eher geeignet erweisen, um den überregionalen und internationalen Meinungs- und Gedankenaustausch mit all seinen Spannungen sowie Interessenkonkurrenzen voranzutreiben. Mit einem bayerischen 'Forum Erlebnispädagogik'[866] oder dem 'Hochschulforum Erlebnispädagogik' der Universität Augsburg wurde daher der Versuch unternommen, in einem multivalenten Funktions- und Inhaltszusammenhang nach zukunftsorientierten und überregionalen Arbeitsmöglichkeiten zu suchen.

Durch diese Aktivitäten der bereits angesprochenen Dachverbände, durch zahlreiche Themenstellungen in Wissenschaft und Praxis sowie durch neuere Erziehungsbedürfnisse in den schulischen Lebens- und Lernfeldern, werden einige Arbeitsbereiche deutlich, die sich in den letzten Jahren abzeichneten. Der Modernitätsanspruch der Erlebnispädagogik musste untermauert werden, der sich nur in zwei Seiten äußern konnte: In einer notwendig gewordenen theoretischen Systembildung und in der Professionalisierung praktischer Projektarbeit. Daraus ergaben sich in der jüngsten Vergangenheit differenzierte Aufgaben und Arbeitsschwerpunkte, die das gegenwärtige Entwicklungsbild der modernen Erlebnispädagogik bestimmen. Ihnen kann entnommen werden, in welchen Bereichen der Modernitätsanspruch der Erlebnispädagogik theoretisch fundiert und praktisch vollzogen werden soll. Die folgenden Arbeitsfelder der modernen Erlebnispädagogik kommen sowohl in der theoriegeleiteten Diskussion als auch in den gelebten Praxisfeldern vor. Sie zeigen, welche Chancen und Entwicklungsmöglichkeiten der Erlebnispädagogik zugemessen werden und darüber hinaus den aktuellen Stand der Vergewisserungen. Die Trennung der Arbeitsfelder war allein der analytischen Absicht geschuldet und soll nicht bedeuten, dass es zahlreiche Überschneidungen, Kooperationen und Arbeitszusammenhänge in den unterschiedlichen Bereichen gibt.

Arbeitsfelder der modernen Erlebnispädagogik in den 90er Jahren

1. Ganzheitliches Menschenbild der modernen Erlebnispädagogik[867]
2. Natursportliche und sozialtherapeutische Ziele der modernen Erlebnispädagogik[868]
3. Spezifische und allgemeine Inhalte der modernen Erlebnispädagogik[869]
4. Typische Methoden der modernen Erlebnispädagogik[870]
5. Persönlichkeitsbild und Qualifikationsanforderungen an einen Erlebnispädagogen[871]
6. Qualität erlebnispädagogischer Projekt- und Systemarbeit (Programm- und Sicherheitsqualität)[872]
7. Akademische Begriffshierarchie zu erlebnispädagogischer Theorie- und Systembildung[873]
8. Wirksamkeit erlebnispädagogischer Programme[874]
9. Standardentwicklung zur erlebnispädagogischen Niveausicherung[875]
10. Internationaler Vergleich von Arbeitsformen und Untersuchungsbefunden mit den Ergebnissen im anglo-amerikanischen Bereich[876]

Forderungen, die damit zusammenhingen, kristallisierten sich heraus:

1. Effizientes pädagogisches Handeln in bedingungsgleichen Situationen war zu reflektieren: *Sicherung der Lernsituation.*
2. Strategien für Trainingsformen in handlungsechten Situationen mussten erarbeitet werden: *Konzeptenentwicklung.*
3. Die Integration von Team-Arbeit in individuelle Konzepte musste begründet werden: *Entwicklung sozialisationstheoretischer Perspektiven.*
4. Ein konstruktiver Umgang mit krisen- und konflikthaften Situationen musste gesichert werden, da die intrapersonale Destabilisierung und ein physisches Restrisiko zur Spezifik der Outdoor-Programme gehörte: *Festlegung von Standards physischer und psychischer Sicherheit.*
5. Orientierungen an übergeordneten Sinn- und Wertvorstellungen mussten geklärt werden: *Bestimmung ethischer Prinzipien.*
6. Eine pädagogische Richtung, die sich hauptsächlich in den unterschiedlichen natürlichen Medien darstellte, musste auch eine ökologische Ausrichtung haben. Das erlebnispädagogische Konzept und seine praktische Ausgestaltung musste selbst umweltverträglich sein: *Bestimmung ökologischer Prinzipien.*

Die skizzierten Projekte und Institutionen stellen nur einen kleinen institutionsgeschichtlichen Aufriss zum erlebnispädagogischen Handlungsspektrum in der BR Deutschland dar. Diese wenigen Anmerkungen, die sich beliebig erweitern ließen, dürften gezeigt haben, dass für die Bereiche der öffentlichen Schule, auch der Fachschule, Fachhochschule und Universität, erlebnis- und handlungsbezogene Lernformen bisher nur unzureichend thematisiert und erkundet wurden. Das soll nicht heißen, dass Forschung und Lehre an diesen Tendenzen gänzlich vorbeigegangen sind. Dennoch - und das muss vor dem Hintergrund der 'Patenrolle' der Schulbewegung Kurt Hahns für die moderne Erlebnispädagogik schon überraschen - blieb die Erlebnispädagogik bis heute für den Bereich des schulischen Volksbildungswesens eher eine randständige Erscheinung - eben pädagogische Provinz.

Auf der Basis etablierter erziehungstheoretischer Paradigmen gab es in der Vergangenheit zahlreiche und durchaus differente Positionsbestimmungen zur Erlebnispädagogik. Sie hatten zum Ziel, die Erlebnispädagogik in bestehende Paradigmen und Systemzusammenhänge einzubinden und dem schulischen sowie außerschulischen Handlungsfeld zugänglich zu machen. Die unübersehbaren Meinungsdifferenzen und unterschiedlichen Absichten machten es in der Vergangenheit nicht leicht, sich dem Thema Erlebnispädagogik anzunähern. Sie waren Hinweis darauf, dass die erkenntnistheoretische Breite der Erlebnispädagogik in ihrer historischen Unabgeschlossenheit der Veränderung theoretischer Sichten geradezu entspricht und entspringt.

Die Erlebnispädagogik wurde für die segelpädagogische Ausbildung von Studenten an der Fachhochschule Hildesheim von Michael Schwindt erschlossen. In seiner Interpretation kommt die Erlebnispädagogik als spezifische Variante einer Integrationspädagogik[877] zur Darstellung. Erlebnispädagogik wird dadurch nicht nur zu einem methodischen Baustein, der Studentinnen und Studenten in praktischer und erlebnisreicher Tätigkeit aktiviert und im Gruppenprozess des Lernen und Lehrens angemessen berücksichtigt. Sie kann gleichsam Ausdruck eines anregungsreichen Aufgabenzusammenhanges werden, der ganz unterschiedliche Persönlichkeitspotenziale in ihrer integrierenden Funktion fördert und fordert.

Lothar Worm erarbeitete aus sonderschulpädagogischer Sicht eine Perspektive, in der die Erlebnispädagogik zu einem speziellen Feld der Kompensationspädagogik werden kann. In seinem vielbeachteten Buch, *"Reparaturwerkstatt Schule"*[878], interpretierte er die Erlebnispädagogik als konzeptionellen Baustein zur *"Innovation der Schule für Lernhilfe"*[879]. Für Worm finden sich alle wesentlichen Eigenschaften einer auf Kompensation individueller Lebensdefizite ausgerichteten Pädagogik in erlebnisorientierten Lernformen wieder.

Jörg Ziegenspeck charakterisierte die Erlebnispädagogik als 'Alternative Pädagogik', als wirksamen Ersatz und Ergänzung traditioneller Erziehung und Bildung. Erlebnispädagogik in ihren gesellschafts- und kulturkritischen Akzentuierungen wurde als zeitgemäße Überformung der Pädagogik Kurt Hahns und insbesondere seiner Erlebnistherapie thematisiert[880]. Vor diesem ideengeschichtlichen Hintergrund wurden Gedanken entwickelt, die sich auf das zeitgeschichtliche Modernitätsverständnis der Erlebnispädagogik richten. Die Untersuchungsergebnisse wurden durch die Arbeitsgruppe 'Theorie und Praxis der Erlebnispädagogik' an der Universität Lüneburg gebündelt und durch das 'Institut für Erlebnispädagogik' (IfE Lüneburg)[881] kontinuierlich dokumentiert.

Als einen markanten Anwendungsbereich von outdoor education charakterisierte Mario Kölblinger die moderne Erlebnispädagogik[882]. Zwar wurde in seinen Arbeiten betont, dass erlebnispädagogische Vorgehensweisen keine Universalinstrumente für eine optimale Persönlichkeitsförderung darstellen, aber in folgende Bereiche von 'Management Development' direkt hineinwirken: *"Mitarbeiterintegration, Förderung der Team-Synergie, Erprobung von Führungsverhalten, Bewältigung neuer, komplexer Aufgaben"*[883]. Die Unternehmensberatung Dr. Strasser & Partner (München) ist seit 25 Jahren mit der Durchführung solcher 'Outdoor Management Development Trainings' befasst. Sie deutet in der handlungsechten Situation des Outdoor-Trainings gehobene Lernmöglichkeiten und hat daher in diesem Bereich der erlebnispädagogischen Personalentwicklung echte 'Pionierarbeit' geleistet: *"Es (Outdoor-Training) ist die aktivste Form des Handlungslernens und findet unter Echtheitsbedingungen statt. Es bringt die Teilnehmer zum realen Handeln bzw. zur Umsetzung ihrer Planung sowie zur Implementierung ihrer Maßnahmen - mit all ihren Konsequenzen"*[884].

Hannelore Niederbracht entwickelte aus einem segelpädagogischen Ansatz praktische Integrationsmöglichkeiten erlebnispädagogischer Betätigungsformen für behinderte Menschen[885]. Daniela M. Sandner-Heber zeigte in ihrer Schrift, *"Freizeitpädagogik zwischen emanzipatorischen Zielen und pragmatischen Orientierungen"*[886], dass Anknüpfungspunkte handlungs- und erlebnisorientierter Erziehung im Freizeitbereich vorzufinden sind. Sie liegen in Anlehnung an das *"Studienmodell zur Berufsqualifizierung für den Freizeit- und Touristikbereich"*[887] von Horst Opaschowski vor allem in den Bereichen des psycho-sozialen Lernens und in der freizeitkulturellen Animation[888] vor.

**Integrationspotenziale der modernen Erlebnispädagogik
in andere sozialwissenschaftliche und pädagogische Richtungen**

1. Erlebnispädagogik als Integrationspädagogik
2. Erlebnispädagogik als Kompensationspädagogik
3. Erlebnispädagogik als 'Alternative Pädagogik'
4. Erlebnispädagogik als 'Outdoor-Pädagogik'
5. Erlebnispädagogik als Freizeitpädagogik
6. Erlebnispädagogik als Sozialpädagogik
7. Erlebnispädagogik als Umwelterziehung
8. Erlebnispädagogik als 'Adventure Education'
9. Erlebnispädagogik als natürliches und soziales Erfahrungslernen
10. Erlebnispädagogik als Rehabilitationspädagogik
11. Erlebnispädagogik als Behindertenpädagogik
12. Erlebnispädagogik als praktische Soziologie
13. Erlebnispädagogik als Betriebspädagogik
14. Erlebnispädagogik als interkulturelle Erziehung
15. Erlebnispädagogik als multikulturelle Erziehung

Sozialpsychologische und sozialpädagogische Grundzüge der Erlebnispädagogik arbeitete Michael Stadler heraus und nutzte seine Einsichten zur
theoretischen Fundierung einer experimentellen Psychologie an der Universität Bremen: *"Segelschiffe sind kleine und relativ abgeschlossene Welten
für sich, in denen alle auftretenden natürlichen, technischen und sozialpsychologischen Probleme von der Crew selbständig und ohne Eingriffe von
außen gelöst werden müssen. Der damit verbundene Autonomiegewinn ist
eine Grundvoraussetzung für die Persönlichkeitsbildung an Bord"*[889]. Über
die Segelpädagogik hinaus werden grundsätzliche Gesichtspunkte verdeutlicht, die in jeder erlebnispädagogischen Maßnahme sozialpädagogische und
sozialpsychologische Relevanz erlangen: *"Die Vielseitigkeit der Aufgaben an
Bord ermöglicht die Ausbildung verschiedener Qualifikationen, die dem
Jugendlichen Vertrauen in die eigenen Fähigkeiten und Selbstbewußtsein
vermitteln. Motivation kann durch die Entdeckung sachlicher Notwendigkeiten an Bord gefördert werden. Soziale Kompetenz und Eingliederungs-
fähigkeit schließlich wird unter vergleichsweise schwierigen Bedingungen
mit hoher sozialer Dichte und hierarchischer Strukturierung lernbar, weil in
der existentiellen Situation an Bord die Notwendigkeit sozialer Strukturierung sachlich legitimiert und einsehbar werden"*[890]. Das Lernen

erwächst so aus dem Gegenstand selbst und muss nicht zusätzlich vermittelt werden.

Als Methode in der Jugendarbeit und ökologischen Bildung ordnete Werner Michl die Erlebnispädagogik ein. Seine praxisbezogenen Einsichten dokumentierte er in dem Sammelband: *"Praxis der ökologischen Bildung in der Jugendarbeit"*[891]. Anke Schlehufer thematisierte in dieser Schrift Chancen und Möglichkeiten ökologischen Lernens in Medien der Erlebnispädagogik: *"Erlebnispädagogik und Ökopädagogik sind sicherlich unterscheidbare Methoden moderner Pädagogik, doch sie haben auch vieles gemeinsam und lassen sich fruchtbar miteinander verbinden. Sowohl in der Erlebnispädagogik wie auch in der Ökopädagogik geht es um drei Elemente: Individuum-Gruppe-Natur, wobei nur die Schwerpunkte etwas unterschiedlich sind. Während bei der Erlebnispädagogik der Mensch als Einzelwesen und Teil der Gruppe im Mittelpunkt steht und Natur den Rahmen für das Erleben bietet, steht bei der Ökopädagogik das Verhältnis Mensch-Natur im Mittelpunkt"*[892]. Auf die sozialisationstheoretische Komponente im Verhältnis zwischen Umwelterziehung und Erlebnispädagogik wurde damit deutlich verwiesen.

Karl Schwarz legte 1968 mit seiner Dissertation bei Hermann Röhrs eine Studie[893] vor, die den Begriffen des Abenteuers und der Bewährung in den Prozessen handlungsorientierten Lernens eine herausgehobene Bedeutung zuschrieb. Die Bewährung in der natursportlichen Risikosituation und die Ausprägung des Mutes, sich auf eine unbekannte Herausforderung einzulassen, wurden bei Schwarz zu Grundelementen der Kurzzeitpädagogik Kurt Hahns.

Versuche, die Erlebnispädagogik als spezifische Variante des traditionellen Erfahrungslernens zu erfassen und zu strukturieren, gingen vom 'Institut für Erziehungsforschung und alternative Lehr- und Lernhilfen' (IELL Berlin)[894] aus. Aus dem inneren Zusammenhang zwischen 'Tätigkeit-Erleben-Erfahrung' wurde abgeleitet, dass die spezifischen Methoden und Medien der Erlebnispädagogik intrapersonale Kreativitäten und damit den Zuwachs an Erfahrungen fördern und entwickeln. Erlebnispädagogik wurde danach mit den emotionalen und künstlerischen Ausdrucksbewegungen verbunden, die sich in Musik, Malerei, Spiel oder Sport äußerlich darstellen und realisieren: *"Auf der anderen Seite wäre die erlebnispädagogische Begriffsbildung auch über den genetischen Oberbegriff eines offenen, natürlichen und sozialen Erfahrungslernens naheliegend und erlebnispädagogische Arrangements als spezielle Aus- und Überformungen des Erfahrungslernens anzunehmen. Diese Einsicht wurde gerade im anglo-amerikanischen Raum vor bereits mehr als 20 Jahren auf die theoretische Systembildung bezogen, indem man zum Beispiel in den Formen der 'adventure education' oder in 'adventure based counseling' nur spezifische Seiten eines 'experiential learning' ausmachte"*[895].

Erlebnispädagogik als Rehabilitationspädagogik wurde unter sozialtherapeutischen Gesichtspunkten vielfältig thematisiert. Rehabilitation und Resozialisation dissozialer, delinquenter sowie devianter (verhaltensauffälliger) Jugendlicher wurden von Michael Bünger[896], Norman Hefford[897] oder von Jürgen Andorff[898] unter erlebnispädagogischer und sozialpsychologischer Fragestellung auf unterschiedlichen Ebenen durchdacht und dargestellt. Die Stärkung des Selbstwertgefühls im kooperativen Kontakt zur Gruppe und der schrittweise Selbstaufbau emotionaler und körperlicher Dispositionen wurden auf handlungs- und erlebnisorientierte Lernmilieus zurückgeführt. Die Integration der Jugendlichen in arbeitsbezogene und handwerkliche Techniken war bei diesen Untersuchungen unter verschiedenartigen Sozialisationsaspekten mit erlebnispädagogischen Inhalten und Methoden direkt verbunden.

Die Behindertenpädagogik verlangt von sich aus, aufgrund der spezifischen und mit physischen und/oder psychischen Defiziten beladenen Heranwachsenden, offene und soziale Lernmethoden. Spezielle Orientierungstechniken im Lernprozess, individuell-bedeutsame Lernhilfen oder räumlich-organisatorische Besonderheiten prägen das Bild dieser Erziehungsrichtung. Als reale Handlungsfelder für soziale Interaktionen, als praktische Erfahrungsfelder, auf denen neue Handlungs- und Erlebnisformen möglich werden und als Impulse zur Veränderung der individuellen Verhaltensregulation wurden erlebnispädagogische Vorgehensweisen in der Behindertenpädagogik dargestellt[899].

Gerhard Grossmann[900] und Peter Sommerfeld[901] untersuchten das Schiff als soziales System. *"Praktische Soziologie an Bord"*[902], in den typischen erlebnispädagogischen Maßnahmen und Lernfeldern, zeigte für Grossmann reale Chancen, *"gruppendynamische Prozesse zu optimieren"*[903]. Durch den emotionalen 'Spannungsgehalt' der natursportlichen Unternehmung soll vor allem die Gruppenkohäsion gestärkt werden[904].

Die Volkswagen AG[905], BMW[906] oder die Dräger-Werke[907] haben in den letzten 20 Jahren erlebnispädagogische Kursaktivitäten zur Personalentwicklung eingesetzt: als 'Motivationsprogramme' für geeignete Mitarbeiter (incentivs) oder als Teamentwicklungsmaßnahmen (Corporate Trainings). Outward Bound-Kurse für Auszubildende oder die 'Outdoor Management Development-Maßnahmen' für Führungskräfte haben die inhaltliche Verbundenheit zwischen Betriebs- und Erlebnispädagogik längst vollzogen. Diese Tatsache soll sich so erklären lassen, dass 'Outdoor-Trainings' sich *"gut mit Management-Simulationen, Team- und Führungsspielen sowie mit Entscheidungs- und Problemlösungstechniken verbinden und als komplexes Lernfeld gestalten"*[908] lassen und sich *"mit Indoor-Trainings verzahnen und als Lernmodul harmonisch in die Bildungs-Konzeption der Unternehmen integrieren"*[909]. 2006 liefen jedoch die letzten Outward Bound Programme in der Bundesrepublik aus und reduzieren sich heute auf die Aktivitäten der sogenannten Outward Bound Academy.

Die inter- und multikulturellen Züge erlebnispädagogischer Systembildung und Praxisarbeit wurden schon in der Ausprägung und Weiterentwicklung der Pädagogik Kurt Hahns deutlich. Die Wirklichkeit der United World Colleges[910] verwies in diese Richtung. Darüber hinaus sind auch in Deutschland praktikable Angebotsformen theoretisch fundiert worden, die den Zusammenhang zwischen erlebnis- und handlungsorientierter Erziehung im Milieu des sozialen Nah- und Nachbarschaftsraums thematisierten. Exemplarisch dafür können die Untersuchungen von Jürgen Zimmer[911] angeführt werden, der mit seinem Team an der Freien Universität Berlin wesentliche Ziele, Inhalte sowie Methoden der community education dem deutschsprachigen Raum zugänglich machte. In diesem spezifischen Verständnis gemeinwesenorientierter Erziehung werden multikulturelle Verständigung und interkulturelle Akzeptanz gleichsam vor der eigenen (deutschen) Haustür zum Erlebnis[912]. In den Zielen, Inhalten und Methoden der community education und ihrer vielen ausländischen Praxisvarianten (community schools) finden die Aspekte der inter- und multikulturellen Sozialisation in den Routinen des täglichen Lebens und Arbeitens eine interessante, herausfordernde und erlebnispädagogische Konkretion.

Gemeinwesenorientierung in der erzieherischen Arbeit und deren Verbindung mit den spezifischen Impulsen erlebnispädagogischer Prozessgestaltung findet seit Beginn der 90er Jahre auch im Ansatz 'City Bound'[913] oder 'City Challenge'[914] klärende Reflexion. Diese Verbindung hat eine erstaunliche Vielfalt im praktischen Handlungsfeld erlebnispädagogischer Maßnahmen erzeugt. Lernerfahrungen, die sich im 'Dickicht der Großstadt' vollziehen, lassen zunächst erwarten, dass die Transfersicherung in die Alltagsroutinen sehr effizient gestaltet werden kann. Der Kontakt zu anderen Menschen im unmittelbaren Lebensumfeld verändert das Sozialverhalten des einzelnen, da Vorurteile und Berührungsängste abgebaut werden können. Die Konfrontation mit den sozialen, infrastrukturellen oder kulturellen Besonderheiten des unmittelbaren Lebensmilieus kann kontrastreiche Bewährungsfelder bereithalten, die für eine Identifikation mit dem eigenen Lebensumstand und für eine *"Alltagskompetenz"*[915] elementar sind: *"Ausgehend von der Erfahrung, daß der Transfer im Rahmen herkömmlicher erlebnispädagogischer Aktivitäten in den Alltagszusammenhang nur schwer herstellbar ist, verlegte man den Aktionsraum in die Stadt, ohne jedoch die methodischen und zielorientierten Prinzipien aufzugeben"*[916]. City Bound lässt sich dabei von der interessanten These leiten, dass nicht nur beim Bergsteigen, im Schlauchboot oder durch die Höhlentour erlebnisreiche Impulsraten für einen zweckbestimmten Lernprozess auftreten, sondern auch derartige Lernsituationen in den großstädtischen Routinen anzutreffen sind.

Ideen- und institutionsgeschichtlich ließen sich für den Zeitraum zwischen 1975 bis 2007 weitere Beispiele anführen. Die Praxisvarianten sind vielfältig und der bibliographische Bestand ist kaum noch überschaubar. Nachdem es nach dem Zweiten Weltkrieg sehr still um erlebnispädagogische Lehr- und Lernformen geworden war, setzten zu Beginn der 60er Jahre die erziehungswissenschaftlichen Reflexionen und theoriegeschichtlichen Rekonstruktionen verstärkt ein. Das reform- und erlebnispädagogische Gedankengut sollte dem überregionalen Diskussionszusammenhang erhalten bleiben. Wilhelm Flitner und Gerhard Kudritzky legten 1961 mit ihrer *"Deutschen Reformpädagogik"*[917] einen Grundstein dafür, dass reformpädagogische Ideen und Initiativen für den zeitgeschichtlichen Zusammenhang aktualisiert werden konnten. Wolfgang Scheibe differenzierte 1969 in seiner Betrachtung der *"Reformpädagogischen Bewegung"*[918] diese reformpädagogischen Sichtweisen weiter. Außerdem aktualisierte er die lebens- und kulturphilosophische Hinterlassenschaft des 19. Jahrhunderts für erziehungswissenschaftliche Fragestellungen. Mit der reformpädagogischen Gesamtdarstellung von Hermann Röhrs, *"Bildung als Wagnis und Bewährung"*[919], wurde 1966 das Werk Kurt Hahns gesichert und zeitgeschichtlichen Betrachtungen unterzogen. Viele der dort versammelten Auffassungen und Anregungen wurden von Hermann Röhrs kontinuierlich weiterverfolgt: *"Das Bildungsproblem in der Geschichte des europäischen Erziehungsdenkens"*[920] (1980); *"Die Reformpädagogik. Ursprung und Verlauf in Europa"*[921] (1983); *"Die Schulen der Reformpädagogik heute"*[922] (1986).

Zur Pädagogik Kurt Hahns und zu den erlebnispädagogischen Merkmalen der Outward Bound-Pädagogik wurden zwischen 1967 und 1968 die viel bachteten Dissertationen von Werner Köppen, *"Die Schule Schloß Salem"*[923] und von Karl Schwarz, *"Die Kurzschulen Kurt Hahns"*[924] durch Hermann Röhrs begleitet und der Fachöffentlichkeit vorgestellt. Ihre Ergebnisse reichten bis in die Diskussionen der 80er Jahre hinein. In ihnen wurden die theoriegeschichtlichen Ansatzpunkte der Erlebnistherapie und vor allem die institutionellen Weiterentwicklungen im erlebnispädagogischen Handlungsspektrum dargestellt.

Die deutsche Übersetzung von *"English progesssiv schools"*[925] belebte zur Mitte der 70er Jahre den erlebnispädagogischen Praxisdiskurs. Diese Schrift hatte Robert Skidelski bereits 1969 in Middlesex publiziert. Die Arbeit von Wolfram Schleske, *"Abenteuer-Wagnis-Risiko im Sport"*[926], führte in die Diskussionen der 80er Jahre. Die überregionalen Ergebnisse dieser Entwicklungen und vor allem die Ausbreitung der internationalen Kurzschulbewegung wurden 1983 von Helga Weber und Jörg Ziegenspeck in folgender Grundsatzarbeit zusammengefasst: *"Die deutschen Kurzschulen. Historischer Rückblick - Gegenwärtige Situationen - Perspektiven"*[927].

Die historiographische Spurensuche und theoretische Systembildung zu erlebnispädagogischen Aspekten wurde in den 90er Jahren nachhaltig durch die *"Reformpädagogik"*[928] von Jürgen Oelkers beeinflusst und verändert. Er verfasste die *"Kritische Dogmengeschichte"*[929], in der das bis dahin geltende Epochenverständnis von reformpädagogischen Entwicklungen und die bis dahin gesuchten kultur- sowie lebensphilosophischen Rückbezüge zum ausgehenden 19. Jahrhundert auf den ideengeschichtlichen Prüfstand kamen. Jürgen Oelkers konnte in seiner Studie zeigen, dass den grundlegenden Entwicklungen und Veränderungen pädagogischer Theorie und Praxis schon immer der Zug und das Motiv der Reform immanent waren. Eine in sich geschlossene Strömung der Reformpädagogik, mit eigenen zeitlichen, kulturellen, politischen oder philosophischen Grundlagen, konnte es danach nicht gegeben haben. Vor dem Hintergrund der dynamischen und zeitgeschichtlich-evolutionären Varianz der sozial- sowie erziehungswissenschaftlichen Theoriebildung, eine Logik, die zwingend war und durch Oelkers historisch belegt wurde. Der zweite Aspekt, den Jürgen Oelkers für die erlebnispädagogische Diskussion thematisierte, war die erlebnispädagogische Begriffsbildung. Die Unmittelbarkeit und Totalität des menschlichen Erlebens ließ sich nach seiner Auffassung nicht pädagogisieren. Er warnte davor, im pädagogisch verfügten Erlebnis einen Weg für den optimalen Lernerfolg zu suchen: *"Was immer die Erlebnisse von Kindern und Jugendlichen sein mögen, an sie können sich keine pädagogischen Ziele richten, weil ihre Folgen weder absehbar noch beherrschbar sind. Erlebnisse sind daher auch nicht die sozusagen menschenfreundliche Alternative zur staatlichen Schule, ganz so als bräuchte die Erlebnispädagogik keine Organisation oder würden in der Schule keine Erlebnisse stattfinden. Gerade die Schulforschung zeigt im übrigen, daß die stärksten Schülererlebnisse oft diejenigen sind, die nichts*

mit Unterricht zu tun haben, aber zugleich die Anstalt voraussetzen"[930].
Jürgen Oelkers ging in seiner kritischen Argumentation noch weiter, indem er wesentliche Qualitäten des menschlichen Erlebens den erzieherischen Überlegungen gegenüberstellte. Erlebnisse, als *"die selten gewordene Kraft, sich Eindrücken hinzugeben, sie zu halten, sie innerlich anzueignen"*[931], sollten vor einer *"schnellen Intellektualisierung der Eindrücke"*[932] durch erzieherische Konstruktionen bewahrt bleiben: *"Erlebnispädagogik ist durch den Vorrang des Erlebens in zweifacher Richtung allein gelassen, die Pädagogik übersteigt nicht die Situation des Erlebens und das Erleben läßt sich nicht verpflichten. So scheint nur ein Dilemma übrig zu bleiben, das Erlebnis soll die Pädagogik anreichern, aber die Pädagogik kann dieses Erleben nicht wirklich gestalten. Es rinnt ihr durch die Finger"*[933].

Das pädagogische Milieu mit seinen moralischen Optionen wurde der inneren Konstruktion des Individuums mit seinen physischen und psychischen Eigenheiten gegenübergestellt und folgende Diskrepanz verdeutlicht: Das positive Erlebnis, das den jungen Menschen innerlich formt und verändert, setzt die subjektiv vollzogene Bedeutsamkeit des äußeren Geschehens voraus. Wie will aber eine erzieherische Intention diese subjektive Bedeutsamkeit vorausschauen und in den pädagogischen Prozess integrieren, da sie doch nur individuell zur Geltung kommt? In dieser Argumentation setzte Oelkers mit Blick auf die sozialen Routinen von Leben, Lernen und Freizeit voraus, dass Erziehung heute nicht mehr als zielgerichtete Einwirkung oder natürliche Entwicklung konzipierbar ist[934]. Daraus leitete sich ab, den Zusammenhang beider Seiten, einer Erziehung als moralischer Kommunikation im Generationsverhältnis und die subjektivistischen Grundzüge emotionaler Existenzformen eher mit Skepsis zu sehen: *"Ich plädiere für eine klare Trennung der Probleme: Erziehung als Kommunikation mit und über Moral ist unverzichtbar, hat aber zugleich keine Verfügungsgewalt über die Konstitution des Subjekts. Was wir etwas schillernd Erlebnispädagogik nennen, mag zu dieser Konstitution beitragen, denn nach Bergson ist unabweisbar, daß Erleben, in starker oder schwacher Form, herausgehoben und alltäglich, die innere Wirklichkeit des Subjekts aufbaut. ... Das Problem aber sollte deutlich bezeichnet werden: Unmittelbarkeit ist kein Programm, aber Mittelbarkeit ist eine steigende Zumutung für das Erleben"* [935].

Auf zwei Gesichtspunkte verwies Oelkers eindringlich:

1. Eine Pädagogik, die ausschließlich positive Erlebnismomente auslösen und verstärken will, kann sich nicht mehr an den ganzheitlichen Aufbau

> biographischer Konstruktionen richten. Negative Erlebnisse sind in einer positiv gemeinten Erziehung nicht vorgesehen.
>
> 2. Außerdem wird in den Betrachtungen Oelkers klar, dass ganz spezifische Erlebnisqualitäten erörtert werden müssten, die in einer plausiblen Verbindung zum erzieherisch gemeinten Vorhaben stehen könnten. Korrelationen zwischen der inneren Konstruktion des Individuums sowie der äußeren Konstruktion moralischer Kommunikation müssten interpretiert werden.

Mehr oder weniger von diesen Ideen inspiriert, entstehen zu Beginn der 90er Jahre zahlreiche Publikationen, die das Denken und Handeln im erlebnispädagogischen Feld bibliographisch objektivieren. Anja Pielorz forderte 1991 mit ihrer Dissertation, *"Werte und Wege der Erlebnispädagogik"*[936], sich den Grundsatzfragen handlungs- und erlebnisorientierter Erziehung zukünftig auch außerhalb der 'Hahn-Pädagogik' zu vergewissern. Gleichzeitig wurde mit ihrer Arbeit die Schriftenreihe *"erleben und lernen"*[937] ins Leben gerufen. In der gleichen Schriftenreihe erschien 1992, als Einstieg in die Erlebnispädagogik, eine Schrift für die erlebnispädagogische Praxisarbeit: *"Erleben und Lernen"*[938], von Bernd Heckmair und Werner Michl. Die Literaturstudie von Hans Georg Bauer, *"Erlebnis- und Abenteuerpädagogik"*[939], erschien 1993 in der vierten Auflage und aktualisierte einige ideengeschichtliche Wurzeln der Erlebnispädagogik. In der Schrift *"Erlebnispädagogik: Rückblick-Bestandsaufnahme-Ausblick"*[940] fasste Jörg Ziegenspeck 1992 den Erkenntnisstand zur Erlebnispädagogik im deutschsprachigen Raum zusammen und dokumentierte die über 200 Publikationen in den acht Schriftenreihen des 'Instituts für Erlebnispädagogik'. Die *"Zeitschrift für Erlebnispädagogik"*[941], die 2007 im 27. Jahrgang erschien, trug gerade in den letzten 20 Jahren zum überregionalen Meinungs- und Gedankenaustausch bei.

Im süddeutschen Raum wurde 1993 das Magazin *"e&l - erleben und lernen - Zeitschrift für handlungsorientierte Pädagogik"*[942] in die überregionale Meinungsbildung integriert. Die im facettenreichen Diskurs beachteten Schriften von G. Schulze[943], W. Fürst[944], F. Herzog[945] oder H.G. Homeldt[946] gaben weitere inhaltliche und bibliographische Informationen zum derzeitigen Erscheinungsbild und zum derzeitigen Entwicklungsstand der modernen Erlebnispädagogik. Weitere Quellen zur modernen Erlebnispädagogik, unter Berücksichtigung schulpädagogischer Quellen, wurden in der *"Bibliographie zur Erlebnispädagogik"*[947] zusammengestellt, die mit fast 2500 Quellen den internationalen Publikationsbestand aus der Sicht der 90er

Jahre bibliographisch objektivierte. Sie wurde vom 'Bundesverband für Erlebnispädagogik' 1994 in Auftrag gegeben. Im letzten Schritt dieser ideen- und institutionsgeschichtlichen Darstellungen soll der Versuch unternommen werden, die Entwicklung der modernen Erlebnispädagogik in ihrer internationalen Dimension einzuordnen und auf vergleichbare Parallelen im ausländischen Handlungsspektrum zu verweisen. Bereits die internationale Schulbewegung Kurt Hahns war ein deutlicher Beleg für die transnationale Ausdifferenzierung des offenen, natürlichen und sozialen Erfahrungslernens. Seit 30 Jahren stellt der anglo-amerikanische Sprach- und Kulturraum das Zentrum erlebnispädagogischen Handelns dar. Diese Feststellung kann einerseits aus dem Umfang der praxisorientierten Initiativen und andererseits aus der vielfältigen Fachliteratur abgeleitet werden. Die Ursachen dafür sind ideengeschichtlich geprägt. Zu ihnen gehören:

1. Die pragmatische Grundorientierung des amerikanischen Bildungs- und Erziehungswesens gewährte kontinuierlich einen gewissen 'Spiel- und Probierraum', um Tendenzen einer wirklichkeitsfernen und intellektualisierenden Schulpädagogik abzuschwächen. Damit zog man sich eine Reihe von Problemen (z.b. unzureichende intellektuelle Bildung) heran, die hier nicht näher erörtert werden können. Die kulturgeschichtliche Semantik des Erfahrungslernens wurde jedoch gefördert.
2. Neue Methoden und Medien der Erziehung wurden freier im experimentellen Bereich ausgelotet und mit sozialen, emanzipatorischen und ökologischen Fragen verbunden. Die praktizistische Grundtendenz des amerikanischen Bildungs- und Erziehungswesens verstärkte den Handlungsbezug zu den Lerngegenständen.
3. Sehr günstige geographische Bedingungen und relativ geringe Besiedlungen gaben natursportlichen Aktivitäten Raum zur Entfaltung. Pädagogische Provinzen konnten in nahezu jeder Region entstehen. In England und Kanada kam hinzu, dass staatliche Förderprogramme private Bildungsinitiativen umfassend unterstützten, in deren Umfeld vielfältige Formen des Erfahrungslernens profiliert wurden.

Aus dem Konzept der adventure education bildeten sich in den letzten drei Jahrzehnten die theoretischen und praktischen Bereiche von experiential education, action learning und adventure based learning heraus. Wichtige Entwicklungsimpulse kamen zumindestens in den USA von der *"progessive education movement"*[948], die die Lebens- und Wirklichkeitsnähe von Bildung und Erziehung in ihren pragmatischen und utilitaristischen Forderungen artikulierte. Seit Mitte der 90er Jahre wurden diese Entwicklungen auch in Deutschland zunehmend bekannt, zur Kenntnis genommen und thematisiert[949]. 1991 wurden allein in *"Training & Development"*[950] über 100 Einrichtungen und Institutionen genannt, die sich mit Zielen, Inhalten und Methoden von OMD (Outdoor Management Development) theoretisch und praktisch befassen. Die 'University of Wisconsin-Whitewater'[951], die 'University of New Hampshire'[952] oder die 'Boston University'[953] bieten Studiengänge zu experiential education oder adventure therapy an. Für Kanada sind ähnliche Tendenzen zu verzeichnen. Allein an der 'Brock University'[954], im 'Corporate Adventure Training Institute'[955], wurden bisher 24 empirische Evaluationsprojekte zum experiential learning realisiert[956]. Drei große Institutionen sind in den USA die führenden 'Anbieter' erlebnispädagogischer Maßnahmen: 'Outward Bound Amerika'[957], die 'National Outdoor Leadership School'[958] und 'Project Adventure'[959]. Ihre Programme wurden in den letzten 20 Jahren erprobt und werden heute in allen Teilregionen der Vereinigten Staaten durchgeführt. Dokumentiert wurden diese Forschungs- und Praxisfelder durch die 'Association for experiential education' (AEE)[960], die gleichsam die internationale Vernetzung und Bündelung der Aktivitäten in Kanada, USA und UK verwirklicht.

Im neuesten Sammelband zur experiential education, *"Do it ... and understand. The Bottom Line on Corporate Experiential Learning"*[961], wurden die wesentlichen Problemfelder und Erkenntnisse zusammengeführt, die sich in den letzten Jahren zum handlungs- und erlebnisorientierten Erfahrungslernen ergaben. Ihnen wird hier aus Platzgründen nicht weiter nachgegangen. Jedoch lassen diese Auffassungen erkennen, dass in der amerikanischen Diskussion folgenreiche Themenstränge wie *"Designing the experiential training process"*[962] an einiger Bedeutung gewonnen haben. In ihnen finden prozesstheoretische Komponenten der Erlebnispädagogik gehobene Beachtung und Aufklärung. Die Aspekte *"Turning experience into Learning"*[963], *"Development Leaders experientially"*[964], *"Experiential learning: Indoors versus outdoors"*[965] oder *"The importance of Follow-up"*[966] können im Struktur- und Funktionsmodell erlebnispädagogischer Prozessgestaltung nachvollzogen werden. Sie geben grundlegende Hinweise für den sequenziellen Aufbau von Vorbereitung, Durchführung sowie Auswertung erlebnispädagogischer Projektarbeit. Außerdem berühren diese Überlegungen die funktionalen Aspekte der Lerntransferorientierung sowie strukturelle Momente der Lerntransfersicherung. Mit der kontinierlichen

290

Darstellung dieser Ergebnisse der empirischen Sozialforschung zur Wirksamkeit der Erlebnispädagogik wurde dem experiential learning umfassende Referenz in der internationalen Diskussion erwiesen.

Der Blick auf das europäische Handlungsspektrum richtet sich zunächst ganz zwangsläufig auf die englische 'Szene'. Neben den Aktivitäten von Outward Bound arbeiten mehr als 100 Organisationen auf der Methodengrundlage von experiential education. Sie kooperieren in eigenen Dachverbänden und sind zum Teil in die AEE fest integriert. Als ein besonderes Merkmal für England kann gesehen werden, dass 'adventure opportunities' für 'Comprehensive Schools' und 'Community Schools' angeboten werden. Das ist der Anbieterliste von *"Suffolk County Council Education Development"*[967] direkt zu entnehmen. Für deutsche Verhältnisse waren eher andere Trends und Zielgruppen erlebnispädagogischer Initiativen auszumachen.

Von den Ländern Niederlande und Belgien vermutet man auf den ersten Blick, dass durch die dichte Besiedelung kaum natursportliches Terrain genutzt werden konnte. Auf der einen Seite wurde gerade in diesen Ländern der Ansatz 'City Bound' ausgeprägt. Auf der anderen Seite haben sich Projekte in der Segelpädagogik etablieren können. Das 'Tjalk-Segeln' auf dem Ijsselmeer oder an den Küstenstreifen der Nordsee[968] ist dafür ein gutes Beispiel. Darüber hinaus wurde im 'Orthopedagogisch Centrum Michiel' in Wijchen der Versuch unternommen, erlebnispädagogische Grundsätze auf eine moderne Psychodiagnostik zu beziehen[969].

In Spanien gibt es die *"Bemposta, die Ciudad de los Muchachos"*[970], in der heute interkulturelle Erziehungsabsichten außerordentlich betont sind. Aus mehr als 20 Ländern kommen die Heranwachsenden zusammen, die ihre pädagogische Provinz in eigener Verantwortung und Mitverwaltung gestalten und verändern. *"Grand Aventura"*[971] steht in Bemposta nicht nur für die traditionellen Elemente der Erlebnistherapie Kurt Hahns, sondern zeigt konzeptionelle Möglichkeiten, wie die Verbindung zwischen schulischen Routinen und außerunterrichtlichen Maßnahmen beschaffen sein kann: *"Das Gran Ventura beginnt mit einer dreimonatigen Vorbereitungszeit im abgelegenen Felsenkloster San Pedro de Rocas. Die Jungen leben dort unter asketischen Bedingungen und müssen bis auf zwei Pausen von einer halben Stunde schweigen. Danach arbeiten sie einen Monat in einem Krankenhaus - jeweils in Zweier- oder Dreiergruppen - einen Monat bei den Atlantikfischern oder in einsamen Bergdörfern, einen Monat gehen sie als 'Gefangene' in ein Jugendgefängnis, einen als Jugendpfleger in Großstadtslums. Anschließend ziehen sie zu dritt bettelnd durchs Land und arbeiten schließlich bis zum Ende des Jahres als Schiffsreiniger und Bauhilfsarbeiter"*[972].

In Frankreich gehören erlebnispädagogische Unternehmungen eher zur Ausnahme. Das relevante Forschungsanliegen wurde kaum reflektiert. Die vorhandenen reformpädagogischen Initiativen, zum Beispiel die Ecole Moderne von Celestin Freinet[973], entwickelten ihre arbeits- und erlebnisbezogenen Positionen aus der reformpädagogischen Tradition. In Italien vertritt die 'Unione Italiana Sport Popolare' (UISP)[974] erlebnispädagogische Ziele und organisiert unterschiedliche Programmangebote. Eine gemeinwesenorientierte Sozialarbeit und deren Ausprägung in kulturellen und sportlichen Veranstaltungen bilden den Schwerpunkt dieser erzieherischen Initiativen.

In den skandinavischen Regionen gibt es eine alte Tradition natursportlicher Betätigungen, da die natürlichen und demographischen Grundlagen für europäische Verhältnisse nach wie vor außerordentlich günstig beschaffen sind: *"So spielt in Finnland die Erlebnispädagogik in der Jugendarbeit und auch in der Ausbildung von Sozialpädagogen eine bedeutende Rolle. In Norwegen arbeitet seit vielen Jahren eine ganze Reihe von Initiativen in der Gemeinwesenarbeit und nutzt dabei eine am Erfahrungslernen orientierte Konzeption unter Einschluß der Natursportarten"*[975]. Das bekannte Lehrfach 'Freiluftleben' wurde in akademischen Ausbildungseinrichtungen der skandinavischen Länder fest etabliert. In der umfassenden Studie von Matthias Weinholz, *"Freiluftleben: Eine erlebnispädagogische Lebensphilosophie und ihre Chancen bei der Entwicklung junger Menschen"*[976], wurde dieser Bereich angemessen dokumentiert.

In der Schweiz und Östereich liegen auch gegenwärtig noch komfortable Systeme der sozialen Sicherung und der öffentlichen Erziehung vor. Ein guter Nährboden für die Entwicklung und Entfaltung erlebnispädagogischer Ideen und Vorhaben. So bildete zum Beispiel die Pädagogische Hochschule St. Pölten bis 2005 Dilomerlebnispädagogen aus. Die 'Wildnisschule Schloß Wartensee'[977] oder das Projektschiff 'Arge Noah'[978] sind weitere exemplarische Beispiele. Seit über 15 Jahren wird auf der 'Arge Noah' mit deprivierten Mädchen und Jungen versucht, erlebnispädagogische Grundbausteine innerhalb neuropsychiatrischer Therapieformen einzusetzen. Unter der wissenschaftlichen Leitung der Landes-Kinderklinik Linz wurden die neuen Einsichten und Erkenntnisse kontinuierlich dokumentiert: *"Jugendliche, die mit Persönlichkeitsstörungen oder depriviertem Verhalten ihr erfahrenes oder verformtes Weltbild darstellen, benützen natürlich auch ihre Bühne weiter. Schuldgefühle und Versagensängste lassen aber nur begrenzte Möglichkeiten der Ausscheidung zu. So spielen sie das, das man ihnen von Kindheit an vermittelt hat. Die Erlebnispädagogik sieht bei der Restaurierung dieses verstümmelten Weltbildes ihre vordringliche Aufgabe, sie widmet sich also den für die menschliche Existenz bedeutsamen Strategien. Dazu bedarf es einer neuen Bühne, einer Art Schöpfungsgefühl, das und in der Begegnung mit der Natur und ihren Gezeiten ... ihren Kräften und übersinnlichen Phänomenen als Bestandteil dieser Daseinsberechtigung entgegenkommt"[979].* Diese Vorstellung von einer pädagogischen Provinz, in der junge Menschen die elementaren Grunderfahrungen des Lebens machen und außerdem ihre bis dahin geltenden Routinen gestörten Verhaltens und Handelns verlassen können, finden in den Reflexionen Werner Gerstls weitere erlebnispädagogische Konkretionen: *"Weltbild wird spielerisch trainiert, das benötigt Dimensionen und Raum. Kinder versuchen sehr früh in Interaktionen zu treten und sie experimentieren mit Kulturtechniken auch den vorbewußten, imaginären, abstrakten Bereich, in dem Traum, Visionen oder phantastisch-okkulte Beziehungen in uns aufbrechen. Kulturtechniken sind der Ausdruck einer intrapsychischen Kreativität, das Instrument der Ausscheidung spiegelt sich im Tanz, der Musik und anderen Verfahren. ... Erlebnispädagogik ist auch eine Kulturtechnik"[980].* Damit ist der Zusammenhang zwischen den äußeren Existenzformen emotionaler Zustände und den Methoden sowie Inhalten handlungs- und erlebnisorientierter Erziehung hergestellt, indem handwerkliche, künstlerisch-ästhetische und natürliche Betätigungen auf das erzieherische bzw. therapeutische Anliegen ausgerichtet werden.

Die Länder Osteuropas wurden von Bernd Heckmair und Werner Michl als potenzielle Entwicklungsfelder erlebnispädagogischer Aktivitäten angesehen, da die oszillierenden Veränderungen in der gesamtgesellschaftlichen Dimension auch zu pädagogischen Evolutionen beitragen: *"Die meisten Länder sind relativ dünn besiedelt; es bestehen große nicht versiegelte Flächen für natursportliche Aktivitäten; Die ökologischen Belastungen sind zum Teil exorbitant; der Umwelterziehung bzw. Ökopädagogik kommt - auch aufgrund der Versäumnisse der abgewirtschafteten Bildungssysteme - besondere Bedeutung zu; Das Erziehungs- und Bildungswesen wird zum Teil völlig neu aufgebaut. Insofern bestünde die Chance, die Fehler einer verkopften, wirklichkeitsfernen Pädagogik zu vermeiden und handlungsorientierte Ansätze zu etablieren"[981].* Erste Ansätze derartiger Aktivitäten sind bereits deutlich auszumachen. Jan Neumann hat zum Beispiel an der Karls-Universität in Prag schon im Wintersemester 1992/93 einen eigenen Studiengang für natursportliche Aktivitäten angeboten. 'Outward Bound Czech (Prßzdinovß Skola Lipnice)' realisierte das handlungs- und natursportlich-orientierte *"Interproject"[982].* In Rußland war es zunächst die Organisation *"Eurasia"[983],* die erlebnispädagogische Kurse für Jugendliche auf natursportlichem Gebiet durchführte. An der 'Moskauer Universität' wurden in Zusammenarbeit mit der AEE unterschiedliche workshops zu Themen der experiential education organisiert: *"We gave six workshops at Moscow State University and two at the National School for Economy ..., working directly with a total of about fifty students. Experiencing a wide variety of 'initiative games' with debriefings, these students got a taste of the aims and techniques of experiential education. The vast majority seemed to have a lot of fun"*[984]. Für Slowenien lässt sich an den Darstellungen des Teams um Mitja Krajncan ablesen, dass *"Klettern, Rafting, Mountain-Bike-Touren"*[985] für solche Jugendlichen konzipiert und eingesetzt werden, *"die als schwer verhaltensgestört diagnostiziert"*[986] wurden. Vor allem für die ersten Anfänge von Jugendsozialarbeit in der Variante des betreuten Wohnens werden in Slowenien erlebnis- und erfahrungsorientierte Erziehungsformen zunehmend installiert[987].

In Asien, Afrika und Australien liegt durch die dünne Siedlungsdichte und die reichen natürlichen Ressourcen das Interesse an natursportlichen Aktivitäten auf der Hand. Die Bewegungen der United World Colleges und der Outward Bound Schools verwiesen bereits darauf, dass spätestens mit dem Beginn der 50er Jahre breite Initiativen auf diesen Kontinenten entwickelt wurden. Die *"Australien Outward Bound Foundation"*[988] organisierte Programme eines adventure based experiential learning, indem das traditionelle Outward Bound-Konzept nach dem Muster der Erlebnistherapie Kurt Hahns vielfältige Neuerungen und Erweiterungen erfuhr. In Kenia, Tansania oder Südafrika[989] wurden erlebnispädagogische Kurse angeboten, die in die klassischen Medien und Methoden des Erfahrungslernens hineinragen: Bergsteigen, Segeln oder Expeditionen in die großen Naturreservate. Für den asiatischen Raum lassen sich zum Beispiel in Hongkong, Japan, Malaysia, Singapur oder Sambia[990] erlebnispädagogische Betätigungsfelder ausmachen. Sie gingen nicht zuletzt auf den Bildungs- und Kulturexport Englands in den 50er Jahren zurück. Die großen Dschungelgebiete, die Flussläufe zum Atlantik und Hochgebirgslandschaften sind nahezu ideal für natursportliche Erziehungsformen geeignet. Desweiteren wurde in den strukturschwacheren Gegenden Asiens und Afrikas das Element des Rettungsdienstes in der Erlebnistherapie Kurt Hahns schrittweise abgelöst. Die Möglichkeiten von 'social service' wurden unter dem Gesichtspunkt von 'community development' in ihrer pragmatischen Notwendigkeit gesehen. Soziale Dienste wurden daher für den lokalen Nahraum favorisiert. Straßen- und Gewächshausbau oder Altenpflege konnten den Rahmen der Erlebnispädagogik schrittweise erweitern, da auf diesen Handlungsfeldern die Hilfe der nachwachsenden Generation eingeholt wurde.

Wie schon bei der Darstellung des nationalen erlebnispädagogischen Handlungsspektrums ließen sich Institutionen und Programme in einer kaum überschaubaren Vielzahl weiter interpretieren. Guter Beleg für diese Feststellung ist die Arbeit von Michael Gass zu *"Adventure Alternatives"*[991], *"which identified 137 organizations and agencies 'providing programs that link therapeutic strategies with experiential practices'"*[992]. Daher muss dieser Aufriss des internationalen Handlungsspektrums der Erlebnispädagogik mit seinen exemplarischen Verweisen nicht ausgeweitet werden.

Prospektive Fragestellungen:

1. Welche Ursachen wirkten, so dass sich die moderne Erlebnispädagogik in der BR Deutschland zunächst auf außerschulische Handlungs- und Gestaltungsfelder ausrichtete?
2. Welche typischen erlebnispädagogischen Handlungsfelder prägten sich in den 80er Jahren im deutschsprachigen Raum heraus?
3. Welche persönlichkeitsbildenden Impulse können der Segelpädagogik zugeordnet werden, welche Erziehungsziele sind ihr vorgeordnet und wie werden diese realisiert?
4. Warum konnte sich die moderne Erlebnispädagogik gerade in den Hilfen zur Erziehung überregional etablieren?
5. In welchen erziehungswissenschaftlichen Teilgebieten wurde die erlebnispädagogische Diskussion reflektiert und welche praktischen Konsequenzen ergaben sich daraus?
6. Wie wird die potenzielle Wirksamkeit der Erlebnispädagogik eingeschätzt und auf welchen Forschungsbestand kann hierbei zurückgegriffen werden?
7. Welche führenden Netzwerke koordinieren heute das erlebnispädagogische Handlungsspektrum in der BR Deutschland und auf welche pädagogischen Praxisbereiche richten sie sich?
8. Wie stellt sich die Position von Outward Bound Deutschland in der Gegenwart dar und welche konzeptionellen Neuerungen hinsichtlich einer hochschulbezogenen Erlebnispädagogik wurden erprobt?
9. Welche aktuellen Forschungsfelder wurden für die Erlebnispädagogik im Arbeitszusammenhang der 90er Jahre bedeutsam und wie ist ihre Integration in Forschungsrichtungen der Pädagogik zu beurteilen?

10. Warum können dem erlebnisorientierten Erfahrungslernen aus der Sicht der Erlebnispädagogik reale Integrationspotenziale beigemessen werden und wie stellt sich die Semantik dieser Integration dar?

11. Ist der semantische Pluralismus in der erlebnispädagogischen Diskussion nicht eher die Dekonstruktion erlebnispädagogischer Identität oder kann er mit den Argumenten erkenntnistheoretischer Universalität des Erfahrungslernens erklärt werden?

12. Wie reagiert die erlebnispädagogische Publizistik auf diesen semantischen Pluralismus, welche erkenntnistheoretischen Schwierigkeiten lassen sich ablesen und welche Schlussfolgerungen ergeben sich für den Theorie-Praxis-Transfer?

13. Wie wird das Verhältnis zwischen Pädagogik und Erlebnis im reformpädagogischen Diskurs der Gegenwart problematisiert und welche reformkritischen Argumente werden deutlich?

14. Wie ist die moderne Erlebnispädagogik als reformkritisches Argument des Auslandes zu beurteilen und welche ländertypischen Besonderheiten lassen sich erkennen?

15. Warum konnte sich das handlungs- und erlebnisorientierte Erfahrungslernen besonders im anglo-amerikanischen Kulturraum entfalten?

16. Welche Position besitzt die Schulbewegung Kurt Hahns in der internationalen Reformdiskussion und ist im erlebnispädagogischen Spektrum des Auslandes die ideengeschichtliche Konsistenz der Erziehungsphilosophie Kurt Hahns erhalten geblieben?

17. Welche markanten Unterschiede zwischen der Erlebnispädagogik in der geisteswissenschaftlich-pragmatischen Denktradition Kurt Hahns und der Permissivität der Ansätze zur modernen Erlebnispädagogik lassen sich interpretieren und kann sich die ideengeschichtliche Kontinuität erlebnispädagogischer Identitätsbildung im Theorie- sowie Praxisbereich überhaupt noch darstellen?

18. Welche institutionellen Veränderungen lassen sich bis 2007 in den deutschen Outward Bound-Institutionen verzeichnen?

5 Zukunftsorientierung der Erlebnispädagogik

5.1 Erlebnispädagogik und Schulreform

Die Beurteilung der gesellschaftlichen Funktionen der Erlebnispädagogik kann durch die Interpretation dreier Seiten gesellschafts- und schulkritischer Semantik erfolgen:

1. Ideengeschichtlicher Beitrag der Erlebnispädagogik zur Bewahrung der kulturhistorischen Leistungen in Bildung und Erziehung **(Tradition)**.
2. Theoretischer Beitrag der Erlebnispädagogik als generatives Potenzial in zukunftsorientierten Bildungsfeldern **(Prospektion)**.
3. Praxis- und anwendungsbezogener Beitrag der Erlebnispädagogik zu einer lebens- und arbeitsweltorientierten Erziehung, die der Wahrnehmung individueller Lebenschancen dienlich ist **(Allokation)**.

Die ideengeschichtliche Semantik erlebnispädagogischer Identität prägte sich homogen und über einen historischen Zeitraum in den Schulen des deutschen Reformpädagogen Kurt Hahn aus. Daher kann den theoretischen Funktionen der Kurt-Hahn-Schulen zunächst der gesellschaftskritische Diskurs pädagogischer Deutungen und eine gewisse Konsistenz ideengeschichtlicher Denkfiguren entnommen werden, die für Handlungsfelder internationaler Schulentwicklung relevant sind. Im zweiten Schrittt werden Identitätssignaturen berichtet, die über diese Schulen hinaus gehen und das erlebnispädagogische Aktivitätsspektrum als Ganzes abbilden.

1.

Im pädagogischen Konzept der Kurt-Hahn-Schulen werden enge Beziehungen zwischen den Internaten und ihren gesellschaftlichen Implikationszwängen formuliert. Von der kulturkritischen Bestimmung einer deutschen Elitebildung bis hin zur Interpretation transnationaler Erziehungsleistungen wird in der engen Zweckbindung zwischen Politik und Pädagogik argumentiert. Dabei liegt der pädagogische Autonomieanspruch der Internatsschulen Kurt Hahns nicht außerhalb der politischen Konzeption transnationaler Elitenbildung. Die 'innere' Autonomie der Schulen verwirklicht sich in der pädagogischen Provinz des Schulstaates. Die dient der flexiblen Interferenz zeitgemäßer Erziehungsbedürfnisse und erzieherischer Vorhaben. Das Erziehungsinteresse richtet sich primär auf sittlich-moralische Charakter- und Willensbildung im Rahmen der vorhandenen Erziehungsbedingungen. Am deutlichsten wurden diese Verbindungen in der jeweiligen Entstehungsphase der inhaltlich differenzierten Formen bundesgenössischer Gemeinschaftserziehung. Pädagogische Motive zur Reform und Innovation wurden direkt aus politisch-gesellschaftlichen Implikationen abgeleitet. Dabei wurde einer Charaktererziehung zur sozialen Verantwortung zukunftsorientierte Bedeutung geschenkt und im pädagogischen Bestimmungsrahmen internatsgebundener Erziehung gegen die zunehmend selbstreferentiellen Tendenzen in Gesellschaft, Schule und Familie argumentiert.

2.

Internats- und Kurzschule existieren als reale Institutionen zur Stabilisierung und Erneuerung gesellschaftlich relevanter Handlungs- und Verhaltensmuster. Die Erziehungsarbeit zielt auf die Gestaltung von Sozialbeziehungen, die nationale und internationale Eliten untereinander eingehen. Moralische Kommunikation und subjektive Identitätsdarstellung bilden einen wechselseitigen Prozess, in dem soziales und staatsbürgerliches Verantwortungsbewusstsein ausgeprägt werden soll. In diesen Prozess sind alle wesentlichen Instanzen und Maßnahmen integriert, die mit einem offenen, sozialen und natürlichen Erfahrungslernen in Verbindung stehen. In der Outward Bound School bedeutet das vermittelte Maß an sozialen Handlungs- und Verhaltensformen primär einen Zuwachs an individueller Lebensqualität. Dabei treten die ganzheitlichen Züge einer transnationalen Elitebildung aufgrund der zeitlichen und räumlichen Bedingungen einer Kurzzeitpädagogik in den Hintergrund.

3.

Die Outward Bound Schools erweitern mit ihren natursportlichen und sozialtherapeutischen Trainingsprogrammen den inhaltlichen und funktionalen Bedeutungsgehalt der Internatserziehung. Vorbildungsunab-hängig leisten die Kurzschulen eine frei zugängliche und in gewisser Weise 'öffentliche' Erziehung. Der Eintritt in ein United World College wird heute nur noch teilweise über ein Stipendiensystem realisiert. Die Vermögenssituation der Eltern entscheidet darüber, in welchem Umfang finanzielle Beiträge eingebracht werden müssen. Die Anzahl kostenfreier Plätze in einer Round Square Conference School oszilliert derzeit zwischen 0% und 20%. Vor diesem Hintergrund und im Sinne der Erziehungsfunktion der Internate, besteht die prinzipielle Trennung von Masse- und Elitebildung weiter. Diese Trennung wird durch den institutionellen Ansatz der Internatserziehung noch vertieft. Deshalb setzt sich die **konservativ-restaurative Grundtendenz**, die sich zunächst als politische Konzeption der pädagogischen Absichten darstellte, auch in den Zutrittsbedingungen oder in Entscheidungsinstanzen der schulischen Grundgesamtheit fort. Sie äußert sich als reale Variante des Sozialschichterhaltes. Darüber hinaus zeigt sich die konservative Grundtendenz in schultheoretischer Hinsicht. Die Schule wird im Selbstverständnis der Konzeption Kurt Hahns als historisch-organische sowie historisch-gewachsene Institution aufgefasst. Sie soll auf der Verbindung von historischer Tradition schulischer Gestaltung und der Wirklichkeit des aktuellen Erziehungsanliegens in Verantwortung gegenüber den futurologischen Aufgaben in Bildung und Erziehung beruhen.

4.

Die konservative Prägung sittlich-religiöser Erziehung in den Round Square Conference Schools und der liberale Charakter der friedenspädagogisch-akzentuierten Bildungsarbeit in den United World Colleges betonen die Tradition kulturhistorischer Leistungen, welche vergangene gesellschaftliche Transformationen bereits hervorgebracht haben. Hierin ist die tradierende Funktion der Internate zu sehen. Die perspektivische Funktion der Kurt-Hahn-Schulen orientiert sich an einem Zukunftsbild, auf dem die ethische Erneuerung sozialer und kultureller Beziehungen vorgezeichnet ist. Diese Perspektive geht davon aus, dass sich komplex-verwaltete Industriegesellschaften innerhalb ihrer tradierten sozial-ökonomischen Bedingungen und in ihrer internationalen Dimension die Triebkräfte zur eigenen Erneuerung erschließen können. Der schulischen Erziehung wird in diesen Entwicklungsprozessen eine gehobene Bedeutung zugemessen. Die bundesgenössische Gemeinschaftserziehung zur sozialen und staatsbürgerlichen Verantwortung oder der Schulstaat als sozialer Brennpunkt aller Schulakteure sollen reale Bereiche der Aufgaben- und Konfliktbewältigung gewährleisten. Internats- und Kurzschule als soziale Erfahrungsräume mit lebensweltlichem Charakter stehen für die allokative Funktion der Kurt-Hahn-Schulen. Gleichsam verwirklicht sich in der schulischen Bundesgenossenschaft Kurt Hahns die Sozialisationsfunktion schulischer Erziehung für einen gesellschaftlich spezifischen Bereich, nämlich für den, den die junge Generation alters- und wesensmäßig besetzt.

5.

Unter dem Aspekt der Notwendigkeit ständiger Erneuerung und zeitgerechter Modifikation von Funktionsmechanismen im Wirkungsfeld internationaler Führungseliten, befindet sich das Konzept in Übereinstimmung mit realen Entwicklungen und Veränderungen. Gleiches dürfte für die Outward Bound Schools im Hinblick auf die soziale Befähigung junger Leute gelten. Höhere Flexibilität im kommunikativen Verhalten und erhöhte Bereitschaft zur individuellen Mobilität können in den transnationalen Veränderungen helfen, subjektive Lebensprobleme produktiv zu reflektieren, Lebensplanungen zu strukturieren und anspruchsvolle Lebensphasen erfolgreich zu vollenden. Darin sind mit Sicherheit Ursachen zu sehen, die die kontinuierliche Ausweitung der Schulbewegung Kurt Hahns gefördert haben.

Ausgehend von der 'These eines Ethischen Imperialismus' bis hin zu den jüngeren Entwicklungen in den United World Colleges wurde der Erziehung und der Schule ein fester Platz im gesellschaftlichen und kulturellen Leben eingeräumt. Da die Internate und vor allem die United World Colleges im realen Prozess der pädagogischen Arbeit von der Schule als Ort der Entstehung neuer sozialer Bedürfnisse ausgehen und diese Bedürfnisse mit zukünftigen Orientierungen verknüpft werden sollen, äußert sich der Schulentwurf als Aspekt der **konservativ-traditionalistischen Futurologie.**

Diese fünf Einschätzungen setzten ein bestimmtes Maß an Generalisierung in der theoretischen Bewertung voraus und können nur tendenziell gemeint sein. Wie lassen sich dennoch theoretische Überlegungen aus dem bis hierhin entwickelten Zusammenhang explizieren, welche die gesellschaftlichen Funktionen der modernen Erlebnispädagogik zumindestens annähernd beschreiben? Allein schon die innere Differenziertheit der Schulbewegung Kurt Hahns oder die extreme Breite an Zugangswegen zum Thema Erlebnispädagogik und Schule gebieten Vorsicht in der Generalisierung und Zurückhaltung in der Bewertung. Einige sich in dieser Optik selbst beschränkende Aussagen sollen dennoch aus dem bis hierhin entwickelten ideengeschichtlichen Diskurs synthetisiert werden, die von folgendem Grundanliegen geleitet sind: Verdeutlichung der tradierenden und prospektiven Funktionen der Erlebnispädagogik als theoretische Reflexion eines historisch gewachsenen und differenzierten Handlungsspektrums.

Prospektive Fragestellungen:

1. Welche polititsch-pädagogischen Voraussetzungen bestimmen die Elitebildung in den Internaten Kurt Hahns?
2. Welchen Einfluss besitzt der transnationale Charakter der Schulbewegung Kurt Hahns auf die Gestaltung der Formen des Erfahrungslernens/Erlebnispädagogik?
3. Welche institutionellen Bausteine unterstützen die konservative Grundtendenz der Internate?
4. Worin besteht die tradierende, prospektive sowie allokative Funktion der Schulen Kurt-Hahns?
5. Warum kann im Ideenspektrum der modernen Erlebnispädagogik die These von einer 'Neuen Erziehung' kaum aufrechterhalten werden?
6. Welche Gründe sprechen dafür, zwischen den geschichtlichen Etappen des Erfahrungslernens, der Erlebnispädagogik und der modernen Erlebnispädagogik zu unterscheiden?
7. Welche Schlussfolgerungen für Bildung und Schule lassen sich aus dem soziologisch-einschlägigen Erlebnistrend der 90er Jahre ziehen?
8. Lässt sich im Rahmen des gesellschaftlichen Implikationszwanges der öffentlichen Schule mit der These argumentieren, dass eine schulbezogene Erlebnispädagogik nicht nur ideengeschichtlich existent sondern auch pädagogisch wertvoll ist?
9. Warum greifen die Provokationen des pädagogischen Raums durch die gesellschafts- und kulturkritischen Annahmen der Erlebnispädagogik zu kurz?
10. Welche konkurrierenden Erlebnisangebote sind vor dem Hintergrund einer veränderten Kindheit oder dem Bereich neuer Medien entstanden?
11. In welchen Aktivitätsspektren führen die Gestaltungsräume der reformpädagogischen Schulen Kurt Hahns mit anderen erlebnispädagogischen Milieus zusammen?
12. Warum kann auch in den Kurt-Hahn-Schulen innerhalb der erlebnispädagogischen Semantik nicht von einer „Neuen Erziehung" gesprochen werden?

5.2 Erlebnispädagogik und Bildungsreform

Verbindungen zwischen erlebnis- und handlungsorientierten Bildungsfeldern und Erlebnispädagogik meinen primär den Theorie-Praxis-Bezug. Im besten Fall lernt die Praxis aus der wissenschaftlichen Reflexion, findet in ihr Orientierung, Begründung und Anregung. Auch die Gegenspur kann fruchtbar sein, dann nämlich, wenn Erlebnispädagogik als Erfahrungswissenschaft die pädagogischen Gewohnheiten und Einsichten ihrer eigenen Milieus für sich entdeckt und weiter entwickelt. Dieses Entdecken und Weiterentwickeln liefert aber jenen Dualismus, der die Überwindung tradierter Erlebniswelten in Innovationsprogrammen kultureller Veränderungen gefährlich erscheinen lässt und daher unbedingt vermieden werden muss.

Dabei expandieren heute die erlebnispädagogischen Praxisfelder, differenzieren sich aus und signalisieren für die Zukunft, dass etwa veränderte Jugendkulturen oder Betreuungsmilieus in Ganztagsschulen, kulturelle und sportliche Event-Kulissen, neue Formen der Mediensozialisation oder auch natursportliche Urlaubsmilieus mit komplexen Anspruchsformaten nach weiterer Ausgestaltung verlangen. Die wissenschaftliche Reflexion dieser erlebnispädagogischen Umgebungen setzt aber voraus, dass ein Kern gemeinsamer Überzeugungen und Kommunikationen vorhanden ist, der die Einheit und Vielfalt theoretischer Orientierungen sichert. Diese „Moderne" der Erlebnispädagogik und anderer Bezugstheorien, die ihren Modernitätsanspruch aus der Entwicklungsdifferenz zwischen Vergangenheit und Zukunft behaupten muss, ist nicht immer zu erkennen, weil Ideen und Motive der neuen großen „Erlebnisbewegungen" bisher von ihr unzureichend erreicht wurden.

Hier stellt sich im Anschluss die Frage, ob in den starken Veränderungsprozessen der Schul-, Sozial- und Freizeitmilieus die Erlebnispädagogik überhaupt vorkommt und wie pädagogische Berufs- sowie Praxisfelder dann lokalisiert werden müssten? Haben sich für diese Veränderungsprozesse spezielle Reflexionsräume gebildet, die eine Erlebnispädagogik als Querschnittsdisziplin weder brauchen noch akzeptieren? Wird sich die deutsche Erlebnispädagogik nur dann behaupten, wenn sie die Branchen und Märkte von Tourismus, Freizeit oder Management offensiver bedient? In diesen Spannungsfeldern der Erlebnispädagogik - zwischen Theorie und Praxis, Wissenschafts- und Marktorientierung - sollen im nachfolgenden Text einige Thesen zur Bildungsreform entwickelt werden.

1.

Dem ideen- und theoriegeschichtlichen Diskurs durch die unterschiedlichen Erziehungsströmungen konnte entnommen werden, dass Ziele, Inhalte und

Methoden, die in der Reflexion von Vertretern der Erlebnispädagogik nicht selten als originär bezeichnet werden, vielmehr das historisch gewachsene Meinungs- und Gedankengut der Erziehungswissenschaft widerspiegeln. Erlebnispädagogische Ziele, Inhalte und Methoden, als spezifische Ausprägungen eines offenen, sozialen und natürlichen Erfahrungslernens, waren in jeder Teiletappe pädagogischer Genese, Kontinuität und Innovation nachweisbar. Spätestens zwischen 1925 und 1928 wurde in Deutschland der Begriff der Erlebnispädagogik geprägt. Durch Kurt Hahn und Waltraut Neubert wurde er in den ideengeschichtlichen Voraussetzungen der Lebens- und Kulturphilosophie des 19. Jahrhunderts interpretiert und als spezifischer Ausdruck der internationalen Reformpädagogik sowie der pragmatischen Pädagogik erfasst. Erlebnispädagogik ist daher nur aus der historischen Kontinuität der Erziehungsbewegungen erklärbar. Sie richtet sich im zeitgeschichtlichen Zusammenhang auf diese Kontinuität und findet in ihr die zeitgemäßen Variationen überlieferter Ideen und Techniken. Hierin ist die tradierende Funktion der modernen Erlebnispädagogik zu sehen, die die prozessuale Qualität des historischen Entstehens und Veränderns trägt. Von moderner Erlebnispädagogik kann seit Beginn der 80er Jahre gesprochen werden, da Professionalisierung des Praxisfeldes und theoretische Systembildung verstärkt angestrebt wurden. Beide Tendenzen liegen nicht außerhalb multivalenter und funktionsvarianter Erziehungsbewegungen der Gegenwart. Die tradierende Funktion der modernen Erlebnispädagogik äußert sich darin, dass ideengeschichtliche Variationen von Erziehung, Bildung und Schule ihre scheinbare Genese in zeitgeschichtlichen Anforderungen und politischen Konstellationen als Entdeckung, Wiederbelebung und Weiterentwicklung schon vergessener, nicht selten verdrängter und bis dahin vereinzelter Meinungen, Gedanken und Praktiken vollziehen.

2.

Gerhard Schulze hat zu Beginn der 90er Jahre die Zukunft einer *Erlebnisgesellschaft* gekennzeichnet. In dieser Zukunft wird das 'Projekt des individuellen Lebens' zur basalen Größe sozialer und kultureller Bewegungen. Der subjektive Lebensentwurf, geprägt von freier Selbstbestimmung, individueller Darstellung, Identitätsfindung und Emanzipation, wird zum Bewertungsmuster innerer und äußerer Realitäten. Die Verarbeitung dieser Realitäten soll aber nicht nur den Aufbau von Identität voraussetzen. Identitätsaufbau und Identitätsdarstellung sollen im eigenen sowie intensiven Erleben bewusst vollzogen werden.

Erlebnisse im Urlaub, in der Freizeitgestaltung und im Selbstaufbau ganz allgemein werden zu grundlegenden Bedürfnissen. Zu diesen Bedürfnissen sind die wirklichen Lebenserfahrungen nicht selten konträr, da die subjektive Verwirklichung in freier Selbstbestimmung persönliche Autonomie voraussetzt. Demgegenüber befinden sich aber die alltäglichen Routinen von Leben und Arbeit, die mit ihren zweckrationalen Verfügungen einem Individualismus klare Grenzen setzen. Erst so kann in der individuellen Reflexion das mit Erlebnissen angereicherte Milieu zum Konzentrat des individuellen Lebenssinns werden, quasi zur Antithese gegenüber allen zweckrationalen Leistungs- und Anpassungssystemen gesellschaftlicher Wirklichkeit. Es nicht darum, das, was in den eigenen Alltagsroutinen rational begründet erscheint, auch emotional zu akzeptieren. Diese Automatik existiert nicht. Daher ragt jede Verwirklichung von Freiheit und Selbstbestimmung, je sinn- und wertloser sich die Alltagsroutinen heute für den einzelnen Menschen erweisen, in den ständig wachsenden Freizeitbereich hinein.

Die staatliche 'Pflicht- und Halbtagsveranstaltung' Schule baut immer auf zweckrationale Fremdbestimmungen und moralische Kommunikationen auf. Sie kann sich, ihre Wirklichkeit betrachtet, nicht davon ausnehmen, dass ihr Anspruch an intellektuelle Wissensvermittlung und ihre Wirklichkeit als 'moralische Institution' kaum die lebensweltlichen Bezüge junger Menschen und ihre individuellen Lebensentwürfe berührt. Daher unterliegt die Schule vergleichbaren Tendenzen. Schüler **und** Lehrer suchen sich in den vorhandenen 'Erlebnisreservaten' von Freizeit und Urlaub die regenerativen und kompensatorischen Arrangements. Erlebnispädagogik erscheint dabei keineswegs als konfuses Angebot gescheiterter Pädagogen, die sich neueren Entwicklungen anpassen wollen. Die Konjunktion Erziehung-Erleben im Sinngehalt der modernen Erlebnispädagogik ist der Versuch, ganzheitliche Lebens- und Lernpotenziale in schulische und außerschulische Maßnahmen zu integrieren. Der Erlebnis- sowie Erfahrungsarmut von Kindern, Jugendlichen und Erwachsenen soll entgegengewirkt werden. Die pragmatische Konzeption der Tätigkeit zielt auf die Verbindung von Erziehung und Erleben in der Lernsituation mit Ernstcharakter. Durch sie sollen sich Lehrer und Schüler gleichermaßen motiviert und angesprochen fühlen. Hierin äußert sich die prospektive Funktion der Erlebnispädagogik. Wird dazu ihr politischer Anspruch an ökologische, friedenspädagogische oder interkulturelle Erziehung auch ernst genommen, ragen ihre prospektiven Potenziale in futurologische Konstruktionen menschlicher Lebenspraxis hinein.

3.

Erlebnispädagogik reflektiert reale Formen erzieherischer Aktivitäten und die Bedürfnislage von Kindern und Jugendlichen. Außerdem befindet sie sich in Übereinstimmung mit tatsächlichen Tendenzen und Entwicklungen auch in anderen Zivilisationsfeldern. Anders wäre ihr derzeitiger 'Boom' kaum zu erklären, da ihre Ziele, Inhalte und Methoden in der humanistischen Tradition von Pädagogik und Psychologie bisher nur unzureichend aus einem zeitgeschichtlichen Verständnis erklärt wurden.

Doch Konjunktur erzeugt die Inflation und leitet dynamisch die eigene Entwertung ein. Erlebnispädagogik kommt schnell in den Verdacht, eine 'schillernde' Verästelung von Erlebnistourismus zu sein. Der Erlebnistourismus, das kommerzielle Geschäft mit dem intensiven und unmittelbaren Erlebnis, hat seine eigene und virulente Dynamik. Die Ästhetisierung der subjektiven Innenorientierung und die Ästhetik des subjektiven Innenlebens werden selbst zu Ansprüchen an übergeordnete Kriterien humaner und sozialer Lebensgestaltung. Erlebnistourismus konzentriert und verstärkt den subjektiven Drang nach individualistischer Selbstverwirklichung. Lässt sich davon eine pädagogische Richtung ausnehmen, die das individuelle Erleben voraussetzt, auf das sie sich richtet?

Für einige Felder der erlebnispädagogischen Szene kann man diese Einschätzungen zum Erlebnistourismus nicht relativieren, werden 'paramilitärische games' oder Formen der 'Ranger-Ausbildung' als survival training vorgesehen und praktisch angebahnt. Die sozialen Entwicklungsaspekte der tätigkeitsgebundenen Gemeinschaft oder die auf Frieden, Ökologie und mitmenschliche Integration angelegten Erziehungsziele fallen ohnehin bei solchen Maßnahmen heraus. Eine andere Erscheinung untergräbt ebenfalls die Legitimation und Identität moderner Erlebnispädagogik: Die gesellschafts- und kulturkritische Komponente erzieherischer Intention, einst Impetus für die Gestaltung erlebnis- und handlungsorientierter Milieus, kommt nur selten oder gar nicht zum Vorschein. Wie soll eine individualistisch angelegte Erziehungsidee, basierend auf den nur subjektiv vollzogenen und ausschließlich positiv 'gewollten' Erlebnismomenten, umfassend als kritische Reaktion auf öffentliche Rituale, auf den zunehmenden innerstädtischen Verkehr, auf die Ausplünderung der natürlichen Ressourcen oder als Provokation der Verlockungen der Vergnügungsindustrie bestehen können? Hier ist die pro-spektive Funktion der modernen Erlebnispädagogik deutlich herabgesetzt, da sie allein den pädagogischen Raum provoziert. In diesem Sinnzusammenhang tradiert sie eher die schon als verfehlt erkannten Wege der sozial-ökonomischen Stabilisierung, die zu einseitig den Zuwachs der industriellen Produktion und den Abbau natürlicher Lebensgrundlagen tolerieren. Außerdem bedienen auch Bildung und Erziehung einen kommerziellen Markt, die Erlebnispädagogik den ihrigen. Damit ist nicht selten die Kritik am vorhandenen Mechanismus gar nicht vorgesehen, sondern nur die

Befriedigung des Bedürfniskreises, der in der Ästhetisierung des eigenen, emotionalen Erlebens ausgeschritten werden soll.

4.

Die Verfügbarkeit von Erlebnisräumen wird heute von den finanziellen und zeitlichen Ressourcen des einzelnen Menschen bestimmt. Die Inszenierung des lebensvollen Gefühls und die damit (vielleicht) verbundene Sichtbarwerdung der eigenen physischen und psychischen Ästhetik sind nicht jedem möglich. Sie realisiert sich für den Personenkreis, der für die erlebnishafte Realisierung des gesellschaftlich anerkannten 'ICHs' auch Geld und Zeit aufbringen kann. Erlebnisse, die Menschen vollziehen, die das demütigende und auch sehr naturverbundene Quartier im Tiergarten unter dem 'freien Himmel' einer deutschen Hauptstadt mit anderen teilen müssen, sind in der Erlebnispädagogik nicht vorgesehen.

In diesem Sinne muss der bis hierhin vorgezeichnete Impuls, der die moderne Erlebnispädagogik im Zusammenhang mit einer humaneren und natürlichen Schulgestaltung prägen kann, einer unmissverständlichen Relativierung unterzogen werden: Wer eine Pädagogik und deren Flankierung fordert, die im unverstellten, unmittelbaren und authentischen Erlebnis die Vermittlung der menschlichen Grunderfahrungen sichern soll, kann nicht verleugnen, dass diese Forderung ein Produkt fehlender Lebens- und Sinnorientierungen in einem Gemeinwesen darstellt. Gleichsam ist dieses wohlstandsgeprägte Gemeinwesen für den einzelnen Menschen komfortabel genug, derartige Defizite an sozialen und emotionalen Erfahrungen 'gepäck- und krankenversichert' auszugleichen. Für Lebensroutinen, die von realer Existenznot sowie Umweltzerstörungen im Dienste der Wohlstandsgesellschaft gekennzeichnet sind, ist die moderne Erlebnispädagogik nicht selten eine absurde Antithese zum gemeinwesenorientierten Dienst und zur mitmenschlichen Hilfe. Diese kritische Reflexion ist vor allem bildungs- und gesellschaftspolitisch gemeint und soll die Leistungen des erlebnispädagogischen Praxisfeldes nicht negieren. Sie kann sich nur auf solche praktischen Handlungsfelder beziehen, die ihre pädagogische Ethik mit wirtschaftlichem Erlös verknüpfen oder nur auf narzisstische Konzepte subjektiver Innenorientierungen verkürzt sind. Heute ist noch nicht genau auszumachen, ob die moderne Erlebnispädagogik im Sinne ihrer allokativen Funktion zu einer Entwicklung beitragen wird, zu der Neill Postman spekulierte: *"Werden sich die wohlhabenden Industrienationen zu Tode amüsieren"*? Die der Erlebnispädagogik ohne Zweifel innewohnenden schultheoretischen Potenziale im Hinblick auf eine ganzheitliche Schulgestaltung und ihr humanistisches Anliegen bedürfen daher weiterer Konkretion und präziserer Abgrenzung gegenüber dem, was heute durch

Vermarktungsstrategien führender Marketing-Abteilungen der 'Erlebnis-industrie' stark emotional besetzt erscheint.

5.

Seelische Ereignisse im Kontext des individuellen Lebens sind vielfältig gebunden und äußern sich in Gefühlen, die auf ganz unterschiedliche Situationen, Gegenstände oder Personen gerichtet sein können. Das natursportliche Ambiente oder die sozialtherapeutische Anbahnung emotionaler Zustände hängen nicht zwangsläufig mit dem zusammen, was die moderne Erlebnispädagogik bisher zu ihren inhaltlichen und instrumentellen Grundlagen zählte. Die 'künstlich geschaffenen' Erlebniswelten der technischen Medien haben Werte, Reize und inhaltliche Dimensionen geschaffen, in denen Kinder, Jugendliche und Erwachsene die reale Welt simuliert und zum Teil auch völlig neuartig erfassen. Diese Erlebnisse wurden bis heute als solche stigmatisiert, die scheinbar aus 'zweiter Hand' kommen. Sie sollten deshalb weder authentisch noch selbstwirksam sein. Hier liegen aber, genau betrachtet, keine Erlebnisse aus 'zweiter Hand' vor. Auch diese Erlebnisse sind unmittelbare seelische Ereignisse, die sich nicht nur auf einen virtuellen Kontext richten, sondern sich gleichzeitig für den betreffenden Menschen als persönlich bedeutungsvoll erweisen. Richtiger ist es, davon zu sprechen, dass sich die Erlebnispädagogik in faktischen Interessen- und Handlungs-konkurrenzen zu diesen speziellen Erlebnisangeboten befindet. Es wird viel davon abhängig sein, ob Erlebnispädagogik ihre erklärten Bildungs- und Erziehungsziele verdeutlichen und verwirklichen kann. Außerdem bleibt die Frage bestehen, ob die Erlebnispädagogik dauerhaft Menschen anregen kann, sich selbst physisch und psychisch zu riskieren, wenn doch das 'Abenteuer' viel leichter und auch billiger in der technizistischen Animation für den einzelnen zu haben ist? Auch hier vollzieht der einzelne Mensch emotionale Destabilisierung und kann spezifische Eigenpotenzialerfahrungen machen. Viele finden in diesen Virtualitäten sogar Möglichkeiten der Identitätsdar-stellung, da sie vom medien- und informationstechnischen Zeitalter beruflich oder in ihrer Freizeit total erfasst sind. Ist auch hier die Erlebnispädagogik die Alternative, die sie nicht sein kann? Mit eigenen und inhaltlichen Potenzialen auf Werte und Möglichkeiten menschlicher Kräfte zu verweisen und diese in handlungsorientierten Lernformen zu fordern und zu fördern, jenseits technizistischer und auch technokratischer Virtualität, hierin besteht der prospektive Herausforderungscharakter der modernen Erlebnispädagogik.

6.

Bei all diesen programmatischen Zuweisungen von gesellschaftlichen Funktionen und pädagogischen Orientierungen artikuliert der erlebnispädagogische Diskurs ein Moratorium, das seine akademische Kommunikationsqualität ausmachen soll. Fortwährend werden in erlebnispädagogischen Publikationen folgende Problemlagen berichtet: Das Theoriedefizit der Erlebnispädagogik ist manifest, es gibt keine plausiblen Definitionssysteme, bisherige Beschreibungsversuche sind sehr intuitiven Stellungnahmen verpflichtet, der Methodenaspekt ist zu abgehoben, die Erziehungsziele werden allein auf das Instrumentale übertragen usw. Und fast jede neue Examensarbeit und vor allem Publikationen von Autoren, die im erlebnispädagogischen Reflexionsraum vorhandene Diskurschancen unterlaufen, machen es sich schon im Vorwort zur Aufgabe, nun endlich dieses fruchtlose Moratorium mit einem folgenreichen Gegenentwurf zu beenden. Doch die konstant vorgetragene Kritik kann nicht geteilt werden, wie allein der vorgelegte ideengeschichtliche Aufriss deutlich belegte.

Darüber hinaus können diese naiven Defizitbehauptungen auch keineswegs entziehen, dass es mittlerweile eine ganze Reihe von akademischen Qualifizierungsarbeiten gibt, die für den deutschsprachigen Raum die erlebnispädagogischen Grundthemen analysiert haben. Neben den Beiträgen in Dissertationen und Habilitationen müssen darüber hinaus viel beachtete Schriften zur Theorie und Praxis der Erlebnispädagogik herangezogen werden, die in ihrer Fortschreibung und Aktualität seit Jahren die Erträge der ideengeschichtlichen, bildungsphilosophischen, erlebnis- und handlungsorientierten sowie empirischen Analysen gesichert haben[993].

Deshalb kann die erste Schlussfolgerung eindeutig ausfallen: Wer heute im Vergleich zu anderen erziehungswissenschaftlichen Teildisziplinen der Erlebnispädagogik ein erhöhtes Theoriedefizit zumessen will, hat ‚vorbei gelesen', sich nicht ausreichend mit Referenzen beschäftigt und bringt damit eher ein persönliches Theoriedefizit zum Vorschein. Und natürlich votiert diese Schlussfolgerung nicht gegen die Dynamik weiterer Diskurse, die von Ideenbildung, Modellierung, Kritik und Revision gekennzeichnet bleiben werden.

Auswahl von Dissertationen/Habilitationen [994]

1.	**Werner Köppen (1967)**: Die Schule Schloß Salem in ihrer geschichtlichen Entwicklung und gegenwärtigen Gestalt. (Dissertation 1967, Uni-Heidelberg), Klett-Verlag, Stuttgart 1967.
2.	**Karl Schwarz (1968)**: Die Kurzschulen Kurt Hahns. (Dissertation 1968, Uni-Heidelberg), Klett-Verlag, Stuttgart 1968.

3. **Wolfram Schleske (1975)**: Abenteuer-Wagnis-Risiko im Sport. (Dissertation 1975, Uni-Tübingen), Hofmann 1977.
4. **Erich Birkelbach (1983)**: Schule-Freizeit-Segeln. (Dissertation 1983, Uni-Bielefeld), Verlag Klaus Neubauer, Lüneburg 1983.
5. **Michael Brünger (1990)**: Dissoziale Jugendliche nach sozialtherapeutischer Intervention. (Dissertation Uni-Ulm), Ulm 1990 (unv.).
6. **Anja Pielorz (1991)**: Werte und Wege der Erlebnispädagogik. (Dissertation 1991, Uni-Hildesheim), Luchterhand, Neuwied/Kriftel 1991.
7. **Torsten Fischer (1991)**: Schule als sozialer Körper. (Dissertation 1991, HU-Berlin), Verlag Klaus Neubauer, Lüneburg 1992.
8. **Günther Amesberger (1991)**: Persönlichkeitsentwicklung durch Outdoor-Aktivitäten. (Habilitationsschrift 1991, Uni-Wien), Afra-Verlag, Frankfurt/M 1992.
9. **Peter Sommerfeld (1992)**: Erlebnispädagogisches Handeln. (Dissertation 1992, Uni-Tübingen), Juventa, Weinheim-München 1993.
10. **Hartmut Breß (1993)**: Erlebnispädagogik und ökologische Bildung. (Dissertation 1993, Bundeswehr-Uni-Hamburg), Luchterhand, Neuwied/Kriftel 1994.
11. **Antje Heineking (1994)**: Outdoor Training - Konsequenzen, Stellenwert und Bedeutung für die Personalarbeit. (Dissertation 1994, Bundeswehr-Uni-Hamburg), GBI-Verlag, Berlin 1995.
12. **Torsten Fischer (1998)**: Erlebnispädagogik. (Habilitationsschrift 1998, Uni-Lüneburg), Verlag Peter Lang, Frankfurt/M 1999.
13. **Matthias M. Witt (1999)**: Teamentwicklung im Projektmanagement. (Dissertation 1999, Uni-Hamburg), DUV, Wiesbaden 2000.
14. **Peter Schettgen (2000)**: Der alltägliche Kampf in Organisationen. (Habilitationsschrift 2000, Uni-Augsburg), Westdeutscher Verlag, Wiesbaden 2000.
15. **Peter Friese (2000)**: Kurt Hahn. Leben und Werk eines umstrittenen Pädagogen. (Dissertation 2000, Uni-Oldenburg), Boehl&Oppermann, Bremerhaven 2000.
16. **Wolfgang Müller (2000)**: Erlebnismarkt und Menschenbild. (Dissertation 2000, TU-München), Berneux-Verlag, Düsseldorf 2001.
17. **Albin Muff (2000)**: Erlebnispädagogik und ökologische Verantwortung. (Dissertation 2000, Uni-München), Afra-Verlag, Butzbach-Griedel 2001.
18. **Cornelia Schödlbauer (2000)**: Metaphorisches Lernen in erlebnispädagogischen Szenarien. (Dissertation) 2000, Uni-Erlangen), Kovac-Verlag, Hamburg 2000.
19. **Martin Scholz (2000)**: Der Lernprozeß in der erlebnispädagogischen Arbeit. (Dissertation 2000, Uni-Augsburg), Kovac-Verlag, Hamburg 2001.
20. **Heidi Kern, Dorothee Schmidt (2001)**: Nutzen und Chancen des Outdoor Trainings. (Dissertation 2001, Uni-Bielefeld), Universität Bielefeld 2001.
21. **Martin Lu Kolbinger (2001)**: Gemeinsam den Aufbruch wagen. (Dissertation 2001, Uni-Halle/Saale), Selbstverlag BarfussTeam 2001.
22. **Thomas Schott (2003)**: Kritik der Erlebnispädagogik. (Habilitationsschrift 2003, Uni-Bayreuth), Ergon-Verlag, Würzburg 2004.
23. **Rüdiger Gilsdorf (2004)**: Von der Erlebnispädagogik zur Erlebnistherapie. (Dissertation 2004, Uni-Koblenz-Landau), Edition Humanistische Psychologie, Bergisch-Gladbach 2004.
24. **Michael Bieligk (2004)**: Erlebnispädagogische Ansätze im Sportunterricht. (Dissertation 2004, Uni-Koblenz-Landau), Universität Koblenz-Landau 2004.

Auch die Erlebnispädagogik ist ein auf Veränderung, Innovation und Reform ausgelegtes System, das sich aus der Kalkulation seines Änderungsaufwandes fortsetzt und Theorieaspekte wie Praxisvarianten aktualisiert. Aber Erlebnispädagogik ist immer auch ein Teil der historischen Erziehungsbewegung gewesen, mit eigenen Signaturen und Zielgruppen, nationalen Besonderheiten und internationaler Vernetzung, inhaltlicher und methodischer Breite, gesetzlicher Verankerung und öffentlicher Wahrnehmung. Sie ist zu einem gelungenen Teil pädagogischer Kommunikation geworden und hat unspezifische Öffentlichkeiten für die Chancen erlebnis- und handlungsorientierter Pädagogik sensibilisiert.

7.

Gerade das Kapitel 4 zur Gegenwart erlebnispädagogischer Kommunikationen zeigte deutlich, dass immer wieder die Frage aufkommt, wie Erlebnisse als individuelle Repräsentanzen überhaupt erziehen können? Offensichtlich nur dann, wenn das Erlebte nicht nur „expressiv" aufscheint, sondern ein Verstehen hervorruft, das mit Erfahrungen verknüpft bleibt. Zudem muss internalisierte Erfahrung dem Individuum als Bewusstseinstätigkeit habhaft werden mit Bedeutungen, die persönlich erlebt wurden. Salopp formuliert: Aus Erlebnissen müssen Erfahrungen werden, die einen persönlichen sowie pädagogischen Sinn stiften. Erfahrungen vollziehen sich zudem in komplexen Lebenstätigkeiten, die den Erlebnisausdruck umgreifen und damit die unmittelbare Beziehung erlebter Lernfunktionen aus der Tiefe sozialer, emotionaler und intellektueller „Überlebensdienlichkeit" herstellen.

Gewiss können auch andere Erlebnisse ihren Einfluss nehmen und sich mit vorhandenen Bedeutungen schon immer konnotativ entwickelt haben. In diesem Sinne unterstützen auch unbewusste und unterbewusste Emotionen die Prozesse der Selbstveränderung und lösen Eigenentwicklungen aus. Nur kann man auf deren Grundlage keine Generationsverhältnisse gestalten, moralische Kommunikationen polarisieren oder Erfahrungszuwachs verwirklichen. Sie sind durch den pädagogischen Kontext nicht verfügbar, weil sie ihn nicht voraussetzen. Sollen also Erfahrungen, Kompetenzen oder Qualifikationen, die aus emotionalen Ereignissen gewonnen werden, persönliche Bedeutung erlangen, dürfen sie nicht irgendwie erlebt werden. Ihre sozialbiographische Einmaligkeit, ästhetische Bedeutung und ihr körperlicher Ausdruck müssen sich dem Individuum durch Realitätsverarbeitung mitteilen und dem Identitätsaufbau dienen.

In der pragmatischen Konzeption der Tätigkeit zielt die Erlebnispädagogik auf die Ausbildung emotionaler, körperlicher und geistiger Kompetenzen und Qualifikationen. Die Spezifik des erlebnispädagogischen Theorieansatzes besteht nun aber darin, dass der Zusammenhang zwischen der Konzeption der Tätigkeit und der Konzeption des Bewusstseins erlebnisbezogen interpretiert wird. Das heißt, die emotional erlebnishafte Daseinsform des Individuums geht in die Prozesse der Realitätsverarbeitung ein und aktiviert von ihnen aus den biographischen Aufbau innerer Konstruktionen. Erlebnispädagogik kann sich mit ihrer anthropologischen Zwecksetzung, wie Pädagogik überhaupt, nur an die Förderung und Verstärkung vitalen Erlebens richten. Pathogene Erlebnisstrukturen besitzen ein psychologisches Format, das primär durch therapeutische Interventionen bearbeitet wird[995].

Pädagogisches Format positiver Gefühlsqualitäten [996]

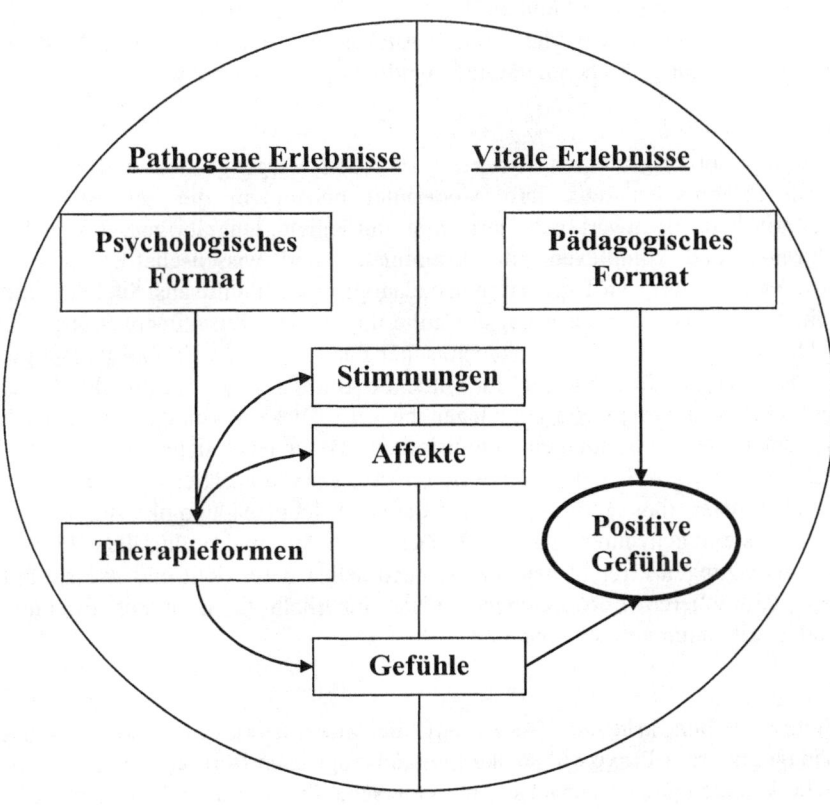

So können zum Beispiel abnorme Erlebnisreaktionen, fixierte Neurosen oder emotionale Funktionsstörungen keine Inhalte des erlebnisorientierten Erfahrungslernens sein. Vielmehr sollen sich Teilnehmer erlebnispädagogischer Programme ihrer positiven Gefühlsqualitäten durch den Umgang mit den verschiedensten Aufgaben, Situationen und Personen vergewissern und auf dieser Basis ihre Individualität und Sozialität ausbilden.

Außerdem setzen alle vitalen Erlebnisqualitäten, die die Erlebnispädagogik auslöst und verstärkt, die Institution voraus, auf die sie sich richten. Alle anderen Erlebnisse, die der lernende Teilnehmer vollzieht und die in den biographischen Aufbau innerer Konstruktionen eingehen, kommen im pädagogischen Prozess nur zufällig und beiläufig zur Darstellung. Das bedeutet, dass der herausfordernde und wagnisreiche Charakter der pädagogischen Grenzsituation nicht immer im Vordergrund stehen muss. Dieses „*an die eigenen Grenzen gehen"* und ein Lernen durch „*Wagnis und Bewährung"*[997] meinen Lernsituationen, die ihren Ernstcharakter durch das hohe Maß an Selbstbeteiligung, Authentizität und Handlungsechtheit erlangen.

8.

Erst aus der erkennbaren Differenz zwischen Vergangenheit und Zukunft kann Erlebnispädagogik ihre Modernität behaupten, die ansonsten nur rhetorischen Eigenwert generiert. Erst mit einem langjährigen, oft mehrphasigen und komplexen, interdisziplinären und wissenschaftlichen Entwicklungsprozess wird die erlebnispädagogische Zukunftsabsicht klär- und erkennbar. Das war die Einstiegsformulierung in diese Zusammenfassung.

Die Verbindung zwischen akademischer Pädagogik und Erlebnispädagogik – als greifbare Reformkritik für bildende Berufsfelder – kann also keine spontane oder vereinzelte Angelegenheit sein. Diese Verbindung fragt nach systematischen Grundlagen, empirischen Befunden, sicheren Zukunftsannahmen und nach Zeiten der weiteren Ausgestaltung. Hier kann abgeleitet werden, dass das Berufs- und Praxisfeld Erlebnispädagogik viel höhere Dynamisierungen ihrer wirtschaftlichen, sozialen und kulturellen Praxisvoraussetzungen erreicht hat, die sie auch selbst bereitstellt und wie sie mit den schwächeren Entwicklungsimpulsen innerhalb theoretischer Erlebnispädagogik kaum vergleichbar sind.

9.

Sicher bleiben kritische Blicke auf die Zukunftsrelevanz von Erlebnispädagogik, ihrer Praxiswirksamkeit im pädagogischen Berufsfeld und persönliche Überzeugungen zunächst ganz unterschiedliche Wahrnehmungsebenen, die vergewissert werden müssen. Vor diesem Hintergrund dient die Zukunftsabsicht in ihrem ersten Schritt der Programmatik und ihrer Affirmation, die Erwartungen immunisiert, aus denen sie sich letztlich fortsetzt. Dabei rechnet die Zukunftsabsicht der größeren wissenschaftlichen Wirksamkeit zunächst mit der positiven Resonanz der Reform im Entwicklungsglauben einer nicht zuletzt ambitionierten Erziehungswissenschaft, auch wenn dadurch Brüche oder Paradoxien entstehen, die sich unter erlebnispädagogischen Gesichtspunkten oder Praxiserfordernissen gar nicht weiter bearbeiten lassen. Von diesen wissenschaftspolitisch motivierten Überzeugungen sollten sich aber erlebnispädagogische Programme nicht vereinnahmen lassen, sondern eher in Berufs- und Praxisfeldern pragmatisch wirken, wo die Semantik der akademischen Kommunikation zur Zeit nur unzureichend begründet wird.

10.

Außerdem muss jede Reformabsicht den eigenen Veränderungsaufwand kalkulieren, damit Systeme wie Erlebnispädagogik sich nicht selbst destabilisieren. Unkalkulierte Veränderungsleistungen stellen für Systeme immer gefährliche Angelegenheiten dar, die unbedingt vermieden werden müssen. Also lernen auch erlebnispädagogische Systeme und Milieus eher aus eigenen Vorgaben, die in den Kontexten institutioneller Harmonien, wirtschaftlicher Prosperität und natürlich in der Tradition eines strukturkonservativen Establishments tatsächliche Innovationen phasenweise wie riskante Unterfangen aussehen lassen.

In diesem Umfeld wird dann ganz selbstverständlich problematisiert, dass die Verbindung zwischen pädagogischen Berufsfeldern und Erlebnispädagogik eine Veränderungsleistung provozieren muss, die zu den Prämissen passt, aus denen beide Seiten ihr Selbstverständnis für Forschung und Praxis beziehen. Hier kann unterstellt werden, dass Veränderungsleistungen möglich werden, dann nämlich, wenn einerseits empirische Feldforschung die tatsächlichen Wirkungsmechanismen von Erlebnispädagogik aufdeckt und andererseits den Berufs- und Praxisfeldern erlebnispädagogischer Milieus der nachhaltige Forschungsmehrwert theoretischer Erlebnispädagogik intensiver als bisher vermittelt wird.

11.

Reformen und spezielle Entwicklungsbedürfnisse gehen von Defiziten aus, die ausgeglichen werden sollen. Reformen beschreiben also Ziele, Motive und Prozesse auf der einen Seite und Institutionen, Gegenstände oder Personen auf der anderen Seite, die einerseits kompetent und andererseits bedürftig sind. Derartige Asymmetrien haben zur Voraussetzung, dass ein gewisser Austausch zwischen den Seiten stattfinden kann, um den Veränderungsaufwand für die Erlebnispädagogik oder das jeweilige Bildungsmilieu transparent zu halten. Die eine Seite liefert, was die andere nicht hat und aber haben muss, wenn sie in irgendeiner Hinsicht exzellent sein will. Wissenschaftliche Programmarbeit und Milieuentwicklungen, die sich aus dieser Asymmetrie herleiten, lassen sich dann beliebig steigern. Erlebnispädagogik wird also viel stärker als bisher zu diesen Überzeugungen gehören müssen, die sich kritisch und pragmatisch auf den Veränderungswillen von Bildungsfeldern und unspezifischer Praxisbereiche des Schulsektors richten.

12.

Aus dieser Reformasymmetrie abgeleitet, geht es in erlebnispädagogischen Reflexionen der Zukunft um Gegenstände, Personen und Situationen, die ihre Notwendigkeit über eine Serie von Einzel- und Milieubedürfnissen bestimmen, als fortlaufende Kommunikation über persönliche Lagen im erlebnispädagogischen Handlungsfeld und die damit verbundenen Erlebnis-, Verhaltens- und Lernebenen. Hier entsteht die Dringlichkeit eines intensiven Zusammenhangs zwischen der Authentizität von Erlebnispädagogik und der spezifischen Entwicklungslage des je eigenen Lernmilieus.

13.

Der produktive Umgang mit solchen Dringlichkeiten fällt Wissenschaftlern naturgemäß schwer, da sie die suggestive Sprache individueller Bedeutungen und sozialer Erwartungen in der Erlebnispädagogik disziplinieren müssen. Ein Wissenschaftler kann die Bedeutungen und Hoffnungen in den Prozessen des Erfahrungslernens nicht so einfach zu Fundamenten einer Theorie machen, die sich wissenschaftlich behaupten will.

Dennoch steht diese Dringlichkeit für ein verstärktes Bemühen, erlebnispädagogische Theoriepräzisierungen mit Blick auf die entwickelten und noch zu entwickelnden Bildungsfelder offensiver als bisher gestalten zu wollen. Dazu gehören vor allem Bildungsfelder, die integrativ wirksam werden: nicht Lernen oder Erfahrung – sondern Erfahrungslernen; nicht Lernen auf der Erlebnis- oder Verhaltensebene, sondern informelles Erfahrungslernen; nicht Unterrichts- oder Projektlernen, sondern handlungs- und erlebnisorientierte Persönlichkeitsbildung; nicht kognitives oder affektives Lernen, sondern persönlich bedeutsame Bildung etc.

14.

Der Zusammenhang zwischen Erlebnispädagogik und ihrer Praxis gewinnt seine Kontur aus der integrativen Bedeutung seiner eigenen Wechselseitigkeit. In dieser Wechselseitigkeit müssen neue Entwicklungsprobleme lokalisiert und aufgeschlossen werden. Der Erlebnispädagoge kann dieser Überlegung mit sympathischer Gelassenheit begegnen, wenn er die Stichhaltigkeit seiner Ausblicke am wissenschaftlichen Standard prüft. Aber die erlebnispädagogische Praxis reagiert immer neu auf Handlungsgewohnheiten, Marktchancen, Umweltprobleme oder soziale Zwänge und nicht zuletzt auf sich selbst. Sie ist nie das sichere Ergebnis, nur weil sie praktisch existiert, sondern flexibel, dynamisch, veränderbar und damit entgrenzt. Auch hier wird die moderne Erlebnispädagogik ihre Beitragsleistungen zur Innovation sehr dynamischer und partikulärer Praxisfelder noch professionalisieren müssen.

Eine auf Gleichmaß zwischen Lernen, Erleben und Tätigkeit konzipierte Erlebnispädagogik des letzten Jahrhunderts ist als Ziel für die Zukunft zu hoch angesiedelt. Nur waren für Erlebnispädagogik und die ihr folgenden Bildungsmilieus die Relationen zwischen Erlebnis und Tätigkeit sowie Lernen und Persönlichkeitsbildung die Anschlussmöglichkeiten an weiterführende Diskurse. Nicht zuletzt gewinnt erlebnispädagogische Praxis aus diesen Relationen ihre Identität und Notwendigkeit mit Blick auf die Überlieferung reformpädagogischer Dogmen. Was aber bleibt übrig, wenn die akademische Begründung erlebnispädagogischer Praxisfelder Entwicklungslagen voraussetzt, die nicht unbefangen für das 21. Jahrhundert behauptet werden können, weil sie einfach nicht dahin zurückkehren?

Sicher ist die persönliche Wahrnehmung von Bildungsmöglichkeiten nicht nur allein durch die neuen Medien im 21. Jahrhundert größer geworden, die kollektive wird folgen und auch den gesamten Bildungsbereich meinungsbildend verändern. Und angesichts erstaunlicher Differenzen in der Bildungswahrnehmung mit dem Verzicht auf historische Absicherungen, werden sich dazu passende und noch unverbrauchte Praxis- und Berufsfelder exponieren, ohne die unerfüllbare Hoffnung auf die mächtigen Sicherheiten der pädagogischen Vergangenheit in sich aufzunehmen. In diesem Dilemma stecken mehr erlebnispädagogische Diskurse der Gegenwart, wenn erlebnis- und handlungsspezifische Bildungsmilieus des Erfahrungslernens zwischen emanzipatorischen Zielen und pragmatischen Orientierungen gesucht und vielleicht in der Zukunft nicht mehr ausreichend gefunden werden.

Prospektive Fragestellungen:

1. Welche reformpädagogischen Dogmen der Erlebnispädagogik bestimmen ihre Reformkritik der Gegenwart?
2. Welche Entwicklungsimpulse generiert die moderne Erlebnispädagogik aus den soziologisch einschlägigen Erlebnistrends der Gegenwart?
3. Welche pädagogischen und anthropologischen Basisannahmen unterscheiden Formen der Erlebnispädagogik von erlebnistouristischen Umgebungen?
4. Wie äußert sich die persönliche Verfügbarkeit von Erlebnisräumen, die einerseits gesellschaftlich akzeptiert und andererseits mit vorhandenen Ressourcen gekoppelt werden?
5. Warum wird im Ideenspektrum der modernen Erlebnispädagogik der produktive Umgang mit neuen Medien so stark problematisiert?
6. Welche Gründe sprechen dafür, dass die moderne Erlebnispädagogik ihr ideengeschichtliches Moratorium zu Beginn des 21. Jahrhunderts überwunden hat?
7. Welche Schlussfolgerungen für Lernen, Bildung und Schule lassen sich aus einer modernen Sicht auf den Erlebnisbegriff ableiten?
8. Wie ist die Relation zwischen gesellschaftlichen Implikationszwängen und den Forderungen nach unspezifischen Bildungsmileus zu verstehen und welche Ableitungen sind für Erlebnispädagogik legitim?
9. Warum lassen sich unterschiedliche Entwicklungsdynamiken für erlebnispädagogische Praxisfelder und die theoretische Erlebnispädagogik behaupten und welche Zukunftsaussichten werden in dieser Konstellation wirksam?
10. Wie wird Erlebnispädagogik als integratives Bildungs- und Lernarrangement innerhalb und außerhalb der Schule wahrgenommen?
11. Lernen, Erleben und Arbeit sind persönliche Entwicklungsprozesse, die im besten Falle Erfahrungen vollenden. Wie werden diese Prozesse in erlebnispädagogischen Modellen konzipiert und kann sich in ihnen tatsächlich eine neue Schulmethode manifestieren?

6 Anhang

6.1 Quellen und Anmerkungen

1 Ziegenspeck, J.: Erlebnispädagogik. Rückblick-Bestandsaufnahme-Ausblick. Lüneburg 1992.

2 Siehe dazu: Hahn, K.: Hoffnungen und Sorgen eines Landerziehungsheims. In: Hahn, K.: Erziehung zur Verantwortung. Reden und Aufsätze. Stuttgart 1958, S. 84-85.

3 Neubert, W.: Das Erlebnis in der Pädagogik. Lüneburg 1990, S. 77.

4 Scheibe, W.: Die reformpädagogische Bewegung. Weinheim-Basel 1969.

5 Röhrs, H. (Hrsg.): Bildung als Wagnis und Bewährung. Heidelberg, 1966.

6 Flitner, W., Kudritzky, G.: Die Reformpädagogik. Die deutsche Reformpädagogik. Düsseldorf 1961.

7 Ziegenspeck, J.: Erlebnispädagogik. Rückblick-Bestandsaufnahme-Ausblick. Lüneburg 1992.

8 Siehe dazu: Deutsches Zentrum für Erlebnispädagogik (Hrsg.): Lüneburg 1995, S. 16-20.

9 Menck, P.: August Hermann Francke - Ein Wegbereiter der modernen Erlebnispädagogik? In: Schriftenreihe: Wegbereiter der modernen Erlebnispädagogik. Heft 26, Lüneburg 1991.

10 Ebenda S. 13.

11 Fischer, T.: Jean Jacques Rousseau - Ein Wegbereiter der modernen Erlebnispädagogik? In: Schriftenreihe: Wegbereiter der modernen Erlebnispädagogik. Heft 43, Lüneburg 1995.

12 Ebenda S. 16.

13 Ebenda S. 23.

14 Heiland, H.: Friedrich Fröbel - Ein Wegbereiter der modernen Erlebnispädagogik? In: Wegbereiter der modernen Erlebnispädagogik. Heft 20, Lüneburg 1991.

15 Ebenda S. 21.

16 Pöggeler, F.: Erziehen als Erleben. Die Pädagogik Giovanni Boscos. In: Wegbereiter der modernen Erlebnispädagogik. Heft 4, Lüneburg 1987.

17 Ebenda S. 14-20.

18 Ebenda S. 14-20.

19 Fischer, T.: Herbert Spencer - Ein Wegbereiter der modernen Erlebnispädagogik? In: Wegbereiter der modernen Erlebnispädagogik. Heft 45, Lüneburg 1996.

20 Ebenda S. 20.

21 Dräbing, R.: Ellen Key - Eine Wegbereiterin der modernen Erlebnispädagogik? In: Wegbereiter der modernen Erlebnispädagogik. Heft 32, Lüneburg 1992, S. 33ff.

22 Ebenda S. 33ff.

23 Altendorf, H.: Berthold Otto - Ein Wegbereiter der modernen Erlebnispädagogik? In: Wegbereiter der modernen Erlebnispädagogik. Heft 9, Lüneburg 1988.

24 Ebenda S. 22-23.

25 Ebenda S. 22-23.

26 Ebenda S. 22-23.

27 Schreier, H.: John Dewey - Ein Wegbereiter der modernen Erlebnispädagogik? In: Wegbereiter der modernen Erlebnispädagogik. Heft 28, Lüneburg 1991.

28 Ebenda S. 21.

29 Degen, S.: Hermann Lietz - Ein Wegbereiter der modernen Erlebnispädagogik? In: Wegbereiter der modernen Erlebnispädagogik. Heft 8, Lüneburg 1988.

30 Kupffer, H.: Gustav Wyneken - Ein Wegbereiter der modernen Erlebnispädagogik? In: Wegbereiter der modernen Erlebnispädagogik. Heft 30, Lüneburg 1992.

31 Ziegenspeck, J.: Lernen für's Leben - Lernen mit Herz und Hand. Ein Vortrag zum 100. Geburtstag von Kurt Hahn. In: Wegbereiter der modernen Erlebnispädagogik. Heft 1, Lüneburg 1986.

32 Ebenda S. 2-19.

33 Siehe dazu: Ziegenspeck, J.: Kurt Hahn und die internationale Kurzschulbewegung. In: Ziegenspeck, J. (Hrsg.): Kurt Hahn. Erinnerungen-Gedanken-Aufforderungen. Lüneburg 1987, S. 122-123.

34 Ebenda S. 117-138.

35 Reble, A.: Hugo Gaudig - Ein Wegbereiter der modernen Erlebnispädagogik? In: Wegbereiter der modernen Erlebnispädagogik. Heft 13, Lüneburg 1989, S. 3.

36 Ebenda S. 3.

37 Ebenda S. 3.

38 Michl, W.: Alfred Adler - Ein Wegbereiter der modernen Erlebnispädagogik? In: Wegbereiter der modernen Erlebnispädagogik. Heft 17, Lüneburg 1991.

39 Ebenda S. 25f.

40 Wichmann, J.: Stanislaw Teofilowitsch Schazki - Ein Wegbereiter der modernen Erlebnispädagogik? In: Wegbereiter der modernen Erlebnispädagogik. Heft 25, Lüneburg 1991.

41 Ebenda S. 15-21.

42 Polzin, J.: Wassilij Alexandrowitsch Suchomlinskij - Ein Wegbereiter der modernen Erlebnispädagogik? In: Wegbereiter der modernen Erlebnispädagogik. Heft 21, Lüneburg 1991.

43 Ebenda S. 26-27.

44 Hillig, G.: A.S. Makarenko - Ein Wegbereiter der modernen Erlebnispädagogik? In: Wegbereiter der modernen Erlebnispädagogik. Heft 2, Lüneburg 1987.

45 Ebenda S. 18-19.

46 Siehe dazu: a) Hane, W.: Edward Josef Flanagan - Ein Wegbereiter der modernen Erlebnispädagogik? In: Wegbereiter der modernen Erlebnispädagogik. Heft 3, Lüneburg 1987; b) Hane, W.: Maria Montessori - Eine Wegbereiterin der modernen Erlebnispädagogik? In: Wegbereiter der modernen Erlebnispädagogik. Heft 16, Lüneburg 1991.

47 Wichmann, J.: Celestin Freinet - Ein Wegbereiter der modernen Erlebnispädagogik? In: Wegbereiter der modernen Erlebnispädagogik. Heft 29, Lüneburg 1992.

48 Beiner, F.: Janusz Korczak - Ein Wegbereiter der modernen Erlebnispädagogik? In: Wegbereiter der modernen Erlebnispädagogik. Heft 4, Lüneburg 1987.

49 Hane, W.: Maria Montessori - Eine Wegbereiterin der modernen Erlebnispädagogik? In: Wegbereiter der modernen Erlebnispädagogik. Heft 16, Lüneburg 1991, S. 9.

50 Ebenda S. 17-18.

51 Ebenda S. 17.

52 Hane, W.: Edward Josef Flanagan - Ein Wegbereiter der modernen Erlebnispädagogik? In: Wegbereiter der modernen Erlebnispädagogik. Heft 3, Lüneburg 1987, S. 32-33.

53 Ebenda S. 32.

54 Wichmann, J.: Celestin Freinet - Ein Wegbereiter der modernen Erlebnispädagogik? In: Wegbereiter der modernen Erlebnispädagogik. Heft 29, Lüneburg 1992, S. 28.

55 Beiner, F.: Janusz Korczak - Ein Wegbereiter der modernen Erlebnispädagogik? In: Wegbereiter der modernen Erlebnispädagogik. Heft 4, Lüneburg 1987, S. 22.

56 Ebenda S. 20.

57 Ebenda S. 24.

58 Worm, H.L.: Karl May - Ein Wegbereiter der modernen Erlebnispädagogik? In: Wegbereiter der modernen Erlebnispädagogik. Heft 41, Lüneburg 1995.

59 Ebenda S. 24.

60 Reble, A.: Paul Oestreich - Ein Wegbereiter der modernen Erlebnispädagogik? In: Wegbereiter der modernen Erlebnispädagogik. Heft 18, Lüneburg 1991.

61 Fischer, T.: Heinrich Deiters - Ein Wegbereiter der modernen Erlebnispädagogik? In: Wegbereiter der modernen Erlebnispädagogik. Heft 39, Lüneburg 1994.

62 Oestreich, P. (Hrsg.): Bausteine der neuen Schule. München 1923; Reble, A.: Paul Oestreich - Ein Wegbereiter der modernen Erlebnispädagogik? In: Wegbereiter der modernen Erlebnispädagogik. Heft 18, Lüneburg 1991, S. 13ff.

63 Deiters, H.: Die Schule der Gemeinschaft. Berlin 1925.

64 Reble, A.: Paul Oestreich - Ein Wegbereiter der modernen Erlebnispädagogik? In: Wegbereiter der modernen Erlebnispädagogik. Heft 18, Lüneburg 1991, S. 15.

65 Ebenda S. 14.

66 Ebenda S. 14.

67 Fischer, T.: Heinrich Deiters - Ein Wegbereiter der modernen Erlebnispädagogik? In: Wegbereiter der modernen Erlebnispädagogik. Heft 39, Lüneburg 1994, S. 20.

68 Giffei, H.: Martin Luserke - Ein Wegbereiter der modernen Erlebnispädagogik? In: Wegbereiter der modernen Erlebnispädagogik. Heft 5, Lüneburg 1987.

69 Ebenda S. 22.

70 Neubert, W.: Das Erlebnis in der Pädagogik. In: Schriften-Studien-Dokumente zur Erlebnispädagogik. Band 7, Lüneburg 1990.

71 Sauer, K.: Begegnung und Erlebnis. Hermann Nohl und das Landheim des pädagogischen Seminars der Universität Göttingen. Ein Beispiel universitärer Erlebnispädagogik. In: Wegbereiter der modernen Erlebnispädagogik. Heft10, Lüneburg 1988.

72 Ebenda S. 16.

73 Ebenda S. 14.

74 Ebenda S. 15.

75 Schaberg-Hansen, I.: Die erlebnis- und erfahrungsbezogene Pädagogik Minna Spechts. In: Wegbereiter der modernen Erlebnispädagogik. Heft 31, Lüneburg 1992, S. 1.

76 Ebenda 18S.

77 Ebenda S.14.

78 Reble, A.: Die Pflegebedürftigkeit des Erlebens in der Sicht Theodor Litts. In: Wegbereiter der modernen Erlebnispädagogik. Heft 33, Lüneburg 1993, S. 1.

79 Ebenda 43S.

80 Ebenda S. 39-41.

81 Ebenda S. 37-49 und S. 33-37.

82 Ebenda S. 31-32.

83 Ebenda S. 31.

84 Stach, R.: Peter Petersen - Ein Wegbereiter der modernen Erlebnispädagogik? In: Wegbereiter der modernen Erlebnispädagogik. Heft 12, Lüneburg 1989.

85 Ebenda S. 22.

86 Ebenda S. 22.

87 Ebenda S. 22.
88 Ebenda S. 22.
89 Ebenda S. 21.
90 Herz, G.: Erlebnis- und Fähigkeitsentwicklung. Die Bedeutung des Erlebens in der Waldorfpädagogik. In: Wegbereiter der modernen Erlebnispädagogik. Heft 15, Lüneburg 1990, S. 12-13.
91 Ebenda S. 13.
92 Ebenda S. 22.
93 Steiner, R.: Theosophie. Einführung in die übersinnliche Welterkenntnis und Menschenbestimmung. Dornach 1962.
94 Ebenda S. 49f.
95 Kersken, B.: Gertrud und Max Bondy - Wegbereiter der modernen Erlebnispädagogik? In: Wegbereiter der modernen Erlebnispädagogik. Heft 19, Lüneburg 1991.
96 Ebenda S. 36.
97 Ebenda S. 36.
98 Ebenda S. 36.
99 Ebenda S. 36.
100 Adam, E.: August Aichhorn - Ein Wegbereiter der modernen Erlebnispädagogik? In: Wegbereiter der modernen Erlebnispädagogik. Heft 14, Lüneburg 1989.
101 Ebenda S. 19ff.
102 Ebenda S. 19ff.
103 Rieverts, B.: Zusammenfassende Aussagen zu meinem Vortrag über Hermann Neuton Paulsen (1898-1951) und sein internationales Jugendlager auf der Hallig Süderoog. In: Ziegenspeck, J. (Hrsg.): Hermann Neuton Paulsen. Pädagogik auf der Hallig Süderoog. Erinnerungen von Freunden und Mitarbeitern. In: Wegbereiter der modernen Erlebnispädagogik. Heft 24, Lüneburg 1990, S. 45-47.
104 Ebenda S. 46-47.
105 Fricke, K.: Adolf Reichwein - Ein Wegbereiter der modernen Erlebnispädagogik? In: Wegbereiter der modernen Erlebnispädagogik. Heft 11, Lüneburg 1988.
106 Ebenda S. 36.
107 Ebenda S. 29 ff und S. 33.
108 Ebenda S. 9.
109 Ebenda S. 17.
110 Ebenda S. 17.
111 Bienzeisler, R.: Leben-Erleben-Handeln. Das pädagogische Anliegen des Bremer Volksschullehrers Fritz Gansberg. In: Wegbereiter der modernen Erlebnispädagogik. Heft 7, Lüneburg 1987, S.3.
112 Ebenda S. 13.
113 Ebenda S. 16.
114 Ebenda S. 1.
115 Neubert, W.: Das Erlebnis in der Pädagogik. In: Schriften-Studien-Dokumente zur Erlebnispädagogik. Band 7, Lüneburg 1990, S. 77-78.
116 Bauer, H.G.: Erlebnis- und Abenteuerpädagogik. Eine Literaturstudie. München 1993, S. 86.
117 Ziegenspeck, J.: Erlebnispädagogik. Rückblick-Bestandsaufnahme-Ausblick. Lüneburg 1992, S. 133.
118 Neubert, W.: Das Erlebnis in der Pädagogik. In: Schriften-Studien-Dokumente zur Erlebnispädagogik. Band 7, Lüneburg 1990, S. 78.

119 Sauer, K.: Vorwort zu Neubert, W.: Das Erlebnis in der Pädagogik. In: Schriften-Studien-Dokumente zur Erlebnispädagogik. Band 7, Lüneburg 1990, S. VIII.

120 Ebenda S. IX.

121 Bauer, H.G.: Erlebnis- und Abenteuerpädagogik. Eine Literaturstudie. München 1993, S. 84.

122 Funke, J.: Gutachterliche Stellungnahme. Zum Begriff Outward Bound aus erziehungswissenschaftlicher Sicht. In: Ziegenspeck, J. (Hrsg.): Outward Bound. Geschütztes Warenzeichen oder offener pädagogischer Begriff. In: Schriften-Studien-Dokumente zur Erlebnispädagogik. Band 1, Lüneburg 1986, S. 50.

123 Ziegenspeck, J.: Erlebnispädagogik. In: Stimmer, F. (Hrsg.): Lexikon der Sozialpädagogik und der Sozialarbeit. München-Wien 1994, S. 149.

124 Siehe dazu: Fischer, T.: Erlebnispädagogik. Das Erlebnis in der Schule. Frankfurt a.M.-Berlin-Bern-Paris-Wien 1999, bes. Kap. 3.2.

125 Ziegenspeck, J.: Erlebnispädagogik. In: Stimmer, F. (Hrsg.): Lexikon der Sozialpädagogik und der Sozialarbeit. München-Wien 1994, S. 149.

126 Tenorth, H.E.: Geschichte der Erziehung. Einführung in die Grundzüge ihrer neuzeitlichen Entwicklung. Weinheim-München 1988, S. 12.

127 Ebenda 343S.

128 Weimer, H.: Geschichte der Pädagogik. Berlin-New York 1992, 232S.

129 Siehe dazu: a) Ballauff, T., Schaller, K.: Pädagogik. Eine Geschichte der Bildung und Erziehung. Band I und II, Freiburg 1969-1970; b) Blass, J.: Modelle pädagogischer Theoriebildung. Stuttgart 1968; c) Berg, C. u.a. (Hrsg.): Handbuch der deutschen Bildungsgeschichte. München 1987-1992; d) Günther, K.H., u.a. (Hrsg.): Geschichte der Erziehung. Berlin 1982; e) Herrlitz, H.G., Hopp, W., Titze, H.: Deutsche Schulgeschichte von 1800 bis zur Gegenwart. Königstein 1981; f) Lundgreen, P.: Sozialgeschichte der deutschen Schule im Überblick. Göttingen 1980-1981; g) Martin, J. (Hrsg.): Sozialgeschichte der Kindheit. Freiburg 1986; h) Tenorth, H.E.: Geschichte der Erziehung. Einführung in die Grundzüge ihrer neuzeitlichen Entwicklung. Weinheim-München 1988; i) Weimer, H.: Geschichte der Pädagogik. Berlin - New York 1992.

130 Bernfeld, S.: Sisyphos oder die Grenzen der Erziehung. Frankfurt a.M. 1967.

131 Tenorth, H.E.: Geschichte der Erziehung. Einführung in die Grundzüge ihrer neuzeitlichen Entwicklung. Weinheim-München 1988, S. 13-17 und S. 34-35.

132 a) Ebenda S. 13 und S. 34 oder b) Bernfeld, S.: Sisyphos oder die Grenzen der Erziehung. Frankfurt a.M. 1967, S. 51.

133 Mann, G.: Weltgeschichte. Band 8, Ullstein 1960, S. 13 und S. 15.

134 Günther, K.H., u.a. (Hrsg.): Geschichte der Erziehung. Berlin 1982, S. 27.

135 Ziegenspeck, J.: Lernen für's Leben - Lernen mit Herz und Hand. Ein Vortrag zum 100. Geburtstag von Kurt Hahn (1886-1974). In: Wegbereiter der modernen Erlebnispädagogik. Heft 1, Lüneburg 1986.

136 Meyer, H.E.A.: Manners and Customs of the Aborigins of the Encounter Bay-Tribe. In: Woods, J.D. (Hrsg.): Native Tribes of South Australia. Adelaide 1879, S. 187.

137 Nordenskiöld, E.: Indianerleben El Gran Chaco. Leipzig 1913, S. 63-74.

138 Man, E.H.: The Andman Islanders. In: Journal of the Royal Anthropological Institute. London 1883, S. 93-94.

139 Günther, K.H., u.a. (Hrsg.): Geschichte der Erziehung. Berlin 1982, S. 31.

140 Boras, F.: The Central Eskimo. 6 Annual Report of the Bureau of Ethnology. Washington 1888, S. 580.

141 Heckewelder, J.: Nachricht von der Geschichte, den Sitten und Gebräuchen der indianischen Völkerschaften, welche ehemals Pennsylvanien und die benachbarten Staaten bewohnten. Göttingen 1821, S. 15.

142 Smith, W.E., Dale, A.M.: The IIA-Speaking People of Northern Rhodesia. London 1920, S. 16-17.

143 Summers, J.: Theorie und Praxis. Experiential Education in den USA. In: Bauer, H.G., Hufenus, H.P. (Hrsg.): Internationale Fachtagung zur Erlebnispädagogik auf Schloß Wartensee 1993. Tagungsreader. Lüneburg 1994, S. 40ff.

144 Weber, P.U.: Initiatische Therapie. In: Seifert, T., Waiblinger, A. (Hrsg.): Die 50 wichtigsten Methoden der Psychotherapie, Körpertherapie, Selbsterfahrung und des geistigen Trainings. Stuttgart 1993, S. 181-197.

145 Bauer, H.G., Hufenus, H.P. (Hrsg.): Internationale Fachtagung zur Erlebnispädagogik auf Schloß Wartensee 1993. Tagungsreader. Lüneburg 1994, S. 8.

146 Miller, N.: The child in Primitive Society. New York o.J., S. 212-213.

147 Quellen zur Geschichte der Erziehung: Berlin 1960, S. 18.

148 Lebzelter, V.: Eingeborenenkulturen in Südwest- und Südafrika. Leipzig 1934, S. 137.

149 Günther, K.H., u.a. (Hrsg.): Geschichte der Erziehung. Berlin 1982, S. 34.

150 Ebenda S. 34.

151 Brendtro, L. K., Brokenleg, M., Bockern, S.v.: Kindheit zwischen Entmutigung und Zuversicht. Ein indianischer Weg. Perspektiven für eine bessere Zukunft. In der deutschen Übersetzung von Sarah Schreier. In: Schriften-Studien-Dokumente zur Erlebnispädagogik. Band 13, Lüneburg 1995. Originaltitel: Reclaiming youth at risk our hope for the future. Bloomington Indiana USA 1990.

152 Ebenda S. 48-64.

153 Ebenda S. 108.

154 Ebenda S. 108.

155 Kramer, S.N.: Die sumerische Schule. Halle-Wittenberg 1955, S. 695-700.

156 Ebenda S. 695-700.

157 Schmidt, K.A.: Geschichte der Erziehung vom Anfang bis auf unsere Zeit. Band 1, o.O. 1884, S. 133.

158 Günther, K.H., u.a. (Hrsg.): Geschichte der Erziehung. Berlin 1982, S. 36.

159 Ebenda S. 36.

160 Ebenda S. 36.

161 Awdijew, W.J.: Geschichte des alten Orients. Berlin 1953, S. 178.

162 Ebenda S. 496.

163 Günther, K.H., u.a. (Hrsg.): Geschichte der Erziehung. Berlin 1982, S. 37-38.

164 Platon: Der Staat. Neu übersetzt und erläutert von Otto Apelt. Der philosophischen Bibliothek Band 80. Leipzig 1944, S. 547ff.

165 Günther, K.H., u.a. (Hrsg.): Geschichte der Erziehung. Berlin 1982, S. 38.

166 Ebenda S. 39.

167 Ebenda S. 40.

168 Ebenda S. 41.

169 Ebenda S. 41.

170 Ebenda S. 41.

171 Ebenda S. 41.

172 Ebenda S. 41.

173 Dynnik, M.A.: Die altgriechische Philosophie. Berlin o.J., S. 44ff.

174 Siehe dazu: Günther, K.H., u.a. (Hrsg.): Geschichte der Erziehung. Berlin 1982, S. 42.

"Die durch die handwerkliche Produktion, die Landwirtschaft, Handel, Seefahrt sowie militärische, religiöse und politische Bedürfnisse bedingte Notwendigkeit zur Naturerklärung und Weltdeutung und die im Ergebnis vorhandenen geistigen Leistungen der Sklavenhalterstaaten des Alten Orient stellten Anregung und Ausgangspunkt für den ursprünglichen naturwüchsigen Materialismus der ionischen Naturphilosophie, der ersten Leistung griechischen Denkens, dar. Philosophen, wie Thales von Milet [etwa 624-547 v.u.Z.] (heute wird öfter die Bezeichnung Thales von Miletos verwendet, vor allem in der Geschichte der Mathematik, was mit der altgriechischen Übersetzung des Dreiecksproblems im Kreis zusammenhängt - T.F.), Anaximandros [etwa 610-546 v.u.Z.], Anaximenes [etwa 585-526 v.u.Z.] und andere forschten nach dem Grundprinzip und den allgemeinen Zusammenhängen des Naturganzen und kamen zu beachtlichen mathematischen, astronomischen, metereologischen und physikalischen Erkenntnissen."

175 Ebenda S. 43.

"Die Sophistik. In der Mitte des 5. Jahrhunderts durchlebte Athen eine Epoche wirtschaftlicher und kultureller Blüte. Die glückliche Beendigung der Perserkriege, die relative Stabilität der Machtverhältnisse, vor allem ein vorübergehender Ausgleich der Spannungen zwischen Athen und Sparta, die Vorherrschaft Athens im Attischen Seebund und die damit verbundenen wirtschaftlichen und handelspolitischen Vorteile bedingten Reichtum und kulturelle Hochleistungen. ... In der voll entfalteten Sklavenhalterdemokratie Athens im 5. Jahrhundert besaßen alle Vollbürger politische Rechte und konnten in die Lage kommen, durch Wahl oder Los ein staatliches Amt bekleiden zu müssen oder in der Volksversammlung (Ekklesia) und den Gerichtshöfen (Heliaia) politische Entscheidungen zu treffen. Diese neuen Aufgaben des freien Bürgers konnten mit Hilfe der herkömmlichen Bildung nicht bewältigt werden ... . Dem in der Demokratie entstandenen Bedürfnis nach politischer Bildung trug die Lehrtätigkeit der Sophisten Rechnung."

176 Ebenda S. 43.

177 Platon: Protagoras-Theaitetos. Übersetzt von Karl Preisendanz. Jena 1920, S. 19-20.

178 Ebenda S. 19-20.

179 Xenophon: Erinnerungen an Sokrates. Übersetzt von Johannes Irmscher. Philosophische Studientexte. Berlin 1955, S. 21ff.

180 Günther, K.H., u.a. (Hrsg.): Geschichte der Erziehung. Berlin 1982, S. 45.

181 Xenophon: Erinnerungen an Sokrates. Übersetzt von Johannes Irmscher. Philosophische Studientexte. Berlin 1955, S. 20-21.

182 Platon: Protagoras-Theaitetos. Übersetzt von Karl Preisendanz. Jena 1920, S. 19-20.

183 Weinstock, H.: Platonische Rechenschaft. Berlin 1936, S. 7 und S. 10-11.

184 Ebenda S. 7.

185 Platon: Der Staat. Übersetzt und erläutert von Otto Apelt. Der philosophischen Bibliothek Band 80. Leipzig 1944.

186 Günther, K.H., u.a. (Hrsg.): Geschichte der Erziehung. Berlin 1982, S. 46.

187 Ebenda S. 46.

188 Ebenda S. 46.

189 Platon: Der Staat. Buch 3 übersetzt und erläutert von Otto Apelt. Der philosophischen Bibliothek Band 80. Leipzig 1944, S. 76-79 und S. 104.

190 Aristoteles: Werke. Übersetzt und eingeleitet von Wilhelm Nestle. Stuttgart 1953, S. 292.

191 Günther, K.H., u.a. (Hrsg.): Geschichte der Erziehung. Berlin 1982, S. 47.

192 Ebenda S. 47.

193 Aristoteles: Werke. Übersetzt und eingeleitet von Wilhelm Nestle. Stuttgart 1953, S. 101-102.

194 Ebenda S. 104-106.

195 Alexandrow, G.F.: Aristoteles. Berlin 1953, S. 4-9.

196 Günther, K.H., u.a. (Hrsg.): Geschichte der Erziehung. Berlin 1982, S. 47.

197 Ebenda S. 48.

198 Ebenda S. 48.

199 Ebenda S. 48.

200 Ebenda S. 48.

201 Seneca: Epistulae. o.O. o.J., 27, 6.

202 Günther, K.H., u.a. (Hrsg.): Geschichte der Erziehung. Berlin 1982, S. 49.

203 Ebenda S. 49.

204 Codex Theodosianus IX 12, 2: Leipzig 1900, S. 27.

205 Orelli: Inscriptiones latinae selectae. o.O. o.J., 2818, 2819.

206 Aristoteles: Werke. Ausgewählt und eingeleitet von Wilhelm Nestle. Stuttgart 1953, S. 92.

207 Siehe dazu: a) Lachmann, K., Haupt, M., Vogt, F.: Des Minnesangs Frühling. Leipzig 1944; b) Tetzner, F.: Geschichte der deutschen Bildung und Jugenderziehung von der Urzeit bis zur Errichtung von Stadtschulen. Gütersloh 1897; c) Vogelweide, W.v.d.: Gedichte. Paul, H. (Hrsg.), Halle 1950; d) Eschenbach, W.v.: Parzival. Lachmann, K. (Hrsg.), Berlin 1891; e) Limmer, R.: Bildungszustände und Bildungsideen im 13. Jahrhundert. München-Berlin 1928.

208 Vogelweide, W.v.d.: Gedichte. Paul, H. (Hrsg.), Halle 1950, S. 69.

209 Günther, K.H., u.a. (Hrsg.): Geschichte der Erziehung. Berlin 1982, S. 53.

210 Eschenbach, W.v.: Parzival. Lachmann, K. (Hrsg.), Berlin 1891, S. 88-89.

211 Eschenbach, W.v.: Parzival. 3. Buch übersetzt von F. Knorr und R. Fink. Jena 1940, S. 102-103.

212 Vogelweide, W.v.d.: Gedichte. Übersetzt von Karl Simrock. Erster Teil, Berlin 1833, S. 148-149.

213 Vogelweide, W.v.d.: In: Bertelsmann Uni-Lexikon. Band 19, Gütersloh 1992, S. 161.

214 Vogelweide, W.v.d.: Gedichte. Paul, H. (Hrsg.), Halle 1950, S. 1.

215 Ebenda S. 161.

216 Günther, K.H., u.a. (Hrsg.): Geschichte der Erziehung. Berlin, 1982, S. 54.

217 Limmer, R.: Tristan. Bildungszustände und Bildungsideen im 13. Jahrhundert. München-Berlin 1928, S. 21.

218 Günther, K.H., u.a. (Hrsg.): Geschichte der Erziehung. Berlin 1982, S. 56.

219 Ebenda S. 56.

220 Siehe dazu: a) Summa contra gentiles. Auseinandersetzung mit dem nichtchristlichen Denken. o.O. o.J., S. 1258-1264; b) Summa theologica in 3 Bänden. System der Theologie und Philosophie. o.O. o.J., S. 1266-1274; c) Quaestiones disputatae. Niederschriften der akademischen Disputation. o.O. o.J.

221 Neuthomismus: Wörterbuch der Philosophie. Berlin 1981, S. 233-234.

222 Vogelweide, W.v.d.: In: Bertelsmann Uni-Lexikon. Band 19, Gütersloh 1992, S. 48.

223 Strabos, Walafried - Abt zu Reichenau: Schülererinnerungen. Zitiert nach: Schmidt, L. (Hrsg.): Geschichte der Pädagogik II. o.O. o.J., S. 26-27.

224 Regensburg, B.v.: Predigt. Zitiert nach: Tetzner, F.: Geschichte der deutschen Bildung von der Urzeit bis zur Errichtung von Stadtschulen. Gütersloh 1897, S. 361-367.

225 Gartenaere, W.d.: Meier Helmbrecht. Panzer, F. (Hrsg.), Halle 1947.

226 Ebenda S. 17-18.

227 Günther, K.H., u.a. (Hrsg.): Geschichte der Erziehung. Berlin 1982, S. 77-78.

228 Vegius, M.: Erziehungslehre. Freiburg i. Br. 1889, S. 88.

229 Rotterdam, E.v.: Das Lob der Torheit. Nach der Übersetzung von Heinrich Hersch und Walter Bubbe. Leipzig o.J., S. 102-104 und S. 111-112.

230 Günther, K.H., u.a. (Hrsg.): Geschichte der Erziehung. Berlin 1982, S. 80.

231 Montaigne, M. de: Die Essais. Ausgewählt, übertragen und auch eingeleitet von Arthur Franz. Leipzig 1953, S. 52-59.

232 Günther, K.H., u.a. (Hrsg.): Geschichte der Erziehung. Berlin 1982, S. 79.

233 Ebenda S. 81.

234 Ebenda S. 84.

235 Montaigne, M. de: Die Essais. Leipzig 1953, S. 64-65.

236 Ebenda S. 64-65 und S. 73.

237 Günther, K.H., u.a. (Hrsg.): Geschichte der Erziehung. Berlin 1982, S. 82.

238 Morus, T.: Utopia. Übersetzt und eingeleitet von C. Woyte. Leipzig o.J., S. 62-64.

239 Ebenda S. 62-64.

240 Campanella, T.: Der Sonnenstaat. Berlin 1955.

241 Andreae, J.V.: Reise nach der Insel Caphar Salama und Beschreibung der darauf gelegenen Republik Christiansburg nebst einer Zugabe von moralischen Gedanken in gebundener und ungebundener Rede. o.O. 1741. Zitiert nach: Günther, K.H., u.a. (Hrsg.): Geschichte der Erziehung. Berlin 1982, S. 97.

242 Morus, T.: Utopia. Übersetzt und eingeleitet von C. Woyte. Leipzig o.J., S. 166.

243 Kautsky, K.: Thomas Morus und seine Utopie. Berlin 1947, S. 137-138.

244 Campanella, T.: Der Sonnenstaat. Berlin 1955, S. 43.

245 Ebenda S. 72.

246 Zitiert nach: Günther, K.H., u.a. (Hrsg.): Geschichte der Erziehung. Berlin 1982, S. 97.

247 Ebenda S. 98.

248 Campanella, T.: Der Sonnenstaat. Berlin 1955, S. 34.

249 Günther, K.H., u.a. (Hrsg.): Geschichte der Erziehung. Berlin 1982, S. 98.

250 Morus, T.: Utopia. Übersetzt und eingeleitet von C. Woyte. Leipzig o.J., S. 87.

251 Wolkan, R.v.: Geschichtsbuch der Huterischen Brüder. Wien 1923, S. S. 332.

252 Perrin, J.P.: L'histoire des Vaudois et Albigeois. Geneve 1618-1619, S. 230f.

253 Symons, M.: Opera omnia theologica. Amsterdam 1681, S. 221.

254 Luther, M.: Pädagogische Schriften und Äußerungen. Keferstein, v. (Hrsg.), Langensalza 1888, S.248.

255 Keferstein, v., Wagner, E.: Luther als Pädagoge. Langensalza 1887.

256 Eine zentrale Person bei der Umsetzung der Lutherschen Forderungen nach Umgestaltung des deutschen Bildungswesens im Geiste der Reformation und des Protestantismus war der Humanist, Theologe und Schulpraktiker Philipp Melanchthon (1479-1560). Er war es dann auch, der die Dreigliedrigkeit von Trivialschule, oberer Schule und Universität in ihrem inneren Zusammenhang in Schulordnungen und Lehrbüchern abbildete. Melanchthon gilt heute auch als einer derjenigen, die nach dem Zerfall der traditionellen Dom- und Stiftsschulen neuere Modelle entwarf, die kirchlich-religiöse Beschulung für nahezu alle Altersstufen neu zu durchdenken. Einer der bedeutendsten Schüler Melanchthons war Valentin Trotzendorf, der Leiter des Gymnasiums Goldberg, das den römischen Stadtstaat als ideale Staatsutopie auf einen Schulstaat projizierte, in dem Führungsverhalten und Verantwortungsbewusstsein sinnlich-anschaulich eingeübt werden sollte. Eine Parallele zu Hahns Schulstaat gemessen am Platonischen Vorbild drängt sich sicherlich an dieser Stelle auf, wenn auch die konkreten Gestaltungsmomente und religiösen Hintergründe ihren eigenen Prägungen hinterließen.
Siehe dazu: Bornemann, W.: Melanchthon als Schulmann. Magdeburg 1897.

257 Günther, K.H., u.a. (Hrsg.): Geschichte der Erziehung. Berlin 1982, S. 105.

258 Pixberg, H.: Der deutsche Calvinismus und die Pädagogik. Gladbeck 1952, S. 40-41.

259 siehe dazu: a) Brandt, O.H. (Hrsg.): Thomas Müntzer, sein Leben und sein Werk. Jena 1932; b) Fries, M.L.: Die Geschichte des Bauernkrieges in Ostfranken. Würzburg 1883.

260 Günther, K.H., u.a. (Hrsg.): Geschichte der Erziehung. Berlin 1982, S. 110.

261 Ebenda S. 110.
262 Rotterdam, E.v.: Pädagogische Schriften. Übersetzung von Dietrich Reichling. Freiburg i.Br. 1896, S. 84-85.
263 Ratke, W.: Gothaer Ratichiana. Cod. B 825 B, Erkenntnislehr. o.O. o.J., S. 74.
264 Günther, K.H., u.a. (Hrsg.): Geschichte der Erziehung. Berlin 1982, S. 116.
265 Ratke, W.: Gothaer Ratichiana. Cod. B 825 R, o.O. o. J. (Schuldiener Amtslehr).
266 Hohendorf, G.: Pädagogische Schriften Wolfgang Ratkes. Die neue Lehrart. Berlin 1957, S. 70.
267 Ebenda S. 66.
268 Ebenda S. 68.
269 Comenius, J.A.: Große Didaktik. Herausgegeben und eingeleitet von Hans Ahrbeck. Berlin 1957.
270 Ebenda S. 40.
271 Comenius, J.A.: Tschechische Didaktik. Prag 1954, S. 40.
272 Comenius, J.A.: Große Didaktik. Herausgegeben und eingeleitet von Hans Ahrbeck. Berlin 1957, S. 70.
273 Ebenda S. 58-62.
274 Comenius, J.A.: Tschechische Didaktik. Prag 1954, S. 37.
275 Ebenda S. 97.
276 Ebenda S. 97.
277 Comenius, J.A.: Pampaedia. Prag 1948, S. 63.
278 Günther, K.H., u.a. (Hrsg.): Geschichte der Erziehung. Berlin 1982, S. 125-126.
279 Comenius, J.A.: Große Didaktik. Herausgegeben und eingeleitet von Hans Ahrbeck. Berlin 1957, S. 153.
280 Günther, K.H., u.a. (Hrsg.): Geschichte der Erziehung. Berlin 1982, S. 129.
281 Comenius, J.A.: Informatorium der Mutterschule. In: Comenius: Ausgewählte Schriften. Aus dem lateinischen übersetzt und mit Einleitung und Anmerkungen versehen von J. Beeger und Dr. J. Leutbecher. Leipzig o.J., S. 37-38.
282 Comenius, J.A.: Große Didaktik. Herausgegeben und eingeleitet von Hans Ahrbeck. Berlin 1957, S. 218.
283 Comenius, J.A.: Analytische Didaktik und andere pädagogische Schriften. Ausgewählt und eingeleitet von Franz Hofmann. Berlin 1959, S. 119.
284 Comenius, J.A.: Große Didaktik. Herausgegeben und eingeleitet von Hans Ahrbeck. Berlin 1957, S. 221.
285 Comenius, J.A.: Gesetze für eine wohlgeordnete Schule. In: Comenius. Ausgewählte Schriften. Aus dem lateinischen übersetzt und mit Einleitung und Anmerkungen versehen von J. Beeger und Dr. J. Leutbecher. Leipzig o.J., S. 270-275.
286 Siehe dazu: a) Comenius, J.A.: Große Didaktik. Berlin 1957; b) Comenius, J.A.: Analytische Didaktik. Berlin 1959.
287 Comenius, J.A.: Große Didaktik. Herausgegeben und eingeleitet von Hans Ahrbeck. Berlin 1957, S. 262-275.
288 Comenius, J.A.: Pampaedia. Prag 1948, S. 50.
289 Locke, J.: Gedanken über Erziehung. In der Übersetzung von M. Schuster. In: Richter, K. (Hrsg.): Pädagogische Bibliothek. Band IX, Leipzig o.J., S. 5.
Anmerkung: Locke fasse seine Ideen zum Arbeitsschulsystem in folgendem Aufsatz zusammen: Locke, J.: On working school. In: Fox Bourne. Life of Locke. London 1876, S. 382ff.
290 Ebenda S. 30.
291 Ebenda § 30, S. 29.
292 Ebenda § 94, S. 95.

293 Locke, J.: Gedanken über Erziehung. Eingeleitet und erläutert von Dr. E. v. Sallwürk. Langensalza 1910, S. 230-231.

294 Locke, J.: Gedanken über Erziehung. In der Übersetzung von M. Schuster. In: Richter, K. (Hrsg.): Pädagogische Bibliothek. Band IX, Leipzig o.J., § 160, S. 174.

295 Ebenda § 162, S. 175.

296 Ebenda § 86, S. 82.

297 Aristoteles: Werke. Übersetzt und eingeleitet von Wilhelm Nestle. Stuttgart 1953, S. 101-102.

298 Günther, K.H., u.a. (Hrsg.): Geschichte der Erziehung. Berlin 1982, S. 142.

299 Heubaum, A.: Das Zeitalter der Standes- und Berufserziehung. Berlin 1905.

300 Ebenda S. 306.

301 Francke, A.H.: Pädagogische Schriften. Kramer, G. (Hrsg.), Langensalza 1885, S. 347-353.

302 Günther, K.H., u.a. (Hrsg.): Geschichte der Erziehung. Berlin 1982, S. 145.

303 Ebenda S. 145.

304 Ebenda S. 145.

305 Francke, A.H.: Pädagogische Schriften. Kramer, G. (Hrsg.), Langensalza 1885, S. 347-353.

306 Günther, K.H., u.a. (Hrsg.): Geschichte der Erziehung. Berlin 1982, S. 147.

307 Siehe dazu: a) Rousseau, J.J.: Über die Erziehung. Herausgegeben und eingeleitet von Rosemarie Wothge. Berlin 1958; b) Rousseau, J.J.: Der Gesellschaftsvertrag. Übersetzt von H. Denhardt. Leipzig o.J.; c) Rousseau, J.J.: Discours sur les sciences et les arts. Paris 1750; d) Rousseau, J.J.: Julie oder Die neue Heloise. o.O. 1762; e) Rousseau, J.J.: Emil oder über die Erziehung. In einem Band. Paderborn 1975.

308 Ebenda d).

309 Ebenda 307 a) und e).

310 Siehe dazu: a) Ebenda 307; b) Rousseau, J.J.: Betrachtungen über die Verfassung Polens. In: Die Krisis der Kultur. In: Die Werke. Ausgewählt von Paul Sakmann. Leipzig 1931, S. 282-284.

311 Ducros, L.: J.J. Rousseau. In drei Bänden. Band II, Paris 1908-1918, S. 102.

312 Rousseau, J.J.: Über die Erziehung. Herausgegeben und eingeleitet von Rosemarie Wothge. Berlin 1958, S. 99.

313 Günther, K.H., u.a. (Hrsg.): Geschichte der Erziehung. Berlin 1982, S. 149.

314 Rousseau, J.J.: Emil oder über die Erziehung. Übersetzt von H. Denhardt und eingeleitet von Th. Fritzsch. Leipzig o.J., S. 15-16; S. 22-23; S. 125-128; S. 142-147.

315 Rousseau, J.J.: Über die Erziehung. Herausgegeben und eingeleitet von Rosemarie Wothke. Berlin 1958, S. 116.

316 Günther, K.H., u.a. (Hrsg.): Geschichte der Erziehung. Berlin 1982, S. 151.

317 Rousseau, J.J.: Emil oder über die Erziehung. Übersetzt von H.Denhardt und eingeleitet von Th. Fritzsch. Leipzig o.J., S. 15-16; S. 22-23; S. 125-128; S. 142-147.

318 Rousseau, J.J.: Oevres complete. Band III, o.O. o.J., S. 71.

319 Rousseau, J.J.: Emil oder über die Erziehung. Übersetzt von H. Denhardt und eingeleitet von Th. Fritzsch. Leipzig o.J., S. 15-16; S. 22-23; S. 125-128; S. 142-147.

320 Defoe, D.: Robinson Crusoe. London 1836. In der deutschen Übersetzung von Dorothea Rahm. Berlin 1974, 208S.

321 Schrader, K.: Die Pädagogik Jean Jacques Rousseaus. Berlin 1957, S. 163.

322 Günther, K.H., u.a. (Hrsg.): Geschichte der Erziehung. Berlin 1982, S. 152.

323 Rousseau, J.J.: Der Gesellschaftsvertrag. Übersetzt von H. Denhardt. Leipzig o.J.

324 Rousseau, J.J.: Über die Erziehung. Herausgegeben und eingeleitet von Rosemarie Wothge. Berlin 1958, S. 251.

325 Ebenda S. 131.

326 Rousseau, J.J.: Oevres completes. Band XII, o.O. o.J., S. 322.

327 Ebenda Band V, S. 107.

328 Rousseau, J.J.: Discours sur les sciences et les arts. Paris 1750.

329 Günther, K.H., u.a. (Hrsg.): Geschichte der Erziehung. Berlin 1982, S. 159.

330 Helvetius, J.C.H.: Vom Menschen, von dessen Geisteskräften und von der Erziehung desselben. Band 1, Breslau 1774, S. 18.

331 Ebenda S. 19.

332 Ebenda S. 49.

333 Ebenda S. 49-50.

334 Ebenda S. 44.

335 Siehe dazu: Unger, E.: Die Pädagogik Diderots auf Grund seiner Psychologie und Ethik. Leipzig 1903.

336 Günther, K.H., u.a. (Hrsg.): Geschichte der Erziehung. Berlin 1982, S. 162.

337 Ebenda S. 48-49.

338 Helvetius, J.C.H.: Vom Menschen, von dessen Geisteskräften und von der Erziehung desselben. Band 2, Breslau 1774, S. 387.

339 Salzmann, C.G.: Krebsbüchlein. In: Salzmann, C.G.: Pädagogische Weisheiten. Deiters, H. (Hrsg.), Berlin 1961, S. 158-196.

340 Salzmann, C.G.: Ameisenbüchlein. In: Salzmann, C.G.: Pädagogische Weisheiten. Deiters, H. (Hrsg.), Berlin 1961, S. 246-304.

341 Basedow, J.B.: Methodenbuch für Väter und Mütter, der Familien und Völker. Fritzsch, T. (Hrsg.), Leipzig 1913, S. 186.

342 Basedow, J.B.: Ein Fidei-Commiß des Publicums zur Vervollkommnung des Erziehungswesens aller Orten nach dem Plane des Elementarwerks. Leipzig 1774, S. 13ff.

343 Ebenda S. 13 ff.

344 Trapp, E.C.: Allgemeine Revision des gesamten Schul- und Erziehungswesens. Bd. VIII, Wien-Wolfenbüttel 1787, S. 92-93.

345 Ebenda S. 92f.

346 Basedow, J.B.: Ein Fidei-Commiß des Publicums zur Vervollkommnung des Erziehungswesens aller Orten nach dem Plane des Elementarwerks. Leipzig 1774, S. 13ff.

347 Trapp, E.C.: Allgemeine Revision des gesamten Schul- und Erziehungswesens. Bd. VIII, Wien-Wolfenbüttel 1787, S. 127.

348 In seinen Abhandlungen 'Ameisenbüchlein' und 'Krebsbüchlein' gab Christian Salzmann eine umfassende Darstellung der praktischen Grundsätze, nach denen zukünftige Unternehmer unterrichtet werden sollten. Siehe dazu: Salzmann, C.G.: Ameisenbüchlein, Krebsbüchlein. Noch etwas über die Erziehung nebst Ankündigung einer Erziehungsanstalt. Berlin-Leipzig 1948, bes. S. 218-224.

349 Ebenda S. 218-224.

350 Ebenda S. 218-224.

351 Ebenda S. 218-224.

352 Ebenda S. 218-224.

353 Ebenda S. 218-224.

354 Ebenda S. 218-224.

355 Siehe dazu: Thiele, G. (Hrsg.): Süverns Unterrichtsgesetzentwurf vom Jahre 1819. Leipzig 1913. Johann Wilhelm Süvern (1775-1829) war Staatsrat in Preußen und maßgeblich an den Schulreformversuchen beteiligt, zu denen er Wilhelm von Humboldt und andere bestellen ließ.

356 Siehe dazu: a) Koch, F.: Einige Gedanken über die Nutzbarkeit des Schulamtes und deren Bedeutung. Stettin 1796; b) Ewald, J.G.: Über Volksaufklärung, ihre Grenzen und Vorteile. Berlin 1790; c) Zerrenner, H.G.: Volksaufklärung. Magdeburg 1786; d) Villaume, P.: Abhandlung über die Frage: Welche Grundsätze und welche Gesinnungen muss man den Menschen, zu ihrem Wohl, einzuflößen suchen? Altona 1794.

357 Paulsen, F.: Geschichte des gelehrten Unterrichtes. Berlin-Leipzig 1921, S. 22.

358 Thiele, G. (Hrsg.): Süverns Unterrichtsgesetzentwurf vom Jahre 1819. Leipzig 1913, S. 12ff.

359 Ebenda S. 12ff.

360 Koch, F.: Einige Gedanken über die Nutzbarkeit des Schulamtes und deren Beförderung. Stettin 1796, S. 17-18. Den Aufklärungsgedanken der Nationalerziehungsbewegung unterstrichen zahlreiche Neuhumanisten und Philantropen, aus ihrer ganz eigenen Sicht und in ihrer Zeit.

Siehe dazu: a) Ewald, J.G.: Über Volksaufklärung, ihre Grenzen und Vorteile. Berlin 1790; b) Zerrenner, H.G.: Volksaufklärung. Übersicht und freimütige Darstellung ihrer Hindernisse nebst eigenen Vorschlägen, denselben wirksam abzuhelfen. Magdeburg 1786; c) Stephanie, H.: System der öffentlichen Erziehung. Berlin 1805; d) Stephanie, H.: Grundriß der Staatserziehungswissenschaft. Weißenfels-Leipzig 1797; e) Villaume, P.: Abhandlung über die Frage: Welche Grundsätze und welche Gesinnungen muß man den Menschen, zu ihrem Wohl, einzuflößen suchen? Altona 1794.

361 Resewitz, F.G.: Gedanken, Vorschläge und Wünsche zur Verbesserung der öffentlichen Erziehung. Band I, Berlin 1777, S. 5.

362 Ebenda Band III, S. 22f.

363 Annalen des preußischen Schul- und Kirchenwesens: Band II, Berlin 1801, S. 5.

364 Villaume, P.: Abhandlung über die Frage: Welche Grundsätze und welche Gesinnungen muß man den Menschen, zu ihrem Wohl, einzuflößen suchen? Altona 1794, S. 138.

365 Rochow, F.E.v.: Sämtliche pädagogische Schriften. Band II, Berlin 1907-1910, S. 334.

366 Ebenda S. 334.

367 Stephanie, H.: System der öffentlichen Erziehung. Berlin 1805, S. 130.

368 Stephanie, H.: Grundriß der Staatserziehungswissenschaft. Weißenfels-Leipzig 1797, S. 126-127.

369 Ebenda S. 126-127.

370 Ebenda S. 127.

371 GutsMuths, J.C.F.: Gymnastik für die Jugend. Schnepfenthal 1793.

372 Jahn, F.L.: Die deutsche Turnkunst zur Einrichtung der Turnplätze. Berlin 1816.

373 Jachmann, R.B.: Die Nationalschule. Berlin 1812, S. 80-81.

374 Goethe, J.W.v.: Wilhelm Meisters Wanderjahre. Stuttgart-Tübingen 1821.

375 Fichte, J.G.: Reden an die deutsche Nation. Berlin 1808.

376 Pestalozzi, J.H.: Stans. Wie Gertrud ihre Kinder lehrt. Berlin-Leipzig 1947.

377 Pestalozzi, J.H.: Sämtliche Werke. Band XIII, Berlin-Leipzig 1932, S. 5.

378 Ebenda Band VII, S. 253.

379 Siehe dazu: a) Pestalozzi, J.H.: Christoph und Else lesen in den Abendstunden das Buch Lienhard und Gertrud. In: Pestalozzis sämtliche Werke. Band 5, Liegnitz 1900, insbes. S. 107-112; b) Pestalozzi, J.H.: Lienhard und Gertrud. Ein Versuch, die Grundsätze der Volksbildung zu vereinfachen. In: Pestalozzis sämtliche Werke. Band 7, Liegnitz 1901, insbes. S. 200-201.

380 Ebenda Band 3: Die Abendschule eines Einsiedlers. Liegnitz 1899, S. 319.

381 Ebenda Band 8: Die Methode. Liegnitz 1900, S. 427-431.

382 Ebenda S. 427-431.

383 Ebenda S. 427-431.

384 Ebenda S. 427-431.
385 Pestalozzi, J.H.: Sämtliche Werke. Band XIV, Berlin-Leipzig 1932, S. 123.
386 Ebenda Band XVI, S. 3.
387 Pestalozzi, J.H.: Die Methode. In: Pestalozzis sämtliche Werke. Band 8, Liegnitz 1900, S. 427-431.
388 Ebenda S. 427-431.
389 Pestalozzi, J.H.: Sämtliche Werke. Band XIII, Berlin-Leipzig 1932, S. 334.
390 Pestalozzi, J.H.: Die Methode. In: Pestalozzis sämtliche Werke. Band 8, Liegnitz 1900, S. 427-431.
391 Pestalozzi, J.H.: Sämtliche Werke. Band XIII, Berlin-Leipzig 1932, S. 109.
392 Pestalozzi, J.H.: Die Methode. In: Pestalozzis sämtliche Werke. Band 8, Liegnitz 1900, S. 427-431.
393 Ebenda S. 427-431.
394 Pestalozzi, J.H.: Wie Gertrud ihre Kinder lehrt. Ein Versuch, den Müttern Anleitung zu geben, ihre Kinder selbst zu unterrichten. Briefe von Heinrich Pestalozzi. In: Pestalozzis sämtliche Werke. Band 9, Liegnitz 1901, S. 76-78.
395 Ebenda S. 76-78.
396 Fichte, J.G.: Reden an die deutsche Nation. Berlin 1808.
397 Ebenda S. 41-42 oder S. 332ff.
398 Ebenda S. 41-42 oder S. 332ff.
399 Ebenda S. 41-42 oder S. 332ff.
400 Ebenda S. 41-42 oder S. 332ff.
401 Ebenda S. 41-42 oder S. 332ff.
402 Ebenda S. 41-42 oder S. 332ff.
403 Ebenda S. 41-42 oder S. 332ff.
404 Rousseau, J.J.: Emil. Oder über die Erziehung. Paderborn 1983.
405 Pestalozzi, J.H.: Stans. Wie Gertrud ihre Kinder lehrt. Berlin-Leipzig 1947.
406 Lietz, H.: Emlohstobba. Roman oder Wirklichkeit? Bilder aus dem Schulleben der Vergangenheit, Gegenwart oder Zukunft? Berlin 1897.
407 Hahn, K.: Frau Elses Verheißung. Berlin 1910.
408 Lessing, G.E.: Nathan der Weise. In: Das dichterische Werk in zwei Bänden. Band 2, München 1970.
409 Schiller, F.v.: Lied an die Freude (Freude schöner Götterfunken). In: Werke. Band 1, München 1966.
410 Goethe, J.W.v.: Iphigenie und Tauris. In: Werke in zwei Bänden. Band 2, Gütersloh 1982.
411 Herder, J.G.: Ideen zur Philosophie der Geschichte der Menschheit. In: Herders sämtliche Werke. Band XIII, Suphan, B. (Hrsg.), Berlin 1877, S. 154.
412 Günther, K.H., u.a. (Hrsg.): Geschichte der Erziehung. Berlin 1982, S. 202.
413 Schiller, F.v.: Jungfrau von Orlean. In: Werke. Band 3, München 1966.
414 Ebenda Band 3.
415 Kant, I.: Kritik der praktischen Vernunft. (Königsberg) 1788.
416 Kant, I.: Kritik der reinen Vernunft. (Königsberg) 1781.
417 Kant, I.: Kritik der Urteilskraft. (Königsberg) 1790. Oder in: Cassierer, E.v. (Hrsg.): Immanuel Kants Werke. Band V, Berlin 1922, S. 368ff.
418 Cassierer, E.v. (Hrsg.): Immanuel Kants Werke. Band V, Berlin 1922, S. 35.
419 Ebenda Band VII, S. 293.
420 Ebenda S. 296 oder S. 297f. sowie Band V. S. 174.
421 Günther, K.H. u.a. (Hrsg.): Geschichte der Erziehung. Berlin 1982, S. 210.

422 Cassierer, E.v. (Hrsg.): Immanuel Kants Werke. Band VIII, Abhandlung: Von der physischen Erziehung. Berlin 1923, S. 484.

423 Ebenda S. 483.

424 Ebenda S. 485f.

425 Ebenda Band V. Abschnitt: Kritik der Urteilskraft, S. 368.

426 Ebenda Band VIII. Abschnitt: Anthropologische Didaktik, S. 118.

427 Ebenda Band V. Abschnitt: Kritik der Urteilskraft und die Dialektik der ästhetischen Urteilskraft, S. 433.

428 Ebenda Band VIII, S. 486.

429 Ebenda Band VIII. Abschnitt: Logik, S. 350ff.

430 Ebenda S. 350.

431 Günther, K.H., u.a. (Hrsg.): Geschichte der Erziehung. Berlin 1982, S. 213.

432 Fichte, J.H. (Hrsg.): J.G. Fichtes sämtliche Werke. Band 7, o.O. 1844-1846, S. 294.

433 Ebenda Band 8, S. 400.

434 Ebenda S. 400.

435 Schleiermacher, F.D.: Über den Beruf des Staates zur Erziehung. In: Sämtliche Werke. Abt. III, Band 3, Berlin 1835, S. 234f.

436 Schleiermacher, F.D.: Erziehungslehre. In: Sämtliche Werke. Abt. III, Band 9, Berlin 1849, S. 38 und S. 587.

437 Ebenda S. 632f.

438 Ebenda S. 401.

439 Ebenda S. 221.

440 Hegel, G.W.F.: Phänomenologie des Geistes. Jena 1807.

441 Hegel, G.W.F.: Logik. Nürnberg 1812-1816.

442 Hegel, G.W.F.: Rechtsphilosophie. Jena 1821.

443 Hegel, G.W.F.: Enzyklopädie der Philosophischen Wissenschaften. Heidelberg 1930.

444 Hegel, G.W.F.: Phänomenologie des Geistes. In: Werke. Band 2, Berlin 1854, S. 527.

445 Hegel, G.W.F.: Philosophie des Rechts. In: Werke. Band 8, Berlin 1854, S. 212.

446 Hegel, G.W.F.: Vermischte Schriften. In: Werke. Band 16, Berlin 1854, S. 175.

447 Hegel, G.W.F.: Philosophische Abhandlungen. In: Werke. Band 1, Berlin 1854, S. 400.

448 Hegel, G.W.F.: Philosophie des Rechts. In: Werke. Band 8, Berlin 1854, S. 229.

449 Hegel, G.W.F.: Vermischte Schriften. In: Werke. Band 16, Berlin 1854, S. 175.

450 Ebenda S. 197.

451 Ebenda S. 197.

452 Lessing, G.E.: Erziehung des Menschengeschlechts. Braunschweig 1780.

453 Ebenda § 80.

454 Ebenda § 80.

455 Schiller, F.v.: Die Räuber. (Mannheim) 1780. Im gleichen Jahr fand die Uraufführung des Stückes in Mannheim statt.

456 Schiller, F.v.: Was heißt und zu welchem Ende studiert man Universalgeschichte? Antrittsrede anläßlich seiner Professur für Geschichte an der Universität Jena im Jahre 1789. Jena 1789.

457 Abusch, A.: Schiller. Größe und Tragik eines deutschen Genies. Berlin 1955, S. 42.

458 Schiller, F.v.: Briefe über die ästhetische Erziehung. In: Schiller, F.v.: Werke. Band 1, Weimar 1955.

459 Schiller, F.v.: Die Schaubühne als eine moralische Anstalt betrachtet. In: Schiller, F.v.: Werke. Band 1, Weimar 1955, S. 290.

460 Schiller, F.v.: Briefe über die ästhetische Erziehung. In: Schiller, F.v.: Werke. Band 1, Weimar 1955, Brief 8.

461 Ebenda Brief 9.
462 Ebenda Brief 5.
463 Ebenda Brief 5.
464 Diese Auseinandersetzung mit der Ethik und Ästhetik Kants führte Schiller zu einer Reihe von Veröffentlichungen, aus denen die getroffene Aussage direkt abzulesen ist. Siehe dazu: a) Schiller, F.v.: Über den Grund des Vergnügens an tragischen Gegenständen. o.O. 1792; b) Schiller, F.v.: Über Anmut und Würde. o.O. 1793; c) Schiller, F.v.: Über das Erhabene. o.O. 1801; d) Schiller, F.v.: Über die ästhetische Erziehung des Menschen. o.O. 1795; e) Schiller, F.v.: Über naive und sentimentale Dichtung. o.O. 1796.
465 Schiller, F.v.: Von den notwendigen Grenzen des Schönen. In: Schiller, F.v.: Werke in drei Bänden. Leipzig 1955, S. 481.
466 Ebenda S. 481.
467 Flitner, W.: Goethes pädagogische Ideen. Die pädagogische Provinz nebst verwandten Texten. Bad Godesberg 1948.
468 Goethe, J.W.v.: Werke. Band II, Weimar 1956.
469 Ebenda S. 185.
470 Eckermann, J.P.: Gespräche mit Goethe. Leipzig 1948 S. 592.
471 Biedermann: Goethes Gespräche. Band III, S. 199. Zitiert nach: Geschichte der Erziehung. Günther, K.H., u.a. (Hrsg.): Berlin 1982, S. 231.
472 Goethe, J.W.v.: Sprüche in Prosa. In: Werke 2-22. Band XX, Weimar 1956, S. 138.
473 Goethe, J.W.v.: Wilhelm Meisters Lehrjahre. In: Werke 8-3. Weimar 1956.
474 Goethe. In: Große Enzyklopädie. Berlin 1954, S. 20.
475 Eckermann, J.P.: Gespräche mit Goethe. Leipzig 1948, S. 548.
476 Goethe, J.W.v.: Werke. Band XX, Weimar 1956, S. 138.
477 Eckermann, J.P.: Gespräche mit Goethe. Leipzig 1948, S. 548.
478 Ebenda S. 548.
479 Ebenda S. 558.
480 Suphan, B. (Hrsg.): Herders sämtliche Werke. Band 27, Berlin 1881, S. 26.
481 Herder, J.G.: Schulreden. In: Suphan, B. (Hrsg.): Herders sämtliche Werke. Band 30, Berlin 1889, S. 90-95.
482 Mundorf, G.: Ein ABC-Buch. In: Beiträge zur Geschichte der Erziehung. Berlin 1955, S. 30.
483 Suphan, B. (Hrsg.): Herders sämtliche Werke. Band 30, Berlin 1889, S. 245.
484 Ebenda S. 90-95.
485 Ebenda S. 90-95.
486 Ebenda S. 90-95.
487 Ebenda S. 45.
488 Ebenda Band 16, Berlin 1887, S. 603.
489 Ebenda S. 603.
490 Ebenda Band 30, Berlin 1889, S. 90-95.
491 Burke, E.: Reflection on the Revolution in France. London 1790.
492 Weimar, H.: Geschichte der Pädagogik. Berlin 1991, S. 160.
493 Ebenda S. 157.
494 Ebenda S. 157.
495 Herbart, J.F.: Pädagogische Schriften. Band II, Langensalza 1884, S. 20.
496 Ebenda S. 20.
497 J. F. Herbart: Zitiert nach Francke, F.: Herbart. Grundzüge seiner Lehre. Leipzig 1909, S. 80.
498 Günther, K.H., u.a. (Hrsg.): Geschichte der Erziehung. Berlin 1982, S. 253.

499 Herbart, J.F.: Pädagogische Schriften. Kehrbach, K. (Hrsg.), Band I, Langensalza 1887, S. 172.

500 Ebenda S. 38ff.

501 Ebenda S. 38ff.

502 Ebenda S. 38.

503 Ebenda S. 39.

504 Ebenda S. 38.

505 Ebenda S. 38-39 und S. 52.

506 Ebenda S. 39.

507 Herbart, J.F.: Allgemeine Pädagogik aus dem Zweck der Erziehung abgeleitet. Zweites Buch, erstes Kapitel. In: Herbart, J. F.: Sämtliche Werke. Kehrbach, K. (Hrsg.), Band 2, Langensalza 1887, S. 38-41.

508 Ebenda S. 38-41.

509 Weiß, G.: Herbart und seine Schule. München 1928, S. 98ff.

510 Herbart, J.F.: Allgemeine Pädagogik aus dem Zweck der Erziehung abgeleitet. Zweites Buch, erstes Kapitel. In: Herbart, J.F.: Sämtliche Werke. Kehrbach, K. (Hrsg.), Band 2, Langensalza 1887, S. 38-41.

511 Ebenda S, 38.

512 Herbart, J.F.: Umriß pädagogischer Vorlesungen. In: Herbart, J.F.: Pädagogische Schriften. Bartholomäi, F. (Hrsg.), Langensalza 1922, S. 39-40.

513 Ebenda S. 39.

514 Fröbel, F.W.A.: Briefentwurf an den Herzog von Meiningen. In: Gedenkschrift zum 100. Todestag von Friedrich Fröbel. Berlin 1952, S. 51.

515 Fröbel, F.W.A.: Brief an Hagen. In: Hagen, H.: Fr. Fröbel und der Kampf um den Kindergarten. Leipzig 1882, S. 118.

516 Gedenkschrift zum 100. Todestag von Friedrich Fröbel. Berlin 1952, S. 148.

517 Ebenda S. 43.

518 Ebenda S. 44.

519 Fröbel, F.W.A.: Brieffragment im Berliner Nachlaß. Berlin 1890, S. 1.

520 Ebenda S.1.

521 Ebenda S.1.

522 Gedenkschrift zum 100. Todestag von Friedrich Fröbel. Berlin 1952, S. 47.

523 Ebenda S. 148.

524 Diesterweg, A.: Der Kinderfreund im Bad Liebenstein. Gedenkschrift zum 100. Todestag von Friedrich Fröbel. Berlin 1952, S. 147 und S.149.

525 Diesterweg, A.: Schriften und Reden in zwei Bänden. Deiters, H. (Hrsg.), Band I, Berlin-Leipzig 1950, S. 8.

526 Ebenda, Band II S. 92.

527 Ebenda, Band I S. 14.

528 Ebenda, Band I S. 14-15.

529 Ebenda, Band II S. 60.

530 Diesterweg, A.: Sämtliche Werke. Band 2, Berlin 1956, S. 446.

531 Ebenda S. 446-447.

532 Diesterweg, A.: Sämtliche Werke. Band 3, Berlin 1959, S. 207.

533 Ebenda S. 208.

534 Diesterweg, A.: Jahrbuch für Lehrer und Schulfreunde. Berlin 1852, S. 142-144.

535 Diesterweg, A.: Schriften und Reden in zwei Bänden. Deiters, H. (Hrsg.), Band II, Berlin-Leipzig 1950, S. 107ff.

536 Ebenda S. 107.

537 Diesterweg, A.: Sämtliche Werke. Band 1, Berlin 1956, S. 129-130.

538 Diesterweg, A.: In: Rheinische Blätter für Erziehung und Unterricht. Band 14, o.O. 1836, S. 209.

539 Weimer, H.: Geschichte der Pädagogik. Berlin 1991, S. 171.

540 Ebenda S. 172.

541 Owen, R.: Pädagogische Schriften. Günther, K.H. (Hrsg.), Berlin 1955, S. 64ff.

542 Günther, K.H., u.a. (Hrsg.): Geschichte der Erziehung. Berlin 1982, S. 307.

543 Ebenda S. 307-308.

544 Mondorf, G.: Zitiert nach: Günther, K.H. (Hrsg.): Geschichte der Erziehung. Berlin 1982, S. 306.

545 Fourier, C.: Nouveau Monde industriel et societaire. Paris 1829.

546 Fourier, C.: Die harmonische Erziehung. Herausgegeben und übersetzt von W. Apelt. Berlin 1958, S. 18.

547 Ebenda S. 47.

548 Ebenda S. 44.

549 Ebenda S. 47.

550 Spencer, H.: Die Erziehung in geistiger, sittlicher und leiblicher Hinsicht. Schultze, F.v. (Hrsg.), 5. Auflage, Sachsa 1905, S. 13.

551 Ebenda S. 176.

552 Ebenda S.176.

553 Ebenda S. 17.

554 Ebenda S. 63.

555 Siehe dazu: a) Hegener, T.: Die Unterrichtsfrage vom demokratischen und nationalen Gesichtspunkte aus. Essen 1848; b) Thaulow, G.: Plan einer Nationalerziehung. Kiel 1848; c) Appens, W.: Die pädagogische Bewegung des Jahres 1848. Elberfeld 1914.

556 Siehe dazu: a) Pretzel, C.L.A.: Geschichte des deutschen Lehrervereins. Leipzig 1921, S. 122 ff; b) Sack, E.: Unsere Schulen im Dienste gegen die Freiheit. Braunschweig 1878, S. 20ff.

557 Siehe dazu: Voigt, G.: Die Bedeutung der Herbartschen Pädagogik für die Volksschule. Schönebeck 1891 S. 78ff.

558 Ziller, T.: Materialien zur speziellen Pädagogik. Berger, M. (Hrsg.), Dresden 1886.

559 Ebenda S. 102ff.

560 Ebenda S. 102ff.

561 Ebenda S. 102ff.

562 Ebenda S. 102ff.

563 Stiehl, F. (Bearbeiter): Die drei Preußischen Regulative vom 1. bis 3. Oktober 1854 über Errichtung des evangelischen Seminar-Präparanden- und Elementarschulunterrichts. Berlin 1854.

564 Ebenda S. 3ff.

565 Weimer, H.: Geschichte der Pädagogik. Berlin 1991, S. 179.

566 Ebenda S. 179.

567 Ebenda S. 179.

568 Ebenda S. 180.

569 Ebenda S. 182.

570 Ebenda S. 183.

571 Ebenda S. 183.

572 Ebenda S. 174-175.

573 Ebenda S. 183.

574 Thoreau, H.D.: Über die Pflicht zum Ungehorsam gegenüber dem Staat. Zürich 1968.

575 Thoreau, H.D.: Walden oder das Leben in den Wäldern. Zürich 1971.

576 Emerson, R.W.: The American Scholar. Boston 1837.

577 Siehe dazu: a) Bergson, H.: Zeit und Freiheit. Eine Abhandlung über die unmittelbarsten Bewußtseinstatsachen. Jena 1911; b) Bergson, H.: Schöpferische Entwicklung. Jena 1921.

578 James, W.: The Principles of Psychology. New York 1950.

579 James, W.: The Moral Equivalent of War. In: James, W.: Memories and Studies. London 1911, S.265-296.

580 Nietzsche, F.: Über die Zukunft unserer Bildungsanstalten. In: Nietzsches Werke in zwölf Bänden. Band 2, Stuttgart 1964, S. 391-529.

581 Nietzsche, F.: Unzeitgemäße Betrachtungen. Vom Nutzen und Nachteil der Historie für das Leben. In: Schlechta, K. (Hrsg.): Werke in drei Bänden. Band 1, München 1954, S. 209ff.

582 Nietzsche, F.: Über die Zukunft unserer Bildungsanstalten. In: Flitner, W., Kudritzky, G. (Hrsg.): Die deutsche Reformpädagogik. Band 1, Düsseldorf-München 1961, S. 39.

583 Ebenda S. 37.

584 Ebenda S. 37.

585 Nietzsche, F.: Aus den 'Unzeitgemäßen Betrachtungen'. In: Flitner, W., Kudritzky, G. (Hrsg.): Die deutsche Reformpädagogik. Band 1, Düsseldorf-München 1961, S. 41-42.

586 Ebenda S. 43.

587 Siehe dazu: a) Lagarde, P. de: Deutsche Schriften. Band 1 und Band 2, Göttingen 1878-1881; b) Lagarde, P. de: Über die gegenwärtige Lage des deutschen Reichs. In: Deutsche Schriften. Einbändige Gesamtausgabe. 5. Aufl., Göttingen 1920, S. 106ff.

588 Lagarde, P. de: Über die gegenwärtige Lage des deutschen Reichs. In: Deutsche Schriften. Einbändige Gesamtausgabe. 5. Aufl., Göttingen 1920, S. 106ff.

589 Lagarde, P. de: Über die Klage, dass der deutschen Jugend der Idealismus fehle. In: Deutsche Schriften. Einbändige Gesamtausgabe. 5. Aufl., Göttingen 1920, S. 404ff.

590 Ebenda S. 404ff.

591 Ebenda S. 404ff.

592 Ebenda S. 404ff.

593 Lagarde, P. de: Über die gegenwärtige Lage des deutschen Reichs. In: Deutsche Schriften. Einbändige Gesamtausgabe. 5. Aufl., Göttingen 1920, S. 106ff.

594 Langbehn, J.: Rembrandt als Erzieher. Leipzig 1925.

595 Lichtwark, A.: Übungen in der Betrachtung von Kunstwerken. 10. Aufl., Berlin 1914.

596 Weimer, H.: Geschichte der Pädagogik. Berlin 1991, S. 184.

597 Simmel, G.: Einführung in die Moralwissenschaft. 2 Bände, Berlin 1911.

598 Mach, E.: Die Analyse der Empfindungen und des Verhältnisses des Physischen zum Psychischen. o.O. 1900. Auch erschienen unter: Die Analyse der Empfindungen und das Verhältnis des Physischen zum Psychischen. Darmstadt 1987.

599 Mach, E.: Erkenntnis und Irrtum. o.O. 1904.

600 Dilthey, W.: Ideen über beschreibende und zergliedernde Psychologie. In: Dilthey, W.: Gesammelte Schriften. Band 5, Leipzig 1924, S. 139-240.

601 Dilthey, W.: Das Erlebnis und die Dichtung. 5. Aufl., Leipzig-Berlin 1913.

602 Dilthey, W.: Gesammelte Schriften. Band 5, Leipzig-Berlin 1924, S. 313.

603 Ebenda S. 314.

604 Neubert, W. Das Erlebnis in der Pädagogik. Lüneburg 1990.

605 Descartes, R.: Regeln zur Leitung des Geistes. o.O. 1628.

606 Bacon, F.: Instauratio magna. o.O. 1623.

607 Locke, J.: Über den menschlichen Verstand. Band II, Leipzig 1897, S. 303.

608 Wundt, W.: Grundzüge einer physiologischen Psychologie. Band 1-3, Leipzig 1902-1903. Anmerkung: Theodor Fechner war der Begründer experimenteller Psychologie, die die Ausbreitung der experimentellen Pädagogik einleitete. Akademischer Schüler von Fechner wurde

Wilhelm Wundt, der die Grundzüge der experimentellen Psychologie ausarbeitete. Bereits 1882 hatte Wiliam Preyer mit seiner Schrift 'Die Seele des Kindes' (Leipzig 1894) darauf verwiesen, dass eine wissenschaftliche Erziehungs- und Unterrichtstheorie kaum ohne psychologische Grundlagenstudien zu fundieren sei. Insbesondere die Erforschung des emotionalen Seelenlebens der Kinder war zu leisten. Begabungen und Leistungsfähigkeit wurden in der Entwicklung des jungen Menschen stärker als zuvor auf seine körperlichen und geistigen Potentiale bezogen und in einer Reihe experimenteller Testmethoden untersucht. Das psychologische Experiment als Forschungsinstrument konnte sich so etablieren und wurde von Wundts akademischen Schüler Ernst Meumann theoretisch erarbeitet: 'Die Vorlesungen zur Einführung in die experimentelle Pädagogik' (Leipzig 1907). Wiliam Stern, der Nachfolger Meumanns in Hamburg, entwickelte aus diesen Grundlagen die sogenannte 'Jugendkunde', die heute mit den Erkenntnissen der Differentiellen Psychologie und Begabungsforschung umrissen werden kann. In jedem Falle aber zeigte allein diese Entwicklung der experimentellen Pädagogik oder die von August Lay 1903 veröffentlichte 'Experimentelle Didaktik' (Karlsruhe 1903), dass der Zusammenhang zwischen Psychologie und Pädagogik gesucht und die Professionalisierung des pädagogischen Denkens und Handelns auf der Grundlage gesicherter psychologischer Erfahrungen angestrebt wurde.

609 Thorndike, E.L.: Educational Psychology. New York 1913.

610 James, W.: The Principles of Psychology. New York 1950.

611 Dilthey, W.: Gesammelte Schriften. Leipzig 1924.

612 Bergson, H.: Zeit und Freiheit. Eine Abhandlung über die unmittelbarsten Bewußtseinstatsachen. Jena 1911.

613 Spranger, E.: Zur Psychologie des Jugendalters. 28. Aufl., Heidelberg 1966.

614 Watson, J.: Psychology from the standpoint of a behaviorist. London 1929.

615 Siehe dazu: a) Bühler, K.: Die Krise der Psychologie. Jena 1929; b) Bühler, K.: Die geistige Entwicklung des Kindes. Jena 1930.

616 Piaget, J.: Gesammelte Werke. Stuttgart 1975.

617 Siehe dazu: a) Köhler, W.: Gestalt Psychology. New York 1928; b) Köhler, W.: Die psychischen Gestalten in Ruhe und im stationären Zustand. Braunschweig 1920.

618 Siehe dazu: a) Adler, A.: Feelings and Emotions. Leipzig 1928; b) Adler, A.: Individualpsychologie in der Schule. Leipzig 1929.

619 Siehe dazu: a) Jung, C.G.: Von den Wurzeln des Bewußtseins. o.O. 1954; b) Jung, C.G.: Gesammelte Werke. 18 Bände, Stuttgart 1960.

620 Piaget, J., Inhelder, B.: Die Entwicklung des inneren Bildes beim Kind. Frankfurt a.M. 1990, S. 11ff.

621 Ebenda S. 513ff.

622 Ebenda S. 513.

623 Ebenda S. 514.

624 Siehe dazu: Bleidick, U.: Die Individualpsychologie und Pädagogik Adlers und seiner Schule. Basel-München 1961.

625 Jung, C.G.: Symbolik des Geistes. (Jena) 1948.

626 Key, E.: Das Jahrhundert des Kindes. Studien von Ellen Key. 14. Aufl., Berlin 1908.

627 Gurlitt, L.: Der Deutsche und seine Schule. Erinnerungen, Beobachtungen und Wünsche eines Lehrers. Leipzig-Berlin 1905.

628 Key, E.: Das Jahrhundert des Kindes. Studien von Ellen Key. 14. Aufl., Berlin 1908, S. 110.

629 Ebenda S. 111.

630 Ebenda S. 251-312.

631 Key, E.: Die Schule der Zukunft. In: Flitner, W., Kudritzky, G. (Hrsg.): Die deutsche Reformpädagogik. Band 1, Düsseldorf-München 1961, S. 55-56.

632 Key, E.: Das Jahrhundert des Kindes. Studien von Ellen Key. 14. Aufl., Berlin 1908, S. 253.

633 Lietz, H.: Deutsche Land-Erziehungsheime. Erziehungsgrundsätze und Organisation. Leipzig 1906.

634 Siehe dazu: a) Wyneken, G.: Der Gedankenkreis der Freien Schulgemeinde. Jena 1913; b) Wyneken, G.: Schule und Jugendkultur. Jena 1913.

635 Geheeb, P.: Die Odenwaldschule. Geistige Grundlagen. In: Hilker, F.: Deutsche Schulversuche. Berlin 1924, S. 91ff.

636 Hahn, K.: Erziehung zur Verantwortung. Reden und Aufsätze. Stuttgart 1958.

637 Flitner, W., Kudritzky, G. (Hrsg.): Die deutsche Reformpädagogik. Band 1, Düsseldorf-München 1961, S. 16.

638 Deiters, H. (Hrsg.): Die Schule der Gemeinschaft. Leipzig 1925.

639 Deiters, H.: Die Lebensform der Schule. In: Nohl, H., Pallat, L. (Hrsg.): Die Theorie der Schule und der Schulaufbau. Handbuch der Pädagogik. Band 4, Lagensalza 1928, S. 27.

640 Ebenda Band 4.

641 Siehe dazu: a) Karsen, F.: Deutsche Versuchsschulen der Gegenwart und ihre Probleme. Leipzig 1923; b) Karsen, F. (Hrsg.): Die neuen Schulen in Deutschland. Langensalza 1924.

642 Oestreich, P.: Bausteine zur neuen Schule. München 1923.

643 Deiters, H.: Die weltanschaulichen Grundlagen der Gemeinschaftspädagogik. In: Deiters, H. (Hrsg.): Die Schule der Gemeinschaft. Leipzig 1925, S. 12.

644 Deiters, H.: Die Lebensform der Schule. In: Nohl, H., Pallat, L. (Hrsg.): Die Theorie der Schule und der Schulaufbau. Handbuch der Pädagogik. Band 4, Langensalza 1928, S. 6.

645 Siehe dazu: a) Messer, A.: Die Freideutsche Jugendbewegung. Ihr Verlauf 1913-1923. Langensalza 1924; b) Natorp, P.: Aufgaben und Gefahren unserer Jugendbewegung. In: Freideutsche Jugend. Zur Jahrhundertfeier auf dem Hohen Meissner 1913. Jena 1913, S. 121 ff; c) Spranger, E.: Psychologie des Jugendalters. Leipzig 1924.

646 Siehe dazu: a) Körber, N.: Die deutsche Jugendbewegung. Versuch eines systematischen Abrisses zum praktischen Gebrauch für den Volkserzieher. Berlin 1920; b) Stählin, W.: Der neue Lebensstil. Ideale deutscher Jugend. 3. Aufl., Hamburg 1923; c) Herrle, T.: Die deutsche Jugendbewegung in ihren wirtschaftlichen und gesellschaftlichen Zusammenhängen. 2. Aufl., Stuttgart 1922; d) Engelhardt, G.: Die deutsche Jugendbewegung als kulturhistorisches Phänomen. Berlin 1923.

647 Zitiert nach: Flitner, W., Kudritzky, G. (Hrsg.): Die deutsche Reformpädagogik. Band 1, München-Düsseldorf 1961, S. 279.

648 Ebenda S. 17.

649 Ebenda S. 17.

650 Foerster, F.W.: Schule und Charakter. Recklinghausen 1920, S. 1ff.

651 Gurlitt, L.: Der Deutsche und seine Schule. Berlin 1905, S. 8ff.

652 Kerschensteiner, G.: Das Problem der Volkserziehung. Zitiert aus: Flitner, W., Kudritzky, G. (Hrsg.): Die deutsche Reformpädagogik. Band 1, München-Düsseldorf 1961, S. 204.

653 Ebenda S. 205.

654 Ebenda S. 210-211.

655 Dewey, J.: School and Society. Chicago 1900.

656 Dewey, J.: School and Society. In der Bearbeitung und Übersetzung von Georg Kerschensteiner. Zitiert nach Flitner, W., Kudritzky, G. (Hrsg.): Die deutsche Reformpädagogik. Band 1, München-Düsseldorf 1961, S. 204.

657 Neubert, W.: Das Erlebnis in der Pädagogik. Lüneburg 1990, S. 78.

658 Lietz, H.: Emlohstobba. Roman oder Wirklichkeit? Bilder aus dem Schulleben der Vergangenheit, Gegenwart oder Zukunft? Berlin 1897.

659 Otto, B.: Die Schulreform des 20. Jahrhunderts. Leipzig 1898.

660 Natorp, P.: Sozialpädagogik. Leipzig-Marburg 1899.

661 Siehe dazu: a) Foerster, F.W.: Erziehung und Selbsterziehung. Zürich 1917; b) Foerster, F.W.: Schule und Charakter. Recklinghausen 1953.

662 Kerschensteiner, H.G.: Der Begriff der staatsbürgerlichen Erziehung. 8. Aufl., München-Stuttgart 1958.

663 Kerschensteiner, H.G.: Der Begriff der Arbeitsschule. In: Rebele, A. (Hrsg.): Die Arbeitsschule. Pädagogische Quellentexte. Bad Heilbrunn 1969, S. 28-40.

664 Siehe dazu: a) Steiner, R.: Die Erziehung des Kindes vom Gesichtspunkte der Geisteswissenschaft. Stuttgart 1948; b) Steiner, R.: Anthroposophische Pädagogik und ihre Voraussetzungen. 2. Aufl., Bern 1951; c) Steiner, R.: Die Waldorfschule und ihr Geist. Welche Gesichtspunkte liegen der Errichtung einer Waldorfschule zugrunde? Stuttgart 1956.

665 Gaudig, H.: Die freie geistige Schularbeit in Theorie und Praxis. Breslau 1925.

666 Gaudig, H.: Das Grundprinzip der freien geistigen Tätigkeit. Zitiert aus: Flitner, W., Kudritzky, G. (Hrsg.): Die deutsche Reformpädagogik. Band 1, Düsseldorf-München 1961, S. 238.

667 Gaudig, H.: Was mir der Tag brachte. Leipzig-Berlin 1923, S. 2.

668 Karsen, F.: Deutsche Versuchsschulen der Gegenwart und ihre Probleme. Leipzig 1923.

669 Hilker, F.: Deutsche Schulversuche. Berlin 1924.

670 Petersen, P.: Die neueuropäische Schulbewegung. Weimar 1926.

671 Petersen, P.: Der kleine Jena-Plan. Berlin 1952.

672 Luserke, M.: Jugend- und Laienbühne. Eine Herleitung von Theorie und Praxis des Bewegungsspiels aus dem Stil des Shakespearischen Schauspiels. Bremen 1927.

673 Nohl, H., Pallat, L. (Hrsg.): Handbuch der Pädagogik. Langensalza 1928-1933.

674 Nohl, H.: Die pädagogische Bewegung und ihre Theorie. Frankfurt a.M. 1949.

675 Günther, K.H. u.a. (Hrsg.): Geschichte der Erziehung. Berlin 1960, S. 429-477.

676 Ebenda S.437 und Ab. zur Entstehung der sozialistischen Lehrervereine, S. 437-440.

677 Vergleiche dazu: a) Forderungen des Hamburger Lehrerrates. In: Hamburgische Schulzeitung. Nr. 46, Hamburg 16.11.1918; b) Auszüge aus dem Staatsgrundsatz 1919. In: Die Bayerische Sozialdemokratie vom 08.11.1918 bis zum 02.06.1920. München 1920, S.144; c) Auszüge aus dem Übergangsschulgesetz in Sachsen - initiiert durch den Leipziger Lehrerverein. In: Materialien zum Schulkampf. Dresden 1925, S. 13.

678 Quellen zur Geschichte der Erziehung: Berlin 1960, S. 309-324.

679 Günther, K.H., u.a. (Hrsg.): Geschichte der Erziehung. Berlin 1960, S. 443-450.

680 Ebenda S. 440-441. Siehe auch: Neue Bahnen. Illustrierte Monatszeitschrift für Erziehung und Unterricht. Heft 10, 30. Jg., Leipzig o.J. S. 319-320.

681 Siehe dazu: a) Wigge, H.: Die Reichsschulkonferenz. Amtlicher Bericht. Leipzig 1921, bes. S. 59f.; b) Günther, K.H., u.a. (Hrsg.): Geschichte der Erziehung. Berlin 1960, S. 445f.; c) Quellen zur Geschichte der Erziehung: Berlin 1960, S. 287. Hier bes. Artikel 147 der 'Weimarer Verfassung'.

682 Die Arbeiten des Göttinger Philosophen Leonard Nelson wurden in der Nachkriegszeit zum I. Weltkrieg außerordentlich populär. Kern der folgenden Schriftenauswahl ist der Versuch einer ethischen Grundlegung des deutschen Imperialismus, der das pädagogische Konzept der Internate Kurt Hahns in der ersten Entwicklungsetappe nachhaltig beeinflusste. Die Auffassungen Nelsons zur christlichen Ethik, bürgerlichen Sittenlehre und zur Elitenbildung bildeten einen Diskussionshintergrund für elitäre Bildungsanstalten in der Weimarer Republik. Sie sind teilweise und partiell unverändert in den Erziehungsauffassungen Kurt Hahns zu finden.

Siehe dazu: a) Nelson, L.: Demokratie und Führerschaft. Leipzig 1920; b) Nelson, L.: Erziehung zum Führer. Leipzig 1920; c) Nelson, L.: Erziehung zur Knechtschaft. Leipzig 1921; d) Nelson, L.: Ethischer Realismus. Leipzig 1921.
683 Günther, K.H., u.a. (Hrsg.): Geschichte der Erziehung. Berlin 1960, S. 417-418.
684 Siehe dazu: a) Oelkers, J.: Reformpädagogik. Eine kritische Dogmengeschichte. Weinheim-München 1989, S. 9-19, S. 49-58, S. 101-121; b) Nohl, H.: Die pädagogische Bewegung und ihre Theorie. Frankfurt a.M. 1949.
685 Oelkers, J.: Reformpädagogik. Eine kritische Dogmengeschichte. Weinheim-München 1989.
In diesem Zusammenhang sei auch auf die Arbeiten des Heidelberger 'Teams' um H. Röhrs und auf die von W. Scheibe hingewiesen, die die 'Kulturkritische Bewegung' unter historischem Aspekt und mit Blick auf die Entwicklung der Reformpädagogik systematisch aufgearbeitet haben. Eine repräsentative Auswahl derartiger Darstellungen reformpädagogischen Denkens und Handelns wäre unvollständig, wenn die Arbeiten von W. Flitner und G. Kudritzki unerwähnt blieben. Diese Arbeiten klassifizierten die Reformpädagogik als selbständige Bildungsströmung, was in den Reflexionen von Jürgen Oelkers kritisch aufgegriffen wurde.
Siehe dazu: a) Flitner, W., Kudritzki, G. (Hrsg.): Die deutsche Reformpädagogik. Düsseldorf 1961; b) Röhrs, H.: Die Reformpädagogik. Hannover 1980, bes. S. 20 ff; c) Röhrs, H.: Die Reformpädagogik. Ursprung und Verlauf in Europa. Hannover 1983; d) Scheibe, W.: Die Reformpädagogische Bewegung. Weinheim-Basel 1969 und hier besonders die Abschnitte zu den deutschen Landerziehungsheimen, S. 111-138.
686 Zu einer gleichgelagerten Einschätzung gelangt auch M. Knoll, der die Gründungen Kurt Hahns wiederholt darstellte: a) Knoll, M.: Kurt Hahn - ein politischer Pädagoge. In: Ziegenspeck, J. (Hrsg.): Kurt Hahn. Erinnerungen-Gedanken-Aufforderungen. Lüneburg 1987, S. 10-11; b) Knoll, M.: Salem - eine pädagogische Provinz? In: Röhrs, H. (Hrsg.): Die Schulen der Reformpädagogik heute. Düsseldorf 1986, S. 125.
687 Vergleiche dazu: a) Hahn, K.: Biographische Notiz. In: Hahn, K.: Erziehung zur Verantwortung. Reden und Aufsätze. Stuttgart 1958, S.94; b) Mann, G.: Erinnerungen an Kurt Hahn. In: Ziegenspeck, J. (Hrsg.): Kurt Hahn. Erinnerungen-Gedanken-Aufforderungen. Lüneburg 1987, S. 25; c) Köppen, W.: Die Schule Schloß Salem. Ratingen 1967, S. 28-29.
688 1914 wurde er Mitglied des Bundes 'Deutsche Gesellschaft von 1914', der sich die Aufgabe stellte, Lösungsvorschläge für die seit Kriegsbeginn auftretenden Probleme zu erarbeiten. 1918 gründete Kurt Hahn die 'Heidelberger Vereinigung', in der er zusammen mit Max v. Baden die Vorbereitungen für die 'Versailler Friedensverhandlungen' traf.
Siehe dazu: a) Mann, G.: Kurt Hahn als Politiker. In: Röhrs, H. (Hrsg.): Bildung als Wagnis und Bewährung. Heidelberg 1966, S. 13-14; b) Knoll, M. (Hrsg.): Kurt Hahn: Erziehung und die Krise der Demokratie. Stuttgart 1986, bes. S. 7-9 und S. 24-28.
689 Knoll, M. (Hrsg.): Kurt Hahn: Erziehung und die Krise der Demokratie. Stuttgart 1986, S. 8.
690 Mann, G.: Kurt Hahn als Politiker. In: Röhrs, H. (Hrsg.): Bildung als Wagnis und Bewährung. Heidelberg 1966, S. 17.
691 Siehe dazu: a) Hahn, K.: Englands Kriegswille im Lichte der englischen Presse. In: Preußische Jahrbücher. Band 167, Berlin 1916, S. 1-41; b) Baden, M.v.: Die Kraft des Denkens mit dem Willen zur Tat vereinigen. Rede des Prinzen M.v. Baden vom 14.12. 1917, an der Kurt Hahn maßgeblich mitgewirkt hatte. In: Knoll, M. (Hrsg.): Kurt Hahn: Erziehung und die Krise der Demokratie. Stuttgart 1986, S. 21-23.
692 Mann, G.: Kurt Hahn als Politiker. In: Röhrs, H. (Hrsg.): Bildung als Wagnis und Bewährung. Heidelberg 1966, S. 15-19.

693 Mann, G.: Erinnerungen und Gedanken. Eine Jugend in Deutschland. Frankfurt a.M. 1986, S. 145.

694 Hahn, K.: "... es ist wieder das Zeitalter der Burgen." Ein Brief vom 06.08.1921. In: Knoll, M. (Hrsg.): Kurt Hahn: Erziehung und die Krise der Demokratie. Stuttgart 1986, S. 30.

695 Hahn, K.: Dieses Bekenntnis wäre in meinem Munde eine Lüge. Der Entwurf der Brockdorf-Rantzau-Rede in Versailles. In: Knoll, M. (Hrsg.): Kurt Hahn: Erziehung und die Krise der Demokratie. Stuttgart 1986, S. 24-28.

696 Mann, G.: Kurt Hahn als Politiker. In: Röhrs, H. (Hrsg.): Bildung als Wagnis und Bewährung. Heidelberg 1966 S. 39.

697 Knoll, M.: Kurt Hahn - ein politischer Pädagoge. In: Ziegenspeck, J. (Hrsg.): Kurt Hahn. Erinnerungen-Gedanken-Aufforderungen. Lüneburg 1987, S. 13.

698 Baden, M.v.: Erinnerungen und Dokumente. Mann, G. (Hrsg.), Stuttgart 1968, S. 171.

699 Knoll, M.: Kurt Hahn - ein politischer Pädagoge. In: Ziegenspeck, J. (Hrsg.): Kurt Hahn. Erinnerungen-Gedanken-Aufforderungen. Lüneburg 1987, S. 11.

700 Siehe dazu: a) Mann, G.: Kurt Hahn als Politiker. In: Röhrs, H. (Hrsg.): Bildung als Wagnis und Bewährung. Heidelberg 1966, S. 17; b) Baden, M.v.: Der 'Ethische Imperialismus'. In: Baden, M.v.: Erinnerungen und Dokumente. Mann, G. (Hrsg.), Stuttgart 1968, S. 254-268.

701 Mann, G.: Erinnerungen und Gedanken. Eine Jugend in Deutschland. Frankfurt a.M. 1986, S. 145.

702 Vergleiche mit: a) Hilker, F.: Zur theoretischen Grundlegung einer vergleichenden Pädagogik. In: b:e. 8/57, Weinheim 1957; b) Hilker, F.: Vergleichende Pädagogik. Eine Einführung. In: Geschichte, Theorie und Praxis. München 1962.

703 Mann, G.: Erinnerungen und Gedanken. Eine Jugend in Deutschland. Frankfurt a.M. 1986, S. 145.

704 Knoll, M.: Kurt Hahn - ein politischer Pädagoge. In: Ziegenspeck, J. (Hrsg.): Kurt Hahn. Erinnerungen-Gedanken-Aufforderungen. Lüneburg 1987, S. 14.

705 Ebenda S. 14.

706 Baden, M.v. zitiert nach: Winthrop-Young, J.: Eine Collage zur Geschichte der Schule Schloß Salem. Sonderdruck aus Salemer Hefte. Nr.53, Uhldingen 1985.

707 Hahn, K.: Die Schule Schloß Salem. Salem 1924, S. 2.

708 Hahn, K.: An Eltern und Freunde. Ein Brief vom 05.06.1933. Berlin 1933, S. 3.

709 Hentig, H.v.: Kurt Hahn und die Pädagogik. In: Röhrs, H. (Hrsg.): Bildung als Wagnis und Bewährung. Heidelberg 1966, S. 41.

710 Ebenda S. 41.

711 Brückner, H.: Worin unterscheidet sich ein Landerziehungsheim von einem Internat? In: Landschulheim am Solling. Berichte und Mitteilungen aus dem Landschulheim. Folge 12, Holzminden 1989, S. 5-6.

Ergänzend dazu kann angefügt werden, dass die deutschen Round Square Conference Schools (Salem und seine Tochterinternate, Birklehof und Louisenlund) das Geschick der Deutschen Landerziehungsheime bis heute mitbestimmt haben. In fast allen Landerziehungsheimen (LEH) haben sich koedukative Erziehungsformen durchgesetzt. Größtenteils führen die gymnasialen Oberstufen bis zum Abitur. Die LEH sind durch die breite neusprachliche Ausbildung gekennzeichnet und auch hat die handwerkliche Ausbildung ihren traditionellen Platz behaupten können. Diese Aspekte sind auch in den Kurt-Hahn-Schulen aufzuspüren und die enge Bindung an die LEH nachvollziehbar. In den folgenden Quellen können zahlreiche Detailinformationen zu den einzelnen Einrichtungen der Deutschen Landerziehungsheimbewegung nachgelesen werden.

Siehe dazu: a) Vereinigung Deutscher Landerziehungsheime (Hrsg.): Deutsche Landerziehungsheime. Konzepte und Erfahrungen. Berlin 1985; b) Vereinigung Deutscher Landerziehungsheime (Hrsg.): Deutsche Landerziehungsheime. Konzepte und Erfahrungen. Berlin 1987; c) Vereinigung Deutscher Landerziehungsheime (Hrsg.): Deutsche Landerziehungsheime. Konzepte und Erfahrungen. Heft 9, Berlin 1996; d) Fischer, T.: Schule als sozialer Körper - Schule ein sozialer Erfahrungsraum. Lüneburg 1992, S. 181-184; e) Vereinigung Deutscher Landerziehungsheime (Hrsg.): Deutsche Landerziehungsheime. Internatsschulen in freier Trägerschaft. Berlin 1995; f) Fischer, T.: Erlebnispädagogik. Das Erlebnis in der Schule. Frankfurt.a.M. 1999.

712 Zu den Erfahrungen aus seiner Schulzeit verfasste Kurt Hahn seinen Jugendroman 'Frau Elses Verheißung'. Hahn, K.: Frau Elses Verheißung. Berlin 1910.

Zur Familie Kurt Hahns siehe: a) Hahn, B.: Herkunft und Tradition der Familie Kurt Hahns. In: Pädagogische Rundschau. 20/6/66, Ratingen 1966 S. 580-587; b) Hahn, K.: Biographische Notiz. In: Hahn, K.: Erziehung zur Verantwortung. Reden und Aufsätze. Stuttgart 1958, S. 94.

713 Siehe dazu: a) Hahn, K.: Gedanken über Erziehung. In: Hahn, K.: Erziehung zur Verantwortung. Reden und Aufsätze. Stuttgart 1958, S. 9-27; b) Köppen, W.: Die Schule Schloß Salem. Ratingen 1967, S. 26f.

Der Aufsatz 'Gedanken über Erziehung', der bereits 1908 im Seminar von L. Nelson gehalten wurde, beschreibt einerseits die sittlich-religiöse Einbettung der 'Hahnschen Erziehungsgrundsätze' und gibt andererseits die Anlehnung Hahns an Auffassungen und Positionen von Plato und Fichte deutlich wider. Ohnehin durch seine Studien zur klassischen Philologie und Philosophie mit beiden vertraut, erschienen sie ihm wichtig, da sie ihre pädagogischen Positionen ebenfalls in einer 'Nachkriegszeit' anstellten. Vor allem in Hahns kulturkritischer Argumentation finden sich Positionen Platos und Fichtes nahezu unverändert wieder. Diese Zusammenhänge wurden hauptsächlich unter historischem Aspekt von Werner Köppen in der oben genannten Schrift aufgearbeitet.

714 Hahn, K.: Gedanken über Erziehung. In: Hahn, K.: Erziehung zur Verantwortung. Reden und Aufsätze. Stuttgart 1958, S. 26.

715 Hahn, K.: "... es ist wieder das Zeitalter der Burgen." In: Knoll, M. (Hrsg.): Kurt Hahn: Erziehung und die Krise der Demokratie. Stuttgart 1986, S. 30.

716 Hahn, K.: Gedanken über Erziehung. In: Hahn, K.: Erziehung zur Verantwortung. Reden und Aufsätze. Stuttgart 1958, S. 26.

717 Röhrs, H.: Die Reformpädagogik. Hannover 1980, S. 20.

718 Ebenda S. 20f.

719 Hahn, K.: Frau Elses Verheißung. Berlin 1910, S. 132-136.

720 Ebenda S. 65.

721 Ebenda S. 141.

722 Ebenda S. 150-174.

723 Hahn, K.: Die Aufgabe der Landerziehungsheime. In: Hahn, K.: Erziehung zur Verantwortung. Reden und Aufsätze. Stuttgart 1958, S. 33.

724 Ebenda S. 33.

725 Ebenda S. 35.

726 Hahn, K.: "... es ist wieder das Zeitalter der Burgen." In: Knoll, M. (Hrsg.): Kurt Hahn: Erziehung und die Krise der Demokratie. Stuttgart 1986, S. 30.

727 Weltgeschichte: Band 1, Leipzig 1981, S. 279.

728 Winthrop-Young, J.: Eine Collage zur Geschichte der Schule Schloß Salem. Sonderdruck aus Salemer Hefte. Nr. 53, Uhldingen 1985, S. 1-5.

729 Neubert, W.: Das Erlebnis in der Pädagogik. Lüneburg 1990, S. 78.

730 Dilthey, W.: Gesammelte Schriften. Band VI, Leipzig-Berlin 1924, S. 314.

731 Dilthey, W.: Gesammelte Schriften. Band V, Leipzig-Berlin 1924, S. 11.

732 Dilthey, W.: Gesammelte Schriften. Band VI, Leipzig-Berlin 1924, S. 117.

733 Ebenda S. 117.
734 Dilthey, W.: Das Erlebnis und die Dichtung. Leipzig-Berlin 1913, S. 199.
735 Dilthey, W.: Gesammelte Schriften. Band VI, Leipzig-Berlin 1924, S. 73.
736 Dilthey, W.: Gesammelte Schriften. Band V, Leipzig-Berlin 1924, S. 217.
737 Ebenda S. 177.
738 Dilthey, W.: Gesammelte Schriften. Band VI, Leipzig-Berlin 1924, S. 301.
739 Ebenda S. 315.
740 Ebenda S. 316.
741 Dilthey, W.: Der Aufbau der geschichtlichen Welt in den Geisteswissenschaften. Berlin 1910, S. 12.
742 Neubert, W.: Das Erlebnis in der Pädagogik. Lüneburg 1990, S. 77.
743 Hahn, K.: Training for and through the sea. Elgin 1947, S. 10.
744 Hahn, K.: Die nationale und internationale Aufgabe der Erziehung. Düsseldorf 1958, S. 11.
745 Fischer, T.: Schule als sozialer Körper - Schule ein sozialer Erfahrungsraum. Lüneburg 1992, S. 79.
746 Salemer Reifezeugnis: Salem 1990, Kurt Hahn Archiv Salem.
747 Hahn, K.: Es geht um Deutschland. Rundschreiben von 1932. In: Knoll, M. (Hrsg.): Kurt Hahn: Erziehung und die Krise der Demokratie. Stuttgart 1986, S. 54.
748 Hamm-Brücher, H.: Erziehung zur Verantwortung in der Demokratie. In: Ziegenspeck, J. (Hrsg.): Kurt Hahn. Erinnerungen-Gedanken-Aufforderungen. Lüneburg 1987, S. 44-47.
749 Vogel, J.P., Seydel, O.: Die Geschichte der Landerziehungsheime im Nationalsozialismus. In: Deutsche Landerziehungsheime. Konzepte und Erfahrungen. Berlin 1986, S. 65f.
750 Mann, G.: Erinnerungen an Kurt Hahn. In: Ziegenspeck, J. (Hrsg.): Kurt Hahn. Erinnerungen-Gedanken-Aufforderungen. Lüneburg 1987, S. 28f.

"Der Vergleich zwischen Kurt Hahn und A. Hitler drängt sich auf ... . Und für sie gilt das Folgende: im Moralischen, im schieren Menschlichen stehen Kurt Hahn und A.H. auf zwei Polen, unendlich weit voneinander entfernt. Dieser Unterschied unterscheidet; schließt aber, zeitgeschichtlich bedingt, eben darum interessante Vergleichbarkeiten nicht aus. Für beide war der Krieg das Fundamentale, auch die eigenste Zukunft bestimmende Erlebnis. Beide waren sie wΣhrend jener vier Jahre (I.Weltkrieg-T.F.) zugleich mitten drinnen und doch draußen; der eine ein bloßer Soldat und obendrein noch östereicher, konnte auf das, was er beobachtete, sich nur seine Gedanken machen, der andere, kränkelnder Landsturmmann und obendrein Jude, konnte mit seinem erfindungsreichen Denken und Wissen sogar Einfluß gewinnen, in manchen Reden oder Schriften so manchen deutschen Politikers ist Hahn mir so sehr bekannter Stil bis zum Wortlaut zu erkennen, aber rettenden Einfluß doch nicht. Als alles zu Ende war, beschloß der eine Politiker zu werden, der andere Pädagoge - damit das nächste Mal alles ganz anders sein würde."

751 Hahn, K.: An Eltern und Freunde. Brief vom 05.06.1933. Berlin 1933, S. 4.
752 Ueberhorst, H.: Elite für die Diktatur. Düsseldorf 1969, S. 38.
753 Ebenda S. 39-40.
754 Ebenda S. 38 und S.40.
755 Ebenda S. 39.
756 Ebenda S. 41.
Siehe dazu den umfassenden Sammelband von Wolfgang Kleim, der das Thema Faschismustheorie und Erziehungswesen thematisierte. Kleim, W. (Hrsg.): Pädagogen und Pädagogik im Nationalsozialismus - Ein unerledigtes Problem der Erziehungswissenschaft. In: Studien zur Bildungsreform. Band 16, Frankfurt a.M.-Bern-New York-Paris 1988, bes. S. 35-46.

757 An dieser Stelle kann nochmals expliziert werden, dass sich Kurt Hahn zum Begriff der Bundesgenossenschaftsschule eindeutig erklärte.
Siehe dazu: Hahn, K.: "... es ist wieder das Zeitalter der Burgen." In: Knoll, M. (Hrsg.): Kurt Hahn: Erziehung und die Krise der Demokratie. Stuttgart 1986, S. 30.
"Ganz falsch von diesen Burgen zu erwarten, daß sie nur Führer erziehen; Gefolgschaftsschulen, Bundesgenossenschaftsschulen sind heute wichtiger als Führerschulen ... ."
758 Ueberhorst, H.: Elite für die Diktatur. Düsseldorf 1969, S. 44.
759 Weltgeschichte: Band 1, Leipzig 1981, S. 416-418.
760 Abbotsholme als Vorbild der ersten deutschen Landerziehungsheime war eine besondere Public School, da der Gründer Cecil Reddie, ein ehemaliger Schüler von Wilhelm Rein, Grundsätze und Teileelemente der 'Herbartschen Unterrichtstheorie' (erziehender Unterricht) in das tradierte 'Public School-Modell' integrierte. Lietz, der längere Zeit das Erziehungssystem von Abbotsholme studierte, entwickelte daraus die von ihm bekannten 'Erziehungspläne', die dann für die praktische Gestaltung von Ilsenburg bestimmend wurden. Hahn selbst bekannte sich in zahllosen Publikationen zur 'Patenrolle' der 'Lietzschen Internate' und selbst ein flüchtiger Blick auf das pädagogische Konzept der 'Kurt-Hahn-Schulen' eröffnet zahlreiche Affinitäten und Identitäten. Die heutige Mitgliedschaft Abbotsholmes in der 'Round Square Conference' unterstreicht die Traditionslinie Abbotsholme-Salem-Gordonstoun.
761 Brereton, H.: Die Gründung und Entwicklung von Gordonstoun. In: Röhrs, H. (Hrsg.): Bildung als Wagnis und Bewährung. Heidelberg 1966, S. 189.
762 Hahn, K.: Biographische Notiz. In: Hahn, K.: Erziehung zur Verantwortung. Reden und Aufsätze. Stuttgart 1958, S. 96.
763 Ebenda S. 96.
764 Für diese Tatsache sprechen unter anderem die von Kurt Hahn verfassten Laienpredigten, die im zweiten Weltkrieg gehalten wurden.
Siehe dazu: Hahn, K.: Über das Mitleid. In: Knoll, M. (Hrsg.): Kurt Hahn: Erziehung und die Krise der Demokratie. Stuttgart 1986, S. 74-82.
Diese Tendenz in den theoretischen Vorüberlegungen zur Praxis der Kurt-Hahn-Schulen hält nach dem zweiten Weltkrieg an. Kurt Hahn, der 'Deutsche ohne Reue', hatte seine persönlichen Schlussfolgerungen aus dem zweiten Weltkrieg gezogen: sein konservativ-aristokratisches Pflichtideal veränderte sich zu Positionen, die dem bürgerlichen Liberalismus jener Zeit in England sehr nahe standen.
Siehe dazu: Hahn, K.: Erziehung und die Krise der Demokratie. In: Knoll, M. (Hrsg.): Kurt Hahn: Erziehung und die Krise der Demokratie. Stuttgart 1986, S. 91-106.
765 siehe 764
766 Brereton, H.: Die Gründung und Entwicklung Gordonstouns. In: Röhrs, H. (Hrsg.): Bildung als Wagnis und Bewährung. Heidelberg 1966, S. 189 und S. 191.
767 Sutcliff, B.D.: Ein Vergleich zwischen dem pädagogischen Ansatz in Salem und in Gordonstoun. In: Röhrs, H. (Hrsg.): Bildung als Wagnis und Bewährung. Heidelberg 1966, S. 213-218.
768 Siehe dazu: a) Hahn, K.: Hoffnungen und Sorgen eines Landerziehungsheims. In: Hahn, K.: Erziehung zur Verantwortung. Stuttgart 1958, S.82-83; b) Hahn, K.: Short Term Schools. Aberdeen 1952, S. 3.
769 Hogan, J.M.: Die Gründung der ersten Outward Bound Schule in Aberdovey, Merionetshire. In: Röhrs, H. (Hrsg.): Bildung als Wagnis und Bewährung. Heidelberg 1966, S. 270.
770 Ebenda S. 274.
771 Hahn, K.: Ein Fitnessabzeichen. In: Knoll, M. (Hrsg.): Kurt Hahn: Erziehung und die Krise der Demokratie. Stuttgart 1986, S. 72.

772 Siehe dazu: a) Ziegenspeck, J.: Outward Bound. Gutachterliche Äußerungen für einen Löschungsantrag beim deutschen Patentamt. Lüneburg 1987, S. 27; b) Ziegenspeck, J.: Outward Bound. Geschütztes Warenzeichen oder offener pädagogischer Begriff? Lüneburg 1986, S. 9.

773 Siehe dazu: a) The Shorter Oxford English Dictionary. Oxford 1980, S. 1477; b) A Supplement to the Oxford English Dictionary. Band 3, Oxford 1982, S. 152; c) The Oxford English Dictionary. Band 7, Oxford 1970, S. 278; d) Zimmer, J.: Stellungsnahme zum Begriff Outward Bound. In: Ziegenspeck, J. (Hrsg.): Gutachterliche Äußerungen für einen Löschungsantrag beim deutschen Patentamt. Lüneburg 1987, S. 1-6.

774 Kurt Hahn schrieb die Übertragung des seemännischen Begriffes Outward Bound in die Pädagogik seinem Freund, dem Reeder Lawrence Holt zu.

Siehe dazu: Hahn, K.: Outward Bound. Annual Meeting of the Outward Bound Trust. London 20.07.1960.

"In 1941 Lawrence Holt committed his great act of faith. It was he who invented the term Outward Bound."

775 Ziegenspeck, J.: Outward Bound. Gutachterliche Äußerungen für einen Löschungsantrag beim deutschen Patentamt. Lüneburg 1987 S. 27.

776 Ebenda S. 10.

777 Ebenda S. 28.

778 Hädicke, H.: Bildungs- und Gesellschaftsentwicklung in England. In: Pädagogische Enzyklopädie. Berlin 1963, S. 385.

779 Ebenda S. 385.

780 Ebenda S. 386.

781 Ebenda S. 385.

782 Hogan, M.J.: Die Gründung der ersten Outward Bound Schule in Aberdovey, Merionetshire. In: Röhrs, H. (Hrsg.): Bildung als Wagnis und Bewährung. Heidelberg 1966, S. 271.

783 Summers, S.: Idee und Gestalt der Kurzschule. In: Röhrs, H. (Hrsg.): Bildung als Wagnis und Bewährung. Heidelberg 1966, S. 259 und S. 267-268.

784 Zu einer ähnlichen Einschätzung gelangte auch Robert Skidelski.

Siehe dazu: Skidelski, R.: English Progressiv Schools. Middlesex 1969. Übersetzt von: Fleissner, R.: Schulen von gestern für morgen. Hamburg 1975, S. 182.

785 Winthrop-Young, J.: Anavryta. In: Röhrs, H. (Hrsg.): Bildung als Wagnis und Bewährung. Heidelberg 1966, S. 228.

786 Winthrop-Young, J.: Eine Collage zur Geschichte der Schule Schloß Salem. Sonderdruck aus Salemer Heften. Nr.53, Uhldingen 1985, Einbandseiten.

787 Siehe dazu: a) Hahn, K.: Biographische Notiz. In: Hahn, K.: Erziehung zur Verantwortung. Reden und Aufsätze. Stuttgart 1958, S. 96; b) Miner, J.L.: Die Outward-Bound-Bewegung in den USA. In: Röhrs, H. (Hrsg.): Bildung als Wagnis und Bewährung. Heidelberg 1966, S. 294.

788 Ziegenspeck, J.: Über Irrungen und Wirrungen des Vereins 'Deutsche Gesellschaft für Europäische Erziehung' und seiner Repräsentanten. In: Zeitschrift für Erlebnispädagogik. Heft 10/11/90, Lüneburg 1990, S. 3f.

789 Knoll, M.: Kurt Hahn - ein politischer Pädagoge. In: Ziegenspeck, J. (Hrsg.): Kurt Hahn. Erinnerungen-Gedanken-Aufforderungen. Lüneburg 1987, S. 11.

790 BI-Lexikon Elementar: Band II, Leipzig 1986, S. 573.

791 Hofmann, H.G.: Entwicklungstendenzen in der Bildungsstrategie der gesellschaftlichen Hauptkräfte des Imperialismus. In: Die Bildungspolitik kapitalistischer Staaten. Berlin 1986, S. 259.

792 Günther, K.H., u.a. (Hrsg.): Geschichte der Erziehung. Berlin 1960, S. 546 und S. 553-554.

793 Schwarz, K.: Die Kurzschulen Kurt Hahns. Ratingen 1968, S. 87-103.

794 Ebenda S. 87-104.

795 Trunstall-Behrens, H.: Kurzschule im British-Commonwealth. In: Röhrs, H. (Hrsg.): Bildung als Wagnis und Bewährung. Heidelberg 1966, S. 279-280.

796 Ebenda S. 279.

797 Vergleiche dazu: a) Hahn, K.: Biographische Notiz. In: Hahn, K.: Erziehung zur Verantwortung. Reden und Aufsätze. Stuttgart 1958, S. 97; b) Hoare, D.J.: Das Atlantic College. In: Röhrs, H. (Hrsg.): Bildung als Wagnis und Bewährung. Heidelberg 1966, S. 235; c) Miner, J.L.: Die Outward-Bound-Bewegung in den USA. In: Röhrs, H. (Hrsg.): Bildung als Wagnis und BewΣhrung. Heidelberg 1966, S. 294.

798 BI-Lexikon Elementar: Band II, Leipzig 1986, S. 573.

799 American Assoziation of School Administration (Hrsg.): New Forms of Community Education. Arington Virginia 1974, S. 14.

800 Dewey, J.: School and Society. Chicago 1900, S. 36.

801 A Nation at Risk. The Imperative for Education Reform. Washington 1983.

802 American Assoziation of School Administration (Hrsg.): New Forms of Community Education. Arington Virginia 1974, S. 19.

803 Miner, J.L.: Die Outward-Bound-Bewegung in den USA. In: Röhrs, H. (Hrsg.): Bildung als Wagnis und Bewährung. Heidelberg 1966, S. 295-299.

804 Hahn, K.: Four Nato Colleges. Zitiert nach: Sutcliff, B.D.: Oberstufen-Kollegs im Geiste Kurt Hahns. In: Röhrs, H. (Hrsg.): Die Schulen der Reformpädagogik heute. Düsseldorf 1986, S. 362.

805 Ebenda S. 363.

806 Ebenda S. 362.

807 Vergleiche dazu: a) Picht, G.: Prognose, Utopie, Planung. Die Situation des Menschen in der Zukunft der technisierten Welt. Stuttgart 1968; b) Toynbee, A.: Surviving the Future. London 1971.

808 Hofmann, H.G.: Entwicklungstendenzen in der Bildungsstrategie der gesellschaftlichen Hauptkräfte des Imperialismus in der Gegenwart. In: Die Bildungspolitik kapitalistischer Staaten. Berlin 1986, S. 255-256.

809 Siehe dazu: a) Deutsche Universitätszeitung (Hrsg.): Perspektiven der europäischen Zusammenarbeit. Nr. 12/82, Bonn 1982; b) Rolff, H.G.: Schule im Wandel. Kritische Analyse der Schulentwicklung. Essen 1984.

810 Deutsche Universitätszeitung (Hrsg.): Die Probleme des föderativen Bildungssystems. Nr. 10/78, Bonn 1978.

811 Hofmann, H.G.: Entwicklungstendenzen in der Bildungsstrategie der gesellschaftlichen Hauptkräfte des Imperialismus in der Gegenwart. In: Die Bildungspolitik kapitalistischer Staaten. Berlin 1986, S. 255 und S. 263.

812 Siehe dazu: a) Fruhmann, T., Stein, G.: Der Rechts- und Verfassungsstaat. Arbeitshefte für den politischen Unterricht. Frankfurt a.M. 1974 S. 25f.; b) Beschluß der Kultusminister-konferenz vom 23.11.1978. In: Grundlagen der Pädagogik. Berlin 1982, S. 351; c) Empfehlungen zur Ostkunde. In: Bayerischer Staatsanzeiger. Nr.3, München 1974, S. 4; d) Kowalenko, J.: Politische Bildung in der Schule der BRD. Minsk 1976, S.75f.

813 Malkowa, S. u.a.: Die Bildungspolitik kapitalistischer Staaten. Berlin 1986.

814 Siehe dazu: a) Education on the knife-edge. In: Morning Star. London 08.11.1982; b) Department of Education and Science (Hrsg.): The Educational System of England and Wales.

London 1985; c) Department of Education and Science (Hrsg.): Aspects of Secondary Education. London 1979.

815 A Nation at Risk. The Imperative for Education Reform. Washington 1983.

816 Brereton, H.: Gordonstoun. Edinburgh 1968, S.219f. Besonders der Abschnitt: The Common Aims of the Round Square Conference.

817 Sutcliff, B.D.: Oberstufen-Kollegs im Geiste Kurt Hahns. In: Röhrs, H. (Hrsg.): Die Schulen der Reformpädagogik heute. Düsseldorf 1986, S. 363.

818 Schwarz, K.: Die Kurzschulen Kurt Hahns. Ratingen 1968, S. 124-141.

819 Aus Platzgründen kann zu den einzelnen Einrichtungen der Schulbewegung Kurt Hahns kein umfassender Überblick gegeben werden. Für 1992 wurde der Bestand an Kurz- und Internatsschulen aktualisiert und zusammengefasst. Siehe dazu: Fischer, T.: Schule als sozialer Körper - Schule ein sozialer Erfahrungsraum. Lüneburg 1992, S. 181-184 und S. 191-201. Für den Stand bis 1999 siehe: Fischer, T.: Erlebnispädagogik. Das Erlebnis in der Schule. Frankfurt a.M.-Berlin-Bern-New York-Paris-Wien 1999.

Aktualisierte Adressen- und Mitgliederlisten lassen sich folgenden Unterlagen entnehmen: a) Schule Schloß Salem (Hrsg.): Round Square Conference Schools. Salem 1996; b) Outward Bound International Directory (Hrsg.): Members. London 1995; c) Deutsches Komitee United World Colleges (Hrsg.): Schulen ohne Grenzen. Freiburg i.Br. 1995.

820 Siehe dazu: a) Vorstand des Bundesverbandes für Erlebnispädagogik (Hrsg.): Reader '94. Eine Selbstdarstellung erlebnispädagogischer Projekte für die Bereiche 'Hilfen zur Erziehung' und 'Jugendsozialarbeit, Sport und Freizeit. Lüneburg 1994, 208S.; b) Heckmair, B., Michl, W.: Erleben und Lernen. Neuwied 1993, S. 111-117; c) Roeloffs, N., Reiter, R.: Projekte im evangelischen Jugenddorf Rendsburg - Rückblick, Gedanken, Perspektiven, Kritik. In: Zeitschrift für Erlebnispädagogik. Heft 10/2-3/90, Lüneburg 1990, S. 1-138; d) Rauschenbach, T. u.a. (Hrsg.): Handbuch der Jugendverbände. Weinheim-München 1991, bes. S. 115-131; e) AFET - Arbeitsgemeinschaft für Erziehungshilfe (Hrsg.): Hilfeplan - Neue Impulse für Beteiligung, Zusammenarbeit und Orientierung. Heft 48, Hannover 1993; f) Ziegenspeck, J.: Erlebnispädagogik. Rückblick-Bestandsaufnahme-Ausblick. Lüneburg 1992, S. 47 ff; g) Fischer, T.: Die Rolle der Kurzzeitpädagogik in der modernen Erlebnispädagogik. In: IFFJ Schriften. Band 4, Berlin 1993, S. 43-72; h) Vorstand des Bundesverbandes für Erlebnispädagogik (Hrsg.): Erlebnispädagogik 96. Kiel-Köln 1996, 227S.

821 Vorstand des Bundesverbandes für Erlebnispädagogik (Hrsg.): Reader '94. Eine Selbstdarstellung erlebnispädagogischer Projekte für die Bereiche 'Hilfen zur Erziehung' und 'Jugendsozialarbeit, Sport und Freizeit'. Lüneburg 1994, 208S.

822 Siehe dazu: a) Heckmair, B., Michl, W.: Erleben und Lernen. Neuwied 1993, S. 112; b) Vorstand des Bundesverbandes für Erlebnispädagogik (Hrsg.): Reader '94. Lüneburg 1994, S. 15-18.

823 Vorstand des Bundesverbandes für Erlebnispädagogik (Hrsg.): Reader '94. Eine Selbstdarstellung erlebnispädagogischer Projekte für die Bereiche 'Hilfen zur Erziehung' und 'Jugendsozialarbeit, Sport und Freizeit'. Lüneburg 1994, S. 17.

824 Heckmair, B., Michl, W.: Erleben und Lernen. Neuwied 1993, S. 112.

825 Vorstand des Bundesverbandes für Erlebnispädagogik (Hrsg.): Reader '94. Eine Selbstdarstellung erlebnispädagogischer Projekte für die Bereiche 'Hilfen zur Erziehung' und 'Jugendsozialarbeit, Sport und Freizeit. Lüneburg 1994, S. 137-140.

826 Euler, B.: Stapellauf auf der 'Fridtjof Nansen'. Bald ein neuer Großsegler für die Jugendarbeit. In: Zeitschrift für Erlebnispädagogik. Heft 12/6/92, Lüneburg 1992, S. 69-73.

827 Ziegenspeck, J. (Hrsg.): Segeln auf dem Dreimast-Toppsegelschoner 'Thor Heyerdahl'. In: Schriften-Studien-Dokumente zur Erlebnispädagogik. Band 3, Lüneburg 1995.

828 Ebenda S. 23.

829 Ebenda S. 23.

830 Ebenda S. 23.

831 Ebenda S. 76.

832 Ebenda S. 77.

833 Ebenda S. 76.

834 Ebenda S. 76.

835 Ebenda S. 77.

836 Ebenda S. 77.

837 Kinder- und Jugendhilfegesetz: Zitiert nach: Vorstand des Bundesverbandes für Erlebnispädagogik (Hrsg.): Reader '94. Lüneburg 1994, S. 41.

838 Ebenda S. 132-136.

839 Ebenda S. 19-25.

840 Ebenda S. 22.

841 Schleske, W.: Abenteuer-Wagnis-Risiko im Sport. Schorndorf 1977.

842 Bringmann, A.: Zusatzqualifikation 'Abenteuer- und Erlebnissport'. Kreisverwaltung des Westerwaldes (Hrsg.), Koblenz 1993, 39S.

843 Bringmann, A.: Adventure Time im Sportverein. Deutsche Turnerjugend (Hrsg.), Frankfurt a.Main 1995, 72S.

844 Michl, W. (Hrsg.): Praxis der ökologischen Bildung in der Jugendarbeit. In: Wissenschaft und Praxis. Band 13, Lüneburg 1992, 158S.

845 Heckmair, B., Michl, W.: Erleben und Lernen. Neuwied 1993, S. 114.

846 Ebenda S. 115.

847 Birkelbach, E.: Schule-Freizeit-Segeln. In: Wissenschaft und Praxis. Band 10, Teil 1, Lüneburg 1986.

848 Heckmair, B., Michl, W.: Erleben und Lernen. Neuwied 1993, S. 114.

849 Ebenda S. 114-115.

850 Siehe dazu: a) Bauer, H.G., Nickolai, W. (Hrsg.): Erlebnispädagogik in der sozialen Arbeit. In: Schriften-Studien-Dokumente zur Erlebnispädagogik. Band 6, Lüneburg 1989; b) Bauer, H.G., Nickolai, W. (Hrsg.): Erlebnispädagogik mit sozial Benachteiligten. In: Schriften-Studien-Dokumente zur Erlebnispädagogik. Band 9, Lüneburg 1993.

851 Heckmair, B., Michl, W.: Erleben und Lernen. Neuwied 1993, S. 114.

852 Siehe dazu: Outward Bound Deutschland (Hrsg.): Berufsbegleitende erlebnispädagogische Zusatzausbildung (ZAB). München 1995.

853 Jagenlauf, M.: Outward Bound. Persönlichkeitsentwicklung durch Erlebnispädagogik. In: Zeitschrift der DGfEE. Erlebnispädagogik - Berichte und Materialien. Heft 5/88, München 1988.

854 Siehe dazu: a) Kölblinger, M.: Outdoor Trainings in der Management-Entwicklung. In: Zeitschrift für Erlebnispädagogik. Heft 12/6/92, Lüneburg 1992, S. 3-18; b) Kölblinger, M.: Blut, Schweiß und Training. In: Manager Seminare. Nr. 20, o.O., Juli 1995, S. 40-49; c) Roland, C., Kölblinger, M., Diamond, L.: The Importance of Follow-up. In: Do it ... and understand. The bottom line on corporate experiential learning. Dubuque Iowa (USA) 1995.

855 Kölblinger, M.: Blut, Schweiß und Training. In: Manager Seminare. Nr. 20, o.O. Juli 1995, S. 42.

856 Ebenda S. 42.

857 Arbeitsgruppe "Geschlossene Unterbringung" (Hrsg.): Argumente gegen geschlossene Unterbringung in Heimen der Jugendhilfe erarbeitet im Auftrage der Internationalen Gesellschaft für erzieherische Hilfen (IGfH) und des Paritätischen Wohlfahrtsverbandes - (DPWV). Frankfurt a.M. 1995, 66S.

858   Arbeitsgemeinschaft für Erziehungshilfe (Hrsg.): Geschlossene Unterbringung in der Jugendhilfe. In: Mitglieder-Rundbrief der Arbeitsgemeinschaft für Erziehungshilfe (AFET) e.V. Nr. 2, Hannover 1995.

859 Siehe dazu: a) Arbeitsgruppe "Geschlossene Unterbringung" (Hrsg.): Argumente gegen geschlossene Unterbringung in Heimen der Jugendhilfe erarbeitet im Auftrage der Internationalen Gesellschaft für erzieherische Hilfen und des Paritätischen Wohlfahrtsverbandes. Frankfurt a.M. 1995; b) Arbeitsgemeinschaft für Erziehungshilfe (Hrsg.): Geschlossene Unterbringung in der Jugendhilfe. Hannover 1995.

860 Siehe dazu: Outward Bound Deutschland (Hrsg.): Berufsbegleitende erlebnispädagogische Zusatzausbildung (ZAB). München 1995.

861 Ebenda S. 2.

862 Vorstand des Bundesverbandes für Erlebnispädagogik (Hrsg.): Reader '94. Eine Selbstdarstellung erlebnispädagogischer Projekte für die Bereiche "Hilfen zur Erziehung" und "Jugendsozialarbeit, Sport und Freizeit. Lüneburg 1994, S. 13.

863 Ebenda S. 13.

864 Ebenda S. 13.

865 Siehe dazu: a) Ziegenspeck, J.: Vorbemerkungen zu diesem Heft. In: Zeitschrift für Erlebnispädagogik. Heft 15/10-11/95, Lüneburg 1995, S. 5-9; b) Fischer, T.: Zur Qualitätsdiskussion über erlebnispädagogische Projektarbeit der Heimerziehung im Ausland. In: Zeitschrift für Erlebnispädagogik. Heft 15/10-11/95, Lüneburg 1995, S. 25-29; c) Ziegenspeck, J.: Eine Nachlese zu Heft 10/11 - 95 ZfE. Geschlossene Unterbringung. In: Zeitschrift für Erlebnispädagogik. Heft 15/12/95, Lüneburg 1995, S. 73-74.

866 Siehe dazu: a) Jagenlauf, M.: In: Zeitschrift für handlungsorientierte Pädagogik. Heft 2/3-4/94, Neuwied 1994, S.3; b) Bedacht, A., u.a. (Hrsg.): Erlebnispädagogik: Mode, Methode oder mehr? Tagungsdokumentation des Forums Erlebnispädagogik. München 1994.

867 Weis, K.: Menschenbilder in der Erlebnispädagogik. In: Bedacht, A., u.a. (Hrsg.): Erlebnispädagogik: Mode, Methode oder mehr? Tagungsdokumentation des Forums Erlebnispädagogik. München 1994, S. 49-71.

868 Ziegenspeck, J.: Erlebnispädagogik. Rückblick-Bestandsaufnahme-Ausblick. Lüneburg 1992, S. 111-142.

869 Ebenda S. 130-134.

870 Ebenda S. 134-136.

871 Kölblinger, M.: Blut, Schweiß und Training. In: Manager Seminare. Nr.20, o.O. Juli 1995, S. 46.

872 Fischer, T., Ziegenspeck, J.: Positionen zur Standardentwicklung für erlebnispädagogische Projektarbeit im Ausland. IfE Lüneburg und IELL Berlin (Hrsg.), Berlin-Lüneburg 1995.

873 Dazu veröffentlicht die Zeitschrift für Erlebnispädagogik Lüneburg seit 1994 unter einer gesonderten Rubrik Bemühungen, Grundbegriffe der Erlebnispädagogik einheitlich zu fassen.

874 Siehe dazu: a) Fischer, T. (Hrsg.): Theoretische und praktische Überlegungen zu Methoden und Instrumenten empirischer Forschung in der Erlebnispädagogik. In: Grundlagen der Erlebnispädagogik. Heft 3, Lüneburg 1993; b) Fischer, T. (Hrsg.): Zur Wirksamkeit erlebnispädagogischer Prozesse. In: Zeitschrift für Erlebnispädagogik. Heft 15/5/95, Lüneburg 1995; c) Jagenlauf, M.: Wirkungsanalyse Outward Bound. In: Bedacht, A., u.a. (Hrsg.): Erlebnispädagogik: Mode, Methode oder mehr? München 1994, S. 72-95.

875 Siehe dazu: a) Kölblinger, M.: Perspektiven zum Qualitätsmanagement von Heimeinrichtungen und Reiseprojekten in der Heimerziehung. München 1995; b) Fischer, T., Ziegenspeck, J.: Positionen zur Standardentwicklung für erlebnispädagogische Projektarbeit im Ausland. Berlin-Lüneburg 1995.

876 Fischer, T., Kölblinger, M.: Aktuelle Betrachtungen zur Wirksamkeit und Bedeutsamkeit erlebnispädagogischer Kurzzeitprogramme. In: Fischer, T. (Hrsg.): Zur Wirksamkeit erlebnispädagogischer Prozesse. In: Zeitschrift für Erlebnispädagogik. Heft 15/5/95, Lüneburg 1995, Einlage 8S.

877 Schwindt, M.: Gutachten zur pädagogischen Bedeutung des Termini "Outward Bound" und seiner Bedeutung. In: Ziegenspeck, J. (Hrsg.): Outward Bound. Geschütztes Warenzeichen oder offener pädagogischer Begriff. In: Schriften-Studien-Dokumente zur Erlebnispädagogik. Band 1, Lüneburg 1986, S. 80-82.

878 Worm, H.L.: Reparaturwerkstatt Schule. Plädoyer für einen Verbund von Kompensations- und Erlebnispädagogik. In: Schriften-Studien-Dokumente zur Erlebnispädagogik. Band 12, Lüneburg 1995, Einband.

879 Ebenda Einband.

880 Ziegenspeck, J.: Kurt Hahn und die internationale Kurzschulbewegung. In: Ziegenspeck, J. (Hrsg.): Kurt Hahn. Erinnerungen-Gedanken-Aufforderungen. Lüneburg 1987, S. 117ff.

881 Institut für Erlebnispädagogik und Institut für Erziehungsforschung und alternative Lehr- und Lernhilfen (Hrsg.): IfE und IELL. Berlin-Lüneburg 1995.

882 Kölblinger, M.: Outdoor-Trainings in der Management-Entwicklung. In: Zeitschrift für Erlebnispädagogik. Heft 12/6/92, Lüneburg 1992, S. 6.

883 Ebenda S. 6.

884 Ebenda S. 18.

885 Niederbracht, H.: Segeln mit Behinderten und Nichtbehinderten. Möglichkeiten der Integration im Freizeitbereich. In: Segeln und Sozialpädagogik. Band 6, Lüneburg 1987.

886 Sandner-Heber, D.M.: Freizeitpädagogik zwischen emanzipatorischen Zielen und pragmatischen Orientierungen. In: Wissenschaft und Praxis. Band 12, Lüneburg 1988.

887 Siehe dazu: a) Ebenda S. 134; b) Opaschowski, H.: Freizeitpädagogik. Bad Heilbrunn 1970.

888 Sandner-Heber, D.M.: Freizeitpädagogik zwischen emanzipatorischen Zielen und pragmatischen Orientierungen. In: Wissenschaft und Praxis. Band 12, Lüneburg 1988, S. 134.

889 Stadler, M.: Persönlichkeitsentwicklung an Bord. Möglichkeiten des pädagogisch-therapeutischen Jugendsegelns. In: Segeln und Sozialpädagogik. Band 10, Lüneburg 1988, Einbandrückseite.

890 Ebenda Einbandrückseite.

891 Michl, W. (Hrsg.): Praxis der ökologischen Bildung in der Jugendarbeit. In: Wissenschaft und Praxis. Band 13, Lüneburg 1992, S. 153-154.

892 Schlehufer, A.: Wattenmeer, Höhlen und Bergeshöhen - ökologisches Lernen und Erlebnispädagogik mit Kindern. In: Michl, W. (Hrsg.): Praxis der ökologischen Bildung in der Jugendarbeit. In: Wissenschaft und Praxis. Band 13, Lüneburg 1992, S. 67.

893 Schwarz, K.: Die Kurzschulen Kurt Hahns. Ratingen 1968.

894 Institut für Erziehungsforschung und alternative Lehr- und Lernhilfen e.V. (Hrsg.): Hinweise und Informationen zum IELL. Berlin-Lüneburg-Bonn-Grundwald 1995.

895 Fischer, T.: Jean Jacques Rousseau. Ein Wegbereiter der modernen Erlebnispädagogik? In: Wegbereiter der modernen Erlebnispädagogik. Heft 43, Lüneburg 1995, S. 6.

896 Brünger, M.: Dissoziale Jugendliche nach sozialpädagogischer Intervention. Evaluation qualitativer Einzelfallstudien bei Jugendlichen des "Heilpädagogischen Jugendheims zur See 'Anna Catharina' e.V.". In: Segeln und Sozialpädagogik. Band 11, Lüneburg 1993.

897 Hefford, N.: Nautisches Training mit straffälligen und mittellosen Jugendlichen in England. Eine historische Abhandlung. In: Segeln und Sozialpädagogik. Band 7, Lüneburg 1987.

898 Andorff, J.: Segelschoner 'Jachara'. Eine psychologische Studie über einen therapeutischen Segeltörn mit verhaltensauffälligen Jugendlichen. In: Segeln und Sozialpädagogik. Band 9, Lüneburg 1988.

899 Niederbracht, H.: Segeln mit Behinderten und Nichtbehinderten. Möglichkeiten der Integration im Freizeitbereich. In: Segeln und Sozialpädagogik. Band 6, Lüneburg 187, S. 82-89.

900 Grossmann, G.: Soziales System Schiff. Praktische Soziologie an Bord. Hinweise zur Vermeidung sozialer Konflikte. In: Segeln und Sozialpädagogik. Band 8, Lüneburg 1987.

901 Sommerfeld, P.: Erlebnispädagogisches Handeln. Weinheim-München 1993.

902 Grossmann, G.: Soziales System Schiff. Praktische Soziologie an Bord. Hinweise zur Vermeidung sozialer Konflikte. In: Segeln und Sozialpädagogik. Band 8, Lüneburg 1987, Einbandrückseite.

903 Ebenda S. 30.

904 Ebenda S. 31.

905 Siehe dazu: Volkswagen AG (Hrsg.): Ein Qualifizierungskonzept für Auszubildende der Volkswagen AG. Wolfsburg 1989.

906 Siehe dazu: BMW AG (Hrsg.): BMW-Lernstatt. Organisationsentwicklung im Unternehmen. München 1987.

907 Siehe dazu: Drägerwerk AG (Hrsg.): Ganzheitlich orientierte Ausbildung im Betrieb durch Integration von Maßnahmen zur Persönlichkeitsentwicklung in die Berufsausbildung. In: Bundesinstitut für Berufsbildung (Hrsg.): Kreative Aufgaben zur Förderung der Motivation und Selbständigkeit. Bonn o.J.

908 Kölblinger, M.: Outdoor Trainings in der Management-Entwicklung. In: Zeitschrift für Erlebnispädagogik. Heft 12/6/92, Lüneburg 1992, S. 18.

909 Ebenda S. 18.

910 Fischer, T.: Die United World Colleges. Modelle internationaler Internatserziehung auf reformpädagogischer Grundlage. Lüneburg 1991.

911 Siehe dazu: a) Zimmer, J.: Die Wiederherstellung von Nachbarschaft. Community Schools: Erfahrungen in England und Ansätze in der Bundesrepublik Deutschland in Fortwirkung reformpädagogischer Ideen. In: Röhrs, H. (Hrsg.): Die Schulen der Reformpädagogik heute. Düsseldorf 1986, S. 383-390; b) Zimmer, J.: Interkulturelle Erziehung als Erziehung zur internationalen Verständigung. Deutsche UNESCO-Kommission. o.O. 1984.

912 Zimmer, J.: Interkulturelle Erziehung als Erziehung zur internationalen Verständigung. Deutsche UNESCO Kommission. o.O. 1984, S. 9.

913 Siehe dazu: a) Gierer, F.: City Bound in Europa und in den USA. In: Zeitschrift für handlungsorientierte Pädagogik. Heft 1/1/93, Neuwied 1993, S. 4-9; b) Heckmair, B., Holtrop, J., van der Voort, C.: City Bound: Sich bewähren im Dickicht der Großstadt. In: Bedacht, A. u.a. (Hrsg.): Erlebnispädagogik: Mode, Methode oder mehr? München 1994.

914 Outward Bound Trust (Hrsg.): Memorable experiences that have real consequences. London 1992.

915 Heckmair, B., u.a.: City Bound: "Sich bewähren im Dickicht der Großstadt. In: Bedacht, A., u.a. (Hrsg.): Erlebnispädagogik: Mode, Methode oder mehr? München 1994, S. 187.

916 Ebenda S. 186.

917 Flitner, W., Kudritzky, G.: Die deutsche Reformpädagogik. Düsseldorf 1961.

918 Scheibe, W.: Die reformpädagogische Bewegung. Weinheim-Basel 1969.

919 Röhrs, H. (Hrsg.): Bildung als Wagnis und Bewährung. Eine Darstellung des Lebenswerkes von Kurt Hahn. Heidelberg 1966.

920 Röhrs, H.: Das Bildungsproblem in der Geschichte des europäischen Erziehungsdenkens. Hannover 1980.

921 Röhrs, H.: Die Reformpädagogik. Ursprung und Verlauf in Europa. Hannover 1983.
922 Röhrs, H. (Hrsg.): Die Schulen der Reformpädagogik heute. Düsseldorf 1986.
923 Köppen, W.: Die Schule Schloß Salem in ihrer geschichtlichen Entwicklung und gegenwärtigen Gestalt. Ratingen 1967.
924 Schwarz, K.: Die Kurzschulen Kurt Hahns. Ratingen 1968.
925 Skidelski, R.: English progressiv schools. Middlesex 1969.
926 Schleske, W. Abenteuer-Wagnis-Risiko im Sport. Schorndorf 1977.
927 Weber, H., Ziegenspeck, J.: Die deutschen Kurzschulen - Historischer Rückblick-Gegenwärtige Situationen-Perspektiven. Weinheim 1983.
928 Siehe dazu: a) Oelkers, J.: Reformpädagogik. Eine kritische Dogmengeschichte. Weinheim-München 1989; b) Oelkers, J.: Erziehung als Paradoxie der Moderne. Aufsätze zur Kulturpädagogik. Weinheim 1991; c) Oelkers, J.: Unmittelbarkeit als Programm: Zur Aktualität der Reformpädagogik. In: Bedacht, A., u.a. (Hrsg.): Erlebnispädagogik: Mode, Methode oder mehr? München 1992, S. 96-116; d) Oelkers, J.: Kann "Erleben" erziehen? In: Zeitschrift für Erlebnispädagogik. Heft 12/3/92, Lüneburg 1992, S. 3-13; e) Oelkers, J.: Erlebnispädagogik. Ursprünge und Entwicklungen. In: Homfeldt, H.G. (Hrsg.): Erlebnispädagogik. Geschichtliches. Räume und Adressat(inn)en. Erziehungswissenschaftliche Facetten. Kritisches. Hohengehren 1993, S. 7-26.
929 Oelkers, J.: Reformpädagogik. Eine kritische Dogmengeschichte. Weinheim-München 1989.
930 Oelkers, J.: Unmittelbarkeit als Programm: Zur Aktualität der Reformpädagogik. In: Bedacht, A., u.a. (Hrsg.): Erlebnispädagogik: Mode, Methode oder mehr? München 1992, S. 107.
931 Ebenda S. 108.
932 Ebenda S. 108.
933 Ebenda S. 108.
934 Ebenda S. 110.
935 Ebenda S. 110.
936 Pielorz, A.: Werte und Wege der Erlebnispädagogik. In: erleben und lernen. Band 1, Neuwied 1991.
937 Siehe dazu: a) Ebenda; b) Heckmair, B., Michl, W.: Erleben und Lernen. In: erleben und lernen. Band 2, Neuwied 1992; c) Bress, H.: Erlebnispädagogik und ökologische Bildung. Förderung ökologischen Bewußtseins durch Outward Bound. In: erleben und lernen. Band 3, Neuwied 1994.
938 Siehe dazu: Heckmair, B., Michl, W.: Erleben und Lernen. Neuwied 1992.
939 Bauer, H.G.: Erlebnis- und Abenteuerpädagogik. München 1993
940 Ziegenspeck, J.: Erlebnispädagogik: Rückblick-Bestandsaufnahme-Ausblick. Lüneburg 1992.
941 Siehe dazu: Ziegenspeck, J. (Hrsg.): Zeitschrift für Erlebnispädagogik (ZfE). Adresse: edition erlebnispädagogik. Campus der Universität Lüneburg, 21335 Lüneburg, Scharnhorststr. 1.
942 Siehe dazu: Jagenlauf, M., Michl, W. (Hrsg.): e&l. erleben und lernen. Zeitschrift für handlungsorientierte Pädagogik. Adresse: 21039 Börnsen Sodbarg 37a.
943 Schulze, G.: Die Erlebnisgesellschaft. Frankfurt a.M.-New York 1992.
944 Fürst, W.: Die Erlebnisgruppe. Ein heilpädagogisches Konzept für soziales Lernen. Freiburg 1992.
945 Herzog, F.: Erlebnispädagogik. Schlagwort oder Konzept? Luzern 1993.
946 Homfeldt, H.G. (Hrsg.): Erlebnispädagogik. Geschichtliches. Räume und Adressat(inn)en. Erziehungswissenschaftliche Facetten. Hohengehren 1993.

947 Fischer, T.: Bibliographie zur Erlebnispädagogik. Eine umfassende Sammlung themen-relevanter Quellen unter besonderer Berücksichtigung schulpädagogischer Beiträge. In: Schriften-Studien-Dokumente zur Erlebnispädagogik. Band 11, Lüneburg 1994, 192S.

948 Garvey, D.: A History of the AEE. In: Miles, J.C., Priest, S. (Hrsg.): Adventure Education. State College o.O. USA 1990, S. 76.

949 Siehe dazu: a) Gass, M.A.: Metaphorisches Lernen in therapeutisch orientierten erlebnis-pädagogischen Programmen. Übersetzt von Nico Schad. In: Zeitschrift für handlungsorientierte Pädagogik. Heft 3/1/95, Neuwied 1995, S. 7-10; b) Wagner, R., Roland, C.: How effektive is outdoor training? Übersetzt von Mario Kölblinger. In: Fischer, T. (Hrsg.): Theoretische und praktische Überlegungen zu Methoden und Instrumenten empirischer Forschung in der Erleb-nispädagogik. Lüneburg 1993, S. 51-62; c) Dixon, T., Priest, S.: Catinate updates 1-12. Übersetzt und bearbeitet von T. Fischer und M. Kölblinger. In: Fischer, T. (Hrsg.): Zur Wirk-samkeit erlebnispädagogischer Prozesse. In: Zeitschrift für Erlebnispädagogik. Heft 15/5/95, Lüneburg 1995, Beilage; d) Fischer, T.: Erlebnispädagogik und Schule. In: Zeitschrift für Erleb-nispädagogik. Heft 15/12/95, Lüneburg 1995. Abschnitt: Wirklichkeit und Wirksamkeit erleb-nispädagogischer Programme, S. 46-57; e) Priest, S.: Outdoor Education. Übersetzt von Sarah Schreier. In: Zeitschrift für Erlebnispädagogik. Heft 15/ 12/95, Lüneburg 1995, S. 59-72.

950 Training and Development: Heft 3/91, New York 1991.

951 Wagner, R., Campbell, J.: Outdoor-based Experiential Training: Improving Transfer of Training Using Virtual Reality. In: Journal of Management Development. Heft 13/7/94, o.O. USA 1994, S. 50-57.

952 Siehe dazu: a) Gass, M.: Learning by Sharing the Outdoors. University of New Hampshire - workshop. Durham New Hampshire 1983; b) Gass, M.: The effects of a wilderness orientation program on incoming students to a university setting. University of Colorado at Boulder. Disser-tation von Michael Gass. Boulder 1986.

953 Roland, C.C.: The Transfer of an Outdoor Managerial Training Program to the Work Place. Boston University. Dissertation von Christopher Roland. Boston 1981.

954 Miles, J.C., Priest, S. (Hrsg.): Adventure Education. State College o.O. USA 1990.

955 Dixon, T.: Associate Director of CATI at Brock University. St. Catharines Ontario Can-ada 1995. Zitat: CATInate: A research update. Nr. 1, Ontario Canada 1991, S. 1.

"CATI or the Corporate Adventure Training Institute (a non-profit research center located at Brock University in Canada) is dedicated to conducting and coordinating studies on the effec-tiveness of adventure training or experiential training for organizations. CATInate (from the base word catinate - meaning "to link up in series") is a quarterly report for the purpose of connecting the international studies which CATI has completed with the providers and con-sumers of this type of training and development. The intent is to share, on an industry wide basis, information that may be useful in establishing the credibility of the profession and in promoting this method of learning."

956 Dixon, T., Priest, S.: CATInate. Ontario Canada 1990-1995.

957 Siehe dazu: a) Miner, J.L.: The Creation of Outward Bound. In: Adventure Education. Miles, J.C., Priest, S. (Hrsg.): State College o.O. USA 1990, S. 55-66; b) Miner, J.L.: Outward Bound USA: Learning through experience in adventure based-education. New York 1981.

958 Siehe dazu: a) Bachert, D.W.: Historical Evolution of NOLS: The National Outdoor Leadership School. In: Miles, J.C., Priest, S. (Hrsg.): Adventure Education. State College o.O. USA 1990, S. 83-88; b) NOLS (Hrsg.): Articles of incorporation of the National Outdoor Lead-ership School. Lander USA 1965.

959 Siehe dazu: a) Prouty, D.: Project Adventure: A Brief History. In: Miles, J.C., Priest, S. (Hrsg.): Adventure Education. State College o.O. USA 1990, S. 97-109; b) Nasser, D.: Erleb-nispädagogik in Nordamerika. Eine Darstellung am Beispiel 'Project Adventure'. Das reform-

pädagogische Modell und seine grundlegende Bedeutung. In: Schriften-Studien-Dokumente zur Erlebnispädagogik. Band 10, Lüneburg 1993.

960 Association for Experiential Education (Hrsg.): Seeds for Change. AEE 23RD Annual International Conference. Lake Geneva Wisconsin USA 1995, S. 4.

961 Roland, C.C., Wagner, R.J., Weigand, R.J. (Hrsg.): Do it ... and understand. Dubuque USA 1995.

962 Designing the Experiential Training Process: In: Roland, C.C., Wagner, R.J., Weigand, R.J. (Hrsg.): Do it ... and understand. Chapter Three. Dubuque Iowa USA 1995, S. 53-98.

963 Sullivan, M., Kolb, D.: Turning Experience Into Learning. In: Ebenda S. 5-11.

964 Stoltz, P.: Developing Leaders Experientially. In: Ebenda S. 12-22.

965 Clements, C.: Experiential Learning: Indoors versus Outdoors. In: Ebenda S. 47-52.

966 Roland, C., Kölblinger, M., Diamond, L.: The Importance of Follow-up. In: Ebenda S. 93-98.

967 Heckmair, B., Michl, W.: Erleben und Lernen. Neuwied 1992, S. 49.

968 Anja Niekoop: Horn Niederlande1995.

969 Duindam, T.: Experiential education, outdoor adventure as a modality in youth care and residential treatment. A survey of programs, principles, research and practice on the european continent, especially the netherlands. Wijchen 1993, 25S.

970 Bauer, H.G.: Erlebnis- und Abenteuerpädagogik. Eine Literaturstudie. München 1993, S. 68-69.

971 Ebenda S. 69.

972 Ebenda S. 69.

973 Wichmann, J.: Das schulpädagogische Konzept der Ecole Moderne in Frankreich und seine Bedeutung für die Entwicklung einer erziehungswirksamen Schultheorie. Berlin 1989.

974 Heckmair, B., Michl, W.: Erleben und Lernen. Neuwied 1992, S. 50.

975 Ebenda S. 51.

976 Weinholz, M.: Freiluftleben. Eine erlebnispädagogische Lebensphilosophie und ihre Chancen bei der Entwicklung junger Menschen. In: Schriften-Studien-Dokumente zur Erlebnispädagogik. Band 5, Lüneburg 1989.

977 Bauer, H.G., Hufenus, H.P. (Hrsg.): Internationale Fachtagung zur Erlebnispädagogik auf Schloß Wartensee 1993. Tagungsreader. Lüneburg 1994, 99S.

978 Siehe dazu: a) Gerstl, W.: Qualifikation von Leitungspersonen in der Erlebnispädagogik. In: Bauer, H.G., Hufenus, H.P. (Hrsg.): Internationale Fachtagung zur Erlebnispädagogik auf Schloß Wartensee 1993. Lüneburg 1994, S. 68-73; b) Gerstl, W.: Qualifikation von Leitungs-personen in der Erlebnispädagogik. In: ZfE. Heft 15/9/95, Lüneburg 1995, S. 6-11.

979 Gerstl, W.: Qualifikation von Leitungspersonen in der Erlebnispädagogik. In: Zeitschrift für Erlebnispädagogik. Heft 15/9/95, Lüneburg 1995, S. 11.

980 Ebenda S. 11.

981 Heckmair, B., Michl, W.: Erleben und Lernen. Neuwied 1993, S. 55.

982 Zeitschrift für handlungsorientierte Pädagogik: Heft 1/1/93, Neuwied 1993, S. 39.

983 Heckmair, B., Michl, W.: Erleben und Lernen. Neuwied 1993, S. 51.

984 Kotzsch, R.: Our Visit to Russia. In: Horizon. Nr. 10, The AEE Newsletter. Boulder USA Mai 1993, S. 1.

985 Siehe dazu: a) Krajncan, M.: Erlebnispädagogik in Slowenien. In: Zeitschrift für hand-lungsorientierte Pädagogik. Heft 2/1/94, Neuwied 1994, S. 24-26; b) Krajncan, M.: Brief vom 11.04. 1994. Ljubljana 1994, S. 2.

986 Ebenda b) S.2.

987 Ebenda S. 2-3.

988 Siehe dazu: a) Outward Bound International Directory (Hrsg.): Affiliate Members. London 1991 und 1995; b) Fischer, T.: Schule als sozialer Körper-Schule ein sozialer Erfahrungsraum. Lüneburg 1992, S. 198.

989 Ebenda b) S. 199-200.

990 Ebenda S. 199-201.

991 Gass, M.: Adventure Alternatives. In: Miles, J.C., Priest, S. (Hrsg.): Adventure Education. State College o.O. USA 1990, S. 76.

992 Ebenda S. 76.

993 Siehe dazu: Ziegenspeck, J.: Erlebnispädagogik. Rückblick-Bestandsaufnahme-Ausblick. Lüneburg 1992; Kraus, L., Schwiersch, M.: Die Sprache der Berge. Handbuch der alpinen Erlebnispädagogik. München 1996; Fischer, T.: Hochschule und Erlebnispädagogik. Baltmannsweiler 2006.

994 Fischer, T., Kölblinger, M.: Zur Wirksamkeit des Erfahrungslernens. In: Der Nutzen des Nachklangs. Ferstl, A.u.a. (Hrsg.), Augsburg 2004, S. 74-75.

995 Fischer, T., Mroczek, P.: Pädagogik und Therapie. Hamburg 2004, S. 11ff.

996 Fischer, T., Kölblinger, M.: Zur Wirksamkeit des Erfahrungslernens. In: Der Nutzen des Nachklangs. Ferstl, A.u.a. (Hrsg.), Augsburg 2004, S. 79.

997 Röhrs, H. (Hrsg.): Bildung als Wagnis und Bewährung. Heidelberg 1966.

6.2 Literaturverzeichnis

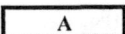
A

Abusch, A.: Schiller. Größe und Tragik eines deutschen Genies. Berlin 1955.
Adam, E.: August Aichhorn - Ein Wegbereiter der modernen Erlebnispädagogik? In: Wegbereiter der modernen Erlebnispädagogik. Heft 14, Lüneburg 1989.
Adler, A.: Feelings und emotions. Leipzig 1928.
Adler, A.: Individualpsychologie in der Schule. Leipzig 1929.
AFET (Hrsg.): Praktische Fragen der Erziehungshilfe - Konzepte und Praxisberichte. Hannover 1984.
Alexandrow, G.F.: Aristoteles. Berlin 1953.
Altendorf, H.: Berthold Otto - Ein Wegbereiter der modernen Erlebnispädagogik? In: Wegbereiter der modernen Erlebnispädagogik. Heft 9, Lüneburg 1988.
Altman, J., Wohlwill, J.F.: Human Behavior and Environment. New York 1983.
American Assoziation of School Administration (Hrsg.): New Forms of (CE) Community Education. Arington Virginia USA 1974.
Amesberger, G.: Persönlichkeitsbildung durch Outdoor-Aktivitäten? Untersuchung zur Persönlichkeitsentwicklung und Realitätsbewältigung bei sozial benachteiligten Jugendlichen. Frankfurt a.M. 1992.
A Nation at Risk. The Imperative for Education Reform. Washington 1983.
Andorff, J.: Segelschoner 'Jachara'. In: Segeln und Sozialpädagogik. Band 9, Lüneburg 1988.
Andreae, J.V.: Reise nach der Insel Caphar Salama und Beschreibung der darauf gelegenen Republik Cristiansburg nebst einer Zugabe von moralischen Gedanken in gebundener und ungebundener Rede. o.O. o.J.
Anja Niekoop: Hoorn Niederlande 1995.
Annalen des preußischen Schul- und Kirchenwesens: Berlin 1801.
Arbeitsgemeinschaft für Erziehungshilfe (Hrsg.): Geschlossene Unterbringung in der Jugendhilfe. In: Mitgliederrundbrief der Arbeitsgemeinschaft für Erziehungshilfe (AFET) e.V., Nr. 2, Hannover 1995.
Arbeitsgruppe "Geschlossene Unterbringung" (Hrsg.): Argumente gegen geschlossene Unterbringung in Heimen der Jugendhilfe. Frankfurt a.M. 1995.
Aristoteles: Werke. Übersetzt und eingeleitet von Wilhelm Nestle. Stuttgart 1953.
Association for Experiential Education (Hrsg.): Seeds for Change. AEE 23RD Annual International Conference. Lake Geneva Wisconsin USA 1995.
A Supplement to the Oxford English Dictionary: Oxford 1982, Bd.3, S.152f.
Auszüge aus dem Staatsgrundgesetz 1919: In: Die Bayerisch Sozialdemokratie vom 08.11.1918 bis zum 02.06.1919. München 1920.
Auszüge aus dem Übergangsschulgesetz in Sachsen: Initiiert durch den Leipziger Lehrerverein. In: Materialien zum Schulkampf. Dresden 1925.
Awdijew, W.J.: Geschichte des alten Orients. Berlin 1953.

B

Bachert, D.W.: Historical Evolution of NOLS: The National Outdoor Leadership School. In: Miles, J.C., Priest, S. (Hrsg.): Adventure Education. State College. USA 1990, S. 83f.

Baden, M.v.: Die Kraft des Denkens mit dem Willen zur Tat vereinigen. Rede des Prinzen Max von Baden am 14.12.1917. In: Kurt Hahn: Erziehung und die Krise der Demokratie. Knoll, M. (Hrsg.), Stuttgart 1986, S. 21-23.

Baden, M.v.: Der ethische Imperialismus. In: Baden, M.v.: Erinnerungen und Dokumente. Mann, G. (Hrsg.), Stuttgart 1968, S. 254-268.

Baden, M.v.: Erinnerungen und Dokumente. Mann, G. (Hrsg.), Stuttgart 1968.

Badry, E.: Landerziehungsheime - Kurt Hahn. In: Scheuerl, H. (Hrsg): Klassiker der Pädagogik. Band 2, München 1979, S. 166-169.

Ballauff, T., Schaller, K.: Pädagogik. Eine Geschichte der Bildung und Erziehung. Freiburg 1969-1970.

Balz, E., Erlebnispädagogik in der Schule. Schulleben-Schulsport-Schullandheim. Lüneburg 1993.

Bandura, A.: Lernen am Modell. Ansätze zu einer sozial-kognitiven Lerntheorie. Stuttgart 1976.

Basedow, J.B.: Ein Fidei-Commiß des Publicums zur Vervollkommnung des Erziehungswesens aller Orten nach dem Plane des Elementarwerks. Leipzig 1774.

Basedow, J.B.: Methodenbuch für Mütter und Väter, der Familien und Völker. Fritzsch, T. (Hrsg.), Leipzig 1913.

Bauer, H.: Zur Theorie und Praxis der ersten deutschen Landerziehungsheime. Berlin 1961.

Bauer, H.G., Nickolai, W. (Hrsg.): Erlebnispädagogik in der sozialen Arbeit. In: Schriften-Studien-Dokumente zur Erlebnispädagogik. Band 6, Lüneburg 1989.

Bauer, H.G., Nickolai, W. (Hrsg.): Erlebnispädagogik mit sozial Benachteiligten. In: Schriften-Studien-Dokumente zur Erlebnispädagogik. Band 9, Lüneburg 1993.

Bauer, H.G., Hufenus, H.P. (Hrsg.): Internationale Fachtagung zur Erlebnispädagogik auf Schloß Wartensee 1993. In: Berichte von Kongressen, Tagungen und Workshops. Band 3, Lüneburg 1994.

Bauer, H.G.: Erlebnis- und Abenteuerpädagogik. 6. Auflage, München 2001.

Baumgarten, E.: Der Pragmatismus. Frankfurt a.M. 1938.

Bechterew, W.M.: Objektive Psychologie. Ausgabe 1-2, Moskau 1907-1910.

Beck, U.: Risikogesellschaft. Auf dem Weg in eine andere Moderne. Frankfurt a.M. 1986.

Bedacht, A., Dewald, W., Heckmair, B., Michl, W., Weis, K. (Hrsg): Erlebnispädagogik: Mode, Methode oder mehr? Tagungsdokumentation des Forums für Erlebnispädagogik. München 1992 und 1994.

Beiner, F.: Janusz Korczak - Ein Wegbereiter der modernen Erlebnispädagogik? In: Wegbereiter der modernen Erlebnispädagogik. Heft 4, Lüneburg 1987.

Berg, C., u.a. (Hrsg.): Handbuch der deutschen Bildungsgeschichte. München 1987-1992.

Bergson, H.: Zeit und Freiheit. Eine Abhandlung über die unmittelbarsten Bewußtseinstatsachen. Jena 1911.

Bergson, H.: Schöpferische Entwicklung. Jena 1921.

Bernfeld, S.: Sisyphos oder die Grenzen der Erziehung. Frankfurt a.M. 1967.

Beschluß der Kultusministerkonferenz vom 23.11.1978: Grundlagen der Pädagogik. Berlin 1982, S. 351.

Biedermann: Gespräche mit Goethe. Band III, o.O. o.J.

BI - Elementarlexikon: Band 2, Leipzig 1986.

Bieligk, M.: Erlebnispädagogische Ansätze im Sportunterricht. Lüneburg 2005.

Bienzeisler, R.: Leben-Erleben-Handeln. Das pädagogische Anliegen des Bremer Volksschullehrers Fritz Gansberg. In: Wegbereiter der modernen Erlebnispädagogik. Heft 7, Lüneburg 1987.

Birkelbach, E.: Schule-Freizeit-Segeln. Persönlichkeitsbildung durch Verwirklichung von Freiheit. In: Wissenschaft und Praxis. Band 10, Lüneburg 1986.

Blass, J.: Modelle pädagogischer Theoriebildung. Stuttgart 1968.

Blonskij, P.P.: Was ist eine Arbeitsschule? In: Die Arbeitsschule. Teil 1, Berlin-Fichtenau 1921, S. 9-23.

Blonskij, P.P.: Die Arbeitsschule. In: Reble, A. (Hrsg.): Die Arbeitsschule. Pädagogische Quellentexte. Bad Heilbrunn 1969, S. 160-175.

Blüher, H.: Wandervogel. Geschichte einer Jugendbewegung. Berlin 1913.

BMW AG (Hrsg.): BMW-Lernstatt. Organisationsentwicklung im Unternehmen. München 1987.

Böhnisch, L., Gängler, H., Rauschenbach, T. (Hrsg.): Handbuch Jugendverbände. Weinheim-München 1991.

Bollnow, O.F.: Die pädagogische Atmosphäre. Untersuchungen über die gefühlsmäßigen zwischenmenschlichen Voraussetzungen der Erziehung. Heidelberg 1964.

Boras, F.: The Central Eskimo. 6 Annual Report of the Bureau of Ethnology. Washington 1888.

Bornemann, W.: Melanchton als Schulmann. Magdeburg 1897.

Brandt, O.H. (Hrsg.): Thomas Müntzer, sein Leben und sein Werk. Jena 1932.

Brendtro, L.K., Brokenleg, M., Bockern, S.v.: Kindheit zwischen Entmutigung und Zuversicht. Ein indianischer Weg. Perspektiven für eine bessere Zukunft. In der deutschen Übersetzung von Sarah Schreier. In: Schriften-Studien-Dokumente zur Erlebnispädagogik. Band 13, Lüneburg 1995.

Brereton, H.L.: Die Gründung und Entwicklung von Gordonstoun. In: Röhrs, H. (Hrsg.): Bildung als Wagnis und Bewährung. Heidelberg 1966, S. 189f.

Brereton, H.L.: Gordonstoun. Edinburgh 1968.

Bress, H.: Erlebnispädagogik und ökologische Bildung. Förderung ökologischen Bewußtseins durch Outward Bound. In: erleben und lernen. Band 3, Neuwied 1994.

Bringmann, A.: Zusatzqualifikation 'Abenteuer- und Erlebnissport'. Kreisverwaltung des Westerwaldes (Hrsg.), Koblenz 1993.

Bringmann, A.: Adventure Time im Sportverein. Deutsche Turnerjugend (Hrsg.), Frankfurt a.M. 1995.

Brückner, H.: Landschulheim am Solling. In: Berichte und Materialien aus dem Landschulheim. Holzminden 1989.

Brünger, M.H.E.: Dissoziale Jugendliche nach sozialtherapeutischer Intervention. Evaluation qualitativer Einzelfallstudien bei Jugendlichen des "Heilpädagogischen Jugendheims zur See 'Anna Catharina'". Dissertation an der Universität Ulm. Ulm 1990.

Bühler, K.: Die Krise der Psychologie. Jena 1929.

Bühler, K.: Die geistige Entwicklung des Kindes. Jena 1930.

Bund der Deutschen Katholischen Jugend (Hrsg.): Freizeitenprogramm. Wernau 1987.

Bund der Jugendfarmen und Aktivspielplätze e.V. (Hrsg.): Abenteuerspielplätze und Kinderbauernhöfe. Stuttgart 1992.

Burke, E.: Reflection on the Revolutionin France. London 1790.

C

Campanella, T.: Der Sonnenstaat. Berlin 1955.

Cassirer, E. (Hrsg.): Immanuel Kants Werke. Berlin 1922-1923.

Clements, C.: Experiential Learning: Indoors versus outdoors. In: Do it ... and understand. Dubuque Iowa 1995, S. 12-22.

Codex Theodosianus IX, 12,2: Leipzig 1900.

Cohn, R.C.: Von der Psychoanalyse zur konzentrierten Interaktion. Stuttgart 1980.

Comenius, J.A.: Informatorium der Mutterschule. In: Comenius: Ausgewählte Schriften. Aus dem lateinischen übersetzt und mit Einleitung und Anmerkungen versehen von J. Beeger und Dr. J. Leutbecher. Leipzig o.J., S. 37-38.

Comenius, J.A.: Gesetze für eine wohlgeordnete Schule. In: Comenius: Ausgewählte Schriften. Aus dem lateinischen übersetzt und mit Einleitung und Anmerkungen versehen von J. Beeger und Dr. J. Leutbecher. Leipzig o.J., S. 270-275.

Comenius, J.A.: Pampaedia. Prag 1948.

Comenius, J.A.: Tschechische Didaktik. Prag 1954.

Comenius, J.A.: Große Didaktik. Herausgegeben und eingeleitet von Hans Ahrbeck. Berlin 1957.

Comenius, J.A.: Analytische Didaktik und andere pädagogische Schriften. Ausgewählt und eingeleitet von Franz Hoffman. Berlin 1959.

Cosgrove, M.C.: Minimum Skill Competencies Required for Employment an Outdoor Leader in a Wilderness Adventure Program. Southern Ilinois University USA 1984.

Crawford, N.: Outdoor management development: A practical evaluation. In: Training and Digest. Nr. 12, New York 1988, S. 17-20.

Csikszentmihalyi, M.: Flow. The Psychology of Optimal Experience. Steps Toward Enhancing the Quality of Life. New York 1990.

D

Darvall, L.: The Concept of the Atlantic College. In: European-Atlantic-Review. First Journal of the Atlantic Community and the European Economic Cooperation. London 1959.

Decroly, O.: Organisation de l'enseignement des anormaux. In: Bulletin de la Ligue de l'Enseignement (Supplément). Nr. 37, o.O. 1920.

Decroly, O., Mille, M.: L'initiation à l'activité intellectuelle et motrice par les jeux éducatifs. Neuchâtel 1914.

Defoe, D.: Robinson Crusoe. London 1936. In der Übersetzung von Dorothea Rahm. Berlin 1974.

Degen, S.: Hermann Lietz. Ein Wegbereiter der modernen Erlebnispädagogik? In: Wegbereiter der modernen Erlebnispädagogik. Heft 8, Lüneburg 1988.

Deiters, H. (Hrsg): Die Schule der Gemeinschaft. Berlin 1925. Darin seine Aufsätze: Die weltanschaulichen Grundlagen der Gemeinschaftspädagogik: S. 1-15. Der Lehrer in der Schule der Gemeinschaft: S. 162-167.

Deiters, H.: Die Lebensform der Schule. In: Nohl, H., Pallat, L. (Hrsg.): Handbuch der Pädagogik. Bd.4, Die Theorie der Schule und der Schulaufbau. Langensalza 1928, S. 3-47.

Deiters, H.: Pädagogische Aufsätze und Reden. Berlin 1957.

Department of Education and Science (Hrsg.): Aspect of Secondary Education. London 1979.

Department of Education and Science (Hrsg.): The Educational System of England and Wales. London 1985.

Derbolav, J.: Das Exemplarische im Bildungsraum des Gymnasiums. Düsseldorf 1957.

Descartes, R.: Regeln zur Leitung des Geistes. o.O. 1628.

Deutsche Universitätszeitung: Die Probleme des förderativen Bildungssystems. Nr. 10/78, Bonn 1978.

Deutsche Universitätszeitung: Perspektiven der europäischen Zusammenarbeit. Nr. 12/82, Bonn 1982.

Deutsches Komitee United World Colleges (Hrsg.): United World Colleges. Schulen ohne Grenzen. Freiburg i.Br. 1995.

Deutsches Zentrum für Erlebnispädagogik: Informationen 1995. Lüneburg 1995.

Dewey, J.: School and Society. Chicago 1900.

Dewey, J., Handlin, O., Correll, W.: Reform des Erziehungsdenkens. Weinheim 1963.

Diamond, L., Kölblinger, M., Roland, C.: The Importance of Follow-up. In: Do it ... and understand. Dubuque Iowa USA 1995, S. 93-95.

Diesterweg, F.A.W.: Schriften und Reden in zwei Bänden. Ausgewählt und eingeleitet von Heinrich Deiters. Berlin 1950.

Diesterweg, F.A.W.: Der Kinderfreund im Bad Liebenstein. Gedenkschrift zum 100. Todestag von Friedrich Fröbel. Berlin 1952.

Diesterweg, F.A.W.: Sämtliche Werke in zwei Bänden. Berlin 1957.

Dilthey, W.: Gesammelte Schriften. Leipzig 1924.

Dilthey, W.: Ideen über beschreibende und zergliedernde Psychologie. In: Gesammelte Schriften. Band 5, Leipzig 1924, S. 139-240.

Dilthey, W.: Erlebnis und Dichtung. 13. Aufl., Göttingen 1957.

Dixon, T., Priest, S.: CATInate updates 1-12. Übersetzt und bearbeitet von Torsten Fischer und Mario Kölblinger. In: Fischer, T. (Hrsg.): Zur Wirksamkeit erlebnispädagogischer Prozesse. In: Zeitschrift für Erlebnispädagogik. Heft 15/5/95, Lüneburg 1995, Beilage.

Dräbing, R.: Ellen Key - Eine Wegbereiterin der modernen Erlebnispädagogik? In: Wegbereiter der modernen Erlebnispädagogik. Lüneburg 1992.

Drägerwerk AG (Hrsg.): Ganzheitlich orientierte Ausbildung im Betrieb durch Integration von Maßnahmen zur Persönlichkeitsentwicklung in die Berufsbildung. In: Bundesinstitut für Berufsbildung (Hrsg.): Kreative Aufgaben zur Förderung der Motivation und Selbständigkeit. Bonn o.J.

Ducros, L.: J.J. Rousseau. In drei Bänden. Paris 1908-1918.

Duindam, T.: Experiential education, outdoor adventure as a modality in youth care and residential treatment. A survey of programs, principles, research and practice on the european continent, especially the netherlands. Wijchen Niederlande 1993.

Dynnik, M.A.: Die altgriechische Philosophie. Berlin o.J.

E

Eckermann, J.P.: Gespräche mit Goethe. Leipzig 1948.

Education on the knife edge: Morning Star. London 08.11.1982.

Ellerbrock, W.: Paul Oestreich. Porträt eines politischen Pädagogen. Weinheim-München 1992.

Emerson, R.W.: The American Scholar. Boston 1837.

Empfehlungen zur Ostkunde: Bayerischer Staatsanzeiger. Nr.3, München 1974, S. 4.

Engelhardt, G.: Die deutsche Jugendbewegung als kulturhistorisches Phänomen. Berlin 1923.

Eschenbach, W.v.: Parzival. Lachmann, K. (Hrsg.), Berlin 1891.

Eschenbach, W.v.: Parzival. 3. Buch übersetzt von F. Knorr und R. Fink. Jena 1940.

Euler, B.: Stapellauf auf der 'Fridtjof Nansen'. Bald ein neuer Großsegler für die Jugendarbeit. In: Zeitschrift für Erlebnispädagogik. Heft 12/6/92, Lüneburg 1992, S. 69-73.

Ewald, J.G.: Über Volksaufklärung, ihre Grenzen und Vorteile. Berlin 1790.

Eysenck, H.J.: The Biology Basis of Personality. Springfield 1967.

Eysenck, H.J. u.a.: Lexikon der Psychologie. Bände 1-3. Freiburg-Basel-Wien 1971, bes. Abschnitt Emotionen.

Fauser, P., Fintelmann, K.J., Flitner, A. (Hrsg.): Lernen mit Kopf und Hand. Berichte und Anstöße zum praktischen Lernen in der Schule. Weinheim-Basel 1983.

Fend, H.: Gute Schulen - schlechte Schulen. Die einzelne Schule als pädagogische Handlungseinheit. In: Die Deutsche Schule. Nr. 78, o.O. 1986, S. 275.

Ferriere, A.: Die geistige Arbeit in der Tatschule. In: Petersen, P. (Hrsg.): Schule der Selbstbetätigung oder Tatschule. Reihe: Pädagogik des Auslandes. Weimar 1928, S. 195-210.

Fichte, J.G.: Reden an die Deutsche Nation. Leipzig 1871 (Berlin 1908).

Fichte, J.G.: Fichtes Reden an die Deutsche Nation. Berlin 1912.

Fichte, J.H. (Hrsg.): J.G. Fichtes sämtliche Werke. o.O. 1844-1846.

Fischer, T.: Die United-World-Colleges. Modelle internationaler Internatserziehung auf reformpädagogischer Grundlage. In: Zeitschrift für Erlebnispädagogik. Heft 11/8/91, Lüneburg 1991, S. 3-30.

Fischer, T.: Schule als sozialer Körper - Schule ein sozialer Erfahrungsraum. In: Schriften-Studien-Dokumente zur Erlebnispädagogik. Band 8, Lüneburg 1992.

Fischer, T.: Kann "Erleben" erziehen? Zur Bedeutung des Erlebens in der Erziehungswissenschaft und eine kritische Auseinandersetzung mit den jüngsten Aufsätzen von Jürgen Oelkers zur erlebnispädagogischen Begrifflichkeit. In: Zeitschrift für Erlebnispädagogik. Heft 13/1/93, Lüneburg 1993, S. 33-46.

Fischer, T. (Hrsg.): Theoretische und praktische Überlegungen zu Methoden und Instrumenten empirischer Forschung in der Erlebnispädagogik. In: Grundlagen der Erlebnispädagogik. Heft 3, Lüneburg 1993.

Fischer, T.: Die Rolle der Kurzzeitpädagogik in der modernen Erlebnispädagogik. In: Behn, S., Heitmann, H. (Hrsg.): Spannung, Abenteuer, Action - Erlebnis- und Abenteuerpädagogik in der Jugendarbeit. Schriften des IFFJ. Band 4, Berlin 1993, S. 43-71.

Fischer, T.: Heinrich Deiters - ein Wegbereiter der modernen Erlebnispädagogik? In: Wegbereiter der modernen Erlebnispädagogik. Heft 39, Lüneburg 1994.

Fischer, T.: Bibliographie zur Erlebnispädagogik. Eine umfassende Sammlung themenrelevanter Quellen unter besonderer Berücksichtigung schulpädagogischer Quellen. In: Schriften-Studien-Dokumente zur Erlebnispädagogik. Band 11, Lüneburg 1994.

Fischer, T. (Hrsg.): Zur Wirksamkeit erlebnispädagogischer Prozesse. Strukturtheoretische Überlegungen zu Methoden und Instrumenten empirischer Forschung in der Erlebnispädagogik und ein Beitrag von Richard Wagner und Christopher Roland in der deutschen Übersetzung von Mario Kölblinger. In: Zeitschrift für Erlebnispädagogik. Heft 15/5/95, Lüneburg 1995, S. 1-70.

Fischer, T.: Das I.E.L.L. - praktischer und theoretischer Beitrag zu einer humanen und natürlichen Schulgestaltung. In: Institut für Erziehungsforschung und alternative Lehr- und Lernhilfen (Hrsg.): Broschüre für Freunde und Förderer. Bonn-Lüneburg-Berlin 1995, S. 2-13.

Fischer, T., Ziegenspeck, J.: Positionen zur Standardentwicklung für erlebnispädagogische Projektarbeit im Ausland. Berlin-Lüneburg 1995.

Fischer, T.: Jean Jacques Rousseau. Ein Wegbereiter der modernen Erlebnispädagogik? In: Wegbereiter der modernen Erlebnispädagogik. Heft 43, Lüneburg 1995.

Fischer, T.: Zur Qualitätssicherung erlebnispädagogischer Projektarbeit im Ausland. In: Zeitschrift für Erlebnispädagogik. Heft 15/12/95, Lüneburg 1995, S. 25-29.

Fischer, T., Kölblinger, M.: Aktuelle Betrachtungen zur Wirksamkeit und Bedeutsamkeit erlebnispädagogischer Kurzzeitprogramme. In: Zeitschrift für Erlebnispädagogik. H 15/5/96, Lüneburg 1996, Beilage.

Fischer, T.: Herbert Spencer - Ein Wegbereiter der modernen Erlebnispädagogik? In: Wegbereiter der modernen Erlebnispädagogik. Heft 45, Lüneburg 1996.

Fischer, T.: Erlebnispädagogik. Beitrag zur natürlichen Schulgestaltung. In: Neue Deutsche Schule. Heft 1/96, Essen 1996, S. 29-32.

Fischer, T.: Erlebnispädagogik. Das Erlebnis in der Schule. Frankfurt a.M.-Berlin-Bern-New York-Paris-Wien 1999.

Fischer, T.: Zur Multivalenz des Erfahrungsbegriffs. In: Spektrum Freizeit. Heft II/2002, Köln 2002, S. 59-80.

Fischer, T.: Informelle Pädagogik. Hamburg 2003.

Fischer, T., Kölblinger, M.: Zur Wirksamkeit des Erfahrungslernens. In: Der Nutzen des Nachklangs. Ferstl, A. u.a. (Hrsg.), Augsburg 2004, S. 72-85-

Fischer, T., Mroczek, P.M.: Pädagogik und Therapie. Hamburg 2004.

Fischer, T.: Hochschule und Erlebnispädagogik. Baltmannsweiler 2006.

Flitner, A.: Konrad, sprach die Frau Mama ... . Über Erziehung und Nichterziehung. Berlin 1982.

Flitner, W.: Goethes pädagogische Ideen. Die pädagogische Provinz nebst verwandten Texten. Bad Godesberg 1948.

Flitner, W.: Kudritzki, G., Die deutsche Reformpädagogik. Düsseldorf 1961.

Foerster, F.W.: Schule und Charakter. Recklinghausen 1953.

Forderungen des Hamburger Lehrerrates: In: Hamburgische Schulzeitung. Nr. 46, Hamburg 16.11.1918.

Fourier, C.: Nouveau Monde industriel et societaire. Paris 1829.

Fourier, C.: Die harmonische Erziehung. Herausgegeben und übersetzt von W. Apelt. Berlin 1958.

Francke, A.H.: Pädagogische Schriften. Kramer, G. (Hrsg.), Langensalza 1885.

Freinet, C.: Les Méthodes naturelles dans la pédagogie moderne. Paris 1956.

Freinet, C.: L'autonomie des écoliers. Neuchâtel 1960.

Freinet, C.: Die moderne französische Schule. In der deutschen Übersetzung von Hans Jörg. Paderborn 1964.

Fricke, K.: Adolf Reichwein - Ein Wegbereiter der modernen Erlebnispädagogik? In: Wegbereiter der modernen Erlebnispädagogik. Heft 11, Lüneburg 1988.

Fries, M.L.: Die Geschichte des Bauernkrieges in Ostfranken. Würzburg 1883.

Fröbel, F.: Grundsätze, Zweck und inneres Leben der allgemeinen deutschen Erziehungsanstalt. Keilhau-Rudolstadt 1821.

Fröbel, F.: Brief an Hagen. In: Hagen, H.: Friedrich Fröbel und der Kampf um den Kindergarten. Leipzig 1882.

Fröbel, F.: Briefentwurf an den Herzog von Meiningen. In: Gedenkschrift zum 100. Geburtstag von F. Fröbel am 21. Juni 1952. Berlin 1952.

Fruhmann, T., Stein, G.: Der Rechts- und Verfassungsstaat. Arbeitshefte für den politischen Unterricht. Frankfurt a.M. 1974.

Fürst, W.: Die Erlebnisgruppe. Ein heilpädagogisches Konzept für soziales Lernen. Freiburg 1992.

Funke, J.: Gutachterliche Stellungnahme zum Begriff 'Outward Bound' aus erziehungswissenschaftlicher Sicht. In: Ziegenspeck, J. (Hrsg.): Outward Bound - Geschütztes Warenzeichen oder offener pädagogischer Begriff? In: Schriften-Studien-Dokumente zur Erlebnispädagogik. Band 1, Lüneburg 1986, S. 48-52.

G

Gansberg, F.: Streifzüge durch die Welt der Großstadtkinder. Lebensbilder und Gedankengänge für den Anschauungsunterricht in Stadtschulen. Leipzig-Berlin 1905.

Garvey, D.: A History of the AEE. State College o.O. USA 1990.

Gass, M.: Learning by Sharing in the Outdoors. University of New Hampshire USA 1983.

Gass, M.: The effects of a wilderness orientation program on incoming students to a university setting. University of Colorado at Boulder USA 1986.

Gass, M.: Adventure Alternatives. In: Miles, J.C., Priest, S.: Adventure Education. State College o.O. USA 1990, S. 76.

Gass, M.: Metaphorisches Lernen in therapeutisch orientierten erlebnispädagogischen Programmen. In: Zeitschrift für handlungsorientierte Pädagogik. Heft 3/1/95, Neuwied 1995, S. 7-10.

Gartenaere, W.d.: Meier Helmbrecht. Panzer, F. (Hrsg.), Halle 1947.

Gaudig, H.: Was der Tag mir brachte. Leipzig-Berlin 1923.

Gaudig, H.: Freie geistige Schularbeit in Theorie und Praxis. Breslau 1925.

Gaudig, H.: Das Grundprinzip der freien geistigen Tätigkeit. In: Flitner, W., Kudritzky, G. (Hrsg.): Die deutsche Reformpädagogik. Band 1, Düsseldorf-München 1961, S. 238.

Geheeb, P.: Die Odenwaldschule. Geistige Grundlagen. In: Hilker, F.: Deutsche Schulversuche. Berlin 1924, S. 91f.

Gerstl, W.: Qualifikation von Leitungspersonen in der Erlebnispädagogik. In: Bauer, H.G., Hufenus, H.P. (Hrsg.): Internationale Fachtagung zur Erlebnispädagogik auf Schloß Wartensee. In: Berichte von Kongressen, Tagungen und Workshops. Band 3, Lüneburg 1994, S. 68-73.

Gerstl, W.: Qualifikation von Leitungspersonen in der Erlebnispädagogik. In: Zeitschrift für Erlebnispädagogik. Heft 15/9/95, Lüneburg 1995, S. 9-11.

Geschichte der Erziehung: Berlin 1960, 1966 und 1968.

Gierer, F.: City Bound in Europa und in den USA. In: Zeitschrift für handlungsorientierte Pädagogik. Heft 1/1/93, Neuwied 1993, S. 4-9.

Giffei, H.: Martin Luserke. Ein Wegbereiter der modernen Erlebnispädagogik? Lüneburg 1987.

Gilsdorf, R.: Von der Erlebnispädagogik zur Erlebnistherapie. Bergisch-Gladbach 2004.

Godfrey, R.: Outward Bound. New York 1980.

Goethe, J.W.v.: Wilhelm Meisters Wanderjahre. Stuttgart-Tübingen 1821.

Goethe, J.W.v.: Werke. Weimar 1956.

Goethe, J.W.v.: Sprüche in Prosa. In: Werke 2-22. Band XX, Weimar 1956, S. 138.

Goethe, J.W.v.: Iphigenie und Tauris. In: Werke in zwei Bänden. Band 2, Gütersloh 1970.

Gordonstoun School (Hrsg.): Gordonstoun (Schulkatalog). Gordonstoun 1990.

Gordonstoun School (Hrsg.): Gordonstoun Record. Erstausgabe 01.12.1936 und laufende Serien bis 1990. Gordonstoun 1936-1990.

Gudjons, H.: Handlungsorientiert lehren und lernen. Schüleraktivierung-Selbsttätigkeit-Projektarbeit. Bad Heilbrunn 1992.

Günther, K.H. u.a. (Hrsg.): Geschichte der Erziehung. Berlin 1968.

Gürtler, R.: Triebgemäßer Erlebnisunterricht. Halle 1924.

Gurlitt, L.: Der Deutsche und seine Schule. Erinnerungen, Beobachtungen und Wünsche eines Lehrers. Berlin 1905.

GutsMuts, J.C.F.: Gymnastik für die Jugend. Schnepfenthal 1793.

H

Habbel, F.L.: Die Weltpfadfinderbewegung. Regensburg 1921.

Hädicke, H.: Bildungs- und Gesellschaftsentwicklung in England. In: Pädagogische Enzyklopädie. Berlin 1963, S. 384-387.

Hahn, B.: Herkunft und Tradition der Familie Kurt Hahns. In: Pädagogische Rundschau. Heft 20/6/66, Ratingen 1966, S.580-587.

Hahn, K.: "... will Lehrer werden und nicht Preußischer Unterrichter." Ein Brief aus Oxford. Oxford 1904. In: Kurt Hahn: Erziehung und die Krise der Demokratie. Knoll, M. (Hrsg.), Stuttgart 1986, S. 15-20.

Hahn, K.: Frau Elses Verheißung. Berlin 1910.

Hahn, K.: Englands Kriegswille im Lichte der englischen Presse. Vortrag vom 20.11.1916 vor der Deutschen Gesellschaft von 1914. In: Preußische Jahrbücher. Berlin 1917, S. 1-41.

Hahn, K.: "... dieses Bekenntnis wäre in meinem Munde eine Lüge." Der Entwurf der Brockdorf-Rantzau-Rede in Versailles. Berlin 1919. In: Kurt Hahn: Erziehung und die Krise der Demokratie. Knoll, M. (Hrsg.), Stuttgart 1986, S. 24-28.

Hahn, K.: "... es ist wieder das Zeitalter der Burgen." Ein Brief vom 06.08.1921. In: Kurt Hahn: Erziehung und die Krise der Demokratie. Knoll, M. (Hrsg.), Stuttgart 1986, S. 29-31.

Hahn, K.: Gedanken über Erziehung. Referat im philosophischen Seminar L. Nelsons aus dem Jahre 1908/ 1909 und ergänzt durch den Aufsatz aus dem Jahre 1913 sowie einer Überarbeitung im Jahre 1928. In: Hahn, K.: Erziehung zur Verantwortung. Reden und Aufsätze. Stuttgart 1958, S. 9-27.

Hahn, K.: Schule Schloß Salem. Salem 1924.

Hahn, K.: Die nationale Aufgabe der Landerziehungsheime. Referat auf der Heimleiterbesprechung der Landerziehungsheime in Frankfurt 1928. In: Hahn, K.: Erziehung zur Verantwortung. Reden und Aufsätze. Stuttgart 1958, S. 28-43.

Hahn, K.: "... es geht um Deutschland." Rundschreiben an die Altschüler im Salemer Bund vom 09.09. 1932. In: Kurt Hahn: Erziehung und die Krise der Demokratie. Knoll, M. (Hrsg.), Stuttgart 1986, S. 54.

Hahn, K.: An Eltern und Freunde. Ein Brief vom 05.07.1933. Privatdruck Berlin 1933.

Hahn, K.: A Badge for Fitness. In: The Times. London 05.04.1938.

Hahn, K.: Quinquagesima. Eine Laienpredigt, gehalten in der Kathedrale von Liverpool. In: Hahn, K.: Erziehung zur Verantwortung. Reden und Aufsätze. Stuttgart 1958, S. 50-58.

Hahn, K.: Training for and through the Sea. Elgin 1947.

Hahn, K.: Short Term Schools. Aberdeen 1952.

Hahn, K.: Hoffnungen und Sorgen eines Landerziehungsheims. In: Hahn, K.: Erziehung zur Verantwortung. Reden und Aufsätze. Stuttgart 1958, S. 82-93.

Hahn, K.: Erziehung zur Verantwortung. Reden und Aufsätze. Stuttgart 1958.

Hahn, K.: The Moral Equivalent of War. Address at the Annual Meeting of the Outward Bound Trust on 220th July, 1960. London 1960.

Hahn, K.: Erziehung und die Krise der Demokratie. Festvortrag anläßlich der Verleihung des Freiherr v. Stein Preises am 11.07.1962 in Hamburg. In: Kurt Hahn: Erziehung und die Krise der Demokratie. Knoll, M. (Hrsg.), Stuttgart 1986, S. 91-106.

Hamm-Brücher, H.: Erziehung zur Verantwortung in der Demokratie. In: Ziegenspeck, J. (Hrsg.): Kurt Hahn. Erinnerungen-Gedanken-Aufforderungen. Lüneburg 1987, S. 35-61.

Hane, W.: E.J. Flanagan - Ein Wegbereiter der modernen Erlebnispädagogik? In: Wegbereiter der modernen Erlebnispädagogik. Heft 3, Lüneburg 1987.

Hane, W.: Maria Montessori - Eine Wegbereiterin der modernen Erlebnispädagogik? In: Wegbereiter der modernen Erlebnispädagogik. Heft 16, Lüneburg 1991.

Hartnacke, W.: Organische Schulgestaltung. Dresden 1925.

Heckel, H.: Die Städte und ihre Schulen. Stuttgart 1959.

Heckewelder, J.: Nachricht von der Geschichte, den Sitten und Gebräuchen der indianischen Völkerschaften, welche ehemals Pennsylvanien und die benachbarten Staaten bewohnten. Göttingen 1821.

Heckmair, B., u.a.: City Bound: Sich bewähren im Dickicht der Großstadt. In: Bedacht, A., u.a. (Hrsg.): Erlebnispädagogik. Mode, Methode oder mehr? München 1992.

Heckmair, B., Michl, W.: Erleben und lernen - Einstieg in die Erlebnispädagogik. Neuwied 1993.

Heckmair, B., Michl, W.: Erleben und Lernen. 4. Auflage, Neuwied 2002.

Hefford, N.: Nautisches Training mit straffälligen und mittellosen Jugendlichen in England. In: Segeln und Sozialpädagogik. Band 7, Lüneburg 1987.

Hegel, G.W.F.: Phänomenologie des Geistes. Jena 1807.

Hegel, G.W.F.: Logik. Nürnberg 1812-1816.

Hegel, G.W.F.: Rechtsphilosophie. Jena 1821.

Hegel, G.W.F.: Philosophie des Rechts. In: Werke. Band 8, Berlin 1854.

Hegel, G.W.F.: Vermischte Schriften. In: Werke. Band 16, Berlin 1854.

Hegel, G.W.F.: Philosophische Abhandlungen. In: Werke. Band 1, Berlin 1854.

Hegel, G.W.F.: Enzyklopädie der Philosophischen Wissenschaften. Heidelberg 1930.

Hegener, T.: Die Unterrichtsfrage vom demokratischen und nationalen Standpunkte aus. Essen 1848.

Heiland, H.: Friedrich Fröbel - Ein Wegbereiter der modernen Erlebnispädagogik? In: Wegbereiter der modernen Erlebnispädagogik. Heft 20, Lüneburg 1991.

Heinrich, K.: Einführung in die Spielpädagogik. Bad Heilbrunn 1993.

Heise, H.: Die entscholarisierte Schule. Stuttgart 1960.

Helvetius, J.C.H.: Vom Menschen, von dessen Geisteskräften und von der Erziehung desselben. Band 1, Breslau 1774.

Hentig, H.v.: Kurt Hahn und die Pädagogik. In: Röhrs, H. (Hrsg.): Bildung als Wagnis und Bewährung. Heidelberg 1966, S. 41-82.

Hentig, H.v.: Die Schule neu denken. München 1993.

Herbart, J.F.: Pädagogische Schriften. Band II, Langensalza 1884.

Herbart, J.F.: Herbarts pädagogische Schriften. 4. Aufl., Bad Langensalza 1887.

Herbart, J.F.: Allgemeine Pädagogik aus dem Zweck der Erziehung abgeleitet. Zweites Buch, erstes Kapitel. In: Herbart, J.F.: Sämtliche Werke. Kehrbach, K. (Hrsg.), Band 2, Langensalza 1887, S. 38-41.

Herbart, J.F.: Zitiert nach Francke, F.: Herbart. Grundzüge seiner Lehre. Leipzig 1909.

Herder, J.G.: Ideen zur Philosophie der Geschichte der Menschheit. In: Herders sämtliche Werke. Band 13, Suphan, B. (Hrsg.), Berlin 1877.

Herder, J.G.: Schulreden. In: Herders sämtliche Werke. Suphan, B. (Hrsg.), Berlin 1889.

Herrle, T.: Die deutsche Jugendbewegung in ihren wirtschaftlichen und gesellschaftlichen Zusammenhängen. Stuttgart 1922.

Herrlitz, H.G., Hopp, W., Titze, H.: Deutsche Schulgeschichte von 1800 bis zur Gegenwart. Königstein 1981.

Herz, G.: Erlebnis und Fähigkeitsentwicklung. Die Bedeutung des Erlebens in der Waldorfpädagogik. In: Wegbereiter der modernen Erlebnispädagogik. Heft 15, Lüneburg 1990.

Herzog, F. (Hrsg.): Erlebnispädagogik - Schlagwort oder Konzept? Luzern 1993.

Heubaum, A.: Das Zeitalter der Standes- und Berufserziehung. Berlin 1905.

Hilker, F.: Deutsche Schulversuche. Berlin 1924.

Hilker, F.: Zur theoretischen Grundlegung einer Vergleichenden Pädagogik. Weinheim 1957.

Hilker, F.: Die Schulen in Deutschland. Bad Nauheim 1957.

Hilker, F.: Vergleichende Pädagogik. Eine Einführung. München 1962.

Hillig, G.: A.S. Makarenko. Ein Wegbereiter der modernen Erlebnispädagogik? In: Wegbereiter der modernen Erlebnispädagogik. Heft 2, Lüneburg 1987.

Hoffmann, H.G.: Entwicklungstendenzen in der Bildungsstrategie der gesellschaftlichen Hauptkräfte in der Gegenwart. In: Bildungspolitik kapitalistischer Staaten. Berlin 1986, S. 255ff.

Hogan, J.M.: Die Gründung der ersten Outward Bound School in Aberdovey, Merionetshire. In: Röhrs, H. (Hrsg.): Bildung als Wagnis und Bewährung. Heidelberg 1966, S. 270f.

Hohendorf, G.: Pädagogische Schriften Wolfgang Ratkes. Die neue Lehrart. Berlin 1957.

Homfeldt, H.G. (Hrsg.): Geschichtliches. Räume und Adressat(inn)en. Erziehungswissenschaftliche Facetten. Kritisches. Hohengehren 1993.

Hufenus, H.P.: Wissen-Können-Haltung. Notwendige Kompetenzen für Leiter erlebnispädagogischer Maßnahmen. In: Zeitschrift für Erlebnispädagogik. Heft 13/8-9/93, Lüneburg 1993, S. 61.

Husen, T.: The International Encylclopedia of Education. Research and Studies. Oxford-New York-Toronto Sydney-Paris-Frankfurt 1985, bes. Ab. Outdoor Education S. 3726f.

Illich, I.: Entschulung der Gesellschaft. München 1972.

Institut für Erziehungsforschung und alternative Lehr- und Lernhilfen (Hrsg.): Hinweise und Informationen. Berlin-Lüneburg-Bonn-Grunwald 1995.

International Baccalaureate Office (Hrsg.): International Baccalaureate and International Council. Genf 1970.

Jachmann, R.B.: Die Nationalschule. Berlin 1812.

Jagenlauf, M., Güttler, R.: Outward Bound. Persönlichkeitsbildung durch Erlebnispädagogik. In: Zeitschrift der DGfEE. Erlebnispädagogik - Berichte und Materialien. Heft 5/88, München 1988.

Jagenlauf, M.: Wirkungsanalyse Outward Bound - Ein empirischer Beitrag zur Wirklichkeit und Wirksamkeit der erlebnispädagogischen Kursangebote von Outward Bound Deutschland. In: Bedacht, A., u.a. (Hrsg.): Erlebnispädagogik: Mode, Methode oder mehr? Tagungsdokumentation des Forums Erlebnispädagogik. München 1992, S. 72-95.

Jagenlauf, M.: Zeitschrift für handlungsorientierte Pädagogik. Heft 2/3-4/94, Neuwied 1994, S. 3.

Jahn, F.L.: Die deutsche Turnkunst zur Einrichtung der Turnplätze. Berlin 1816.

James, W.: The Moral Equivalent of War. In: James, W.: Memories and Studies. London 1911, S. 265-296.

James, W.: Memories and Studies. London 1911.

James, W.: The Principles of Psychology. New York (1908) 1950.

Johnson, P.E.: Creative Teaching in the Community College: Guidelines for Associate Faculty. o.O. USA 1988, 105S.

Jung, C.G.: Symbolik des Geistes. (Jena) 1948.

Jung, C.G.: Von den Wurzeln des Bewußtseins. o.O. 1954.

Jung, C.G.: Gesammelte Werke. 18 Bände, Stuttgart 1960.

K

Kafka, F.: Der Prozeß. Erzählungen. Berlin 1965.

Kant, I.: Kritik der reinen Vernunft. (Königsberg) 1781.

Kant, I.: Kritik der praktischen Vernunft. (Königsberg) 1788.

Kant, I.: Kritik der Urteilskraft. (Königsberg) 1790.

Kant, I.: Werke. Berlin 1908.

Karsen, F.: Deutsche Versuchsschulen der Gegenwart und ihre Probleme. Leipzig 1923.

Karsen, F. (Hrsg.): Die neuen Schulen in Deutschland. Langensalza 1924.

Kautsky, K.: Thomas Morus und seine Utopie. Berlin 1947.

Keferstein, v., Wagner, E.: Luther als Pädagoge. Langensalza 1888.

Kerschensteiner, H.G.: Staatsbürgerliche Erziehung der deutschen Jugend. Erfurt 1931.

Kerschensteiner, H.G.: Der Begriff der staatsbürgerlichen Erziehung. 8. Aufl., München-Stuttgart 1958.

Kerschensteiner, H.G.: Das Problem der Volkserziehung. In: Flitner, W., Kudritzky, G. (Hrsg.): Die deutsche Reformpädagogik. Band 1, München-Düsseldorf 1961, S. 204ff.

Kerschensteiner, H.G.: Produktive Arbeit und ihr Erziehungswert. In: Reble, A. (Hrsg.): Die Arbeitsschule. Pädagogische Quellentexte. Bad Heilbrunn 1969, S. 41-53.

Kersken, B.: Gertrud und Max Bondy - Wegbereiter der modernen Erlebnispädagogik? In: Wegbereiter der modernen Erlebnispädagogik. Heft 19, Lüneburg 1991.

Key, E.: Das Jahrhundert des Kindes. Studien von Ellen Key. Berlin 1905 (1908).

Key, E.: The Project Method. The Use of the Purposeful Act in the Educative Process. New York 1919.

Key, E.: Die Schule der Zukunft. In: Flitner, W., Kudritzky, G. (Hrsg.): Die deutsche Reformpädagogik. Band 1, Düsseldorf-München 1961, S. 55-56.

Kilpatrick, W.H.: Froebel's Kindergarten Principles. Critically Examined. New York 1916.

Kilpatrick, W.H.: Education for Changing Civilisation. New York 1926.

Kilpatrick, W.H.: Philosophie der amerikanischen Erziehung. In: Pädagogisches Zentralblatt. 8.Jg., Langensalza 1928, S. 578-587.

Klafki, W.: Gesellschaftliche Funktionen und pädagogischer Auftrag der Schule in einer demokratischen Gesellschaft. In: Braun, K.H., u.a. (Hrsg.): Subjekt-Vernunft-Demokratie. Weinheim 1989, S. 4-33.

Klaßen, T.F., Skiera, E., Wächter, B.: Handbuch der reformpädagogischen und alternativen Schulen in Europa. Baltmannsweiler 1990.

Kleim, W. (Hrsg.): Pädagogen und Pädagogik im Nationalsozialismus - Ein unerledigtes Problem der Erziehungswissenschaft. In: Studien zur Bildungsreform. Band 16, Frankfurt a.M.-Bern-New York-Paris 1988.

Knoll, J.H.: Pädagogische Elitenbildung. Pädagogische Versuche zur politischen Führungs-bildung am Beginn des zwanzigsten Jahrhunderts. Heidelberg 1964.

Knoll, M. (Hrsg.): Kurt Hahn: Erziehung und die Krise der Demokratie. Stuttgart 1986.

Knoll, M.: Salem - eine pädagogische Provinz? In: Röhrs, H. (Hrsg.): Die Schulen der Reformpädagogik heute. Düsseldorf 1986, S. 113-127.

Knoll, M.: Kurt Hahn - ein politischer Pädagoge. In: Ziegenspeck, J. (Hrsg.): Kurt Hahn. Erinnerungen-Gedanken-Aufforderungen. Lüneburg 1987, S. 9-20.

Koch, F.: Einige Gedanken über die Nutzbarkeit des Schulamtes und deren Bedeutung. Stettin 1796.

Köhler, W.: Die psychischen Gestalten in Ruhe und im stationären Zustand. Braunschweig 1920.

Köhler, W.: Gestalt Psychologie. New York 1928.

Kölblinger, M.: Outdoor Trainings in der Management-Entwicklung. In: Zeitschrift für Erlebnispädagogik. Heft 12/6/92, Lüneburg 1992, S. 3-18.

Kölblinger, M.: Wie wirkungsvoll ist das Outdoor-Training? Deutsche Übersetzung von: Wagner, R., Roland, C.: How effective is outdoor training. In: Fischer, T. (Hrsg.): Theoretische und praktische Überlegungen zu Methoden und Instrumenten empirischer Forschung in der Erlebnispädagogik. Lüneburg 1993, S. 51-62.

Kölblinger, M.: Perspektiven zum Qualitätsmanagement von Heimeinrichtungen und Reiseprojekten der Heimerziehung. München 1995, (unveröffentlicht).

Kölblinger, M.: Blut, Schweiß und Training. In: Manager Seminare. Nr. 20, o.O. 1995, S. 40-49.

Köppen, W.: Die Schule Schloß Salem in ihrer geschichtlichen Entwicklung und gegenwärtigen Gestalt. Ratingen 1967.

Körber, N.: Die deutsche Jugendbewegung. Versuch eines systematischen Abrisses zum praktischen Gebrauch für den Volkserzieher. Berlin 1920.

Kolb, D.: Experiential Learning: Experience as The Source of Learning and Development. New York 1984.

Kotzsch, R.: Our Visit to Russia. In: Horizon. Nr. 10, The AEE Newsletter. Boulder USA Mai 1993, S. 1.

Kowalenko, J.: Politische Bildung in der Schule der BRD. Minsk 1976.

Krajncan, M.: Erlebnispädagogik aus slowenischer Sicht. In: Zeitschrift für Erlebnispädagogik. Heft 13/8-9/93, Lüneburg 1993, S. 24-27.

Krajncan, M.: Brief vom 11.04. 1994. Ljubljana 1994.

Kramer, S.N.: Sie sumerische Schule. Halle-Wittenberg 1955.

Kraus, L., Schwiersch, M.: Die Sprache der Berge. Handbuch der alpinen Erlebnispädagogik. München 1996.

Kupffer, H.: Gustav Wyneken - Ein Wegbereiter der modernen Erlebnispädagogik? In: Wegbereiter der modernen Erlebnispädagogik. Heft 30, Lüneburg 1992.

L

Lachmann, K., Haupt, M., Vogt, F.: Des Minnesangs Frühling. Leipzig 1944.

Lagarde, P.de: Deutsche Schriften. Band 1, Göttingen 1878, (Band 2 in Göttingen 1881 erschienen).

Lagarde, P.de: Über die Klage, daß der deutschen Jugend der Idealismus fehle. In: Deutsche Schriften. Einbändige Gesamtausgabe. 5. Aufl., Göttingen 1920, S. 404ff.

Lagarde, P.de: Über die gegenwärtige Lage des deutschen Reichs. In: Deutsche Schriften. Einbändige Gesamtausgabe. Göttingen 1920, S. 106ff.

Langbehn, J.: Rembrandt als Erzieher. Leipzig 1925.

Lange-Appel, U.: Von der allgemeinen Kulturaufgabe zur Berufskarriere im Lebenslauf. Eine bildungshistorische Untersuchung zur Professionalisierung der Sozialarbeit. In: Studien zur Erwachsenenbildung. Band 11, Frankfurt a.M.-Berlin-Bern-New York-Paris-Wien 1993.

Langeveld, M.J.: Die Schule als Weg des Kindes. Braunschweig 1960.

Lebzelter, V.: Eingeborenenkulturen in Südwest- und Südafrika. Leipzig 1934.

Leschinsky, A., Roeder, P.M.: Gesellschaftliche Funktionen der Schule. In: Twellmann, W. (Hrsg.): Handbuch Schule und Unterricht. Band 3, Düsseldorf 1981, S. 107-154.

Lessing, G.E.: Erziehung des Menschengeschlechts. Braunschweig 1780.

Lessing, G.E.: Nathan der Weise. In: Das dichterische Werk in zwei Bänden. Band 2, München 1970.

Lessing, G.E.: Erziehung des Menschengeschlechts. Hundert Paragraphen zur Erziehung des Menschengeschlechts. In: Günther, K.H., u.a. (Hrsg.): Geschichte der Erziehung. Berlin 1982, S. 224-225.

Lichtwark, A.: Übungen in der Betrachtung von Kunstwerken. Nach Versuchen mit einer Schulklasse. Hamburg 1897.

Lichtwark, A.: Drei Programme: Die Aufgabe der Kunsthalle. Die Kunst in der Schule. Denkschrift über die innere Ausstattung des Hamburger Rathauses. 2. Aufl., Berlin 1902.

Lietz, H.: Emlohstobba. Roman oder Wirklichkeit? Bilder aus dem Schulleben der Vergangenheit, Gegenwart oder Zukunft? Berlin 1897.

Lietz, H.: Deutsche Land-Erziehungsheime. Erziehungsgrundsätze und Organisation. Leipzig 1906.

Limmer, R.: Bildungszustände und Bildungsideen im 13. Jahrhundert. München-Berlin 1928.

Litt, T.: Möglichkeiten und Grenzen der Pädagogik. Leipzig 1926.

Locke, J.: Über den menschlichen Verstand. Band II, Leipzig 1897.

Locke, J.: Gedanken über Erziehung. In der Übersetzung von M. Schuster. In: Richter, K. (Hrsg.): Pädagogische Bibliothek. Band IX, Leipzig o.J., S. 5.

Locke, J.: Gedanken über Erziehung. Eingeleitet und übersetzt von Dr. E. v. Sallwürk. Lagensalza 1910.

Lundgreen, P.: Sozialgeschichte der deutschen Schule im Überblick. Göttingen 1980-1981.

Luserke, M.: Shakespeare-Aufführungen als Bewegungsspiele. Stuttgart 1921.

Luserke, M.: Jugend- und Laienbühne. Eine Herleitung von Theorie und Praxis des Bewegungsspiels aus dem Stil des Shakespearischen Schauspiels. Bremen 1927.

Luther, M.: Pädagogische Schriften und Äußerungen. Keferstein, v. (Hrsg.), Langensalza 1888.

M

Mach, E.: Erkenntnis und Irrtum. o.O. 1904.

Mach, E.: Die Analyse der Empfindungen und das Verhältnis des Physischen und Psychischen. Darmstadt 1987.

Makarenko, A.S.: Ausgewählte pädagogische Schriften. Berlin 1952.

Malkova, S., u.a.: Die Bildungspolitik kapitalistischer Staaten. Berlin 1986.

Man, E.H.: The Andman Islanders. In: Journal of the Royal Anthropological Institute. London 1883, S. 93-94.

Mann, G.: Weltgeschichte. Band 8, Ullstein 1960, S. 16.

Mann, G.: Kurt Hahn als Politiker. In: Röhrs, H. (Hrsg.): Bildung als Wagnis und Bewährung. Heidelberg 1966, S.9-40.

Mann, G.: Der Pädagoge als Politiker: Kurt Hahn. In: Mann, G.: Zwölf Versuche. Frankfurt a.M. 1973, S. 61.

Mann, G.: Erinnerungen und Gedanken. Eine Jugend in Deutschland. Frankfurt a.M. 1986.

Mann, G.: Erinnerungen an Kurt Hahn. In: Ziegenspeck, J. (Hrsg.): Kurt Hahn. Erinnerungen-Gedanken-Aufforderungen. Lüneburg 1987, S. 21-33.

Martin, J. (Hrsg.): Sozialgeschichte der Kindheit. Freiburg 1986.

Menck, P.: August Hermann Franke - Ein Wegbereiter der modernen Erlebnispädagogik? In: Wegbereiter der modernen Erlebnispädagogik. Heft 26, Lüneburg 1991.

Messer, A.: Die Freideutsche Jugend. Ihr Verlauf 1913-1923. Langensalza 1924.

Metzger, W.: Psychologie. 2. Aufl., Darmstadt 1966.

Meyer, H.E.A.: Manners and Customs of the Aborigins of the Encounter Bay-Tribe. In: Woods, J.D. (Hrsg.): Native Tribes of South Australia. Adelaide 1879, S. 187.

Michl, W.: Alfred Adler - Ein Wegbereiter der modernen Erlebnispädagogik? In: Wegbereiter der modernen Erlebnispädagogik. Heft 17, Lüneburg 1991.

Michl, W. (Hrsg.): Praxis der ökologischen Bildung in der Jugendarbeit. In: Wissenschaft und Praxis. Band 13, Lüneburg 1992.

Miles, J.C., Priest, S.: Adventure Education. State College Washington 1992.

Miller, N.: The child in Primitive society. New York o.J.

Miner, J.L.: Die Outward Bound Bewegung in den USA. In: Röhrs, H. (Hrsg.): Bildung als Wagnis und Bewährung. Heidelberg 1966, S. 294f.

Miner, J.L.: The Creation of Outward Bound. In: Miles, J.C., Priest, S. (Hrsg.): Adventure Education. State College USA 1990, S. 55-66.

Mondorf, G.: Zitiert nach: Günther, K.H., u.a. (Hrsg.): Geschichte der Erziehung. Berlin 1982, S. 306.

Montaigne, M. de: Die Essais. Leipzig 1953.

Montessori, M.: Mein Handbuch. Stuttgart 1922.

Morus, T.: Utopia. Übersetzt und eingeleitet von C. Woyte. Leipzig o.J.

Müller, W.: Erlebnismarkt und Menschenbild. Düsseldorf 2001.

Muff, A.: Erlebnispädagogik und ökologische Verantwortung. Butzbach-Griedel 2001.

N

Nasser, D.: Erlebnispädagogik in Nordamerika. Eine Darstellung am Beispiel 'Project Adventure'. Das reformpädagogische Modell und seine grundlegende Bedeutung. In: Schriften-Studien-Dokumente zur Erlebnispädagogik. Band 10, Lüneburg 1993.

Natorp, P.: Sozialpädagogik. Theorie der Willenserziehung auf der Grundlage der Gemeinschaft. Stuttgart 1899.

Natorp, P.: Aufgaben und Gefahren unserer Jugendbewegung. In: Freideutsche Jugend. Zur Jahrhundertfeier auf dem Hohen Meissner 1913. Jena 1913, S. 121ff.

Nelson, L.: Erziehung zum Führer. Leipzig 1920.

Nelson, L.: Erziehung zur Knechtschaft. Leipzig 1921.

Nelson, L.: Ethischer Realismus. Leipzig 1921.

Neubert, W.: Das Erlebnis in der Pädagogik. In: Schriften-Studien-Dokumente zur Erlebnispädagogik. Band 7, Lüneburg 1990.

Neue Bahnen: Heft 10, Leipzig o.J., S. 319-320.

Neuwart, B.: Skeptische Erzählungen. Jena 1896.

Niederbracht., H.: Segeln mit Behinderten und Nichtbehinderten. Möglichkeiten der Integration im Freizeitbereich. In: Segeln und Sozialpädagogik. Band 6, Lüneburg 1987.

Nietzsche, F.: Gesammelte Werke. Leipzig 1911.

Nietzsche , F.: Unzeitgemäße Betrachtungen: Vom Nutzen und Nachteil der Historie für das Leben. In: Werke in drei Bänden. Schlechta, K. (Hrsg.), Band 1, München 1954, S. 209ff.

Nietzsche, F.: Über die Zukunft unserer Bildungsanstalten. In: Nietzsches Werke in zwölf Bänden. Stuttgart 1964, bes. Band 2 S. 391-529.

Nohl, H., Pallat, L. (Hrsg.): Handbuch der Pädagogik. Langensalza 1928-1933.

Nohl, H.: Die pädagogische Bewegung und ihre Theorie. Frankfurt a.M. 1949.

NOLS (Hrsg.): Articles of incorporation of the National Outdoor Leadership School. Lander USA 1965.

Nordenskiöld, E.: Indianerleben El Gran Chaco. Leipzig 1913.

O

Oelkers, J.: Reformpädagogik. Eine kritische Dogmengeschichte. Weinheim-München 1989/1996.

Oelkers, J.: Erziehung als Paradoxie der Moderne. Aufsätze zur Kulturpädagogik. Weinheim 1991.

Oelkers, J.: Unmitttelbarkeit als Programm: Zur Aktualität der Reformpädagogik. In: Bedacht, A., u.a. (Hrsg.): Erlebnispädagogik - Mode, Methode oder mehr? München 1992, S. 96-116.

Oelkers, J.: Kann "Erleben" erziehen? In: Zeitschrift für Erlebnispädagogik. Heft 12/3/92, Lüneburg 1992 S. 3-13.

Oelkers, J.: "Erlebnispädagogik". Ursprünge und Entwicklungen. In: Homfeldt, H.G. (Hrsg.): Erlebnispädagogik. Geschichtliches. Räume und Adressat(inn)en. Erziehungswissenschaftliche Facetten. Kritisches. Hohengehren 1993, S. 7-26.

Oestreich, P. (Hrsg.): Bausteine zur Neuen Schule. München 1923.

Opaschowski, H.O.: Freizeitpädagogik. Bad Heilbrunn 1970.

Orelli: Inscriptiones latinae selectae. o.O. o.J.

Otto, B.: Die Schulreform des 20. Jahrhunderts. Leipzig 1898.

Outward Bound Deutschland (Hrsg.): Berufsbegleitende erlebnispädagogische Zusatzausbildung (ZAB). München 1995.

Outward Bound International Directory (Hrsg.): Affiliate Members. London 1991.

Outward Bound International Directory (Hrsg.): Members. London 1995.

Outward Bound Trust (Hrsg.): Memorable Experiences That Have Real Consequences. London 1992.

Outward Bound Trust (Hrsg.): The experience of a lifetime. London 1993.

Owen, R.: Pädagogische Schriften. Günther, K.H. (Hrsg.), Berlin 1955.

Owens, J.E.: Preservice secondary mathematics teachers' constructs of mathematics and mathematics teaching. New Orleans 1988.

P

Paffrath, F.H., Salzmann, A., Scholz: Wissenschaftliche Forschung in der Erlebnispädagogik. Augsburg 1999.

Paulsen, F.: Geschichte des gelehrten Unterrichtes. 3. Aufl., Band 2, Leipzig 1921.

Perrin, J.P.: L'histoire des Vaudois et Albigeois. Geneve 1618-1619.

Pestalozzi, J.H.: Sämtliche Werke. Berlin-Leipzig 1932.

Pestalozzi, J.H.: Stans. Wie Gertrud ihre Kinder lehrt. Berlin-Leipzig 1947.

Pestalozzi, J.H.: Grundlehren über Staat-Mensch-Erziehung. Stuttgart 1956.

Pestalozzi, J.H.: Über Körperbildung als Einleitung über den Versuch einer Elementargymnastik in einer Reihe körperlicher Übungen. Weinheim 1962.

Petersen, P.: Die neueuropäische Schulbewegung. Weimar 1926.

Petersen, P.: Der kleine Jena-Plan. Berlin 1952.

Piaget, J.: Gesammelte Werke. Stuttgart 1975.

Picht, G.: Prognose, Utopie, Planung. Die Situation des Menschen in der Zukunft der technisierten Welt. Stuttgart 1968.

Pielorz, A.: Werte und Wege der Erlebnispädagogik. Schule Schloß Salem. Neuwied 1991.

Pixberg, H.: Der deutsche Calvinismus und die Pädagogik. Gladbeck 1952.

Platon: Protagoras-Theaitetos. Übersetzt von Karl Preisendanz. Jena 1920.

Platon: Der Staat. Neu übersetzt und erläutert von Otto Apelt. Der philosophischen Bibliothek Band 80. Leipzig 1944.

Platon: Sämtliche Werke. Otto, W.F., Grassi, E., Plamböck, G. (Hrsg.), Hamburg 1957/58.

Pöggeler, F.: Erziehen als Erleben. Die Pädagogik Giovanni Boscos. In: Wegbereiter der modernen Erlebnispädagogik. Heft 5, Lüneburg 1987.

Polzin, J.: Wassilij Alexandrowitsch Suchomlinskij - Ein Wegbereiter der modernen Erlebnispädagogik? In: Wegbereiter der modernen Erlebnispädagogik. Heft 21, Lüneburg 1991.

Pretzel, C.L.A.: Geschichte des deutschen Lehrervereins. Leipzig 1921.

Preuss-Lausitz, U.: Die Kinder des Jahrhunderts. Zur Pädagogik der Vielfalt im Jahr 2000. Weinheim 1993.

Priest, S.: Outdoor Education. In der deutschen Übersetzung von Sarah Schreier. In: Zeitschrift für Erlebnispädagogik. Heft 15/12/95, Lüneburg 1995, S. 59-72.

Priest, S., Gass, M.: Effective Leadership in Adventure Programming. Champaign USA 1998.

Project Adventure (Hrsg.): Island of Healing. Adventure based Counseling. Hamilton 1988.

Prouty, D.: Project Adventure: A Brief History. In: Miles, J.C., Priest, S. (Hrsg.): Adventure Education. State College o.O. USA 1990, S. 97-109.

Q

Quaestiones disputatae: Niederschriften der akademischen Disputation. o.O. o.J.

Quellen zur Geschichte der Erziehung: Günther, K.H., u.a. (Hrsg.), Berlin 1960/1965.

R

Ratke, W.: Gothaer Ratichiana. Cod. B 825 B (R), o.O. o.J., Erkenntnislehr und Schuldiener Amtslehr.

Rauschenbach, T., u.a. (Hrsg.): Handbuch der Jugendverbände. Weinheim-München 1991.

Reble, A.: Die Arbeitsschule. Texte zur Arbeitsschulbewegung. In: Klinkhardts Pädagogische Quellentexte. Bad Heilbrunn 1969.

Reble, A.: Hugo Gaudig. Ein Wegbereiter der modernen Erlebnispädagogik? In: Wegbereiter der modernen Erlebnispädagogik. Heft 13, Lüneburg 1989.

Reble, A.: Paul Oestreich - Ein Wegbereiter der modernen Erlebnispädagogik? In: Wegbereiter der modernen Erlebnispädagogik. Heft 18, Lüneburg 1991.

Reble, A.: Die Pflegebedürftigkeit des Erlebens in der Sicht Theodor Litts. In. Wegbereiter der modernen Erlebnispädagogik. Heft 33, Lüneburg 1993.

Reddie, C.: Abbotsholme. London 1900.

Regensburg, B.v.: Predigt. In: Tetzner, F.: Geschichte der deutschen Bildung von der Urzeit bis zur Errichtung von Stadtschulen. Gütersloh 1897.

Resewitz, F.G.: Gedanken, Vorschläge und Wünsche zur Verbesserung der öffentlichen Erziehung. Band I, Berlin 1777.

Rieverts, B.V.: Mit Herz und frischer Brise. Hermann Neuton Paulsen und die Hallig Süderoog. In: Wegbereiter der modernen Erlebnispädagogik. Heft 24, Lüneburg 1991.

Rochow, F.E.v.: Sämtliche pädagogische Schriften. Band II, Berlin 1907-1910.

Röhrs, H. (Hrsg.): Bildung als Wagnis und Bewährung. Eine Darstellung des Lebenswerkes von Kurt Hahn. Heidelberg 1966.

Röhrs, H.: Die pädagogische Provinz im Geiste Kurt Hahns. In: Röhrs, H. (Hrsg.): Bildung als Wagnis und Bewährung. Heidelberg 1966, S. 83-97.

Röhrs, H.: Das Bildungsproblem in der Geschichte des europäischen Erziehungsdenkens. Hannover 1980.

Röhrs, H.: Die Reformpädagogik. Hannover 1980.

Röhrs, H.: Die Reformpädagogik. Ursprung und Verlauf in Europa. Hannover 1983.

Röhrs, H.: Die Schulen der Reformpädagogik heute. Düsseldorf 1986.

Roeloffs, N., Reiter, R.: Projekte im evangelischen Jugenddorf Rendsburg - Rückblick, Gedanken, Perspektiven, Kritik. In: Zeitschrift für Erlebnispädagogik. Heft 10/2-3/90, Lüneburg 1990, S. 1-138.

Rohnke, K. (Hrsg.): Cow Tails and Cobras. Project Adventure. Hamilton 1977.

Roland, C.C.: The Transfer of an Outdoor Managerial Training Program to the Work Place. Boston University 1981.

Roland, C.C., Wagner, R.J., Weigand, R.J. (Hrsg.): Do it ... and understand. The bottom line on corporate experiential learning. Dubuque Iowa USA 1995.

Roland, C.C., Kölblinger, M., Diamond, L.: The importance of follow-up. In: Do it ... and understand. Dubuque Iowa USA 1995, S. 93-98.

Rolff, H.G.: Schule im Wandel: Kritische Analyse zur Schulentwicklung. Essen 1984.

Round Square Conference International Office (Hrsg.): Projects and Activities. Allerston 1990.

Rousseau, J.J.: Discours sur les sciences et les arts. Paris 1750.

Rousseau, J.J.: Julie oder Die neue Heloise. o.O. 1762.

Rousseau, J.J.: Der Gesellschaftsvertrag. Übersetzt von H. Denhardt. Leipzig o.J.

Rousseau, J.J.: Oevres completes. Band XII, o.O. o.J.

Rousseau, J.J.: Betrachtungen über die Verfassung Polens. In: Die Krisis der Kultur. In: Werke. Ausgewählt und eingeleitet von Paul Sakmann. Leipzig 1931, S. 282-284.

Rousseau, J.J.: Über die Erziehung. Herausgegeben und eingeleitet von Rosemarie Wothge. Berlin 1958.

Rousseau, J.J.: Emil. Oder über die Erziehung. Paderborn 1983.

Rumpf, H.: Belebungsversuche. Ausgrabungen gegen die Verödung der Lernkultur. Weinheim-München 1987.

Russel, B.: Sceptical Essays. London 1956.

S

Sack, E.: Unsere Schule im Dienste gegen die Freiheit. Braunschweig 1878.

Salemer Reifezeugnis: Salem 1990.

Salzmann, C.G.: Ameisenbüchlein, Krebsbüchlein. Noch etwas über die Erziehung nebst Ankündigung einer Erziehungsanstalt. Berlin-Leipzig 1948.

Salzmann, C.G.: Krebsbüchlein. In: Salzmann, C.G.: Pädagogische Weisheiten. Deiters, H. (Hrsg.), Berlin 1961, S. 158-196.

Salzmann, C.G.: Ameisenbüchlein. In: Salzmann, C.G.: Pädagogische Weisheiten. Deiters, H. (Hrsg.), Berlin 1961, S. 246-304.

Sandner-Heber, D.M.: Freizeitpädagogik zwischen emanzipatorischen Zielen und pragmatischen Orientierungen. In: Wissenschaft und Praxis. Bd. 12, Lüneburg 1988.

Sauer, K.: Begegnung und Erlebnis. Hermann Nohl und das Landheim des Pädagogischen Seminars der Universität Göttingen. Ein Beispiel universitärer Erlebnispädagogik. In: Wegbereiter der modernen Erlebnispädagogik. Heft 10, Lüneburg 1988.

Sauer, K.: Vorwort zu Neubert, W.: Das Erlebnis in der Pädagogik. Lüneburg 1990, S. V-XI.

Schaberg-Hansen, I.: Die Erlebnis- und erfahrungsbezogene Pädagogik Minna Spechts. In: Wegbereiter der modernen Erlebnispädagogik. Lüneburg 1992.

Schad, N., Michl, W.: Outdoor-Training. Neuwied 2002.

Scheibe, W.: Die Reformpädagogische Bewegung. Weinheim-Basel 1969.

Schettgen, P.: Der alltägliche Kampf in Organisationen. Wiesbaden 2000.

Schiller, F.v.: Die Räuber. (Mannheim) 1780.

Schiller, F.v.: Was heißt und zu welchem Ende studiert man Universalgeschichte? Antrittsrede anläßlich seiner Professur für Geschichte an der Universität Jena. Jena 1789.

Schiller, F.v.: Über den Grund des Vergnügens an tragischen Gegenständen. o.O. 1792.

Schiller, F.v.: Über Anmut und Würde. o.O. 1793.

Schiller, F.v.: Über naive und sentimentale Dichtung. o.O. 1796.

Schiller, F.v.: Über das Erhabene. o.O. 1801.

Schiller, F.v.: Von den notwendigen Grenzen des Schönen. In: Schiller, F.v.: Werke in drei Bänden. Leipzig 1955, S. 481.

Schiller, F.v.: Briefe über ästhetische Erziehung. In: Schiller, F.v.: Werke. Band 1, Weimar 1955.

Schiller, F.v: Die Schaubühne. In: Schiller, F.v.: Werke. Band 1, Weimar 1955.

Schiller, F.v.: Lied an die Freude. In: Werke. Band 1, München 1966.

Schiller, F.v.: Jungfrau von Orlean. In: Werke. Band 3, München 1966.

Schlehufer, A.: Wattenmeer, Höhlen und Bergeshöhen - Ökologisches Lernen und Erlebnispädagogik mit Kindern. In: Michl, W. (Hrsg.): Praxis der ökologischen Bildung in der Jugendarbeit. In: Wissenschaft und Praxis. Band 13, Lüneburg 1992, S. 67-82.

Schleiermacher, F.D.: Sämtliche Werke. Berlin 1835.

Schleiermacher, F.D.: Über den Beruf des Staates zur Erziehung. In: Schleiermacher, F.D.: Sämtliche Werke. Band 3, Berlin 1835.

Schleiermacher, F.D.: Erziehungslehre. In: Sämtliche Werke. Abt. III, Band 9, Berlin 1849.

Schleske, W.: Abenteuer-Wagnis-Risiko im Sport. Schorndorf 1977.

Schmidt, K.A.: Geschichte der Erziehung vom Anfang bis auf unsere Zeit. Band 1, o.O. 1884.

Schmieglitz-Otten, J.: Das Museum als erlebnispädagogischer Lernort. In: Kleine Schriften zur Erlebnispädagogik. Heft 8, Lüneburg 1991.

Schödlbauer, C., Paffrath, F.H., Michl, W. (Hrsg.): Metaphern – Schnellstraßen, Saumpfade und Sackgassen des Lebens. Augsburg 1999.

Schödlbauer, C.: Metaphorisches Lernen in erlebnispädagogischen Szenarien. Hamburg 2000.

Scholz, M.: Der Lernprozeß in der erlebnispädagogischen Arbeit. Hamburg 2001.

Schott, T.: Kritik der Erlebnispädagogik. Würzburg 2004.

Schrader, K.: Die Pädagogik Jean Jacques Rousseaus. Berlin 1957.

Schreier, H.: John Dewey - Ein Wegbereiter der modernen Erlebnispädagogik? In: Wegbereiter der modernen Erlebnispädagogik. Heft 28, Lüneburg 1991.

Schule Schloß Salem (Hrsg.): Eine Collage zur Geschichte der Schule Schloß Salem von J. Winthrop-Young. Sonderdruck aus Salemer Heft Nr. 53. Uhldingen 1985.

Schule Schloß Salem (Hrsg.): Round Square Conference Schools. Members. Salem 1996.

Schulze, G.: Die Erlebnisgesellschaft. Frankfurt a.M.-New York 1992.

Schwarz, K.: Die Kurzschulen Kurt Hahns. Ihre pädagogische Theorie und Praxis. Ratingen 1968.

Schwindt, M.: Integrative Erlebnispädagogik. In: Segeln und Sozialpädagogik. Band 12, Lüneburg 1997.

Seifert, T., Waiblinger, A. (Hrsg.): Die 50 wichtigsten Methoden der Psychotherapie. Stuttgart 1993.

Seligmann, M.E.P.: Erlernte Hilflosigkeit. München-Wien-Baltimore 1983.

Seneca: Epistulae. o.O. o.J.

Simmel, G.: Einführung in die Moralwissenschaft. 2 Bände, Berlin 1911.

Simmel, G.: Lebensanschauung. Berlin-Göttingen-Heidelberg 1958.

Skidelski, R.: English Progressiv Schools. Middlesex 1969. Übersetzt von Fleißner, R.: Schulen von gestern für morgen. Hamburg 1975.

Skinner, B.F.: About Behaviorism. New York 1974.

Smith, W.E., Dale, A.M.: The IIA-Speaking People of Northern Rhodesia. London 1920.

Sommerfeld, P.: Erlebnispädagogisches Handeln. Weinheim-München 1993.

Spencer, H.: Die Erziehung in geistiger, sittlicher und leiblicher Hinsicht. Schultze, F.v. (Hrsg.), Sachsa 1905.

Stach, R.: Peter Petersen. Ein Wegbereiter der modernen Erlebnispädagogik? In: Wegbereiter der modernen Erlebnispädagogik. Heft 12, Lüneburg 1989.

Stadler, M.: Persönlichkeitsentwicklung an Bord. In: Segeln und Sozialpädagogik. Band 10, Lüneburg 1988.

Stählin, W.: Der neue Lebensstil. Ideale deutscher Jugend. 3. Aufl., Hamburg 1923.

Steiner, R.: Die Erziehung des Kindes vom Gesichtspunkte der Geisteswissenschaft. Stuttgart 1948.

Steiner, R.: Anthroposophische Pädagogik und ihre Voraussetzungen. Bern 1951.

Steiner, R.: Die Waldorfschule und ihr Geist. Welche Gesichtspunkte liegen der Errichtung einer Waldorfschule zugrunde? Stuttgart 1956.

Steiner, R.: Theosophie. Einführung in die übersinnliche Welterkenntnis und Menschenbestimmung. Dornach 1962.

Stephanie, H.: Grundriß der Staatserziehungswissenschaft. Weißenfels-Leipzig 1797.

Stephanie, H.: System der öffentlichen Erziehung. Berlin 1805.

Stiehl, F. (Bearbeiter): Die drei preußischen Regulative vom 1. bis 3. Oktober 1854 über Errichtung des evangelischen Seminar-Präparanden- und Elementarschulunterrichts. Berlin 1854.

Stoltz, P.: Developing communication skills through outdoor experiential leadership training: a quantitative and qualitative analysis. University of Minnesota USA 1989.

Strabos Walafried - Abt zu Reichenau: Schülererinnerungen. o.O. o.J.

Sullivan, M., Kolb, D.: Turning Experience Into Learning. In: Roland, C.C., Wagner, R.J., Weigand, R.J. (Hrsg.): Do it ... and understand. Dubuque Iowa USA 1995, S. 5-11.

Summa contra gentiles: Auseinandersetzung mit dem nichtchristlichen Denken. o.O. o.J., S. 1258-1264.

Summa theologica in 3 Bänden: o.O. o.J., S. 1266-1274.

Summers, S.: Idee und Gestalt der Kurzschule. In: Röhrs, H. (Hrsg.): Bildung als Wagnis und Bewährung. Heidelberg 1966, S. 267-268.

Suphan, B. (Hrsg.): Herders sämtliche Werke. Berlin 1889.

Sutcliff, B.D.: Ein Vergleich zwischen dem pädagogischen Ansatz in Salem und Gordonstoun. In: Röhrs, H. (Hrsg.): Bildung als Wagnis und Bewährung. Heidelberg 1966, S. 227-231.

Sutcliff, B.D.: Oberstufen-Kollegs im Geiste Kurt Hahns. In: Röhrs, H. (Hrsg.): Die Schulen der Reformpädagogik heute. Düsseldorf 1986, S. 359-369.

Symons, M.: Opera omnia theologica. Amsterdam 1681.

T

Tenorth, H.E.: Geschichte der Erziehung. Einführung in die Grundzüge ihrer neuzeitlichen Entwicklung. Weinheim-München 1988.

Tetzner, F.: Geschichte der deutschen Bildung und Jugenderziehung von der Urzeit bis zur Einrichtung von Stadtschulen. Gütersloh 1897.

Thaulow, G.: Plan einer Nationalerziehung. Kiel 1878.

The Oxford English Dictionary: Band 7. Oxford 1970, bes. Ab. zu Outward Bound S. 278f.

The Shorter English Dictionary: Band 2. Oxford 1980, bes. Ab. zu Outward Bound S. 1477.

Thiele, G. (Hrsg.): Süverns Unterrichtsgesetzentwurf vom Jahre 1819. Leipzig 1913.

Thoreau, D.: Über die Pflicht zum Ungehorsam gegenüber dem Staat. Zürich 1968.

Thoreau, D.: Walden oder das Leben in den Wäldern. Zürich 1971.

Thorndike, E.: Educational Psychology. New York 1913.

Toynbee, A.: Surviving the Future. London 1971.

Training and Development: Journal for Experiential Education. Heft 3/91, New York 1991.

Trapp, C.E.: Allgemeine Revision des gesamten Schul- und Erziehungswesens. Band VIII, Wien-Wolfenbüttel 1787.

Trunstall-Behrens, H.: Die Kurzschule im British-Commonwealth. In: Röhrs, H. (Hrsg.): Bildung als Wagnis und Bewährung. Heidelberg 1966, S. 279-280.

U

Ueberhorst, H.: Elite für die Diktatur. Düsseldorf 1969.

Unger, E.: Die Pädagogik Diderots auf Grund seiner Psychologie und Ethik. Leipzig 1903.

UWC International Office (Hrsg.): United World Colleges. London 1991.

V

Vegius, M.: Erziehungslehre. Freiburg i.Br. 1889.

Vereinigung Deutscher Landerziehungsheime (Hrsg.): Deutsche Landerziehungsheime. Internate in freier Trägerschaft. Berlin 1995.

Vereinigung Deutscher Landerziehungsheime (Hrsg.): Deutsche Landerziehungsheime. Konzepte und Erfahrungen. Heft 1-9, Berlin 1983-1996.

Villaume, P.: Abhandlung über die Frage: Welche Grundsätze und welche Gesinnungen muß man den Menschen, zu ihrem Wohl, einzuflößen suchen? Altona 1794.

Vogel, J.P., Weidauer, K.: Freie Schule. Gesellschaftliche Funktion des freien Schulwesens in der BRD. Ingolstadt 1971.

Vogel, J.P., Seydel, O.: Die Geschichte der Landerziehungsheime im Nationalsozialismus. In: Deutsche Landerziehungsheime. Konzepte und Erfahrungen. Berlin 1986, S. 65-70.

Vogelweide, W.v.d.: Gedichte. Übersetzt von Karl Simrock. Berlin 1833.

Vogelweide, W.v.d.: Gedichte. Paul, H. (Hrsg.), Halle 1950.

Vogelweide, W.v.d.: Bertelsmann Uni-Lexikon. Band 19, Gütersloh 1992, S. 161.

Voigt, G.: Die Bedeutung der Herbartschen Pädagogik für die Volksschule. Schönebeck 1891.

Volkswagen AG (Hrsg.): Ein Qualifizierungskonzept für Auszubildende der Volkswagen AG. Wolfsburg 1989.

Vorstand des Bundesverbandes für Erlebnispädagogik (Hrsg.): Reader '94. Lüneburg 1994.

Vorstand des Bundesverbandes für Erlebnispädagogik (Hrsg.): Erlebnispädagogik 96. Kiel-Köln 1996.

W

Wagenschein, M.: Verstehen lehren. Genetisch - Sokratisch - Exemplarisch. Weinheim-Basel 1968.

Wagner, R.J., Roland, C.C.: How effective is outdoor training? In: Training and Development. New York 1992.

Wagner, R.J., Campbell, J.: Outdoor-based Experiential Training: Improving Transfer of Training Using Virtualy Reality. In: Journal of Management Development. Heft 13/7/94, o.O. USA 1994, S. 50-57.

Watson, J.B.: Psychology from the standpoint of a Behaviorist. London 1929.

Weber, H., Ziegenspeck, J.: Die deutschen Kurzschulen. Historischer Rückblick - Gegenwärtige Situationen - Perspektiven. Weinheim 1983.

Weber, P.U.: Initiatische Therapie. In: Seifert, T., Waiblinger, A. (Hrsg.): Die 50 wichtigsten Methoden der Psychotherapie, Körpertherapie, Selbsterfahrung und des geistigen Trainings. Stuttgart 1993.

Weimer, H.: Geschichte der Pädagogik. Berlin-New York 1992.

Weinholz, M.: Freiluftleben. Eine erlebnispädagogische Lebensphilosophie und ihre Chancen bei der Entwicklung junger Menschen. Lüneburg 1989.

Weinstock, H.: Platonische Rechenschaft. Berlin 1936.

Weis, K.: Menschenbilder in der Erlebnispädagogik. In: Bedacht, A., u.a. (Hrsg.): Erlebnispädagogik: Mode, Methode oder mehr? München 1994, S. 49-71.

Weiß, G.: Herbart und seine Schule. München 1928.

Weltgeschichte: Band 1, Leipzig 1981, S. 279f.

Wichmann, J.: Stanislaw Teofilowitsch Schazki - Ein Wegbereiter der modernen Erlebnispädagogik? In: Wegbereiter der modernen Erlebnispädagogik. Heft 25, Lüneburg 1991.

Wichmann, J.: Celestine Freinet - Ein Wegbereiter der modernen Erlebnispädagogik? In: Wegbereiter der modernen Erlebnispädagogik. Heft 29, Lüneburg 1992.

Wigge, H.: Die Reichsschulkonferenz. Amtlicher Bericht. Leipzig 1921.

Wilamowitz-Moellendorf, U.v.: Philosophie und Schulreform. Göttingen 1892.

Winthrop-Young, J.: Anavryta. In: Röhrs, H. (Hrsg.): Bildung als Wagnis und Bewährung. Heidelberg 1966, S. 228-234.

Winthrop-Young, J.: Eine Collage zur Geschichte der Schule Schloß Salem. Sonderdruck aus Salemer Hefte. Nr. 53, Uhldingen 1985.

Witt, M. M.: Teamentwicklung im Projektmanagement. Wiesbaden 2000.

Worm, H.L.: Karl May - Ein Wegbereiter der modernen Erlebnispädagogik? In: Wegbereiter der modernen Erlebnispädagogik. Heft 41, Lüneburg 1995.

Worm, H.L.: Reparaturwerkstatt Schule. Plädoyer für einen Verbund von Kompensations- und Erlebnispädagogik. In: Schriften-Studien-Dokumente zur Erlebnispädagogik. Band 12, Lüneburg 1995.

Wundt, W.: Grundzüge der physiologischen Psychologie. Band 1-3, Leipzig 1902-1903.

Wundt, W.: Grundriß der Psychologie. 13. Aufl., Leipzig 1918.

Wyneken, G.: Schule und Jugendkultur. Jena 1913.

Wyneken, G.: Der Gedankenkreis der Freien Schulgemeinde. Jena 1913.

X

Xenophon: Erinnerungen an Sokrates. Übersetzt von Johannes Irmscher. In: Philosophische Studientexte. Berlin 1955.

Y

Yerkes, R., u.a.: Outdoor Education across America: "Weaving the Web". Selected Papers, Activities, and Resources from the 1987. Cortland - New York 1987.

Young, R.A., Crandall, R.: Wilderness use and self-actualization. In: Journal of Leisure Research. Vol. 16, o.O. USA 1984, S. 149-160.

Z

Ziechmann, J.: Theorie und Praxis der Erziehung bei Leonard Nelson. Bad Heilbrunn 1970.

Ziegenspeck, J. (Hrsg.): Outward Bound. Geschütztes Warenzeichen oder offener pädagogischer Begriff? Stellungnahmen zu einem Streitfall. In: Schriften-Studien-Dokumente zur Erlebnispädagogik. Bd.1, Lüneburg 1986.

Ziegenspeck, J.: Lernen für's Leben - Lernen mit Herz und Hand. Zum 100. Geburtstag von Kurt Hahn (1886-1974). In: Neue Sammlung. Heft 26/3/86, Stuttgart 1986, S. 423-435.

Ziegenspeck, J.: Kurt Hahn und die internationale Kurzschulbewegung. Ein Beitrag zum 100. Geburtstag des Reformpädagogen. In: Zeitschrift für internationale erziehungs- und sozialwissenschaftliche Forschung. Heft 3/1/86, Köln-Wien 1986, S. 41-56.

Ziegenspeck, J. (Hrsg.): Kurt Hahn. Erinnerungen-Gedanken-Aufforderungen. In: Schriften-Studien-Dokumente zur Erlebnispädagogik. Band 2, Lüneburg 1987.

Ziegenspeck, J.: Erlebnispädagogik. Rückblick-Bestandsaufnahme-Ausblick. Lüneburg 1992.

Ziegenspeck, J.: Erlebnispädagogik. In: Stimmer, F. (Hrsg.): Lexikon der Sozialpädagogik und der Sozialarbeit. München-Wien 1994, S. 149.

Ziegenspeck, J. (Hrsg.): Die Erlebnispädagogik im Spiegel von 158 Prüfungsarbeiten. Annotierte Bibliographie von erlebnispädagogisch relevanten Prüfungsarbeiten. Eine Dokumentation und Auswertung von 158 Studien. Buhl, I., Neumann, K. (Bearbeiter): Schriften-Studien-Dokumente zur Erlebnispädagogik. Band 14, Lüneburg 1996.

Ziegenspeck, J. (Hrsg.): Schriftenreihen des deutschen Zentrums für Erlebnispädagogik. Lüneburg 1980-1999. Hier unter anderem: a) Wegbereiter der modernen Erlebnispädagogik. Heft 1-50; b) Schriftenreihe Wissenschaft und Praxis. Bände 1-10; c) Schriftenreihe Schriften-Studien-Dokumente zur Erlebnispädagogik. Bände 1-15; Grundlagen der modernen Erlebnispädagogik. Heft 1-4; d) Segeln und Sozialpädagogik. Band 1-13.

Ziller, T.: Materialien zur speziellen Pädagogik. Berger, M. (Hrsg.), Dresden 1886.

Zimmer, J.: Interkulturelle Erziehung als Erziehung zur internationalen Verständigung. In: Deutsche UNESCO-Kommission. o.O. 1984.

Zimmer, J.: Die Wiederherstellung von Nachbarschaft. Community Schools: Erfahrungen in England und Ansätze in der Bundesrepublik Deutschland in Fortwirkung reformpädagogischer Ideen. In: Röhrs, H. (Hrsg.): Die Schulen der Reformpädagogik heute. Düsseldorf 1986, S. 383-390.

Zimmer, J.: Stellungnahme zum Begriff Outward Bound. In: Ziegenspeck, J. (Hrsg.): Outward Bound. Gutachterliche Äußerungen für einen Löschungsantrag beim deutschen Patentamt. Lüneburg 1989.

Zimmermann, M.: Sozialtherapeutische Segelfahrten als mögliche Alternative zur geschlossenen Unterbringung. Das Beispiel 'Outlaw'. In: Segeln und Sozialpädagogik. Band 2, Lüneburg 1984.

Zudeick, P.: Alternative Schulen. Frankfurt a.M. 1982.

Zwilling, J.: Der städtische Freiraum als Ort des Spielens. In: Arbeitskreis Sport- und Freizeiteinrichtungen e.V. (Hrsg.), Köln 1979.

Zymek, B.: Das Ausland als Argument in der pädagogischen Reformdiskussion. Düsseldorf 1975.

6.3 Personenregister

Adam, E. 21
Adler, A. 15, 204f., 205
Aichhorn, A. 21f., 22
Alberti, L.B. 70
Altendorf, H. 14
Amesberger, G. 309
Andorff, J. 283
Andreae, J.V. 76
Aquin, T.v. 62f.
Aristoteles 51, 52, 55, 56,
63, 88, 93f., 114, 122

Baden, M.v. 221, 223f., 225,
226, 227, 244
Bacon, F. 85, 201
Basedow, J.B. 117, 119,
123, 141, 144, 156
Bauer, H.G. 26, 273, 288
Beiner, F. 16f.
Bergson, H. 193, 202, 220,
287
Bernfeld, S. 30
Bieligk, M. 309
Bienzeisler, R. 23
Birkelbach, E. 273, 309
Boas, F. 36
Bondy, G. 21
Bondy, M. 21
Bosco, G. 13
Brendtro, L. 38
Breß, H. 309
Bringmann, A. 273
Brünger, M. 283, 309
Bühler, K. 204
Burke, E. 163

Calvins, J. 80, 81
Campanella, T. 74f., 79
Campe, J.H. 117f., 119, 123,
141, 156
Chrysostomus 60
Comenius J.A. 80, 86ff., 92ff., 99
Comte, A. 185

Darwin, C.R. 185, 201, 202
Defoe, D. 106
Degen, S. 14
Deiters, H. 18, 210
Demokrit 44
Descates, R. 200
Dewey, J. 14, 215ff.
Diderot, D. 112ff., 114, 115, 116
Diesterweg, A. 165, 173f., 175ff.,
179ff., 188, 213
Dilthey, W. 11, 18, 28, 112,
197ff., 200, 201f., 211, 220,
233f., 235f., 256
Dräbing, R. 14

Emerson, R.W. 192
Ernesti, A. 121, 141

Fichte, J.G. 123, 127, 135ff., 139,
141, 146ff., 152, 165, 209, 215
Fischer, A. 210
Fischer, T. 8, 12, 13, 18, 309
Flanagan, E. 16, 17
Flitner, W. 11, 156, 210, 285
Foerster, W. 213, 217
Fourier, C. 183f.
Francke, A.H. 12, 95f., 97, 99
Freinet, C. 16, 17, 292

6.4 Sachwortregister

6.5 Angaben zur Person der Autoren

Torsten Fischer, Prof. Dr. (Jg. 1964), studierte Mathematik, Physik, Pädagogik und Psychologie in Berlin, Jena und Lüneburg. Dipl.-Lehrer a.D., Dr. paed., Habilitation in Erziehungswissenschaft, außerplanmäßiger Professor für Erziehungswissenschaft an der Leuphana Universität Lüneburg, Professor für Bildungsmanagement und Erwachsenenbildung am Baltic College Güstrow (University of Applied Sciences). Forschungsschwerpunkte: Schulpädagogik und Schultheorie, allgemeine Pädagogik, Systeme des Erfahrungslernens in der Freizeit- und Erlebnispädagogik, Empirische Bildungsforschung. Herausgeber der "Zeitschrift für Erlebnispädagogik", zahlreiche Buch- und Aufsatzveröffentlichungen zu Themen allgemeiner Pädagogik, Schulpädagogik, Wissenschaftstheorie, empirischer Sozialforschung und Erlebnispädagogik.

Jörg W. Ziegenspeck, Prof. Dr. (Jg. 1941), Sozialarbeiter (grad.), Lehrer an einer Sonderschule, Realschullehrer a.D., Dipl.-Päd., Dr. phil., Habilitation in Erziehungswissenschaft, wiss. Assistent, Professor für Psychologie, seit 1996 für Pädagogik an der Leuphana Universität Lüneburg. Vorsitzender des "Instituts für Erlebnispädagogik" an der Universität Lüneburg. Forschungsschwerpunkte: Didaktik, Übergangsproblematik und Orientierungsstufe, Sonderpädagogik, Erziehungswissenschaftliche Bibliographien, Sozialpädagogik und Sozialarbeit, Erlebnispädagogik, Pädagogische Psychologie. Herausgeber der "Zeitschrift für Erlebnispädagogik" und weiterer erlebnispädagogischer Schriftenreihen, zahlreiche Buch- und Aufsatzveröffentlichungen zu Themen allgemeiner Pädagogik, Schulpädagogik, pädagogischer Diagnostik, Orientierungsstufe und Erlebnispädagogik.

Anschrift:

Prof. Dr. Torsten Fischer
Prof. Dr. Jörg W. Ziegenspeck
Leuphana Universität Lüneburg
Fakultät I: Bildungs-, Kultur- und
Sozialwissenschaften
Scharnhorststraße 1
D - 21335 Lüneburg

388